41세 때의 바넘(1851년)

고양이 승마(보스턴 아쿠아리얼 가든Boston Aquarial Gardens)

세계 최초로 살아 있는 고래를 사육한 보스턴 아쿠아리얼 가든. 바넘은 1862년 이 시설을 인수하여 바넘 아쿠아리얼 가든으로 재개장했다.

톰 섬 장군과 라비니아 워렌(Lavinia Warren)의 결혼식(1863년). 왼쪽부터 너트 제독, 톰 섬 장군, 라비니아 워렌 그리고 워렌의 동생 미니 워렌. 이 결혼으로 너트 제독과의 삼각관계도 끝이 났다.

(왼쪽) 제복을 입은 너트 제독(1865년). 바넘에 의해 라비니아 워렌을 두고 톰 섬 장군과 삼각 관계를 형성했다.
(오른쪽) 루스 고센 대령(Colonel Routh Goshen)은 바넘의 아메리카 박물관을 비롯해 순회공연에도 참가했다.

(왼쪽) 아라비아의 거인, 팔레스타인의 거인 등으로 알려진 루스 고센 대령. 세계 최장신인 241센티미터로 소개됐으나 실제로는 이보다 작았다.
(오른쪽) 러시아의 유명한 사이드쇼 연기자, 페도르 제프티슈(Fedor Jeftichew). 바넘이 미국으로 데려왔고, 일명 개의 얼굴을 한 조조(Jo-Jo the Dog-Faced Boy)로 널리 알려졌다.

(왼쪽) 바넘이 최초의 인간 전시 공연이었던 조이스 헤스에 이어 선보인 창과 엥(Chang and Eng) 샴쌍둥이. 이런 인간 전시는 기형인 쇼(freak shows)로 확장되었다.
(오른쪽) 말년의 창과 엥. 1874년에 엥이 잠든 사이 창이 뇌혈전으로 사망했다. 분리 수술 얘기가 나왔으나, 그로부터 세 시간 후에 엥도 숨을 거두었다.

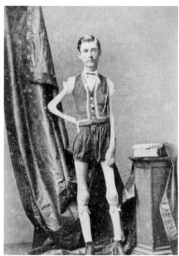

(왼쪽) 복화술사이자 마술사 존 해링턴(John Harrington). 바넘의 아쿠아리얼 가든에서 공연했다.

(오른쪽) 사이드쇼 연기자이자 살아 있는 인간 해골로 알려졌던 아이작 스프라그(Isaac W. Sprague). 바넘의 아메리카 박물관에서 공연했다(1867년).

지프 더 핀헤드(Zip the Pinhead)로 유명했던 기형인 쇼 연기자 윌리엄 헨리 존슨. 체구에 비해 작고 기형적인 머리로 많은 인기를 얻었고, 바넘과 함께 일했다.

화염에 휩싸인 아메리카 박물관(1865년)

1868년 두번째 화재 후의 아메리카 박물관. 이 화재로 바넘은 박물관 사업에서 손을 뗀다.

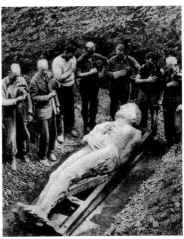

바넘 서커스단의 수염 난 여자

카디프 거인 발굴 장면(1869년)

카디프 거인(3미터) 발굴 장면(1869년). 미국 역사상 가장 유명한 사기극이었다. 바넘은 이 가짜 거인을 복제하여 또다른 가짜로 진위 논쟁을 일으켰다.

1890년대의 제임스 앤서니 베일리(James Anthony Bailey). 서커스 무대감독으로 바넘과 함께 바넘&베일리 서커스단을 만든다.

바넘의 서커스단 전용 열차(1880년대)

바넘&베일리 서커스단의 지상 최대의 쇼.
광대와 거위 묘기

바넘&베일리 서커스단의 지상 최대의 쇼.
수중 서커스 포스터

바넘&베일리 서커스단의 지상 최대의 쇼 포스터

코끼리 점보(Jumbo). 수단산 코끼리로 파리와 런던 동물원을 거쳐 바넘이 구입해 미국으로 들여왔다(1882년).

점보의 죽음(1885년). 기관차에 치여 죽었다고 알려졌다. 그러나 바넘은 다른 코끼리를 구하려다 죽었다는 감동적인 이야기를 꾸며내기도 했다.

터프츠 대학 부지에 건립된 자연사 박물관 바넘 홀에 전시된 점보의 박제(1889년)

바넘&베일리 포스터(1897년)

링링 브로스 서커스 포스터(1898년)

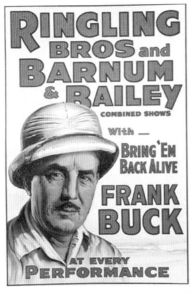 

링링 브로스와 바넘&베일리 서커스 포스터 (1938년)

링링 브로스 서커스 포스터(1899년)

바넘과 아내 채러티 홀릿

바넘 기념상

위대한 쇼맨

일러두기

이 책은 *The Life of P. T. Barnum written by Himself* (New York: Redfield, 1855)를 번역한 것이다.

THE
GREATEST
SHOWMAN

위대한 쇼맨

쇼 비즈니스의 개척자 바넘 자서전

피니어스 T. 바넘 지음 | 정탄 옮김

아템포

THE
GREATEST
SHOWMAN
Phineas T. Barnum

차례

P. T. Barnum

머리말

요 몇 년 동안 계속 내 삶에 관해 써보라는 재촉을 받아왔다. 출판업자들은 꽤 많이 팔릴 거라고, 지인들은 재미있는 책이 될 거라고 장담했다.

나는 이 지면에 내가 행하고 벌인 많은 투기와 숱한 사업에 관해 있는 그대로 썼다.

이 책을 읽는 사람은 내 생애가 참 파란만장했음을 알게 될 것이다. 나는 농부의 아들이자 상인이었고 점원이자 지배인, 흥행사이자 은행장이었다. 감옥살이도 했고 궁전 같은 곳에서 살아보기도 했다. 나는 가난도 부도 알고 있다. 북미 대륙과 유럽 대륙을 두루 여행하면서 온갖 다양한 부류의 사람들을 만났고 별의별 사람들을 다 겪어보았다. 그뿐만 아니라 크나큰 위기에 처했던 것도 여러 번이었다.

이렇듯 살아오면서 슬픈 일을 겪기도 했으나 전반적으로 내 인생은 유쾌한 것이었다. 나는 주로 사물의 밝은 면을 보는 편인데, 일부 독자는 이 책을 수놓고 있는 다양한 일화들을 통해서 내가 우스꽝스러운 것에 지나치게 끌린다고 판단할지도 모르겠다. 왜 그런가 하는 설명은 내 타고난 기질, 어린 시절의 유대 관계, 내가 겪어온 직업의 성격에서 찾을 수 있으리라. 그러나 나는 여기서 언급한 우스운 일화들 어디에도 까다로운 사람들의 비위를 건드릴 만한 것은 기록하지 않았다고 자부한다. 오히려 무해한 웃음을 짓게 하는 상당수 사건들은 제법 실용적인 교훈을 전해줄 것이다.

이 책의 뒤에서 보게 되겠지만, 나의 소위 '사기' 행각을 숨기기는커녕 '조이스 헤스', '피지 인어', '털북숭이 말'과 같은 사례들까지 자세히 설명했다. 반면에 아메리카 박물관과 톰 섬 장군의 경우, 그 사연들을 전하면서 내가 드러낸 감정이 있다면 오로지 정직한 자부심뿐이라고 생각한다.

모든 사람들이 내게 감사와 축하를 전하게 만든 제니 린드의 음악 공연에 관해서도 이 책에 자세히 묘사했다.

내 사업 중 이 책에서 빠뜨리고 밝히지 않은 것은 하나도 없다. 혹자는 이런 나의 고백을 지혜롭지 못한 처신이라고 여기지만, 나는 기회만 되면 관여했던 일들의 결과를 솔직하게 인정하는 쪽을 선호한다.

1854년 이라니스탄(Iranistan, 코네티컷주 브리지포트에 있는 무어풍으로 재건한 바넘의 대저택—옮긴이)에서

피니어스 테일러 바넘

나의 계보

피니어스 테일러는 내 외할아버지였다. 나는 그의 첫 손자였고, 이는 내가 그의 명예로운 이름을 물려받아 후세에 영원히 남겨야 한다는 것을 의미했다. 기쁨에 겨웠던 외할아버지는 나를 후계자로 인정했고 어머니에게 날 위한 땅 2헥타르를 선물했다. 그 땅은 코네티컷주

페어필드 카운티 댄버리시의 베설 행정구에 속했고 '플럼 트리'로도 알려져 있었으나 지대상 명칭은 '아이비 아일랜드'였다.

내 귀중한 상속지가 속해 있는(이 부분에 관해서는 나중에 얘기할 것이 있다) 베설 행정구와 그 마을은 여러 사람들에 의해 나의 출생지로 거듭 회자되는데, 나는 그런 사실을 늘 감사히 받아들이고 존중해 왔다.

어쨌거나 나보다 먼저 태어났고 외할아버지와 나를 아는 사람들 모두가 한결같이 나를 외할아버지의 판박이라고들 말하니 그분에 관해 몇 가지 사실을 기록해야겠다.

내가 겨우 두 살이었던 때가 기억나는데, 그 기억 속에서 제일 먼저 보이는 사람이 바로 외할아버지다. 나는 그분의 귀여움을 독차지했고 아마도 깨어 있는 시간의 절반 이상을 그분 품에 안겨 지냈던 것 같다. 사랑하는 내 어머니의 추산에 따르면 내가 여섯 살 때까지 외할아버지의 손에서 받아먹은 각설탕의 양이 족히 300킬로그램은 되었다.

외할아버지는 단연코 짓궂은 장난꾼이었다. 다른 그 무엇보다도 오로지 짓궂은 장난을 치기 위해서 더 멀리 가고 더 오래 기다리며 더 열심히 일하고 더 깊이 궁리했다. 다른 여러 점에서도 그렇겠지만 특히 장난에 있어서 나는 유감스러우리만큼 외할아버지를 빼닮았다. 위험한 장난 면에서는 한계를 몰랐고, 세상 그 무엇보다도 그런 장난을 계획하고 실행하는 것에서 재미를 느꼈으며, 대체로 남에게 폐를 끼치지 않으려고 노력했지만 그래도 여러 번 그렇게 되고 말았다. 나는 종종 이런 타고난 성향을 자책해왔고, 앞으로도 흙으로 돌아갈 때까지 계속 자책할 것이 자명하다.

외할아버지에게는 자녀가 넷 있었다. 내 어머니 이레나, 남편 애런 니컬스를 여의고 과부가 된 로라, 카운티 법원 판사로 있다가 퇴임한 에드워드. 이 세 분은 현재 베설에서 살고 있다. 네 남매 중 막내인 앨런슨은 1846년 6월 5일 45세가 조금 못 되어 베설에서 숨을 거두었다.

두 외삼촌은 장난을 좋아하는 외할아버지의 기질을 조금 닮았다. 로라 이모도 그만그만했고, 내 어머니는 그보다 덜했다. 그러나 외할아버지의 네 자녀에게 부족했던 것이 맏손자의 기질에서, 그것도 복리로 결실을 맺은 셈이다.

내 친할아버지는 베설 출신의 에이프레임 바넘 대위다.* 그분은 독립전쟁 때 민병대 대위였다. 그분의 아들 필로, 즉 내 아버지 또한 쾌활한 기질을 타고나 보통 사람보다 농담을 즐겼다.** 이런 내력을 언급하는 것은 내 기질에 관한 변명으로 삼고자 함이다. '천성은 골수에 배어 바뀌지 않는다'고 하지 않는가.

나의 생가

탄생, 결혼, 죽음. 내 윗세대 대부분은 이 세 단계를 거쳤다. 나는 신의 은총으로 그분들을 좀더 나은 세상, 요컨대 '결혼하지도 않고 결혼생활에 얽매이지도 않으며' '죽음을 극복한' 그런 세상에서 만나길 소망한다.

---

* 친할아버지 슬하에는 자식이 열네 명 있었다. 첫번째 아내와의 사이에 케지아, 루시, 리베카, 조지프, 루스, 도커스, 노아, 해너, 클로를 두었다. 두번째 아내와는 노아 스타, 필로, 이더, 리베카, 피터를 두었다. 이들 중 4명만 생존해 있다. 루스는 91세, 노아 스타는 77세, 이더는 73세, 피터는 70세다. 친할아버지는 1817년 84세로 세상을 떠났다.

** 아버지는 첫번째 아내와의 사이에 라나, 앨먼, 메리, 미너바, 필로 F.를 두었다. 이들 중 미너바와 필로가 생존해 있다. 두번째 아내와는 피니어스 T., 메리, 이더, 코딜리어, 앨마이라를 두었다. 앨마이라는 1832년에 죽었다. 나머지는 아직 생존해 있다.

제1장

어린 시절

출생―학교―존 헤이트―깨진 얼음―빚잔치―살아 있는 석상―뛰어내려, 이 새끼야!―뿔 투기―나는 놈 위에 뛰는 놈―말과 기수―중태―선원이 된 존―해군장교―1펜스와 6펜스 동전들―육체노동은 안 맞아―첫번째 뉴욕 방문―뉴욕에서의 모험―오렌지 투기―총과 딱총알―줄어드는 돈―생애 첫 물물교환―어마어마한 고기―공공윤리 의식―계약 종료

내가 세상에 태어난 것은 1810년 7월 5일이었다. 독립기념일이 지난 후라 국경일을 경축하는 예포 소리는 멈추었고 포연도 깨끗하게 걷힌 후였으며 북소리도 그쳐 있었다. 나는 평화와 고요가 되살아난 그 시간에 세상이라는 무대에 데뷔한 것이다.

나는 위험에서 벗어나 안전한 곳에 있으려는 성향을 늘 고수해왔다. 어쩔 수 없이 전쟁에 나가야 한다면 반드시 확인해야 할 첫번째 무기는 바로 나 자신의 두 다리라고 생각하곤 했다. 나는 아무데나 제멋대로 총을 몇 발 쏘고 이렇게 노래 부르며 떠나버리는 양키 병사들처럼 될 순 없을 게다.

싸우고 도망치는 그 사람
다음날에도 살아서 싸우길.

단언컨대 나는 평화주의자다. 그래서 이 노래의 첫번째 단어는 나와 결코 어울리지 않고 두번째 단어가 내게 그나마 적당하지 싶다.

나는 태어나는 순간부터 무척이나 시끄러웠고 이후에도 도저히 울음을 그치게 할 수 없었다고 어머니는 분명히 말씀하셨으나, 나의 탄생이 마을에서 특별히 소동을 일으킨 것 같지는 않다.

내 인생 최초의 7년은 건너뛰어야겠다. 그 기간 동안 외할아버지는 내게 온갖 애정 어린 말뿐 아니라 건포도와 사탕 사먹을 동전까지 가득 안겨주셨다. 그리고 어떻게 하면 가게 주인으로부터 가장 싼 가격에 건포도와 사탕을 살 수 있는지 늘 가르쳐주셨다. 이 정도로만 해두고, 그 이후의 일들을 얘기하련다.

내가 학교에 다니기 시작한 것은 여섯 살 무렵이었다. 습자 책에 글자를 끄적이기 시작한 것은 1818년이었다. 당시에 학교는 공포의 대상이었다. 교사들은 아이들을 벌벌 떨게 만드는 그런 존재였다. 내 첫번째 선생님은 캠프 씨였고 두번째는 제라 저드슨 씨, 세번째는 뉴타운에서 온 커티스 씨, 네번째는 오리스 T. 테일러 박사, 그다음은 내 삼촌 앨런슨 테일러 등이었다. 여름에는 훌륭한 선생님이자 내가 유독 좋아했고 누구보다 존경했던 해너 스타 양이 가르쳤다. 처음의 남자 선생님 세 분은 체벌을 남발했고, 학교 건물 내부의 어두운 지하감옥 같은 공간은 하교 시간까지 비어 있는 경우가 거의 없었다. '독재 권력'의 심기를 건드렸다는 이유만으로 채 여덟 살도 되지 않은 어린아이들이 그곳에 불려오곤 했던 것이다.

나는 전반적으로 꽤 똑똑한 학생으로 통했다. 학년이 올라가면서 학교에서 나보다 우수한 학생은 두세 명에 불과했다. 나는 특히 산수에 능했는데, 열두 살 때의 어느 날 밤에는 자다가 선생님의 호출을 받은 일이 있었다. 선생님은 내가 5분 안에 목재 더미의 양을 정확히 계산해낼 것이라고 이웃 주민과 작은 내기를 걸었던 것이다. 그 이웃 주민은 목재 더미의 치수를 알려주었고, 나는 석판이 없어서 난로 연통에 계산을 한 뒤 2분도 되지 않아서 정답을 말했다. 선생님도 우리 어머니도 나도 무척 기뻐했으며, 이웃 주민은 믿기지 않는 듯 적잖이 놀란 표정이었다. 우리 아버지는 재단사이자 농부였으며 때로는 여인숙을 운영하기도 했다. 그래서 나는 종종 학교를 빼먹고 아버지를 도와야 했으며, 성적이 좋다고 해도 공립학교에서(어느 여름에는 5킬로미터 거리의 댄버리에 있는 사립학교까지 일주일에 6일을 왕복하기도 했지만) 공부하는 시간 외에는 딱히 좋을 것도 없었다.

농부의 아들 대부분이 그러하듯 나도 소떼를 방목하고 장작을 나르고 탈곡하고 사탕무와 양배추 밭에서 잡초를 뽑아야 했다. 더 자라서는 말을 타고 쟁기질을 했고 건초를 모았으며 때가 되면 쟁기질 외에도 삽질과 괭이질까지 해야 했다. 그러나 나는 그런 일을 전혀 좋아하지 않았다.

소꿉친구 중에 나보다 두 살 많은 아이가 나와 똑같은 길로 소를 몰곤 했는데, 이 책에서는 그를 존 헤이트라고 부르겠다. 존은 우리 마을의 의사인 엔젤 헤이트 박사의 아들로 말썽꾸러기였다. 언행이 상스럽고 약한 애들을 괴롭히는가 하면 남의 집 배며 사과며 수박을 서리하는 걸 즐겼다. '존 헤이트 녀석이랑은 놀지 말라'는 어머니의 훈계를 따르지 않았다는 이유로 나는 여러 번 매를 맞아야 했다.

존은 분별 있는 어머니들에겐 마귀 같은 존재였다. 무슨 재간인지 아이들을 꼬드겨 궁지에 몰아넣고도 절대 도와주는 법이 없었으니 말이다. 아이들은 대개 그를 좋아하는 동시에 두려워했다. 그를 좋아한 것은 물불 안 가리는 무모함과 뻔뻔함 때문이었고, 두려워한 것은 아이들을 쇠막대로 다스리면서 감히 자기 말을 듣지 않으면 누구든 매질을 하는 악랄한 독재자였기 때문이다.

한번은 존을 포함한 학생 십여 명이 수심 3미터가 넘는 연못에서 스케이트를 타고 있었다. 존은 무모함에 사로잡혀 얼음이 얇은 쪽으로 돌진하다가 그만 얼음이 깨지면서 물에 빠지고 말았다. 그는 얼음을 붙잡고서 빠져나오려고 버둥거렸다. 물 밖으로 나와 있는 것은 그의 머리와 어깨뿐이었다. 그는 당시 열네 살 정도였고 나머지 아이들은 열 살부터 열두 살까지였다. 그는 도와달라고 애타게 소리쳤으나, 우리 모두 무서워서 그 위험한 쪽으로 다가가지 못했다. 그가 올라오려고 안간힘을 쓰며 도와달라고 소리치는 동안 그의 팔 아래서 계속 얼음이 깨졌다. 우리는 멀찍이 떨어져 엉거주춤 모여 있었다. 존은 우리가 무서워하는 것을 보고 흥분하여 지독한 욕설을 퍼부었다. 우리가 자기를 도와주지 않으면 그곳에서 빠져나온 다음 우리 모두를 '죽을 만큼 패버리겠다'고 했다.

우리도 그 으름장에 기분이 좋을 리 없었고, 그 또래 아이들의 특징인 무분별까지 더해져서 존을 그 자신의 운명에 맡겨버린 채 일제히 도망쳐버렸다. 우리는 그가 익사할 거라고 철석같이 믿었고, 그중 몇몇은 이미 그날 아침에 그에게 두들겨맞은 터라 그가 무슨 일을 당한대도 그리 염려되진 않았다. 다음날 나는 친구 한 명을 만났다. 그애는

면 손수건으로 머리를 감싸고 있었는데, 그 밑으로 멍든 눈 가장자리가 살짝 비쳤다.

"무슨 일이야?" 내가 물었다.

"존 헤이트가 어제 빠져나왔어. 자기를 도와주지 않았다고 오늘 아침에 날 때렸단 말이야."

다음날 나는 또 스케이트를 타러 연못으로 가다가 존과 마주쳤다.

"거기 서, 죽고 싶지 않으면!" 존이 겁박했다.

나는 마치 포병중대장의 명령이라도 받은 것처럼 딱 멈춰 섰다.

내 얼굴에 입김이 닿을 정도로 가까이 다가온 존이 나를 빤히 노려보면서 큰 소리로 말했다.

"테일러 바넘 씨, 나한테 빚진 게 있을 텐데." 그러고는 보란듯이 외투를 벗어 눈밭에 집어던지고는 아주 빠르게 빚잔치를 하기 시작했다. 2분도 지나지 않아서 흠씬 두들겨 맞은 나는 펑펑 울면서 집으로 돌아왔다. 어머니는 무슨 일이냐고 물었고, 내가 자초지종을 말하자 그런 놈팡이랑 계속 어울려 다녔으니 자업자득이라고 하셨다.

존의 사고가 있은 후 일주일이 지나지 않아서 아이들 열 명이 전부 얻어맞았다. 아이들은 대개 존에게 얻어맞아도 집에서는 내색하지 않았다. 아버지한테 나쁜 친구랑 어울린다고 매를 맞을까봐 무서웠기 때문이다.

그 일이 있은 이삼일 뒤에 우리 아버지가 존과 마주쳤는데, 물론 그일에 대해서는 전혀 모르는 상태였다. 아버지는 그저 이렇게 말했다.

"존, 얘야, 요즘도 스케이트를 타니?"

"아, 그럼요, 필 아저씨. 얼마 전에는 스케이트를 여기까지 지쳤는걸요." 존은 태연하고 진지하게 자신의 목을 가리키면서 대답했다.

노워크 풍경, 『발루스 픽토리얼(Ballou's Pictorial)』

존의 압제에도 불구하고 나는 다른 어떤 친구보다도 그와의 우정을 좋아했다. 존의 가족은 노워크로 이사 갔지만, 내 어린 시절의 추억 상당 부분은 그와 연결되어 있기에 그와 관련된 또다른 사건들을 이야기하고 싶다. 그때 당시에는 내가 딱히 흥미를 느끼지 않았던 일들인데도 말이다.

존의 가족이 이사 가고 난 뒤의 어느 일요일(한여름이었다)에 그는 동생을 데리고 냇가로 목욕을 하러 왔다. 각양각색의 신도들이 한꺼번에 교회를 빠져나왔을 때, 존과 톰은 실오라기 하나 걸치지 않은 알몸으로 냇물의 다리 난간에 올라가 있었다.

"내가 명령할 때까지 꼼짝 말고 있어." 존은 어쩔 줄 몰라 하는 동생에게 말했다.

신사숙녀 무리가 그 다리로 빠르게 다가오고 있었지만, 그들 형제는 석상처럼 움직이지 않았다. 앞쪽 사람들이 다리에 들어섰을 때, 그리고 그 뒤로 훨씬 더 많은 사람들이 따라오고 있는 상황에서 존이 목청껏 소리질렀다. "지금이야, 톰, 다이빙하라고, 이 새끼야. 뛰어내려!" 그와 동시에 존은 불쌍한 톰을 9미터 아래의 깊은 냇물 속으로 밀어버렸다. 존도 곧바로 뛰어내렸고, 얼마 후에는 톰을 등에 태우고 오리처럼 뭍으로 헤엄쳐가는 존이 보였다.

노워크에 살고 있던 존에게 어느 날 원칙보다 이익을 중시하는 빗 제조업자가 이렇게 말했다. "존, 이 지역 빗 제조업자들이 저 범선으로 엄청나게 많은 뿔들을 실어올 거야. 그 뿔들은 부두에 있는 먼슨 호이트 회사 창고에 보관될 거고. 네가 이따금 뿔을 몇 개씩 훔쳐온다면 내가 한 개당 1실링씩 쳐서 사마." 그것은 뿔 한 개 값어치의 절반도 안 되는 금액이었으나, 돈을 쓰고 싶었던 존은 그러겠다고 동의했다.

다음날 밤 존은 멋지게 생긴 소뿔 4개를 빗 제조업자에게 가져다주고 도둑질의 대가로 50센트를 받았다. 다음날 밤에 존은 더 많은 뿔을 가져왔다. 빗 제조업자는 존에게 붙잡히지 않도록 조심하라고 주의를 주었다. 존은 그 친절한 경고에 고마워하면서 최대한 비밀리에 도둑질을 하겠다고 다짐했다. 며칠이 지나고 몇 주가 지나는 동안 존은 계속해서 뿔을 가져왔고 범죄의 보수를 받았다. 몇 달이 지난 뒤에도 존은 의심을 받지 않았고, 급기야 한밤중에 뿔 12개를 가져와서는 3달러를 달라고 우겼다. "내가 지금까지 훔쳐온 뿔보다 훨씬 크고 값도 세 배는 더 나가니까요." 빗 제조업자는 뿔들을 보고 소스라치게 놀라서 소리쳤다. "허, 이거 스페인산 중에서도 가장 큰 뿔이잖아. 이걸 어디서 가져왔니?"

"그야 부두에 있는 그 창고에서 가져왔죠." 존이 대답했다.

빗 제조업자는 찜찜한 기분이 들었다. "계약금으로 먼저 2달러를 주

마. 아침에 내가 그 창고에 가서 살펴볼 거야."

존은 2달러를 받았지만 그것이 그가 뿔을 훔쳐서 번 마지막 돈이었다. 다음날 아침 빗 제조업자는 그 창고엔 그런 뿔이 없다는 것을 알게 됐고, 덤으로 불편한 사실까지 알아챘다. 존 헤이트가 빗 제조업자 자신의 뒤편 가게에서 뿔을 훔쳐 백 달러 넘게 받아갔던 것이다!

노워크에서 독립기념일 기념 경마 시합이 열렸다. 나도 시합을 보러 갔다. 기운찬 말 한 마리가 있었는데, 그 주인도 시합에 참가하고 싶어 했으나 그 말을 탈 수 있는 날렵한 사람을 찾지 못했다. 그 말은 이미 훌륭한 기수 여럿을 내동댕이쳤고, 경기장 주변에서 그 말에 오를 만큼 용기 있는 기수는 없었다. 말 주인의 고민을 들은 존은 전혀 겁이 없는 성격답게 그 말을 타겠다고 나섰다. 우승할 경우 상금의 일정 부분을 나눠준다는 조건을 걸고 말이다. 말 주인은 선뜻 제안을 받아들였고, 존은 곧 그 까다로운 말에 올라탔다. 예선 경기가 시작되고 심판들이 위치를 잡았다. 말들은 출발선에 섰고 '출발'이라는 구령에 따라 모두 뛰어나갔다. 약 800미터 지점에서 모든 말들이 쉬지 않는 채찍질과 박차 아래 최고 속력을 내기 시작했다. 그런데 전광석화같이 질주하던 존의 말이 경주로 가장자리의 어떤 물체를 보고 겁에 질려 딱 멈춰 서버렸다. 존은 2미터 높이의 돌담 위로 날아가 고꾸라졌다!

수많은 사람들이 사고 현장으로 달려갔다. 불쌍한 존은 죽은 것 같았다. 이마에 심각한 타박상을 입어 출혈이 심했고 그 밖에도 얼굴과 몸 여러 곳에 큰 상처들이 나 있었다. 곧 존의 아버지를 비롯해 여러 의사들이 현장에 도착했다. 존은 계속 피를 흘렸고, 의식 회복제를 투여했으나 소용이 없었다. 그는 의식을 잃은 상태로 들것에 실려 집으로 옮겨졌다. 시합은 중단되고 마을 전체에 어두운 그림자가 드리워졌

다. 존이 완전히 사악하다고만 할 수는 없었고, 그의 기행들은 마을 사람들에겐 즐거움을 주는 면도 있었다.

"그 아이 죽을 것 같아요?" 존이 혼수상태로 누워 있는 집에 문병을 다녀온 사람들에게 이런 질문들이 거듭 쏟아졌다.

"가망이 없어 보여요." 대개의 대답은 그랬다.

존은 아주 희미한 숨결과 간헐적으로 내뱉는 처량하고 힘없는 신음 외엔 살아 있다고 볼 수 없는 상태로 밤새 누워 있었다.

아침에도 그는 여전히 의식을 찾지 못했다. 그가 누운 어두운 방의 단조로움을 깨는 소리라고는 정신이 혼미함을 드러내듯 종잡을 수 없는 중얼거림뿐이었다.

의료상담이 이루어졌고, 의사들의 말에 따르면 치료의 효과를 기다리는 동안 정오 무렵에 위기가 올 수 있는데 그때 회복 여부가 판가름날 것이었다. 존의 초조한 부모와 친척들이 조용한 병실을 지키며 간간이 시계를 쳐다보는 동안 시간은 더디게 흘러갔다. 11시. 11시 30분. 그리고 12시 정각. 그러나 의식이 돌아올 징후는 보이지 않았다. 12시 10분, 15분이 되었으나 여전히 징후는 없었다.

"아이가 말 한 마디도 못하고 우리를 알아보지도 못한 채 떠나버리는 건 아닐까요?" 고통에 빠진 존의 어머니가 물었다.

"우리는 희망과 믿음을 포기하지 않았습니다." 의사 한 명이 목소리를 낮추고 말했다. "이 아이가 치명상을 입긴 했지만 얼마 후면 깨어날 거라고, 게다가 아주 말짱하게 회복될 거라고 믿습니다."

10분이 더 지나고, 초조히 지켜보는 사람들을 향해 존이 천천히 고개를 돌렸다. 조금씩 눈을 뜨고 입술을 바르작거리기 시작했다. 숨막히는 정적 속에서 알아들을 수 있는 존의 첫 말소리를 붙잡기 위하여 모두가 귀를 바짝 세우고 있었다.

"망할 놈의 말 같으니. 그놈이 갑자기 내뺄 줄 알았다니까!" 어느새 의식을 회복한 존이 느릿느릿 말했다.

사람들 사이에서 웃음을 참는 소리가 들려왔다. 초조해하던 그의 부모님은 얼굴이 환해지며 미소를 지었고, 의사들은 조용한 환경에서 잘 간호하면 곧 회복할 거라고 장담했다.

그로부터 일주일 후 거리에서 머리에 붕대를 감은 존의 모습이 보였다. 그는 늘 그랬듯이 다시금 닥치는 대로 무모한 모험을 시작할 준비가 되어 있었다.

존이 열여섯 살 무렵엔 너무 고집이 세어져 부모님도 도저히 다루기 힘들게 되었다. 그래서 그의 아버지는 아들을 선원으로 만들기로 결심했다. 매사 주저하는 법이 없던 존은 아버지를 따라서 뉴욕으로 갔다. 존이 리우데자네이루행 브리그(brig, 쌍돛대 범선의 일종—옮긴이)에 선원으로 승선할 채비가 곧 마무리되었다. 존은 항해를 시작한 뒤 이삼일까지는 드세게 굴었지만 단호한 항해사의 훈육하에 성격이 원만해지고 행실도 좋아졌다. 그는 같은 배를 타고 뉴욕으로 돌아왔고, 스스로의 선택에 따라 또 한번 항해에 올랐다.

두번째로 리우데자네이루에 도착했을 때 몇몇 선원들이 존의 옷을 훔쳤다. 화가 난 존은 배를 떠나더니 종적을 감추고 돌아오지 않았다. 선장이 그를 찾아봤으나 헛수고였고, 할 수 없이 그가 없는 가운데 뉴욕으로 귀항해야 했다. 배가 뉴욕에 도착할 예정인 날 존의 아버지가 (그의 가족은 뉴욕으로 이사 와 있었다) 아들을 보러 부두에 나왔다. 존이 배를 떠나 남아메리카에 남았다는 말에 그의 아버지는 놀라고 슬펐다. 존의 가족은 슬픔에 잠겼고 선장에게 다음번 항해에서 존을 데려올 수 있도록 노력해달라고 채근했다. 불행히도 선장은 브라질을 다시 방문하기 앞서 리버풀에, 그다음에는 뉴올리언스에 다녀와야 했다.

그러다가 마침내 결국 선장은 브라질행 항해에 오를 준비를 끝냈다. 헤이트 박사는 선장의 손에 백 달러를 쥐여주며 아들을 위해 사용해주고 부디 그를 찾아서 꼭 데려와달라고 사정했다. 선장은 모든 수단과 방법을 동원해보겠다고 약속했다.

배가 리우데자네이루에 도착한 뒤 뭍에 오른 선장이 거의 처음 마주친 사람은 바로 존 헤이트였다. 존은 양어깨에 견장이 달린 브라질 해군장교 정복을 갖춰 입고 있었다.

"어, 헤이트. 정말 자네 맞나?" 깜짝 놀란 선장이 소리쳤다.

"글쎄요. 나랑 체구가 비슷한 사람을 잘못 보셨나봅니다." 존이 꽤 위엄 있게 대꾸했다.

"자넬 만나게 되어 기쁘군. 하지만 그런 옷을 입고 있어서 깜짝 놀랐잖아." 선장이 말했다.

"내가 죽기 전에 또다른 사람들을 깜짝 놀래주려고요." 젊은 장교가 대답했다.

"하지만 자네가 꼭 나와 함께 돌아갔으면 해." 선장이 말했다. "자네 가족이 자네 때문에 크게 실의에 빠져 있어. 그리고 자네 아버지가 필요한 것을 사주라며 백 달러를 내게 맡겼네."

"필요한 게 없어요." 존이 대답했다. "그러니까 아버지께 나 대신 안부 전해주시고 돈도 돌려주세요. 그리고 부디 이렇게 전해주세요. 이 나라에서 내 옷을 전부 도둑맞았으니, 더 많은 것을 잃거나 아니면 도둑맞은 값어치만큼 돌려받지 않는 한 절대 돌아가지 않겠다고요."

존은 결코 돌아오지 않았고, 내 생각에 그후로 더는 소식이 없었던 것 같다. 어쩌면 얼마 후에 죽음이 그의 생을 끝내버렸는지도 모르겠다. 신중히 교육받았더라면 그는 사회의 높은 자리에 올라 찬란히 빛났을 테고, 그 자신의 가족뿐 아니라 인류 전체에 축복이 되었을 것이다.

내가 천성적으로 욕심이 많거나, 아니면 내 어린 시절에 부모님이 그런 기질을 조장했거나 둘 중 하나인 듯하다. 나는 다섯 살이 되기 전부터 동전을 모았다. 여섯 살이 됐을 때 할아버지는 내가 모은 동전을 다 합하면 1달러가 된다고 알려주셨다. 그리고 동전을 갖고 자기를 따라오면 아주 값나가는 것을 보여주겠다고 하셨다. 나는 전 재산을 손수건에 싸고 칭칭 묶어서 단단히 쥐고는 할아버지를 따라갔다. 할아버지가 나를 데려간 곳은 당시에 스타일스 웨이크리 씨가 운영하던 마을 선술집이었다. 할아버지는 주인에게 다가가면서 이렇게 말했다. "웨이크리 씨, 여기 이 마을에서 가장 부유한 소년이 있네. 현금으로 1달러를 가지고 있어. 저 아이의 잔돈을 1달러짜리 은화로 바꿔주면 좋겠네."

사근사근한 술집 주인은 내 잔돈을 가져갔고 곧 은화 하나를 내게 건네주었다.

그렇게 큰 부자가 된 기분, 이 세상에서 온전히 자립했다는 기분은 생전 처음이었다. 그후로도 그런 기분은 두 번 다시 느끼지 못했다. 그 커다란 은화를 보면서 온전히 내 것임을 느꼈던 바로 그 기분 말이다. 일명 '수레바퀴'라고 불리던 그 은화보다, 아니 그 절반만큼 큰 것도 없을 듯이 보였다. 나는 그 놀라운 은화로 지구 전체와 그 속에 있는 모든 것을 살 수 있으리라고 철석같이 믿었고, 심지어 그렇게 해도 내가 손해일 거라고 생각했다.

그러나 나는 그 1달러 은화 하나만 가지고 있진 않았다. 어머니가 계속 동전을 모아야 한다고 일러주셔서 그렇게 했다. 더 크고 나서는 말을 타고 쟁기질하는 소떼를 이끄는 대가로 외할아버지에게 하루에 10센트씩 받았고, 그 밖에도 내 재산을 불릴 수 있는 다양한 방법들을 생각해냈다. 그 '훈련 기간'에 나는 돈을 쓰는 대신 행상으로 돈을 벌었다. 내가 판 물건은 당밀 4리터를 졸여 만든 사탕이었는데 당시에는 그것을 '쿠카니아'라고 불렀다. 나는 '훈련'이 끝날 무렵엔 시작할 때보다 1달러 더 벌곤 했다. 내겐 늘 남다른 투기 성향이 있었기에 휴일에 파는 상품 가짓수는 금세 늘어났다. 생강빵, 쿠키, 얼음사탕, 체리 럼 따위였다. 특히 체리 럼은 뉴잉글랜드산 럼주가 든 데미존(demijohn,

입구가 가늘고 크기가 큰 유리병—옮긴이)에 버찌 여러 개와 약간의 설탕을 넣은 것이었다. 나는 곧 체리 럼의 좋은 고객이 군인이라는 것을 간파했다. 그래서 '제자리 서', '세워총!' 같은 구령이 들려오는 즉시 유리병과 술잔을 들고 교관들에게 다가가곤 했다. 이삼년 뒤에 아버지가 내 돈으로 옷을 사 입게 하지만 않았어도 나는 어마어마한 부자가 되어 있었을 것이다. 옷을 사 입느라 재산이 축나서 그만그만한 수준이 되었다. 그래도 늘 이익을 취하려고 기회를 엿본 끝에 내 명의의 양과 송아지를 가지게 되었다. 그 밖에도 열두 살 나이에 나 스스로 상당한 재력가라고 느끼게 만드는 개인 재산이 여럿 있었다.

동시에 나는 적절한 지위에 오르지 못했다는 아쉬움도 느꼈다. 농장은 나를 위한 공간이 아니었다. 나는 언제나 몸 쓰는 일을 싫어했다. 반면에 머리 쓰는 일은 아주 좋아했다. 늘 장난거리를 궁리해내거나 돈 벌 계획을 세웠으나, 육체노동은 단연코 나와 맞지 않았다. 아버지는 나도 여느 아이들처럼 호미와 쟁기로 밭을 갈 수 있어야 한다고 주장했지만, 나는 대개 일을 피해 갈 방법을 궁리하거나 대충 때우는 식으로 모면하곤 했다.

내가 상업의 중심지를 난생처음으로 방문한 것은 열두 살이 채 되지 않은 무렵이었다. 그 사연은 이렇다. 앞에서 말했듯이 우리 아버지는 마을 여인숙을 운영했다. 1822년 1월의 어느 늦은 오후, 코네티컷주 사우스베리에 사는 대니얼 브라운 씨가 뉴욕에 가서 팔 투실투실한 소떼를 몰고 우리집에 들렀다. 그는 소떼를 우리의 널찍한 헛간 안마당에 두고, 자신과 조수 한 명이 타고 온 말들은 마구간에 넣은 뒤 우리와 함께 따뜻한 저녁을 들었다. 그러고는 장화를 벗고 슬리퍼로 같아 신은 후 난롯가에 앉아서 편안하게 밤시간을 보냈다.

그는 뉴욕에 다녀온 적이 있었기에 내겐 위대한 인물로 보였다. 당시는 '뉴욕에 가는 것'이 마치 요즘 유럽에 가는 것처럼 여겨지던 시기였다. 그가 여러 도시와 카운티에서 겪은 무용담을 들으면서 나는 그에게 더욱더 관심을 가지게 되었다. 그런데 그가 아버지한테 이런 요지로 이야기하는 것을 들었다. 뉴욕으로 가는 도중 리지필드와 다른 몇 군데에 들러 소를 더 사들일 생각이니, 같이 가면서 소몰이를 도와줄 발이 날랜 아이 하나를 구해달라는 것이었다. 나는 지체 없이 아버지한테 그 탐나는 자리를 내가 얻을 수 있게 중재해달라고 (요즘의 공직 희망자들처럼) 애걸복걸했다. 아버지는 내 말을 들어주었다. 어머니와 상의하여 동의를 구하고 나자 나를 뉴욕으로 보낼 준비가 일사천리로 진행되었다. 날이 밝는 대로 소를 몰고 출발해야 하니 속히 잠을 자라는 말을 들었다. 침대에 누웠지만 잠이 오지 않았다. 별의별 상상들이 머릿속을 채우고 사라지지 않았다. 바야흐로 내 앞에 신세계가 열리기 직전이었다. 새벽녘에 겨우 한두 시간 잠들었는데, 황금으로 포장된 거리와 허공에 무수한 성들이 떠 있는 대도시가 꿈에 나타났다.

동틀 녘에 깨워진 나는 아침도 먹는 둥 마는 둥 하고 소몰이를 돕기 위하여 강한 눈보라 속을 걷기 시작했다. 리지필드에 닿기 전, 브라운 씨는 무리에서 이탈한 수소를 쫓아가기 위하여 나를 자신의 말에 태웠다. 그런데 말이 넘어지는 바람에 나는 발목을 접질리고 말았다. 굉장히 아팠지만 그런 내색조차 하지 못했다. 집에서 15킬로미터도 채 오지 않은 터였기에 브라운 씨가 나를 돌려보낼 생각을 할지도 몰라서였다. 브라운 씨는 꽤 오랫동안 나를 등뒤에 태워주었고, 그날밤 묵은 호텔의 안주인이 퉁퉁 부은 내 발에 찜질을 해주었다. 다음날 나는 약간 나아지긴 했으나 계속 절뚝거렸고, 브라운 씨는 대부분의 시간 동안 나를 자기 말에 태워주었다.

사나흘 뒤 우리는 뉴욕에 도착했고, 당시에 기븐스 씨가 운영하던 '불스헤드' 여인숙에 묵었다. 가축상 브라운 씨는 일주일 동안 소를 팔며 바삐 보낸 다음 나와 함께 썰매를 타고 돌아갈 예정이었다.

나로서는 대단한 한 주였다. 집을 떠날 때 어머니가 1달러를 주었는데, 그 돈을 다 쓰리라고는 꿈에도 생각 못했다. 그 돈이면 갖고 싶은 걸 다 사고도 잔돈이 꽤 많이 남을 거라고 생각했다. 첫번째 지출은 오렌지를 산 것이었다. 나는 오렌지를 무척 좋아했기에 종종 배불러서 더 못 먹을 때까지 먹어보고 싶다는 생각을 하곤 했다. 나는 과자 가게에 들어가서 오렌지값을 물어보았다. "하나에 4펜스란다."

코네티컷주에서 '4펜스'는 6센트였고, 나는 전 세계 어디서나 그럴 거라고 생각했다. 이전에도 값을 후려치는 방식으로 이득을 보았고 '1페니를 절약하면 2펜스를 버는 것이다'는 프랭클린의 격언을 믿어 의심치 않았던 나는 가게 여주인에게 이렇게 말했다. "하나에 4펜스는 너무 비싼 거 같지만 두 개에 10센트면 살게요."

주인 여자는 잠시 망설이더니, 나더러 뉴욕에 처음 온 모양이라면서 10센트에 오렌지 두 개를 줄 터이니 뭐든 필요한 게 있으면 자기한테 사라고 말하는 것이었다. 나는 고맙다고 하며 오렌지를 받아들었다. 오렌지값을 그렇게 깎아주는 그녀가 아주 인심 좋은 사람이라고 생각했다. 그러나 통화의 차이 때문에 내가 치러야 할 값보다 2센트를 더 냈다는 것은 꿈에도 생각하지 못했다.

나는 오렌지 두 개를 후딱 해치우고 두 개를 더 샀다. 80센트가 남았다. 그 정도면 지구상의 모든 사람들이 원하는 것을 사기에 충분한 액수처럼 보였다. 그다음으로 31센트를 주고 산 것은 작은 장난감 권총이었는데, 막대를 '발사'하여 방안 맞은편 벽까지 쏘아 보낼 수 있었다. 그런 장난감 총을 처음 봤던 나는 적잖이 놀랐고, 집에 돌아가면 그것으로 친구들을 깜짝 놀라게 할 생각이었다. 나는 호텔 바에 들어가서 그 비상한 장난감을 가지고 놀기 시작했다. 바에는 사람들이 북적였고 나는 아무데나 총을 발사했다. 화살이 한 남자의 코를 스치고는 바텐더의 눈을 정통으로 맞혔다. 아파서 화가 난 바텐더가 계산대 앞으로 나오더니 내 멱살을 잡고 험악하게 흔들어댔다. 그리고 내 머리가 돌아갈 정도로 뺨을 때리면서, 그 총을 치우지 않으면 난로 속에 집어던져버리겠다고 말했다. 나는 적잖이 마음의 상처를 받고 슬며시 계단을 올라 객실로 가서는 그 소중한 보물을 베개 밑에 집어넣었다.

다시 장난감 가게로 가니 마음씨 좋은 여주인이 내게 딱총알의 신비를 알려주었다. 그녀가 딱총알 하나를 힘껏 바닥에 집어던지자 딱 하고 터지는 것이었다. 나는 무척 기뻤다. 저것도 친구들을 깜짝 놀래겠는데? 그래서 딱총알을 6센트어치 샀지만, 집에 돌아갈 때까지 기다릴 수가 없었다. 식당으로 가는 호텔 투숙객들을 지켜보다가 문득 저들은 딱총알에 관해 전혀 모를 거라는 생각이 들었고, 그들에게 알 기회를 주고 싶은 충동을 참을 수 없었다. 그래서 주머니에서 딱총알 두 개를 꺼내 사람들이 지나가던 복도의 한쪽 벽에 온 힘을 다해 내던졌다. 요란한 폭발음이 연달아 두 번 울리자 사람들은 깜짝 놀라고 당황했다. 호텔 주인이 몹시 흥분한 표정으로 달려오더니 곧 범인을 알아내고는 손바닥으로 한 대 후려쳤다. 나는 그 한 방에 쭉 뻗어버렸다.

"이 어린 얼간이 녀석!" 그가 소리쳤다. "저렇게 맞았으니 내 집에서 그 지랄맞은 딱총알을 또 터뜨리진 못하겠지."

그의 말대로였다. 나는 그 한 방으로 완벽하게 교훈을 얻었다. 객실로 올라가서 베개 밑의 장난감 총 옆에 딱총알을 놓았다. 그날 저녁은 먹지 않았다. 긍지에 상처를 입었고 식욕도 사라졌다. 나는 비천해졌다. 버림받은 기분이 들었고 쓸쓸했다. 그래도 한 가지 위안거리가 있었다. 장난감 가게. 나는 다시 그곳에 들러서 시계, 배지, 팽이를 샀다. 그래도 나는 아직 부자였다. 11센트가 남았으니까. 나는 잠자리에 들었고 내가 가진 물건들이 전부 다 나오는 꿈을 꾸었다.

다음날 아침을 먹자마자 '한번 둘러보려고' 그 가게에 또 들렀다. 어제 미처 보지 못했던 물건들이 많이 눈에 띄었다. 멋진 양날 칼에 도래송곳과 타래송곳까지 전부 들어 있는 물건이 있었다. 신제품이었다. 나는 세상에서 가장 요긴한 그 물건을 당연히 가져야만 했다. 그것은 목공소 하나의 축소판이나 마찬가지였고, 놔두고 가기에는 너무도 귀중한 물건이었기에 아버지도 기뻐할 터였다. 베설의 구식 사람들은 또 얼마나 놀랄 것인가! 그런데 여러 기능이 합쳐진데다 유용하고 장식적으로 멋지기까지 한 그 물건의 가격이 얼마였을까? 고작 31센트! 그러나 애통하게도 내게는 11센트밖에 없었다. 놀랍게도 자금을 다 써버린 것이다. 그러나 나는 반드시 그 칼을 손에 넣어야 했기에 내 친절한 친구인 가게 여주인에게 이렇게 제안했다. 팽이와 배지를 내가 산 가격보다 조금 싸게 쳐서 반품하고 내게 남은 11센트까지 얹어줄 테니 그 칼을 팔 수 없냐고 말이다. 그 친절한 여자는 그러라고 했고, 그리하여 나는 생애 처음으로 물물교환을 성사했다. 그러고 나니 이번에는 당밀 사탕이 눈에 들어왔다. 내가 지금까지 본 그 어떤 당밀 사탕보다도 하얗고 예뻤다. 몇 개 먹어보고 싶었다. 그래서 여주인에게 내가

워싱턴 마켓(1890년)

산 시계를 조금 싸게 쳐서 반품할 터이니 그 값어치만큼 당밀 사탕을 달라고 부탁했다. 그녀는 그렇게 했다. 맛있었다. 그렇게 맛있는 것은 처음 먹어보았다. 그날밤이 되기 전 나는 장난감 총을 돌려주고 그 값어치만큼 당밀 사탕을 바꿔 먹었다. 다음날 아침에는 딱총알을 전부 당밀 사탕으로 바꿔 먹었고, 그날 안으로 양날 칼마저 빛나는 예전 소유물들의 달콤한 발자취를 따라갔다. 당밀 사탕은 내가 날름날름 탕진한 돈이었다. 사탕으로 교환할 수 있는 물건도 다 써버렸다. 그런데도 나는 올리버 트위스트처럼 '더'라고 울부짖었다.

그 선량한 가게 여주인에게는 나만한 아들이 있었다. 내가 가지고 있던 손수건 두 장은 딱히 쓸모가 없었다. 그녀의 아들이 손수건을 사용하면 좋을 듯했고, 그녀가 당밀 사탕 네 개와 바꾸겠냐고 했을 때 나는 기쁘게 제안을 받아들였다. 내게는 앞으로 절대 필요하지 않을 듯한 여분의 양말 한 켤레도 있었는데, 그것도 사탕 다섯 개와 맞바꾸고 말았다!

　그렇게 가지고 있던 물건을 전부 날려버린 뒤, 나는 운명에 몸을 맡기고 다른 오락거리로 눈을 돌렸다. 코네티컷주에서 온 젊은 신사와 안면을 튼 것이었다. 그는 스무 살가량이었고 예전에 한번 뉴욕에 온 적이 있었으며 '요령'이 있었다. 그가 내게 뉴욕을 구경시켜주겠다고 제안했다. 나는 기꺼이 그를 따라나섰고 그날 내내 여러 볼거리를 구경하며 깜짝 놀랐다. 그는 나를 데리고 당시에는 '베어 마켓'으로 불리던 지금의 워싱턴 마켓으로 갔다. 거기서 파는 엄청난 양의 고기를 보고 나는 아연실색했다.

　"대체 이렇게 많은 고기로 뭘 하려는 거죠?" 나는 무척 궁금한 나머지 동행한 청년에게 물었다.

　"그야 팔려는 거지." 그가 말했다.

　"그럼 이곳은 글렀네요." 나는 의기양양하게 말했다. 최후의 심판일이 올 때까지도 그 고기를 전부 팔 수는 없을 거라고 확신했기 때문이다. 사실 그 고기는 24시간 안에 소진될 공산이 컸으나, 시골뜨기 꼬맹이에게 그런 일은 도저히 불가능해 보였다. 그런 일은 몇 년 후 그곳에 들른 '샘 테일러 삼촌'에게도 불가능해 보였다. 어느 날 아침 일찍 일어난 그 노신사는 동료들을 깨우더니 이렇게 말했다. "풀턴 마켓이나 구경해보세. 어마어마한 고기 쇼가 있을 거야. 내가 벌써 손수레 세 대에 고기를 가득 싣고 가는 걸 봤다니까!"

　나는 그 시장 뒤편 부두의 말뚝에 고정되어 있던 작은 네모 판자에 새겨진 문구를 평생 잊지 못할 것 같다. 그것은 시의 경고문이었고 내용은 다음과 같았다.

나는 공공기관이 그런 상스러운 글을 썼다는 것에 깜짝 놀랐다. 그리고 '우라지게(DAMD)'라는 불쾌한 수식어 없이 그냥 '오래된 고기나 생선'이라고 할 수는 없었을까 의아했다. 나는 경고문

FIVE DOLLARS FINE FOR THROWING any kind of DAMD aged meat or fish into the Public Docks.

우라지게 오래된 고기나 생선을 공공 부두에 버릴 시 벌금 5달러를 부과함

에 드러난 공공윤리의 개탄스러운 상태에 관해 동행한 청년의 주의를 환기시켰다. 그러자 그는 그것이 공권력을 두려워하지 않는다는 짓궂은 익살이라고 설명해주었다. 그 작은 'D'가 불필요하고 불쾌하게 강조되긴 했지만, 원래는 '상한(damaged)'이라고 쓰여 있던 것에(즉 '상한 고기나 생선을 공공 부두에 버릴 시') 덧붙여져 의미를 더 명확하게 만든 것이라고.

청년은 내게 뉴욕주 교도소도 구경시켜주었다. 그렇게나 많은 범죄자들이 줄무늬 죄수복을 입고 있는 광경에 나는 깜짝 놀랐다. 구두를 만들던 200명가량의 죄수들이 우리가 들어가자 마치 줄 하나로 움직이는 자동인형처럼 한꺼번에 문 쪽으로 얼굴을 돌렸던 모습이 특히 놀라웠다. 그날 나는 커다란 풍차도 보았는데, 그런 것을 보기는 평생 처음이었다.

일주일이 금세 지나갔다. 브라운 씨는 마지막 저녁식사를 끝내자마자 말 한 필이 끄는 썰매에 나를 태우고 소피츠(현재의 포트체스터)까지 가서 하룻밤 묵었다. 그리고 다음날 아침 일찍 출발하여 그날 저녁 베셀에 도착했다.

나는 쉴새없이 질문 공세를 받았고, 여러 형제자매들은 내가 1달러를 주고 산 물건들 중에 아무것도 가져오지 않았다는 사실에 퍽 실망

했다. 내 옷들을 살펴본 어머니는 손수건 두 장과 양말 한 켤레가 없어진 것을 알고 나를 매질한 뒤 잠자리에 들게 했다. 그렇게 나의 뉴욕 첫 방문은 끝이 났다.

그래도 나는 오랫동안 학교에서 유명인사로 통했다. 내가 '뉴욕에 가봤고' '다른 아이들이 말로만 들어본' 여러 신기한 것들을 직접 보고 왔기 때문이었다.

가게 점원 시절

농장에서든 어디서든 몸으로 하는 일을 싫어하는 내 기질은 다양한 방식으로 표출되었고, 그 모든 것들이 내가 게으르다는 근거가 되었다. 실제로 나는 마을에서 가장 게으른 아이라는 평판을 얻고 있었다. 아마도 내가 땀흘려 벌어먹고 사는 형벌에서 벗어나고자 늘 잔머리를 굴렸기 때문인 것 같다. 내가 나아질 기미를 보이지 않자 크게 실망한 아버지는 나를 장사꾼으로 키워보기로 작정했다. 진작부터 베설에 적당한 크기의 건물 한 채를 세워두었던 아버지는 동업자 하이럼 위드와 함께 직물과 식료품, 철물, 그 밖의 여러 잡화를 사들였다. 나는 시골 상점의 정식 점원이 되었다.

나보다 앞서간 많은 풋내기들이 그러했듯, 점원은 내 야망의 정점이었다. 생계를 위하여 노동해야 하는 평범한 아이들과 대화를 나눈다는 것은 내 입장에서는 굉장한 겸손처럼 느껴졌다. 나는 귀에 펜을 꽂고 계산대 뒤에서 점잔을 빼곤 했다. 숙녀들에게 놀라우리만큼 정중했고, 장부를 기입할 때는 똑똑한 척했으며, 손님을 대할 때는 아주 적극적이었다. 손님들이 10센트짜리 못이나 전분 또는 염료나 소다 따위를 집어들고 이리저리 저울질할 때도, 혹은 뉴잉글랜드산 럼주나 서인도제도산 당밀을 골라들 때도 한결같이 그러했다.

우리 가게에서는 현금이나 외상 거래뿐 아니라 물물교환도 가능했다. 나는 버터, 계란, 밀랍, 깃장식, 옷감을 사려는 늙은 아낙들과 모자, 도낏자루, 귀리, 옥수수, 메밀, 히커리 열매 따위와 우리 상품을 교환하려는 남자 손님들과 약삭빠르게 흥정을 했다. 상점을 청소하고 창문의 덧문을 내리고 난롯불을 지펴야 한다는 것은 내 위엄을 훼손했다. 그럼에도 불구하고 '상인'이 된다는 생각은 그런 허드렛일에 대한 보상이 되고도 남았다.

나의 타고난 돈벌이 성향은 그 어느 때보다 적극성을 띠었고, 나는 개인적으로 사탕을 들여와 청소년 고객에게 팔 수 있는 특권을 얻어냈다. 나는 점원 일을 하는 대가로 약간의 봉급을 받았기에(아버지는 평소처럼 내 옷은 내 돈으로 사서 입어야 한다는 조건을 고수하셨다) 고용주에게 충실하려고 노력했다. 하지만 내가 살면서 깨달은 것이 있으니, 이해가 충돌할 때마다 사람은 자기 자신을 먼저 생각하는 경향이 있다는 점이었다. 유감스럽지만 나 또한 그랬던 것 같다. 다른 손님들이 좀더 이윤이 많이 남는 상품을 사려고 기다리는 동안에도, 나는 너그러운 엄마들이 그들의 귀한 자식에게 사탕을 사주도록 권하는 데 많은 시간을 썼기 때문이다.

시골 상점은 저녁때나 비 오는 날이면 장사가 잘되지 않는 따분한 공간이다. 그런 경우에는 할 일이 거의 없었다. 그래도 나는 그런 시간을 언짢게 보내진 않았는데, 그 이유를 설명해보겠다.

거의 모든 뉴잉글랜드 마을에는(지금 이 글을 쓰고 있는 시점에도) 사교적이고 유쾌하며 이야기에 능하고 유머러스한 익살꾼과 재담꾼과 괴짜 들이 여섯 명에서 스무 명까지도 있기 마련이었다. 그들은 선술집이나 상점에 모여서 저마다 다양한 모험담과 일화를 주거니 받거니 하고 서로 괘사를 떨면서 비바람 몰아치는 오후 시간과 저녁시간을 보내곤 했다. 재담꾼들은 어떤 화제에서건 재미를 이끌어내는 데 열중하는데 '한턱내기', 요컨대 산타크루즈 럼주 한잔이나 네덜란드산 진 또는 자메이카 증류주 한잔 내기를 하는 잠시 동안은 열기가 고조되고 말이 신랄해지기도 한다.

베설도 그런 일에서 예외는 아니었다. 사실 그만한 크기의 마을 중에 베설보다 농담과 재담에 기발한 괴짜들이 더 많은 곳도 없었다. 앞에서 말했듯이 우리 외할아버지 피니어스 테일러도 그런 부류에 속했다. 외할아버지의 이웃인 벤저민 호이트는(치안판사라는 직책 때문에 '호이트 나리'라고도 불리는) 내가 아는 이야기꾼 중에서도 단연 최고였다. 그분은 내가 아는 그 누구보다 실감나게 이야기를 할 수 있었고 대개 자신이 말하는 이야기 속의 인물들을 전부 알고 있다고 공언했다. 그리고 아무리 우스운 이야기를 하더라도 시종일관 더없이 근엄한 표정을 지었다. 이야기가 끝났을 때 비로소 큰 소리로 하하! 웃음을 터뜨렸고, 그 모습을 본 청자들도 웃어대기 시작했다.

다행인지 불행인지 우리 상점은 마을 재담꾼들의 집결지였다. 내가 즐거이 그들의 이야기에 귀기울였던 낮과 저녁이 많았고, 동료들이 돌아간 후에도 오랫동안 남아 있던 두 재담꾼의 마지막 이야기를 듣기 위하여 11시까지 상점 문을 열어둔 밤 또한 많았다.

농담에 대한 열렬한 애정과 장난꾸러기 기질을 물려받은 나는 마을 재담꾼들이 들려주고 시연한 모든 것들을 너무도 즐겁게 보고 들었을 뿐 아니라 좋은 기억력이라는 서판에 기록해두었다. 그래서 지금도 거의 한 단어도 빠뜨리지 않고 그 얘기들을 끄집어낼 수 있다. 그 일부를 지금부터 풀어놓겠다. 그러나 내가 여기서 유의해 보여주려는 것은 어떻게 마을 주민 전체가 하나의 농담을 주고받으며 영원히 잊히지 않게 만들었는가 하는 상황이다.

내가 태어난 지 며칠 뒤에 외할아버지가 나를 가문의 후손으로 인정하고 '아이비 아일랜드'라는 땅을 선물했다는 것은 앞에서 말했다. 외할아버지가 퍽 진지하게 내가 지주라고 알려준 것은 내가 채 네 살이 되지 않았을 때였다. 단언컨대 그 무렵부터 열두 살이 될 때까지 적어도 일주일에 한 번꼴로 그 소중한 상속재산 이야기를 들었다. 외할아버지는 내가 있는 곳에서 내 이야기를 하실 때면 상대가 이웃 사람이든 외지인이든, 내가 코네티컷에서 가장 귀한 농장인 '아이비 아일랜드'를 독차지하고 있으니 마을에서 가장 부자 아이라는 말을 반드시 하고 넘어갔다. 어머니는 종종 내가 어마어마한 재산을 가지고 있다는 점을 상기시켰고, 아버지는 이따금씩 내가 성인이 되어 재산을 상속받으면 가족을 부양할 것인지 묻곤 했다. 나는 그런 문제라면 걱정하지 마시라고 아주 믿음직스럽게 아버지를 안심시키곤 했다. 내가 성인이 되어 토지를 받게 되면 모든 가족이 필요로 하는 것을 아낌없이 지원하겠다고 말이다. 이웃들도 자기네는 무일푼인데 나는 엄청난 부를 상속받을 테니 행여 자신들의 자식들과 내가 놀지 않으려 할까봐 걱정이라는 말을 하루에도 열 번은 족히 했다.

'아이비 아일랜드'에 관해 이런 식으로 6년에서 8년 동안 지속된 언급 때문에 내가 거만해졌던 것 같다. 나는 더디게 굴러가는 시간의 수레가 속력을 내서 하루빨리 내가 스물한 살이 되기를, 그래서 외할아버지의 너그러운 통찰력이 나를 위해 닦아놓은 갑부의 길로 들어서기를 바라마지않았다. 나한테 살갑게 구는 친구들에게 평생 부자로 살 수 있게끔 '아이비 아일랜드'를 조금 떼어주겠다는 약속을 얼마나 자주 했던가! 나는 진심으로 그 약속을 지킬 생각이었다. 그러나 한 치 앞을 모르는 게 인생사 아니던가! 머잖아 예기치 못한 일이 벌어졌고, 그로 인해 내 꿈과 포부에 심각한 변화가 생길 수밖에 없었다.

어느 여름(아마도 내가 열두 살이었던 1822년이지 싶다), '아이비 아일랜드'에 가보고 싶다고 아버지의 허락을 구한 적이 있다. 아버지는 그러잖아도 며칠 후에 그 근처에서 건초를 모아야 하니 가보게 될 거라고 말했다. 나는 사흘 동안 잠까지 설쳤고, 약속의 땅을 봐도 좋다고 허락받은 모세라도 된 것처럼 생각만 해도 가슴이 벅찼다. 그 금싸라기 땅과 관련하여 오래도록 뇌리에서 떠나지 않았던 부의 환상은 더욱더 강렬해져 있었다. 젖과 꿀이 흐를 뿐만 아니라 에메랄드와 다이아몬드를 비롯한 보석 동굴과 금광과 은광이 있는 땅이 마음속에 생생하게 펼쳐졌던 것이다.

드디어 기다리고 기다리던 그날 아침 아버지는 내게 '아이비 아일랜드' 인근의 목초지에서 꼴을 베어야 하고, 내 땅에는 점심시간에 우리가 고용한 일꾼과 함께 가볼 수 있을 거라고 말했다. 외할아버지는 내가 그 귀한 땅을 보게 되면 당신으로부터 얼마나 큰 은혜를 입었는지 기억해야 한다고 친히 상기시켜주셨다. 그리고 만약에 내가 '피니어스'라는 이름으로 불리지 않았더라면 결코 '아이비 아일랜드'의 소유주가 될 수 없었을 거라고도 덧붙이셨다. 어머니도 한마디 거들었다.

"얘, 테일러야, 네 땅을 보고 너무 들뜨진 말거라. 너무 기뻐서 병이 나지 않으려면 말이다. 네가 부자인 건 맞지만 진짜 그 재산을 갖게 되려면 아직 9년은 더 있어야 하니까." 나는 차분하고 점잖게 굴겠다고 약속했다.

"네가 아이비 아일랜드에 가게 되면 말이다," 어머니는 말을 이었다. "점심때 쉬지 못할 거야. 오전 내내 꼴을 베고 나면 피곤할 텐데, 점심때 나무 그늘에 누워서 쉬고 아이비 아일랜드는 다음에 가면 어떻겠니?"

"아뇨, 엄마." 내가 대답했다. "점심때 쉬지 않아도 상관없어요. 피곤하지도 않을 거고요. 내 땅을 밟아보고 싶어서 죽겠어요. 더는 기다릴 수 없다고요."

"그럼, 가려무나." 어머니가 말했다. "하지만 돌아와서 동생들한테 말하진 말거라."

나는 어머니의 그런 지시가 전혀 쓸데없는 것은 아니라고 생각했다. 벌써부터 부동산이 없는 동생들이 생계를 위하여 짊어져야 할 근면한 노동이 나에게는 품위를 떨어뜨리는 것처럼 느껴지기 시작했기 때문이다.

우리는 목초지로 일하러 갔다. 그곳은 '플럼 트리'의 일부로 '이스트 스웜프'라고 알려져 있었다. 목초지에 도착했을 때 나는 아버지에게 '아이비 아일랜드'가 어디 있느냐고 물었다.

"이 목초지의 북쪽 끝이야. 저 멀리 멋진 나무들이 보이는 곳이란다." 아버지가 대답했다.

나는 아버지가 가리키는 쪽을 바라보았다. 명예롭고 너그러운 외할 아버지의 아낌없는 선물을 태어나서 처음으로 직접 보고 있노라니 형언할 수 없는 자부심과 기쁨으로 가슴이 벅차올랐다.

오전은 금세 지나갔다. 나는 두 사람 몫을 하면서 열심히 일했고, 나무 그늘에서 아버지와 품꾼들과 함께 서둘러 점심을 먹었다. 우리가 제일 좋아하는 선량한 아일랜드인 품꾼 에드먼드가 어깨에 도끼 한 자루를 메고는 내게 '아이비 아일랜드'로 함께 갈 채비가 끝났다고 말했다.

나는 신이 나서 벌떡 일어났지만, 왜 에드먼드가 도끼를 가져가는지 묻지 않을 수 없었다. 대답인즉슨, 세상 어느 곳보다 내 땅에서 얼마나 우수한 나무들이 자라고 있는지 견본을 베어내 내게 확인시켜주기 위함이라고 했다. 그의 대답은 더할 나위 없이 만족스러웠고, 우리는 이내 출발했다. 목초지 북쪽 끝에 가까워질수록 땅이 질퍽하고 축축해져서 이동하기가 꽤나 수월찮았다. 수렁에서 수렁으로 건너뛰어야 했고, 나는 종종 발을 헛디뎌 흙탕물에 빠지곤 했다. 한번은 내가 어느 수렁에 서 있는데 다음 수렁까지 너무 멀어서 닿을 수 없을 것 같아 몹시 걱정스러웠다. 이삼십 미터 앞서가던 에드먼드는 내가 곤경에 빠진 것을 보고 용감하게 뛰면 건널 수 있다고 소리쳤다.

"못할 것 같아요." 내가 말했다. "이번에 성공해도 다음 수렁은 더 어려울걸요. 근처에 물 밖으로 발을 디딜 만한 것이 없잖아요."

"네가 사람들이 다니는 길에서 조금 벗어나 있어서 그래." 내 아일랜드인 친구가 대꾸했다. "하지만 걱정하지 말고 물속을 조금만 걸으면 돼."

"물이 내 키보다 더 깊을걸요. 빠져 죽을 거라고요." 나는 자포자기한 심정으로 대답했다.

"제일 깊은 곳도 1미터밖에 되지 않으니 전혀 위험하지 않아." 그가 말했다.

"내가 물에 빠지면 아저씨가 꺼내줘야 해요." 내가 떨면서 말했다.

"꼭 그러마. 그러니까 절대 겁먹지 말고 힘껏 뛰어라. 그럼 아무 문제 없을 거야." 그가 용기를 북돋우면서 말했다.

나는 두 주먹을 불끈 쥐고서 온 힘을 다해 뛰었고, 다음 수렁의 가장자리에 간신히 올라섰다. 그러고는 몸을 쭉 펴고 내겐 너무 깊지 않을까 몹시도 걱정스러운 물속을 걸어가기 위해 마음을 다잡으려 했다. 그런데 내가 서 있는 자리에서 셀 수 없이 많은 말벌들이 날아오르는 것이었다. 말벌들은 곧 내 얼굴과 귓가에서 윙윙거렸다. 그중 한 고약한 놈이 내 코끝을 쏘았고, 나는 아파서 비명을 지르며 앞뒤 안 가리고 물속으로 뛰어들었다. 금세 물이 목까지 찼고, 나는 한 발 더 내디뎠다간 물속에 잠길 것 같아서 도와달라고 애타게 소리쳤다.

그 믿음직스러운 아일랜드인은 딱히 문제가 될 상황은 아니라고 여겼는지 한바탕 웃음을 터뜨리더니 내게 힘을 내라고 격려하는 것이었다. "너의 귀한 땅까지 그렇게 물속을 걸어서 400미터만 가면 되거든."

"내가 물속에 잠기면 당장 도와줘야 해요. 난 헤엄을 못 친다고요." 내가 의기소침하게 말했다.

"절대 겁먹지 마라. 네가 위험해지면 이 아저씨가 눈 깜박할 사이에 구해주마."

그 약속을 믿은 나는 한 발짝 내디뎠고, 그래도 아직 내 머리가 물

위에 있는 것을 발견했다. 말벌 여섯 마리가 공격해오자 나는 무의식 중에 머리를 물속으로 집어넣었다. 다시 물 밖으로 머리를 내밀었을 때 말벌들은 사라지고 없었다. 나는 있는 힘껏 물속을 걸어서 '아이비 아일랜드'를 향해 나아갔다. 그렇게 습지를 버둥거리면서 15분쯤 지난 뒤 물속에서 자라는 나무를 딛고 올라섰고, 곧 나무 틈을 미끄러지듯 지나서 마른땅에 닿았다. 숨이 찼고 온몸이 진흙투성이여서 사람이라 기보다 물에 빠진 생쥐 꼴이었다.

"네가 무사하니 천만다행이구나." 아일랜드 친구가 그렇게 말했다.

"아, 정말 끔찍했어요. 말벌이 어찌나 아프게 쏘던지!" 나는 아파서 신음했다.

"얘야, 걱정 말거라. 이 작은 개울만 건너면 너의 값비싼 땅이 나오 니까." 그가 용기를 돋워주었다.

주위를 둘러보니 우리는 폭이 3미터에서 4미터쯤 되는 개울에 이르 러 있었다. 개울의 양쪽 둑을 따라서 사람이 지나가기도 어려울 정도 로 오리나무들이 빽빽이 자라 있었다.

"어이쿠!" 내가 소리쳤다. "내 땅이 이 개울에 둘러싸여 있다는 거예 요?"

"아니면 '아이비 아일랜드(담쟁이 섬)'라고 부를 리 없잖니?" 기다렸 다는 듯이 답변이 돌아왔다.

"아! 지금까지 이름의 뜻을 생각해본 적이 없네요. 그런데 어떻게 이 개울을 건너죠?"

"이제 이 도끼를 사용할 때가 된 것 같구나." 에드먼드는 이렇게 말 하고 오리나무를 잘라내며 움직이더니 개울 바로 윗둑에 있는 작은 참나무 한 그루를 쓰러뜨렸다. 참나무는 개울을 가로질러 쓰러져서 임

내 땅과 그곳을 점유하고 있는 뱀

시 다리가 되었고, 에드먼드는 나를 도우며 그 위로 건너갔다.

드디어 '아이비 아일랜드'에 도착한 나는 호기심 어린 표정으로 주변을 둘러보기 시작했다.

"어, 자라다 만 담쟁이랑 시시한 나무 몇 그루밖에 없는 것 같아요!" 내가 소리쳤다.

"그래서 '아이비 아일랜드'라고 부르는 게 아니겠니?" 그는 차분히 대답했다.

나는 완전히 풀이 죽어서 내 땅의 중심부를 향해 10여 미터 걸어갔다. 진실이 불현듯 뇌리를 스쳤다. 나는 6년도 넘게 모든 이웃들에게 놀림을 받아왔던 것이다. 나의 값진 '아이비 아일랜드'는 접근하기 어렵고 한푼 가치도 없는 불모지였다. 부와 명예의 모든 꿈은 흔적도 없이 사라지고 말았다. 갑작스러운 몰락에 관해 생각하며 골똘히 서 있는 동안, 괴물 같은 검은 뱀 한 마리가 머리를 세우고 꿰뚫어보는 눈으로 나를 향해 다가오는 것이 보였다. 나는 억! 소리를 지르고 냉큼 도 망쳤다. 아일랜드인은 다시 한번 나를 도와 임시 다리를 건넜다. 그것이 내가 '아이비 아일랜드'를 찾아간 처음이자 마지막 방문이었다. 목초지로 돌아가니 아버지와 일꾼들이 열심히 꼴을 베고 있었다.

"그래, 네 땅을 본 소감이 어떠냐?" 아버지가 시치미를 떼고 더없이 진지하게 물었다.

"아주 싼 값에 팔아버릴 거예요." 내가 고개를 떨어뜨리고 대답했다.

일꾼 전부가 요절복통한 걸 보니 그들도 비밀을 공유하고 있는 듯 했다. 밤이 되어 집으로 돌아갔을 때, 외할아버지는 짐짓 근엄한 표정으로 내게 축하의 말을 건넸다. 마치 그 땅이 내가 태어난 이후로 당신 본인과 마을 사람 전체가 한통속이 되어 조롱해온 황무지가 아니라 실제로 값비싼 땅이라도 되는 것처럼 말이다. 어머니마저 진지한 표정으로, 기대했던 대로 내가 부자라는 걸 알게 됐기를 바란다고 말하는 것이었다. 마을 사람 예닐곱 명은 내 이름이 피니어스여서 기쁘지 않으냐고 물었다. 그리고 그날 이후로도 5년 동안 사람들은 내게 '아이비 아일랜드'라는 금싸라기 땅을 계속해서 상기시켰다.

나는 그 짓궂은 장난을 진심으로 웃어넘길 수 있다. 그 상속지는 먼 훗날 내게 큰 도움이 됐기 때문이다. '아이비 아일랜드'는 내가 내리막길을 걷고 있을 때 운명의 수레바퀴를 행운 쪽으로 구르게 만든 중심추의 일부분이었다.

"면도칼 가는 가죽숫돌은 얼만가?" 우리 외할아버지가 한 행상인에게 물었다. 행상인은 우리 가게 앞에 양키 물건을 실은 짐마차 한 대를 세워놓고 있었다.

"이 포머로이 가죽숫돌은 개당 1달러랍니다." 행상인이 대답했다.

"하나에 1달러!" 외할아버지가 소리쳤다. "올해가 가기 전까지 반값에 팔릴 걸세."

"이 포머로이 가죽숫돌이 1년 안에 개당 50센트에 팔린다면, 한 개를 어르신께 선물로 드립죠." 행상인이 말했다.

"그 말을 지킨다면 지금 하나 사겠네. 이봐, 벤, 자네가 증인일세." 외할아버지는 호이트 나리를 향해 말했다.

"알겠네." 벤이 대답했다.

"좋아요." 행상인이 말했다. "약속을 지키죠. 제 사전에 무르는 건 없으니까요."

외할아버지는 가죽숫돌을 사서 호주머니에 집어넣었다. 그런데 이내 그것을 빼들더니 호이트 나리에게 주면서 이렇게 말했다. "벤, 방금 산 이 가죽숫돌이 맘에 들지 않는군. 자네에게 판다면 얼마를 주겠나?"

"글쎄, 가만있자, 50센트 줌세." 호이트 나리가 짓궂게 눈을 반짝이면서 느릿느릿 말했다. 그의 눈빛은 팔린 가죽숫돌과 그것을 판 상인 둘 다 지나치다고 말하고 있었다.

"가져가게. 나는 전에 쓰던 걸로 얼마 동안 버틸 수 있을 거야." 외할아버지는 행상인에게 의미심장한 표정을 지어 보였다.

가죽숫돌의 주인이 바뀌었고, 행상인이 소리쳤다. "아이고, 알겠습니다. 원하는 게 뭡니까?"

"졌다는 걸 인정하고 한잔 사든가 아니면 나한테 가죽숫돌 하나를 주든가 하게." 외할아버지가 대답했다.

"인정하지도 않고 한잔 사지도 않을 겁니다." 행상인이 말했다. "그 대신에 댁의 재치를 봐서 가죽숫돌 하나를 드리죠." 그는 자기 말대로 가죽숫돌 하나를 외할아버지에게 주었다. 기분좋은 웃음소리가 들려왔고, 행상인도 따라 웃었다.

"베설에는 아주 똑똑한 사람들이 있다니까요." 한 구경꾼이 행상인에게 말했다.

"그 말이 맞긴 한데, 자랑할 건 없어요." 행상인이 말했다. "나는 지금 75센트를 벌었으니까요."

"어떻게요?" 그 구경꾼이 물었다.

"방금 가죽숫돌 2개를 1달러에 팔았지만, 실제로 내가 물건을 떼온 가격은 개당 12.5센트지요." 행상인이 대답했다. "그런데 베설 사람들이 영리한 수를 쓴다는 말을 듣고서 조심해야겠다 마음먹고 그에 맞춰 가격을 조정했답니다. 보통은 이 가죽숫돌을 개당 25센트에 팔지만 여러분이 더 원하신다면 개당 50센트에 드리고, 마을 주민 모두에게도 기꺼이 그 가격으로 팔겠습니다."

마을 주민들은 풀이 죽었지만, 가죽숫돌을 더 사지는 않았다.

베설에 아내와 네 자녀를 둔 한심한 주정뱅이 하나가 있었다. 술을 입에 대기 전에는 근면 성실하고 똑똑하며 존경받는 통 제조업자였다. 그러나 십 년 동안 내리막길을 걷다가 결국에는 비참한 술고래가 되고 말았다. 그는 이따금씩 자기 말마따나 '정신 차리기'를 했는데 상당 기간, 대개는 한 달 정도 술을 끊곤 했다. 이 기간에 그는 근면했고 정신도 맑았다. 그는 여러 상점을 방문했다. 이웃들은 그와 기쁘게 대화를 나누면서 계속 근면하게 생활하도록 격려했다. 그 불쌍한 사람은 친절한 충고에 귀를 기울이면서 눈물까지 보였고, 때로 이렇게 대답하기도 했다.

"여러분이 옳습니다. 내가 지금 머릿속이 맑고 깨끗하니 여러분이 옳다는 걸 압니다. 술을 끊지 않으면 행복도 없다는 걸 여러분만큼이나 잘 안다고요. 나는 탕아처럼 '제정신을 차렸을 때' 주님에게 돌아가서 의무와 이성의 길을 걷지 않는 한 희망이 없다는 걸 깨닫지요. 나는 정신을 차렸습니다."

"좋아. 하지만 계속 이렇게 지낼 수 있겠어?" 사람들은 그렇게 묻곤 했다.

그는 허리를 꼿꼿이 펴고, 몰락 전에는 그를 언제나 도드라지게 만들었던 자부심 어린 표정으로 이렇게 말하곤 했다. "내가 상습적인 주정뱅이가 돼서 나 자신과 가족의 얼굴에 먹칠을 할 거라고 생각하세요?"

그의 아내는 마을 사람 모두에게 존경을 받았고 그의 자녀들은 사랑받았다. 그들은 마을의 내로라하는 훌륭한 집안들과 지속적으로 교류했다. 그의 오랜 방탕에도 불구하고, 이웃 사람들은 그의 자부심과 자존심에 호소한다면 그가 정신을 차린 동안 영원히 금주하겠다는 약속을 받아낼 수 있을 거라고 기대했다. 명예심이 높은 사람이니, 그러겠다고 약속만 한다면 음주라는 운명의 끈을 끊어버릴 수 있을 거라고 확신했던 것이다.

"아니, 자넨 절대 술주정뱅이가 되지 않을 걸세. 자네처럼 자존심이 강하고 가족을 사랑하는 사람이 그렇게 될 리 없지. 그러니까 자네는 앞으로 절대 술을 입에 대지 않을 거라고 생각해." 한 이웃이 간절한 마음으로 말했다.

"'정신 차리기' 시간이 끝나기 전까지는 안 마셔요. 어제로 3주가 됐네요." 그는 그렇게 대답했다.

"에이, 약속을 하지 그러나." 이웃 몇 사람이 한목소리로 말했다. "'정신 차리기' 시간이 끝나도 술을 먹지 않겠다고 말이야. 아예 영원히 술을 끊겠다고. 자네야말로 약속만 한다면 그걸 지키는 사람이라는 건 우리가 다 아니까."

"나는 세상이 돌아가는 한 약속을 지키는 사람이죠. 내 말은 신성한 것이어서 약속을 할 때는 조심스러워요. 내가 일단 약속을 하면 지옥의 악마들이 전부 달려들어도 그것을 어기게 만들진 못하죠. 그러나 맹세는 하지 않겠어요. 여러분이 옳다고만 말해두죠. 음주는 나쁜 습관이니까 '정신 차리기'가 끝나면 한번 생각해볼게요. 나는 자신을 통제할 수 있기 때문에 주정뱅이가 아니고 앞으로도 그렇게 될 리 없다는 것을 나 자신에게, 또 여러분에게 증명하기 위하여 몇 달에 한 번씩 금주를 하고 있는 겁니다."

그 한심한 남자는 그런 식으로 기만적인 궤변을 늘어놓으며 스스로 만족했다. 그러나 그는 거의 무의식중에 정해진 날이 오기를 희망과 기쁨으로 학수고대하고 있었다. 그날이 다가올수록 억눌렀던 술에의 욕구가 점점 더 강해졌기 때문에, 그 시간이 되자마자 술병을 낚아채어 최대한 빨리 들이켤 생각이었다. 그렇게 하여 비참한 생의 주기가 다시 시작될 것이고, 그의 아내와 아이들은 그들 앞에 펼쳐진 어두운 광경에 짓눌려버릴 것이다.

'정신 차리기' 기간이 끝난 어느 날 그는 평소처럼 술을 마셨고 종종 그랬듯이 아내를 때렸다. 이튿날 아침 잠에서 깬 그는 아내에게 아이를 시켜 럼주를 받아오라고 말했다. 아내는 아이들은 다 학교에 갔다고 대답했다. 그는 아내더러 직접 가서 술병을 채워오라고 요구했다. 그녀는 남편이 침대에서 일어나 아침식사를 하려 들 때까지 핑계를 대면서 한두 시간 미적거렸다. 그러나 간밤의 폭음으로 혀는 바싹 마르고 목구멍은 타들어가는 듯했던 그는 럼주 말고는 아무것도 먹고 싶지 않았다. 술이 깨서 정신은 말짱했지만, 그는 이성을 잃을 정도로 격분해버렸고 아내에게 이렇게 말했다.

"여보, 내가 몸이 좋지 않소. 당신이 가서 술을 받아와야 해."

"그럴 수 없어요." 아내는 구슬프지만 단호하게 대답했다.

"그럴 수 없다고! 내가 지금 법적인 아내에게 멸시를 당하고 있는 거요? 인생의 동반자가 내가 원하는 것을 무시하고 지시하는 것에 불복할 정도로 내가 나락으로 떨어졌단 말이지?" 그는 본연의 자존심과 위엄을 되찾고 말했다.

"당신이 행복해지는 일이라면 뭐든 싫다고 하지 않겠어요. 하지만 당신을 불행하게 만들고 우리 가족을 비참하게 만드는 것을 가져다줄 순 없다고요." 낙담한 아내가 말했다.

"이 집의 가장이 누구인지 곧 알게 될 거요. 당신이 느낄 수 있는 방식으로 내 힘을 보여주겠소. 가게에 가서 당신의 외상 거래를 중지시킬 테니까."

그는 그렇게 으름장을 놓고서 외투를 입고 손가락으로 머리를 쓸어 넘겼다. 그러고는 술병을 호주머니에 찔러넣고 브루투스처럼 위엄 있게 성큼성큼 마을로 걸어왔다.

우리 상점에 도착한 그는 부자 고객처럼 으스대며 상점 주인에게 다가와 이렇게 소리쳤다.

"위드 씨, 오늘 아침에 아내가 내 말을 거역했답니다. 그러니 아내가 내 이름으로 여기서 외상을 하지 못하게 해주시오."

고객의 희번덕거리는 눈과 창백한 안색을 본 위드 씨는 '정신 차리기' 기간이 끝났음을 알아채고는 아주 신랄하게 대답했다.

"아, 댁은 굳이 나한테 아내분과의 외상 거래를 금지시키려고 수고할 필요가 없어요. 왜냐, 나는 당신과 거래를 하지 않을 테니까!"

이 갑작스럽고 예상치 못한 면박은 그를 당황하게 한 동시에 구원했다. 자신이 천대당하는 것에 충격을 받은 그는 격앙된 표정으로 호주머니에서 빈 술병을 꺼내들더니 바닥에 내동댕이쳐 산산조각 냈다. 그러고는 이렇게 소리쳤다.

"너! 빌어먹을 평등론자에다 사람의 자존심을 짓밟는 놈! 신에게 맹세컨대, 앞으로 취하게 만드는 것은 단 한 방울도 마시지 않겠다." 그는 그 맹세를 지켰다. 그는 지금 부자가 되었고 주의회에 마을 대표로 참석하는 일이 잦다. 그리고 손주 여러 명을 비롯한 그의 가족은 사회적 지위와 도덕성 면에서 마을의 최고 집안 중 하나다.

시골 가게에서도 배울 점이 있다. 사람들은 사기 거래, 특히 눈속임과 도리에서 어긋난 협잡이 도시에서만 벌어지고 소박한 시골 사람들은 무슨 일이든 정직하게 행한다고 생각하기 십상이다. 그것은 어느 정도 사실이지만, 예외도 많이 있다. 시골 아낙들이 옷감 뭉치를 가져와서 전부 리넨과 면이라고 장담하며 상품과 교환하려 드는데, 그 뭉치를 샅샅이 들춰보면 안쪽은 대부분이 쓸모없는 모직물 쓰레기나 때로는 돌멩이, 자갈, 재 따위로 채워진 경우가 다반사였다. 평소의 관행과 달리 귀리, 옥수수, 곡물 등의 무게를 재어볼 때도 왕왕 있었다. 우리 농부 고객들이 정확히 몇 킬로그램, 이를테면 150킬로그램이라고 공언한 경우에도 실상은 10여 킬로그램이 모자라곤 했다. 물론 아낙들은 옷감 사기에 관해 깜짝 놀라며 그들도 모르게 맘대로 일을 벌인 하인이나 이웃 탓을 했고, 남자 농부들은 곡물 무게를 잴 때 옆에서 '도와준 사람'의 부주의를 탓하거나 실수로 셈을 틀렸다고 둘러댔다. 이런 예들은 정직을 기반으로 한 일반 원칙의 예외들이지만 우리가 고객들을 감시하게 될 만큼, 나아가 '우리끼리가 아닌 모든 거래에는 속임수가 있다'는 격언이 진리임을 배울 만큼 빈번하게 일어났다.

내가 베설에 있는 그 상점에서 점원으로 일하는 동안 아버지는 여인숙을 운영했다. 나는 대개 동생 이더와 함께 잤는데, 여행자들로 여인숙이 꽉 찰 때는 어쩔 수 없이 한 침대에 셋이 자야 했다. 정직한 아일랜드인 농부 에드먼드가 바로 우리의 세번째 잠자리 동료였다. 밤에 상점 영업이 끝나면 나는 친구들의 집에서 그들과 어울려 놀곤 했다. 이야기보따리를 풀기도 하고 이런저런 '애들 놀이'를 하다보면 시간이 후딱 지나갔다. 부모님이 허락한 시간보다 늦은 11시가 되면 나는 슬며시 계단을 올라가 아주 조심조심 침대로 기어들어가곤 했다. 그러지 않으면 동생이 깨서 내가 늦게 들어왔다고 부모님에게 고자질할 게 뻔했다.

동생은 집에 잠입하는 나를 붙잡으려고 온갖 계획을 세웠으나 번번이 잠을 이기지 못했다. 그 덕에 나는 녀석의 불침번을 피할 수 있었다. 동생은 문에 여행 가방과 의자 따위를 쌓아두고서 내가 문을 열다가 바리케이드를 허물어뜨리면 그 소음에 잠을 깨려고 시도하기도 했다. 그러나 나는 대개 동생이 깨지 않도록 문을 조금씩 연 다음 침대로 들어가곤 했다.

어느 밤엔가는 문이 안쪽에서 꽉 닫혀 있었다. 동생의 속임수에 넘어가지 않겠다고 마음먹은 나는 다시 계단을 내려와 짧은 사다리 하나를 찾아냈다. 그 사다리를 타고 아무도 몰래 방안으로 들어갔다. 이런 식으로 동생이 계속 일을 꾸미는 바람에 나는 집으로 돌아올 때마다 함정이 있을 거라고 의심하고서 보통은 아주 조심스럽게 침실로 들어가곤 했다. 어느 날 밤 여느 때처럼 11시경에 돌아와 조심스럽게 문을 빼꼼 열고서 안쪽에 도사리고 있는 장애물은 없는지 더듬거려보았다. 아니나 다를까 작은 끈 하나가 닿았는데, 한쪽 끝이 문의 걸쇠에 묶여 있었다. 다른 한쪽 끝은 어디에 묶여 있는지 상상이 가지 않았고, 어두워서 확인할 수도 없었다. 나는 호주머니에서 칼을 꺼내 끈을 조심스레 잘라내고 문을 연 뒤에 들키지 않고 침대로 들어갔다. 다음날 아침 깨어보니 끈의 한쪽 끝은 동생의 엄지발가락에 묶여 있었다. 제 딴에는 잠에서 깰 수 있는 기발한 술책이라고 생각한 모양인데, 실제로 내가 제때 끈을 발견하지 못했더라면 성공했을 터였다.

어느 밤엔가는 동생이 침대 가운데 앉아서 베개를 등에 받치고 내가 돌아올 때까지 깨어 있기로 한 모양이었다. 그러나 결국은 잠들었고, 집에 돌아온 나는 앉은 자세로 잠든 동생을 보고는 침대 아래쪽을 가로질러 기분좋게 드러누웠다. 아침에 동생은 간밤에 앉은 자세 그대로 잠이 들었다는 것을 알게 되었다. 녀석은 나를 발로 차 깨우고는 이렇게 소리쳤다.

"어젯밤에는 잘도 피했겠다. 하지만 형을 꼭 잡고 말 거야."

"할 수 있으면 얼마든지. 하지만 잠든 족제비를 잡으려면 아침에 일찍 일어나야 할걸."

다음날 밤 동생은 뒤꿈치에 박차를 차고 잠이 들었다. 내가 침대에

들어가다가 박차에 부딪쳐 살이 긁히면 아파서 소리칠 테고 그 소리에 자기가 깨리라고 생각한 것이었다. 나는 그날밤에도 조심했지만 별다른 함정을 찾지 못했기에 동생이 드디어 포기했구나 생각하고 동생쪽으로 등을 돌린 채 곧 잠에 빠져들었다.

하필 그날밤 늦게 주석그릇 장수들과 여행자들이 여럿 몰리는 바람에 여인숙이 꽉 찼다. 그래서 아일랜드인 에드먼드가 우리와 함께 자야 했다. 에드먼드는 내가 침대 한쪽을, 동생이 평소처럼 떡하니 한가운데를 차지하고 잠든 것을 확인하고 조용히 다른 한쪽에 누워서 잠이 들었다. 나는 새벽 2시쯤 무서운 소리에 잠을 깼다. 보름달이 창문을 통하여 방안을 대낮처럼 환히 비추고 있었다.

"박차를 차고 침대에 누우면 어떻게 되는지 가르쳐주마, 못된 녀석

같으니." 에드먼드가 호통을 치고 있었다. 그는 내 동생을 허공으로 높이 치켜들고서 한 손으로 동생의 목을, 다른 손으론 (바로 내 머리 위에서 대롱거리는) 박차를 찬 다리를 움켜잡고 있었다.

"아저씨, 왜 그래요?" 내가 놀라서 소리쳤다.

"아무것도 아니다. 네 동생이 박차로 내 살을 10센티미터쯤 긁어놓은 것만 빼면." 단단히 화가 난 아일랜드인이 그렇게 대답했다. 상처 때문에 무척이나 아픈 모양이었다.

"아저씨한테 그러려는 게 아니었어요. 테일러 형 때문이었단 말이에요." 아직 잠이 덜 깬 동생이 울먹였다.

"네가 누굴 긁어놓으려고 했는지는 관심 없다. 어차피 내가 당했으니까." 에드먼드는 그렇게 말하면서 내 동생을 손바닥으로 대여섯 번 후려갈겼다. 동생은 꼬마 인디언처럼 비명을 질렀다.

에드먼드는 동생의 박차를 풀고 우리에게 다시 잠잘 준비를 하라고 일렀다. 그러고는 자기도 잠을 청하면서 동생에게 이렇게 말했다.

"다음번에 또 나를 말처럼 타려고 했다가는 냅다 걷어차일 줄 알아라, 이 못된 놈아!"

제3장

주일학교와 낡은 예배당

주일학교—괴짜 목사—열성적인 동료—증언 유도—놀라운 폭로—의심
스러운 정황들—심리—절정—결혼 수고비—교리 논쟁—낡은 예배당—난로
개혁—상상의 힘—집사의 하소연—성경반—족한 한 가지—폭발

뉴잉글랜드의 대다수 사람들처럼 나도 일요일마다 꼬박꼬박 교회
에 다니며 자랐다. 사실 나는 글을 읽을 수 있기 전부터 이미 주일학교
학생이었다. 베설에는 교회, 아니 '예배당'(장로교)이 하나뿐이어서 모
두 이곳으로 다녔다. 당시 우리 작은 마을에서는 교리와 교파의 차이
가 크게 두드러지지 않았다. 낡은 예배당에는 첨탑도 종도 없었지만
여름이면 주민들이 모이기 쾌적한 곳이었다. 마음씨 착한 우리 어머니
는 신약과 교리 문답서를 내게 가르쳐주었고, 그 전체를 단어 하나도
남김없이 완벽하게 익혀서 상을 받는 것이 나의 가장 큰 열망이었다.
그 상은 금전 가치가 있는 표였는데, 이 표를 지닌 사람은 상금 1밀(10

분의 1센트)을 받을 수 있었다. 그러니 표 10개면 1센트였다. 이 상금을 현금으로 쓸 수는 없었으나 10센트로 주일학교 책 한 권을 살 수 있었다. 다시 말해서 책 한 권을 사는 데 필요한 표는 100개였다. 일요일마다 빠지지 않고 꼬박 2년을 다녀야(이것은 거의 불가능했다) 그 상을 실제로 손에 넣을 수 있다는 의미였다. 보상치고는 시시했으나, 나를 노력하게 만드는 자극으로서는 충분했다.

베설의 성직자 중에서 제일 먼저 떠오르는 사람은 새뮤얼 스터지스 목사다. 내가 점원으로 일하던 당시에는 로 목사가 설교를 맡았다. 로 목사는 우리 상점에서 물건을 샀다. 그는 담배 '한 모금'을 좋아했고, 당시에 우리 아버지와 외할아버지를 찾아오던 성직자 대부분은 술 '한 잔'을 좋아했지만, 그럼에도 나는 목사란 개인으로 보든 집단으로 보든 평범한 인간을 능가하는 존재라고 믿었다. 나는 지금도 성직을 진심으로 존경하고, 많은 성직자들이(모든 성직자가 그래야 하겠지만) 거룩한 예수의 헌신적인 사도라고 확신하고 있다. 그럼에도 '가장 좋은 열매는 새들에게 쪼인다'는 말처럼 최고의 대의는 위선자의 입에서 나오기 쉽다는 것도 유감스럽지만 맞는 말이다. 우리 모두는 고통과 슬픔 속에서 '목사'라는 직함이 반드시 성인을 의미하지는 않는다는 걸 깨닫게 되었다. 우리가 종종 양의 탈을 쓴 늑대에게 기만당한다 해도 그것을 막을 방법이 딱히 없기 때문이다.

코네티컷주 그린필드에 살았던 리처드 배릭 데이 목사는 일요일 저녁이면 으레 베설에 와서 설교를 하곤 했다. 그는 아주 달변의 설교자였고 괴짜였다. 재능이 뛰어났던 그의 설교에는 연민을 자아내는 힘과 재기가 넘쳤다. 그는 사람들에게 인기가 아주 좋았으나 한편 근엄한 사람일수록 그를 꺼렸다. 그의 설교는 교단 안팎에서 널리 알려진 교리와 종종 마찰을 빚거나 대표적인 교의에 반했다. 데이 목사는 종종 교계에서 곤경에 처했다. 성직자의 의무를 위반했다거나 이단 행위를 했다는 혐의로 정직을 당하기도 했고 재판에 회부되기도 했다. 그는 설교를 금지당한 기간에는 가족을 부양하기 위하여 무슨 일이든 해야 했다. 그런 마음으로 베설과 댄버리를 비롯한 여러 마을을 찾아다니며 강론을 하고 대가로 헌금을 받았다. 나는 그가 베설에서 한 박애에 관한 강론을 기억하고 있다. 설득력과 애수로 가득한 그 강론이 끝나자 헌금이 50달러 이상 걷혔다.

그러던 어느 날 데이 목사가 미들타운의 교단 협의회에서 심문을 받기로 되어 있었다. 당시에는 철도가 없어서 많은 사람들이 말을 타고 이동했다. 심문 예정일을 이틀 앞두고 데이 목사는 혼자서 말을 타고 미들타운으로 출발했다. 여행 가방은 안장 뒤에 꽉 동여매고, 당시 유행대로 두꺼운 외투 위에 폭이 넓은 망토를 걸치고 챙 넓은 모자를 쓴 채 심문을 받으러 떠났던 것이다.

미들타운까지 15킬로미터가량 남았던 여행 이틀째, 데이 목사는 역시 말을 타고 교단 협의회에 참석하기 위해 길을 가던 한 동료 성직자를 따라잡았다.

그 성직자는 나이가 예순 살 정도였고 백발이 호저의 가시처럼 뻗쳐 있었다. 굳은 얼굴은 미소 한번 지어본 적이 없는 것 같았고, 불길한 표정과 날카롭고 이기적으로 보이는 작은 눈은 심판관의 일원인 그로부터 일말의 연민도 기대할 수 없다는 확신을 주었다. 두 성직자는 곧 대화를 나누기 시작했다. 신앙심 깊은 척하는 성직자가 자신의 이름과 주소를 말하고는 데이 목사에게도 이름과 주소를 물었다.

"저는 리처드입니다." 리처드 배럭 데이 목사가 대답했다. "사는 곳은 페어필드고요."(그린필드는 페어필드의 한 교구다.)

"아." 상대 목사가 소리쳤다. "그러면 데이 목사와 가까이 사는가보오. 그 사람을 아시오?"

"알다마다요." 괴짜 목사 리처드가 대답했다.

"그래, 그 사람을 어떻게 생각하시오?" 동료 목사가 조마조마한 표정으로 물었다.

"빈틈없이 교활한 사람이죠. 그의 기분을 상하게 해서 곤란한 상황에 엮이기는 싫은 그런 사람 말이죠. 하지만 부득이 그래야 한다면, 우리 협의회를 깜짝 놀라게 할 만한 일들을 폭로할 수도 있어요."

"정말이오? 흠, 물론 교단에 대한 의무와 구세주의 대의가 형제로 하여금 모든 것을 고하도록 촉구할 것이오. 그래서 그 고발당한 목사와 관련하여 형제가 아는 모든 것을 밝히게 될 것이오." 흥분한 목사가 말했다.

"동료의 평판을 망치고 그 가족의 평화를 깨뜨리기란 힘든 일입니다." 온순한 리처드 목사가 말했다.

"사악한 자를 폭로하고 벌하는 것은 선택된 우리의 의무요." 완강한 청교도가 말했다.

"하지만 우리 형제에게 먼저 그의 잘못을 지적한 뒤 참회와 용서의 기회를 주는 것이 낫지 않을까요?"

"댁이 우리 형제라고 부르는 그자는 이단이오. 그리고 그자가 우리와 함께함으로써 참된 신앙이 왜곡되고 있소. 교단은 이교도를 추방해야 하오. 우리는 가증한 이단을 전파하는 자를 경계해야 하오."

"데이 목사가 이교도라고 확신하시나요?" 겸손한 리처드 목사가 물었다.

"그자가 삼위일체에 의문을 제기했다는 얘길 들었소. 세이브룩 강령의 일부를 조롱했을 뿐 아니라, 사악한 자들도 진심으로 회개하고 용서를 구하면 구원받을 수 있다고도 말했답니다. 아 참, 그자는 불신지옥마저 의심한다지요!"

"끔찍하군요!" 리처드 목사가 소리쳤다.

"그렇소! 정말 끔찍하오. 그러나 나는 우리 협의회가 그자를 즉시 그리고 영원히 파문할 거라 믿고 있소. 그런데 형제는 그자의 믿음에 관해 뭘 알고 있소?"

"그의 믿음에 대해서는 딱히 아는 것이 없는걸요. 하지만 입에 담기도 민망한 행동들을 목격하긴 했어요."

"잘못된 관용이오! 그 죄인에 대해 아는 것을 전부 협의회에 밝히는 것이 형제의 의무요. 나로서는 형제가 그리하도록 요구할 수밖에 없소."

"저야 당연히 옳고 정당한 쪽을 행하고 싶지요. 성직자로서 신참에 불과한 저로서는 선생의 연륜과 경험에서 우러나오는 판단력을 따르겠어요. 하지만 우선은 제가 아는 것에 대해 밝힌 다음, 협의회 앞에서 제가 어떤 증언을 해야 하는지 선생의 조언을 듣는 게 어떨까 합니다."

"아주 지당한 말씀이오. 형제가 내게 사실을 말하면 내가 조언해주겠소. 자, 말해보구려."

"한두 번이 아니에요. 그가 내 아내와 키스하는 것을 봤어요." 상처입은 리처드 목사가 말했다.

"그리 놀라운 일도 아니구려. 그런 행동은 내가 그자에 관해 가지고 있던 생각과 정확히 일치하니 말이오. 형제에겐 딱한 일이오만, 심각한 가정문제를 노출하면서까지 그처럼 중요한 사실을 밝힌 형제에게 경의를 표하오. 정의는 반드시 이루어져야 하오. 그 사실을 협의회 앞에서 증언하시오. 그자의 죄에 관해 더 아는 건 없소?"

"더 있지만 너무 미묘한 사안이라서요. 저 개인적으로도 심각한 일이어서 밝히고 싶지 않군요."

"형제, 안 되오. 그런 건 용납할 수 없소. 형제의 가슴이 찢어지는 일이라 해도 우리 협의회 앞에서 모든 사실을 밝혀야 하오. 거듭 말하지만, 개인적으로는 형제를 딱하게 생각하나 그렇다고 개인의 감정 때문에 공공의 선을 망칠 순 없소. 어떤 개인적 연민도 교회의 이익과 상충할 순 없소. 형제, 알고 있는 것을 전부 내게 말하시오."

"그것이 의무라 하시니 말하겠습니다. 아주 의심스러운 상황에서 내 아내와 그 사람이 침대에 있는 것을 봤습니다." 불운한 리처드 목사가 말했다.

"형제의 아내와 침대에?" 굳은 얼굴로 목사가 물었다.

"네." 기절하기 직전의 리처드 목사가 들릴락 말락 불분명하게 말했다.

"그만하면 됐소. 우리 협의회가 곧 리처드 데이 목사를 처리할 것이오."

두 성직자는 어느새 미들타운에 도착했다. 비니거페이스(식초를 마신 듯 우거지상이라는 뜻—옮긴이) 목사는 목사관으로 향했고, 데이 목사—일명 리처드 목사—는 작고 호젓한 여인숙으로 갔다.

다음날 협의회가 개최되었다. 교회 조직은 곧이어 몇 가지 사소한 문제를 처리한 후 데이 목사의 이단 혐의를 안건으로 상정했다. 아주 침착한 표정의 피고(데이 목사)는 어제의 길동무와 대화를 나누었고, 안건이 상정됐다는 말을 들은 길동무(비니거페이스 목사)가 벌떡 일어섰다. 그러고는 의장에게 말하길, 주님이 도우사 죄인을 교단에서 즉각 파문하기에 충분한 사실들을 입수함으로써 이단 심문의 증언 과정을 생략할 수 있게 됐다고 했다. "사실 저는 리처드 배릭 데이 목사가 우리 동료 목사의 아내와 빈번히 키스를 했고, 간음죄로 보기에 충분한 상황에서 목격되었다는 것을 입증할 준비가 되어 있습니다."

공포와 경악의 전율이 장내를 휘감았다. 모든 시선이 방금 말을 마친 비니거페이스 목사의 옆자리에 앉아 있던 데이 목사에게 쏠렸다. 비니거페이스 목사는 자리에 앉으면서 데이 목사를 다독거렸다. 데이 목사의 얼굴은 5월의 아침처럼 평온했고, 그의 눈꼬리에 비친 흡족한 미소까지 알아채려면 예리한 관찰력이 필요했다. 몇 분 동안 쥐죽은듯한 정적이 흘렀다.

"증거를 제시하시오." 마침내 의장이 심각한 음성으로 말했다.

"저는 증인 선서하에 제가 말씀드린 범죄를 확증해줄 페어필드의 리처드 목사를 증인으로 요청합니다." 냉혹한 얼굴의 청교도가 말했다.

아무도 움직이지 않았다. 데이 목사는 완전한 이방인처럼, 낯선 외국어를 이해하지 못하는 사람처럼 무심하게 앉아 있었다.

"리처드 목사는 어디에 있습니까?" 의장이 물었다.

"여기 있습니다." 고발자가 데이 목사의 어깨를 다정하게 토닥이면서 말했다.

모든 사람들이 한꺼번에 웃음을 터뜨렸다. 그런 웃음은 협의회 사상 처음이었다.

고발자는 진지한 종교 모임에서 그런 웃음을 접하자 깜짝 놀라 거의 돌처럼 굳어버렸다.

더없이 엄숙한 표정을 짓고 있던 사람은 오로지 데이 목사뿐이었다.

"목사님, 그분은 리처드 배릭 데이 목사입니다." 장내 분위기가 수습되자 의장이 말했다.

고발자의 당황한 표정에 장내는 다시 웃음으로 떠나갈 듯했다. 그 소란을 틈타 데이 목사의 희생양은 모습을 감추었고 다시는 미들타운에 얼씬도 하지 않았다. 이단 혐의에 대한 심문이 진행되었다. 간단한 심문이 있고 난 후 증거 부족으로 혐의는 기각되었고, 데이 목사는 의기양양하게 그린필드로 돌아왔다.

내가 종종 들었던 데이 목사의 일화가 또 있다. 어느 날 젊은 한 쌍이 그린필드에 있는 데이 목사의 자택을 찾아왔다. 그들은 미국 남부에서 왔으며 결혼하고 싶다고 말했다. 그들은 예복을 입었고 값비싼 보석까지 착용했을 뿐 아니라 두 사람 모두 진중해 보였다. 아무런 문제도 없다고 확신한 데이 목사는 몇 사람의 증인을 부르고 젊은 한 쌍을 결혼의 성스러운 끈으로 묶어주는 예식을 거행했다.

결혼식이 끝난 후 데이 목사는 행복한 부부를 초대해 케이크와 와인을 나눠 먹었다(당시에는 그것이 관례였다). 그들이 30분을 함께 보낸 후 신랑이 자리에서 일어나 데이 목사에게 20달러를 건네며 그것이 당장 수중에 있는 가장 소액 지폐라고 말했다. 그러면서 목사가 그들의 호텔 비용(그들은 호텔에서 식사를 하고 말을 먹였을 뿐이었다)을 대신 지불해준다면 결혼식 답례로 괜찮은 액수가 남을 것 같다고 말했다. 데이 목사는 신랑의 후한 인심에 고마워했고 지체 없이 신혼부부와 호텔에 들러 주인에게 그가 비용을 계산할 거라고 알렸다. 신혼부부는 떠났고, 다음날 20달러가 위조지폐라는 것이 밝혀졌다. 결국 데이 목사는 사랑스러운 한 쌍을 결혼시킨 탓에 근 3달러를 지불해야 했다.

미국 여러 지역의 신문들은 들르는 마을에서마다 결혼식을 올리고 그 비용을 위조지폐로 지불하여 목사들을 사취하는 다정한 연인들에 관한 기사를 연일 실었다.

데이 목사의 교회에 있던 집사 한 명이 결혼식 때 목사가 신부에게 키스를 하냐고 물었다. "항상 하죠." 목사가 대답했다.

"결혼하려는 사람들이 흑인이면 어떡하죠?" 집사가 또 물었다. "그런 경우에는 키스의 의무를 집사에게 넘기죠." 데이 목사가 대답했다.

우리 외할아버지는 보편주의자였다. 이론적이든 실제적이든 여러 이유에서 장로교회의 교리에 심하게 반대했다. 장로교 신자 몇 명과는 개인적으로 둘도 없는 막역한 친구였지만 말이다. 데이 목사를 무척이나 아꼈던 외할아버지는 일요일 저녁마다 그가 베설에서 설교를 하도록 주선했다. 그때마다 외할아버지는 설교의 가장 진지한 경청자이자 가장 저명한 인물 중 하나였고, 데이 목사는 언제나 외할아버지의 손님이었다. 데이 목사는 월요일과 화요일에 외할아버지 댁에 들러서 함께 보내곤 했는데, 아주 사교적인 이웃 몇 명을 초대하여 대개 즐거운 시간을 가졌다. 이따금씩 외할아버지는 신학 문제로 데이 목사를 부드럽게 공격하곤 했다. 그리고 대개는 그런 논쟁에서 졌지만, 데이 목사가 자신의 신앙이 공격받는 상황에 맞서 내놓은 재치 있는 답변을 되풀이하며 즐거워했다.

어느 날 이웃들이 10여 명 모여서 술을 곁들여 일화와 농담을 주고받으며 즐거운 시간을 보내고 있었다. 외할아버지가 좌중을 단번에 휘어잡을 만큼 큰 소리로 말했다.

"목사 친구, 자네는 예정된 운명을 믿는다지?"

"그럼요." 데이 목사가 대답했다.

"그렇다면 말일세. 내가 자네 얼굴에 침을 뱉기로 운명이 지어졌다면 자네는 어떡할 건가?" 외할아버지가 물었다.

"그런 일이 없기를 바라야죠. 왜냐면 제가 어르신을 때려눕힐 테니까요." 데이 목사가 대답했다.

"터무니없는 소리야." 외할아버지가 으스대면서 말했다. "내가 자네 얼굴에 침을 뱉는 것은 그리하도록 예정된 운명이기 때문이니까. 그런데 왜 자네가 터무니없이 나를 때려눕힌단 말인가?"

"그야 제가 어르신을 때려눕히도록 예정되어 있기 때문이죠." 데이 목사가 미소를 머금고 대답했다.

사람들은 웃음을 터뜨렸고, 외할아버지도 진심으로 그 웃음에 동참했다. 그리고 외할아버지는 종종 그때의 일을 아주 즐겁게 회상하곤 했다.

우리의 낡은 예배당에는 첨탑도 종도 없었으나 여름이면 모이기 쾌적한 곳이었다는 말은 이미 앞에서 했다. 하지만 스산하고 춥고 얼어붙을 것 같던 겨울날의 교회를 떠올리노라면 지금도 이가 덜덜 떨릴 정도다. 당시에는 예배당에 난로를 들여놨다는 얘기를 들어본 적이 없었고 난로의 혁신성은 신성모독으로 간주됐다. 구식 설교는 한 시간 반에서 두 시간 걸렸는데 그동안 신도들은 벌벌 떨면서 앉아 있었다. 얼굴이 너무 파래져서, 교회에 다니지 않는 '속인들'로부터 '파란 피부'라고 불린 것도 이상한 일이 아니었다. 글자 그대로 새파랬다.

편의를 허락받은 사람은 어머니들과 할머니들뿐이었다. 이를테면 머프(손의 보온을 위하여 모피로 만든 토시의 일종―옮긴이)와 어깨걸이 또는 '발 난로'를 가져올 수 있었다. 발 난로란 작고 네모난 양철 상자에 구멍을 뚫어서 철사 손잡이가 달린 나무 틀을 집어넣은 것을 말한다. 상자 한쪽에 문이 달려서 그리로 불붙은 석탄을 담고 재를 살짝 뿌린 작고 네모난 쇠 접시를 밀어넣었다. 예배당에서 먼 곳에 사는 사람들은 마차나 썰매(겨울에는 썰매가 훌륭한 이동 수단이었다)에 발 난로를 실어왔다. 그리고 예배당에 들어가기 전에 가장 가까이 사는 이웃의 집에서 새 석탄들로 교체했다.

한참이 지난 뒤, 낡은 베셜 예배당에서 추위에 떨던 신도들에게도 드디어 개혁의 기운이 닿았다. 시대를 앞서갔던 신도 한 명이 예배당을 따뜻하게 덥히기 위하여 난로를 들여놔야 한다는 무모한 제안을 하기에 이르렀던 것이다. 물론 그는 나이든 신도들의 생각처럼 '정신 나간' 것이 아니었다. 많은 형제자매들이 충격과 공포로 두 손을 치켜들고 눈을 부라렸다. "기독교도가 자신의 욕망을 지피기 위하여 불을 필요로 하다니 난리났군." 그 제안은 불경한 것이었고, 표결에 부친 결과 압도적인 표차로 부결되었다.

그러나 그 '개혁가'는 끈질겼고, 설득과 논쟁을 통하여 한두 명씩 자기편으로 만들었다. 그는 보온을 위하여 커다란 난로 하나를 들여놓는다 해도 예배당 전체에는 아무런 해도 끼치지 않는다고 주장했다. 50명의 다리를 보온하려고 50개의 작은 휴대용 난로를 예배당에 가져와도 아무 해가 없듯이 말이다. 반면 몇몇 신도들은 그 두 가지는 아무 관련이 없다고 말했고, 또 일부는 그가 미친 거라면 '광증에 듣는 약'이 있다고 공언하기도 했다.

그렇게 한 해가 지나갔다. 추운 11월이 찾아왔고, 난로 문제가 다시 점화되었다. 열기가 높았다. 그 문제를 의논하기 위하여 야간 모임과 교회 회의가 열렸다. 마을 상점마다 찬반 논쟁이 뜨거웠다. 이 문제로

말이 끄는 썰매

협의회와 기도회가 열리기도 했다. 심지어 젊은 사람들은 이를 토론 모임에서 주제로 삼았다. 12월 초순, 난로를 예배당에 놓는 문제를 찬 반투표로 결정하기 위하여 마을 전체 회의가 열렸다.

그 결과 찬성이 다수를 차지했고, 난로가 예배당에 들어옴으로써 많은 사람들을 깜짝 놀라게 했다. 난로가 설치되고 맞은 첫번째 일요일, 그 공포의 혁신 제품이 가져온 건조한 공기와 메스꺼움 때문에 덕망 있는 두 여성이 기절하고 말았다. 그들은 차가운 바깥으로 옮겨졌고, 충분한 길이의 연통을 마련하지 못해서 아직 난로에 불도 때지 않은 상태라는 말을 듣고서야 정신을 차렸다.

다음주 일요일은 살을 에듯 추웠고, 히커리 나무로 꽉 채워진 난로는 벌겋게 달아올랐다. 덕분에 예배당 대부분이 따뜻했다. 다수는 기뻐했고 소수는 두려워했다.

오후 예배의 마지막 기도가 끝나자마자 출입문 가까이에 있던 집사들 중 한 명이 일어나 큰 소리로 말했다. "신도들은 남아주시길 바랍니다."

그런 일은 흔히 있는 터라 신도들은 잠자코 자리를 지켰다. 그 늙은 집사는 설교단으로 다가오더니 회중을 향해 돌아서서 구시렁대는 말투로 다음과 같이 말했다. "형제자매 여러분, 제가 애초부터 주님의 집에 난로를 들여놓는 데 목소리 높여 반대했음을 알 겁니다. 그러나 다수가 저와 반대의 입장을 표명했습니다. 저는 그분들 모두 신에 대한 두려움 속에서 투표를 했다고 믿기에 그 선택을 따를 것입니다. 애써우리 교회에 분열을 조장하고 싶지 않기 때문입니다. 하지만 난로를 설치해야 한다면 더 큰 것으로 해야 한다고 주장하는 바입니다. 지금 있는 것은 실내 전체를 따뜻이 하기에는 부족하고, 그 결과 난로에서 차가운 공기를 출입문 쪽 신도석으로 보내고 있습니다. 그러니 이쪽 신도석에 있는 사람들은 예전보다도 세 배는 더 추위에 떨면서 예배 내내 가장 추운 곳에 앉아 있어야 합니다."

집사의 표정과 말투는 진지함 그 자체였고, 교회 사업위원회에서 그의 주장을 고려해보겠다고 할 때까지는 그 무엇으로도 그를 달랠 수 없었다. 주중에 위원회에서 대형 난로를 들여옴으로써 그 집사를 만족시켰다. 엄청난 혹한일 때를 제외하고 예배당을 덥히기엔 충분했다.

로 목사는 베설에서 목회자로 있는 동안 꽤 규모가 큰 성경반을 만들었다. 12세부터 14세까지의 소년소녀로 구성된 반이었다. 나도 성경반에 속해 있었다. 우리가 해야 할 일 하나는 목사가 고른 성경 구절을 우리 나름대로 설명하는 글을 써서 모자에 집어넣는 것이었다. 그러면 목사님이 모든 글을 큰 소리로 낭독했다. 성경 구절을 골라 학생마다 배당하는 것 또한 모자에서 무작위로 뽑는 방식이었기 때문에 아무도, 심지어 로 목사 본인도 어떤 주제가 누구에게 돌아갈지 몰랐다.

성경반 모임은 오후 예배가 끝난 직후에 시작되었는데, 회중은 빠짐없이 남아서 학생들의 작문 낭독을 경청하는 것이 관례였다. 학생들의 글은 종종 한심하기도 하고 우스꽝스럽기도 했으나 대체적으로 아주 훌륭한 편이었다. 내 작문은 대개 일이등을 다투었던 것 같다. 로 목사는 언제나 작문을 읽은 후에 찬성하거나 반대한다는 식으로 짤막하게 평을 덧붙였고, 반대하는 경우에는 그 이유를 늘 밝혔다.

한번은 내가 모자에서 누가복음 10장 42절 "그러나 몇 가지만 하든지 혹 한 가지만이라도 족하니라. 마리아는 이 좋은 편을 택하였으니 빼앗기지 아니하리라 하시니라"를 고른 적이 있다. 목사가 요구한 주제이자 질문은 이랬다. "그 한 가지만 있어도 족한 것이란 무엇일까?"

나는 고른 성경 구절을 집으로 가져와 단숨에 다음과 같은 글을 작성했다.

"'그 한 가지만 있어도 족한 것이란 무엇일까?' 이 질문을 받은 사람에 따라서 여러 가지 답이 있을 수 있다.

상인은 '값을 깎지 않고 전부 현찰로 계산하는 고객 여러 명'이라고 답할 것이다.

농부는 아마도 '대풍년과 곡물 값을 높게 쳐주는 것'이라고 답할지 모른다.

의사는 '많은 환자'라고 답할 것이다.

변호사는 '언제나 다투고 고발하는 무법자들'이라고 할 것이다.

성직자는 '구원을 찾으러 와서 교회 좌석료를 듬뿍 내는 많은 죄인들과 두둑한 봉급'이라는 의견을 낼 것이다.

독신자는 '남편을 사랑하고 단추를 꿰맬 줄 아는 아름다운 아내'라고 할 것이다.

처녀는 이렇게 대답할 것이다. '평생토록 나를 사랑하고 예뻐하며 보호해주는 훌륭한 남편.'

그러나 가장 적절한 대답은 당연히 마리아의 경우에서 찾을 수 있다. '한 가지만 있어도 족한 것은 예수 그리스도에 대한 믿음이고, 그분의 발자취를 좇는 것이며, 그분의 율법을 따르고 우리 이웃을 사랑하며 그들을 돕는 일을 마다하지 않는 것이다. 간단히 말해서 우리가 적절한 방식으로 받아들일 용기와 지혜를 지니고 있다면, 우리에게 생명과 무한한 축복을 주신 주님에 대한 믿음 속에서 언제나 흡족히 인생을 되돌아보고 그 끝을 찬찬히 살펴보는 것이 바로 살아가는 데 한 가지 만족스러운 것이다.'"

위의 작문을 읽는 동안 줄곧 회중 사이에서 킥킥거리는(목사님 자신은 간신히 참고 있던) 웃음이 들려왔고 '테일러 바넘'이라는 이름이 나지막한 목소리로 연신 튀어나오긴 했지만, 나는 로 목사님이 결론으로 이렇게 말씀하신 것에 만족했다. "잘 쓰인 글이고, '그 한 가지만 있어도 족한 것이란 무엇일까?'라는 질문에 옳은 대답이었습니다."

로 목사는 영국인이었다. 베설 근처에 작은 농장을 사서 농사를 시작했으나 그쪽 분야에는 경험이 없다시피 하여 서툰 실수를 많이 했다. 어느 날 그와 일꾼이 헛간 근처에 있는 바위들을 폭파하는 데 열중해 있었다. 그들은 바위 깊숙이 구멍을 뚫은 뒤 폭약을 집어넣고 도화선을 조절했다. 로 목사는 일꾼에게 폭파가 끝날 때까지 물러나 있으라고 말했다. 일꾼은 헛간 반대편으로 갔다. 로 목사는 도화선에 불을 붙이고 바위에서 10미터 남짓 떨어져 있던 헛간으로 걸어갔다. 그러고는 헛간 창문에 머리를 집어넣고 나머지 몸 전체는 그대로 노출시킨 채 있었다. 폭발로 인해 허공에 많은 돌조각들이 날아다녔다. 130킬로그램은 나감직한 돌덩이 하나가 목사의 옷을 스치는가 싶더니 땅속 50센티미터 깊이에 박혀버렸다. 로 목사는 죽을 뻔했다가 간신히 살아났음을 인정했고, 바위를 폭파할 때는 타조처럼 굴어선 안 된다는 것도 깨달았다.

제4장

내 고향 사람들의 재치

외할아버지의 여행—털수룩한 목사—수염 문제—곤경—수염 난 사람들의 운명—절반만 면도—바다에 빠진 면도칼—일렬종대—독특한 행진—장난은 계속된다—기독교도의 임종—아일랜드인의 개—들통난 속임수—청교도적 금지법—역마차 사무소—집사 피해 가기—뻗친 발—마부의 당황—가뭄—방앗간 주인의 재판—판결—늦은 밥—늪지의 밥—말 타고 갔다가 걸어오기—평생 노예—값 매기기

댄버리와 베설은 과거에도 지금도 제조업 마을이다. 모자와 빗이 주력 제조품들이다. 모자 제조업자와 빗 제조업자 들은 매년 봄과 가을 뉴욕에 다녀오는데 주로 무리를 지어서 가며, 순전히 볼거리를 즐기러 가는 '비사업자' 몇 명이 그 무리에 끼는 경우도 왕왕 있었다. 대개는 노워크에서 범선을 타는데, 뉴욕에 도착하기까지 걸리는 시간은 전적으로 바람의 상태에 달려 있었다. 때로는 여덟 시간이면 족하지만 때로는 몇 날 며칠이 걸리기도 했다. 그러나 승객들 입장에서는 별 차이가 없었다. 그들은 흥겨운 술자리를 가졌고 땅에서건 물에서건 즐거운 시간을 보냈다. 그들 누구나 농담을 좋아했고, 출발하기 전 농담에 화

범선

를 내는 사람은 벌금 20달러를 낸다는 엄숙한 각서에 대부분이 서명했다. 이 각서는 많은 문제를 미연에 막아주었다. 간혹 돌발적이고 다소 지나친 농담이 오가면서 애석하게도 희생자의 성질을 돋우는 경우가 있기 때문이었다.

한번은 일행 14명이 월요일 아침에 베설에서 뉴욕으로 출발했다. 일행 중에는 우리 외할아버지, 노아 페리 선장, 벤저민 호이트 나리, 새뮤얼 테일러 삼촌(모든 사람에게 삼촌으로 불렸다), 일리저 테일러, 찰스 다트가 포함되어 있었다. 이들 대부분은 소문난 재담가였고, 화를 다스리기 위해서는 더더욱 그 각서가 필요한 상황이었다. 당연히 각서가 작성되었고 적절히 서명도 이루어졌다.

그들이 노워크에 도착한 것은 월요일 오후였다. 같은 날 저녁, 범선은 다음날 아침 일찍 뉴욕에 도착할 거라는 기대감 속에 출항했다. 노워크에서 배에 오른 외지인 몇 명 가운데 목사가 있었다. 그는 곧 시끌 벅적한 사람들 속에 있게 된 자신을 발견하고는 가급적 그 무리와 떨어져 있으려고 했다. 그러나 사람들은 목사에게 그래봐야 소용없다고 말해주었다. 다음날 아침에는 뉴욕에 도착할 것이고, 그들은 한바탕 신나게 놀 생각이며 어차피 잠을 자기는 틀렸으니 목사도 마음 편히 고쳐먹는 게 좋을 거라고 말이다. 그는 처음에 목사라는 직함으로 이의를 제기하다가 다음에는 자신의 '권리'를 앞세웠으나, 머잖아 자신이 '다수'의 권리가 우선되는 집단 속에 있음을 깨달았다. 그래서 그는 인상을 펴고 그날밤은 잠을 자지 않기로 마음먹었다. 그리고 곧 승객 몇 사람과 대화를 나누기 시작했다.

목사는 홀쭉한 체격에 키는 180센티미터가 넘었다. 안색은 밝았고 머리칼은 모래 빛깔이었으며 큼지막한 적갈색 구레나룻을 기르고 있었다. 승객 몇몇이 목사의 얼굴에 털이 지나치게 많다고 농을 걸자, 그는 그렇게 만든 것은 자연이고 그 자신은 적당하다고 여기지만 그래도 현대의 관습에 따라 수염 일부를 면도한다고 말했다. 그리고 구레나룻을 기르는 게 남자답지 못한 일도, 목사답지 못한 일도 아니라고 생각한다고 덧붙였다. 목사가 입씨름에서 이겼다는 데 이견이 없는 것 같았고, 화제는 다른 것으로 바뀌었다.

뉴욕까지 금세 갈 거라는 기대는 완전히 빗나가고 말았다. 범선은 거의 움직이지 않는 상태였고, 길고도 따분한 낮과 밤이 지나는 동안에도 수면에 잔물결조차 일지 않았다. 그럼에도 불구하고 범선은 유쾌함으로 가득했다. 승객들은 저마다 지루함을 이기기 위하여 쾌활한 기분을 내고 있었다.

금요일 아침이 됐지만 바다는 여전히 잠잠했다. 집을 떠난 지 닷새가 지났건만 뉴욕에 닿을 기미조차 없으니! 수염이 텁수룩하게 자란 승객들의 모습을 떠올리기는 어렵지 않을 것이다. 면도칼을 가지고 있는 승객은 단 한 명밖에 없었다. 우리 외할아버지였다. 외할아버지는 면도칼을 사용하는 것도 빌려주는 것도 마다했다. "우리 모두 뉴욕에 도착해서 면도를 해야 하오."

토요일 아침, 배의 승무원들이 모두 갑판에 나가봤지만 배는 여전히 소피츠 맞은편에 정지해 있었다.

이 상황은 승객들의 인내심을 상당히 자극했다.

"오늘쯤에는 집으로 출발할 줄 알았는데." 누군가 말했다.

"나는 수요일 경매에서 빗을 전부 팔 줄 알았는데, 아직 배에 있으니 원." 또다른 사람이 말했다.

"이번주에는 모자를 다 팔아야 한다고. 월요일에 뉴헤이번에서 지불할 어음이 있단 말이야." 또 누군가 말했다.

"오늘 저녁과 내일 뉴욕에서 설교하기로 약속을 했어요." 목사가 말했다. 큼지막한 모래색 구레나룻이 있던 그의 얼굴은 어느새 7밀리미터 길이의 붉은 털로 뒤덮여 있었다.

"허허, 목사님. 우는소리 해도 소용없습니다." 선장이 말했다. "화물칸에 닭고기와 계란이 있으니 다행입니다. 그렇지 않았다면 승객들의 음식을 제한할 수밖에 없었을 테니까요."

아침식사가 끝난 후, 흡사 야만인 몰골을 한 승객들이 다시 한번 외할아버지한테 면도칼을 빌려달라고 사정했다.

"여러분, 그건 안 돼요. 면도는 건강에 나쁘고 자연에도 배치되는 것이오. 그래서 나는 뉴욕에 도착하기 전까지는 면도하지 않을 것이고, 다른 사람한테 내 면도칼을 빌려주지도 않을 것이오."

밤이 왔고 바람은 불지 않았다. 일요일 아침에도 배는 같은 자리에 있었다. 승객들의 인내심도 거의 바닥이 났는데, 아침식사가 끝났을 때 작은 물결이 일기 시작했다. 물결은 점점 더 커져갔고, 승객들은 돛이 올라가고 배가 다시 항해를 시작하는 모습을 보고 환호했다. 범선은 미끄러지듯 물위를 질주했고, 승객들의 얼굴을 뒤덮은 털 덤불 사이로 흡족한 미소가 번졌다.

"지금처럼 바람이 계속 불면 뉴욕에 언제쯤 도착할까요?" 승객 대여섯 명이 초조한 기색으로 물었다.

"오늘 오후 두시경이면 도착할 겁니다." 마음씨 좋은 선장이 대답했다. 그는 이제 바람이 잠잠해져서 자신의 예상을 빗나가게 만드는 일은 없으리라 확신하고 있었다.

"아! 면도하기엔 너무 늦잖아." 몇 명이 소리쳤다. "이발소는 정오에 문을 닫는다고."

"게다가 나는 오후 설교에 맞추려면 시간이 빠듯하단 말입니다." 붉은 털 목사가 말했다. "테일러 씨, 제발 면도 도구 좀 빌려주세요." 그는 우리 외할아버지에게 말했다.

그러자 노신사는 자신의 트렁크 쪽으로 가더니 그것을 열고 면도칼과 비누거품 용기, 그리고 가죽숫돌을 꺼냈다. 승객들은 면도를 하고 싶은 마음에 외할아버지 주변으로 초조히 몰려들었다.

"자, 여러분." 외할아버지가 말했다. "공평하게 하겠소. 난 면도칼을 빌려줄 생각이 없었지만, 너무 늦게 도착하여 이발소에 갈 수 없다고 하니 여러분 모두 이 면도칼을 사용하게 하겠소. 하지만 뉴욕에 도착하기 전에 면도칼 하나로 모든 사람이 면도를 할 순 없고, 우리 중에서 절반은 깨끗한 얼굴로 뭍에 오르는데 나머지 절반은 면도 차례를 기다리면서 배에 남아 있는 것 또한 못할 짓이오. 그래서 생각한 묘안이 있으니, 모두에게 공평무사할 거라 확신하오."

"그게 뭔데요?" 누군가 초조히 물었다.

"모두 얼굴의 절반만 면도를 하고 면도칼을 다음 사람에게 넘기는 거요. 모든 사람이 절반을 끝내면 다시 첫번째 사람부터 나머지 절반을 면도하는 거요."

목사만 빼고 모두 동의했다. 목사는 주일날에 얼마나 우스꽝스러운 모습이겠냐며 반대했다. 반면에 몇 사람이 목사처럼 큼지막한 붉은색 구레나룻을 하고 다니면 주일날뿐 아니라 항상 우스꽝스러운 모습일 거라고 반박했다. 그리고 만약 목사가 면도칼을 사용할 거라면 구레나룻까지 면도를 해야 한다고 주장했다.

외할아버지는 그 주장에 동조하면서 이렇게 말했다. "자, 여러분. 내가 면도칼 주인이니 제일 먼저 시작하고, 다음은 급한 용무가 있다는 목사님으로 합시다. 다만 목사님은 처음 절반을 면도할 때 한쪽 구레나룻도 깎아야 합니다. 싫다면 내 면도칼을 사용할 수 없소."

목사는 재론의 여지가 없음을 알고 마지못해 그 제안을 받아들였다.

외할아버지는 10분에 걸쳐 코 중앙을 기준선으로 하여 정확히 얼굴과 턱 절반을 깨끗하게 면도했고, 나머지 절반은 시골 늪지의 덤불과 같은 몰골로 놔두었다. 승객들은 폭소를 터트렸고, 목사도 따라 웃지 않을 수 없었다. 외할아버지는 목사에게 면도칼을 넘겨주었다.

이미 얼굴 한쪽에 충분히 거품을 낸 목사는 거품 솔을 다음 사람에게 건넨 뒤 기다리고 있었다. 짧은 시간 동안 면도칼은 제 기능을 충실히 해냈고, 그 결과 목사의 한쪽 구레나룻이 없어졌다. 목사의 얼굴 왼쪽은 아기 얼굴처럼 깨끗했고 오른쪽 뺨은 붉은 구레나룻이 수북하게 자라 있어서 극명한 대조를 이루었다. 그처럼 우스꽝스러운 모습도 다 시없을 터였다. 귀가 먹먹할 정도로 큰 웃음소리가 이어졌고, 불쌍한 목사는 슬그머니 자리를 옮기고는 얼굴의 나머지 반을 면도할 수 있을 때까지 한 시간 동안 잠자코 순서를 기다렸다.

다음 순서의 남자도 얼굴 절반을 면도했고 나머지도 순서대로 그렇게 했다. 승객들이 면도칼을 다음 사람에게 건넬 때마다 웃음이 터졌다. 배의 모든 승객이 얼굴 절반을 면도하기까지 1시간 15분이 걸렸다. 나머지 절반을 면도하기에 앞서 모두 갑판으로 나가 한잔하자는 제안이 있었다. 모두 갑판에 모이고 보니 그 모습이 참 가관이었다. 모두 다시금 폭소를 터뜨렸고, 서로 우스꽝스러운 몰골을 보면서 불쑥 웃고 또 웃어댔다.

"자, 여러분." 외할아버지가 말했다. "나는 선실로 내려가 나머지 절반을 면도하겠소. 여러분은 여기 갑판에서 기다리시오. 내가 면도를 끝내자마자 올라와서 다음 순서인 목사님에게 면도칼을 넘길 테니까요."

"모두 도착하기 전에 면도를 끝내려면 서둘러야 합니다." 선장이 말했다. "30분 후면 펙 슬립 부두에 닿을 테니까요."

"자자, 제 차례입니다." 목사가 말했다.

"그렇다마다요." 외할아버지가 말했다. "목사님이 다음 차례 맞소만, 잠깐만 기다리시오. 면도칼을 가죽숫돌에 한두 번만 갈고 줄 테니까."

외할아버지는 갑판 난간에 한쪽 발을 올려놓고 가죽숫돌의 한쪽 끝을 그쪽 다리에 올려놓았다. 그러고는 면도칼을 서너 번 가죽숫돌에 문질렀다. 그런데 실수처럼 면도칼이 외할아버지의 손에서 떨어지더니 바닷물 속으로 빠져버렸다. 외할아버지는 감쪽같이 놀란 척하면서 겁에 질린 목소리로 소리쳤다. "이걸 어쩐다! 면도칼이 바닷물 속으로 떨어져버렸어!"

얼굴 절반이 털로 뒤덮인 승객들이 한꺼번에 당혹스러운 표정을 짓고 있는 그런 모습은 두 번 다시 볼 수 없을 것이었다. 처음에는 모두 충격으로 얼어붙은 듯이 완전한 침묵에 빠져 있었다. 이윽고 웅성거림이 들려오더니 이내 고함으로 커졌다. "염병할 돼지 같은 놈!" 누가 말했다. "내 평생 저렇게 비열한 놈팡이는 처음이야." 또 누군가 말했다. "저 작자를 물속으로 빠뜨려야 해." 몇 명이 소리쳤다. 하지만 화를 내면 20달러를 벌금으로 내야 한다는 걸 모두 기억하고 있어서 같은 말을 두 번 하진 않았다. 곧 모든 시선이 목사에게 향해졌다. 그는 상상할 수 있는 가장 절망적인 표정을 짓고 있었다.

"아, 정말 끔찍하군!" 목사가 심금을 울리는 절절한 목소리로 말했다.

그 모습이 어찌나 우습던지 모든 승객이 또 박장대소했다. 평정이 회복되었다. 외할아버지의 장난은 지나치게 짓궂은 것이었지만 그래도 용인된 셈이다. 얼굴 절반만 면도를 한 승객들은 배에서 유일하게 문명인처럼 보이는 외할아버지의 뒤를 따라서 프랭클린 스퀘어에 있는 월튼 하우스까지 가기로 의견을 모았다. 가는 동안 반드시 '일렬종대'를 유지하기로 했다. 외할아버지는 거리에서 사람들의 주목을 끌겠지만 절대 웃지 말라고 말했다. 모두 동의했고, 배에서 내렸다. 그들은 필가와 펙 슬립 모퉁이에 닿기도 전에 사람들의 시선을 끌었지만, 마치 무덤 속에 들어가기라도 하는 것처럼 엄숙함을 유지하고 행진했다. 월튼 하우스의 문이 열렸다. 주인장인 배커스 노인은 조용히 시가를 피우고 있었고, 손님 10여 명이 신문 따위를 읽고 있었다. 뭐라고 설명할 길 없는 일단의 무리가 떼를 지어 안으로 들어왔다. 배커스와 손님들은 깜짝 놀라 벌떡 일어섰다. 외할아버지는 엄숙하게 바 쪽으로 걸어갔다. 승객들이 그 뒤를 따랐고, 이번에는 이열종대를 이루었다. "산타크루즈 럼주 열아홉 잔." 외할아버지가 바텐더에게 소리쳤다. 아연실색한 바텐더가 평소보다 두 배 빠른 속도로 술병과 잔을 내놓았다. 배커스는 그 설명할 길 없는 무리가 오랜 친구들이자 고객들임을 알아채고 웃음을 주체할 수 없었다.

"대체 무슨 일이 있었던 거요?" 그가 소리쳤다. "모두가 반쪽만 면도를 하고 있으니 말이오."

"배커스 씨, 사실 아무 일도 없소." 외할아버지는 짐짓 진지한 표정으로 말했다. "여기 신사분들은 그들이 사는 곳에서 유행하고 있는 패션을 따라 수염을 길렀을 뿐이오. 내 생각엔 뉴욕 사람들이 자기네 패션과 조금 다르다고 해서 이분들을 빤히 쳐다보고 모욕한다면 곤란한 일 같소."

배커스는 외할아버지의 말을 절반쯤 믿는 눈치였고, 손님들은 그 말이 사실이라고 믿어 의심치 않았다. 왜냐하면 얼굴 반쪽만 면도한 사람들이 웃음기라고는 보이지 않았기 때문이다.

승객들은 몇 분쯤 앉아 있다가 각자 객실로 안내되었다. 그리고 차 마시는 시간이 되자 그들이 범선에서 그곳에 도착했을 때처럼 정확히 열을 맞춰 다시 나타났다. 여자들은 깜짝 놀란 표정이었고 종업원들은 서로 눈짓을 하면서 웃었지만, 정작 그 즐거움의 주체들은 판관처럼 엄숙하기만 했다. 저녁에도 그들은 바에서 변함없이 엄숙함을 유지했고 10시 정각에 잠을 자러 갈 때까지도 그 엄숙함은 그대로였다. 그러나 다음날 아침 일찍 그들은 모두 이발소로 몰려가서 나머지 인류와 비슷한 수준이 되기 위한 서비스를 받았다.

목사는 일요일의 그 독특한 행렬에 참가하지 않았음을 구태여 설명할 필요는 없겠다. 그는 손수건으로 얼굴 전체를 가린 뒤 여행 가방을 들고 마켓가로 향했다. 거기서 선한 목사 형제를 발견했을 것이고, 설교 약속을 지키기 위하여 좋은 면도칼도 빌렸을 것이다.

1825년 8월에 외할머니가 사고를 당하셨는데, 당시에는 별거 아니라고 생각했지만 결국 그 사고로 인해 돌아가셨다. 외할머니는 뜰에서 걷다가 녹슨 못의 뾰족한 끝을 밟았고, 못은 1센티미터 조금 넘게 발 속에 박혔다. 못은 곧바로 빼냈으나 발이 부어올랐다. 며칠 후에는 가장 걱정스러운 증상들이 나타났다. 외할머니는 곧 죽음을 맞게 될 것을 알았지만, 훌륭한 기독교도로서 다가오는 죽음을 조금도 두려워하지 않았다. 임종 하루 전 정신이 말짱하셨던 외할머니는 모든 손자들을 불러 마지막 인사를 나누었다. 내 차례가 되어 외할머니가 누워 계신 침대로 다가가서 외할머니의 손을 잡고 그분의 얘기를 듣던 때의 기분을 도저히 잊을 수 없다. 외할머니는 임박한 죽음과 종교의 기쁨에 관하여 말씀하셨고, 훌륭한 삶을 살았고 이웃에게 베풀려 노력했던 사람이 임종에서 느낄 수 있는 위안 어린 회상을 하셨다. 그리고 종교를 진지하게 생각하고 자주 성경을 읽으라고, 하늘에 계신 아버지에게 기도하고 교회에 꼭 나가라고 당부하셨다. 상스럽고 쓸모없는 말을 사용하지 말라고, 또 모든 이웃을 사랑하는 것만큼 주님에 대한 내 사랑을 제대로 증명할 수 있는 방법은 없음을 명심하라고 하셨다. 나는 감동의 눈물을 흘리면서 외할머니의 조언을 잊지 않겠다고 약속했다. 외할머니의 마지막 입맞춤을 받으면서, 나는 살아서 다시는 그분을 뵐

수 없으리란 것을 직감하고 그 감정에 압도되었다. 외할머니의 충고를 내가 얼마나 많이 어겼는지는 모르겠으나, 그 임종 장면에서 받은 인상들은 언제나 생생히 남아 있고 그 기억은 얼마간 내게 이로운 작용을 했다고 믿는다. 나는 살면서 외할머니보다 더 독실한 기독교도나 더 훌륭한 여성을 본 적이 없다.

그러나 나의 진지한 분위기는 그리 오래가지 않았다. 우리 가게 단골 중에 피터 오브라이언이라는 아일랜드인이 있었는데, 베설에서 북쪽으로 10킬로미터 정도 떨어진 지역에 사는 소농이었다. 당시 코네티컷주 내륙에는 아일랜드인이 드물었던데다가, 익살스러운 재치와 그가 키우는 아일랜드 고유종 황소들 덕분에 피터는 일대에서 꽤나 유명한 인물이었다.

피터가 살 것이 있어서 우리 가게에 들렀던 어느 날이었다. 동네 익살꾼 한 명이 피터의 마차에 강아지가 한 마리 있는 것을 발견하고는 아일랜드인에게 농을 걸 요량으로 그 개를 팔 것인지 물었다.

"그야 돈이 된다면 뭐든 팔지." 아일랜드인이 대답했다.

"좋은 경비견인가?"

"그럼. 저 개한테 어디든 보여주기만 하면 그곳을 죽을 때까지 지킬 걸."

"들에서 소몰이도 잘하나?"

"자네가 원하는 것을 잘 알려주기만 하면, 눈에 보이는 모든 소를 몰아올 때까지 절대로 포기하지 않을 거야."

"지금 한 말 전부 책임지는 거지?"

"그러고말고. 그리고 내가 거짓말한 거라면 돈을 돌려주겠어." 피터

오브라이언이 진지하게 대답했다.

"얼마에 팔 건가?"

"단돈 2달러면 돼."

"허허, 2센트짜리도 안 되는 것 같은데. 하지만 자네가 보장하는 것 같이 재능 있는 감시견이 필요하니 저 개를 사지."

"날 놀리는 모양이군." 피터가 말했다. "내 마누라가 제일 좋아하는 개라고. 저 녀석 없이 마누라가 어떻게 지낼지 난감하구먼."

"피터, 처음에는 솔직히 농담이었어. 하지만 지금은 진심이니, 여기 돈을 받게." 마을 익살꾼이 피터에게 2달러를 건넸다.

"계약은 계약이니까." 피터는 평소에 지갑으로 사용하는 낡은 가죽 오줌통에 돈을 집어넣었다. "하지만 내 마누라한테는 딱한 일이라고."

"자네 마누라한테 코담배라도 사다주면서 달래주게나." 마을 익살꾼이 말했다.

"아 참! 코담배보다 더 좋은 게 있었지." 피터는 마차에서 1갤런(4리터)들이 나무 용기를 꺼내서 가게로 들여왔다.

"얘야." 피터가 내게 다가오며 말했다. "뉴잉글랜드 럼주 반 갤런, 당밀 반 갤런을 주렴."

"다른 병은 어디 있죠?" 내가 물었다.

"그 병이 1갤런들이잖아." 피터가 진지하게 대답했다.

"설마 럼주랑 당밀을 섞어달라는 건 아니죠?" 내가 말했다.

"허, 내가 이리 멍청하다니까! 그 생각을 못하다니." 피터가 놀란 말투로 소리쳤다. "병을 하나밖에 안 가져왔단 말이야!"

피터는 에메랄드섬(아일랜드의 별칭—옮긴이)을 떠나온 사람 중에서 가장 재치 있는 사람이었다. 그러나 한편으로는 방금 말했듯 대책 없이 멍청하게 굴 때도 왕왕 있었다.

다음번에 피터가 우리 마을에 들렀을 때, 그의 개를 산 마을 사람이 씩씩거리면서 다가왔다. 이런 대화가 이어졌다.

"이 아일랜드 사기꾼아! 네놈의 한심한 강아지를 가져가고 2달러도로 내놔."

"장난은 장난이지." 피터가 말했다. "자넨 늘 나를 놀렸잖아. 하지만 나더러 사기꾼이라고 하는 건 좀 아닌 듯한데. 그건 내가 할 소리야. 이봐, 난 절대 거짓말 안 해."

"안 하긴. 네놈이 저 쓸모없는 개를 팔면서 거짓말로 날 속였잖아."

"거짓말한 적 없어."

"그러셔? 저 개는 박쥐처럼 눈이 멀었어." 개를 산 마을 사람이 격분해서 말했다.

"맞아. 하지만 그건 저 불쌍한 개의 잘못이 아니야. 불운이지." 피터가 진지하게 대꾸했고, 우리 가게에 있던 한량 10여 명 중 누군가 웃음을 터뜨렸다.

"하지만 저 개가 재산을 지키고 소몰이도 한다고 했잖아."

"아니. 나는 저 개가 눈에 보이는 것은 뭐든 몰아오고 자네가 보여주는 곳은 어디든 지킬 거라고 말했지." 오브라이언은 천연스레 심각한 표정으로 대답했다.

또 웃음소리가 들려왔고, 마을 익살꾼은 피터가 자기보다 한 수 위임을 깨닫고서 돈을 돌려줄 거냐고 조용히 물었다.

"아니. 이유는 여러 가지지만, 무엇보다 사흘 전에 돈을 다 써버렸거든."

"하지만 저 개를 무척 좋아했다던 자네 아내가 개를 다시 보면 기뻐할 거 아냐?" 장난의 희생양은 이제 화해를 시도하기 시작했다.

"아, 그거. 아내에게 훌륭하고 자애로운 사람들이 그 개의 새 주인이 되었다고 말했더니 결국엔 상실감을 받아들이더라고."

또 웃음소리가 들려왔고, 이번에는 개를 산 마을 주민도 따라 웃었다.

"허허, 그 돈은 그냥 가지게." 그가 말했다. "하지만 개는 도로 가져가라고."

"고마운 말이지만 사양하겠어. 그러면 내 마누라의 아문 상처를 새삼 다시 벌려놓는 셈이야. 잔인한 일 아닌가."

이 글이 회상하고 있는 시절 코네티컷주에서는 지금보다 안식일을 훨씬 더 엄격하게 지켰다. 일요일 해가 지기 전 말이나 마차를 타고 있는 사람이 발각되면, 십일조를 걷는 사람이나 교회 집사 또는 대배심원이 그를 체포했다. 그가 병이 났거나 그 밖에 긴급한 용무가 있었던 게 아니라고 밝혀지면 다음날 벌금이 부과되었다.

뉴욕에서 보스턴까지의 우편마차는 안식일에도 운행이 허가되었으나 승객을 태우는 것은 금지되었다. 종종 뉴욕 업자들이 탐욕 때문에 안식일에도 여행자들을 마차에 태우고 코네티컷주를 통과하곤 했다. 그러나 거의 모든 예배당에 감시자들이 있어서 마부가 마차에 승객을 한 명 이상 태운 채 체포되지 않고 무사히 빠져나가기란 극히 어려웠다. 만약 발각되는 경우, 마부와 말과 마차 그리고 우편물과 승객까지 모두 월요일 아침까지 억류되어 있다가 마부와 승객이 각각 벌금을 낸 다음에야 떠날 수 있었다.

한번은 베셀의 재담꾼 짝패인 올리버 테일러와 벤저민 호이트가

1835년의 역마차

뉴욕에 가 있었다. 예약 승객 명단이 몇 주까지 꽉 찬 상태여서, 그들은 어느 일요일 이른 아침 바우어리 21번지에 있는 역마차 사무소로 향했다. 거기서 코네티컷주의 노워크까지 그날 태워줄 수 있는지 물었다.

"안 됩니다." 사무소 직원이 단호하게 대답했다.

"아주 중요한 일 때문이오." 올리버가 말했다. "베설에 있는 아내와 아이들이 심각한 병에 걸려서 내일 아침 전까지 그곳에 가야만 하오."

"그리고 내 어머님은 내일까지 살아 계실지도 불확실한 상황이라오." 벤저민 호이트 나리도 축 늘어진 얼굴로 힘없이 덧붙였다.

"그래도 안 됩니다. 주기적으로 병이 나는 건 흔하디흔한 일이잖아요. 정말 죄송합니다만, 코네티컷주에서 정지당하고 벌금을 물고 우편까지 지체된 게 올해만 벌써 몇 번인지 몰라요. 우린 아주 넌덜머리가 난다고요. 그래서 일요일에는 코네티컷주로 승객을 태우고 가지 않을 겁니다." 일고의 망설임 없이 들려온 답변이었다.

"이제 예전만큼은 엄격하지 않소." 올리버 테일러가 말했다.

"예전의 반도 안 되지." 벤저민 호이트가 덧붙였다.

"예전이라고요!" 직원이 소리쳤다. "에이, 스탬퍼드에서 체포됐던 게 불과 2주 전이라고요."

"맞아. 그 덕에 우편이 지체된 건 물론이고 벌금 11달러까지 날렸지." 그때 사무소장이 들어서면서 말했다.

"이보시오." 테일러가 사무소장을 향해 말했다. "일이 워낙 급해서 그렇소. 우리는 코네티컷 사람이라 코네티컷의 법과 집사들을 잘 알고 있소. 그들을 어떻게 피할지도 잘 알다마다요. 우리를 노워크까지 태워다주면 10달러를 주겠소. 코네티컷주의 마을을 지나갈 때마다 우리는 마차 바닥에 납작 누울 거요. 그러면 마차는 비어 있는 것으로 보일 테고 무사히 통과할 거요."

"코네티컷주의 마을을 지날 때마다 매번 신속하게 눕겠단 말인가요?" 마음이 움직이기 시작한 사무소장이 물었다.

"물론이오." 테일러와 호이트가 대답했다.

"흠, 양키의 청교도적 금지법을 피해 간다고 죄가 될 것 같진 않으니 그런 조건이라면 태워주겠습니다." 사무소장이 말했다.

경비가 지불되었다. 여행 가방 두 개가 마차 안 좌석 밑으로 슬그머니 들어갔고, 여행 가방의 주인들도 좌석에 슬며시 앉았다.

"약속 지키세요. 그래야 양키 집사들을 피할 수 있어요." 사무소장이 그렇게 말하는 순간 마부가 긴 채찍을 휘둘렀다. 말들이 빠르게 질주하기 시작했다. 두 승객은 기꺼이 그러겠다고 고개를 끄덕였다.

테일러와 호이트는 그 길을 속속들이 잘 알고 있었다. 마차가 코네티컷주에 가까워지자 그들은 숨을 준비를 했다. 그리니치에 닿기 직전

두 사람은 마차 바닥에 등을 대고 누웠다. 법과 복음의 수호자들이 감시중인 상황에서 마부는 더없이 천진난만한 표정을 지었고, 승객이 없는 것처럼 보이는 마차는 검열을 통과하고 무사히 지나갔다. 엄격한 표정의 집사가 십일조를 걷는 사람에게 이렇게 말했을 뿐이다. "뉴요커들이 벌금을 무릅쓰고 안식일에 이쪽으로 승객을 보내는 걸 관두었나봐." 십일조를 걷는 사람은 동의하는 의미로 고개를 끄덕거렸다.

스탬포드에서도 '숨바꼭질'은 성공했다. 승객들은 노워크에서 10킬로미터 떨어진 대리엔에서 내리기로 했고 거기서부터 북쪽으로 30킬로미터 정도 떨어진 베설까지는 알아서 가기로 했다. 대리엔에 도착하자 그들은 한번 더 바닥에 누웠고, 마부는 침착한 표정을 짓고 말들이 천천히 마을을 지나가게 했다.

"이봐, 벤." 테일러가 말했다. "나는 집사들에게 기회를 줄 생각이야. 벌금인지 아닌지." 그러고는 곧바로 마차 창문으로 두 발을 쑥 내밀었다.

"아이고 맙소사, 발 집어넣지 못해." 호이트는 부츠 한 켤레가 창문 밖으로 50센티미터 정도 튀어나온 것을 보고는 겁에 질려서 소리쳤다.

"그럴 생각 없어." 테일러가 낄낄거리더니 조용히 말했다.

"하지만 숨기로 약속했잖아. 지금 자네는 우리뿐 아니라 마부까지 위험에 노출시키고 있단 말일세." 크게 긴장한 양심적인 호이트가 쐐챘다.

어느새 마차는 마을 교회 맞은편을 지났고, 불쌍한 마부는 승객이 얼마나 엄청난 짓을 하고 있는지 까맣게 모른 채 고개를 치켜들고 마치 '얼마든지 보시구랴, 그래봐야 소용없을 테니까'라는 듯한 표정을 지었다.

어느 주의깊은 집사가 마차 창문 밖으로 부츠를 신은 진짜 사람의 다리가 삐져나와 있는 것을 보고는 경악하여 마부에게 소리쳐 마차를 멈추게 했다.

"마차에 아무도 없는데 왜들 그러지." 마부는 결백한 사람이 모함이라도 받은 투로 말했다.

"승객을 태우고 있으니 멈추시오." 집사가 말했다.

뒤쪽을 돌아본 마부는 마차 창문 밖으로 나와 있는 두 다리를 보고는 크게 놀랐다. 그는 당황한 표정으로 고삐를 잡아채고 말들을 여섯 번 힘껏 후려쳤다. 집사가 선두의 말에 다가서는 순간 말들이 갑자기 속력을 높였다. 마차는 아슬아슬하게 집사를 스쳤고 이내 멀어져갔다. 겁에 질린 마부는 온 힘을 다해 채찍을 휘두르면서 연신 소리를 질렀다. "염병할 발 좀 집어넣어!"

마부의 고함에 화답한 것은 두 사람이 아주 만족스럽게 '하하하' 웃는 소리였다. 마부는 예후(Jehu, 기원전 9세기의 이스라엘 왕으로 전차를 거칠게 몰았다고 한다—옮긴이)처럼 거칠게 마차를 몰았고 집이 한 채도 보이지 않는 곳에 이르러서야 속도를 줄였다. 마부는 승객들에게 항의하기 시작했다. 승객들은 기분좋게 웃어댔고, 마부에게 50센트를 주면서 입 좀 다물라고 말했다.

"10분 안에 해가 질 거요. 그러니 노워크까지 무사히 갈 수 있을 거요." 승객들이 말했다.

"하지만 돌아갈 때 대리엔에서 사람들이 마차를 세우고 벌금을 물릴 겁니다." 마부가 말했다.

"걱정 마시오. 아무도 당신이 승객을 태웠는지 확신할 수 없으니 벌금을 물리진 못해요. 다리를 본 게 전부인데, 그게 밀랍인형의 다리인지 아닌지 누가 입증한단 말이오."

"하지만 다리가 움직였다고요." 마부가 여전히 긴장을 풀지 못하고 말했다.

"자동인형의 다리도 움직이지." 테일러가 말했다. "그러니 걱정할 거 없소. 당신은 아무 문제 없을 테니까."

마부는 어느 정도 안심했지만 다음날 대리엔을 지나갈 때 다시 불안해졌다. 그런데 문제의 집사도 테일러가 말한 증거의 원칙과 본질에 관해 똑같은 결론을 내렸는지 아무 말 없이 마부를 보내주었다. 그러나 간담이 서늘해졌던 마부는 뉴욕으로 돌아가서 고용주들에게, 앞으로도 코네티컷행 승객을 태울 생각이 있다면 마부 한 명을 더 보내는 것이 좋을 거라고 알렸다. 또 그런 곤경에 처하기 전에 먼저 승객들의 동태를 파악하기 위해서 말이다.

댄버리에서 안식일 위반으로 마지막 고발이 있었던 것은 1825년 여름이었다. 그해 여름엔 가뭄이 들었다. 풀은 시들어 죽어갔고 땅은 바싹 말라갔다. 모든 작물이 가뭄으로 한해를 입었고, 멀리 있거나 가까이 있는 개울들도 부분적으로 또는 완전히 말라붙었다. 당시에는 증기방아가 적어도 인근에는 없었기 때문에 마을 사람들은 아주 멀리까지 가지 않는 한 집에서 쓸 곡물을 빻는 데 큰 어려움을 겪었다. 마을 방앗간들은 밀가루나 사료용으로 빻기 위해 순서를 기다리는 곡물들로 넘쳐났다. 토요일 밤에 드디어 비가 내리기 시작했고, 일요일에도 계속해서 내렸다. 물론 모두가 기뻐했다. 배급받은 빵으로 버티다시피 하던 가족들은 드디어 방앗간이 가동될 터이니 구원의 시간이 가까워졌다고 믿었다. 방앗간 주인들 중에서 성격이 괴팍하면서도 덕망 있는 사람이 하나 있었다. 그는 마을 사람들이 처한 곤경을 이해했고, 구주께서 제자들에게 안식일에도 옥수수 수확을 허락하신 것을 기억해내고는 작은 일에 구애되고 터무니없는 일을 받아들이는 완고하고 까탈스러운 사람들의 분노를 살 것도 무릅쓰고 일요일 아침에 방앗간을 열기로 마음먹었다. 그리고 월요일 해가 떠오를 때까지 이웃들을 위해 많은 곡물을 빻았다.

월요일 오후에 그는 안식일을 어겼다는 대배심원의 고발로 체포되었다. 그는 변호사 선임을 거부하고 법정에서 스스로 변론하겠다고 했다. 법정은 그에게 연민을 품은 이웃들로 가득찼다. 안식일에 곡물을 빻은 그의 범죄가 중대하다는 소장 진술이 낭독되었다. 그러나 그 진술은 곡물을 제분함으로써 반(半)기아 상태에서 모든 이웃을 구했다는 사실을 기록하지 않았다. 피고의 얼굴은 계속 굳어 있었다.

"피고는 유죄입니까, 무죄입니까?" 재판장이 물었다.

"무죄입니다. 그러나 저는 곡물을 빻았습니다." 피고는 대답했다.

법정에 어울리지 않는 큰 웃음소리가 진동했다. 방청객들이 웃어댔던 것이다.

피고가 자신의 행동을 인정했으나 원고인 주 당국은 증거를 제시하지 못했다. 무수한 증인들이 대가뭄에 관하여, 물 부족으로 물레방아를 돌리지 못해 빵을 구하기 어려웠던 점에 관하여, 그로 인한 큰 궁핍에 관하여 증언했다. 피고는 아무 말도 하지 않았으나 곧이어 내려진 평결은 무죄였다. 마을 사람 대부분이 기뻐했다. 그때까지 일대에 퍼져 있던 생각, 요컨대 일요일에 쥐를 잡는 고양이는 벌을 받아야 한다거나 한 주 첫날부터 사과술을 마신 사람은 채찍을 맞아야 한다는 사고방식은 폐기되었다. 사람들에게 예배당에 참석하도록 강요하던 것도 마찬가지였다. 실상 그로 인해 건전한 반응이 나타났다. 그때부터 코네티컷의 주민들은 자발적으로 안식일을 엄수하게 됐던 것이다. 일요일에 타의에 의한 노동과 무익한 오락을 삼가는 한편, 토요일 일몰 후나 일요일 일몰 전 구덩이에 빠진 소를 꺼내려는 노고를 죄악시하지 않게 되었다.

우리 아버지는 장사를 하는 동시에 마을 여인숙을 운영했고, 노워크까지 화물마차 한 대를 운행했으며 소규모 말 대여소까지 맡고 있었다. 그러던 어느 날 넬슨 비어스라는 청년이 5킬로미터 떨어진 댄버리까지 타고 갈 말을 빌리러 아버지를 찾아왔다. 넬슨은 이미 한물간 직업인 제화공의 견습생이었다. 머리에 든 것이 많지 않았고 우리 마을에서 동쪽으로 약 2.5킬로미터 떨어진 동네에 살았다. 아버지는 그 정도 가까운 거리는 돈을 들여 말을 빌리기보다 걸어가는 편이 낫다고 생각했지만, 넬슨에게 대놓고 그렇게 말하지는 않았다.

우리에겐 밥이라는 늙은 말 한 마리가 있었다. 한창때를 훌쩍 지난 터라 우리집 근처 늪지대에 풀어놓고 죽기를 기다렸다. 밥은 문자 그대로 살아 있는 해골이었다. 마치 양키의 늙은 말이 너무 약해서 그놈의 마지막 숨을 끊기 위해 이웃의 말을 빌려야 했다는 그런 상태와 똑같았다. 아버지는 넬슨에게 지금 대여소에 있는 말이 다 나가고 유명한 경주마 한 마리만 남았다고 했다. 그리고 그 경주마는 곧 있을 큰 경마 대회에서 우승을 노리며 그에 적합한 몸 상태를 만들기 위해 살을 빼는 중이라고 덧붙였다.

"아, 그 말을 빌려주세요. 필 삼촌.* 아주 조심해서 탈게요. 털끝 하나 다치지 않게 할게요. 그뿐만 아니라 댄버리에서 씻기고 먹일게요." 넬슨 비어스가 말했다.

"자네 같은 젊은 사람한테 맡기기엔 너무 비싼 말이야." 아버지가 말했다.

넬슨은 계속 졸랐고, 아버지는 뜸을 들이다가 마침내 걷거나 느린 속보 이상으로 말을 몰지 않고 댄버리에 가면 귀리 4리터 반을 먹이는 조건으로 허락했다.

넬슨은 자신의 로시난테를 타고 '까마귀'를 찾아 전 세계를 모험하는 사람처럼 출발했다. 그 지역에서 가장 좋은 경주마를 타고 있다는 생각에 진짜 남자가 된 기분이 들었다. 게다가 어깨에 지워진 무거운 책임감을 깨닫고 있었다. 아버지가 그에게 한 마지막 말, 즉 "이봐, 넬슨. 자네가 데리고 있는 동안 이 말에게 무슨 사고라도 생긴다면 자네는 평생 일을 해도 그 피해 배상을 감당하지 못할 거야"라는 말 때문이었다.

늙은 밥은 댄버리에서 귀리와 물을 배불리 먹었고, 대여섯 시간 후에는 비어스를 태우고 베셀로 돌아오기 시작했다. 비어스는 '대목장' 길로 가기로 결정했다. '대목장'길은 늪지와 목초지를 통과하여 우리 마을로 오는 새 지름길의 명칭이었다. 자신이 져야 할 책임을 까맣게 잊은 넬슨은 경주마의 속력을 시험해보았고, 곧 큰 곤경에 빠지고 말았다. 노쇠한 밥의 신경에 무슨 일이 벌어진 모양이었다. 밥이 갑자기 멈춰 섰고 넬슨은 말에서 내려야 했기 때문이다. 밥은 탈진으로 온몸

---

* 우리 아버지의 함자는 필로였으나 우리 마을 일대에서는 누구든 삼촌이나 이모, 대령, 선장 또는 나리라고 부르는 게 관례였다. 그래서 우리 아버지도 보통 '삼촌'으로 불렸다.

을 떨었고, 넬슨 비어스는 공포로 떨었다. 길가 습지를 관통해 작은 시냇물이 흐르고 있었는데, 비어스는 '경주마'에게 물이 필요할지도 모른다 생각하고 밥을 시냇물로 끌고 가려 했다. 불쌍한 밥은 진흙 속에 푹 빠진 발을 빼낼 힘조차 없었다. 밥은 조용히 눈을 감았고, 부드러운 진흙에 널브러진 채 발 한번 차내지 못하고 죽었다.

불쌍한 비어스의 충격은 어떤 표현으로도 묘사할 수 없었다. 그는 자신의 눈을 믿을 수 없었고, 말의 눈을 뜨게 하려 애썼지만 소용이 없었다. 늙은 밥의 입에 귀를 대보았으나 완전한 절망 속에서 물러났다. 말은 이미 숨이 끊긴 후였다.

그러다 넬슨은 우리 아버지를 만날 생각에 신음했고, 말값을 물려면 얼마나 오랜 시간이 걸릴까 궁금해지기도 했다. 그는 죽은 밥의 고삐와 뱃대와 안장을 풀어서 자신의 등에 짊어지고 음울하게 우리 마을을 향해 터벅터벅 걸었다.

아버지가 그의 희생양을 다시 본 것은 해 질 무렵이었다. 거리에 나타난 비어스는 안장과 고삐를 어깨에 들쳐메고 얼굴에는 완전히 절망한 표정을 짓고 있었다. 아버지는 늙은 밥이 죽었음을 확신하고서 속으로 조용히 웃음을 삼켰으나 이내 더없이 심각한 표정을 지었다. 불쌍한 비어스는 죽은 절친한 벗을 따라서 무덤 속으로 들어가는 것보다도 더 느리고 더 구슬프게 다가오고 있었다.

그가 부르면 들릴 만한 거리까지 가까워지자 아버지가 소리쳤다. "어이, 비어스. 조심하지 않고 경주마를 도망치게 놔둔 거 아냐?"

"아, 그것보다 더 나빠요. 더 나쁘다고요, 필 삼촌." 넬슨이 무척이나 괴로워했다.

"더 나쁘다니! 그 비싼 말을 알아본 자들한테 도둑맞은 거로군. 어이 쿠, 그 말을 아무한테나 맡긴 내가 바보지!" 아버지는 슬픈 표정을 짓고 소리쳤다.

"아니. 도둑맞은 게 아니에요, 필 삼촌." 넬슨이 말했다.

"도둑맞은 게 아니군! 그거 반가운 소리네. 그 말을 가져올 수 있다니 말이야. 그런데 말은 어디에 있나? 자네가 발이라도 절뚝거리게 만들었을까봐 걱정이야."

"그것보다 더 나빠요." 불운한 넬슨이 마지못해 느리게 말했다.

"허허, 대체 문제가 뭐야? 말은 어디 있냐고? 말한테 무슨 일이라도 벌어진 거야?" 아버지가 물었다.

"아, 말 못해요. 말 못한다고요!" 비어스는 괴로이 말했다.

"아니, 말해야 해." 아버지가 대꾸했다.

"상심하실 거예요." 비어스가 신음했다.

"말이 크게 다치기라도 했다면 당연히 상심하겠지." 아버지가 말했다. "그런데 어디 있냐고?"

"죽었어요!" 비어스는 용기를 쥐어짜서 그렇게 말했다. 그러고는 두려움에 짓눌려 눈을 질끈 감고 의자에 털썩 주저앉았다.

아버지가 신음했고, 그 모습에 넬슨은 그만 벌떡 일어났다. 아버지의 얼굴엔 공포와 격심한 고통과 절망의 온갖 감정이 고스란히 드러났다.

"아, 필 삼촌. 필 삼촌, 저를 너무 모질게 대하진 마세요. 그런 일이 생길 줄은 진짜 몰랐어요." 비어스가 말했다.

"자네는 죽어도 그 말값을 배상하지 못할 거야." 아버지가 말했다.

"알아요. 안다고요, 필 삼촌. 평생 삼촌을 위해서 일만 할게요. 제가 견습을 마친 후에 삼촌이 만족할 때까지 일하겠어요." 비어스가 말했다.

잠시 후에 아버지는 조금 침착해졌고, 차마 손해를 받아들이지는 못하는 것 같았지만 그래도 얼마나 손해를 끼쳤다고 생각하는지 넬슨에게 물었다.

"아, 모르겠어요. 순종 말이 얼마나 비싼지는 모르지만 종종 듣기로는 엄청난 가치가 있다더군요." 비어스가 대답했다.

"게다가 내 말은 세상 최고의 명마 중 하나였지." 아버지가 말했다. "뼈와 근육으로만 이루어진, 경주를 위해 완벽한 몸 상태를 유지하고 있었어."

"아, 맞아요. 저도 봤으니까요." 비어스는 의기소침하게 말했다. 그의 솔직함은 말과 그 소유주의 엄청난 요구를 거절하지 않겠다는 마음을 내비치고 있었다.

"후우." 아버지는 한숨을 쉬었다. "이 문제를 가지고 법정까지 가고 싶진 않으니 배상비를 의논해보는 게 좋겠네. 종이쪽지에 자네가 내게 배상해야 한다고 생각하는 금액을 쓰게. 나도 쓸 테니까. 그리고 금액을 맞춰보고 얼마나 차이가 나는지 보자고."

"그럴게요." 비어스가 말했다. "하지만 필 삼촌, 저를 너무 모질게 대하진 마세요."

"나는 최대한 마음의 여유를 갖고서 자네의 상황을 고려하려고 노력할 거야." 아버지가 말했다. "하지만 넬슨, 그 말이 얼마나 값진 것이었나 생각하면 내가 배상으로 받아야 하는 금액과 비슷하게 쓸 수밖에 없어. 나는 자네가 정직한 청년이라고 믿네. 그러니 자네가 옳다고 생각하는 일을 기꺼이 할 거라고 말이야. 그래서 자네가 여러 상황을 감안해 내게 지불해야 한다고 진심으로 생각하는 금액에서 단 1센트도 깎아서 쓰지 말라고 당부하겠네. 그리고 지금 이 자리에서 약속어음을 써주길 바라네. 자네도 기억하겠지만, 내가 그 말을 자네에게 빌려주고 싶어하지 않았잖은가."

넬슨은 아버지에게 고마운 표정을 지었고 무슨 조건이든 다 동의한다고 말했다. 장난을 좋아하는 마을 주민 10여 명이 자못 엄숙한 표정으로 그 광경을 지켜보고 있었다. 종이쪽지 두 장이 준비되었다. 아버지는 한 장에 금액을 적었고, 비어스도 한참 망설이다가 나머지 종이쪽지에 금액을 적었다.

"자, 자네가 얼마를 썼는지 보세." 아버지가 말했다.

"삼촌 입장에선 너무 낮은 금액이라고 생각하실 거예요." 비어스가 종이쪽지를 건네면서 말했다.

"고작 375달러!" 아버지가 종이쪽지의 숫자를 보고 소리쳤다. "허허, 자네한테 고맙다고 해야겠구먼."

넬슨은 어쩔 줄 몰라 했고, 아버지에게 얼마를 썼는지 물어볼 엄두조차 내지 못했다. 결국 마을 주민 한 사람이 아버지에게 종이쪽지를 보여달라고 말했고, 아버지는 그렇게 했다. 아버지가 쓴 금액은 6.25센트였다. 그 주민이 금액을 큰 소리로 말하자, 비어스는 기쁨의 충격으로 벌떡 일어섰다. 비어스가 그 장난을 이해하기까지 다소 시간이 걸렸다. 비로소 손해 같은 건 없음을 깨달은 비어스는 내가 본 사람 중에서 가장 행복해 보였다.

"어이쿠!" 그가 말했다. "저한테 1달러 37.5센트가 있어요. 이 돈을 한턱내는 데 다 쓰지 않으면 욕먹어도 싸죠. 살면서 이렇게 겁이 났던 적은 없었다고요."

넬슨은 그곳에 모여 있던 마을 주민들에게 한턱냈고, 그러고도 가지고 있던 돈의 절반이 남았다. 그는 더 똑똑해지진 않았지만 더 행복해져서 집으로 돌아갔다.

제5장

복권과 그 밖의 사건들

돈벌이—복권—매력적인 계획—꽝 없음—소액 상금—사기의 선조들—
재단사가 베이컨을 자르다—숨이 차—청개구리—싸구려 럼주—교회의 기
등—생선 이야기—돌아가면서 아침식사 초대하기—인구 조사—빠른 일처
리—해독 불능—이상한 이름—선서—단추만한 치즈—양철그릇 장수—숫
돌 교환—차이—자서전의 소재—나무꾼—고조되는 열기—기적의 콩—누
설된 장난—아버지의 죽음—병 교환—복권—병과 국자—너무 많은 양철제
품—우스꽝스러운 시—양말 미스터리—기묘한 우연—채러티와의 만남—
이상한 징후—눈에는 눈 이에는 이—루시아 교환—실수 연발—대소동—자
초지종—술심부름—늙은 연금생활자들—결투—명사수

내가 열두 살부터 열다섯 살 때까지 자력으로 돈을 번 다양한 방법
중에 복권이 있다. 교회에서 꽤 영향력이 있는 한 마을 주민이 자기 아
들에게 복권 사업과 연을 맺도록 허락했다. 복권 상품은 케이크, 오렌
지, 당밀 사탕 따위로 구성되어 있었다. 이렇게 복권의 윤리적 정당성
이 확보되었고, 나는 복권 관리자이자 소유주가 되었다. 가장 많은 상
금은 보통 5달러였고 때에 따라서는 그보다 적거나 10달러까지 올라
가기도 했다. 복권 상금을 다 합하면 12달러에서 25달러 사이였다. 복
권의 총판매액은 상금 총액보다 20 내지 25퍼센트 높았다. 나는 모자
공장과 빗 공장 등지에서 일하는 노동자들에게 복권을 파는 데 아무

런 어려움을 겪지 않았다.

나보다 먼저 복권 사업을 한 사람이 허버드 장군이었다. 그는 얼뜨기 노인이었고 마을을 돌아다니며 동냥질로 살았다. 그리고 괴짜였다. 하루는 그가 히콕 소령의 집을 찾아가 신고 있는 부츠 밑창을 수선해 달라고 부탁했다. 수선 작업이 끝나자 허버드가 소령에게 말했다. "고마워요."

"아, 고맙다는 말은 수선비용보다 더 많을걸요." 마음씨 착한 소령이 말했다. "'고마워요'라는 말은 2실링 6펜스인데, 수선비용은 겨우 2실링이거든요."

"그렇다면 거스름돈은 사과술로 받죠 뭐." 허버드가 말했다.

그러던 어느 날 그는 일등 상금이 10달러이고 한 장당 12.5센트에 파는 복권 사업을 시작했다. 며칠 만에 복권을 다 팔고 호주머니가 두둑해졌다. 2주 후에 그는 그 지역을 돌아다니다가 복권을 산 사람들로부터 상금은 어떻게 된 거냐는 질문을 받았다. "아," 허버드 장군이 말했다. "복권은 도박의 일종이란 확신이 들더군. 그래서 추첨은 안 하기로 결정했어!" 사람들은 그 농담을 웃어넘겼고 돈 몇 푼 잃은 셈 쳤다.

당시 복권 사업은 교회와 주정부 양쪽에서 후원을 받았다. 어느 작가는 이렇게 말했다. "교회는 도박하지 말라고 설교하고, 사람들은 그 교회의 이익을 위하여 복권으로 도박을 한다."

1819년에 우리 외할아버지 피니어스 테일러와 다른 신사 세 명이 복권 관리자로 임명되었다. 그들은 계획을 세우기 위해 한자리에 모였다. 외할아버지는 뭔가 새로운, 이를테면 가능하다면 복권을 아주 매력적이고 대중적인 것으로 만들고 싶어했다. 그리고 마침내 그 모든 것을 가능하게 만든다고 장담할 수 있는 계획안을 생각해냈다. 그 안이 채택되었고 결과는 외할아버지의 예상과 일치했다. 그 계획안이라는 것은 1819년 7월 7일자 브리지포트의 《리퍼블리컨 파머》지에 실렸듯이, 복권이 '코네티컷주정부의 책임하'에 있으며 '페어필드 성공회'의 이익을 위한 것이라고 설명한 것이었다. 그뿐만 아니라 복권 구입을 조장하기 위해 다음과 같은 유인책도 구사했다.

페어필드 성공회는 독립전쟁 초반 한 멋진 교회에 축복을 내렸다. 교회 건물 안팎을 말끔하게 페인트칠하고 성찬식을 위한 우아한 접시류도 완비했으며 근사한 도서관도 갖췄다. 웅장한 고품격 목사관에는 별채와 울타리 등이 딸려 있었다. 이 모든 것이 1779년 트라이언 장군 휘하의 영국군이 페어필드를 불태웠을 때 모두 파괴됐거나 유실되었다. 이로써 성공회는 궁지에 몰렸고 다시는 예전의 교세를 회복하지 못했다. 전쟁 피해로 오랫동안 고통받았던 다른 조합교회와 개인 성직자들은 주의회에 어느 정도 보상을 받았다. 1818년 주의회는 정기 회기에서 페어필드 성공회의 교구위원과 교구민 대표자회 청원에 대하여 오랫동안 방치되어온 성공회측의 주장을 인정하고 어느 정도 보상이 될 수 있도록 복권 사업을 허가했다.

계획안 자체는 꽤 신선했다. '이 복권에는 꽝이 없습니다'라고 공언했기 때문이다. 복권 가격이 5달러였고 12,000장 중에 11,400장은 상금이 2.5달러로 인쇄되어 있어서 상당히 매력적이었다.

이 유리한 상황은 복권 관리인들이 다음과 같이 공언하는 걸 정당화했다.

투기자를 위한 보다 유리한 계획은 지금껏 일반인에겐 절대 제공되지 않았습니다. 지금 제공되는 계획은 더욱 고액의 상금을 포함하고 있습니다. 한 사람이 같은 돈을 내고도 두 장의 복권을 살 수 있음을 기억하십시오. 따라서 투기자는 높은 상금에 당첨될 확률이 일반인보다 두 배 높아집니다.

복권은 추첨 방식을 도입한 이후로 인기를 모았다. 다만 꽝을 뽑을지 모른다는 걱정 때문에 구입을 주저하게 만들었다. 그런데 '이 복권에는 꽝이 없습니다'라지 않는가. 그뿐만 아니라 투기자는 높은 상금에 당첨될 확률이 두 배나 높다고 했다. 12,000장의 복권 중에서 100달러 이상의 상금은 9장에 불과했다. 1,333분의 1 확률이었다. 그러나 고객들도 그 점을 생각하고 있었다. 계획안에 따르면 '같은 돈으로 두 장의 복권을 살 수 있다'고 했다.

복권은 순식간에 매진됐다. 한 장만 사려는 사람은 거의 없었다. 두 장을 사면 장당 2.5달러씩은 상금으로 벌어놓은 셈이고, 최악의 상황이라도 어차피 한 장 가격인 5달러를 잃게 될 뿐이니까! 추첨일 한참 전에 복권이 매진된 것은 복권 사상 전례가 없는 기록이었다. 사람들은 우리 외할아버지를 공공 기부자로 간주했다. 외할아버지는 혼자서 전체 복권의 절반 이상을 팔았고, 관리인들은 복권 판매시 1퍼센트씩 수수료를 받게 되어 있었기에 그분의 수입은 쏠쏠했다.

추첨일이 왔다. 외할아버지는 추첨기에서 결과가 나올 때마다 상금을 발표했다. 매일 500장을 추첨하고 발표하는 방식으로 12,000장을 뽑기까지 24일이 꼬박 걸렸다. 외할아버지는 '2달러 50센트'라는 상금

발표를 11,400번이나 해야 했다. 그나마 나머지 다양한 상금은 다 합해도 고작 600번이었다.

복권을 두 장 구입한 사람들은 최악의 경우에도 5달러 이상은 손해 보지 않는다고 확신했다. 그런데 알고 보니 손해본 금액은 5.75달러였다. 왜냐면 '모든 상금은 15퍼센트의 제세공과금을 제한다'는 이 복권 방식에 따르면 상금 실수령액은 장당 2.5달러가 아니라 2.125달러가 되기 때문이었다.

지역 전체가 들끓었다. '핀 테일러 삼촌'은 만장일치로 늙은 협잡꾼이 되었고, '꽝 없는 복권'은 '역사상 가장 비열한 수작'으로 평가절하되었다. 사람들을 속이기 위하여 그런 방법을 생각해내는 자는 핀 테일러밖에 없을 거라는 것도 일치된 여론이었다. 사실 그날부터 세상을 떠날 때까지 외할아버지는 '2달러 50센트 늙은이'로 통했고, 많은 사람들의 웃음을 자아냈다. 시간이 지나면서 외할아버지는 '인근 지역에서 가장 약삭빠른 사람'이 되었고, 사람들 대부분은 예전의 비아냥을 대신하여 외할아버지의 유명한 '기획 복권'을 자본주의적 장난쯤으로 악의 없이 보기 시작했다.

주정부와 교회가 공동으로 후원하는 복권 추첨이(다른 사람들이 관리자인) 1823년 2월에 있을 거라고 홍보되었다. '투기자들'은 5달러라는 적은 돈으로 큰 기회를 얻을 거라는 문구도 있었다. 이 감언이설은 유난히 새삼스러웠다. 12,000분의 1이라는 확률! '협잡꾼'이라는 족속들은 내가 성인이 되기 훨씬 전부터 이미 존재하고 있었다.

외할아버지는 오랫동안 치안판사를 맡았기 때문에 법 지식을 꽤 습득했다. 항상 그랬던 것은 아니지만 그분은 코네티컷주에서 자질구레한 사건의 엉터리 변호를 하기 위하여 자주 법정에 서곤 했다. 한번은 그런 일로 코네티컷주의 울버리에 가신 적이 있다. 상대측 변호사는 법률가로 꽤 유명한 베이컨이었다. 엉터리 변호사를 상대하는 것에 환멸을 느낀 베이컨은 재판 동안 기회만 되면 외할아버지를 물고 늘어졌다. 외할아버지가 베이컨이 제출한 증거가 관련이 없거나 불법이라는 이유로 반대하기라도 하면, 베이컨은 자신의 상대가 엉터리라는 점과 그래서 당연히 법이나 증거의 원칙에 관해 아무것도 모르는 문외한임을 법정에 상기시켰다. 외할아버지는 이 모든 것을 아주 침착하게 받아들였다. 솔직히 말해서 자신이 상대측의 유능한 법률가를 괴롭히고 있다는 것에 만족하고 있었다. 결국 베이컨은 몹시 흥분해서 외할아버지를 똑바로 쳐다보며 말했다.

"선생 성함이 테일러던가 그렇죠?"

"그렇습니다." 외할아버지가 대답했다.

"테일러(tailor, 여기선 재단사를 말함—옮긴이)가 아홉이 모여야 한 사람 구실을 한다지요." 변호사가 의기양양하게 말했다.

"그런데 댁의 성함은 베이컨이라고 들었습니다만." 외할아버지가 말했다.

"그렇소."

"베이컨은 돼지 몸통에서 가장 하찮은 부위지요."

폭소가 터졌고, 법관들까지 따라 웃었다. 베이컨에게 앞으로는 사안과 관련이 없고 불필요한 말을 삼가라는 주의가 내려졌다. 그 박식한 변호사는 재판장의 주의에 기꺼이 따르겠다는 표정을 지어 보였다.

외할아버지는 천식으로 고생하셨다. 하루는 동년배 재담꾼인 자베즈 테일러(올리버 테일러의 아버지)와 함께 가파른 언덕을 오르던 외할아버지가 돌고래처럼 숨을 뿜어대면서 소리쳤다.

"이놈의 성가신 숨이 멈췄으면 좋겠어."

"이웃 사람들도 전부 그러길 바랄걸." 익살꾼 친구가 말했다.

우리 이웃 중에 '샘 테일러 삼촌'은 괴짜였다. 언제나 청개구리처럼 구는 걸 자랑으로 여겼다. 한낮의 태양처럼 분명한 주장도 그는 절대 인정하려 들지 않았다. 두 가지 의견이 있는 경우 그는 기필코 틀린 의견을 고수했는데, 오로지 언쟁을 벌이기 위함이었다. 한편 그는 선량하고 훌륭한 이웃이기도 했다. 그에게 도끼나 호미를 빌려달라고 하면 불쑥 이렇게 대꾸하곤 했다. "안 돼. 나는 내 연장을 빌려주지 않아." 그러고는 금세 빌려달라는 물건들을 가져다주곤 하는 것이었다.

나는 댄버리까지 타고 갈 말을 빌리기 위하여 그를 찾아간 적이 있다. "안 돼." 그는 위협적인 목소리로 대답했다. 나는 풀이 죽어서 문 쪽으로 돌아섰다.

"안장과 고삐는 저 계단에 있을 거야." 샘 삼촌이 소리쳤다. 그것이 무슨 의미인지는 충분히 알 수 있었고, 나는 댄버리까지 그의 말을 빌려 타고 갈 수 있었다.

한번은 샘 삼촌과 진짜 삼촌인 에드워드 테일러가 피니어스 저드를 위하여 꼴을 베고 있었다. 저드는 그날 내내 대여섯 번 그 목초지를 찾아왔고, 그때마다 두 사람의 일처리가 마음에 들지 않는 눈치였다. 그날 오후에 저드는 예상보다 작업이 더디다고 불평했다.

"핀, 자네가 뭐라고 하든 난 상관 안 해." 샘 삼촌이 말했다. "나는 계획한 대로 빠르게 일하고 있으니까. 더구나 뉴잉글랜드 럼주를 마시고 일하는 사람치고는 정말 빠르게 일하는 거라고."

"뉴잉글랜드 럼주라니!" 저드가 깜짝 놀라서 소리쳤다. "고급 산타크루즈 럼주잖아요."

"뉴잉글랜드 럼주 중에서도 제일 싸구려던데, 핀. 자네도 알고 있잖아." 샘 삼촌이 말했다.

"테일러 씨, 잘못 알고 있는 거예요." 저드의 말투에는 마음이 상했다는 것이 고스란히 드러났다. "저 아이한테 최고급 산타크루즈 럼주를 사오라고 말했다니까요."

"아니, 자넨 그러지 않았어. 저 아이한테 뉴잉글랜드 럼주를 사오라고 시켰잖아. 다 알면서 뭘 그래." 샘 삼촌이 말했다.

저드는 그 아이를 불렀다. "너, 위드 씨 가게에서 무슨 럼주를 달라고 했니?" 저드가 아이에게 말했다.

"최고급 산타크루즈 럼주요." 아이의 대답은 그랬다.

"봐요." 저드가 의기양양하게 말했다. "내 말이 맞잖아요, 테일러 씨."

"그건 뉴잉글랜드 럼주고, 자네도 그걸 알고 있어." 샘 삼촌이 그렇게 말하고는 내 삼촌 에드워드를 바라보았다. "자, 에드워드. 싸구려 술이나 한잔 더 마시고 계속 꼴이나 베자고."

두 사람은 술을 마시고 다시 일을 하기 시작했다. 저드는 풀죽은 모습으로 목초지를 떠났다. 그가 멀리 갔을 때 에드워드 삼촌이 말했다.

"샘 삼촌, 그게 진짜 뉴잉글랜드 럼주예요?"

"아니, 내가 먹어본 가장 좋은 산타크루즈 럼주야. 하지만 핀이 불평하니까 그 대가를 치르게 한 거야." 언제나 청개구리인 샘 삼촌이 말했다.

"청개구리 짓을 정말 좋아하시네요."

"나는 늘 청개구리였어. 앞으로도 그럴 거야." 괴짜 노인은 말했다.

베설에 종교 부흥이 일어났다. 이런 떠들썩한 사례들이 대부분 그랬 듯 많은 사람들이 각성했고 개종했으며 교회에 나왔다. 그리 똑똑하지 않은 한 남자도 교회에 갔다. 그가 예배에 참석했을 때 집사 한 명이 그에게 말했다.

"형제님, 지금 이 시간부터 우리 모두는 형제님을 이 교회의 기둥으 로 여길 겁니다."

그 불쌍한 형제는 주위를 둘러보다가 건물을 떠받친 기둥들을 발견 했다. 자신이 그 기둥들과 비슷한 역할을 해야 한다고 생각한 그는 눈 물을 흘리며 소리쳤다. "그 짐은 제가 짊어지기엔 너무 큽니다."

또 한 명의 반편이는 교회에 가기로 결심했지만 사람들이 달가워하 지 않았다. 그는 '교회가 꽉 찼다'는 말을 들었다. 그래서 그는 빈자리 를 예약하고, 죽는 사람이 생겨서 자리가 나올 때까지 오랜 시간을 끈 질기게 기다렸다.

종교적으로 아주 완고한 어느 노인은 예배당에 나왔지만 개종하지 는 않았다. 마을 목사는 그 노인을 설교단과 가까운 자리(신앙을 굳게 하려는 사람들의 자리—옮긴이)에 앉히려고 기회를 노렸지만, 노인은 이 렇게 대답했다.

"목사님과 신학을 주제로 종종 토론을 했으니, 그 문제에 관해 내가 어떤 마음을 가졌는지 목사님도 알 겁니다. 목사님에겐 목사님 생각이 있듯이 나는 내 생각이 있답니다. 우리 생각은 서로 다릅니다."

다음날 목사는 부흥운동을 하는 성직자 한 명에게 그 노인 얘기를 했다.

"아, 그분한테는 건전한 토론이 필요하겠군요. 나를 그분에게 소개 해주세요. 그래도 그분의 마음이 누그러지지 않는다면 그건 내 생각이 잘못됐다는 의미겠지요."

두 사람의 만남이 성사되었고, 낯선 성직자가 노인에게 말했다.

"제가 어르신의 개종과 예배 참석을 돕기 위하여 몇 가지 말씀을 드리고 싶은데, 혹시 듣기 싫으신가요?"

"싫긴 왜 싫겠소." 노인이 대답했다.

성직자는 자기주장을 펴기 시작했고, 그것은 45분 동안 계속되었다. 노인은 주의깊게 귀를 기울였다.

"자." 성직자가 말했다. "이제 교회에 나오시겠습니까?"

"아, 다른 사람들을 상대로 하셨더라면 참 좋은 말씀이었을 겁니다. 하지만 나는 많이 늙었답니다. 나 같은 늙은이를 상대로 시간 낭비 마시오." 그 괴짜 노인이 대답했다.

댄버리는 해안으로부터 30여 킬로미터 떨어져 있어서 생선 시장 같은 건 없었다. 그러나 여러 생선 장수들이 대합, 굴, 조가비를 비롯해 온갖 제철 생선과 해초를 브리지포트나 노워크 등지에서 가져왔으므로 좋은 어패류를 접할 수 있었다. 생선 장수들은 집집마다 다니면서 필요한 양만큼 팔았다. 이 행상들은 대개 일주일에 서너 번은 찾아왔기 때문에 우리는 내륙에 있으면서도 날마다 신선한 생선을 공급받았다. 마을에서 무엇이든 누구보다 앞서는 데 크나큰 자부심을 느꼈던 우리 외할아버지는 철마다 우리 마을에 들어오는 신선한 새물청어를 제일 먼저 구입하기 위하여 1달러어치 선주문을 넣어놓곤 했다. 대부분의 마을 사람들은 소매가가 25센트로 떨어질 정도로 공급량이 많아진 다음에야 청어를 샀지만, 외할아버지는 청어가 시장에 나오기 일이주 전에 어김없이 새물청어를 구입하곤 하셨다. 어느 철엔가 생선 장수가 여느 때처럼 도미, 대합, 신선한 대구 한 보따리와 미리 주문받은 청어를 가지고 베설에 와서 외할아버지로부터 1달러를 받았다. 외할아버지는 다음날 아침식사에 이웃 몇 명을 초대했고, 청어는 찬물에 담가 뒷베란다에 가져다놓았다. 알아주는 재담꾼인 노아 페리 선장이 어둑해진 저녁 무렵 그 청어를 훔쳐 자신의 집으로 가져갔다. 그날 저녁에도 우리 가게에는 으레 이웃들이 모여 있었다. 외할아버지는 이웃 초대를 취소하고 청어를 도둑맞았다며 몹시 투덜댔다. 그분은 개가 그랬을 거라고만 생각했고 청어를 먹긴 글렀다고 단정지었다. 대부분 내막을 알고 있던 이웃들은 외할아버지의 손실을 측은해하는 척했다.

"핀, 신경쓰지 말게." 노아 선장이 말했다. "다음에는 조심하게. 생선을 개가 닿지 않는 곳에 두라고. 청어를 도둑맞았다니 아침거리가 없겠군그래. 그래서 내가 자네와 벤, 그리고 헤이트 박사를 내일 아침식사에 초대하겠네. 연한 송아지 허리고기를 새로운 방법으로 요리할 생각이야. 아마 모두들 마음에 들어할 걸세."

모두 그 초대를 수락했고, 노아는 산타크루즈 럼주 1리터를 구입했다. 그리고 호이트 나리에게 비터스(bitters, 쓴 약초와 향료를 섞은 술로 식사 전 식욕 증진이나 강장제, 칵테일 향미제로 사용된다—옮긴이)에 쓸 신선한 쑥국화를 잊지 말고 가져오라고 당부했다.

손님들이 아침 일찍 도착했고, 간단한 한담을 나눈 후에 아침식사가 준비되었다. 식탁에 나온 것은 송아지 고기가 아니라 버터를 발라 잘 구운(석쇠 자국이 있는) 근사한 청어였다. 외할아버지는 그제야 장난을 알아챘고, 이웃들의 너털웃음이 끝나기를 기다렸다가 이렇게만 말했다. "허허, 난 언제나 노아 자네가 도둑이라고 의심해왔는데 지금 보니 확실하군그래." 또 한바탕 터진 웃음은 더욱 식욕을 돋웠고, 새물청어는 금세 동이 났다.

그리고 다음해 봄에는 개 한 마리가 외할아버지의 새물청어를 훔쳐갔다. 그래도 베어 물고 남은 덩어리 하나를 도둑으로부터 되찾을 수 있었고, 외할아버지는 그것을 깨끗한 물에 담가 뒷베란다에 가져다놓았다. 그런데 주인의 관리 소홀을 틈타 이번에는 페리가 그 귀한 청어 덩어리를 훔쳐갔고, 무슨 요리인지 말하지 않고 이웃 몇 명을 아침식사에 초대했다. 외할아버지는 일부러 한 시간 늦게 페리의 집에 도착했다. 페리는 이번 봄철 새물청어를 이미 다 먹어버렸으니 안됐다고 외할아버지에게 말했다. 외할아버지가 사실대로 개가 먹고 남은 것이라고 말하자 페리는 풀이 죽었지만 곧 그 장난을 웃어넘겼다.

앞에서도 언급했듯이 외할아버지는 남을 앞지르려는 욕심이 많았다. 외할아버지의 농장에는 5헥타르의 목초지가 있었는데, 해마다 꼴을 베고 말려 헛간에 보관하는 과정을 단 하루 만에 끝내곤 했다. 단지 남이 못 하는 일을 자신은 할 수 있다고 자랑하기 위해서 말이다. 물론 그렇게 하려면 더 많은 일꾼들을 써야 했다. 1820년에 외할아버지는 인근 지역 인구 조사관으로 임명되었다. 외할아버지는 천성에 걸맞게 지금까지의 전임자들 누구보다 빠르게 일을 끝내겠다고 결심했다. 그래서 매일 아침 일찍 일어나 아침식사를 서둘러 마친 뒤 말을 타고 인구 조사를 하러 나갔고 어두워질 때까지 집에 돌아오지 않았다. 말을 타고 아무 집이나 찾아가서 다짜고짜 '이보세요'라고 말한 뒤, 그 집 안주인이든 누구든 문을 열어주러 나온 사람을 상대로 지체 없이 인구 조사를 시작했다.

'가족 성이 무엇입니까?' '애들은 몇 명 있나요?' '성별은?' '나이는?' '몇 명이나 읽고 쓸 수 있나요?' '가족 중 농아가 있나요?' 등등. 이윽고 외할아버지는 비망록을 외투 주머니에 집어넣으면서 '잘 알겠습니다'

하고는 다음 집을 향해 급히 말을 몰았다. 외할아버지는 악필이었다. 마치 잉크병에 들어갔다 나온 거미가 종이 위를 기어다니는 듯한 글씨였다. 기록의 절반은 글을 쓴 의도를 기억하지 못할 경우 외할아버지 본인마저 읽을 수 없을 정도였다.

외할아버지는 21일 만에 인구 조사를 마쳤다. 10년 전의 인구 조사는 39일이 걸렸다. 외할아버지로서는 또 한번 자랑할 만한 위업이 달성된 셈이었다.

그러나 일단 인구 조사를 끝낸 뒤에는 그 기록을 필사할(좀더 정확하게는 '번역할') 유능한 사람들이 필요해졌다. 그래서 고용된 사람이 댄버리의 유능하고 재치 있는 변호사인 모지스 해치 나리, 또렷하고 명확한 필체의 벤 호이트 나리, 그리고 내 외삼촌 에드워드 테일러였다.

그들이 한자리에 모여서 악필의 비망록을 앞에 놓고 해석하려 애쓰는 모습은 그야말로 진풍경이었다. 외할아버지는 방안을 왔다갔다하다가 수시로 부름을 받고 아랍어로 쓴 것처럼 알아볼 수 없는 이름이나 이런저런 단어들을 설명해야 했다. 외할아버지는 안경을 걸치고 자신의 비망록을 뒤집어보기도 하고 머리를 긁적거리기도 하면서 그 미궁의 단서가 될 만한 당시의 상황들을 떠올리려 애썼다. 그래도 기억력이 좋아서 한참 씨름한 뒤에는 왜 그렇게 기록했는지 대개는 밝혀내곤 했다. 그러나 정작 인구 조사를 하는 데 걸린 시간보다 더 많이 지체가 되고 있었다. 외할아버지는 종종 인내심을 잃고서, 자신의 필적이 동료들의 말처럼 그리 나쁘진 않고 시간이 지체되는 것은 그들이 능장을 부려서라고 항변했다. "기록하래서 했더니 이번에는 그걸 자네들이 베껴 쓰게 하려고 내가 골머리를 앓아야 하다니, 정말 터무니없군그래."

한번은 모지스 해치가 인명 하나 때문에 20분을 고민하다가 소리쳤다. "핀 삼촌, 여기 성이 휘틀록이라는 남자 있잖아요. 이 사람 이름을 뭐라고 쓰신 거예요?"

외할아버지는 흘깃 보고는 '지아보드'라고 말했다. "아무리 멍청해도 읽을 수 있겠다. 나더러 읽어달라고 하지 않고도 말이야."

"지아보드!" 해치가 말했다. "허허, 어떤 어머니가 자기 아들한테 '지아보드'라는 괴상한 이름을 지어주겠어요?"

"그러건 말건 내 알 바 아니지." 외할아버지가 대답했다. "하지만 그게 지아보드라는 건 분명해. 정확히 기억난다고."

"지아보드 휘틀록." 해치가 다시 한번 이름을 되뇌어보았다. "삼촌이 실수하신 게 분명해요. 이름이 지아보드인 사람이 있을 리 없다고요."

외할아버지는 본인이 맞다고 고집했다. 그러면서 해치에게 명명백백한 것을 가지고 딴지걸지 말고 베껴 쓰는 거나 잘했으면 한다고 말했다.

호이트 나리가 한동안 그 단어를 쳐다보더니 이렇게 말했다. "핀, 이 카보드 아닐까?"

"그런 것 같군." 외할아버지는 한결 수그러든 어투로 말했다.

곧 이어진 필경사들의 웃음소리가 외할아버지를 괴롭혔다.

"이보게들, 웃을 만해." 외할아버지가 말했다. "하지만 어떤 상황에서 글을 썼는지 생각해보라고. 말을 탄 채, 그것도 날이 따뜻해서 말이 연신 파리떼를 쫓느라 발길질하는 상황에서 쓴 거야. 그런 상황에서는 악마도 제대로 쓰지 못한다고."

"그럼요." 해치가 위로하듯 말했다. "파리를 쫓느라 발길질하는 말을 탄 채로 글을 제대로 쓸 수 있는 사람은 없다마다요. 자, 이번에는 우리 테일러 나리께 좋은 펜을 주고 자리에 앉아서 멋진 달필을 선보이게 해봅시다!"

그 정곡을 찌르는 말에 또 웃음이 터졌고, 이번에는 외할아버지도 따라 웃을 수밖에 없었다. 그 이후로도 외할아버지는 '지아보드'라는 말을 들어보지 못했다.

존의 아버지인 헤이트 박사는 마음씨 착한 재담꾼이었다. 그는 세상을 낙천적으로 바라보았다. 재미있는 이야기를 할 줄 알고 누구와도 허심탄회하게 웃는 사람이었다. 하지만 늘 말을 가려 하는 편은 아니어서 자기도 모르게 거친 언사로 비칠 표현들이 튀어나왔는데, 그를 잘 모르는 사람들이 듣기에는 더욱 그랬다.

한번은 그가 베설에서 무척 덕망이 있고 진실한 감리교도인 조너선 카우치와 함께 유산 관리인으로 지정되었다. 두 사람은 임명장을 받기 위하여 댄버리의 유언검인법원을 방문했다. 보수적인 신사였던 쿡 판사는 상당히 위엄 있게 방문객들을 맞았다.

"서약을 하겠습니까?" 쿡 판사가 근엄하게 말했다.

"저는 서약 대신에 확약을 하겠습니다." 신중한 카우치가 말했다. 확약 절차는 쿡 판사에 의해 엄수되었다. 쿡 판사가 이번에는 헤이트 박사를 향해 말했다. "선생, 선서를 하겠습니까 아니면 무선서 확약을 하겠습니까?"

"뭐, 어느 쪽이든 파리똥만큼도 상관없어요." 박사가 불쑥 말했다. 방청객들은 물론 이루 말할 수 없는 충격을 받았다.

캐링턴 박사와 제임스 클라크 나리, 그 밖에 댄버리의 유명한 재담꾼들은 내가 어린 시절에 들었던 여러 일화들을 만든 사람들이었다. 박사는 상점을 운영하고 있었다. 어느 날 한 소농이 그와 거래하러 상점에 들러서 자기가 가져온 치즈와 상점 물건들을 교환할 수 있는지 물었다. "그럼요." 박사가 말했다. 농부는 커다란 자루에서 아주 작은 치즈 열한 조각을 꺼냈다. "고작 열한 개!" 박사가 치즈를 세고 말했다. "이걸로는 아무것도 줄 수 없어요."

"왜죠?" 농부가 물었다.

"한 다스가 아니잖아요. 열두 개가 있어야죠." 박사가 말했다.

"뭐가 한 다스란 말인가요?" 농부가 물었다.

"그야 단추 한 다스죠."

다행히 그 농부는 유머 감각이 있어서 농담을 기분좋게 받아들였다.

당시에는 양철그릇 장수들이 많았다. 그들은 유개마차에 양철제품과 장신구, 직물, 핀, 바늘 따위의 온갖 작은 물건들을 가득 싣고 지역을 누볐다. 현금이든 물물교환이든 가리지 않고 거래하고 싶어 안달이 난 사람들이었다. 그들 대부분은 윤리 의식이 부족했고 그들과 거래한 사람은 누구나 사기를 당하기 십상이었다. 캐링턴 박사는 그들과 자주 거래했고 그만큼 자주 속았으며, 결국 그런 자들과는 두 번 다시 거래를 하지 않겠다고 선언했다.

그러던 어느 날 한 행상이 박사의 가게까지 마차를 몰고 와서는 물물교환을 하고 싶다고 말했다.

박사는 양철그릇 장수들에게 하도 속았기 때문에 다시는 거래하지 않을 거라고 조용히 말하며 거절했다.

"일부가 정직하지 못하다고 전체를 매도하는 건 너무 심한 처사죠." 용의주도한 행상이 말했다. "시험 삼아 저와 거래해보시죠. 나는 이 일대를 샅샅이 누비고 다니니까 이 가게에서 팔리지 않는 상품들을 처분해줄 수 있어요. 공정한 제의를 하는 의미에서 내 마차에 있는 물건은 뭐든 최저 도매가로 박사님한테 팔고, 이 가게에 있는 상품은 뭐든 소매가로 내가 사겠어요."

"공평한 제안 같네요." 박사가 말했다. "그렇다면 어디 한번 물건이나 구경해봅시다."

박사는 마차로 가서 물건을 봤으나 꽤 많은 양의 숫돌 외에는 마음에 드는 상품이 없었다. 그래서 행상에게 숫돌 가격을 물었다.

"숫돌의 도매가는 12개 한 다스에 3달러예요." 행상이 대답했다.

"그렇다면 12다스 사겠소." 박사가 말했다.

숫돌이 가게 안으로 들어왔고, 박사는 그 수를 꼼꼼히 센 다음 계산대 뒤쪽 선반에 조심스럽게 진열했다.

"자, 이번에는 내가 박사님 물건을 소매가로 36달러어치 살 차례군요." 행상이 말했다. "무슨 물건을 팔고 싶으세요?"

"숫돌을 개당 50센트씩 6다스 팔면 될 거 같네요." 박사가 진지하게 말한 후 좀 전에 샀던 숫돌의 절반을 꺼내서 수를 세기 시작했다.

행상은 잠시 깜짝 놀란 표정을 지었다가 너털웃음을 터트리고는 소리쳤다. "한 방 먹었네요! 자, 박사님이 수고한 대가로 이 돈을 줄 테니까(그는 돈을 건넸다) 숫돌을 주시죠. 그리고 앞으로 양철 장수들이 상대하기에는 박사님이 너무 똑똑한 분이라는 걸 인정하겠습니다!"

박사는 행상의 말대로 해주었고, 다시는 그 행상 때문에 성가신 일을 겪지 않았다.

당시에는 정치 열기가 높았다. 정당이래야 민주당과 연방당 둘뿐이었다. 댄버리의 어느 선거에서 결과가 초접전이라는 예측이 나왔다. 유권자들이 전부 투표장으로 나왔다. 댄버리 전 지역으로 마차들이 보내져 '절름발이와 장님 유권자'들을 데려왔다. 선거 열기가 정점에 달했을 무렵 행색이 남루한 사람이 막 투표를 마치고 나와서 친구에게 이렇게 속닥이는 소리가 들려왔다. "투표를 끝냈어. 그런데 선거 관리인이 나를 알아보지 못한다면 투표를 한번 더 할 생각이야."

"가서 세수를 해. 그러면 아무도 자넬 알아보지 못할걸." 우연히 그 말을 듣게 된 자베즈 테일러 삼촌이 말했다. 그분은 그 남루한 행색의 남자와 지지 정당이 반대였다.

지금도 살아 계신 내 삼촌 스타 바넘 대령은 언제나 표정 하나 변하지 않고서 농담을 던졌다. 한번은 삼촌과 외할아버지가 교회에 관해 한창 토론을 벌였다. 외할아버지는 베설의 예배당을 짓는 데 기부를 많이 했다. 그런데 예배당을 세운 지 20년 뒤 외할아버지의 개인적인 믿음 때문에 한 목사를 초대해 설교하게 하려다가 예배당의 사용을 거절당하고 말았다. 외할아버지는 격분했고, 삼촌과의 대화에서도 몹시 흥분하여 '교회고 뭐고 꺼지라'고 말했다.

"보세요, 좀 진정하세요. 말씀이 심하시네요." 바넘 대령이 말했다. "그런 식으로 사람들을 꺼지게 할 순 없다고요. 보세요, 좀 말씀이 지나쳤어요."

'보세요, 좀'이라는 말은 삼촌이 가장 즐겨 쓰는 동시에 어디에나 쓰는 만능 표현이었다.

그들의 대화는 소 고삐를 두고 더 격렬해졌다. 두 사람은 서로 고삐가 자기 것이라고 우겼다. 급기야 외할아버지가 고삐를 움켜쥐고 그건 자기 것이니 갖고 싶은 사람은 누구든 소송을 걸라고 말했다.

"가지세요. 가지고 썩 꺼져주세요." 대령이 격분해서 말했다.

"자, 자, 이보시게." 그들의 대화를 전부 듣고 있던 한 이웃이 말했다. "보시게, 좀 말이 심했어. 그런 식으로 핀 삼촌을 꺼지게 할 순 없다고."

삼촌은 그 말의 의미를 알아채고서 미소를 머금고 대답했다. "보시게, 좀 알면서 그러나. 저분은 교회 전체에 꺼지라고 했지만 나는 딱 한 사람한테만 그랬잖아. 보시게, 그건 좀 많이 다르다고."

대령은 지금 70세가 넘었고 아직 베설에 산다. 며칠 전에도 그분을 방문했더랬다. 몹시 쇠약해진 상태였으나 쾌활한 성품은 여전했다. 옛 시절을 돌아보며 30분 정도 함께 있다가 그 집을 나서면서 말했다. "스타 삼촌, 다음에 또 와서 삼촌과 함께 며칠 지냈으면 해요. 자서전에 쓸 자료들을 모으고 있거든요. 삼촌은 제가 책에 넣고 싶어할 많은 일들을 기억나게 해주실 테니까요."

"내 생각에는 책에 넣고 싶지 않을 일들을 많이 떠올리게 할 것 같구나." 삼촌은 낄낄거리면서도 무뚝뚝한 투로 말했다. 삼촌이 여전히 익살을 즐기고 좋아한다는 것이 증명된 셈이다.

외할아버지는 어느 날 히커리 나무 한 단을 문 앞에 놔두었다. 외할아버지와 벤 호이트 나리가 나뭇단 가까이 있는데 한 나무꾼이 도끼를 들고 지나갔다. 언제나 장난칠 준비가 되어 있던 외할아버지가 말했다. "벤, 내가 저 나뭇단을 땔감으로 자르는 데 시간이 얼마나 걸릴 것 같나?"

"다섯 시간은 걸릴걸." 벤이 말했다.

"내 생각에는 네 시간 반이면 될 것 같아." 외할아버지가 말했다.

"글쎄." 벤이 말했다. "히커리는 아주 단단한 나무야."

"내가 네 시간 안에 할 수 있어요." 나무꾼이 말했다.

"못 할걸." 벤 호이트가 말했다.

"할걸." 외할아버지가 말했다.

"누구도 저 나무를 네 시간 안에 땔감으로 자르진 못해." 벤 나리가 자신만만하게 말했다.

"좋아, 이 친구가 할 수 있다는 데 럼주 1리터를 걸지." 외할아버지가 말했다.

"난 할 수 없다는 데 걸지." 이쯤에서 장난임을 눈치챈 벤이 말했다.

나무꾼은 외투를 벗고는 시간을 물었다.

"9시 정각." 외할아버지가 창문 너머 집안의 벽시계를 보고서 말했다.

"10시, 11시, 12시, 1시. 내가 1시까지 나무를 자르면 댁이 이기는 겁니다." 나무꾼이 외할아버지를 향해 말했다.

"그래." 내기를 한 두 사람이 한목소리로 말했다.

나무꾼이 도끼질을 하는 동안 나뭇조각이 쉴새없이 튀었다.

"내가 이기겠는걸." 외할아버지가 말했다.

"아직 아니지." 호이트 나리가 받아쳤다.

마을 사람 대여섯 명이 모였고, 무슨 상황인지 알고서 결과에 대해 이러쿵저러쿵 의견을 내놓았다. 쉬지 않고 나무를 패는 나무꾼의 얼굴에 땀이 비 오듯 흘렀다. 외할아버지는 열심인 나무꾼을 격려하기 위하여 산타크루즈 럼주와 물 한 잔을 주었다. 11시 정각, 나뭇단의 절반 이상이 땔감이 되었다. 외할아버지는 내기에서 이길 거라고 흡족해했다.

반대로 호이트 나리는 나무꾼이 곧 지치기 시작할 테고 나무를 다 패기 전에 나가떨어질 거라고 단언했다. 나무꾼이 들으라고 일부러 한 말이었는데 그 효과는 예상했던 대로였다. 땀이 끊임없이 흘렀지만, 나무꾼의 팔힘과 체력은 약해지지 않았다. 주민들은 그를 응원했다. 나뭇단의 부피가 빠르게 줄어들었다. 12시 30분이 되자 나무는 얼마 남지 않았다. 나무꾼이 잠시 멈추더니 도끼를 내려잡고 외할아버지에게 말했다.

"가만있자, 나무를 팬 삯은 누가 내는 거죠?"

"에이, 그건 모르지." 외할아버지가 아주 진지하게 말했다.

"젠장! 설마 내가 공짜로 나무를 패주리라고 생각한 건 아니겠죠?" 나무꾼이 화가 나서 소리쳤다.

"그건 내 알 바 아니지." 외할아버지가 말했다. "그건 그렇고, 지금 시간 낭비 말게나. 그러다가 내가 내기에 지겠어."

"우라질! 내기는 무슨 내기!" 나무꾼이 거칠게 대꾸하고는 도끼를 땅바닥에 내팽개쳤다.

구경꾼들이 한꺼번에 웃음을 터뜨렸다. 그것이 나무꾼의 화를 돋웠다. 구경하던 주민들이 점심식사를 하러 갔다가 돌아와보니 나무꾼은 아직도 장작더미 위에 앉아서 마을 주민 전체를 상대로 앙갚음을 하겠다고 벼르고 있었다. 외할아버지는 한두 시간 더 나무꾼을 골려먹고는 원하는 품삯을 주었다.

나무꾼이 품삯을 받으면서 말했다. "이젠 됐어요. 하지만 다음부터는 나무를 패기 전에 누가 돈을 낼 건지 알아둬야겠어요."

내가 '리스 삼촌'이라고 부르는 노신사가 베셀에 살았다. 그는 코담배 애연가였다. 상자에 항상 '콩'을 넣어다녔는데, 그의 주장에 따르면 그 콩이 코담배의 향을 아주 좋게 만들었다. 리스 삼촌은 노워크에서 댄버리로 이어진 노상에서 대합과 생선 따위를 팔았다. 한번은 역시나 코담배를 즐겼던 외할아버지가 리스 삼촌한테서 콩을 며칠 빌린 적이 있다. 외할아버지는 소나무를 작게 잘라서 콩과 똑같은 모양으로 만든 뒤 이웃 모자 상점으로 가져가 염료에 담갔다. 그렇게 물들인 소나무 조각은 콩과 분간이 어려울 정도로 똑같아 보였다. 리스 삼촌이 빌려 간 자신의 보물을 돌려달라고 했을 때, 외할아버지는 코담배 상자에서 소나무 복제물을 꺼내 고맙다는 말 여러 번과 함께 돌려주었다.

리스 삼촌은 아무 의심 없이 그것을 자기 코담배 상자에 넣고 가던 길을 계속 갔다. 대합을 구하러 노워크로 가던 참이었다. 그가 다음날 돌아오기 전, 외할아버지는 리스 삼촌에게 친 장난을 마을 주민 거의 전부에게 미리 알려주었다. 사실 그렇게 조심할 필요는 없었다. 마을 주민 전체가 한통속으로 장난을 즐기는 곳이 있다면 바로 댄버리였기 때문이다.

다음날 리스 삼촌이 베설과 댄버리를 지나가는 동안, 모든 남자는 물론 여자와 아이들까지 코담배를 조금만 달라고 리스 삼촌에게 부탁했다. 그리고 선심 쓰는 김에 좋은 향을 위하여 코담배를 콩 밑에 넣었다가 달라고 사정했다. 그날 코담배 상자가 몇 번이나 새로 채워졌다. 많은 사람들이 리스 삼촌에게 콩의 성분이 무엇이고 어디서 구했는지 물었다. 그는 서인도의 어느 나무에서 자란 콩이고 언제나 독특하고 기분좋은 향을 선사한다고 대답했다. 그리고 그 콩의 향이 배기 전에는 어떤 코담배도 사람의 코에 알맞을 순 없다고 덧붙였다.

그렇게 며칠이 지난 후, 외할아버지는 다음주에 함께 식사를 하자며 지인들을 스무 명 정도 초대했다. 그날 대단원이 예정되어 있던 터라 리스 삼촌도 당연히 그 지인들 중에 포함되어 있었다. 그런데 외할아

버지한테 운이 따라주지 않았다. 리스 삼촌이 하필 우리 가게에 코담배를 채우러 왔던 것이다. 마을에서 제일 괴짜인 오리스 타일러 테일러 박사(새뮤얼 테일러 삼촌의 아들)가 마침 가게에 있었다. 그는 콩을 좀 볼 수 있느냐고 물었다. 리스 삼촌은 그러라고 하면서 그 콩이 서인도제도에서 자란 것이라고 말했다. 박사는 그 콩을 칼로 잘랐고, 눈처럼 하얀 소나무 속이 드러났다.

리스 삼촌은 대경실색했다. 가게에 있던 사람들이 폭소를 터뜨리자, 그는 뭔가 속임수가 있는데 모두가 모른 척하는 거라고 확신하게 됐다. 잠시 생각에 잠겼던 그가 소리쳤다. "그 늙은 죄인 핀 테일러의 짓이로군!"

외할아버지는 그 일을 죽을 때까지 용서받지 못했다. 또한 그 장난이 폭로될 때 현장에 있지 못한 것을 몹시 분하게 여겼다. 외할아버지는 장난을 미리 발설한 박사를 맹비난하면서, 자기라면 가지고 있는 가장 좋은 소를 잃는 한이 있더라도 지인들을 초대한 식사 자리 전까지는 절대 비밀을 누설하지 않았을 거라고 공언했다. 외할아버지의 말이 진심이라는 걸 나는 믿어 의심치 않는다.

1825년 3월에 몸져누운 우리 아버지는 심한 고열에 시달리다가 그해 9월 7일에 48세로 생을 마감하고 더 좋은 세상으로 떠나셨다.

당시 열다섯 살이었던 나는 아버지의 임종을 지켰다. 내가 아버지라는 보호자를 영원히 잃었음을 깨달았을 때 세상이 그야말로 암흑으로 바뀌는 것 같았다. 세상 물정 모르는 어린애 혼자 살라고 거친 세상에 내던져진 느낌이 들었다. 쓸쓸함이 몰려왔다. 어머니는 다섯 자녀와 함께 남겨졌다. 내가 맏이였고 막내는 고작 일곱 살이었다. 남편이자 아버지였던 한 남자를 땅에 묻고 황량한 집으로 돌아오면서, 세상에 버림받았고 이생에 희망은 거의 없다는 느낌이 우리를 휘감았다.

유산 관리인이 지정되었고, 곧 아버지가 우리 가족을 부양할 재산을 전혀 남겨놓지 않았다는 사실이 분명해졌다. 우리는 파산 선고를 받았고 그 비용은 50센트밖에 들지 않았다. 대다수의 홀어미처럼 우리 어머니도 자식들을 먹여 살리느라 많은 어려움을 겪었다. 그러나 부지런하고 검소하며 인내심이 강했던 어머니는 이삼년 만에 집을 되찾고 단독 소유주가 되는 데 성공했다. 나는 저금했던 몇 달러를 아버지에게 빌려주고 차용증을 받아두었지만, 아버지가 남긴 재산이 없어서 채권을 행사하는 데 실패했다. 그리하여 아버지의 장례식에서 신기 위해 구입했던 구두값을 치르느라 상점에서 점원으로 일해야 했다. 그래서 솔직히 말하면 나는 무일푼으로, 또 맨발로 시작했다.

나는 위드 씨의 상점에서 조금 더 일하다가 베셀에서 북서쪽으로 1.5킬로미터 떨어진 그래시 플레인이라는 동네로 옮겼다. 그곳에 있는 제임스 S. 킬러와 루이스 휘틀록의 상점에서 숙식 제공에 월급 6달러를 받고 점원으로 일했다. 빨래는 어머니가 해주셨다. 나는 곧 혼자 힘으로 투기를 시작했고 근검절약한 덕에 돈을 약간 모을 수 있었다. 나는 제루샤 휠러 부인과 그녀의 두 딸 제루샤와 메리가 있는 집에서 하숙했다. 거의 모든 사람들이 별명을 가지고 있었기에 제루샤와 메리는 '루시아 자매'로 불렸고 제루샤 휠러 부인은 '루시아 이모'로 통했다. 그들은 아주 훌륭하고 존경할 만한 가족이었고 내게 최고의 보금자리를 제공해주었다. 나는 앨런슨 테일러 삼촌을 후견인으로 선택하고 그분의 조언을 들었다. 점원으로서 아주 열심히 일했던 나는 귀여운 장사꾼으로 통했고, 머잖아 고용주들로부터 신뢰와 존중을 받았다. 그들이 내가 돈을 버는 데 많은 편의를 제공했음을 지금도 고맙게 기억하고 있다.

한번은 어느 행상이 커다란 마차에 흔한 초록색 유리병을 파인트에서 갤런까지 다양한 크기로 가득 싣고 우리 가게를 찾아왔다. 마침 두 고용주는 모두 외출중이어서 나는 행상에게 유리병 전부와 가게 상품을 교환하는 게 어떠냐고 농을 걸었다. 나를 얼치기로 여긴 행상은 그 제안을 받아들였고, 나는 아무리 싼 가격에도 못 팔 물건들을 내주고 병을 받았다. 그가 떠나자마자 킬러가 돌아와서 자신의 작은 상점 절반이 병으로 가득차 있는 것을 발견했다.

"대체 무슨 일을 벌인 거냐?" 깜짝 놀란 그가 물었다.

"물건들과 병을 교환했어요." 내가 말했다.

"속았구나." 그가 소리쳤다. "마을 전체에 족히 20년은 팔고도 남을 만큼 병을 들여놨으니 말이다."

나는 그에게 걱정하지 말라고, 석 달 안에 병을 전부 팔아치우겠다고 약속했다.

"네가 그럴 수 있다면 기적을 행하는 셈이지." 그가 말했다.

그러자 나는 병과 교환한 물품 및 가격의 목록을 그에게 보여주었다. 그는 내가 상당수의 쓸모없는 쓰레기들을 신제품 도매가의 절반으로 교환한 것을 알아차렸다. 그는 그 결과에 기뻐했지만, 그 병을 어떻게 할 것인지는 의아해했다. 우리는 대부분의 병을 상점 다락에 보관했다.

내 고용주들은 물물교환 업소 형태로 상점을 운영했다. 많은 모자 제조업자들이 우리 상점과 거래하면서 모자와 상품을 교환해갔다. 그들의 수많은 고용인, 이를테면 정식 직공, 견습생, 여성 모자 수선공 등도 우리 상점과 거래했다. 그 결과 우리 상점에는 많은 고객이 있었고, 나는 그들 모두와 친하게 지냈다.

그러니까 나는 병을 상품과 교환할 때부터 이미 머릿속에 그 병들을 전부 팔아치울 계획을 떠올리고 있었다. 병뿐만 아니라 가게에 몇 년째 재고품으로 쌓인 채 먼지와 파리똥으로 더러워진 양철제품까지 싹 팔아치울 생각이었다. 그 계획은 바로 복권이었다. 비가 내려서 손님이 별로 없는 날을 골라 나는 몇 시간 동안 계획을 세웠다. 1등은 25달러 상당의 가게 상품을 무엇이든 원하는 만큼 가질 수 있게 했다. 그리고 5달러 상당의 복권은 50장인데 상품을 각각 어떻게 안배할지는 계속 구상중이었다. 이를테면 5달러 상당의 복권 한 장은 면 양말 1켤레, 면 손수건 1개, 양철 컵 2개, 0.5리터 유리병 4개, 양철 국자 3개, 1리터 유리병 1개, 육두구를 가는 양철 강판 6개, 0.25리터 유리병 11개 하는 식으로 구성했다. 유리병과 양철제품이 모든 복권의 상품 중에서 가장 큰 부분을 차지했다. 그 밖에도 1달러 100장, 50센트 100장, 25센트 300장을 만들었다. 그런 식으로 복권 1,000장을 만들고 장당 50센트의 값을 매겼다. 총상금은 총판매액과 똑같이 500달러였다. 나는 외할아버지가 운영했던 교회 복권에서 영감을 얻어 복권 가격의 절반에 해당하는 상금을 많이 포함했다. 그리고 홍보 문구를 눈에 잘 띄는 대문자로 정성 들여 작성했다. '어마어마한 복권!' '고작 50센트로 25달러를!!' '550개 이상의 상품!!!' '1,000장 한정!!!!' '상품을 최저가로 가져갈 기회!!!!!' 등등.

복권은 들불처럼 팔려나갔다. 고객들은 복권의 본질을 곰곰이 따져보거나 하지 않았다. 모자를 만드는 정식 제조공도, 감독관도, 견습생도, 수선공도 복권을 샀다. 열흘 만에 매진이었다. 복권 추첨은 공표한 날짜에 어김없이 진행되었다.

추첨일 다음날부터 며칠 동안 복권 구매자들이 상품을 타러 왔다. 5달러 복권에 당첨된 한 아가씨는 끈 약간, 면 옷감 1두루마리, 핀 1세트, 양철 국자 16개와 컵, 육두구 강판, 크기가 다양한 유리병 20여 개를 받게 된 것을 알았다. 그녀는 유리병과 양철제품 대신 다른 물품을 줄 수 없냐고 사정했지만, 나는 복권 규칙에 어긋나기 때문에 절대 안 된다고 응수했다.

어떤 사람은 자기 상품이 전부 양철제품으로 구성된 것을 알게 되었다. 또 누군가는 구입한 복권 20장 중에 10장이 당첨됐지만 알고 보니 상품이 전부 유리병이었다. 일부 고객은 화를 냈지만 대부분은 웃어넘겼다. 복권 추첨일로부터 며칠에 걸쳐 때 묻은 양철제품과 유리병이 바구니째, 자루째, 아니면 한아름 품에 안겨서 우리 가게를 빠져나갔는데, 보기에도 참 익살스러운 광경이었다. 모든 고객이 양철제품이나 유리병을 최소한 한 개 이상 가져가야 했다. 열흘 만에 유리병이 전부 사라졌고, 낡은 양철제품들은 양은 적지만 은처럼 환한 새 제품으로 교체되어 있었다.

로라 이모의 남편인 애런 니컬스는 그래시 플레인에서 꽤 규모 있는 모자 제조업자였다. 그의 고용인들도 많은 복권을 구입했다. 애런 니컬스는 12장을 샀는데, 운이 아주 좋았다. 7장이나 당첨됐으니 말이다. 그런데 불운하게도 상품은 전부 양철제품이었다. 그는 마차에 상품을 싣고 마치 양철 그릇 행상처럼 거리를 지나갔다. 그로부터 이틀후에 로라 이모가 그 상품을 모조리 상점으로 되가져왔다.

"여섯 시간 동안 양철을 닦았어." 이모가 말했다. "그런데 소용없더라. 양철 대신에 다른 걸 주렴." 나는 절대 안 된다고 딱 잘라 말했다.

"대체 이 시커먼 양철을 어디다 쓰란 말이냐?"

나는 니컬스 이모부가 운좋게 많은 상품에 당첨됐다고 해서 내가 그 상품들을 어디다 쓰라고 지시하는 것은 주제넘은 짓이라고 대답했다.

"네 이모부는 멍청이야. 아니라면 이렇게 쓸데없는 복권을 절대 사지 않았을 테니까." 이모가 말했다.

나는 대놓고 웃었는데, 그것은 이모를 더욱 화나게 만들었을 뿐이었다. 이모는 내게 연신 욕설을 퍼부었지만 나는 그저 웃기만 했다.

마침내 내가 이렇게 말했다. "로라 이모, 양철을 루시아 이모한테 가져가지그래요? 오늘 아침식사 때 양철 국자를 어디서 살 수 있냐고 묻더라고요."

"그렇다면 내 걸 사라고 해야지." 로라 이모는 국자 여섯 개와 여러 양철제품을 앞치마에 담고 곧장 길 건너편의 내 하숙집으로 향했다.

"루시아 이모, 양철 국자를 팔려고 왔어요." 로라 이모는 그 집에 들어서면서 말했다.

"이걸 어쩌나! 우리도 국자가 너무 많은데." 루시아 이모가 소리쳤다.

"어, 테일러 바넘이 그러던데요. 루시아 이모가 국자를 몇 개 사려고 한다고." 로라 이모가 놀라서 말했다.

"걔가 장난을 쳤나보네." 루시아 이모가 웃으면서 말했다. "나한테도 장난질을 쳤어. 나도 복권으로 국자 일곱 개를 받았거든."

로라 이모는 더 화가 난 채로 돌아왔다. 이모는 가게 바닥에 양철제품을 다 쏟아버리더니 절대 그것들을 집에 가져가지 않겠다고 말했다. 그러고는 집으로 가버렸다.

나는 서둘러 양철제품들을 마차에 싣고 이모 집으로 향했다. 내가 이모보다 먼저 도착했다. 나중에 돌아온 이모는 부엌 한복판에 쌓여 있는 양철제품과 양철 커피주전자 손잡이에 붙어 있는 (내가 쓴) 시를 발견했다.

닉이라는 남자가 있었네
그의 복권 7장이 아주 멋들어지게 당첨되었네
그가 상품으로 탄 것은 양철

그래서 그의 아내는 노발대발

로라 이모가 날 용서하기까지 몇 주나 걸렸다. 이모는 내게 깨끗한 흰색 종이로 덮은 민스파이를 보내왔는데, 종이 덮개에 '테일러 바넘을 위한 민스파이'라고 적혀 있었다.

나는 기뻤다. 민스파이를 묶은 끈을 풀고 종이를 벗겼다. 그런데 파이가 지저분한 양철 접시에 담겨 있지 않은가! 물론 파이를 먹을 순 없었지만 내가 보기에 그것은 화해의 증표였다. 그리고 그날 오후 나는 예전에도 여러 번 근사한 식사를 했던 로라 이모의 집에서 함께 차를 마셨다. 물론 그후로도 그곳에서 차를 마시고 식사를 한 일이 많았다.

외할아버지는 내 복권 사업에 크게 즐거워하셨고, 내가 외할아버지의 판박이라는 여러 이웃들의 말에 동감하곤 하셨다.

베설에 사는 학교 친구 몇 명이 저녁때 이따금씩 나를 찾아와 하숙집에서 함께 자고 가곤 했다. 나와 동년배인 제임스 비비도 언젠가 그런 목적으로 나를 찾아온 적이 있다. 하숙집에서 가장 가까운 이웃 중에 '제루샤 이모'의 아들인 에이머스 휠러가 있었다. 그와 그의 아내는 내게 그날밤 아이들만 놔두고 집을 비울 계획이니 꼭 그들의 집에 와서 자라고 했다. 나는 제임스 비비를 데려갔다. 그로부터 며칠 후 제임스가 찾아와서는 휠러 아저씨의 집에서 잔 다음날 아침에 양말을 잘못 신고 왔다고 말했다. 새로 산 자기 양말이 아니라 낡은 휠러 아저씨의 것을 신고 왔다는 것이었다. 양말에 'A. W.'라고 또렷하게 표시되어 있다고 했다. 나는 제임스에게 유일한 방법은 휠러 부인에게 남편의 양말을 가져다주고 어쩌다가 실수를 했는지 설명하는 것이라고 말했다. 제임스는 그렇게 했고, 얼마 뒤에 무척 화가 나서 돌아왔다. 그는 휠러 부인을 두고 온갖 욕을 해댔다. 낡은 양말을 살펴본 휠러 부인은 양말목 맨 위쪽에 수놓은 'A. W.'라는 남편 이름의 이니셜에도 불구하고 그것은 남편의 양말이 아니라고 했고, 그 집에 제임스 비비의 양말도 없다고 잡아떼더라는 것이었다.

나는 솔직히 휠러 부인의 행동을 이해할 수 없었다. 양말 한 켤레 때문에 거짓말을 한다는 건 납득이 가지 않았다. 게다가 'A. W.'는 제임스 비비의 이니셜이 아니라 에이머스 휠러(Amos Wheeler)의 것이기 때문이었다. 제임스는 에이머스 휠러의 집에서 자기 것이 아닌 양말을 신은 게 틀림없고, 휠러 부인이 남편의 양말을 알아보지 못할 리가 없다고 단언했다. 물론 우리는 휠러 부인이 착각한 것이라고 확신했다. 의문의 여지가 없었지만, 그래도 제임스는 헌 양말을 가지고 집으로 돌아갈 수밖에 없었다. 나는 그 일 때문에 몹시 화가 났다. 노기등등해진 제임스는 여자들이 자기 옷을 훔치고도 모른 척 잡아뗄 테니 다시는 그래시 플레인에서 잠을 자지 않을 거라고 말했다.

그로부터 일주일 후에 제임스를 만났는데, 그는 예의 낡은 양말 얘기를 하면서 웃어대기 시작했다.

"아, 그러면 그렇지." 그가 말했다. "있잖아, 내가 너와 함께 자기 하루이틀 전인가 존 윌리엄스와 함께 잤거든. 윌리엄스 형제들은 전부 한방에서 자는데, 그때 내가 양말을 잘못 신은 거야. 며칠 전에 만난 존 윌리엄스가 그러는데, 자기 동생 애덤이 내 이름 이니셜이 있는 양말을 신고 있더란다. 애덤 말로는 내가 자기 양말을 실수로 신고 내 양말은 그 집에 두고 온 거래. 애덤을 찾아갔더니 그 녀석 말이 맞더라고.”

　‘A. W.’는 에이머스 휠러가 아니라 애덤 윌리엄스(Adam Williams)의 이니셜이었다. 결국 휠러 부인이 옳았던 것이다. 그 일은 독특한 우연이어서 내게 강한 인상을 남겼다. 나는 그 단순한 사건을 여러 번 떠올리곤 했다. 이니셜 때문에 에이머스 휠러를 낡은 양말의 주인으로 몰고 간 것보다도 더 개연성 없는 정황 증거로 인해 얼마나 많은 무고한 사람들이 사형에 처해졌을까 싶어서다.

　토요일 밤이면 나는 주로 베설에 가서 어머니와 함께 보내고 일요일에는 교회에 가곤 했다. 어머니는 꽤 오랫동안 마을 여인숙을 운영했다. 어느 토요일 저녁엔가 폭우가 쏟아졌다. 날이 아주 어두웠고, 불과 몇 분 간격으로 비가 억수처럼 퍼부었다. 여성 모자를 팔던 메리 휠러가 우리 가게로 전갈을 보내왔다. 내용인즉슨 베설에서 새 모자를 사러 말을 타고 온 여자 손님이 있는데 혼자 돌아가기를 무서워하니 혹시 내가 베설의 집에 갈 생각이면 그 손님을 호위해서 함께 가는 게 어떠냐는 것이었다. 나는 그러겠다고 했고, 얼마 후에 내 말을 타고 ‘루시아 이모’의 집 앞에 가 있었다. 안으로 들어간 나는 뺨이 발그레하고 토실토실하며 치아가 아름다운 체어리 홀릿이라는 어여쁜 아가씨를 소개받았다. 체어리는 물론 별명이었는데, 나중에 본명이 ‘채러티(자애)’임을 알게 되었다.

　나는 그 아가씨가 말에 오르는 것을 도와주고 곧바로 내 말에 올라탔다. 우리는 천천히 베설로 향해 갔다.

　촛불에 의지해 그녀를 잠시 본 것만으로도 내 가슴은 온갖 기쁨으로 설렜다. 나는 난생처음 느낀 감정에 빠져 있었고, 그 새로움을 뭐라 설명할 길이 없었다. 그녀와 말문을 트고 곧 그녀가 (말을 타고 있음에도 불구하고) 전혀 새침떼거나 거드름을 피우지 않는다는 것을 알게 되었다. 나는 베설까지 8킬로미터가 아니라 1.5킬로미터인 것이 못내 아쉬웠다. 그 순간 지평선에 번갯불이 떨어졌고, 그 흥미로운 길동무의 얼굴을 온전히 볼 수 있었다. 그리고 베설까지 30킬로미터 이상이었더라면 좋았을걸 하는 아쉬움이 들었다. 얼마 후 그녀가 재봉사이고 베설에서 제러 베네딕트와 동업한다는 것도 알게 되었다. 그러자 재봉사라는 직업이 그 어느 때보다도 훌륭하게 느껴졌다. 우리는 곧 베설에 도착했고, 나는 그녀와 작별인사를 나눈 뒤 어머니의 집으로 갔다. 그날밤 꿈속에서 그녀의 얼굴이 아른거렸다. 다음날 교회에서 그녀를 봤고, 이후로도 일요일에 종종 교회에서 마주쳤으나 당시에는 관계를 진척할 만한 기회가 오지 않았다.

킬러와 휘틀록은 1827년 여름에 루이스 테일러에게 상점을 팔았다. 나는 테일러의 상점에서 잠시 더 점원으로 일했다. 코네티컷주의 속담 중에 '소년이 인간 본성을 배울 수 있는 최고의 교육은 이삼년 양철제품 행상을 하는 것'이라는 말이 있다. 내 생각에는 나처럼 마을 물물교환 상점에서 점원으로 일하는 것도 세상물정을 아는 데 그만큼 좋은 방법인 것 같다. 앞에서 말했듯이 상점 고객 여럿이 모자 제조업자여서 우리는 물물교환으로 모자를 받았다. 대규모 제조업자들은 대체적으로 아주 공평하게 거래를 한 반면, 소규모 영세업자 일부는 간혹 우리를 크게 속이곤 했다. 모자 관련 상업만큼 사기 거래가 횡행하는 업종도 없을 터다. 착색 과정에 문제가 있거나 15센티미터 정도 찢어진 모자가 있다면 색을 덧칠하거나 대충 기워 정상적인 모자들에 슬쩍 섞어서 보내기도 했다. 당시 모자에 쓰인 모피로는 비버 모피, 러시아 가죽, 뉴트리아 모피, 수달피, 토끼 모피, 사향뒤쥐 모피 등등이 있었다. 그중 가장 좋은 모피는 수달피였고 가장 나쁜 것은 토끼 모피였다.

모자 제조업자들은 질 나쁜 모피에 최상품 모피를 약간 섞어 수달피라며 우리에게 팔았다. 우리는 그것을 받고 설탕, 차, 주류 등을 뒤섞어 가장 좋은 물품이라며 내주었다. 한마디로 사리사욕을 위한 치열한 싸움이자 '이에는 이'(tit for tat, 속어로 모자라는 뜻도 있음―옮긴이) 전략인 셈이었다. 우리 가게의 무명은 모직으로 둔갑하여 팔렸고, 무명과 모직 혼방은 실크와 리넨 혼방으로 팔렸다. 사실 거의 모든 물품이 실제와 다르게 팔렸다. 고객들은 그들이 가지고 있는 직물들을 속였다. 우리는 가게 상품으로 고객을 속였다. 서로 상대에게 사기를 당하리라 예상하고 있었다. 우리는 귀가 아닌 눈을 믿었다. 눈에 보이는 것도 다 믿지 말아야 했고, 듣는 것은 그보다도 더 믿지 말아야 했다. 우리는 가게에서 파는 사라사가 전혀 변색되지 않는다고 말했지만 실상은 비눗물에 담그면 금방 물이 빠졌다. 굵게 간 커피 또한 구운 완두콩과 커피콩과 옥수수가 만들어낼 수 있는 딱 그만한 품질이었고, 생강은 빻은 귀리 가격을 고려하면 그나마 참아줄 만했다. 거래의 속임수는 무궁무진했다. 한 행상이 12개에 60달러인 비버 모피 모자 한 상자를 우리와 거래한다면, 우리는 그에게 12개에 15달러인 토끼 모피 한 상자를 내주었다. 시계를 내줄 경우에는 시간이 정확하다고 장담했지만 사실 시간을 알기 위한 목적이라면 서랍장보다 나을 게 없었다. 시계는 그저 팔기 위한 물건일 뿐, 시계 구실을 하는 데 필요한 부품이 절반만 들어 있어도 굉장히 운이 좋은 편에 속했다.

상점 같은 곳은 어른이 되기 위한 학교로도 손색이 없었다.

한번은 월터 디블이라는 모자 제조업자가 모피를 사러 우리 가게에 들렀다. 나는 그에게 비버 모피와 토끼 모피를 포함해 몇 가지 모피를 팔았다. 그는 러시아 가죽도 사고 싶다고 했다. 나는 우리 가게에는 없지만 내 하숙집 주인인 휠러 부인이 많이 가지고 있다고 말해주었다.

"대체 여자가 러시아로 뭘 하려는 거지?" 그가 말했다.

나는 대답을 할 수 없었지만, 휠러 부인의 집에 가면 오래된 러시아(루시아) 60킬로그램과 새 러시아(루시아) 70킬로그램이 있다고 장담했다(러시아Russia와 루시아Rushia의 발음이 비슷하여 화자가 장난을 치고 있음—옮긴이). 하지만 팔려고 할지는 모르겠다고 말했다.

월터 디블은 러시아를 살 요량으로 가게를 나섰다. 그는 휠러 부인의 집을 찾아가 문을 두드렸다. 나이든 휠러 부인이 나타났다.

"러시아를 찾아왔어요." 모자 제조업자가 말했다.

휠러 부인은 그를 집안으로 들이고 자리를 권했다. 그녀는 물론 그가 자신의 딸 루시아를 만나러 온 것이라고 생각했다.

"루시아는 무슨 일로……?" 노부인이 물었다.

"모자를 만들려고요."

"모자 수선을 말하는 거군요?" 휠러 부인이 반문했다.

"아닙니다. 모자 겉감 때문에요." 모자 제조업자가 대답했다.

"글쎄요, 내가 모자에 관해선 잘 몰라서요." 노부인이 말했다. "아무튼 내 딸을 불러올게요."

젊은 루시아가 있는 다른 방으로 들어간 노부인은 딸에게 모자 만드는 일로 한 남자가 찾아왔다고 전했다.

"아마 메리 언니를 만나러 왔나보죠. 여성 모자를 말하는 것 같거든요." 루시아가 응접실로 나가면서 말했다.

"얘가 내 딸이에요." 노부인이 말했다.

"댁의 러시아를 얻었으면 합니다." 남자가 젊은 아가씨에게 말했다.

"메리 언니를 만나러 오신 것 같군요. 언니가 여성 모자를 만들거든요." 젊은 루시아가 말했다.

"누구든 그걸 가지고 있는 사람과 만났으면 합니다." 모자 제조업자가 말했다.

기별을 받은 메리 양이 곧 모습을 나타냈다. 소개가 끝난 후 모자 제조업자는 메리에게 그녀의 러시아를 사고 싶다고 말했다.

"루시아를 산다고요!" 메리가 놀라서 소리쳤다. "무슨 말인지 이해할 수 없군요."

"당신이 휠러 양이라고 아는데요." 모자 제조업자는 자기 말뜻을 이해시키기 어려운 상황 때문에 짜증이 났다.

"맞아요."

"아! 잘됐군요. 이 집에 오래된 러시아와 새 러시아가 있는 거 맞죠?"

"그렇긴 한데요." 메리는 그 남자가 자기 어머니와 동생을 너무도 익숙한 어조로, 그것도 두 사람의 면전에서 그렇게 말하는 것에 깜짝 놀랐다.

"오래된 러시아는 단가가 얼마입니까?" 모자 제조업자가 물었다.

"오래된 루시아는 파는 게 아닌데요." 메리가 화가 나서 말했다.

"그렇다면 새 러시아는요?" 모자 제조업자가 다시 물었다.

"선생님." 루시아 양이 자리에서 벌떡 일어섰다. "무방비한 여성들을 모욕하려고 여기 온 건가요? 그렇다면 저 뜰에 있는 우리 오빠를 당장 불러야겠네요. 오빠가 당신에게 본때를 보여줄 테니까요."

"숙녀분들!" 모자 제조업자는 어안이 벙벙해져서 소리쳤다. "내가 여러분의 기분을 상하게 한 게 뭐 있습니까? 나는 여기 사업상 온 겁니다. 러시아를 좀 살까 해서요. 이 집에 오래된 러시아와 새 러시아가 있다고 들었다고요. 그리고 이 젊은 여자분도 방금 그렇다고 했잖습니까. 다만 오래된 루시아는 팔지 않는다고 말했고요. 자, 새 러시아를 살 수 있다면 그렇게 할 겁니다. 살 수 없다면 그렇게 말해주세요. 그러면 더 신경쓰이지 않게 여기서 나갈 테니까요."

"엄마, 문 열어주세요. 신사분 나가시게. 이 사람 미친 게 분명해요." 메리 양이 말했다.

"제길! 여기 더 있다가는 정말 미쳐버리겠어." 모자 제조업자가 몹시 흥분해서 소리쳤다. "이 마을에서는 사람들이 사업이란 걸 아예 안 하나보군요. 사업하겠다는 사람을 미쳤다고 생각하는 걸 보면."

"사업! 한심한 사람 같으니." 메리가 문가로 걸어가면서 조금 누그러진 기색으로 말했다.

"나는 한심한 사람이 아닙니다, 부인." 모자 제조업자가 말했다. "내 이름은 월터 디블. 댄버리에서 꽤 크게 모자 제조업을 하고 있소. 모피를 사러 여기 그래시 플레인에 왔다가 비버와 토끼 모피를 좀 샀소. 그런데 내친김에 러시아도 좀 사려고 했더니 미쳤네, 한심하네 하는 소리를 듣다니, 원."

여자들의 눈에 뭔가 스쳤다. 디블이라는 남자는 너무 진지했고, 그의 말을 듣고 보니 짚이는 데가 있었다.

"여길 가보라고 한 게 누구죠?" 메리가 물었다.

"저 맞은편 가게 점원요."

"이 사달을 낸 게 그 못된 녀석이로군." 노부인이 말했다. "녀석이 이런 장난을 곧잘 치거든."

"장난!" 디블이 놀라서 소리쳤다. "그런데 러시아를 가지고 있긴 한 겁니까?"

"내 이름은 제루샤예요, 내 딸도 마찬가지고요." 휠러 부인이 말했다. "그러니 짐작건대 점원 녀석이 말한 건 아마 '엄마 루시아'와 '딸 루시아'인 것 같군요."

디블은 아무 말 없이 그 집을 뛰쳐나와 우리 가게로 왔다. "이 어린 불한당 놈!" 그가 가게에 들어서면서 말했다. "무슨 의도로 저기 가서 러시아를 사라고 한 거냐?"

"루시아를 사라고 한 게 아니에요. 손님이 독신이거나 홀아비 같아서 루시아와 결혼하고 싶어하리라고 생각한 거예요." 내가 진지한 표정으로 말했다.

"이 거짓말쟁이, 개자식. 다 알면서 어디서 수작이야." 그가 말했다. "하지만 상관없다. 내 언젠가 대가를 치르게 해줄 테니까." 그러고는 우리 가게에서 산 모피를 챙겨들고 떠났는데, 상황에 비해서 썩 기분이 나빠 보이진 않았다.

'모자 제조업자처럼 곤죽이 되도록 마신다'는 말은 오래전부터 있었다. 당시에도 술을 마시지 않는 모자 제조업자들이 있긴 했으나 마시는 쪽이 더 많았다. 그래시 플레인 마을 외곽의 모자 제조업자들은 럼주를 술통째 샀고, 마을 안의 제조업자들은 한 남자에게 크기가 제각각인 술병 여섯 개를 들려 보내 상점에서 술을 받아오게 했는데, 그 남자가 하는 일은 술심부름이 전부였다. 내가 상점에서 술병에 채운 술을 전부 모으면 아마 배 한 척을 거뜬히 띄울 수 있을 것이다.

술심부름하는 데 뛰어난 지적 능력이 필요한 것은 아니라서, 술병을 채워 가는 사람들은 대개 반편이거나 몰락한 술고래였다. 그들의 도덕성은 오로지 귀중한 술을 중간에서 마시지 않고 모자 상점까지 가져가는지에 달려 있었다. 내가 점원으로 있던 시기에 그 마을 상점들에서 술병을 날랐던 한 남자는 '물렁이'라는 별명으로 통했다. 그는 모자 직공 같은 사람들이 자기 별명을 부를 때는 화내지 않았으나 어린애들이 그렇게 부르는 건 허락하지 않았다. 그는 대개 자기 일을 할 수 있을 정도로만 적당히 취해 있었고 남에게 해를 끼치지 않는 사람이었다. 그의 이름은 제이컴이었고 나는 대개 그 이름으로 그를 부르곤 했다. 그런데 어느 날 경황이 없던 나는 그에게 이렇게 말하고 말았다. "물렁이, 오늘은 어떤 술을 채워줄까요?"

"날 물렁이라고 부르지 마." 그가 격분해서 말했다. "그건 허락하지 않겠어. 내가 너만큼, 그리고 또다른 사람들만큼 야무지다는 걸 알아줬으면 좋겠다."

고객 중 몇 명은 독립전쟁 연금생활자였다. 그들 대부분은 연금증서를 우리에게 담보로 맡기고 수령일이 되기도 전에 이미 연금을 다 써버리곤 했다. 그런데 연금을 받기 위해서는 수령일에 연금생활자 본인이 직접 연금 관리인 앞에 모습을 보이고 영수증에 서명해야 했다. 이 노인들 일부는 엄청난 술고래여서, 우리로선 그들이 연금 수령일 훨씬 전에 연금을 탕진하지 않게 감시해야 했다. 채권자들이 그들에게 상당한 보너스를 선물하지 않으면 그들은 연금 수령일에 나타나지 않거나 서명하기를 거부하기도 했기 때문이다.

우리의 연금생활자 고객 중에 베번스라는 사람이 있었다. 그의 별명은 '비빈스 삼촌'이었다. 그는 술을 좋아했고 출처가 불분명한 독립전쟁담을 무척 즐겨 얘기했다. 그가 직접 싸우지 않은 전투가 없을 정도였고, 그의 도움 없이 요새를 기습 공격한 예도 없으며, 그가 목격하지 않은 역사적인 장면 또한 없었다.

비빈스 삼촌은 수령 예정인 연금을 우리 가게에서 외상으로 거의 다 써버렸다. 우리는 그의 연금증서를 가지고 있었으나 연금을 받으려면 3개월을 기다려야 했다. 우리는 그 기간 동안 그를 멀리 보내려는 계획을 세웠다. 그는 길퍼드에 친척들이 있었고, 우리는 몇 달간 길퍼드의 친구들과 시간을 보내면 즐겁지 않겠냐고 떠보았다. 하지만 그는 내키지 않는 눈치였다. 마침내 내가 우리의 계획을 진행하는 데 도움이 될 만한 묘안을 생각해냈다.

벤턴이라는 모자 직공이 니컬스 이모부 밑에서 일하고 있었다. 벤턴은 장난을 좋아했다. 나는 그와 짜고서 그더러 비빈스 삼촌을 겁쟁이라고 부르게 했다. 그뿐만 아니라 등뒤에서 공격하는 비열한 사람이라는 식으로 말해서 결투를 유발하기로 했다. 벤턴은 그렇게 했고, 내 예상대로 비빈스 삼촌은 구식 소총으로 18미터 거리에서 결투를 하자고 제의했다.

벤턴은 결투 신청을 받아들였다. 비빈스 삼촌은 나를 결투 입회인으로 선정했고, 결투일은 금세 다가왔다. 비빈스 삼촌은 나를 한쪽으로 데려가더니 총알을 장전하지 않은 빈 총으로 결투를 진행해달라고 사정했다. 나는 그러겠다고 그를 안심시켰고, 그제야 그는 마음이 놓이는 모양이었다. 노인은 더욱 기고만장해져서 엄청나게 허세를 떨어댔다. 피비린내 나는 전투에서 쓸데없이 시간을 끈 적이 없으니 이번에도 첫 발에 벤턴의 가슴을 명중시키겠다고 했다.

결투 장소는 우리 가게 뒤쪽에 있는 부지였다. 결투자들과 입회인이 각각 자리를 잡았다. 내 말과 동시에 양쪽에서 방아쇠를 당겼다. 물론 비빈스 삼촌은 무사했지만, 벤턴은 공중으로 풀쩍 뛰어오르더니 비명을 지르면서 땅바닥에 떨어졌다. 마치 진짜로 총에 맞은 것 같았다. 비빈스 삼촌은 잔뜩 겁에 질렸다. 나는 입회인으로서 그에게 달려가 벤턴의 총에서 총알을 뺐다고, 그런데 깜박하고 비빈스 삼촌의 총에서는 총알을 빼지 않았다고 말했다. 그가 벤턴을 죽인 게 틀림없다는 말도 덧붙였다. 그러고서 나는 그의 귀에 대고 속삭였다. 당장 길퍼드로 가서, 내가 돌아와도 안전하다고 알려줄 때까지 조용히 지내라고 말이다. 그는 길을 따라 달려가기 시작했고 이내 마을을 떠나 길퍼드로 향했다. 그리고 돌아와서 연금 영수증에 서명해도 안전하다는 말을 들을 때까지 그곳에서 조용히 지냈다. 나는 비빈스 삼촌에게 '돌아와도 돼요. 벤턴 아저씨가 기적적으로 회복되었고, 지금은 비빈스 삼촌처럼 용기 있는 사람을 먼저 모욕한 자신의 잘못이 크니 삼촌을 완전히 용서했다고 말했어요'라고 편지를 썼다.

비빈스 삼촌은 돌아와서 연금 영수증에 서명했고 우리는 외상값을 받았다. 며칠 후에 삼촌은 벤턴을 만났다.

"용감한 분, 나는 큰 부상을 입고 생사를 넘나들었지만 당신을 용서했어요. 당신도 나를 용서해주면 좋겠어요. 내가 이유 없이 당신을 모욕했으니까요."

"용서하다마다." 비빈스 삼촌이 말했다. "하지만 다음번에 명사수를 모욕할 때는 조심하게나."

벤턴은 앞으로 조심하겠다고 약속했다. 그리고 비빈스 삼촌은 죽을 때까지 그때의 결투, 벤턴의 부상, 피 같은 것들이 전부 진짜라고 생각했다.

지금까지 많은 지면을 할애하면서 나 자신과 직접 관련이 없는 장난과 일화를 언급한 점을 사과해야겠다. 나는 명랑하고 쾌활한 분위기에서 태어나고 자랐다. 내 성향은 유년 시절의 일들 덕분에 발전했고 공고해졌다. 나는 베설의 재담꾼과 괴짜 들의 언행을 기록해둘 가치가 있다고 생각하는데, 그런 일화들이 지금의 나를 만든 요인들을 얼마간 알려주기 때문이다.

제6장

사업 시작과 결혼

발가락 줄―투기 성향―홀로서기―질풍노도―성공적 실험―사업 확장―욕설과 벌금―코끼리―담판―변호사 노릇―제지당한 장광설―나의 첫 소송―무료 결혼식―실망한 치안판사―돌팔이 치과 의사―거위 깃털―고민 상담―연애편지―찬사와 비난―시적인 호소―절충―흥청망청―구사일생―유용한 정보―사실과 통계―복권 열기―복권 인쇄―나의 결혼―아일랜드인 행상―가짜 재판―휴정―진짜 변호사―뿔뿔이 흩어진 판사들―파슨스 판사―살림살이―종교적 열기―종파 정치―《자유의 전령》―명예훼손 소송―감옥에 가다―축제의 날―외상 장부 정리

1826년 가을, 몇 해 전에 댄버리에서 롱아일랜드의 브루클린으로 이주한 올리버 테일러가 내게 자신의 식료품 가게에서 점원으로 일해보지 않겠냐는 제안을 해왔다. 그는 브루클린에 커다란 빗 공장이 있었고 뉴욕에 빗 상점도 가지고 있었다. 나는 그의 제안을 받아들였다. 가게는 샌즈가와 펄가의 모퉁이에 있었다.

많은 고객이 아침거리를 사러 일찍 가게를 찾았기 때문에 나는 새벽에 일어나야 했다. 이전 생활과는 너무 달라서 아침에 일어나는 데큰 어려움을 겪었다. 나는 근면해지기 위한 노력의 일환으로 한 경비원에게 일주일에 2실링을 줄 터이니 3층 내 침실 창문 밖으로 나와 있

는 줄을 잡아당겨달라고 부탁했다. 줄 한쪽 끝은 내 엄지발가락에 묶여 있었다.

그 방법은 아주 효과적이었다. 그러나 테일러가 경비원을 통해서 그 일을 알게 되었다. 한번은 내가 부탁한 것보다 훨씬 더 세게 줄이 당겨졌다. 나는 아파서 소리를 질렀고, 엄지발가락이 뽑힐 것 같으니 그만 좀 잡아당기라고 창가에서 아래를 향해 사정했다. 장난인 줄 모르고 옷을 갈아입고 계단을 내려갔다가 시간이 겨우 밤 12시 30분임을 깨달았다. 일어나야 하는 시간 한참 전이었다. 나는 합리적으로 올리버를 의심했지만, 그 일 이후로 혼자 일어날 수 있어서 경비원과의 계약도 끝내버렸다.

테일러 씨 밑에서 일한 지 얼마 되지 않아서 나는 상점 운영에 관한 모든 것을 숙지했다. 그 결과 상점의 모든 물품을 떼어오는 일도 내게 맡겨졌다. 나는 모든 물건을 현금으로 구매함으로써 그 과정에서 나 자신의 판단력을 발휘할 수 있었다. 요컨대 가장 싼 식료품 시장을 찾아서 도시 남부를 두루 찾아다니며 발품을 팔았다. 그뿐만 아니라 차, 설탕, 당밀 등의 도매시장 경매에도 종종 참석하여 상품들을 살펴보고 가격을 확인했다. 그리고 구매자들의 이름을 기록하여 그들이 얼마의 이윤을 남기는지, 나중에 그들로부터 물건을 떼어올 때 얼마까지 깎을 수 있을지도 알아두었다. 그렇게 경매 현장을 확인하는 과정에서 이따금씩 몇몇 식료품상과 친분을 맺었다. 그들은 내다팔 소량의 상품만 원했기 때문에 우리는 종종 돈을 모아 입찰에 직접 참가했다. 그리고 입찰받은 품목들을 서로 필요한 만큼 나눔으로써 같은 물품을 다른 사람들의 손을 거쳐 구입할 때 지불해야 할 수수료를 아낄 수 있었다.

테일러 씨는 내게 큰 관심을 보여주었고 아주 친절하게 대해주었다.

그러나 상점 일이 내게 썩 맞지는 않았다. 사실 그리 큰 금액도 아닌 고정된 봉급을 받으면서 일하는 데 결코 만족하지 못하는 사람들이 있기 마련이다. 나도 그런 부류의 사람이었다. 내 성향은 변함없이 모험적이었고, 일에 정력과 인내력과 집중력을 높일수록 내게 돌아오는 이윤이 증가하지 않는다면 결코 그 일에 전념할 수 없었다. 브루클린의 상점에서는 그처럼 내 힘으로 모험을 펼쳐볼 기회가 없었다. 나는 곧 상점에서 일하기가 거북스러워졌다. 젊었기 때문에(어쩌면 어렸기 때문에) 진지하게 나만의 사업을 해보겠다고 생각하기 시작했다. 비록 사업 자금은 없었지만 몇 사람이 돈을 투자할 테니 같이 사업을 하자고 제안해온 터였다. 나는 그때 불안정한 시기, 즉 아이도 아니고 어른도 아닌 과도기에 들어선 상태였다. 의지할 수 있는 조언을 해주는 분별력 있는 친구와 인생의 안내자가 절실히 필요한 시기였다. 16세에서 18세에 이르는 소년들은 대체로 객기와 치기로 가득하다. 그들은 너무도 자신만만해서, 그들보다 나이든 사람들이 보기엔 많은 경험이 필요한 일들도 자기네가 거뜬히 할 수 있다고 생각한다. 이 시기에는 '18세 열병'이 사업 말고 다른 문제에서도 젊은이들을 기만하기 십상이다. 16세에서 18세까지의 소년과 12세에서 16세까지의 소녀는 세상에서 제일 다루기 힘든 사람들이다. 그들은 너무 거칠고 고집스러우며 오만하므로, 부모들이 그들의 변화에 심히 불안감을 느끼는 것도 당연하다.

1827년 여름, 나는 8년 전에 이미 예방주사를 맞았음에도 불구하고 천연두에 걸리고 말았다. 그 때문에 몇 달 동안 집안에 틀어박혀 있어야 했다. 모아둔 돈을 치료비로 꽤 까먹었다. 어느 정도 회복되자 나는 집에 가서 몇 주 몸을 추스르고 올 요량으로 노워크행 범선에 올랐다.

20명가량의 남녀 승객들이 아직 마맛자국이 뚜렷하게 남아 있는 내 얼굴을 보더니 질겁했다. 만장일치로 내가 배에서 내려야 한다는 요청이 있었고, 계란과 버터 따위를 사려고 일주일에 한 번씩 우리 가게에 들렀기에 나를 잘 알고 있던 먼슨 호이트 선장은 자기도 괴롭지만 어쩔 수 없이 겁먹은 승객들의 뜻을 전할 수밖에 없다고 말했다. 나는 물론 승객들의 뜻에 따라야 한다는 생각에 무거운 마음으로 그 범선에서 내렸다. 그날밤은 풀턴가의 낡은 홀트 호텔에서 묵은 후, 다음날 아침 노워크행 증기선을 타고 그날 오후 베설에 도착했다.

나는 몇 주 동안 어머니와 함께 지냈고 그동안 어머니는 내가 편히 쉴 수 있도록 정성을 다했다. 요양 기간 동안 대개 나는 막역한 학교 친구들과 이웃들을 방문하면서 지냈다. 그리고 뇌우가 퍼붓던 밤에 그래시 플레인에서 베설까지 함께 말을 타고 왔던 매력적인 재봉사 체어리 홀릿과의 짧았던 인연을 새삼 확인할 기회를 몇 차례 얻기도 했다. 그 기회는 그녀를 향한 내 마음을 누그러뜨리지도 않았고 나를 더 편히 잠들게 하지도 않았다. 그러나 나는 내 사랑을 말하지 않았고, 풋사랑의 열정으로 마맛자국으로 얽은 뺨에 생기가 돌지도 않았다.

4주 후에 나는 어머니의 집을 떠나 다시 브루클린으로 향했다. 그리고 얼마 후 식료품점 근처에 내 힘으로 음식점을 차리고자 준비 작업을 시작했다. 나는 테일러 씨에게 일을 그만두겠다고 미리 알렸고 테일러 씨는 내 후임으로 경험 많은 사람을 채용했다. 나는 음식점을 개업했다. 몇 달 후에 음식점을 좋은 조건으로 넘길 기회가 생겼고, 동시에 뉴욕의 펙 슬립 29번지에서 데이비드 소프 씨가 운영하는 비슷한 음식점 점원으로 일해보지 않겠냐는 괜찮은 제의를 받았다. 소프 씨의 음식점은 댄버리와 베설의 빗 제조업자와 모자업자 등이 단골이었기에 나는 고향 사람들을 계속해서 볼 수 있는 그 환경이 아주 마음에 들었다. 나는 소프 씨의 집에서 하숙했고 그 가족은 나를 친절히 대해주었다. 소프 씨는 종종 뉴욕에 온 내 지인들과 극장에 가도 좋다고 허락했다. 나는 연극을 무척 좋아했고 내 스스로 생각하기에는 금세 깐깐한 연극 비평가가 되었다. 그래서 코네티컷주에서 온 또래 친구들과 극장에 갈 때마다 내 비평 능력을 유감없이 발휘하곤 했다.

전반적으로 내 습관은 나쁘지 않았다. 줄곧 타인에게 술을 파는 일을 해왔지만, 나 자신은 스물두 살 이전까지 와인이든 코디얼(단맛과 향이 있는 독한 알코올 음료—옮긴이)이든 술은 한 모금도 입에 대지 않았다. 꼬박꼬박 교회에 나갔고, 가방에는 늘 성경을 넣고 다니면서 종종 꺼내 읽었다.

1828년 2월, 외할아버지가 편지를 보내왔다. 외할아버지가 소유한 마차 차고의 절반을 공짜로 빌려줄 터이니 베설로 돌아와 직접 장사를 해보는 게 어떠냐는 내용이었다. 고향 마을로 돌아가고 싶은 마음이 강했던 터라 몇 주 생각한 끝에 그 제안을 받아들였다.

마차 차고는 베설의 공동도로변에 자리잡고 있어서 그 절반을 손질해 과일과 과자를 파는 상점을 내기로 결심했다. 뉴욕을 떠나기 전에 친분이 있던 몇몇 과일상의 의견을 구했고 과일을 그들에게 주문하기로 약속해놓았다. 베설로 돌아와 건물을 손보고 에일 맥주 한 통을 포함하여 몇 가지 물품을 들여놓은 뒤 1828년 5월의 첫 월요일이자 군사훈련일 아침에 개업했다.

희망과 불안이 교차했던 개업일까지의 몇 주 동안은 그 이후의 모든 사업을 통틀어서도 가장 들뜬 시간이었다. 나는 가지고 있던 120달

베설의 내 가게

러를 몽땅 그 상점에 투자했다. 그 작은 상점을 손질하는 데 50달러, 상품들을 갖추는 데 70달러가 들어갔다. 개업 전날 교회에 나갔을 때 혹시 쫄딱 망하는 것은 아닐까 의구심이 들었고, 개업일에 비가 와서 손님이 줄고 케이크와 사탕과 견과류와 건포도 등을 팔지 못하는 건 아닐까 노심초사했던 기억이 또렷이 남아 있다.

월요일 아침에 생각보다 일찍 일어난 나는 날씨가 화창한 것을 보고 기뻤다. 사람들이 일찍부터 베설로 몰려들었고, 최대한 산뜻하게 신장개업한 내 작은 가게는 사람들의 시선을 잡아끌었다. 금세 할 일이 많아졌고 많은 손님들이 기다리는 바람에 채 정오가 되기도 전에 학교 친구 한 명을 불러 도와달라고 해야 할 정도였다. 저녁까지 하루 종일 손님들이 북적였고, 나는 가게문을 닫고 계산한 매출이 63달러라는 데 만족했다. 에일 맥주 한 통은 전부 팔렸지만, 다른 상품들은 매진되거나 확연히 재고가 줄진 않았다. 그래도 70달러에 못 미치는 물품 구입비를 생각해볼 때 수익이 아주 괜찮았던 셈이다.

개업일 결과에 내가 얼마나 감사했는지 구태여 말할 필요는 없을 것이다. 나는 그 작은 가게를 사업의 발판으로 여겼고, 실제로도 그렇다는 것이 입증되었다. 에일 맥주 한 통을 더 들여왔고, 뉴욕으로 가서 잘 팔릴 만한 잡화류를 구입하는 데 가진 돈을 다 투자했다. 그때 구입한 품목은 지갑, 빗, 구슬, 저렴한 반지, 주머니칼, 몇 종의 장난감 등이었다. 여름 동안 가게는 계속 성업을 이루었고, 가을에는 삶은 굴을 품목에 추가했다.

외할아버지는 내 성공에 크게 기뻐하셨고, 수수료를 받고 복권 판매 대리점도 겸해보라고 조언하셨다. 당시 코네티컷주에서 복권 사업은 합법이었다. 그래서 나는 외할아버지의 조언을 받아들여 수수료 10퍼센트를 받는 복권 판매권을 따냈다. 과일과 과자, 굴과 장난감에 더해 복권까지 내 수익은 아주 만족스러웠다.

한번은 안면 있는 한 청년이 지갑을 보러 왔다. 그는 이것저것 가격을 묻더니 결국 마음에 드는 것을 하나 골랐다. 그러고는 그것을 사겠다고 했지만, 당장은 외상으로 거래하고 돈은 이삼 주 뒤에 주면 어떻겠냐고 했다. 나는 그에게 이렇게 말했다. 내가 파는 생활필수품 중에서 무엇이든 사겠다면 단기 외상으로 줄 수 있지만, 돈이 없는 사람에게 지갑은 어딘지 불필요한 사치품이라는 생각이 든다고 말이다. 그는 자기 생각은 다르다고 말하면서 왜 지갑은 다른 상품처럼 외상으로 살 수 없는지 이해할 수 없다고 했다. 그러나 그는 돈도 없는데 그것을 넣어둘 지갑이 꼭 필요한 이유에 대해 나를 설득하지 못했고, 그래서 나는 그와의 외상 거래를 거절했다.

나의 작은 가게는 마을 사람들이 좋아하는 안식처가 되었다. 그래서 내 가게에서는 재미있는 농담과 장난이 오갔다.

댄버리는 코네티컷주와 뉴욕주의 경계선에서 동쪽으로 13킬로미터 정도 떨어져 있다. 뉴욕 출신 괴짜들이 베설을 방문하곤 했다. 그중에 내가 크로풋이라고 불렀던 반백의 늙은 제분업자가 한 명 있었다. 또 해커리어 베일리가 본명이지만 언제나 줄여서 '핵 베일리'로 불리는 사람도 있었다. 크로풋은 말이 아주 상스러운 사람이었다. 거의 모든 말이 욕이었다. 욕하는 것이 습관이 되어서 자신이 얼마나 욕을 하는지도 모를 정도였다. 그는 부자였다. 주로 밀가루를 팔러 베설에 왔는데, 멋진 말 두 필이 끄는 대형 마차에 꼭대기까지 밀가루 자루를 꽉꽉 채워서 오곤 했다. 크로풋과 베일리 둘 다 완고한 사람들이었다. 일단 마음을 정하면 바꾸는 법이 없었다. 핵 베일리는 흥행사였다. 미국에 최초로 코끼리를 수입한 인물이었고 코끼리 전시로 큰돈을 벌었다. 그 후로 대규모 이동 동물원 사업을 시작했고 연이어 노스리버에서 증기선을 운영하여 대성공을 거두었다. 그는 뉴욕 서머스에 '엘리펀트 호텔'이라는 멋진 호텔을 짓고 거기서 살았다. 호텔 앞의 큰 돌기둥 위에는 황금 코끼리상이 놓여 있었다.

어느 날 내 가게에 들른 크로풋은 평소처럼 자기 주변으로 모여든 우리 마을 사람들과 한창 대화를 나누고 있었다. 그의 말에는 으레 대부분 욕이 들어가 있었다. 베설의 치안판사 중 하나로 종교적 원칙이 엄격한 네이선 실리가 가게에 들렀다가 크로풋의 대화를 듣고는 욕설에 대해 벌금 1달러를 부과하는 것이 자신의 의무라고 생각했다.

1930년대 엘리펀트 호텔의 모습

크로풋은 코네티컷주의 청교도 금지법 따위에는 좆만큼도 신경쓰지 않는다고 즉각 욕설로 응수했다.

"지금 한 말로 2달러요." 실리 판사가 말했다.

그러자 크로풋은 또 욕설을 내뱉었다.

"3달러." 완강한 치안판사가 말했다.

실리 판사가 코네티컷 법을 어긴 대가로 벌금을 15달러 매길 때까지 크로풋은 오로지 욕설로 응수했다.

크로풋은 20달러 지폐를 꺼내서 치안판사에게 건네며 또 욕을 내뱉었다.

"16달러." 실리 판사가 거스름돈을 4달러 세어 크로풋에게 건넸다.

"에이, 넣어둬요. 넣어둬." 크로풋이 말했다. "거스름돈은 필요 없수다. 좆나게 또 욕을 할 테니까." 그는 실제로 욕을 몇 번 한 후 하루에 벌금 20달러어치 욕을 했으니 충분하다며 그다음 대화부터는 훨씬 신중하게 말했다.

코끼리 전시로 큰돈을 번 핵 베일리는 세상을 좀 편하게 살기로 결심했다. 그래서 전국을 돌아다녀야 하는 순회공연을 그만두기 위하여 코끼리의 지분 절반을 다른 흥행사에게 팔았다. 흥행사는 코끼리를 전시하고 수익 절반을 핵에게 주기로 계약했다.

동업자가 몇 주째 깜깜무소식이자 핵은 돈을 받지 못할까봐 불안해지기 시작했다. 계속 소식이 없자 그는 동업자에게 편지를 써서 이유를 물었다. 답장은 오지 않았다. 결국 인내심에 한계를 느낀 그는 마차를 타고 보스턴까지 간 다음, 며칠 동안 동업자의 행방을 쫓다가 매사추세츠주의 뉴베드퍼드에서 드디어 그를 만났다. 핵은 동업자에게 왜 수익의 절반을 보내지 않았느냐고 물었다. 동업자는 수익이 나지 않았다고, 수익보다 비용이 훨씬 더 많이 들어갔다고 얘기했다.

핵은 사정을 잘 알고 있었다. 동업자가 간 곳마다 코끼리가 많은 관중을 끌어모았다는 소식을 이미 들은데다 뉴베드퍼드에서도 코끼리 전시를 찾은 수많은 관중을 직접 목격했기 때문이었다. 그래서 그는 계속 수익 배분을 요구했다.

"이번 가을에 돌아가서 지불하겠네. 지금은 시간이 없어." 좀처럼 말이 안 통하는 동업자가 말했다.

대답을 들은 핵은 지금 같은 상황이라면 그가 받을 수익이 형편없을 거라고 확신했다. 그래서 그가 소유한 코끼리 지분을 동업자에게 팔겠다고 말했다.

"지금도 지분은 충분해." 동업자가 대답했다.

"그렇다면 내가 자네 지분을 사겠네." 핵이 말했다.

"고맙지만 사양하겠네. 지분을 파는 건 생각해보지 않았어. 지금 상황에 아주 만족하니까."

"나는 아닐세." 핵이 대답했다. "그리고 더는 참을 수 없어. 내가 지분을 가지고 있는 한 앞으로 저 코끼리를 데리고 다니지 못하게 만들 거야."

"자네가 그렇게 할 수 있는지 두고 보겠네. 계약서에는 내가 코끼리를 관리하도록 돼 있어. 그러니 가을에 보세." 동업자가 말했다.

"하지만 계약서에 자네가 수익을 거두는 대로 그 절반을 내게 보내도록 돼 있지." 핵이 대답했다.

"그렇다고 해서 보채진 말게. 수익이 없다고 내가 말했잖아." 동업자가 말했다.

핵은 점점 화가 치밀어올랐다. "자네가 가진 절반의 코끼리 지분을 내게 팔겠나?" 그가 물었다.

"아니." 동업자가 말했다.

"그렇다면 내가 가진 절반을 자네가 사겠나?"

"아니."

"그렇다면 자네는 저 동물을 데리고 다닐 수 없네." 핵이 대답했다.

"나도 법을 알아. 어디 맘대로 해보게나." 동업자가 말했다.

"확실한 방법을 쓰겠어." 핵은 자신의 몸속에서 사자가 불끈 일어서는 것을 느꼈다.

"맘대로 하게나." 동업자가 말했다.

다음날 아침, 동업자가 다음 행선지로 코끼리를 데려가려고 헛간에 나타났다. 그런데 핵 베일리가 장전된 라이플총을 들고 코끼리 옆에

서 있었다.

"코끼리에게 손가락 하나 대지 말게." 핵이 라이플총을 들었다.

"베일리, 날 죽일 셈인가?" 겁에 질린 동업자가 소리쳤다.

"아니." 베일리가 대답했다. "나는 합법적인 일만 할 생각이야. 여기 온 것은 내 권리를 행사하기 위함이네. 그런데 자네가 그걸 거절했어. 자네는 사는 것도 파는 것도 거절했지. 이제부터 코끼리의 절반을 가지고 자네 마음대로 하게. 나는 내 절반을 이 총으로 쏘기로 결심했어."

동업자는 한번 결심하면 절대 바꾸지 않는 핵 베일리의 성격을 잘 알고 있었다. 그리고 지금 핵 베일리가 그의 인생에서 가장 진지하다는 것도 알 수 있었다. 핵은 어깨높이로 라이플총을 들어올리고 코끼리 쪽을 조준했다.

"그만, 그만. 돈을 지불하겠네." 동업자가 겁에 질린 표정으로 소리쳤다.

"아니, 자네는 주지 않을 거야." 핵은 그렇게 말하고 계속 총구를 겨누었다.

"맹세해." 동업자가 진심으로 말했다.

핵은 총구를 내렸고, 그로부터 30분이 지나지 않아서 좋은 가격으로 코끼리 지분을 동업자에게 팔았다. 그리하여 코끼리는 적어도 자기 몸의 절반이 죽을지 모르는 생명의 위협에서 벗어났다.

치안판사였던 외할아버지는 민법과 형법 소송에서 판사로 자주 법정에 출석해야 했다. 한번은 어느 남자가 대배심의 고발에 의해 공갈 폭행죄로 체포되었다. 그 재판은 외할아버지에게 배당되었다. 한편 내 어머니의 집에 뉴턴이라는 젊은 의학도가 하숙하고 있었는데, 그가 피고를 변호하겠다고 자원했다. 물론 그로서는 엉터리 변호는 처음이었지만, 자신의 재능을 마을 사람들에게 알릴 수 있는 좋은 기회라고 생각했던 것이다. 피고를 고발한 대배심원 카우치 씨가 나를 찾아와서, 피고측에 변호사가 붙었으니 주정부의 이익을 대변하는 사람도 있어야 할 것 같다고 말했다. 그리고 1달러를 줄 터이니 법정에서 주정부의 입장을 대변해줄 수 있겠냐고 물었다. 딱히 싫다고 할 이유가 없었기에 나는 그 제안을 받아들였고 1달러도 선불로 받았다.

꽤나 '유명한 변호사' 둘이 나온다는 사실 때문에 모자 상점들을 비롯해 마을 곳곳에서 방청객들이 몰려들었다. 피고의 유죄는 현장을 목격한 6명의 증언에 의해 뒷받침된 반면, 피고의 무죄를 입증할 만한 증언은 없었다. 한낮이 한밤보다 밝다는 것만큼이나 명명백백하여 유무죄 여부를 다퉈볼 여지가 없는 사건이었다.

그런데도 젊은 뉴턴은 물고 늘어졌고, 조금의 품위도 없이 목소리를 높여 '존경하는 재판장님이 괜찮으시다면' 등의 말을 늘어놓았다. 그는 주로 셰익스피어를 인용하고 시를 되풀이하면서 장황한 말을 계속했다. 그러면서 이따금씩 '법정에서 박해받는 피고, 원고의 잔인한 보복'을 암시하며 대배심원을 경멸적으로 손가락질하곤 했다. 30분가량 지극히 진지한 태도를 유지하던 외할아버지는 뉴턴이 근사한 장광설을 의도하고 스무번째쯤 카우치 씨(대배심원)를 원고로 지목하자 그를 제지했다. 뉴턴은 웅장한 결론을 위하여 화룡점정을 찍으려던 바로 그 순간 제지를 당한 것에 몹시 분해했다.

"존경하는 재판장님, 왜 그러시죠?" 뉴턴이 짜증 섞인 말투로 물었다

"변호인은 저 신사분이 본 사건의 원고가 아니라는 것을 이해해야 합니다." 판사가 말했다.

"원고가 아니라고요! 그렇다면 존경하는 재판장님, 누가 원고인지 알 수 있을까요?" 뉴턴이 비아냥거리듯이 말했다.

"변호인의 변호를 듣다보면 누가 원고인지 헷갈릴 지경이오. 그리고 계속해서 변호인으로 하여금 거창한 시적 언어들을 사용하도록 허락했다간 이 법정의 어느 누구도 누가 원고인지 모르게 될 것 같소. 그러나 내가 대배심원으로부터 전해 들은 얘기가 확실하다면 본건의 원고는 코네티컷주정부라오!" 외할아버지는 은은한 미소를 머금고 말했다.

불쌍한 뉴턴은 느닷없이 10킬로그램 포탄에 맞기라도 한 것처럼 의

자에 주저앉았다.

뉴턴이 어쩔 줄 몰라 하는 모습에 방청객 사이에서 킥킥 웃음소리가 들려왔다. 그동안 뉴턴의 장광설을 부지런히 받아 적고 있던 나는 마침내 자신만만하게 자리에서 일어났다. 나는 뉴턴을 호되게 비난한 후에 증거를 제시하고 그것이 피고의 유죄를 입증한다고 주장했다. 그리고 모든 증인들이 현장을 목격했으며 그들의 진술 또한 모두 일치한다는 사실을 들었다. 나아가 반대심문에서 증언과 충돌하는 어떤 사실도 드러나지 않았다고, 증인 어느 누구에게도 의문을 제기하려는 시도조차 없었다고, 피고측에선 어떤 증언도 없었다고, 피고의 유죄에 일말의 의심도 있을 수 없다고, 유죄를 인정하지 않는 피고와 변호인의 무분별함과 뻔뻔함에 크게 놀랐다고 주장했다. 그렇게 일단 발동이 걸리고 한참 거창한 언사를 동원한 후에 나는 붕 뜬 기분이 되었고, 무사히 내려가지 못하면 어쩌나 두려울 정도로 아찔한 높이에서 밑을 내려다보기 시작했다. 바로 그때 외할아버지가 일거에 나를 제지해버렸다.

"젊은이, 그대가 지금 변호하고 있는 사람이 원고인지 아니면 피고인지 알려줄 수 있겠소?" 외할아버지가 말했다.

나는 순식간에 법정이 떠내려갈 듯한 폭소 한복판으로 추락했다. 아까 당황한 이후로 줄곧 풀 죽은 모습으로 앉아 있던 뉴턴은 '동병상련'이라는 말이 틀리지 않았는지 어느새 얼굴에 함박웃음을 띠고 있었다. 나는 외할아버지의 농담이 썩 마음에 들지 않았고, 외할아버지께서 법정의 신성함을 무시하고 있진 않은지 물었지만 만족스러운 답변을 듣지 못했다. 법정의 웃음이 진정되고 질서가 회복된 후 피고는 공판을 위하여 주법원으로 이송되었고, 신참 변호인이었던 우리 두 사람은 아주 신속하게 법정을 빠져나올 수 있었음을 기뻐했다.

베설에 내가 케인이라고 부르는 모자 직공이 있었다. 그는 진짜 구두쇠였다. 근면하고 옷도 꽤 잘 입으며 매사 지나칠 정도로 공손했다. 그런 그가 들리는 말에 따르면 한푼이라도 돈이 나갈 상황은 한사코 피했다.

정확한 내막은 모르겠지만, 우리 마을에서 동쪽으로 수 킬로미터 떨어진 울핏이라는 곳에 사는 아가씨가 그의 청혼을 받아들여서 결혼식 날짜가 잡혔다. 평소의 절약 습관에 따라 그는 치안판사도 성직자만큼 부부의 연을 철석같이 맺어주는 데 적합하다고 생각했다. 더구나 성직자보다는 치안판사에게 드는 사례비가 더 싸게 먹힐 터였다. 그는 에이브러햄 스토 치안판사에게 결혼식을 부탁했다. 결혼식은 저녁에 거행될 예정이었다. 스토 판사는 신부의 집에서 1.5킬로미터 넘게 떨어진 와일드캣에 살았는데 지름길로 갈 생각을 하고 있었다. 때는 2월이었다. 해가 지기 시작하자 판사는 쌓인 눈과 진창을 지나 울타리를 기어오르고 위험한 도랑을 건너뛰며 열심히 길을 갔다. 드디어 목적지에 도착했을 때 그는 몹시 지쳤고 발은 젖었으며 바지는 온통 흙탕물로 뒤덮여 있었다. 친구 몇 명이 기다리고 있었고, 결혼식은 곧 시작되었다. 독신인 판사는 결혼식 관례에 따라 신부의 뺨에 입을 맞추었다. 지나치게 숫기가 없었던 그는 그 인사 때문에 그만 자신의 머리 색깔처럼 얼굴이 새빨갛게 달아올랐다.

신랑은 곧 판사를 한쪽으로 부르고는 더없이 정중한 태도로, 그것도 지갑을 꺼내들면서 이렇게 말했다.

"스토 판사님, 대가로 얼마를 드리면 될까요?"

"아, 아무 손해도 없었으면 좋겠군요.(원문에서 대가의 의미로 쓰인 단어 damage에는 손해 배상금이라는 뜻도 있음—옮긴이)" 마음씨 좋은 치안 판사가 사례비를 받기 위해 손을 꼼지락거리면서 말했다.

"그렇다면 보통 결혼식에 얼마를 청구하시나요?" 자린고비 케인이 물었다.

"고발은 무슨."(원문에서 청구의 의미로 쓰인 단어 charge에는 고발 등의 뜻이 있는데 판사는 계속 법률적 의미로 해석하고 있음—옮긴이) 겸손한 판사가 대답했다.

"그러시다니 정말이지 너무도 고맙습니다, 스토 판사님." 얼굴이 밝아진 신랑이 지갑을 열지도 않은 채 호주머니에 도로 집어넣었다. "그래도 가시기 전에 우리와 함께 사과주라도 한잔하고 가시지요."

낙담한 판사는 사과주 반잔을 마시고 집으로 향했다. 그는 다음에 케인처럼 수완 좋은 사람의 결혼식을 치를 일이 생긴다면 사업 문제로 생각하고 미리 사례비를 약정해야겠다고 마음먹었다.

내가 베셀에 차린 상점은 계속해서 기대 이상의 수익을 냈고, 아름다운 재봉사 채러티 홀릿에 대한 구혼 계획도 전망이 밝아 보여서 무척 행복했다. 나는 마을의 모든 젊은이들과 어울렸고 그들의 파티며 야유회며 썰매타기에 동참하곤 했지만, 내가 판단하기에 관계를 진전시켜야 할 최고의 여자는 언제나 채러티였다.

내가 어떤 식으로 썰매타기 모임을 준비했는지 일례를 여기 밝혀두는 것도 가치 있겠다. 많은 말과 썰매를 소유했던 외할아버지는 언제든 그중 하나를 내가 사용해도 좋다고 허락했다. 그러나 외할아버지가 가장 아끼는 말 '아라비안'은 당신 외에 그 누구도 탈 수 없게 했다. 그분은 마을에서 가장 좋은 신형 썰매도 소유했지만 남들에게는 역시나 사용을 금했고, 그것은 내게도 예외가 아니었다. 다른 썰매도 아주 좋은 것들이었으나, 나는 아라비안뿐 아니라 신형 썰매까지 탐을 냈다. 그런 말과 썰매를 가진다면 마을에서 내로라하는 멋쟁이 남자들을 모두 제압할 수 있을 것 같았다. 하지만 내게는 대개 관대하신 외할아버지라 해도 나를 위해서 당신의 확고한 원칙을 깨게끔 하지는 못할 것 같았다. 그러나 한번 시도해본다고 손해날 건 없잖은가. 그래서 나는 외할아버지를 찾아갔다.

"할아버지." 내가 말했다. "다음주 화요일에 썰매타기할 말과 썰매를 구했으면 해요."

"그러려무나." 할아버지가 대답했다.

"아라비안과 새 썰매를 써도 될까요?" 나는 머뭇거리면서 물어보았다.

"그래, 네 호주머니에 20달러가 있다면 그럴 수 있지!" 할아버지는 적잖이 놀라면서 말했다.

나는 지갑을 꺼내어 그 안에 할아버지의 말대로 20달러가 들어 있는 걸 보였다. 그러고는 돈을 다시 지갑에 집어넣고 지갑도 호주머니에 도로 넣었다. 나는 웃으면서 큰 소리로 말했다. "자, 20달러 보셨죠? 정말 고맙습니다. 이제 아라비안과 새 썰매를 써도 되죠?"

물론 외할아버지는 당신이 가장 아끼는 말과 썰매를 사용하려면 20달러를 내라고 암시했던 것이고, 그것은 거절과 같은 의미였다. 그러나 내게 예기치 못하게 허를 찔린 외할아버지는 당신이 손해보는 상황임에도 그 농담을 기꺼이 받아들이셨다. 외할아버지는 킥킥 웃고는 이렇게 말했다. "오냐, 그 대신 조심해서 다루렴."

나는 그러겠다고 약속했다. 다음주 화요일, 체어리와 나는 그날 최고의 팀을 꾸렸다.

우리 마을에 머리가 꽤 비상하고 무슨 일이든 시작하면 거의 다 해내는 남자가 있었다. 그는 어느 날 '도구' 한 벌을 구입하고는 자신의 무수한 직업에 이를 뽑는 발치사를 추가했다. 그는 새로운 사업을 홍보하면서 치아 1개당 발치 비용이 12.5센트고 자신의 친척인 경우 무료라고 했다. 그의 친척 중 괴짜 한 명이 그에게 말 머리를 보내고는 말의 이빨 20개를 뽑아달라고 편지에 썼다.

곧 수술에 돌입한 사이비 치과 의사는 망치와 펜치와 '도구'를 사용하여 이빨 20개를 뽑았고, 그 이빨과 말 머리에 2달러 50센트 청구서를 동봉하여 친척에게 도로 보냈다.

친척은 그들의 관계를 내세우며 돈을 지불하지 않았다. 그러자 발치사는 이렇게 응수했다. "나는 당신 친척이지, 말의 친척이 아닙니다. 그러니 돈을 지불해야 합니다."

베설에서는 상황이 정말이지 어쩔 수 없게 될 때까지는 장난을 포기하는 법이 없었다. 그래서 그 친척은 계속 돈을 지불하지 않고 버티다가 법정까지 갔고, 말의 이를 뽑는 데 들어간 비용뿐 아니라 소송 비용까지 합해 7달러 50센트를 내라는 판결을 받았다. 그가 장난을 친 대가였다.

어느 날 오후 평소처럼 많은 손님들이 내 작은 가게로 몰려들었다. 장난을 좋아하는 이웃 한 명이 어느 농부에게 거위 깃털을 팔 수 있는지 물었다.

"한 달쯤 뒤에 거위 깃털을 뽑게 돼요. 그때 거위 깃털을 많이 팔 수 있을 거요." 농부가 대답했다.

"가격은 얼마죠?"

"킬로그램당 1달러요."

"어, 굉장히 싸네요. 오늘부터 한 달 뒤에 이 가게로 순수한 거위 깃털을 많이 가져온다면 25달러어치를 사겠어요." 장난을 좋아하는 마을 사람이 말했다.

꽤 눈치가 빠른 늙은 농부는 뭔가 '함정'이 있을 거라고 확신했지만, 모험을 해보기로 결심하고 그 제안을 받아들였다.

"계약서를 씁시다." 마을 사람이 말했다. 그러고는 지정한 날짜에 농부는 내 가게로 순수한 거위 깃털 25킬로그램을 가져와야 하고 그 대가로 마을 사람이 25달러를 지불해야 하며, 만약 이를 어기는 쪽은 위약금 20달러를 내기로 쌍방 합의하에 계약서를 작성했다. 그 계약서는 내게 맡겨졌다.

약속한 날 농부는 계약서에 따라서 깃털을 가져왔다. 농부에게 멋지게 장난을 쳤다고 생각한 깃털 구매자는 대단원의 증인이 되어줄 많은 이웃들을 데리고 가게를 찾아왔다.

"자, 깃털을 가져왔소." 농부가 말했다.

"어디 좀 봅시다." 구매자가 말했다.

깃털 자루 하나가 열리자 구매자는 안에 손을 쑥 집어넣어 깃털 한 줌을 꺼내고 소리쳤다. "에이, 깃털이 약속과 다르네요. 순수 거위(거위를 뜻하는 단어goose는 암컷을 가리키기도 한다―옮긴이) 깃털을 가져다달라고 했는데 지금 보니 절반은 수거위 깃털이잖아요. 위약금을 내셔야 합니다."

"그렇지 않소." 농부가 씩 웃으면서 대답했다. "내가 무슨 함정이 있겠거니 싶어서 내 손으로 직접 거위 털을 뽑았소. 그리고 수거위 깃털은 단 한 개도 들어가지 않았다는 보증서에 명망 있는 이웃 세 명이 서명했으니 보시오."

꽤 커다란 빗 공장을 운영하던 그 이웃은 제 꾀에 제가 넘어간 꼴이 되었다. 그는 돈을 내고 깃털을 가져갈 수밖에 없었다. 순수한 거위 깃털을 킬로그램당 1달러에 25달러어치나 샀다는 것을 위안으로 삼고서.

어느 토요일 저녁 베설에서 견습 재봉사로 있던 존 맬릿이 나를 찾아왔다. 교육을 제대로 받지 못한 그는 내가 장사를 끝낸 후 자기 대신 연애편지를 써주기를 바랐다. 나 또한 그 분야에는 경험이 없던 터라 내 또래의 괜찮은 친구 빌 셰퍼드에게 걸작의 탄생을 도와달라고 부탁했다.

정각 9시에 가게문을 닫은 후 모두 떠나고 셰퍼드와 맬릿, 나만 남자, 우리는 등불과 펜과 잉크와 종이를 준비하고 맬릿에게 자초지종을 말해보라고 했다.

맬릿은 루크리셔라는 아가씨에게 그때까지는 꽤 성공적으로 구애를 펼쳐온 것 같았다. 종종 마을 청년들을 거의 다 따돌리고 루크리셔와 데이트하기도 했다. 솔직히 말해서 나도 맬릿이 데이트하는 동안 뒤에서 떨떠름해하던 많은 청년들 중의 하나였다. 그런데 6개월 동안 일편단심을 보여주던 루크리셔가 맬릿을 차버릴 조짐이 강하게 나타나기 시작했다. 지난 일요일 저녁 그녀는 교회를 나올 때 맬릿과 팔짱끼기를 거절하더니 바로 다음에 어느 청년이 내민 팔을 잡아 맬릿을 충격에 빠뜨렸다. 맬릿은 그녀의 돌출 행동에 관해 설명을 듣고 자신의 생각을 솔직히 전하기로 결심했다. 그래서 우리에게 강한 어조로 편지를 시작해달라고 청했다.

우리는 다음과 같이 편지를 시작했다. 셰퍼드가 필경사 노릇을 했다.

　18―년, 모월 모일, 베설에서

　루크리셔 귀하

　지난 일요일 밤에 당신이 내게 퇴짜를 놓은 행동에 관해 설명을 요구하기 위하여 이 글을 씁니다. 만약에 아가씨가 내 사랑을 희롱할 수 있다고 생각한다면, 또한 당신에게 몰려드는 하찮은 애송이들 때문에 나를 거절할 수 있다고 생각한다면 큰 착각입니다. 〔우리가 여기까지 쓴 것을 읽어주자 맬릿도 좋다고 했다. 루크리셔를 '아가씨'로 부른 것이 마음에 든다고도 했다. '거리감'을 주는 말이라서 그녀의 마음을 크게 상하게 만들 거라고 생각했기 때문이다. '하찮은 애송이들'이라는 표현도 그를 기쁘게 만들었다. 그 표현이 그녀로 하여금 스스로 싸구려라고 느끼게 할 거라고 했다. 반면에 셰퍼드와 나는 맬릿의 그런 반응이 합당한 것인지 확신이 서지 않았다. 왜냐하면 맬릿의 설명으로 미루어보건대 루크리셔를 사로잡는 데 성공한 녀석은 맬릿보다 머리 하나는 더 컸기 때문이다. 그러나 우리는 그런 생각을 맬릿에게 말하지 않았고, 그는 우리더러 '내친김에 또 한번 본때를 보여주라고' 말했다.〕 아가씨가 나를 이런 식으로 막 대해도 된다고 생각했다면 사람 잘못 본 겁니다. 나는 땅 위에 있는 태양처럼 당신보다 위에 있는 여자들을 많이 사귈 수 있고, 당신의 시건방진 헛짓거리를 참지 않을 것임을 이해하기 바랍니다. 〔이 대목도 읽어주었고 승인을 받았다. "이번에는," 맬럿이 말했다. "그녀를 감동시켜봐. 우리가 얼마나 즐거운 시간을 함께 보냈는지 떠올리게 만드는 거야." 그래서 우리는 다음과 같이 계속 써내려갔다.〕 사랑하는 루크리셔, 우리가 함께했던 즐거운 시간들을 떠올려봅니다. 달빛 비치는 밤마다 페너스 록, 체스트닛 릿지, 그래시 플레인, 와일드캣, 퍼피타운까지의 즐거웠던 산책. 올드레인, 울프핏, 토드홀, 플럼 트리*를 방문했던 것. 이 모든 일들이 주마등처럼 스치는군요. 내 사랑하는 여인이여, 누구보다 나를 사랑한다던 당신의 말을 기억합니다. 지금 당신도 나와 같은 마음일 거라고 확신합니다. 지난 일요일 밤을 떠올리면 가슴이 찢어질 것만 같습니다. 〔"이쯤에서 감동적인 시를 집어넣을 수 없어?" 맬럿이 말했다. 셰퍼드는 기억할 수 있는 시가 없었고 나도 마찬가지였다. 그러나 사안의 절실함을 생각하면 시가 필요할 것 같아서 한두 구절 직접 짓기로 했다. 시는 다음과 같다.〕

사랑하는 루크리셔, 내가 어쨌다고
나를 이렇게 대한단 말이오
톰 비어스의 아들과 팔짱을 끼려고
당신의 참된 사랑을 떠나게 만든단 말이오?

당신을 잃다니, 비참한 운명이여

---

* 베설 인근 지역의 듣기 좋은 지명들이다.

내 가슴은 갈기갈기 찢기어 피 흘리는데
당신은 잊었다니, 사랑의 맹세여
믿을 수 없네, 절대!

〔맬릿은 '절대'라는 단어를 싫어했으나, 우리는 각운을 맞추기
위해서도 내용을 위해서도 대체할 말이 달리 없다고 말했다. 그는
그 단어를 그대로 둬야 한다는 데 동의했지만 좀더 부드러운 내용
의 4행시를 2연 더 추가하는 조건을 내걸었다. 가능하다면 눈물을
흘리게 만드는 그런 구절 말이다. 그래서 우리는 또 시를 쥐어짰
다.〕

사랑하는 루크리셔, 존에게 써요
비어스에게 말해요, 너한테 반한 게 아니라고
사랑의 마음으로 내게 돌아와줘요
다른 남자들에게 말해요, 너희들은 모두 퇴짜라고.

그렇게 해요, 루크리셔, 그러면 죽을 때까지
나는 미치도록 당신을 사랑하리다
당신을 위해 살게요, 이 숨이 끊어질 때까지
우리는 행복하게 살리다

〔"결과가 아주 좋을 거 같아." 맬릿이 말했다. "이번에는 조금
몰아붙이는 게 좋겠어." 우리는 그 지시에 따랐다.〕 당신이 지난
일요일처럼 나를 농락하고 속일 줄도 모르고서 반지와 브로치를

선물하고 당신 곁에서 많은 시간을 보냈던 내가 얼마나 멍청한지 떠올리면 미칠 지경입니다. 당신이 계속 그런 식으로 행동하겠다면 우리는 영원히 끝입니다. 그렇게 되면 반지와 브로치를 돌려주면 고맙겠습니다. 당신처럼 나를 함부로 대하는 사람의 몸에서 닳아가는 것보다는 차라리 내 발에 짓밟혀 으깨지는 게 나을 테니까요. 당신이 나를 대하는 행동을 바꾸지 않는다면, 또 다음주 월요일까지 내게 사과 편지를 보내지 않는다면 당신을 영원히 경멸할겁니다. 나는 내일 예배에는 참석하지 않을 겁니다. 당신과 같은 예배당에 앉아서 당신이 설명하기 전까지 당신을 경멸해야 할 테니까요. 당신이 내일밤에 다른 청년과 함께 집으로 돌아간다면 나도 그것을 알게 될 겁니다. 당신을 지켜보는 눈이 있을 테니까요. 〔"가만." 맬럿이 말했다. "너무 강해. 이번에는 한번 더 그녀의 심금을 울리고 편지를 끝내는 게 좋겠어." 우리는 또 시키는 대로 했다.〕 사랑하는 여인이여, 내가 하얗게 지새운 불면의 밤을 당신이 알 수만 있다면, 내가 당신 때문에 견딘 고통과 괴로움을 당신이 알 수만 있다면, 내가 당신 없는 세상을 무가치하게 여긴다는 것을 당신이 안다면 당신은 분명 나를 가엾게 여길 겁니다. 수수한 침대도, 빵 한 조각도 사랑스러운 루크리셔 당신과 함께라면 천국입니다. 왕궁도 당신이 없다면 황천입니다. 〔"대체 황천이 뭐야?" 존이 물었다. 우리는 지옥이라고 설명했다. 그는 너무 노골적이라고 생각하는 것 같았지만 아무튼 빨리 마무리를 지어달라고 요청했다.〕 이제 이 글을 마쳐야겠군요. 부디 우리의 행복했던 지난 시간들을 기억해주세요. 부디 앞으로 있을 우리의 행복한 만남을 기대해주세요. 비가 오나 눈이 오나 병들거나 괴롭거나 가난

해도 부디 사랑하는 존에게 의지하세요. 그 어떤 시련도 내 사랑을 바꿀 수 없으니까요. 월요일에 당신의 답변을 듣고 싶습니다. 그래서 괜찮다면 나는 그날 저녁에 기꺼이 당신을 방문할 겁니다. 우리는 환희의 기쁨 속에 지나간 시간을 웃어넘기고 앞날을 기약하며, '진정한 사랑의 길은 험난하다'는 사실에서 위안을 구할 겁니다.

마음은 괴로우나 여전히 희망을 버리지 않은 당신의 연인이자 숭배자

존 맬릿

추신: 생각해보니 내일 예배에 참석할까 합니다. 이 편지로 모든 것이 해결됐다면 성가대와 함께 찬송가를 부르기 위해 일어날 때 손수건을 왼손에 꼭 쥐고 있어요. 그러면 내일밤 나는 당신에게 내 팔을 내미는 기쁨을 맛볼 겁니다.

이 편지는 일요일 아침 일찍 루크리셔에게 전달됐지만, 유감스럽게도 그녀는 편지에 감동하지 않았다. 그녀는 예배를 보는 내내 손수건을 오른손에 꽉 쥐고 있었다. 월요일 아침에 반지와 브로치가 괴로운 마음의 숭배자에게 돌아왔다. 비어스의 아들이 승자였고, 그는 이듬해 루크리셔와 결혼했다.

맬릿은 편지를 써준 대가로 내게 양탄자용 피륙 2킬로그램(우리 어머니에게 줄), 셰퍼드에게는 포플린 옷감 12마를 주기로 했다. 그러나 그는 루크리셔를 얻지 못했다는 이유로 대가 지불을 거절했고, 우리는 약속한 양의 절반만 받기로 타협했다.

이 무렵 나는 브리지포트에 사는 새뮤얼 셔우드와 함께 여행 삼아 펜실베이니아주 피츠버그에 다녀오기로 했다. 피츠버그에 괜찮은 복권 사업 기회가 있다는 소문을 들었고, 셔우드와 나는 그곳에서 기대에 부합하는 사업 전망을 찾는다면 우리의 운을 시험해보기로 결심했던 것이다. 우리는 뉴욕의 복권 사업을 운영하는 '예이츠&맥킨타이어' 사무실에 들

뉴저지주 저지시티의 초대 시장을 지낸 더들리 S. 그레고리(1800~1874)

러서 저지시티의 시장을 지냈고 대규모 사업체를 소유한 복권 사업 책임자 더들리 S. 그레고리와 면담했다. 그레고리 씨는 피츠버그를 좋게 생각하지 않았지만, 나와 한 시간 동안 대화를 나눈 후 내가 내슈빌로 가서 사무실을 열겠다면 테네시주의 복권 판매 사업권 전체를 주겠다고 제안했다. 그 제안은 매력적이었지만, 사업권을 따기 위하여 베설의 한 재봉사와 너무 멀리 떨어진 곳까지 가야 한다는 것이 내키지 않았다. 그래서 나는 2주 동안 그 제안에 이렇다 할 답변을 하지 않았다. 셔우드와 나는 피츠버그 여행을 포기하고 유람 삼아 필라델피아행을 결정했다. 우리는 아침에 보트를 타고 뉴브런즈윅까지 갔고, 그곳에서 승객들 모두가 마차를 타고 사막을 지나 50킬로미터 떨어진 보든타운까지 갔다. 그곳에서 다시 증기선으로 갈아타고 해 질 무렵에야 필라델피아에 도착했다. 체스트넛가의 '콩그레스 홀'에 여장을 푼

우리는 그곳에서 난생처음으로 근사한 삶을 체험했다. 가지런히 대기 중인 종업원과 냅킨뿐만 아니라 수시로 교체되는 다양한 요리 메뉴 등은 우리가 그때까지 살아온 삶을 완전히 뛰어넘는 것들이었다. 그러나 우리는 그런 환경에 익숙한 것처럼 굴었고 일주일 동안 호화롭게 지냈다. 밤마다 극장에 갔고 낮에는 마차를 타고 다녔다. 일요일에는 평생 처음 들어보는 교회의 차임벨 소리를 들으며 큰 행복을 느꼈다. 드디어 우리는 집으로 돌아가기로 했다. 그러나 우리는 청구된 호텔 요금에 혼비백산했고, 집에 무사히 갈 수 있을지 심각하게 걱정되기 시작했다. 있는 돈을 탈탈 털어보니 그 걱정은 근거 없는 것이 아님이 드러났다. 미련하게 과소비를 일삼은 결과, 호텔 요금을 치르고 뉴욕행 표를 구한 후 우리에게 남은 돈은 고작 27센트였다.

정말이지 아슬아슬했다. 다행히 우리가 이 문제를 발견한 것은 아침 식사 전이었다. 아침식사는 호텔 요금에 포함되어 있었고, 우리는 그 기회를 놓치지 않았다. 커피를 홀짝이는 동안 그날 사먹지 못할 저녁 식사에 대비하여 비스킷 몇 개를 주머니에 집어넣었다.

호텔을 나서려는데 구두닦이가 자기한테도 돈을 줄 것을 요구했고, 셔우드는 사기치지 말라고 응수했다. 지금까지 여행할 때마다 구두 닦는 요금은 늘 호텔 요금에 포함되어 있었으니 따로 돈을 줄 수 없다고 했다. 나도 굉장히 화가 난 표정을 지으려고 했으나 결국은 호주머니를 뒤적여 25센트를 구두닦이에게 내주었다. 이제 남은 돈은 달랑 2센트, 그 돈을 가지고 출발한 우리는 짐꾼에게 운동 삼아 여행 가방을 직접 들겠다고 말했다.

남은 하루를 비스킷과 냉수로 버티며 뉴욕에 도착했고, 1.5킬로미터 정도 떨어진 풀턴가의 홀트 호텔까지 여행 가방을 들고 갔다. 다음날 아침 셔우드는 브리지포트에 사는 한 친구에게 2달러 정도를 빌렸고, 다시 뉴어크로 이동하여 그곳에 사는 친구의 사촌인 셔우드 박사에게 50달러를 빌렸다. 그는 꾼 돈의 절반을 내게 빌려주었고, 우리는 이삼 일 뉴욕에 머물다가 집으로 돌아왔다. 내가 셔우드의 기분까지 알 수야 없지만, 나 자신은 오래된 속담 '어리석은 자는 돈을 금세 잃는다'는 말을 그후로 종종 떠올릴 수밖에 없었다.

뉴욕의 복권 운영자들을 방문했던 경험은 그 업계의 수익에 관해 많은 것을 아는 계기가 되었다. 나는 그때까지 댄버리의 편집자이자 인쇄업자인 워싱턴 예일 그리고 브리지포트의 O. W. 셔우드와 그 사촌 새뮤얼의 대행자로 10~15퍼센트의 수수료를 받고 복권을 팔아왔다. 하지만 그레고리 씨와의 면담을 통하여, 뉴욕의 운영자들은 상금 총액을 제하고 15퍼센트를 챙기며 복권 대리점에는 25~30퍼센트의 수익을 보장하는 소위 '기획가격'으로 복권을 제공한다는 것을 배웠다. 숫자 조합으로 추첨되는 복권의 경우 일반인들은 발행된 복권이 전부 몇 장인지 전혀 몰랐다. 복권 운영자들은 총상금을 총판매액보다 25~30퍼센트 적게 책정했다. 여기에 기존 복권에 허용되는 15퍼센트의 부가가치세를 추가했다. 또 한 가지 배운 것은 발행된 복권 수를 계산하는 방법이었다. 가장 높은 숫자 3개를 곱한 뒤 6으로 나눈 몫이 복권의 수다.

나는 최근까지도 남부(복권이 불법인)의 다양한 대리점주들이 보내오는 복권 때문에 계속 골치를 앓고 있다. 어제는 볼티모어의 어느 복권 회사로부터 하나를 받았다. 그런 복권 중 하나는 다음과 같다. 내가 이것을 여기에 언급하는 목적은 아마도 좋게 평가받을 것이다.

그 복권은 78개의 숫자 조합으로 이루어져 있었다. 위에서 말한 방법으로 복권의 수를 계산한다면 우선 76, 77, 78 이 숫자들을 곱한 다음 6으로 나눈다.

여기에 소개한 복권은 '총 25회' 발행된다. 동일한 조건으로 복권이 판매된다면 총수익은 700만 달러다!

이 복권의 판매대행자(대리점주)들은 장당 7.5달러의 가격으로 복권을 공급받는다. 이 가격에 복권 총수를 곱하면 총상금 570,570달러와 정확히 일치한다. 복권 운영자들은 15퍼센트, 즉 85,585.5달러를 챙긴다.

다른 경우를 보자. 예를 들어 78개 숫자 조합의 복권을 장당 2달러에 팔고 총상금은 106,506.5달러라고 하자. 이 복권의 가격은 장당 1.4달러, 그 결과 판매대행자는 장당 60센트 또는 42퍼센트를 약간 웃도는 수익을 거둔다. 여기에 복권 운영자의 몫 15퍼센트를 더하면 57퍼센트, 그 결과 복권 구매자는 그가 지불한 1달러당 42.5센트의 기회만 얻는 셈이다. 그것도 다른 투기자들만큼 운이 좋다면 말이다!

지금도 많은 사람들이 가족에게 필요한 돈을 복권에 낭비하고 있다. 이 폭로로 인해 복권 구입이라는 파괴적인 중독이 치유될 수 있다면 나는 후회하지 않을 것이다.

앞에서 말한 복권의 수익 구조를 습득한 나는 코네티컷주 복권 운영자들을 찾아가서 그들로부터 직접 '기획가격'에 복권을 공급받았다. 그리고 지역마다 판매대행자들을 두는 방식을 택했고, 그 결과 수익이 어마어마했다. 나는 하루에 500달러에서 2,000달러어치의 복권을 팔았다. 이 무렵 내 삼촌 앨런슨 테일러가 복권 사업의 동업자로 참여하여 아주 탁월한 영업능력을 입증했다.

30,000달러
메릴랜드주
서스퀘해나 운하 건설 등의 기금 마련을 위한 연합 복권

총회차: 25회
추첨일: 1854년 9월 27일 수요일
추첨 장소: 메릴랜드주 볼티모어

상금 배당

상금	매수		총액
30,000달러	1장	....	30,000달러
20,000	1장	....	20,000
10,000	1장	....	10,000
5,000	1장	....	5,000
3,000	1장	....	3,000
2,870	1장	....	2,870
1,000	50장	....	50,000
500	50장	....	25,000
200	180장	....	36,000
100	65장	....	6,500
80	65장	....	5,200
60	130장	....	7,800
40	130장	....	5,200
20	4,680장	....	93,600
10	27,040장	....	70,400
32,396장 총상금		....	570,570

복권 가격 10달러, 5달러, 2.5달러

장당 10달러, 총판매액 760,760달러
상금 총액 570,570달러
수익 190,190달러
총상금 570,570달러의 15퍼센트 85,585.50달러
복권 1회차당 총수익 275,775.50달러

78
77
―――
546
546

6006
76
―――
36036
42042
―――
6)456456
―――
총 76,076장

한번은 2.5달러짜리 복권을 로라 니컬스 이모와 그 이웃에게 25달러어치 팔았다. 추첨일이 되기 전 이모의 이웃은 복권 산 것을 후회하여 환불해달라고 했고 공동 구입한 이모도 동의했다. 하트퍼드에서 복

권 추첨이 있었을 때 환불해준 복권은 내 수중에 있었다. 25달러를 전부 투자하긴 내키지 않아서 고객 8명에게 그 복권을 공동 구입하자고 권했다. 그런데 추첨 결과 우리는 최고 상금인 15,000달러의 4분의 1, 즉 3,750달러에 당첨되었다. 그 결과 나와 8명의 고객은 각자 350달러를 당첨금으로 받았다.

그 사실은 당연히 공개 발표되었고, 내 이모는 소심한 이웃을 책망하고 자기 자신의 불운을 한탄하기를 멈추지 않았다. 최고 당첨금을 탔다는 소문이 들불처럼 번졌고, 이런 일이 있으면 으레 그렇듯이 우리 마을을 중심으로 수 킬로미터 반경에서 복권 광풍이 몰아쳤다. 그때 내 가게 점원이었던 소년 하이럼 M. 포리스터는 현재 뉴욕에서 성공한 상인이 되어 있다. 나중에 필로 K. 와일드먼이라는 소년도 고용했는데, 그는 훗날 저명한 외과 의사가 되었다가 최근 조지아주 서배너에서 세상을 떠났다.

언론의 힘을 절감하고 있던 나는(내 인생의 성공은 무엇보다도 언론 덕분이었다) 인쇄매체의 지원을 얻는 데도 실패하지 않았다. 강렬한 수식어와 눈에 확 띄는 대문자, 느낌표와 그림 등을 넣은 수만 장의 전단지와 안내장을 배포했다. 지역 신문들을 통해 독특한 광고를 쏟아부었다. 커다란 황금 상징과 총천연색 플래카드가 내 복권 사무실을 뒤덮었다. 당시에는 '조 스트릭랜드'의 신기한 편지가 크게 유행했는데, 나는 그 유명한 조 스트릭랜드의 친척인 '피터 스트릭랜드 박사'의 특별한 호의와 보호하에 내 사무실을 홍보했다. 전단지와 홍보문에 그 유명한 이름이 들어가는 선전 문구를 가능한 한 많이 만들어 실었다. 이를테면 '언제나 행운을 주는 스트릭랜드 박사', '고액 당첨금이 더 많은 스트릭랜드 박사의 복권', '1달러로 행운을! 행운아 스트릭랜드 박사의 복권을 사자', '또다시 어마어마한 상금! 스트릭랜드 박사 만세' 등등. 내 복권 사무실의 단골들을 만들기 위한 수단으로 자작시도 종종 사용되었다. 복권을 샀지만 당첨되지 않은 사람들에겐 이런 말들이 들리게끔 했다. '그럴수록 단 하나의 현명한 계획은 돈을 잃은 곳에서 돈을 찾는 것이다', '직진뿐인 기다란 길', '불운은 그리 오래가지 않는다' 등이었다.

앞에서 말한 행운의 고액 당첨자들은 우리 어머니의 여인숙에서 내가 초청한 60명가량의 복권 단골 구매자들에게 굴 요리로 저녁을 샀다. 저녁식사가 끝난 후 나는 행운의 복권을 쥐고서 행복에 겨워하는 당첨자들에게 상금을 나누어주었다. 그 광경은 손님들을 크게 흥분시켜서, 50명의 단골들이 그 자리에서 각각 20달러어치의 복권 패키지를 구입하여 순식간에 1,000달러의 판매고를 올렸다.

그렇게 많은 복권을 팔아치웠으니 이따금씩 1,000달러나 2,000달러의 상금은 물론 무수한 소액 상금 당첨자가 나오는 건 당연했다. 이런 당첨자들은 많은 사람들로 하여금 내 사무실을 '행운의 복권방'으로 평가하게끔 만들었다. 먼 타지에서도 우편을 통해서 복권 주문이 들어왔고, 나는 기마 우편배달부 등을 통해 주문받은 복권을 보냈다. 내 '개인 고객' 중에는 목사와 집사가 많았다. 퀘이커 교도 중 신앙심이 부족한 몇몇은 이따금씩 꽃씨를 사러 베설에 들렀다가 '몰래' 복권 두세 장을 사가곤 했다.

나는 브룩필드에 갈 때마다 퍽 진지한 사내 한 명을 방문하곤 했다. 그와 그의 아내 둘 다 종교학 교수였고, 그는 예배 때 평신도 설교자로 자주 목회에 나섰다. 그는 늘 내게서 아내에게는 절대 비밀이라는 약속을 받고 어렵사리 복권 한두 장을 샀다. 나는 대개 그와 함께 저녁식사를 했다. 그가 내 말을 보살피거나 다른 일로 집 밖에서 분주한 시간을 보내는 동안, 나는 늘 그의 아내에게도 복권 한 장을 팔았다. 그녀는 남편이 복권을 사는 데 반대하고 집안에 복권이 있는 것을 알았다가는 자기를 절대 용서하지 않을 테니 철저히 비밀로 해달라고 신신당부했다.

나는 여전히 매력적인 재봉사 채러티 홀릿을 눈여겨보고 있었다. 우리 어머니와 여러 친척들은 내가 그리 눈이 높지 않다고 걱정했으나, 채러티를 잘 아는 사람들은 그녀가 근면하고 출중한데다 똑똑하고 행동거지가 참하다고 말하면서 덧붙이길 '테일러 바넘에겐 너무 분에 넘치는 여자'라고 했다. 나는 그들의 의견에 전적으로 공감했다. 그리고 1829년 여름 그녀에게 청혼함으로써 그들의 말을 입증했다. 청혼은 받아들여졌고, 결혼식 날짜가 잡혔다. 나는 그동안 사업에 전념한 나머지 결혼식이 그리도 금세 찾아올 줄은 미처 몰랐다. 10월에 내 연인은 뉴욕에 갔는데 표면적인 이유는 앨런가 3번지에 사는 자기 삼촌 네이선 비어스를 방문하는 것이었다. 나는 11월 7일 토요일에 특별한 가게 물품을 구입한다며 집을 떠나 뉴욕으로 향했다. 그리고 다음날인 일요일 저녁, 그녀의 친구와 친척 여러 명이 지켜보는 가운데 매컬리 목사의 도움을 받아 그녀는 채러티 바넘 부인으로 이름을 바꾸었다. 그렇게 나는 이 세상 피조물 중 가장 훌륭한 여성의 남편이 되었다.

당시 내 나이는 열아홉 살이었다. 20년을 더 기다린다고 해도 아내이자 어머니이자 친구로서 그처럼 훌륭한, 게다가 내 성격과 그토록 잘 맞는 여성을 만날 수 없다고 확신했다. 그러나 나는 너무 일찍 결혼하는 것을 찬성하지도 권유하지도 않는다. 젊은이들은 일생에서 가장 중대한 일을 결정하기 앞서 더 성숙해질 필요가 있다. 결혼을 일컬어

'복권', '무모한 짓' 등으로 말하기도 한다. 적어도 진지하게 생각해야 할 진지한 의식이라고 말할 수 있겠다. 성급한 결혼, 특히 어린 남녀의 결혼은 내 생각에 이루 말할 수 없는 숱한 불행의 원인이다. 정작 내 경우와는 상반된 이 조언은 훌륭한 옛 철학자 벤저민 프랭클린의 말이다.

신혼부부는 결혼식을 올린 주중에 베설로 돌아왔고 신부가 살던 처가에 신혼살림을 차렸다. 우리 어머니는 아무 일도 없는 것처럼 나를 대했고 결혼에 관해서는 일언반구도 하지 않았다. 어머니가 우리의 비밀 결혼에 무척 섭섭해하는 것이 분명해 보였다. 그러나 나는 예전과 다름없이 날마다 기탄없이 어머니를 찾아뵈었고, 한 달이 지나지 않아서 어머니는 '내 아내'를 데려오라고 초대하셨다. 그리고 다음날 안식일을 며느리와 함께 보냈다. 나도 함께였다. 그날 이후 지금까지 어머니도, 다른 누구도 내가 배우자를 선택하는 데 운이 없었다는 식의 말을 일절 하지 않았고 그렇게 생각하지도 않았다.

바쁜 사업에 전념하는 동안에도 나는 언제나 내게 즐거움을 주는 일, 즉 장난을 이따금씩 치곤 했다. 한번은 어느 아일랜드인 행상이 내 삼촌 에드워드 테일러를 찾아와 우리 마을 주민 한 명을 체포해달라고 했다. 그 주민이 자기를 문전박대하면서 모욕을 주었다는 것이다. 내 삼촌은 그 주민을 잘 아는데, 평소 온순하고 친절한 그가 이유 없이 사람을 문전박대하지는 않았을 터이며 따라서 자기는 그 일에 연루되고 싶지 않다고 말했다. 그 행상은 우리 가게를 찾아왔고, 나는 그자의 이야기를 듣고 난 후 잘못한 것은 바로 그쪽이라고 확신했다. 나는 그에게 내가 변호사업도 겸하고 있으니 원한다면 그 주민의 소환영장을 발부해주겠다고 말했다. 그는 내게 2달러를 지불했고, 나는 그날 11시 정각에 공판을 열기로 하는 영장을 발부했다. 그 영장은 피고에 대한 영장을 즉각 집행하라는 명령과 함께 가짜 경관에게 전달되었다. 사안이 중대했으므로 나는 외할아버지, 파슨스 씨(마침 그때 우리 마을에서 굴뚝을 만들고 있던), 우리 마을의 푸주한 재커라이어 포터 세 명으로 구성된 재판관들에게 사건을 맡겼다. 예정된 공판은 곧바로 마을 전체에 소동을 일으켰다. 11시 정각, 우리 어머니의 여인숙 바는 구경꾼으로 가득찼다. 세 명의 덕망 있는 재판관들이 그 '실수의 법정'에 딱 어울리는 옷차림으로 착석해 있었다. 외양만 놓고 보면 더없이 민주적인 법정이었다. 뜰에서 일을 하고 있었던 '테일러 판사'는 와이셔츠 바람이었고, 굴뚝을 만들다 말고 온 '파슨스 판사'는 낡은 작업복에 가죽 앞치마를 두른 것도 모자라 여기저기 회반죽이 튄 모습이었기 때문이다. 그뿐만 아니라 학식 있는 '포터 판사'는 외투도 입지 않았는데, 그의 옷에는 방금 도살을 끝낸 송아지 피가 흥건히 물들어 있었다.

피고는 아직 오지 않았고, 기다려도 오지 않을 터였다. 내가 실제로 영장을 발부한 것이 아니니 당연한 일이었다. 나는 의뢰인을 옆에 앉힌 채 내가 펼칠 논거의 항목과 필요한 증거 따위를 열심히 기록하는 척하고 있었다. 그리고 이삼 분 간격으로 '존경하는 재판장님'을 향해 피고가 나타나지 않는 것을 사과하면서, 피고가 보안관의 감시를 벗어나지 못했다면 곧 모습을 드러낼 것이라고 말했다. 아일랜드 의뢰인은 크게 흥분해서 내 귀에 소곤소곤 이런저런 질문을 던지기도 하고 자기 의견을 말하기도 했다. 그런데 그 질문과 의견이란 것들이 마치 대수학 분야에서 비누의 품질을 알아내는 것만큼이나 이 재판과는 관련이 없었다. 마침내 나는 목소리를 낮추고 의뢰인의 훌륭한 품성을 증언하는 진술서 같은 것을 법정에 제출하면 좋을 텐데 그러려면 시간이 얼마나 걸리겠느냐고 물었다. 그는 자기가 사는 곳이 페어필드이기 때문에 며칠은 걸릴 것 같다고 대답했다. 그렇다면 일주일간 휴정을 하는 게 어떠냐고 내가 물었다. 그는 기뻐했다. 그 정도 시간이면 자기가 얼마나 온순하고 정직하며 친절한 사람인지 증명하는 진술서를 수십 장 가져올 수 있다고 했다.

나는 곧 위엄 있게 자리에서 일어나 휴정을 요청하면서 그 이유를 말했다. 재판관들은 그 요청에 대해 의논했고, 우리 외할아버지가 그 결정을 전달했다. 존경하는 재판장께서는, 휴정 요청은 합당한 이유가 있다면 받아들이는 것이 관례지만 요청하는 측에서 비용을 부담해야 한다는 조건이 있다고 말했다. 덧붙여 그 비용은 7달러가량이나, 고소인이 외지인임을 감안하여 비용 청구를 하지 않는 대신 고소인이 판사와 변호사에게 다과를 제공하는 것으로 갈음한다고 했다. 간단히 말해서 내 의뢰인이 '한턱'낸다면 휴정을 하겠다는 의미였다. 우리는 그 결정을 기꺼이 받아들였다. 내 의뢰인은 일어서서 자신이 베설에서 외지인임을 배려해준 법정의 호의에 감사를 표하고 즉시 법조인과 방청객 전부에게 한턱내겠다고 말했다. 피고는 나타나지 않았지만, 나는 의뢰인에게 조금도 걱정할 필요 없다고 안심시켰다. 공판이 재개되는 다음주 화요일에는 틀림없이 피고가 보안관에게 체포되어 꽁꽁 묶인 모습으로 법정에 나타날 거라고 확언했다.

내 의뢰인은 자신의 인품에 관한 진술서를 받기 위하여 페어필드로 떠났다. 여기까지가 우리가 이 사건에 기대했던 전부였다. 그는 베설을 떠나기 전에 처음 만난 누군가에게 자기 얘기를 할 테고, 그러면 상대방은 그가 속았다는 사실을 알려줄 것이기 때문이었다. 그렇게 되면 그는 너무 창피한 나머지 다시는 베셜에 나타나지 못하리라고 예상했던 것이다.

그다음 화요일 오후 한시쯤 뉴타운에서 말을 타고 온 변호사 한 명이 에드워드 테일러 삼촌의 법률 사무소로 들어섰다. 몇 마디 인사치레를 끝낸 그가 이렇게 말했다. "그런데 테일러 씨, 우리가 오늘 변호할 소송이 하나 있을 텐데요?"

"모르겠는걸요." 삼촌이 말했다.

"있다니까요." 뉴타운 변호사가 말했다. "나는 우리 의뢰인을 모욕한 남자의 고소 건과 관련하여 당신을 도와주러 온 겁니다."

"우리 의뢰인이라니, 누가요?" 삼촌이 물었다.

"그 아일랜드인 행상 말입니다."

무슨 일인지 낌새를 챈 삼촌은 그냥 이렇게만 말했다. "아, 그거요. 깜박하고 있었네요." 그리고 잠시 변명을 늘어놓은 뒤 곧 내 가게로 찾아와 상황을 알려주었다. 나는 꽤 놀라서 그 일을 알리러 외할아버지에게 달려갔다. 상황이 심각해질까봐 두려워한 외할아버지는 침실에 틀어박힌 후 식솔들에게 누가 자기를 찾으러 오면 집에 없다고 하라 일렀다.

파슨스 판사는 일에 한창이었고, 그 결과 굴뚝이 지붕 위로 살짝 올라온 상태였다. 내가 사다리를 거의 다 올라갔을 때 지붕 가장자리에 앉아 있던 그 존경하는 판사 양반은 "회반죽 더!"라고 소리쳤다. 나는 서둘러 우리의 사법적 장난에 심각한 반전이 생겼음을 알려주었다. 그는 겁에 질려서 자기는 그 뉴타운 변호사나 다른 적들이 잡을 수 없는 곳으로 피할 테니 나더러 빨리 사다리를 내려가라고 사정했다. 나는 사다리를 내려갔다. 파슨스 판사는 재빨리 사다리를 끌어올리고 지붕에 처박혀 지상과의 소통을 완전히 끊어버렸다. 나는 말에 올라타 댄버리의 푸주한에게 달려갔다. 그에게 위험할 수 있으니 그날 베설 가까이 오지 말라고 말했다.

얼마 지나지 않아서 아일랜드인이 나타났다. 그사이 에드워드 삼촌은 뉴타운 변호사에게 자초지종을 설명했다. 뉴타운 변호사는 그 '사기행각'에 격분했다. 그러고는 자기 의뢰인을 한쪽으로 부르더니 수임료 3달러를 요구했다. 아일랜드인으로부터 돈을 받은 뒤 변호사는 이렇게 말했다. "충고하는데, 당장 이 마을을 떠나세요. 이곳 사람들이 한통속으로 당신을 놀려먹고 있으니까!"

깜짝 놀란 아일랜드인은 설명을 요구했지만, 말해주는 사람은 없었다. 변호사는 놀란 의뢰인을 궁지에 내버려둔 채 말을 타고 뉴타운으로 가버렸다. 아일랜드인은 내 가게에 들러 나를 찾았다. 점원은 내가 베설을 떠났으며 앞으로 한 달 동안 돌아오지 않을 것 같다고 말했다. 마을 주민 몇 명이 가게에 들어오더니 아일랜드인을 두고 농담을 주고받기 시작했다. 농부와 벽돌공과 푸주한을 재판관으로 앉히고 복권 판매상을 변호사로 선임하여 재판을 받으려던 아일랜드인이 '한턱'까지 냈다는 얘기가 오갔다.

아일랜드인은 마을을 떠나면서 자기 돈을 사취한 혐의로 주민 전체를 고발하겠다며 악담을 퍼부었다. 그후로 오랫동안 우리는 그가 자기 말대로 할까봐 전전긍긍했다. 실제로 그가 고발을 한다면 그에게 유리한 상황이었다. 그러나 다행히도 그는 고발함으로써 얻을 이익보다 말썽이 더 클 것으로 판단했고, 그 덕분에 우리 모두는 곤경에서 벗어났다. 그리고 지금도 댄버리에 살고 있는 벽돌공은 '파슨스 판사'라는 직함을 무덤까지 가져갈 수 있게 됐다.

외할아버지는 인생의 말년으로 갈수록 귀가 많이 어두워졌다. 그래도 조금 더 집중하면 들을 수 있었다. 이웃들은 그분을 빗대 '편리한 귀머거리'라고 말했다. 사람들이 '한잔하자'고 말하면 외할아버지는 언제나 잘 들었지만 '한잔 사'라고 하면 전혀 듣질 못했다. 또한 이웃들과 농담을 주고받다가 예상치 못한 촌철살인의 답변을 듣고 나면 이렇게 말하곤 했다. "나는 바보들이 무슨 말을 하는지 몰라. 하지만 그 말에 아무런 의미도 없다는 건 알고 있지."

1829년이 저물고 새해를 앞둔 겨울, 나는 댄버리에도 복권 판매점을 열었다. 물론 베설 판매점을 비롯해 노워크, 스탬퍼드, 미들타운 등지의 지점들도 계속 운영했을 뿐 아니라 50킬로미터 반경의 전 지역에 수많은 복권 대행업자들을 두고 있었다. 1830년 6월, 나는 외할아버지로부터 베설 남쪽에 있는 땅 1.2헥타르를 구입했다. 그곳에 살 집을 짓기 위해서였다. 건축업자 루이스 오스본은 22평에 2.5층짜리 집을 1,050달러에 지어주었다. 아내와 나는 이듬해 봄 그곳으로 이주하여 신접살림을 시작했다.

그 무렵 복권 판매는 소수의 큰손 고객들에게 집중하는 방식으로 이루어졌다. 복권을 무제한으로 사들이는 그 고객들에게 나는 외상 거래까지 허용하고 있었다. 나는 이 '큰손'들을 믿을 만한 점원에게 맡긴 후 두 달 정도 서적 거래에 뛰어들었다. 뉴욕에서 경매를 비롯한 여러 경로로 책을 매입한 뒤 전국을 돌면서 홍보하고 내가 직접 경매인이 되어 팔았다. 두 가지 경우를 예외로 하면 그럭저럭 잘해나간 편이었다. 어느 날 밤 코네티컷주 리치필드에서 경매를 개최했을 때였다. 당시 그 지역에는 법학대학이 있었다. 경매에 참가한 고객 중 학생들이 있었는데 그들은 가장 비싼 책을 아주 많이 훔쳐갔다. 똑같은 일이 뉴욕의 뉴버그에서도 벌어졌고, 넌덜머리가 난 나는 서적 경매를 접었다.

내가 베설에 건물을 지은 것 또한 1831년 봄에 있었던 일이다. '노란 가게'로 알려진 그 건물의 2층과 3층은 살림을 살아도 될 정도로 공간이 넓었다. 1831년 7월, 나는 앨런슨 삼촌과 공동으로 가게를 열고 대개 마을 상점에서 취급하는 품목들, 이를테면 직물, 식료품, 철물, 그릇 따위를 팔았다. 잘 모르는 사업에 뛰어든 사람들 대부분이 그러하듯 우리도 성공하지 못했다. 나는 10월 17일에 삼촌의 지분을 사들였다. 그때의 상황이 한 지역 신문의 10월 20일자 광고란에 다음과 같이 실려 있다.

'청산'—테일러 앤드 바넘 회사는 상호 합의에 따라 오늘부로 청산한다.
앨런슨 테일러
피니어스 T. 바넘
앞으로 사업은 P. T. 바넘의 책임하에 행해진다. 그는 직물, 식료품, 그릇 등 모든 물품을 이웃 상점들보다 25퍼센트 저렴하게 팔 것이다.
1831년 10월 17일, 베설.

이 무렵 종교계는 엄청난 열기에 휩싸여 있었다. 그러니까 내가 살고 있던 지역 일대와 사실상 뉴잉글랜드 전역이 그런 상황이었다. 많은 교회에서 시간 연장 예배를 열었고, 조직적인 노력으로 전 연령층의 많은 사람들, 특히 젊은이들이 회심하여 그런 예배가 열리는 다양한 교회의 일원이 되었다. 일부 회심자들의 마음에 각성된 경고의 의미가 너무도 컸던 나머지 그들은 종교적 광기의 희생양이 되었다. 뉴잉글랜드 전역에서 자살과 살인이 빈번하게 발생했다. 나는 뉴케이니언에서 친부에게 살해된 두 아이를 비롯해 음울한 사건들을 많이 알고 있으나 여기서 언급하진 않겠다. 다만 이런 사건들이 내가 신문을 발행하게 만든 이유 중 하나였다는 사실만 언급하겠다.

종교 열기에는 또다른 요소가 있었는데, 종파의 일부 극렬 신도들이 무분별하게 '기독교 정당'을 만들자고 주장한 것이었다. 그들은 시민 정부의 주요 선출직에 나갈 수 있는 피선거권을 종교 지도자들을 제외하면 그 누구에게도 주지 말아야 한다고 충고했다. 한 목사는 주일학교의 영향력만으로도 10년 안에, 아무리 멀어도 20년 안에 '속인들'에 대해 완전한 승리를 거둘 수 있다고 주장했다.

나는 1831년 7월 5일에 성년이 되기 전까지 한 번도 투표해본 적이 없으나 이미 민주당을 강하게 지지하고 있었다. 외할아버지와 두 외삼촌이 골수 민주당원이었고 나도 그들 뒤를 따르겠다는 마음이 강했다. 많은 사람들이(그중에도 특히 나는) 이 나라에서 거대한 종교 연합이 형성되어 앞에서 언급한 일부 광신도들의 불길한 소원이 실제로 이루어지지는 않을까 몹시도 경계했다.

내가 오랫동안 지켜봐온 것을 여기서 솔직히 고백하자면, 우리의 그런 공포가 위에서 말한 일이 벌어지지 않게 막는 데 일정한 몫을 하긴했으나 사실 공포 자체가 과장된 것이었다. 우리 중 수많은 사람들이 이 땅을 토네이도처럼 휩쓴 종교 열기에 영향을 받았고, 우리 앞에 펼처진 역사의 한 페이지에는 종교라는 미명하에 자행된 잔학한 행위가 기록되어 있으니 종파주의가 득세할 때 사람들이 또다시 이 땅에 그런 장면들이 되풀이되지 않을까 두려워한 것도 어찌 보면 당연했는지 모르겠다. 그러나 다시 말하건대 결과적으로는 그런 일을 두려워할 이유가 거의 없었다. 옛 청교도에 대해 깊은 존경과 애정을 품은 진지한 종교학자들이 많이 있고, 박해를 피하여 바다를 건너온 사람들도 있다. 이런 사람들이 정교일치에 동의하거나 그 일원이 될까봐 걱정하는 것은 근거 없는 불안이다. 우리의 전체 교육제도 또한 정치적 · 종교적 평등을 포함하여 자유주의를 강하게 지지해오고 있다. 따라서 우리와 종교적 교의가 다르다는 이유로 시민들을 국외 추방하려는 시도도 성공할 수 없다.

그러나 솔직히 말해서 이 문제를 심각하게 걱정해온 사람이자 헌신적인 민주당원으로서 나는 공개적으로 내 의견을 표명했고, 그리하여 사람들 일부에게 증오심을 부추겼다. 나는 댄버리 주간지에 몇 차례 글을 기고하기도 했다. 그 기고문에서 종교적 열기에 대한 우려를 표했고 과도한 종교적 흥분에서 비롯된, 특히 공적인 일과 관련하여 공표된 정책을 일부 광신적인 목사들이 지지함으로써 생기는 해악들을 강한 어조로 비난했다. 그런데 댄버리 주간지의 소유주가 내 기고문들의 게재를 거부했다. 나는 격분하여 이미 종파적인 영향력이 언론에 재갈을 물릴 정도로 강해졌다고, 따라서 사태의 본질에 대해 대중의 경각심을 불러일으키는 것이 절실한 임무라 생각한다고 내가 믿는 그대로 솔직하게 선언했다.

따라서 나는 인쇄기와 자형을 구입하고 빠른 시일 내에 우리의 자유를 반대하는 모든 세력들과 맞서는 주간지를 창간하겠다고 공언했다. 1831년 10월 19일, 나는 《자유의 전령》 창간호를 발행했다.

이 주간지는 대담함과 활력을 보여주면서 금세 우리 지역뿐 아니라 거의 미국 전역으로 많은 부수를 배포하게 되었다.

젊음의 격정에 이끌렸을 뿐 경험자의 신중함도 결과에 대한 두려움도 없던 나는 계속 나 자신을 명예훼손죄라는 법률적 궁지로 몰아넣었다. 그 결과 편집인으로 있던 3년 동안 세 차례 고발당했다. 그중 한 건은 열성적 정치인이자 댄버리의 푸주한인 사람이 나를 민사 고발한 경우였다. 내가 그를 민주당 코커스(전당대회와는 다른 미국의 특수한 정당집회—옮긴이)에 잠입한 스파이라고 비난한 후의 일이었다. 첫 공판 결과는 배심원단의 의견 불일치였다. 두번째 공판에서 나는 수백 달러의 벌금형을 받았다. 다른 두 고소 건은 모두 주정부가 원고였다. 한 건은 재판 없이 기각되었다. 다른 한 건에서 나는 벌금 100달러와 60일 구금형을 선고받았다.

푸주한의 명예훼손은 정치 다툼이라는 일반적인 기준에서 판단할 때 그리 악랄한 위법 행위로 받아들여지진 않을 것이다. 소송이 제기됐지만 심리가 열리지 않았던 건에 관해서는 더 구체적으로 언급할 필요가 없다. 그러나 가장 심각했던 명예훼손 건에 관해서는 몇 줄 언급하고 넘어가도 좋을 것 같다.

나는 베설 교회의 평신도인 한 고위관리가 '고아 소년을 상대로 고리대금 행위를 했다'는 기사를 내 주간지에 실은 혐의로 기소되었다. 해당 사실은 혹독한 편집인 논평과 함께 게재된 터였고, 그리하여 나를 상대로 형사 소추가 이루어졌다.

그 기소 건은 재판에 회부되었고, 피고측 증인을 포함하여 이루어진 몇 차례의 증언들은 내 진술이 사실임을 구체적으로 입증했다. 그러나 애석하게도 '진실이 커질수록 명예훼손도 커졌다'. 게다가 나는 '고리대금'이라는 단어를 사용했다. 강탈이라고 표현했거나 그 불쌍한 고아소년의 얼굴을 짓밟았다고 표현했다면 판결은 달라졌을 것이다. 하지만 나는 그의 행위를 '고리대금'이라고 칭했다. 판사는 마치 자기가 원고측 변호사라도 되는 것처럼 배심원단을 몰아세웠고, 내게 앞서 말한 대로의 형량을 선고하는 데 사적인 만족을 느끼는 것 같았다.

선의의 목적과는 상관이 없기에 원고측 이름은 여기서 밝히지 않겠다. 내가 중범죄자라고 비난한 그 사람은 당연히 자신의 명예가 심각하게 실추되었다고 여겼을 것이다. 물론 그는 당시의 고소에 대해 자신의 제안이나 동의 없이 이루어진 것이라고 최근에 밝히기는 했지만 말이다. 당시에 나는 그를 거론할 때 부드러운 말을 사용하지 않았고 그후로도 험한 말을 자주 되풀이했다. 그럼에도 불구하고 그때의 일을 돌이켜보면 언제나 유쾌함을 느꼈다. 나를 분노케 한 행동을 지나칠 정도로 혹독하게 비난했으니, 그로 인해 내가 감당해야 했던 성가심과 괴로움은 상당 부분 당연한 것이었다. 그래도 상황을 고려할 때 내가 그 정도의 대가를 감당할 사안은 아니지 않았나 싶다. 이 지면에 사실만을 언급하고 있는 지금 나는 그 일과 관련된 불쾌한 기억들을 전부 지우고 싶다. 당시에 판사는 편집인으로서의 내 직무가 솔직한 종파주의자인 그 자신의 감정을 상하게 만들었다고 인정함으로써 그저 인간의 나약함을 예증하는 데 그쳤을 뿐이다. 그러나 그는 지금 증오가 중요하지 않은 '더 좋은 나라'로 가버리고 없다. 나는 그를 추억하면서 아무런 증오심도 가슴속에 남아 있지 않다고 자신할 수 있다.

나는 댄버리 교도소에서 아주 편안하게 수감생활을 했다. 마치 60일간의 세입자처럼 수감되기에 앞서 감방에 벽지를 바르고 카펫을 깔

출소 후 연설

왔다. 나는 편안히 생활했다. 좋은 친구들이 거의 끊이지 않고 면회를 왔고, 내 주간지는 정상적으로 발행되었다. 게다가 수감되어 있는 동안 구독자가 수백 명가량 늘었다.

내가 형기를 마쳤을 때 전국에서 온 대규모 군중이 축하 행사를 열었다. 행사는 내가 명예훼손으로 유죄를 선고받은 법정에서 열렸다. 그 행사를 위해 지어진 감동적인 송시가 낭독되었고, T. 피스크 목사는 언론의 자유에 관해 울림 있는 연설을 했다. 수백 명이 멋스러운 저녁식사에 동참했고 축배와 인사의 말이 이어졌다. 정치 및 사교 행사에 빠지지 않는 여러 주제들과 그곳까지 사람들을 불러모은 나의 필화 사건도 화제에 올랐다.

그리고 행사의 가장 인상적인 순서가 찾아왔다. 그것은 내 주간지 1832년 12월 12일자에 다음과 같이 실려 있다.

P. T. 바넘과 악단이 이번 행사를 위하여 준비된 6두 마차에 자리를 잡았다. 이 대형 마차 앞에는 말을 탄 40명이 깃발을 들고 있었다. 마차 바로 뒤에는 강연자와 행사 주최자가 탄 마차가 뒤따랐다. 그 뒤를 행사 준비위원회와 시민들이 탄 마차 60대가 따르며 본지의 편집장을 베설의 집까지 호위했다.

우렁찬 축포와 함께 행렬이 움직이기 시작하자, 행렬에 참가하지 않은 수백 명의 시민들이 만세삼창을 불렀다. 악단은 베설에 도착할 때까지 국민 정서가 담긴 다양한 곡들을 연주했다. 그리고 베설을 5킬로미터 앞둔 지점에서는 분위기에 잘 어울릴 뿐 아니라 아름다운 〈즐거운 나의 집〉을 연주했다. 진심을 담은 만세삼창 후에 행렬은 댄버리로 돌아갔다. 지극히 조화롭고 공감 어린 분위기가 온종일 지속되었고, 본지는 행사를 방해하는 한 건의 사고도 없었음을 기쁘게 덧붙이는 바다.

당시 내가 집과 가족에게 돌아온 것을 개선 행진으로 여겼다고 해서 놀랄 사람은 없을 것이다. 그것은 사실 나에 대한 옹호였다. 내가 한 일에 대한 찬성이자, '명예훼손죄'와 그 기소에 관여한 모든 사람들을 향한 비난이었기 때문이다.

나는 계속 편집장으로 일했기 때문에 이 지면을 여러 흥미로운 사건들로 채울 수도 있다. 그러나 내 인생의 또다른 부분으로 넘어가 보자.

《자유의 전령》을 발행하는 동안에도 계속했던 사업들은 이런저런 이유로 잘되지 않았다. 내가 잘할 수 있는 분야가 아니었다. 나는 일반적인 상행위가 허용하는 것보다 더 신속하게 사업을 하길 원했다. 그래서 대량으로 팔기 위하여 대량으로 구입했고, 그 과정에서 부득이하게 상당 금액의 외상 거래를 해야 했다. 곧 악성 부채가 누적되기 시작했다. 당시의 장부에는 다음과 같이 기입된 외상 거래들이 수백 건이나 있었다. '죽어야 상환', '먹튀', '지급 기일까지 사기침', '파산', '외상을 갚지 않겠다고 맹세하는 인간' 등등. 그런데 2달러 정도의 소액 외상을 진 사람이 댄버리의 어느 부자였다. 그에게 외상값 얘기를 하기가 내키지 않았던 나는 결국 장부에 이렇게 기입했다. '외상값을 독촉하기에는 너무 부자'.

나는 1831년 여름에 호레이스 페어차일드를 동업자로 받아들였으나 1833년 1월에 이르러 내 지분 전부를 아이작 상원의원의 형제인 투시 씨에게 팔았다. 투시는 호레이스와 함께 '페어차일드 주식회사'라는 상호로 사업을 계속해나갔다.

《자유의 전령》은 댄버리에서 1834년 11월 5일에 160호를 발행했고 이후 노워크로 본사를 옮겼다. 노워크에서는 나 대신 나의 매부 존 W. 에머먼에 의해 계속 발행되었고, 이듬해에 조지 테일러 씨에게 매각되었다.

조이스 헤스와 비발라

1834년이 저물어가고 새해를 앞둔 겨울, 나는 뉴욕 허드슨가에 집을 임차하고 가족과 함께 그리로 이주했다. 엄밀히 말해 내가 그 대도시로 간 것은 부자가 되기 위해서였다. 코네티컷주에서 복권은 법으로 금지되었다. 나는 개인 고객들과의 거래에서 많은 돈을 손해봤다. 그중 일부는 자신의 지불 능력 이상으로 복권을 구입했고, 또 일부는 재산을 빼돌림으로써 내게 막대한 손실을 입혔다. 나는 장사에서도 큰 손해를 보았고, 솔직히 말하면 '쉽게 얻은 것은 쉽게 잃는다'는 옛말이 내 경우와 딱 맞아떨어졌다. 나는 내가 의지를 가지고 일을 시작하기만 하면 단시간에 큰돈을 벌 수 있다는 것을 알게 되었다. 그와 동시에 별다른 망설임 없이 번 만큼 아낌없이 낭비한다는 것도 알게 되었다. 돈을 너무 쉽게 버는 바람에 그 가치를 깨닫지 못했고 애써 저축해야 할 필요성도 느끼지 못했다. 그저 언젠가는 저축을 해야지 생각했을 뿐, 당장은 관심을 두지 않고 버는 족족 써버렸던 것이다.

뉴욕으로 이주했을 때는, 베설의 대리인이 나 대신 외상값과 채권을 해결하고 보내주는 돈 말고는 생계 수단이 없었다.

나는 우선 상사 같은 곳에서 요컨대 수익의 일정 부분을 받을 수 있는 일자리를 구하고 싶었다. 기질상 고정된 월급을 받고 일하는 것은 질색이었기 때문이다. 내 능력과 정력을 오롯이 발휘할 기회를 원했고, 내가 일에 쏟아붓는 능력과 끈기와 정력에 정비례하는 수익을 원했다. 그러나 내가 찾는 그런 일자리를 구할 수는 없었다. 가진 돈이 바닥나기 시작했고 가족의 건강도 좋지 않아 부양하기가 어려워졌다. 나는 생계를 위하여 몇몇 상점의 '판매원'으로 일했다. 예를 들어 채텀가에서 모자와 양말을 파는 채프먼 씨의 상점 등에 손님을 소개하고 약간의 수수료를 받는 식이었다.

그것은 물론 낙천주의자의 임시방편에 불과했던지라, 나는 계속 보다 나은 행운의 일자리를 찾고 있었다. 아침마다 눈을 뜨면 제일 먼저 내게 맞는 일자리가 있을까 싶어 《뉴욕 선》지의 구인란을 훑었다. 구인란에서 멋지고 매력적인 일자리를 찾았으나 대부분이 헛수고로 끝났다. 한 광고 문구는 크로이소스(리디아의 왕, 갑부―옮긴이)와 맞먹고 검은딸기처럼 넘쳐나는 부를 암시하며, 호젓하고 인적이 드문 어느 지역의 건물 5층 16호실로 오라고 독자를 신비스럽게 초대하고 있었다. 그러나 어렵게 길을 찾아 어둡고 낡아빠진 기름때투성이 계단을 오르고 음침하며 비좁은 복도를 걸어간 끝에 알게 된 그 부의 방법은, 일단

3달러에서 500달러까지 여건에 맞춰 얼마나 돈을 선납하느냐에 따라 결정되었다. 두번째로 성공을 좌우하는 것은 새로 특허를 받았다는 생명의 영약이나 독창적인 쥐덫 같은 것을 얼마나 많이 팔아치우는 가였다.

또 한번은 이런 광고도 있었다. '소자본으로 가능한 엄청난 사업! 단 1년 안에 10,000달러 보장! 스커더스 아메리카 박물관의 ○○○ 교수에게 연락 바람.'

나는 오래전부터 전시 관련 일을 할 수만 있다면 반드시 성공할 거라는 환상을 품어왔다. 그래서 박물관에서 유망한 사업을 약속하는 그 친절한 교수를 다급히 찾아갔다. 3층 강의실로 안내된 나는 먼저 와 있던 지원자 10여 명을 보고 그만 비탄에 잠겼다. 나는 곧 교수를 찾아내 그를 한쪽으로 데려갔다. 계단을 뛰어올라 가쁜 숨을 잠시 진정시킨 후, 교수에게 혹시 벌써 사업권을 팔았는지 물었다.

"아직 아닙니다. 하지만 고객 몇 분이 면밀히 검토중이죠." 교수가 대답했다.

"제발 제게도 기회를 주십시오. 교수님이 원하는 사람이 바로 저임을 알게 될 겁니다." 나는 절박한 심정으로 말했다.

"흠, 그렇게 원한다고 하니 또 열정이 넘치는 젊은이고 하니 당신에게 제일 먼저 기회를 주리다." 친절한 교수가 대답했다.

나는 깊은 고마움을 느끼면서 어떤 사업이냐고 물었다.

"나는 위대한 특수 현미경을 소유하고 있소." 그가 말했다. "현존하는 최고의 기구죠. 그것을 가지고 전국에서 전시회를 연다면 금세 큰돈을 벌 수 있을 겁니다. 나는 건강이 좋지 않아서 그걸 단돈 2,000달러에 팔려는 겁니다. 1,000달러는 현금으로, 잔금은 그에 상응하는 저당을 잡고 60일과 90일짜리 어음으로 팔려고 합니다."

내가 꿈꾼 부의 환영은 사라졌다. 나는 그 자리에서 그의 기구를 사지 않겠다고 잘라 말했다.

또 이런 광고도 있었다. '무자본으로 하루에 20달러 수입.' 나는 강한 인상을 받았고 지원자를 모집한다고 적힌 장소로 출발했다.

그곳에는 작은 체구의 흑인 노파가 있었는데, 안달난 사람들이 20명 넘게 그녀를 에워싸고 있었다. 그녀는 막힘없는 언변으로 얘기하고 있었다. 『셋집 안내』라는 소책자를 발간할 예정인데, 거기에는 뉴욕에서 임대중인 모든 셋집의 정보가 담길 것이라고 했다. "자, 여기 수첩과 연필이 많이 있어요. 수첩과 연필을 하나씩 가져가세요. 그것들을 돌려주겠다는 보증금 명목으로 1실링을 내게 주시고요. 그다음에는 서로 중복되는 걸 피하기 위하여 어느 거리를 둘러볼 것인지 미리 말하세요. 모든 집을 꼼꼼히 둘러봐야 해요. '임대중'이라는 표지가 보이면 지체 없이 그 집 초인종을 누르고 수첩과 연필을 꺼내세요. 그리고 문가에 나온 사람에게 월세가 얼마인지, 방은 몇 개인지, 편의시설은 무엇이 있는지 등을 물어보고 전부 기록하세요. 그리고 서둘러 다음 집으로 가서 방금 한 행동을 반복하는 겁니다. 나는 다수의 효율적인 인력을 고용해서 열흘 안에 뉴욕의 셋집 기록을 끝냈으면 해요. 그리고 열흘 안에 책을 발간했으면 좋겠고요. 인쇄비와 홍보비 등을 제하고 책자를 통해 벌어들인 수익은 이렇게 배분될 겁니다. 수익 절반은 이 위대한 책을 창안한 내가 갖고, 나머지 절반은 나의 대행자인 여러분이 기록하여 내게 넘긴 셋집의 수에 따라 공평하게 분배될 겁니다. 이번 투자로 수천 달러의 수익이 생길 거예요. 여러분은 가장 열심히 일한 사람에게 최고의 보상이 주어진다는 것을 알게 될 거고요. 나는

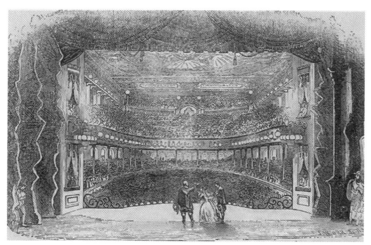

니블로스 가든(1853년)

늘 사람들이 일한 만큼 대가를 받아야 한다고 생각해요. 다시 말해 나는 사람들이 자력 구제를 하도록 도와주는 것이 기뻐요. 하지만 미리 말해둘 것이 있는데, 단순히 많은 셋집을 알아오는 것이 보수의 유일한 기준은 아니라는 거지요. 각각의 집에 관해 정확히 기록하고 가장 구체적인 정보를 가져오는 사람에게 제일 큰 아량을 베풀 생각이에요."

노파가 말을 끝내기도 전에 귀를 기울이던 사람들 중 대부분이 자리를 떠났다. 그러나 새로운 지원자들이 끊임없이 도착했고, 노파는 일장 연설을 끝내기가 무섭게 같은 말을 다시 시작했다.

나는 그 위대한 투자에 매력을 느끼지 않았으나, 인간 본성을 연구하는 학자로서 노파가 몇 차례 연설을 반복할 때까지 자리를 지킬 수밖에 없었다. 노파의 연설이 듣는 이들에게 과연 어떤 영향을 미치는지 확인하고픈 일념 하나 때문이었다. 내가 거기 있는 동안 수첩을 가져가는 사람은 없었다. 빠져나가는 수만큼 들어오는 사람들이 있어서 두 줄, 다시 말해 계단을 내려가는 줄과 올라오는 줄이 계속 움직였다.

어느 날 아침 《뉴욕 선》지의 구인란에 바텐더를 채용한다는 광고가 실려 있었다. 지원자는 윌리엄 니블로를 찾아오라고 했다. 나는 즉시 니블로스 가든을 찾아갔고, 신사다우며 마땅한 유명세를 누리는 그 극장의 소유주를 내 평생 최초로 만나보게 되었다. 내가 찾아간 용건을 듣고서 니블로 씨는 내게 바텐더 자리를 메워줄 능력 있고 성실하며 믿을 만한 사람을 고용하고 싶다고 말했다. 또한 진실한 언행을 보여주기를 바라며, 바텐더 일을 3년간 맡아주기를 원한다고도 말했다. 물론 마지막 조건은 내 바람과 상충하는 것이었다. 나는 그저 임시방편 일자리를 원했고, 앞에서 말한 것과 같은 직업을 가능한 한 빨리 구하고 싶었기 때문이다.

구인란을 보고 달려갔던 노력은 모두 허사로 끝났다. 나는 겨울 내내 일자리를 얻지 못했다.

이듬해 봄에 베셀의 대리인이 수백 달러를 보냈다. 다른 일자리와는 맞지 않는다는 것을 깨닫고서 나는 1835년 5월 1일 프랭크포트가 52번지에서 작은 하숙집을 시작했다. 주로 뜨내기 하숙자들, 특히 뉴욕에 볼일이 있어서 온 코네티컷주의 지인들을 받을 생각이었다. 얼마 지나지 않아서 손님이 꽤 들었으나 그래도 비교적 시간이 남았기에 나는 존 무디 씨와 공동으로 사우스가 156번지에 있는 식료품 가게의 지분을 사들였다.

그해에 나는 이따금씩 브리지포트를 방문했는데, 그럴 때마다 저녁이면 호텔에서 대로라는 유명한 익살꾼을 보곤 했다. 그는 수작을 부리는 데 친구와 적을 구별하지 않았다. 그는 대체로 호텔 바에서 지내다가 외지인이 나타나면 자기가 이기게끔 되어 있는 내기를 걸어서 바에 있는 사람들에게 술을 사게 만들곤 했다. 그는 나를 속여보려고 몇 차례 시도했지만 실패했다. 늘 말을 더듬던 대로는 마침내 새로운 계략을 꾸몄다. 그는 다가와 나를 곁눈질하면서 말했다. "이봐, 바넘. 내가 다른 제, 제, 제안을 하나 하지. 자네가 입은 셔츠가 자네 등에 완전히 닿지 않았다는 데 내기를 걸지." 그 수작은 셔츠를 입으면 대개 그 뒤쪽 절반만 등에 닿는다는 데서 나온 것이었다. 이미 이 내기를 예상하고 있던 나는―실은 휴 씨가 대로를 상대로 이 내기를 써먹은 후였기에―여행 가방에서 셔츠 하나를 꺼내 전체가 등에 닿도록 꼼꼼하게 접은 뒤 멜빵으로 고정해놓고 있었다.

바에는 휴 말고는 내막을 알 리 없는 손님들로 북적였다. 그들은 내기를 하면 내가 질 거라 예상하고 있었다. 살짝 장난기가 발동한 나는 대로가 더 안달이 나도록 이렇게 말했다.

"거참 멍청한 내기로군요. 내 셔츠는 거의 새것이라서 등 전체에 닿아 있거든요. 하지만 그런 걸로 내기를 하고 싶진 않아요."

"핑계 하나 그럴싸하군." 대로가 웃으면서 말했다. "셔츠가 누더기라서 그러는 거잖아. 자자, 자네 셔츠가 자네 등, 등에 완전히 닿아 있으면 내가 여기 있는 사람 전부에게 술을 살게!"

"내 셔츠가 아저씨 것보다 더 깨끗하다는 데 내기를 걸지요." 내가 대답했다.

"그, 그, 그건 이 내기랑 아무 상관이 없어. 어차피 누더기 셔츠잖아. 자네도 알, 알, 알면서."

"누더기 아니라니까요." 나는 화가 난 척 대답함으로써 사람들을 웃게 만들었다.

"에이, 누더기를 입은 불쌍한 친구 같으니. 대, 댄, 댄버리에서 여기까지 와서 고생한다." 대로가 약을 올리면서 말했다.

"아저씨는 내기에 져도 술을 사지 않을걸요."

"여, 여, 여기 5달러 있어. 이 돈을 힌먼 선장(건물 주인)에게 맡겨놓을게. 자자, 내, 내, 내기를 해보자고. 이 거, 거, 거지 녀석아!"

나는 5달러를 힌먼 선장에게 맡기고 내가 내기에 지면 사람들에게 술을 사겠다고 말했다.

"명심해." 대로가 말했다. "자네가 입은 셔츠가 등에 완전히 다, 닿, 닿지 않는다는 데 내, 내, 내기를 건 거야."

"좋아요." 나는 외투를 벗고 조끼 단추를 풀기 시작했다. 사람들은 내가 술수에 걸려들었다고 확신하여 웃기 시작했다. 대로는 기뻐서 덩실덩실 춤까지 추었고, 내가 의자에 외투를 내려놓자 쪼르르 달려와서는 박수를 치면서 소리쳤다.

"오, 옷, 옷을 더 버, 벗, 벗을 필요는 없어. 자네 셔츠가 드, 등, 등에 완전히 닿아 있지 않으면 자네가 진 거니까."

"그렇다면 내기에 진 사람은 아저씨네요!" 나는 등에 완전히 붙어 있던 셔츠를 꺼내서 보여주었다.

사람들 사이에서 내 평생 처음 들어보는 찢어질 듯한 웃음소리가 들려왔다. 대로의 멍한 표정 또한 쉽게 볼 수 없는 구경거리였다. 너무도 어이없이 내기에 진 대로는 휴가 연관되어 있음을 알아채고는 격분하여 달려가 그에게 주먹을 흔들어대면서 소리쳤다.

"휴, 휴, 휴. 이 염, 염, 염병할 놈. 대, 댄, 댄버리 놈 때문에 이웃을 팔아먹다니. 언젠가 되갚아주마. 두, 두, 두고 봐라."

모두가 진심으로 기뻐하면서 술을 마셨다. 대로가 내기에 지는 경우는 드물었기에 사람들도 그 상습적 익살꾼이 자기 돈을 내는 걸 보고 싶어했던 것이다. 그리고 대로는 죽을 때까지 '등딱지 셔츠' 얘기를 계속 들어야만 했다.

1835년 7월 하순, 코네티컷주의 리딩에 살았고 지금도 같은 주에 살고 있는 콜리 바트럼 씨가 우리 가게를 찾아왔다. 그는 나뿐 아니라 무디 씨와도 아는 사이였다. 그는 조이스 헤스라는 아주 특별한 흑인 여자의 지분을 가지고 있다고 말했다. 그의 말에 따르면 조이스 헤스는 161세로 추정되며 워싱턴 장군의 보모였다. 그의 지분을 켄터키주의 제퍼슨 카운티에 사는 동업자 R. W. 린지에게 팔았다고도 했다. 현재 동업자는 흑인 노파를 데리고 필라델피아에서 공연중인데, 그가 흥행사로서 감각이 부족한 탓에 바트럼 씨는 자기 지분을 처분하고 고향으로 돌아가려고 한다는 것이었다.

바트럼 씨는 내게 1835년 7월 15일자 《펜실베이니아 인콰이어러》 한 부를 건네주면서 한 광고를 가리키며 내가 관심을 가질 거라고 말했다. 그 내용을 그대로 여기 옮겨보겠다.

진기한 볼거리—필라델피아와 그 인근 주민들에게 메이스닉 홀에서 사상 최고의 신비를 접할 기회가 왔다. 이름하여 조이스 헤스, 161세의 이 흑인 여성은 워싱턴 장군의 부친이 부리던 노예였다. 그녀는 160년 동안 침례교도였고 많은 찬송가를 아직 기억하고 예전 방식대로 부를 수도 있다. 그녀는 버지니아주의 포토맥 강 근처에서 태어났고 90년에서 100년 동안 켄터키주의 패리스에서 볼링 가와 함께 살았다.

이 특별한 여성을 본 사람들은 누구나 그녀의 나이를 믿는다. 존경받는 볼링 가의 증언으로도 충분하지만, 오거스틴 워싱턴이 자필로 작성한 노예 판매 계약서 원본과 그의 소유를 증명하는 여러 서류는 더할 나위 없는 신빙성을 줄 것이다.

이 흑인 여성은 오후와 저녁시간 동안 메이스닉 홀에 나올 예정이다.

뉴욕 신문들은 이미 이 놀라운 인물에 대한 기사를 실으며 상당한 흥미를 드러내고 있었다. 나는 즉시 필라델피아로 갔고 메이스닉 홀에서 린지와 면담했다.

나는 노파의 외모를 보고 호감을 느꼈다. 겉모습만 보면 천 살이라 해도 믿길 정도였다. 그녀는 방 한복판의 높고 긴 침상에 누워 있었다. 다리를 구부려 60센티미터 높이의 침상 가장자리에 무릎 안쪽을 걸쳐 놓고 있었다. 외관상으로는 건강해 보였으나 예전의 병력 때문인지 아니면 고령 때문인지 또는 그 두 가지 전부 때문인지 몰라도 자세를 바꿀 기력조차 없었다. 사실 한쪽 팔은 마음대로 움직일 수 있었으나 다리는 앞에서 말한 자세로 고정된 채 똑바로 펴질 못했다. 시력은 완전히 상실한 상태였다. 두 눈은 어찌나 눈구멍 깊이 푹 꺼져 있던지 눈동자가 아예 보이지 않을 정도였다. 치아는 하나도 없었지만 반백의 머리칼은 숱 많고 부스스했다. 왼팔은 가슴을 가로질러 놓여 있었지만 그것을 움직일 기력이 없었다. 왼손 손가락들은 움켜쥐듯이 굽어 있고 그 상태로 고정되어 움직이질 못했다. 손톱은 10센티미터쯤 자라서 손목 안쪽을 덮듯이 뻗어 있었고, 커다란 발가락의 발톱들도 1센티미터 가까이 자라 있었다.

노파는 매우 사교적이어서 방문객들이 원하는 한 거의 쉴새없이 대화를 나누었다. 아주 오래된 찬송가를 여러 곡 부르기도 했고, 위대한 건국의 아버지를 '우리 아가 조지'(조지 워싱턴)라고 부르면서 그를 돌본 얘기를 무척이나 수다스럽게 늘어놓았다. 그녀는 조지 워싱턴이 태어날 때 그 자리에 있었고, 조지의 아버지인 오거스틴 워싱턴 소유의 노예였으며, 조지에게 맨 처음 옷을 입혀준 사람이 바로 자신이라고 분명히 말했다. "실은 말이지, 내가 그를 키웠다오." 조이스는 이렇게 말했는데, 이는 그녀가 즐겨 쓰는 표현이었다. 또한 '그녀의 아가 조지'에 관한 흥미로운 일화를 많이 언급하면서 종교적 주제를 섞어 얘기하곤 했다. 그녀가 침례교도이기 때문이라고 했다. 아무튼 이런 요소들은 그녀를 대중에게 아주 흥미로운 구경거리로 만들었다.

나는 린지 씨에게 노파의 나이를 증명할 수 있는지 물었다. 그러자 그는 오거스틴 워싱턴이 버지니아주 웨스트모얼랜드에서 작성한 매매 증서라면서 문서를 보여주었다. 그 문서에는 '이름 조이스 헤스, 나이 54세의 흑인 여성을 버지니아 법정화폐 33달러를 받고 엘리자베스 애트우드에게 매도한다'고 적혀 있었다. 문서 작성일자는 '1727년 2월 5일'이었고 '리처드 버크너와 윌리엄 워싱턴이 지켜보는 가운데 서명 날인하여 이행한다'고 되어 있었다.

린지와 조이스 헤스가 한 말에 따르면, 엘리자베스 애트우드 부인은 오거스틴 워싱턴의 처제였고 조이스의 남편은 애트우드 부인의 노예였다. 이런 이유로 위의 매매 계약이 성사됐던 것이다. 애트우드 부인은 오거스틴 워싱턴의 이웃에 살았기 때문에 조이스 이모는 '아가 조지'가 태어났을 때 그 자리에 있게 된 것이다. 그리고 이 유서 깊은 가문에서 보모로 오랫동안 일해왔던 그녀는 갓 태어난 조지에게 제일 먼저 옷을 입혀주었다.

이야기는 그럴듯했고, 매매 증서는 어느 모로 보나 오래된 고문서처럼 보였다. 유리 액자에 들어 있었는데 싯누런 색이었고 오랜 세월 접혀 있었기에 접힌 자리마다 너덜거렸으며 일부는 다 해져 있었다.

나는 왜 그처럼 특이한 노파의 존재가 한참 전이 아닌 이제야 알려졌는지 물었다. 답변인즉 노파는 켄터키주의 존 S. 볼링이 사는 집 별채에 오랫동안 누워 지냈으며 그동안 아무도 그녀의 나이를 몰랐고 궁금해하지도 않았다는 것이다. 버지니아에서 그곳으로 온 것도 한참 전이었고, 볼링 씨의 아들이 버지니아주의 기록 보관소에서 그 매매 증서를 발견하면서 노파의 나이가 밝혀졌다고 했다. 기록 보관서에서 고문서들을 훑어보다가 우연히 조이스 헤스의 매매 증서를 발견한 볼링 씨의 아들은 호기심을 느끼고 그 일대를 탐문한 결과 당시 그곳에 살았던 아버지의 늙은 노예와 관련된 증서임이 분명하다고 확신했다. 그렇다면 노파의 나이는 161세가 되는 셈이었다. 그는 매매 증서를 가지고 집으로 돌아왔고 그 증서에 기록된 노예가 조이스와 동일인임을 확인했다.

나는 그 설명이 전부 그럴듯하다고 생각했고 노파의 가격을 물었다. 총 3,000달러였다. 그런데 내가 필라델피아를 떠나기 직전에 린지 씨로부터 전갈이 왔다. 거기엔 언제든 그에게 1,000달러만 내면 10일 안에 노파의 주인이 될 거라고 적혀 있었다.

나는 뉴욕으로 돌아온 뒤 조이스 헤스를 살 수 있을지 고민했다. 내 수중에 있던 돈은 500달러 남짓이었으나, 한 친구에게 그 노파를 통해 거둘 수 있는 큰 성공에 대해 열변을 토하고는 나머지 500달러를 빌렸다. 며칠 후 나는 식료품 가게의 지분을 동업자 무디에게 팔고서 그동안 마련한 돈을 가지고 필라델피아로 향했다. 나는 다음 문서에 적혀 있듯 그 흑인 노파의 소유주가 되었다.

이에 대하여, 서기 1835년 6월 10일 계약서에 따라 아프리카 여성 조이스 헤스의 소유주인 존 S. 볼링과 켄터키주 제퍼슨 카운티의 R. W. 린지는 12개월 동안 미국 내 도시에서 조이스 헤스를 전시하여 생기는 수익과 손실을 공평하게 책임질 것을 약정한다. R. W. 린지의 진술에 의거, 존 S. 볼링은 자신의 모든 권리와 소유권 및 지분을 콜리 바트럼에게 양도하기로 약정한다. 이에 대하여, 콜리 바트럼은 서기 1835년 7월 24일 필라델피아에서 작성한 계약서에 따라 (서기 1835년 6월 15일 켄터키주에서 작성한 계약서에 의거 존 S. 볼링으로부터 양도받은) 흑인 조이스 헤스의 모든 지분을 R. W. 린지에게 넘긴다. 본 증서에 의거, 본인 R. W. 린지는 피니어스 T. 바넘이 이 증서의 작성 시점 또는 그 이전 시점에 본인에게 지불하고 영수를 확인한 1,000달러의 대가로 피니어스 T. 바넘 또는 그의 대리인이나 집행인 또는 수탁인에게 흑인 여성 조이스 헤스에 관한 소유권, 위에서 말한 서기 1835년 6월 10일자 계약에서 명기한 미국 내 12개월 전시 기한 중 잔여일 동안 조이스 헤스를 전시할 수 있는 독점권, 조이스 헤스와 관련된 본인의 권리, 자격, 지분, 청구권 및 전술한 전시권 일체를 양도한다. 이 증서에 따라 본인뿐 아니라 본인의 상속인, 집행인, 대리인을 대신하여 본인은 위에서 말한 피니어스 T. 바넘과 그의 상속인 및 수탁인과 합의하고 계약하는바, 본인 R. W. 린지와 그의 상속인은 조이스 헤스의 정당하고 합법적인 소유권을 가지며, 서기 1835

년 6월 10일부터 12개월 동안 약정된 조이스 헤스의 미국 내 전시 기간 중 잔여일 동안의 전시 독점권을 행사한다. 본인은 조이스 헤스의 소유권과 전술한 대로 그녀를 전시할 권리 및 조이스 헤스에 관한 본인의 모든 자격과 지분을 이 증서에 의거, 위에서 말한 피니어스 T. 바넘과 그의 상속인 및 수탁인에게 양도하기로 합의 약정 계약한다. 이 권리는 이 증서에 의해 본인 R. W. 린지와 그의 상속인, 콜리 바트럼, 존 S. 볼링과 그의 상속인뿐 아니라 법적으로 권리를 주장하고 주장하려는 모든 사람들로부터 항구적으로 보장되며 보호받을 것이다.

다만 위의 모든 권리 주장은 서기 1836년 6월 10일 이전까지만 유효하다. 본인은 서기 1836년 6월 10일 이후부터 조이스 헤스의 소유권 또는 전시권에 관한 일체의 계약과 약정의 의무를 지지 않는다.

이에 본인은 1835년 8월 6일 이 문서에 직접 서명 날인한다.

새뮤얼 H. 트러퀘어 W. 딜레이니 입회하에 서명 날인하고 이행함

R. W. 린지

영수증. 1835년 8월 6일 피니어스 T. 바넘으로부터 이 증서에 포함된 약정과 계약 및 양도의 대가로 1,000달러 전액을 수령함.

R. W. 린지

나는 조이스 헤스의 뉴욕 환영회를 준비해야 했기에 린지에게 일주일 동안만 필라델피아에서 전시를 계속하도록 했다.

나는 윌리엄 니블로를 찾아갔는데, 그도 필라델피아에서 그 흑인 노

니블로스 가든의 외관(1887년)

예를 본 적이 있을 거라고 생각했다. 그는 불과 몇 달 전 바텐더직에
지원했던 나를 알아보지 못했다. 우리는 곧 협상을 시작했고, 그가 술
집 인근에 소유한 건물 중 한 곳에서 조이스 헤스를 전시하기로 합의
했다. 니블로스 가든은 당시에 크고 개방적이고 공기가 잘 통하는 공
간이어서 음악회와 가벼운 오락 공연이 열리고 있었다. 손님들은 탁자
가 구비된 알코브(실내 벽의 일부를 안으로 들어가게 한 작은 방―옮긴이)
형태의 공간에서 공연 막간이나 휴식 시간에 아이스크림과 음료 따위
를 제공받았다. 이런 알코브는 가든 전체에 마련되어 있었다.

　알코브들 외부에는 알록달록한 램프들을 꽃줄 장식으로 멋지게 장
식해놓았다. 가든 중앙에는 웅장한 산책길이 나 있고, 이 길 양쪽을 높

조이스 헤스 161세

이 210센티미터 너비 60센티미터의 고상하고 아름다운 투명판(각각의 투명판 위에는 커다란 전구가 하나씩 설치되어 있었다)들이 비추고 있었다. 이 투명판들은 당시 뉴욕에서 처음 선보인 것으로 아주 매력적이었다. 이 투명판을 만든 W. J. 해닝턴과 H. 해닝턴은 나중에 스테인드글라스와 장식화로 아주 유명해졌다. H. 해닝턴은 나를 위해 가로 60센티미터 세로 90센티미터의 투명판 여러 개를 만들어주기도 했다. 나는 이 투명판을 빈 액자에 끼우고 그 안에서 빛이 나오게 만들었다. 그리고 거기에 '조이스 헤스 161세'라는 글자를 새겼다.

니블로 씨와 맺은 계약은 그가 '전시실에 조명을 갖추고 인쇄비와 홍보비 및 티켓 판매원의 인건비를 대며 총수입의 반을 가져간다'는 것이었다. 전시회로 벌어들인 수입은 주당 평균 1,500달러가량이었다.

조이스 헤스 전시의 조수로는 리바이 라이먼 씨를 고용했다. 그는 뉴욕의 펜안에 개업중인 변호사로 영리하고 사교적이며 꽤나 게으른 양키였다. 게다가 인간 본성에 대해 상당한 지식을 지니고 있었다. 정중하고 유쾌한데다 어느 주제로든 대화가 가능했고, 내가 고용한 직책에 탄성이 절로 나올 만큼 적격인 인물이었다.

나는 물론 흥행사라는 새 직업으로 성공하기 위하여 모든 노력을 다했다. 언론 매체의 큰 힘을 잘 알고 있었기에 그것을 최대한 활용했다. 라이먼이 조이스의 간단한 전기를 썼고, 나는 그것을 그녀의 초상화를 곁들인 소책자 형태로 출간했다. 소책자를 관람객들에게 권당 6센트에 팔아서 그 수익은 라이먼에게 주었다.

또한 그 초상화를 셀 수 없이 많은 전단지와 포스터에 인쇄하여 도시 전역에 뿌렸다. 사람들의 관심을 끌 특별한 유인책으로 '워싱턴의 보모'라는 설명도 넣었다. 당시의 홍보문과 소개문의 몇 가지 예를 들자면 이렇다.

　　니블로스 가든─세상에서 가장 신기하고 특히 미국 국민에게 가장 흥미로운 인물이 브로드웨이의 살롱에서 전시중이다. 조지 워싱턴 장군(우리나라의 국부)의 보모였던 이 조이스 헤스를 실감나게 보여주기 위하여 최근에 건물을 새로 지었다. 조이스 헤스는 공식 문서로 입증되듯이 161세라는 놀라운 나이에 접어들었고 여전히 온전한 정신을 유지하고 있다. 몸무게는 22킬로그램에 불과하지만 쾌활하고 건강하다. 그녀는 꼬마 주인님에 대한 많은 일화를 말해준다. 또한 독립전쟁 당시의 영국 병사들에 대한 (그들을 높게 평가하는 것 같지는 않지만) 애기도 들려준다.
　　그녀를 보러 오는 많은 사람들 중에는 목사와 외과 의사도 여럿 있는데, 그들은 지금까지 듣거나 본 가장 오래된 인간의 표본이라고 공언하며 그녀를 대단히 신기하게 여긴다.
　　그녀는 백 년 넘게 침례교도였고 자신을 방문하는 목사들과 대화를 나누는 데 크게 흡족해하는 것 같다. 그리고 종종 찬송가를 부르거나 구약성서의 시편 구절들을 되뇌곤 한다.

다음과 같이 애국심과 호기심에 좀더 호소하는 홍보문도 있다.

　　조이스 헤스는 의심의 여지 없이 가장 놀랍고도 흥미로운 인물이다. 그녀는 오거스틴 워싱턴(조지 워싱턴의 아버지)의 노예였고, 훗날 우리의 영웅적인 조상들을 영광과 승리와 자유의 길로 이끌어갈 운명의 갓난아기에게 제일 먼저 옷을 입혀준 사람이다. 그녀 자신의 표현을 빌려 그녀의 어린 주인 조지 워싱턴에 대해 말하자면 그녀가 '그를 키웠다'.

많은 일간지의 뉴스·문학·정치·종교면에도 소개 기사가 실렸는데, 그 예를 하나 골라보면 이렇다.

조이스 헤스—니블로스 가든에 도착한 옛날의 유명한 유물이 진기하고 불가사의한 것을 좋아하는 사람들에게 큰 반향을 일으키고 있다. 이보다 더욱더 진기하고 불가사의한 것들도 지금까지 사람들에게 이 정도의 만족을 선사하진 못했다. 팔다리 길이와 골격으로 미루어 그녀는 젊은 시절에 건장하고 튼튼한 여성이었을 것이다. 그러나 현재는 영락없이 살아 있는 미라다. 그녀의 체중은 22킬로그램밖에 되지 않는다고 한다. 다리는 오그라들어 뼈와 가죽만 남았고, 길고 가는 손가락은 사람의 신체기관이라기보다는 맹금류의 발톱에 더 가깝다. 고령과 지병이라는 무거운 짐을 지고도 여전히 그녀는 쾌활하며 놀라우리만큼 정신이 온전한 것 같다. 청력은 거의 중년만큼이나 또렷하다. —《뉴욕 선》

그 '노인'이 도착했고, 많은 사람들이 니블로스 가든으로 그녀를 보러 갔다. 그녀는 활기찼고 모든 질문에 쾌활하게 대답했다. 워싱턴 장군의 부친이 이 늙은 여성을 팔았다는 매매 증서를 볼 때 그녀의 나이는 160세임이 분명하다. 그녀의 생김새는 석관에

서 방금 빠져나온 이집트 미라와 너무도 닮았다. —《뉴욕 이브닝 스타》

　감히 말하자면, 노아의 홍수 이후로 이번주에 벌어진 일에 견줄 만한 사건은 없었다. 고대와 근대를 통틀어 이 여성의 어마어마한 나이와 맞먹는 사람은 없었다. 므두셀라는 969세까지 살았지만 그의 아내가 몇 살이었는지는 아무런 언급이 없다. 아담은 그의 나이든 후손인 므두셀라와 비슷한 나이까지 살았다. 옛 시절의 여성은 오늘날의 딸들과 비슷했다고 볼 수 있다. 나이를 말하려고 하지 않으니 말이다. 조이스 헤스는 예외다. 그녀는 거리낌없이 말한다. 자기 나이가 160세라고. —《뉴욕 데일리 애드버타이저》

　이 노인의 나이가 161세라고 하는데, 그 말을 의심할 이유는 없다. 사실 그녀가 500세라고 해도 반박할 사람이 없을 것이다. 그녀는 아메리카 박물관에 있는 이집트 미라와 같은 나이로 보이기 때문이다. —《뉴욕 쿠리어 앤 인콰이어러》

　죽음의 신과 무모한 희롱을 벌인 끝에 이 늙은 여인은 마침내 그를 차버렸다. 훗날의 출판물은 그녀를 시간의 화신이라고, 신이 그녀에게 영생으로 가는 정기승차권을 선사했다고 기록할 것이다. 이 세상에서 불멸자의 명단에 오른 이는 방랑하는 유대인과 그녀 조이스 헤스, 단둘뿐이다. —《뉴욕 스피릿 오브 더 타임스》

조이스는 골초였고, 그랜트 소번('로리 토드'로 더 잘 알려진)은《이

브닝 스타》지에 다음과 같은 기사를 실어서 많은 편집인들을 앞질렀다. 다음은 그 기사의 발췌문이다.

나는 오늘 조이스 헤스를 보러 갔다. 그녀는 진기한 특징들이 많았지만 나는 그녀가 골초라는 사실을 눈여겨보았다. 그녀를 돌보는 사람들은 그녀로부터 흡연의 즐거움을 빼앗아야 했다. 그러지 않으면 파이프 담배가 그녀의 입에서 절대 떨어지지 않을 것이기 때문이었다. 내가 그녀에게 파이프 담배를 얼마나 오랫동안 피웠느냐고 묻자 그녀는 이렇게 대답했다. '120년이죠!' 만약에 흡연이 독이라면 적어도 그녀의 경우에는 아주 더디게 퍼지는 독인 듯하다.

우리의 전시는 대개 조이스 헤스의 나이를 어떻게 알게 되었는지 설명하는 것으로 시작되었다. 여기에는 버지니아주에서 지낸 그녀의 이력과 매매 증서를 낭독하는 과정이 포함되었다. 그다음에는 우리가 그녀에게 워싱턴 장군의 출생과 어린 시절에 관해 질문했고, 그녀는 언제나 모든 면에서 상세하고 만족스럽게 답변했다. 관람객 중에서 질문을 던지는 경우도 종종 있었고 그녀를 심문하듯 몰아세우기도 했지만, 언제나 그녀의 답변이 가식 없는 진실하고 명백한 사실이라는 것만 부각되었다.

조이스는 교회음악을 무척 좋아했고 그 음악에 맞춰 길쭉하게 마른 팔을 흔들곤 했다. 한번은 뉴욕에서 그녀가 가장 좋아하는 찬송가를 부르는 동안, 나이든 침례교 목사 한 명이 그녀 옆에 서서 정확한 가사로 따라 불렀다. 그녀는 무척 기뻐하면서 한결 활기찬 모습으로 노래를 불렀다. 그 찬송가가 끝나자 이번에는 목사가 다른 찬송가를 부르기 시작했고, 조이스는 곧 "그 찬송가 알아요"라고 말하고는 따라 불렀다. 그 목사는 그런 식으로 나로서는 처음 듣는 찬송가들을 몇 곡 더 불렀고, 조이스는 그 찬송가들을 전부 알고 있었다. 한두 번인가 목사가 정확한 가사를 몰라서 당황했을 때는 그녀가 목사의 기억을 되살려주었다. 조이스는 종교를 화제로 대화하기를 좋아했고, 그런 이유로 종종 목사들을 전시회에 데려와야 한다고 고집하곤 했다.

만약에 조이스 헤스가 가짜라면 누가 그런 것들을 가르쳐주었을까? 이런 의문이 드는 건 당연하다. 그리고 어떻게 옛 찬송가뿐 아니라 워싱턴 가족에 관해 그토록 자세히 알고 있을까? 이런 질문에 나는 주저 없이 나도 모른다고 답할 것이다. 나는 그녀에게 그런 것을 가르쳐준 적이 없다. 그녀는 나와 만나기 전부터 이미 그 모든 것을 완벽하게 알고 있었고, 워싱턴 가족에 대해 내가 그전까지 몰랐던 점들을 많이 알려주었다.

프로비던스(로드아일랜드주의 주도—옮긴이)에서 전시회를 성황리에 끝내고 우리는 보스턴으로 갔다. 현대의 아테네라 불리는 그 도시에 가본 것은 그때가 처음이었다. 보스턴에서 나는 새롭고 흥미로운 것들을 많이 접했다. 여러 교회에도 가보았는데 거의 모두가 안식일을 엄수하는 것을 보고 기뻤다. 극장들도 토요일 저녁에는 문을 닫아야 했다. 나는 '토요일 밤을 삼간다'는 옛 청교도 방식을 따르던 코네티컷의 우리 이웃들 관행을 떠올렸다. 다시 말해 우리 이웃들은 안식일이 토요일 일몰에 시작되어 일요일 일몰에 끝난다고 간주했다. 그래서 일요일 일몰 이후에 노동과 여가활동을 다시 시작하곤 했던 것이다.

우리는 코트가와 하노버가 모퉁이에 있는 콘서트홀의 소(小)무도회

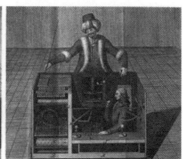

멜첼의 체스 두는 자동인형

장에서 전시회를 열었다. 조이스의 명성이 그녀보다 먼저 도착해 있었고, 시내에 그녀의 도착을 알리는 커다란 전단지들도 제대로 배포되어 있었다. 신문들도 각양각색의 어조로 그녀의 도착을 앞다투어 보도하여 사람들의 호기심이 고조되어 있었다. 한 신문은 조이스 헤스에 대한 설명과 뉴욕에서 전시회가 거둔 큰 성공을 언급한 뒤 "이 여성 원로를 볼 수 있는 기회가 생겨 너무도 기쁘고 설렌다"고 덧붙였다.

당시에 유명한 멜첼이 역시나 유명한 체스 두는 자동인형을 콘서트홀의 대(大)무도회장에서 전시하고 있었다. 그런데 조이스 헤스를 보러 온 관람객들이 너무 많아서 우리 무도회장에 다 수용할 수 없었다. 그래서 멜첼 씨는 전시회를 중단하고 큰 공간을 양보하라는 권유를 받았다. 나는 종종 멜첼 씨와 장시간 대화를 나누었다. 나는 그를 대중오락의 위대한 선구자로 여겼다. 게다가 내가 흥행사로 성공할 거라는 그의 장담을 들으니 기분이 좋았다.

"당신이 언론의 가치를 이해하고 있다는 건 알겠어요." 그는 서툰 영어로 말했다. "그건 대단한 일이죠. 활자와 잉크만큼 흥행사를 도와줄 수 있는 건 없어요. 그리고 당신의 늙은 여자가 죽으면 내게로 와요.

내가 당신을 부자로 만들어주지요. 당신이 나만의 '쇼', 그러니까 체스 두는 자동인형을 전시하게 해줄 거요. 그 밖에도 당신에게 많은 돈을 벌어줄 또다른 신기한 것들도 많아요."

나는 그의 너그러운 제안에 고맙다고 말했고 상황을 봐서 꼭 찾아가겠다고 약속했다.

우리 전시회는 계속 많은 관람객을 끌어모았고, 몇 주가 지나도 관람객 수가 줄어드는 기미는 보이지 않았다. 나는 지속적으로 신문에 새로운 광고와 기발한 공지문을 실었다. 그 결과 조이스 헤스는 대중의 뇌리에 항상 새롭게 다가갔고 호기심을 자극했다.

관람객 수가 줄어들기 시작했을 때 한 신문에 '어느 관람객'이라는 필자의 글이 단신으로 실렸다. 필자는 한 가지 중요한 것을 발견했다고 주장했다. 요컨대 현재 전시중인 조이스 헤스는 사기고, 이 전시회와 관련해 분명한 사실이 하나 있는데 그거야말로 대단히 신기하고 흥미로운 일이라고 했다. "그 사실은 조이스 헤스가 인간이 아니라는 것이다. 즉 이 놀라운 노파는 정교하게 만든 자동인형에 불과하다. 고래 뼈와 인도 고무와 셀 수 없이 많은 스프링을 솜씨좋게 연결하여 조작자의 의지에 따라 살짝만 만져도 움직일 수 있는 자동인형 말이다. 전시자는 복화술사고, 그 노부인이 모든 대화를 하는 듯이 보이는 것은 순전히 상상에 지나지 않는다. 그녀가 말하는 답변과 일화 들은 전부 전시자의 복화술에 불과하다."

내가 위의 글을 쓰는 데는 멜첼의 독창적인 자동인형이 큰 영감을 주었다. 그때까지 조이스 헤스의 전시회에 오지 않았던 사람들까지 이 신기한 자동인형을 보고 싶어 안달했다. 그녀를 이미 본 사람들 중에서도 다수가 그들이 본 것이 속임수인지 아닌지 확인하기 위하여 한

번 더 전시회에 오고 싶어했다. 그 결과 관람객은 다시 대폭 증가했다.

한번은 전직 국회의원과 그의 아내와 두 자녀, 그의 연로한 어머니가 전시회에 왔다. 그는 보스턴의 일인자였고 아주 존경받는 인물이었다. 그의 가족이 조이스가 있는 침상으로 다가오자 관람객들이 존경의 마음으로 길을 비켜주었다. 나는 곧 그 신사와 대화를 나누기 시작했고 그의 여러 질문들에 답했다. 그리고 그의 아내에게도 몇 마디 건넸다. 그동안 그의 노모는 내 동료 라이먼의 설명을 들으면서 조이스 헤스를 자세히 살펴보고 있었다.

얼마 후에 그의 노모가 퍽 흡족한 말투로 주위에 들리게끔 이렇게 말했다. "이런, 진짜로 살아 있는 거였네!"

나는 그 말을 곧 알아들었고 그녀의 아들인 전직 국회의원은 듣지 못했다는 것을 기쁘게 생각했다. 나는 그와 계속 대화를 나누면서 그가 자기 어머니와 라이먼 사이에 오가는 대화를 듣지 못하게 했다. 그러면서도 정작 나는 그들의 대화에 귀를 쫑긋 세우고 있었다.

"왜 살아 있다고 생각하세요?" 라이먼이 조용히 물었다.

"그야 나처럼 맥박이 규칙적으로 뛰니까요." 노부인이 대답했다.

"아, 그건 이 기계의 가장 간단한 장치에 속합니다." 라이먼이 말했다. "이 기계를 시계추 원리로 작동시키죠."

"그게 가능해요?" 노부인이 물었다. 그녀는 어느새 조이스가 자동인형이라서 만족하는 것 같았다. 그러고는 그녀의 아들을 향해 이렇게 말하는 것이었다.

"조지, 이건 살아 있는 게 아니라는구나. 전부 기계란다."

"어머니, 뭐라고요?" 그녀의 아들은 당황하는 기색이 역력했다. "무슨 말씀이세요?"

전시실 여기저기서 참았던 킬킬거림이 터져나왔고, 그 신사와 그의 가족은 곧 그곳을 빠져나갔다. 라이먼은 항상 아주 근엄한 표정을 짓고 있었기에 눈썰미가 예리한 사람도 그의 표정만 봐서는 그가 순진한 노부인에게 장난을 치고 있다고 알아차리진 못했을 터였다.

보스턴에서 힝엄으로, 거기서 다시 로웰, 우스터, 스프링필드, 하트퍼드까지 우리는 가는 곳마다 큰 성공을 거두었다. 모든 곳에서 조이스의 놀라운 나이를 사실로 받아들이는 것 같았다.

우리는 니블로 씨와의 두번째 계약 조건을 지키기 위하여 서둘러 뉴욕으로 돌아왔다. 미국발명가협회가 연례 박람회를 니블로스 가든에서 개최했는데, 그 박람회와 동시에 우리 전시회를 연다는 것이 계약 조건이었다. 박람회를 찾아온 사람들이 너무 많아서 우리 전시실까지 장사진을 이루었고, 그 결과 우리는 종종 전시회가 매진이라 관람객들이 더는 입장할 수 없다고 알려야 했다. 그럴 때마다 전시회 진행을 서둘렀는데 찬송가를 한두 곡 빼고 답변도 아주 빠르게 진행했다. 그리고 앞문을 열어 관람객들을 내보내는 동시에 가든 쪽으로 난 입구를 열어 새 관람객들을 받았다.

니블로스 가든을 떠나 사흘 동안 뉴헤이븐에서도 변함없는 성공을 거두었다. 그러고는 뉴욕으로 돌아왔고 다시 뉴어크에 가서 성황리에 전시를 진행했다. 뉴어크에서 뉴욕으로 돌아온 뒤 박물관을 소유한 미치 씨와의 계약을 이행하기 위하여 일주일간 올버니에 가 있었다.

올버니에서 전시를 하는 동안 박물관 내 극장에서 이브닝 쇼가 열리고 있었다. 그중 한 꼭지는 '시뇨르 안토니오'가 공연하는 균형잡기, 접시돌리기, 죽마 타고 걷기 등의 놀라운 묘기로 구성되어 있었다. 균형잡기와 접시돌리기는 미국에서 처음이다시피 한 공연이었고 내게도 물론 완전히 낯선 것이었다. 그것은 새로운 동시에 놀라웠다. 죽마에 올라선 안토니오가 착검된 총들을 코에 올려놓고 균형을 잡는 대담무쌍한 묘기들을 선보였는데 나로서는 난생처음 보는 것들이었다. 나는 그 공연에 반해버렸고 미치 씨에게 그를 어디서 데려왔냐고 물었다. 그의 말에 따르면 안토니오는 이탈리아인이며 영국에서 캐나다로 갔다가 올버니로 왔다. 그리고 올버니 말고 미국의 다른 도시에서는 아직 공연한 적이 없다고도 했다. 미치 씨가 그 주가 끝나면 안토니오와 재계약을 하지 않으리라는 것을 안 나는 안토니오와 면담을 가졌다. 그리고 10분 만에 그를 설득하여 그날부터 1년 동안 여행비와 숙박비는 물론 주당 12달러를 지급하는 조건으로 미국 전역에서 나와 공연하기로 약속했다. 안토니오의 공연을 정확히 어디서 해야 할지 확정하진 못했으나, 그가 돈을 벌게 해줄 거라는 확신이 있었기에 나는 곧 있을 두번째 쇼에 기대를 품게 되었다.

나는 안토니오, 조이스 헤스, 라이먼과 함께 올버니를 떠나 뉴욕으로 돌아왔고, 봄까지 운영하다가 조이스 헤스 사업을 시작한 직후 처분했던 프랭크포트가의 개인집에 거처를 정했다. 일행을 프랭크포트가에 머물게 한 뒤 나는 체리가의 크나프 씨 하숙집에서 생활중인 아내와 딸에게 갔다.

안토니오에게 제일 먼저 부탁한 것은 깨끗이 씻는 습관을 들이라는 것이었다. 그는 몇 년 동안 제대로 씻어본 적이 없는 것 같았다. 두번째 부탁은 그의 이름을 바꾸자는 것이었다. 나는 안토니오라는 이름이 충분히 이국적이지 않다고 생각해서 '시뇨르 비발라'로 바꾸자고 했다. 안토니오는 그 두 가지 부탁을 들어주었다. 나는 지체 없이 막 이탈리아에서 온 시뇨르 비발라의 비범한 재능을 소개하고 그 공연의 놀라움을 전하는 글을 공들여 썼다. 그 글은 지역 신문 하나에 기사화되었고, 나는 그 신문 10여 부를 뉴욕을 비롯한 여러 지역의 극장 운영자들에게 보냈다.

맨 먼저 찾아간 극장 지배인은 프랭클린 극장의 윌리엄 딘퍼드였다. 그러나 그는 '저명한 이탈리아 곡예사'의 공연을 거절했다. 그는 비발라가 무엇을 보여주든 그보다 훨씬 더 특별한 공연들을 수도 없이 봐왔기 때문에 그의 공연을 무대에 올릴 생각이 없다고 했다.

"허허, 딘퍼드 씨, 결례가 되는 말일지 모르나 당신이 지금 실수했다고 말할 수밖에 없군요." 내가 말했다. "당신은 분명히 살면서 기이한 일들을 봤을 겁니다. 하지만 딘퍼드 씨, 만약 시뇨르 비발라가 미국에 온 최초의 이탈리아 곡예사라는 확실한 증거가 없었더라면 나는 절대 그를 미국으로 데려오지 않았을 겁니다."

"계약 조건은 어떻게 됩니까?" 딘퍼드가 물었다. 그는 (젊은 여성들과 공화당 지지자들 상당수가 그랬듯이) 미국으로 온 외국인의 마법에 사로잡히기 시작했다.

"대가 없이 하룻밤만 공연하게 해주는 겁니다." 내가 대답했다. "한 번 공연해보고 마음에 들면 일주일에 50달러의 공연료를 내면 됩니다. 하지만 이 조건은 사람들이 그의 진가를 알아보기 전까지만 적용됨을 양해 바랍니다. 그 이후로는 하룻밤 공연에 50달러입니다."

하룻밤만 공연을 해보자는 내 제안은 받아들여졌다. 나는 '유명하고 비범한 이탈리아 곡예사, 시뇨르 비발라'의 첫 공연을 앞두고 사흘 밤낮으로 인쇄기 잉크와 목판화의 힘을 불러모았고, 그것은 확실한 효과를 거두었다. 극장은 사람들로 발 디딜 틈이 없었다. 나는 비발라를 돕는 보조요원으로 무대에 올라갔고, 접시를 비롯한 그릇류를 준비하거나, 죽마를 탄 그에게 총을 건네주거나, 그가 죽마로 무대를 껑충껑충 가로지를 때 머스킷 총 따위를 다룰 수 있게 도와주었다. 내가 무대에 처음으로 올라간 것이 그때였다.

이탈리아인의 묘기가 끝날 때마다 우레와 같은 박수가 이어졌다. 채텀이나 바우어리에서나 들을 수 있는 박수 소리였다. 딘퍼드 지배인은 기뻐했고 우리가 무대를 떠나기도 전에 일주일간의 비발라 공연을 계약했다. 공연이 끝난 후 비발라는 무대 앞으로 불려나갔고, 그가 영어를 유창하게 하는 건 바람직하지 않다고 판단한 나는(그는 수년 동안 영국을 여행했기에 영어를 유창하게 할 수 있었지만) 그와 함께 무대에 올라 관객들에게 그의 이름을 말해주고 그들의 관대함에 고마움을 표했으며 그 주 내내 공연할 거라고 알렸다.

그동안 나는 바우어리가와 디비전가의 교차로에 있는 대형 홀에서 조이스 헤스 전시도 열었다. 그러나 나는 비발라의 공연이 더 흥행성이 높고 이 공연의 성공 여부는 운영자의 수완에 크게 좌우될 거라고 판단했기에 조이스 헤스 전시를 라이먼에게 맡겼다. 라이먼은 그곳에서 수 주일 동안 전시를 연 후 그녀를 데리고 다니며 코네티컷주의 여러 도시에서 순회 전시회를 열었다. 비발라 공연은 프랭클린 극장에서 2주 동안 계속되었고 나는 그 대가로 150달러를 받았다. 그 직후에는 보스턴에서 단 일주일 공연으로 똑같은 돈을 받았다. 그다음에 우리는 웨미스와 맺은 계약을 이행하기 위하여 워싱턴으로 향했다. 이 계약에서 내 수익은 공연으로 벌어들이는 수익에 따라 결정하기로 했다.

공연하기로 한 워싱턴의 극장은 규모가 작았고 구석진 곳에 있었다. 1836년 1월 16일에 있었던 첫 공연 수입은 30달러를 넘지 못했다. 내가 1페니를 벌기도 전에 50달러를 투자해야 할 상황이었으니 좋지 않은 출발이었다.

워싱턴에 가본 것은 그때가 처음이었다. 국회의사당을 비롯해 여러 정부 청사들을 보는 것이 흥미진진했다. 국회의사당에서 각자 자리에 앉아 있던 클레이, 캘훈, 벤턴, 웹스터, J. Q. 애덤스, 포크, 리처드 M. 존슨 등을 한 명씩 가리켜보면서 호기심도 채웠다.

포크 씨는 당시 하원 대변인이었고 밴 뷰런 씨는 부통령 겸 상원의장이었다. 나는 어느 날 오후 국회의사당 방청석에 있다가 밴 뷰런 씨가 남다른 자제력을 지녔음을 목격했다. 당시에는 정치 열기가 높았고 밴 뷰런의 정적들은 그를 '여우', '작은 마법사' 등으로 불렀다. 사실 많은 사람들이 그에 대해서, 너무 교활하여 모든 사람들은 물론 모든 사물까지(그 자신만 빼놓고) 속일 수 있는 자라고 평했다.

캘훈 씨가 발언하기 위해 자리에서 일어났다. 매우 흥분해 있던 그는 아주 빠른 말투로 다음과 같이 말했다. "대통령님, 저는 뉴잉글랜드에서 보내오는 신문들 때문에 계속 골머리를 앓고 있습니다. 신문마다어떤 부류가 내거는 원칙과 계획이 실려 있습니다. 그 부류에 대해서는 노예폐지론자들로 알려진 배은망덕한 자들이라고만 밝히겠습니다. 그들에겐 이름과 직함으로 불릴 자격이 없기 때문입니다. 대통령께서 허락하신다면, 오늘 아침 우편으로 받아서 지금 제 손에 쥐고 있는 이신문의 한 구절을 읽어보겠습니다."

캘훈 씨가 읽은 대목은 남부의 노예소유주들을 노예 장사꾼, 해적, 강도, 살인자, 십계명을 모조리 무시한 자들, 자신의 노예들에게 살육당해야 마땅한 자들이라며 더없이 격하고 혹독하게 공격하는 내용이었다. 그 신문의 편집인은 노예들에게 즉각 그들의 주인을 처단하고 잔인한 복수에 나서라고 충고했다.

누군지 모를 그 편집인에 대한 분노감이 의사당 안에 팽배했고, 캘훈 씨는 계속 읽어나갔다. "대통령님, 이 신문의 정치 성향은 표제에 등장한 다음의 이름들로 미루어 판단할 수 있습니다. '대통령에 뉴욕주의 밴 뷰런, 부통령에 켄터키주의 R. M. 존슨을 지지한다.'"

이 빤한 거짓말에 의사당은 폭소로 진동했다. 한편 밴 뷰런 씨는 줄곧 5월의 아침만큼 평온한 표정을 유지하고 있었고, 아무리 예리한 관찰력을 지닌 사람이라도 그가 캘훈 씨의 연설에 갓난아기의 옹알이보다 더 관심 있게 귀를 기울였다고 말하진 못할 터였다. 캘훈 씨는 계속

20분 동안 아주 통렬한 표현으로 행정부를 비난했다. 밴 뷰런은 지극히 무관심한 표정을 짓고 있다가, 연설이 끝나자 손짓으로 앨라배마 주의 킹 씨에게 의사진행을 맡기고 그 자신은 조용히 걸어다니며 여러 상원의원들과 악수하거나 미소를 머금고 대화를 나누었다.

나는 『블랙 북』의 저자로 당시에 꽤 유명인사였던 앤 로열을 방문했다. 그녀는 《폴 프라이》(Paul Pry, 꼬치꼬치 캐기 좋아하는 사람이라는 뜻—옮긴이)라는 소규모 신문을 발행하고 있었다. 나는 《자유의 전령》을 발행하던 시절 그녀와 교류한 적이 있었다. 그녀는 필화 사건으로 고초를 겪던 내게 강한 연민을 보내주었고, 이제 나를 만나게 된 것에 호들갑스러울 정도로 기뻐했다.

앤은 내가 만나본 사람 중에서 가장 수다스러운 노파였다. 그녀의 혀놀림은 타오르는 들불 같았다. 그녀는 나를 처음 봤을 때 미시시피 주의 국회의원 클레이번으로 착각했다고 말했다.

"클레이번은 아무때나 불쑥 찾아오지요." 그녀가 말했다. "그가 얼마나 지독한 익살꾼인지 알아요? 그렇다니까요, 바넘. 한번은 목사인 척하고서 나를 찾아온 적도 있어요. 하지만 신경쓰진 마세요. 나는 그를 용서했으니까요. 그래도 좋은 사람이에요."

"샐리, 여기 좀 치워줘." 로열 여사가 가사 도우미로 보이는 서른 살 가량의 키 크고 행색이 다소 지저분한 여자를 향해 말했다. "물건들 좀 정리하라고. 오늘 아침에 의원 몇 분이 오기로 한 거 알잖아. 아, 그래요, 바넘 씨. 국회의원 누구나 나를 찾아오지요. 안 그러고는 못 배기죠. 적과 친구 가리지 않고 모두 나를 찾아올 수밖에 없어요. 왜 안 그러겠어요? 내가 그 못된 사람들을 다 그렇게 만들어줬거든요. 보다시피 나는 참 궁색하고 초라해 보이죠. 하지만 다행히도 나는 씩씩하고 독립적이에요. 정부 사람들 전부가 나를 두려워해요. 그럴 만하죠. 내가 그 사람들을 머리에서 발끝까지 알고 있으니까. 나는 그자들의 악행을 시작부터 끝까지 속속들이 알아내죠. 그건 그렇고 바넘, 당신은 대통령과 부통령으로 누굴 지지하나요?"

"글쎄요, 매티와 리처드 M.을 찍어야 할 것 같군요." 여기서 매티는 마틴 밴 뷰런을, 리처드 M.은 리처드 M. 존슨을 의미한다.

나는 살면서 두려운 일을 몇 번 겪었다. 격렬한 감정이 섬뜩하게 폭발하는 그런 상황 말이다. 그러나 내 대답을 듣고 앤 로열 여사가 터뜨린 섬뜩한 격정의 폭풍만큼 두려운 경험은 그때가 처음이었다. 일 분 정도 참고 또 참던 그녀가 결국 폭발하고 말았다. 나는 당시에 일기를 쓰고 있었기 때문에 그녀의 말을 있는 그대로 여기 옮겨 적을 수 있다.

"맙소사! 맙소사! 그게 말이 돼요? 그런 원숭이를, 그런 불한당 깡패 악당에다 미국의 적인 마틴 밴 뷰런을! 바넘, 당신도 깡패고 반역자고 악당이고 위선자예요! 당신은 스파이고 멍청한 유권자예요. 부디 당신이 다음번에 탈 배가 당신과 함께 가라앉길 바라요."

"하! 하! 하! 에이, 그런 말씀 마세요."

"아, 이 불한당 같으니! 웃어요, 지금? 당신 조국이 위험에 처해 있는데! 당신 조국을 쳐부수기 위하여 무기들이 준비되고 있는데, 웃어! 아, 당신은 믿지 않는군요. 음모자들은 당신 같은 멍청이 양키들한테 비밀을 알려줄 만큼 멍청이가 아니에요. 명심해요. 나는 한때 그들과 함께였고, 그들의 모든 걸 알고 있어요."

"허허, 앤, 우리 중에도 좋은 사람들이 있다는 걸 인정해야 해요."

"아니, 인정 못해요. 당신네 중에 조국을 반푼어치라도 걱정하는 놈팡이는 하나도 없어요. 당신들은 조국이 파멸하든 말든 콧방귀도 뀌지

않아요. 봐요, 내가 어떻게 살고 있는
지! 봐요, 내가 조국을 구하기 위해
어떻게 일하고 있는지! 나는 매 순간
일하고 있어요. 내 집을 봐요. 침대 하
나 놔둘 자리가 없잖아요. 아무것도
없어요. 그런데 당신들은 조국을 얼
마나 사랑하는지 떠들어대다니! 아,
당신은 죽어 마땅해요. 당신네 악마
들 전부!"

미국 제8대 대통령 선거 포스터(1848
년). 밴 뷰런(왼쪽) 대 찰스 프랜시스 애
덤스(오른쪽)

앤은 그런 식으로 한 시간 동안 광
분했다. 나는 간혹 웃었고, 그것이 또
그녀의 화를 돋웠다. 게다가 내가 사
과의 말을 하며 빠져나가려 하면 그녀는 어김없이 이렇게 소리쳤다.

"하긴 당신네 양키들이 하는 짓이 다 그렇지. 다른 사람의 말을 들으
려고 하지 않아. 그러니까 당신들은 아무것도 모르는 거예요."

마침내 그녀도 말하느라 지쳤다. 나는 앤의 성품을 꽤 정확하게 알
고 있었기에, 그녀가 정치 문제에 편집광적이긴 해도 선량하고 너그러
운 여성이며 그때의 폭언은 괴팍한 일면의 격한 표출일 뿐, 나를 싫어
하기 때문은 아니라고 확신했다. 그런 확신을 뒷받침하듯 그녀의 목소
리는 곧 한결 차분해졌고, 대화의 분위기도 다음과 같이 바뀌었다.

"뭐랄까, 바넘, 당신은 좋은 사람이에요. 당신을 만나 정말 기뻐요.
우리가 정치 얘기를 꺼냈던 게 유감이네요. 그쪽으로는 내가 아주 예
민하니까요. 자, 지금부터는 당신과 정말 좋은 얘기를 나누고 싶군요."

그때 샐리가 신문 발송 준비를 마쳤다고 알려왔다. 그러자 앤이 벌

떡 일어서면서 말했다. "자, 바넘, 나랑 인쇄소로 가요. 거기서 함께 일하며 대화를 나눌 수 있을 거예요."

우리는 집 근처의 작은 벽돌 건물로 향했다. 어렵사리 지저분한 계단을 올라서 2층의 어두운 복도를 더듬어간 끝에 드디어 《폴 프라이》의 인쇄소에 도착했다. 일하는 사람들이라고는 성인 남자 한 명과 소년 하나가 전부였다. 포장지에 싸인 신문 더미가 바닥 한복판에 놓여 있었는데, 포장지에는 각기 다른 배송지들이 적혀 있었다.

"자, 바넘." 앤이 말했다. "나는 우편 발송을 위하여 이 신문들을 분류할 거예요. 우체국의 게으른 직원들에게 맡겼다가는 일주일이 지나도 안 끝날 테니까요. 그러니까 당신이 나를 도와줘야 해요. 내 옆에, 여기 바닥에 앉아요. 일하면서 얘기를 나눠요."

앤은 지저분한 바닥에 앉았고, 실내에 의자가 없었으므로 나도 그녀 옆에 앉았다. 혹시 그녀가 모욕으로 받아들일까봐 바닥에 손수건을 깔거나 먼지를 치울 엄두도 내지 못했다.

그렇게 그녀를 도와 신문을 분류하면서 아주 기분좋은 대화를 나누다보니 30분이 지났다. 그동안 그녀는 자신의 생애에 관해 간단히 얘기해주었는데, 그것을 기록해놓지는 못했다.

그녀와 헤어지기 전 나는 흥행사 기질을 발휘하여 그녀에게 미국 동부 대서양 연안 도시들을 돌면서 10회에서 20회 정도 정부를 주제로 대중 강연을 열어보자고 제안했다. 그러나 그녀는 금전적인 대가에 휘둘리지 않았다. 나는 어쩔 수 없이 그 구상을 포기해야 했지만, 그것이 실제로 성사되었더라면 꽤 이윤을 남겼을 거라고 확신한다.

작별인사를 나눌 때 로열 여사는 내 방문을 진심으로 고마워하는 것 같았다. 내가 워싱턴에 방문할 일이 있으면 꼭 몇 시간만이라도 자신과 함께 시간을 보내야 한다고 당부하기도 했다. 나는 그러겠다고 약속했지만 다시는 그 괴짜 여사를 볼 수 없었다.

그 일이 있고 난 후에 로열 여사는 세상을 떠났다. 1854년 10월 5일 뉴욕의 한 신문에 실린 기사를 인용해보겠다.

앤 로열 여사가 1854년 10월 1일 일요일 아침, 워싱턴의 자택에서 너무 이른 나이로 사망했다. 그녀는 독립전쟁에서 대령으로 복무한 고(故) 윌리엄 로열의 아내였으며 수년 동안 워싱턴에서 신문을 발행해왔다. 처음에 '폴 프라이'였던 신문 이름은 나중에 '더 헌트리스'로 바뀌었다. 《워싱턴 스타》지에 그녀에 관해 다음과 같은 기사가 실린 바 있다.

'그녀는 장로교회에 맞서 전국을 돌아다닌 자신의 여행 편력을 유명한 책으로 출간한 이후 이곳에 정착했다. 지병이 악화되면서 마지막 4~5년 동안은 거의 외출을 하지 못했다. 그럼에도 그녀의 신랄함은 예전 못지않았고 늘 그녀를 경배하는 군중을 주변에 끌어모았다. 반감을 품은 사람들에게는 독하고 맹렬한 비판을 마다하지 않았으나, 호감을 지닌 친구들에게는 더없이 따뜻했다. 다만 호감을 표현하는 그녀의 방식이 무척 유별나서 그녀에게 호감을 얻고자 한 사람은 그리 많지 않았다. 임종의 순간까지 그녀는 스스로를 전국적인 유명인사로 만들었던 사고와 기질, 방식의 독특함을 유감없이 보여주었다.'

비발라 공연이 있는 동안 워싱턴에 계속 눈이 내린 탓에 예상치 못한 손해를 보았고, 그 결과 필라델피아로 돌아갈 돈조차 모자랐다. 나

미국 의회 묘지(워싱턴 D.C.)에 있는 앤 로열의 묘석

는 많이 망설인 끝에 비참함과 굴욕감 속에서 전당포에 한 달 안에 갚겠다는 약정을 한 뒤 시계와 시곗줄을 맡기고 35달러를 빌렸다. 그런데 다행히도 웨미스 씨가 토요일 아침에 루시어스 주니어스 부스와 워링 양(나중에 세프턴 부인이 되었다)을 데리고 도착했다. 웨미스 씨가 35달러를 빌려주었고, 나는 그 돈으로 전당포에 맡긴 시계와 시곗줄을 찾아 오면서 몇 시간 빌린 대가로 1달러를 지불했다.

필라델피아에 도착한 비발라와 나는 월넛가 26번지의 보잘것없는 극장에서 공연을 시작했다. 썰매타기는 괜찮았으나 연극들은 시시했다. 지금은 내 박물관에 소속된 유명배우인 헤더웨이는 당시 월넛에서 딱 지금만큼 나이들어 보이고 변변찮은 희극배우였다. 그때 나는 헤더웨이가 당대의 가장 담백하고 유능한 희극배우라고 생각했고 지금도 그렇게 생각한다. 그의 웃음, 걸음걸이, 표정과 행동 하나하나가 희극적이다. 그는 의도치 않은 상황에서도 우스꽝스럽게 보이는 듯하며 말투와 억양까지 올올이 진정한 희극배우다. 그는 결코 상스러운 말을 하지 않고 연기를 과장하지도 않는다. 자신의 직업에 대한 누구보다도 신중한 마음가짐이 그의 뛰어난 습관과 더불어 그를 가장 훌륭한, 따라서 당연히 유명한 배우로 만들었다.

시뇨르 비발라의 공연은 큰 호응을 얻었다. 그런데 이틀째 밤 두번째 공연 도중에 뒷좌석에서 두세 번의 야유가 또렷하게 들려왔다. 비발라가 나와 일을 시작한 후로 별것 아니기는 해도 어쨌든 공연에 대한 불만을 접한 건 그때가 처음이었다. 그래서 나는 깜짝 놀랐다. 내 관리하에서 자기 직업에 자부심을 가져온 비발라는 극도로 분개했다. 나는 야유가 나온 좌석 쪽으로 가보았고 야유한 사람들이 서커스 연기자인 로버츠와 그의 친구들이라는 것을 알아냈다. 로버츠는 곡예사이자 마술사 같았는데, 그는 비발라가 하는 것은 전부 자기도 할 수 있다고 호언장담했다. 나는 그가 할 수 없다고 확신했으며 그에게도 그렇게 말했다. 언쟁이 이어졌다. 나는 곧 매표소로 가서 광고지에 넣을 문구를 적었다. 그러고는 여러 신문을 찍어내는 인쇄소를 향하여 비좁은 계단을 오르고 어두운 복도를 지났다. 다음날 아침 신문에 광고지를 넣기 위해서였다. 그 제목은 이랬다. '1,000달러 상금!' 그리고 비발라가 지정한 공공장소에서 공개적으로 비발라의 묘기를 성공시키는 사람에게는 상기 금액을 상금으로 주겠다는 내용이 이어졌다.

로버츠가 다음날 광고지를 들고 찾아왔다. 1,000달러를 주겠다는 비발라의 제안을 받아들이겠다면서 자신이 시연할 시간과 장소를 알려달라고 했다. 그는 자신이 소속된 '그릭스 서커스' 근처 호텔에 있겠다고 말했다. 나는 친구인 올리버 테일러한테 1,000달러를 빌렸다. 그러고는 월넛 극장의 회계 담당자 워런 씨를 찾아가서 내가 만약 하룻밤 공연으로 400달러나 500달러를 벌어들인다면 내게 얼마를 주겠냐고 물었다(그 전날 밤 공연 수입은 75달러에 불과했다). 그는 총수입의 3분의 1을 주겠다고 대답했다. 나는 그에게 묘안이 있다고, 그것이 효과를 거둘지는 한 시간 안에 알려주겠다고 말했다. 나는 곧 로버츠를 찾아가서 그에게 1,000달러를 보여주었다. "자, 이 돈을 믿을 만한 사람한테 맡길 생각이오. 당신이 시뇨르 비발라와 같은 묘기를 보여주는 데 성공한다면 이 돈은 당신의 차지가 될 겁니다." 내가 말했다.

"아주 좋아요." 로버츠가 허세를 부리면서 말했다. "그 돈을 서커스단 소유주인 그린 씨에게 맡기세요." 나는 좋다고 했다.

"자, 이 문서에 서명해요." 내가 말했다. "전단지로 만들어 내일 신문에 끼워넣을 겁니다." 내가 말했다. 그는 문서를 읽어보았다. 거기엔 시뇨르 비발라가 믿을 만한 사람에게 1,000달러를 맡기고, 그가(로버츠가) 30일 밤에 월넛 극장 무대에서 공개 공연을 통하여 비발라의 다양한 묘기들을 성공시킨다면 그 돈을 받게 될 것이라고 적혀 있었다.

"당신은 내가 비발라의 묘기를 전부 성공시키지 못할 거라고 생각하는군요. 그렇죠?" 로버츠가 문서를 읽고 나서 말했다.

"맞아요. 당신은 못할 거라고 생각해요. 아무튼 당신이 해내지 못하면 당연히 1,000달러는 받지 못할 겁니다." 내가 대답했다.

"하긴 내가 죽마를 올라타고 걷는 방법 같은 건 전혀 모르긴 해요. 그렇다고 무모한 짓을 벌일 만큼 바보는 아니지요." 로버츠가 말했다.

서커스단의 기수(騎手)들과 다른 단원들이 꽤 들뜬 표정으로 우리를 에워싸고 있었다. 나는 여전히 돈다발을 손에 쥐고 있었다. 나는 로버츠가 한발 물러선 것을 알아챘다. 그것은 내 계획과 어긋나는 일이었기에 나는 제삼자가 끼어들지 않은 상황에서 우리끼리 사업 얘기를 할 수 있기를 바랐고, 그러기 위해서 그와 단둘이 있고 싶다고 말했다. 그는 나를 데리고 계단을 올라서 자기 방으로 갔다. 그가 방문을 잠그자 내가 말했다.

"자, 로버츠. 당신은 비발라의 제안을 받아들이겠다고 장담했어요. 그 제안이 뭡니까? 비발라가 자신과 같은 묘기를 보여주는 데 성공한 사람에게 1,000달러를 주겠다는 거지요. 당신도 접시 한두 개는 비발라처럼 돌릴 수 있을 겁니다. 그런데 비발라는 한 번에 10개를 돌리지요. 그러니 나로서는 당신이 해낼 수 있을지 의문이 들 수밖에요. 해낼수 없다면 상금은 받지 못해요. 당신은 죽마를 탈 수 없다고 솔직히 말했어요. 당신이 비발라의 묘기를 해낼 수 없다면 물론 1,000달러는 받을 수 없어요."

"하지만 나는 비발라가 할 수 없는 공던지기 같은 묘기를 부릴 수 있어요." 로버츠가 말했다.

"그건 나도 믿어요." 내가 대답했다. "하지만 그건 비발라의 제안과는 아무 상관이 없잖아요."

"누가 아니래요." 로버츠가 발끈하면서 말했다. "당신은 양키식 수작으로 이 문서를 만들어서 나를 함정에 빠뜨렸잖아요."

"전혀 아니에요, 로버츠 씨. 나는 특별한 제안을 한 거고 그걸 이행할 준비도 끝내놓았어요. 조급해하거나 화내지 마요. 두고보면 내가당신의 적이 아니라 친구라는 걸 알게 될 테니까요."

그리고 나는 그에게 그린 씨와 계약중이냐고 물었다.

"지금은 아니에요." 그가 대답했다. "서커스단이 쉬는 중이거든요."

"아무튼," 내가 대답했다. "당신이 1,000달러를 받을 수 없다는 건 분명하군요. 강요할 생각은 없지만, 만약 당신이 월넛 극장에서 하룻밤만 내가 시키는 대로 한다면 30달러를 주겠어요. 그 대신 아무한테도 말하면 안 돼요."

그는 그러겠다고 했고, 나는 문서에 서명할 것을 부탁했다. 나는 그에게 강요하거나 그를 불편하게 하지 않았다. 그는 서명했고, 나는 그것을 그대로 광고 전단으로 인쇄했다. 물론 그전에 월넛 극장의 회계 담당자와, 그날 공연 총수입이 400달러가 넘는다면 그중 3분의 1을 내게 준다는 계약을 끝냈다.

다음날 나는 로버츠와 비발라의 만남을 주선했고, 그들은 연습을 통해 서로 어떤 묘기를 할 수 있는지 금세 파악했다. 그러고 나서 공연을 어떻게 진행하고 어떻게 마무리할지 준비했다.

묘기 대결을 앞두고 열기가 급속도로 고조되고 있었다. 로버츠가 미국인이니까 외국인을 이길 거라고 자신만만해하는 적절한 광고도 신문에 끼워넣었다. 한편 로버츠는 신문 지면을 통해, 만약 그가 예상대로 1,000달러를 받게 되면 일부를 자선 목적으로 기부하겠다고 공언했다. 나는 광고 전단과 단신 등의 형태로 언론을 최대한 활용했다. 공연 하루 전, 열기는 열병에 가까워졌다. 나는 공연이 매진될 것이라고 철석같이 믿었다.

나는 실망하지 않았다. 뒷좌석은 물론 2층 칸막이석까지 숨막힐 정도로 사람들이 가득했다. 사실 일반 좌석은 사람을 더 받을 수 없어서 매표가 중단되었다. 특등석만은 매진되지 않았으나 최근 이삼 개월 동안 가장 많은 사람들이 몰렸다고 했다.

대결은 아주 흥미진진했다. 로버츠는 물론 지기로 되어 있었다. 약속에 따라 시합을 최대한 길게 끌기 위하여 비발라는 처음에 가장 쉬운 묘기를 선보였다. 로버츠는 연거푸 비발라와 똑같은 묘기를 성공적으로 해냈다. 두 사람은 끊임없이 각자의 친구들로부터 격려를, 적들로부터 야유를 받았다. 간혹 뒷좌석에 있는 로버츠의 친구들 사이에서 "로버츠, 저 시시한 프랑스 녀석을 뭉개버려", "프랑스인 둘이 덤벼도 양키 하나를 못 이겨" 같은 고함이 터졌다. 시합이 40분가량 계속된 뒤 로버츠가 앞으로 나와서 패배를 인정했다. 그는 한 손에 하나씩 동시에 접시 두 개를 돌리는 묘기에 나섰다가 포기했다. 친구들이 한번 더 시도해보라고 격려했지만 그가 거절하자 이번에는 그의 장기인 묘기를(저글링이나 공던지기) 보여달라고 요청했다. 그는 요청을 받아들여 20분 동안 공연을 펼쳤고 큰 박수를 받았다.

커튼이 내려가자마자 관객들이 두 경쟁자의 이름을 연호했다. 그들이 무대로 나가기 전에 나는 로버츠와 한 달간 오로지 내가 지시하는 대로 공연한다는 계약을 맺었다. 그래서 무대에 섰을 때 그는 관객들에게 자기가 팔목을 삐었다고 말했다. 그것은 사실이었다. 그런 다음 자기는 비발라보다 더 다양한 묘기를 보여줄 수 있으니 비발라가 원하는 시간과 장소에 500달러를 걸고 대결을 해보겠다고 말했다.

"도전을 받아들입니다." 로버츠 옆에 서 있던 비발라가 말했다. "다음주 화요일 밤 이 극장에서 하는 것으로요."

"브라보." 비발라의 친구들이 소리쳤다. 로버츠의 친구들도 더 우렁차게 '브라보'를 외쳤다.

열광적인 관객들이 만세삼창을 했고, 서로를 노려보던 두 경쟁자는 각각 커튼의 왼쪽과 오른쪽으로 물러났다. 박수갈채가 잠잠해지기도 전에 로버츠와 비발라는 무대 뒤에서 만나 악수하면서 기분좋게 웃었다. 키 작은 비발라는 엄지손가락을 코에 대고 묘하게 빙빙 돌았는데, 그 모습이 커튼에 드리워져 관객들의 눈에는 기괴한 그림이나 진짜 활인화(活人畫)처럼 비쳤다.

그날밤 극장의 총수입은 593.25달러였고, 나는 그 3분의 1인 197.75달러를 받았다.

이어진 화요일 밤의 대결도 내게 첫 공연과 비슷한 수익을 가져다주었다. 그리고 로버츠와의 계약 기간 동안 뉴욕의 (딘퍼드가 소유한)

프랭클린 극장 등지에서 개최한 대여섯 번의 비슷한 묘기 대결에서도 역시 비슷한 수익을 거두었다.

이런 세부 사항은 일반 독자들에게 그렇게 흥미롭진 않을 것이다. 그래도 극장과 기타 오락시설에서 행해지는 공연이 종종 어떻게 이루어지는지는('영업 비밀'의 일부를 누설하는 셈이 되겠지만) 보여줄 수 있을 것이다. 묘기 대결에 사람들은 계속 열광했고 아주 열성적으로 편을 갈라 응원했다. 진실을 말하자면 이 모든 것이 뛰어난 장사꾼들 사이에선 운영의 일부다. 이런 오락은 거래의 속임수일지도 모른다. 그러나 내가 이런 것을 누설한다고 해서 극장 운영자들이 손해를 입을 것 같지는 않다. 왜냐하면 대중은 자신이 속임을 당한다는 것을 알면서도 즐거워하는 경향이 있기 때문이다.

한편 조이스 헤스가 병들어서 나는 그녀를 보스턴에서 고용한 믿음직한 흑인 간병인과 함께 베설의 내 이복형 집에 보냈다. 그곳에서 그녀는 따뜻한 주거공간을 제공받았고 최고의 의료 서비스를 비롯해 여러 지원도 받았다.

1836년 2월 21일, 이복형 필로의 말과 썰매가 내가 묵고 있던 뉴욕의 하숙집 앞에 멈춰 섰다. 썰매를 타고 온 사람이 내게 이복형의 편지를 전해주었다. 조이스 헤스가 세상을 떠났다는 내용이었다. 그녀는 2월 19일 금요일 밤 내 이복형의 집에서 눈을 감았고, 그 시신은 내가 생각하기에 적절한 방식으로 처리할 수 있도록 썰매에 실려 그곳까지 왔던 것이다. 당장은 내가 열쇠를 가진 작은 방 한 곳에 시신을 안치해야 했지만, 가능한 한 빨리 베설로 가서 그곳 묘지에 매장하기로 마음 먹었다.

다음날 아침 나는 한 저명한 외과 의사를 찾아갔다. 그 의사는 니블로스 가든 전시회 때 조이스를 보러 왔었고 만약 그녀가 이 나라에서 죽는다면 검시를 해보고 싶다고 말했었다. 그리고 나는 그녀가 내 보호하에서 죽는 불행한 일이 생긴다면 그에게 검시 기회를 주겠다고 승낙했었다. 나는 그에게 조이스 이모의 사망 소식을 알렸고, 그는 그때의 약속을 상기시켰다. 나는 약속한 사실을 인정했고 다음날 검시를 하기로 하여 곧바로 준비를 시작했다.

그동안 마호가니 관을 구하여 검시가 있을 홀로 옮겨놓았다. 많은 의사와 의대생 그리고 대여섯 명의 성직자와 신문사 주필 들이 참석했다. 그중에는 당시《뉴욕 선》의 편집인으로 유명한, '달 조작극' 시리즈를 연재한 리처드 애덤스 로크도 있었다.

심장 관상동맥의 석회화는 없었는데, 해부를 진행한 의사를 비롯해 대부분의 사람들은 그것을 조이스의 추정 나이와 맞지 않는 증거로 간주했다.

외과 의사와 그의 각별한 친구인 로크 그리고 라이먼과 나까지 네 명만 남았을 때, 외과 의사는 내게 조이스의 나이에 착오가 있는 게 분명하다고 말했다. 161세는커녕 80세도 되지 않은 것 같다고 했다.

나는 그에게 사실대로 대답했다. 요컨대 나는 조이스를 완전히 믿고서 고용했으며 그녀의 외모와 서류들 또한 그 진실성을 입증하지 않느냐고 말이다. 외과 의사도 니블로스 전시회 때 살아 있는 그녀를 직접 살펴본 터였다. 그런데도 그는 내가 속은 것이라고 단언하면서, 그녀의 생김새가 극히 고령으로 보인 건 사실이지만 서류들은 위조됐거나 아니면 다른 사람 것을 도용했을 거라고 말했다.

언제나 농담을 준비하고 있던(누가 그 농담의 대가를 치르든 상관없이) 라이먼은 그와 비슷한 일에 정확한 판단을 내리지 못하는 의사들의 무능을 꼬집었다. 그 말에 기분이 상한 외과 의사는 자신의 친구 로크를 데리고 홀에서 나갔다. 나는 기분이 몹시 찜찜했다.

조이스 헤스의 해부―발각된 대형 사기극―어제 조이스 헤스 의 시신을 해부한 결과, 쉽게 믿는 대중의 특징에 편승한 또하나 의 대형 사기극이 만천하에 드러났다.

이어서 로크 씨는 해부에 관해 과학적 설명을 한 뒤, 그가 왜 전부터 조이스를 의심했는지 밝혔다.

우선, 내가 조이스의 이야기와 그녀를 전시한 이전 사업자의 말을 과신했다고 헐뜯는 사람들에게 답변 삼아 한마디하련다. 조이스가 살 아 있었을 당시 그녀를 보러 온 수많은 관람객 중에서 그녀의 나이와 이야기에 의구심을 나타낸 사람은 고작 대여섯 명에 불과했다. 수많은 의료계 종사자들도 내게 그녀의 나이를 믿는다고 말했을 뿐 아니라, 직접 해부를 한 로저스 박사 본인도 심장과 흉곽 주변 관상동맥의 석 회화 조직을 절개하려면 아마 메스 6개 정도는 못 쓰게 되겠다고 말했 다. 게다가 위에서 발췌한 사설의 이어지는 대목을 보면 실상 로크 씨 또한 조이스의 이야기를 믿고 있었음이 분명히 드러난다.

우리는 이것(해부)을 부추긴 과학적 호기심의 정당성에 어느 정도 의심을 품었을 법하다. (중략) 우리는 그녀의 굉장히 많은 나이에 관한 설명이 부족하다는 것 때문에, 또 그녀가 이미 고마 움을 표했던 대중의 호기심 때문에 불쌍한 조이스 헤스를 노출과 해부에 몰아넣지는 말았어야 한다고 느낀다. 그녀가 위대한 워싱

《뉴욕 선》지에 게재된 '달 조작극'

턴의 보모로서 간직했던 고결한 명예를 생각하면 그렇다.

로크는 사설을 통해서 조이스의 나이가 75세나 80세를 넘지 않는다고 주장했다.

《뉴욕 선》지가 배포되고 사람들이 검시에 관한 사설을 읽었을 때, 생전의 조이스를 본 수많은 사람들은 아연실색했다. "뭔가 착오가 있는 게 분명해. 그녀의 외모만 봐도 족히 120세는 넘어 보였잖아." 누군가 말했다. "100세도 안 된다니 그럴 리 없어." 또다른 사람이 말했다. 그 밖에도 많은 사람들이 조이스가 외모만큼 나이가 많다고 믿었다.

대중이 이렇게 생각하는 상황에서, 라이먼은《헤럴드》의 제임스 고든 베넷에게 장난을 치기로 마음먹었다. 그는 베넷의 사무실을 찾아가서 우리가 로저스 박사를 속인 것이고 사실 조이스 헤스는 아직 살아 있으며 코네티컷주에서 전시중이라고 얘기했다. 그리고 해부된 시신은 사실 최근 할렘에서 사망한 흑인 여성의 시신이었다고 했다. 베넷은 이 미끼뿐 아니라 낚싯바늘까지 덥석 물었다. 그는 이거야말로 로크의 '달 조작극'을 능가하는 최고의 조작극이라고 장담하면서, 라이먼의 창의적인 머릿속에서 만들어진 이야기를 꼼꼼히 받아 적었다. 그 결과물은 1836년 2월 27일자《헤럴드》지의 다음 기사로 나왔다.

또다른 조작극! —부록으로 실은 글은 조이스 헤스의 해부에 관한 장황한 설명으로, 어제 일자《뉴욕 선》지에서 발췌한 것이다. 그런데 이 해부는 처음부터 끝까지 완벽한 조작극에 불과하다. 조이스 헤스는 죽지 않았다. 수요일인 어제의 정통한 소식통에 따르면, 조이스 헤스는 코네티컷주 헤브런에 살고 있었으며 어제까지도 거기 있었다. 로저스 박사와 바클레이가의 의료진이 그들의 메스와 뛰어난 실력으로 해부한 것은 클라크 씨의 소유로 오랜 세월 할렘의 작은 집에서 홀로 살던 '넬리 이모'라는 늙은 흑인 여성의 시신이었다. 로저스 박사가 슬기롭게 발견해내고 그의 친구인 로크가 정확하게 기술한 대로, 그녀는 80세에 불과했다. '넬리 이모'는 죽기 전에 자신의 고령과 지병을 하소연했다고 한다. 나이와 병이 아니었더라면 그녀는 지금도 활력이 넘쳤을 것이다. 그러나 이번 겨울은 그녀에게 너무도 혹독했고, 그녀는 며칠 전에 세상과의 끈을 놓아버렸다.
이 도시에 사는 사람 중 일부는, 어쩌면 '달 조작극'에 속아넘어갔던 사람 중 일부는 이번 조작극의 주요 피해자가 로저스 박사와 리처드 애덤스 로크 경이라고 생각할 것이다. 누군가 지인으로부터 '넬리 이모'의 사망 소식을 듣고서 의료진에게 그녀의 시신을 조이스 헤스라고 속이고 이 도시로 보냈다. 그 속임수가 먹힌 것이다. 속아넘어간 몇 명은 놀라운 표정을 지으며 자기도 모르게 경악스러운 조작극에 가담했다. 조이스의 부고 소식이 《뉴욕 선》지에 실렸고, 검시가 준비되었다. 대중은 미끼를 덥석 물었다. 평생 무시당하고 동정받지 못한 채 무명의 삶을 살았던 '넬리 이모'는 죽어서 심오한 과학과 더 심오한 조사의 대상이 되었다. 그녀는 조이스 헤스처럼 늙고 추해 보였다. 그 점이 어쩌다 이런 일이 벌어졌는지를 정확히 설명해준다.

지금까지가 정통한 소식통을 통해 본지가 입수한, 어제 일자 《뉴욕 선》지에 실린 이번 조작극의 진실이다.

《헤럴드》의 이 기사는 《뉴욕 선》에 실린 해부 관련 사설을 소개하는 것으로 시작했다. 베넷은 다음과 같이 종합적인 논평을 추가했다. "지금까지가 조이스 헤스 조작극의 전말이다. 우리는 보도의 진실성을 입증할 사람들과 증거들을 확보하고 있다."

《헤럴드》를 읽은 사람들은 대부분 그 기사를 믿었다. 그들은 "에이, 내가 보기에도 그 노파는 80세가 훨씬 넘어 보였다니까. 《헤럴드》기사로 문제가 싹 해결됐네그려"라는 식으로 말하면서 흡족해했다.

로크는 자기가 사기당하지 않았다고 주장했고, 베넷은 그가 사기당했다고 주장했다. 베넷은 조이스가 진짜로 살아 있고 현재 코네티컷주에서 전시중이라는 데 수백 달러를 걸고 내기를 하자고 제안했다. 《헤럴드》편집인은 나중에 자기가 속아넘어간 것을 알고서도 오히려 더 크게 자신이 옳다며 목소리를 높였고, 라이먼의 '불쌍한 넬리 이모' 이야기를 입증한답시고 할렘 주민들의 증언과 서명이 담긴 가짜 서류 몇 장을 신문에 게재하기도 했다.

그해 9월(나는 남부에 가 있었다), 베넷은 거리에서 마주친 라이먼에게 자기를 속였다며 맹비난을 퍼부었다. 라이먼은 웃어넘기며 악의 없는 농담이었을 뿐이라고 말한 뒤 '그 일에 대한 보상을 원한다면, 조이스 헤스 조작극의 진짜 내막을' 베넷에게 알려주겠다고 했다.

베넷은 기뻐했다. 두 사람은 베넷의 사무실로 갔다. 라이먼이 구술하는 동안 편집인은 '조이스 사건의 내막'이라는 제목 아래 라이먼의 구술을 받아 적었다. 그 내용은 이랬다. 바넘(나)이 켄터키주의 한 농장 별채에서 조이스를 발견하고 그녀의 이를 전부 뽑아버렸다. 그리고 그녀에게 워싱턴의 생애에 관해 알려준 뒤 그녀의 나이를 루이빌에서는 110세, 신시내티에서는 121세, 피츠버그에서는 그보다 스무 살 많게, 그리고 필라델피아에서는 161세라고 소개했다.

그 황당무계한 이야기는 《헤럴드》편집인에게 했던 그전 거짓말보다 열 배는 과장된 속임수였다. 구술 내용은 다듬어지고 윤색되어서 1836년 9월 8일 목요일자와 9월 13일 화요일자 《헤럴드》에 실렸다. 첫번째 기사는 '조이스 헤스 조작극!'이라는 표제가 굵은 대문자로 달렸다. 그리고 켄터키주에서 조이스를 처음 발견했을 때부터 필라델피아에 도착할 때까지의 과정을 설명하는 기사 몇 건이 실렸다. 9월 17일자 신문에는 역시 같은 표제로 다른 내용을 전하면서 조이스의 목판 초상화까지 실었다.

《헤럴드》편집인은 두번째의 이 엄청난 사기를 철석같이 믿었고, 9

월 8일자에는 이렇게 언급할 정도였다.

　본지의 철저하고 정확한 기사를 통해 드러났듯이 필라델피아, 뉴욕, 보스턴을 무대로, 특히 각 도시의 의사들을 상대로 조이스와 그 친구들이 벌인 이 조작극은 한편으로 인간의 독창성을, 다른 한편으로 인간의 맹신을 드러낸 역사상 가장 흥미로운 사건으로 기록될 것이다. 세 도시의 가장 저명한 의사들 일부, 특히 보스턴의 유명한 워런 박사는 이 우스운 사건에서 가장 눈에 띄는 인물이다. 본지가 보도한 사실에 관해서는 일고의 착오도 있을 수 없다. 이 엄청난 조작극을 처음부터 구상하고 실행에 옮긴 바로 그 주동자의 입에서 직접 들은 내용이기 때문이다. 이 조작극은 또한 의학계의 정확성과 의사들의 의술, 그리고 대중의 선량함과 맹신의 현주소를 잘 드러낸다.

이후로 일이 전개된 양상을 보면 베넷은 '조이스 헤스 조작극'과 관련해 나를 절대 용서하지 않은 것 같다.

라이먼의 이야기는 이후로도 그 늙은 흑인 여성에 관한 진실로 받아들여졌고, 이 글을 쓸 때까지 나 자신은 라이먼의 이야기와 배치되거나 이를 바로잡는 말을 한 적도 없고 글을 쓴 적도 없다. 이 일을 두고 언론과 사회에서 벌어진 논쟁은(이보다 훨씬 중요한 문제들도 이만큼 널리 논의된 경우가 드물었다) 대중 앞에 '흥행사'로서 입지를 굳히고 싶었던 내 목적을 이루게 해주었다.

한마디만 덧붙이자면, 조이스의 유해는 베설로 옮겨져서 엄숙한 분위기 속에 매장되었다.

제8장

서커스 순회공연

첫 공연—교회에서 벌어진 사건—터너—기분 나쁜 장난—타르와 깃털—
빨리 먹어치우기—엄청난 먹성의 서커스단—수학적인 수수께끼—애석한
작별—숲속에서의 강연—흑인으로 분장한 백인—진지한 성찰—무료입장
한 보안관—묘안—실패한 음모—위험한 여정—비발라와 인디언—사라진
용기—새로운 동업자—달걀 마술—당황한 마술사—양키의 허풍—불가사
의한 부츠 한 켤레—기나긴 낮잠—살아 있는 미라—내 삼촌의 번호—엄청
나게 많은 비둘기 깃털—불운—동료애—후딱 해치운 결혼식—갑작스러운
출발—동업자 구인 광고—흥미로운 제안—새로운 사업—남은 자금—제조
법—다시 흥행사의 길로—여정의 추억—가짜 다이아몬드—또 감옥에 가다

이탈리아인 시뇨르 비발라는 뉴욕의 필즈 박물관을 비롯해 여러 극
장과 서커스장에서 공연을 계속했다. 나는 그 밖에도 댄버리, 브리지
포트, 뉴헤이븐, 노워크 등 코네티컷주 여러 곳으로 그를 데려갔다. 뉴
어크, 엘리자베스타운, 로웨이, 뉴브런즈윅, 뉴저지에서는 공연 성적이
좋지 못해서 비용이 수입을 초과하는 경우가 많았다.

1836년 4월, 나는 서커스단 소유주인 애런 터너(유명한 기수 N. B.
터너와 T. V. 터너의 아버지)와 계약을 맺고 그해 여름 동안 비발라를
터너의 서커스 순회공연에 합류시키기로 했다. 월급으로 비발라는 50
달러, 나는 30달러를 받기로 했다. 또한 나는 비발라와 내가 일하는 대

가로 서커스단 총수입의 5분의 1을 받기로 했다. 당시 나는 비발라에게 한 달에 80달러를 주게 되어 있었기 때문에 그와 나의 월급을 합치면 그 돈은 해결되었다. 그 대신에 나는 서커스단 수입의 20퍼센트를 내 몫으로 가져갈 수 있었다. 나는 입장권 판매, 비서, 회계를 맡아서 일하기로 되어 있었다.

터너 씨는 늙은 흥행사였다. 그때의 여행과 천막 안에서 펼쳐지는 공연은 모두 내게 새로운 것들이었다. 나는 아내와 어린 딸 캐럴라인을 베설에 남겨두고 그곳의 노란 가게 위층 주거시설에서 지내게 했다.

4월 26일 화요일, 서커스단은 마차, 텐트, 말, 조랑말, 악기 등을 챙기고 35명가량의 남성 및 소년 들과 함께 댄버리에서 목요일에 공연하기로 한 매사추세츠주의 웨스트스프링필드로 이동했다. 첫날 나는 식사를 하기 위해 이동을 멈출 거라고 예상했는데, 터너 씨는 내 예상과는 달리 한 농가에 들러 호밀빵 세 덩어리와 버터 1파운드를 샀다. 그러고는 농부의 아내한테 칼을 빌려서 빵을 자르고 버터를 조금씩 바르더니 단원들에게 나눠주었다. 빵과 버터는 금세 동이 났다. 터너는 농부의 아내에게 50센트를 지불한 뒤 단원들을 향해 말에게 물을 먹이라고 지시했다. 이윽고 다시 여정에 오르고 보니 채 15분도 지체하지 않았다.

나는 식사가 다소 부족하다고 생각했고, 작은 이탈리아인은 불평하기 시작했다. 나는 일단 공연을 시작하고 나면 달라질 거라고 그를 다독였다. 내 예상이 맞을지 웨스트스프링필드에서 시험해볼 기회가 생겼다. 우리는 28일에 거기 도착했고 여름의 첫 공연을 시작했다.

프로비던스에서 오기로 한 악단이 도착하지 않아서 나는 터너의 요청에 따라 공연을 앞두고 관객들 앞에 섰다. 나는 악단이 없어 실망스럽다는 말과 함께, 음악이 없어도 관객들에게 즐거움을 주겠다는 우리의 결의를 밝혔다.

터너의 두 아들은 감탄을 자아낼 정도로 말을 잘 탔다. 광대인 조 펜틀랜드는 이 바닥의 그 누구보다 재치 넘치고 독창적이며 고상했다. 그는 악단의 빈자리를 충분히 메워주었다. 그리고 원형 무대에서 펼쳐진 비발라의 묘기를 비롯한 여러 공연들은 많지 않은 관객들을 만족시켰다. 악단은 하루이틀 뒤 도착했고, 우리는 계속해서 평일에 1회나 2회씩 공연을 펼쳤다. 공연이 계속될수록 관객이 꾸준히 늘었다. 우리는 뉴잉글랜드, 뉴욕, 뉴저지, 펜실베이니아, 델라웨어, 메릴랜드, 컬럼비아 특별구(워싱턴 D. C.), 버지니아, 노스캐롤라이나주의 무수한 도시와 마을을 돌면서 공연을 펼쳤다. 내 일기장을 보니 그 순회공연 과정에 있었던 많은 일들이 기억에 새록새록하다. 지면상 몇 가지만 소개하겠다.

매사추세츠주의 캐벗빌에 있는 한 호텔에서 T. V. 터너와 다른 두 명 그리고 나 이렇게 넷이 한방을 썼다. 잠자기 전 우리 방 동료 중 누군가가 마른 톱밥으로 채워져 있는 타구에 담배꽁초를 버렸다. 불행히도 담배꽁초엔 아직 불이 붙어 있었고, 곧 톱밥에도 불이 붙었다. 터너가 한시경에 잠에서 깼을 때 방안은 짙은 연기로 자욱했다. 창문으로 가려던 그는 숨이 막혀 쓰러지고 말았다. 그래도 간신히 기어서 창가까지 간 다음 창문을 열어 연기를 내보내고 우리를 살게 할 신선한 공기를 안으로 들였다. 그는 곧 우리를 깨웠다. 우리는 거의 정신을 잃은 상태였다. 위험한 상황을 제때 알아차리지 못했더라면 우리는 몇 분 안에 질식해서 죽었을 것이다.

매사추세츠주의 레녹스에 있을 때 나는 평소대로 안식일에 교회에 나갔다. 그런데 교회 목사가 설교중에 우리 서커스단을 비난했다. 서커스와 관련된 사람은 모두 윤리의식이 부족하다는 등의 얘기였다. 사실상 그가 우리를 욕보인 것이기에 나는 편지를 써서 그의 말에 답할 기회를 달라고 요청했고 설교중에 답을 해도 좋을지 알려달라고 했다. 나는 편지에 '1836년 6월 5일, 서커스와 관련된 P. T. 바넘'이라고 서명했다. 그리고 마지막 찬송가가 끝나자마자 설교단 계단을 올라갔으나 그는 내 요청을 거절했다. 예배의 마지막 기도가 끝난 직후 나는 그가 우리를 변호할 기회를 주지 않은 것을 따끔하게 비판하면서 험한 말도 마다하지 않았다.

그 사건은 마을에서 큰 소동을 일으켰다. 몇몇 교회 신도들이 내게 목사의 행동을 대신 사과했다. 그들의 말에 따르면 목사는 최근 아이들이 학예회의 대화극에 참여하는 걸 허락했다는 이유로 학부모들을 훈계한 적도 있었다. 그들은 서커스단에 대한 목사의 언행을 비난했다. 그러면서 내가 목사의 그릇된 행동을 교회 탓으로 돌리지 않았으면 한다고 했다. 나는 마음이 풀렸다. 루이 나폴레옹(나폴레옹 3세)의 말마따나 '평화가 다시 왔다'.

비슷한 일이 서스퀘해나강 하류에 있는 포트디포짓의 교회에서도 벌어졌다. 이번 경우에는 내가 인신공격으로부터 우리 스스로를 방어하기 위하여 연설하겠다고 고집했다. 나는 30분 동안 연설했고 사람들은 경청했다. 그런데 목사는 어서들 교회에서 나가라고 연신 사람들을 채근했다. 나는 진심으로 그런 발언 기회가 내게 주어져야 마땅하다고 생각했다. 나는 안식일에 종종 서커스 단원들을 모아놓고 성경책과 따로 구해놓은 설교문들을 읽어주곤 했다. 많은 단원들을 이끌고 순회공연차 들른 도시와 마을의 예배당을 찾기도 했다. 우리에게 딱히 자랑할 만한 신앙은 없었으나 우리 자신이 '신에게 버림받은 자들'이라고는 여기지 않았다. 그리고 적어도 복음의 전당에 있을 때는 우리도 정중히 대접받을 자격이 있다고 생각했다.

서커스단의 소유주 애런 터너는 진짜 천재였다. 인간 본성에 대해 훌륭한 통찰력을 지녔고 많은 것을 배울 수 있는 사람이었다. 게다가 그는 장난을 즐기는 성격이었다. 지칠 줄 모르는 근면함으로 큰 재산을 모았으며 그런 자신이 무일푼으로 시작했다는 사실에 퍽 자부심을 가지고 있었다. 그는 종종 이렇게 말했다. "몸 건강하고 상식이 있는 사람이라면 누구든 부자가 될 수 있어. 그럴 결심만 있다면 말일세. 그 증거로 나를 보게. 내가 누군가? 근본도 모르고 출생지도 몰라. 아버지 어머니에 관해선 들어본 적도 없어. 좌우간 가장 밑바닥에서 시작했지. 교육을 받아본 적도 없어. 구두 만드는 제화공으로 시작했다고. 그나마 글이라도 읽을 수 있게 된 건 열여덟 살 넘어서야. 쓰는 건 글쎄, 그걸 왜 배웠는고 하니 어음에 서명을 해야 하기 때문이야! 처음엔 나만의 기호랍시고 그걸로 서명을 했지만, 참 갑갑하게시리 어음을 쓸 일이 왜 그리 많던지. 결국에 이름 쓰는 걸 배웠고 그다음부터 조금씩 글 쓰는 것을 깨쳤지. 지금 내가 어떤가 보게. 근면과 끈기와 절약으로 이렇게 된 걸세. 마음만 먹으면 누구든 부자가 될 수 있어. '할 수 없다'는 말 따위는 하지도 마. 죽기 전까지는 못하겠다고 말하지 말게. 죽기 전까지는 '끝장이야'라며 울지 말라고."

메릴랜드주의 애너폴리스에 머무는 동안 터너는 내게 평생 잊지 못

에이버리 목사는 석방되었으나 유죄라는 여론이 팽배했다.(1833년)

할 장난을 쳤다. 우리가 그곳에 도착한 것은 토요일 밤 늦게였다. 그동안 꽤 높은 수익을 거두었기에 나는 부자가 된 것 같았다. 그래서 그날 밤 외출하여 괜찮은 검은색 정장 한 벌을 샀다. 우리 모두 그 마을에 처음 와본 이방인이었다. 일요일 아침 나는 정장을 입고서 자랑하고 싶은 마음에 마을 주변을 돌아다니기 시작했다. 한 호텔의 바 옆을 지나갈 때였다. 스무 명가량이 거기 모여 있었는데 그중에 터너도 끼어 있었고 어느새 그 사람들과 사귄 모양이었다. 내가 바 옆을 지나가자 터너가 내가 가는 쪽을 가리키며 사람들에게 이렇게 말하는 것이었다. "이 백주대낮에 저런 못된 놈이 거리를 활보하게 놔두다니 당신들도 보통은 아닌 것 같소. 로드아일랜드에서는 어림없는 일이지. 저 검은 옷 입은 불한당이 이쪽으로 온 이유가 다 있었네그려."

"에, 저자가 누군데요?" 여섯 명가량이 동시에 소리쳤다.

"모른단 말이오? 허, 저놈이 바로 코넬 양을 살해한 E. K. 에이버리 목사잖소." 터너가 대답했다.*

"설마!" 사람들이 하나같이 소리쳤다. 모두가 나를 보기 위하여 문가로 달려왔고, 그중에 몇몇은 가짜 목사에게 본때를 보여주겠다고 윽박질렀다.

이 모든 사달의 원인을 제공한 터너는 정작 조용히 앉아 있었고, 바에 있던 사람들은 전부 내 뒤를 쫓기 시작했다. 모퉁이를 돈 나는 다소 거만하면서도 아주 천진난만하게 으스대며 보도를 걷고 있었다. 그때 십여 명의(그리고 수가 계속 불어나는) 사람들이 나를 앞질러갔다. 그들은 나를 지나쳐 앞서가더니 저마다 돌아서서는 놀란 표정으로 나를 노려보는 것이었다. 나는 새 정장에 지나치게 우쭐해 있었기에 사람들의 시선을 끈 것도 그 정장이라고 생각했다. 그러나 행복한 착각은 곧 깨지고 말았다. 나를 앞서간 군중은 2, 30미터 전방에서 멈춰 서더니 내가 다가오기를 기다렸다. 내가 그들을 지나치려는데 이런 말들이 들려왔다. '사이비 색마놈', '독실한 척하는 살인마', '검은 옷의 범죄자', '저놈한테 타르를 바르고 깃털을 붙이자', '저 못된 놈을 쳐죽여' 등등. 나는 완전히 얼이 빠져 지나가면서도 설마 그들이 날 두고 하는 소리는 아닐 거라고 생각했다. 그런데 곧 공격이 시작되었다. 그쯤 되자 100명은 넘어 보이던 군중은 내가 또 한번 모퉁이를 돌자 금세 나를

---

* 당시에는 얼마 전 벌어진 코넬 양 살인사건, 즉 건초더미에서 그녀의 시신이 발견된 후 이어진 용의자 에이프레임 K. 에이버리의 재판이 세간에 엄청난 반향을 일으켰다. 감리교 지도자들이 그를 옹호했으나 소용이 없었다. 그는 법에 의해 석방되긴 했으나 국민 정서는 그를 유죄로 낙인찍었다. 그후로 그는 치욕 속에서 세상과 단절된 채 살았다. 신만은 진실을 알고 정의롭게 판단할 것이다.

따라잡았다. 그중 한 명이 내 멱살을 잡았고, 대여섯 명은 묵직한 가로대를 들고 다가왔다.

"어이." 멱살을 잡은 남자가 말했다. "더는 못 가. 우리는 널 알아. 여기서는 언제나 신사를 높이 치켜세워주지. 그러니 너도 이 가로대 높이 올라갈 준비나 하라고!"

내가 얼마나 놀랐을지는 상상이 가고도 남을 것이다. "왜들 이러지!" 나는 소리쳤고, 사람들은 나를 에워쌌다. "여러분, 내가 어쨌다고 이러는 겁니까?"

"에이, 우린 네가 누군지 안다니까." 여섯 명가량이 소리쳤다. "신을 믿는 체하면서 눈알 굴리지 마. 그런 수작은 여기서 안 통해. 자, 가로대에 매달려 올라가보자고. 건초더미를 기억하란 말이야!"

나는 점점 더 어리둥절해졌다. 꿈을 꾸는 것 같았다. 나는 왜 이런 봉변을 당하는지 도저히 이유를 알 수 없어서 계속 소리쳤다. "여러분, 내가 어쨌다고 이러는 겁니까? 날 죽이지 말고 내가 무슨 짓을 했는지 말해보세요."

"자자, 어서 매달아버려. 불쌍한 여공의 목을 어떻게 매달았는지 놈한테 보여주자고." 군중 속에서 몇 사람이 고함쳤다.

그때 내 멱살을 잡고 있던 사람이 말했다. "자, 에이버리 씨. 소용없다니까. 우리는 네놈이 누구인지 알거든. 일단 네놈한테 린치(범인에게 민중이 자의로 가하는 형벌―옮긴이)를 좀 가하고, 그런 다음에 집에 보내주지."

"내 이름은 에이버리가 아닙니다, 여러분. 사람을 잘못 본 거라고요." 내가 소리쳤다.

"자, 자, 헛소리 작작 해. 어서 올라가라니까, 에이프레임." 내 멱살을

가로대에 올라가는 바넘

잡은 사람이 말했다.

가로대는 내가 쉽게 올라탈 높이까지 내려와 있었다. 내가 할 수 없이 이 사람들의 명령에 따라 가로대에 올라가려는데 불현듯 뇌리를 스치는 것이 있었다.

"여러분." 내가 소리쳤다. "나는 에이버리가 아닙니다. 나도 여러분 못잖게 그놈을 경멸하고 있어요. 하지만 내 이름은 바넘입니다. 어젯밤 이곳에 도착한 서커스단 소속이에요. 그리고 이 황당한 이야기로 여러분을 속인 사람은 분명히 내 동업자인 터너 영감님일 겁니다."

"만약 그 말이 사실이라면 그 작자에게 린치를 가해야지." 누군가 말했다.

"허허, 그 사람 맞다니까요. 확실해요." 내가 대답했다. "나랑 호텔까지 가봅시다. 사실을 증명해 보일 테니까요."

사람들은 마지못해 내 말대로 하기로 했으나 나를 꽉 붙잡고 있었다. 신축 주의회 의사당이 자리잡고 있는 번화가를 따라 걸어갔고, 군중은 그새 또 오륙십 명이 더 늘어 있었다. 나는 죄인처럼 호텔로 끌려갔다. 터너가 금방이라도 웃음을 터트릴 듯한 모습으로 광장에 서 있었다. 나는 제발 문제를 해결하고 나를 풀어달라며 그에게 사정했다. 연신 웃어대던 그가 마침내 사람들에게 말했다. "이 사람이 뭔가 오해가 있다고 생각하는가보네요. 실은 내 친구 바넘이 검은색 새 정장을 입고 있어서 마치 목사처럼 보였어요. 그래서 나는 에이버리가 틀림없다고 생각했답니다."

군중은 장난임을 알아챘다. 몇 사람은 내게 함부로 대해서 미안하다고 사과했다(사람들 때문에 나는 웃옷의 등이 반 정도 찢어졌고 온통 먼지를 뒤집어쓰고 있었다). 반면에 어떤 이들은 내가 받을 뻔한 처벌을 터너가 받는 게 마땅하다며 욕설을 해댔다. 그러나 대부분의 사람들은 큰 소리로 웃으며 멋진 장난이었다고 말했다. 그러면서 내게 앞으로 조심하라고, 그걸 깨우쳐준 내 동업자에게 고마워하라고 말하는 것이었다. 나는 몹시 화가 났고, 사람들이 흩어진 후 터너에게 대체 무슨 생각으로 그런 터무니없는 장난을 친 거냐고 물었다.

"이보게, 바넘. 다 우리를 위해서야. 명심하게. 성공을 위하여 우리에게 필요한 것은 오로지—악명을 포함한—유명세라는 걸. 두고보게. 서커스단 지배인 한 명이 다른 한 명에게 장난을 쳤다고 마을이 온통 시끌벅적할 테니까. 그리고 오늘밤 우리 공연장은 사람들로 미어터질 걸세."

그의 말은 사실로 입증되었다. 온 마을 사람들이 그 농담을 입에 올렸다. 우리는 곧 마을 전역에 알려졌고 공연을 하는 동안 엄청난 관객을 끌어모았다. 그렇다고 해서 내가 터너를 용서하지는 못했다. 그의 속내가 상대가 어떤 피해를 입든 상관없이 재미를 보겠다는 일념으로 장난을 친 이기적인 욕심에 불과했다는 걸 알고 있었기 때문이다.

버지니아주의 하노버에서도 이상한 일이 벌어졌다. 우리는 폭우 때문에 그곳에서 공연을 할 수 없었고 식사를 마친 뒤 곧장 리치먼드로 출발하기로 결정했다. 그런데 호텔 주인이 우리 대리인이 세끼 식사와 1박을 예약했기 때문에 그날 떠나더라도 예약한 대로 다음날 아침까지의 비용을 계산해줘야 한다고 했다. 우리는 무슨 소리냐고 항의하면서 점심식사 비용과 우리가 먹지는 않겠지만 그래도 저녁식사를 위해 준비한 식재료값을 내겠다고 타협안을 제시했다. 그러나 호텔 주인은 막무가내로 자기가 요구한 금액에서 한 푼도 깎을 수 없다고 버텼다.

그때가 오전 11시쯤이었다. 숙소 주인의 억지요구에 몹시 분개한 터너 씨는 당장 리치먼드로 떠나겠다고 말했다.

"막지 않겠소." 고집불통 호텔 주인이 말했다. "하지만 예약한 대로 오늘 점심, 저녁, 1박 그리고 내일 아침식사까지 비용을 지불하시오. 나는 꼭 돈을 받아야겠어요."

"그럼 몇시에 식사를 할 수 있소?" 터너가 물었다.

"여러분이 원하는 시간 언제든지요." 호텔 주인이 대답했다.

"좋소. 우리는 12시 정각에 점심을 먹고 저녁은 12시 반에 먹겠소. 숙박은 오늘 오후 1시 정각에 하고 아침은 1시 반에 먹겠소." 터너가 말했다.

호텔 주인은 터너가 말한 내용과 태도에 깜짝 놀랐다. "한꺼번에 세 끼 식사를 하겠다는 건 아니겠죠, 그렇죠?"

"그렇소, 한꺼번에 식사를 하겠다는 건 아니오. 식탁을 차리고 좋은 요리를 내오시오. 그러면 우리는 먹을 거요. 그다음 식탁을 깨끗이 치우고 깨끗한 접시에 저녁식사를 내오시오. 그러면 우리는 1시까지 먹을 거요. 그런 다음 잠을 잘 거고. 당신은 저녁 식탁을 깨끗이 치우고 멋진 아침 요리를 준비하시오. 좋은 커피를 곁들여서 말이오. 준비가 끝나면 우리는 1시 30분에 일어날 거요. 명심하시오. 끼니마다 같은 메뉴를 재탕할 생각 말고, 남은 식사를 다음 식사에 내오지 마시오. 그랬다간 우리가 가만있지 않을 거요. 우리는 비싼 비용을 지불하는 만큼 최고의 대우를 받을 거요."

호텔 주인은 알겠다고 하더니 식사 준비를 하기 시작했다. 나는 그를 따라가서 화해를 시도했으나 그는 아예 들으려고 하지도 않았다.

점심식사가 12시 정각에 차려졌다. 우리는 배불리 먹었고, 터너는 곧 식탁을 치우고 즉시 저녁식사를 가져오라고 했다. 저녁식사는 정확히 12시 반에 차려졌고, 우리는 최선을 다해 먹기 시작했다. 1시까지 우리는 각자 최대한 음식을 먹어치웠다. "자, 이제는 침실을 보여주시오." 터너가 말했다. 그가 요구한 대로 촛불까지 준비되었고 우리는 각각 그 촛불을 들고 객실로 향했다. 집주인을 따라 객실로 안내된 우리는 모두(36명이었다) 옷을 벗고 침대에 들어갔다. 다만 그러기 전에 터너가 계단 맨 위에 서서 호텔 주인을 큰 소리로 불렀다. "알고 있죠? 30분 후에 뜨끈뜨끈한 음식들로 아침식사를 준비해야 하오."

호텔 주인은 그 요구에 묵묵부답이었다. 터너는 여전히 엄숙했고, 호텔 주인도 마찬가지였다. 둘 다 화가 나 있었고 시종일관 진지했다. 그러나 나로서는 그 엉뚱한 상황에 포복절도하기 직전이었다. 단원들은 모두 아주 신이 나 있었다. 그러나 호텔 주인이 억지를 부린다고 생각했기에 터너의 지시에 고분고분 따랐을 뿐 아니라 지불한 비용만큼

소비하기 위하여 최선을 다했다. 우리는 30분 후에 일어나 옷을 입었지만 모든 침대는 하룻밤 이상을 잔 것처럼 어질러져 있었다.

우리는 아침식사를 하기 위하여 아래층으로 내려갔다. 요리와 식탁 차림까지 일품이었다. 모르는 사람이 그때 음식이 사라지는 광경을 봤더라면 우리가 2주일은 굶었다고 생각했을 것이다. 그때 우리가 그렇게 많은 음식을 꾸역꾸역 집어넣을 수 있었다는 게 지금까지 풀리지 않는 미스터리로 남아 있다. 나는 아버지가 추수감사절 만찬을 위해 준비한 칠면조 고기를 입안에 쑤셔넣는 모습을 본 적이 있지만, 그 정도로는 아예 쏟아붓던 서커스 단원들에 비할 바가 아니었다.

우리는 리치먼드로 향했고 거기서 며칠 머물렀다. 터너는 안면을 튼 사람들 누구에게나 에이버리 장난에 대해 얘기했고, 나는 복수의 기회를 엿보고 있었다. 그곳에서 기회가 찾아왔고 나는 그것을 놓치지 않았다.

어느 밤엔가 공연이 끝난 뒤 십여 명의 유쾌한 단원들이 터너와 내게 합류하여 호텔 응접실에서 와인을 나눠 마시며 아바나산 최고급 시가를 피우고 있었다. 두런두런 이야기가 오갔고 노래도 불렀다. 그러다가 누군가 어렵고 재밌는 산수 문제를 몇 개 내자 단원들이 곧바로 풀었다. 무엇이든 아는 척척박사 터너 나리가 학자들도 쩔쩔맨다는 문제를 하나 냈다.

"한 외지인이 구두 가게에 들러서 한 켤레에 얼마냐고 물었어. 가격은 5달러였지. 그는 한 켤레를 집어들고 주인에게 50달러를 냈어. 거스름돈이 없던 가게 주인은 이웃에게 가서 50달러를 5달러 지폐 10장으로 바꿔왔어. 그리고 외지인 손님에게 45달러와 구두 한 켤레를 내주었지. 손님은 떠났고 다시는 나타나지 않았어. 몇 시간이 지나서 구듯가게 주인의 이웃이 50달러를 가져와서는 위조지폐라고 하는 거라. 구둣가게 주인은 다른 이웃에게 50달러를 빌려서 앞서 이웃의 돈을 갚았지. 자, 문제를 내지. 구둣가게 주인이 손해를 본 금액은 전부 얼마일까?"

문제는 간단해 보였고, 여러 답들이 나왔다. 누군가가 95달러와 구두 한 켤레라고 하면 또다른 누군가가 50달러와 구두 한 켤레라고 답하는 식이었다. 그러나 정답은 곧 밝혀졌다.

나는 터너를 골탕 먹일 요량으로 그의 등뒤로 가서 그를 가리키면서 나머지 단원들을 향해 눈을 찡긋해 보였다. 그러고는 진지하게 다음과 같은 문제를 냈다.

"30세인 남자가 있다고 가정해봅시다. 이 남자에겐 갓 태어난 아들이 하나 있어요. 아빠가 아들보다 30배 나이가 많은 셈이죠. 아들이 30세가 됐을 때 아빠는 60세, 그러니 나이차가 2배로 줄어드네요. 아들이 60세가 되면 아버지는 90세, 나이차는 3분의 1이 되죠. 아들이 90세가 되면 아빠는 120세, 나이차는 4분의 1로 줄어요. 여러분, 보시다시피 아들과 아빠의 나이차가 점점 줄어들고 있지요. 이런 식으로 계속 줄어들다보면 아들이 아빠 나이를 따라잡게 되죠. 이제 문제 나갑니다. 아빠가 몇 살일 때 아들이 나이를 따라잡아서 동갑이 될까요?"

터너를 제외한 단원들은 전부 그것이 장난이고 내가 터너를 골려주려 한다는 걸 알고 있었다. 따라서 그들은 진지하게 문제를 푸는 척하기 시작했다. 곧 누군가가 아빠와 아들 둘 다 아주 오래 산다면 결국 일어날 수 있는 일이지만 정답을 알아맞히는 데도 너무 많은 시간이 걸릴 것 같다고 말했다.

"내 생각에는 999세 같아." 내가 말했다. "하지만 이 문제를 푼 지가 한참 전이라 가물가물하네."

터너는 이 문제에 큰 관심을 보이며 이렇게 말했다. "이런 문제는 들어본 적이 없는걸. 예전에 들어봤더라도 말도 안 된다고 했을 거야. 그런데 지금은 가능할 것 같아. 아들이 점점 아버지 나이를 따라잡고 있잖아. 내가 산수는 잘 모르지만, 어쨌든 한 가지 확실한 건 만약에 시속 8킬로미터의 느린 말을 먼저 출발시키고 시속 80킬로미터의 말을 나중에 출발시킨다면 언젠가 빠른 말이 느린 말을 따라잡을 게 분명해. 물론 그만큼 오래 달리게만 한다면 말이야!"

터너가 조금도 의심하지 않고 확신하는 듯하자 한 늙은 단원이 자기도 셈에 밝지 않지만 아빠와 아들이 살아 있는 동안 동갑이 된다는 건 말도 안 된다고 진지하게 말했다. 그러고는 그런 일은 불가능하다는 쪽에 샴페인 한 상자를 걸겠다고 말했다. 터너는 내기를 즐기고 특히 승산이 있을 때면 더더욱 그런 사람이었는데, 뭔가 수상하다고 말하면서도 무슨 이유에선지 하여간 자기 말이 분명히 맞으니 내기에 응하겠다고 했다. 공평하게 내기가 결정되고 심판도 정해지자 단원들이 갑자기 폭소를 터트렸다. 그리고 한참 얘기한 끝에 터너는 상대적으로 아들이 아버지와 나이가 비슷해지는 것처럼 보이지만 실상 30년이라는 나이차는 항상 존재할 수밖에 없다는 걸 인정했다. 터너는 샴페인값 25달러를 냈다. 몇 개월이 지나서야 나는 그에게 그 문제가 장난이고 속임수였다고 말해주었다. 그래도 그는 기분좋게 받아들였고 샴페인으로 에이버리 사건은 비긴 셈이라는 데 동의했다.

악단원 중 버터필드라는 사람이 리치먼드에서 죽었다. 코네티컷주 댄버리에 사는 그의 아내에게 소식을 알리는 것이 내 임무였다. 나는 그녀에게 고인의 머리칼 한줌을 동봉한 편지를 보냈고 내 괴로운 임무를 성심껏 세심하게 처리하려고 노력했다. 서커스 단원들이 모은 60달러로 장례를 치르고 간단한 묘비라도 세우기로 했다. 묘비는 조금 색다른 문양과 비문으로 하기로 했다.

비석을 주문하고 그것이 제대로 세워지는지 감독하는 일은 터너 씨가 맡기로 했다. 그는 당연히 그렇게 하려고 했을 것이며 어쩌면 제대로 끝냈을 수도 있겠지만, 사실 자신의 사업과 직접 관련이 없는 대부분의 일들은 소홀히 하다가 결국엔 보류시키기 일쑤였다.

우리는 리치먼드에서 피터스버그로, 그곳에서 다시 노스캐롤라이나주의 워런턴으로 향했다. 10월 30일, 나는 워런턴에서 서커스단과 작별했다(터너와의 계약이 만료되었고 나는 1,200달러의 순수입을 올렸다). 나는 비발라와 흑인 가수이자 댄서 제임스 스탠퍼드 그리고 악단원 대여섯 명을 데리고 말과 마차, 작은 천막을 챙겨서 앨라배마주의 한참 남쪽에 있는 몽고메리까지 가기로 했다. 독립적으로 순회공연을 열어볼 생각이었기 때문이다. 소규모 단원들은 아침 일찍 나보다 먼저 출발했다. 나는 뒤에 남아서 그간 동료였던 단원들과 30분 동안 덕담을 주고받았다. 터너 씨가 나를 자기 마차에 태워서 먼저 출발한 내 단원들을 쫓아갔다. 우리는 헤어지기가 못내 아쉬워서 마차를 천천히 몰았고, 앞서 간 단원들을 따라잡기까지 32킬로미터를 가는 내내 즐거운 대화를 나누었다. 나이든 친구는 내게 성공을 기원해주고 자신의 서커스단이 있는 곳으로 돌아갔다. 나는 며칠 동안 외로움을 느꼈으나 머릿속은 새로운 사업 구상으로 가득했다. 나는 곧 새로운 상황에 적응했다.

1836년 11월 12일 토요일, 우리는 노스캐롤라이나주의 로키마운틴 폴스라는 정착지에 들렀다. 다음날인 안식일 아침, 나는 침례교회에 갔다. 여인숙 주인과 함께 교회로 가는 도중에 교회 근처 숲에 있는 연단과 벤치 들을 발견하고 동행에게 이렇게 물었다. "아주 화창한 날이군요. 저곳에서 내가 동네 사람들에게 한마디해도 괜찮을까요?"

그 제안에 여인숙 주인이 반색했다. 대부분 멀리서 안식일 예배를 보러 오는 사람들이라 외지인의 얘기를 들을 수 있다면 기뻐할 거라고 그는 장담했다.

아침 예배가 끝나기 전 나는 목사에게 30분 동안 숲에서 신도들에게 할 얘기가 있으니 그렇게 알려주십사 부탁했다. 목사는 내게 성직자냐고 묻더니 아니라는 대답을 듣자 내게 발언 기회를 줌으로써 교회 법규를 위반하는 것은 아닐까 걱정했다. 그래도 내가 발언하겠다는 것을 반대하진 않았기에 나는 숲으로 갔다. 300명가량의 신도들이 숲에 도착했고, 나는 연단에 섰다.

나는 내가 성직자가 아니며 대중 앞에서 연설한 경험도 거의 없다는 말로 시작했다. 그래도 종교와 도덕이라는 주제에 깊은 관심이 있기에 그들 앞에서 평범한 말로 인간의 의무와 특권에 관해 얘기해보려 한다고 말했다. 나는 이집트의 궁전에서 모세가 즐겼을 '죄의 쾌락'과, 주님의 명령을 따른 결과 얻게 된 '보상'을 비교했다. 그러면서 악덕의 불행과 미덕의 행복이라는 성경 교리를 확인하기 위하여 보통사람들의 경험과 관찰 그리고 이성에 호소했다. 내가 말한 요지는 이렇다. 주님의 법을 어기면 반드시 벌을 받아야 하며, 그분은 선행에는 주저 없이 보상을 내리신다. 사물의 외양은 거의 중요하지 않다. 우리는 외양이 아니라 현실을 직시해야 한다. '다이아몬드는 사악한 가슴에서 반짝'이지만 '영혼의 잔잔한 햇살과 진심 어린 기쁨은 미덕의 보상이다'. 악한, 거친 열정을 지닌 사람, 주정뱅이는 절대 부러워할 대상이 아니며, 죄를 범하면서 무뎌진 양심은 우리가 생각할 수 있는 가장 슬픈 일이다. 사람이 짐승처럼 인생을 즐길 수 있다. 먹을 것과 마실 것이 많은 우리나 지하 철창에 갇힌 짐승처럼. 그러나 영혼은 주님을 향한 헌신과 인간을 향한 선의 없이는 만족을 느끼거나 행복해지지 못한다.

나는 이런 식으로 성경과 잘 알려진 일화들을 들면서 45분간 연설했다. 연설을 끝냈을 때 대여섯 사람이 내게 악수를 청하면서 흡족한 마음을 전했고 어떤 이들은 내 이름을 알려달라며 받아 적기도 했다. 나는 그 연설이 썩 마음에 들진 않았으나, 그런 화창한 안식일에 참 매혹적인 숲에서 뭔가 좋은 일을 했다는 생각에 뿌듯함을 느꼈다.

나는 노스캐롤라이나주의 롤리에서 내 공연단의 지분 절반을 헨리(가명)라는 남자에게 팔았다. 지금 그는 당시보다 훨씬 괜찮은 인물이 되어 있기 때문에 본명을 밝히지 않는 것이 좋겠다. 그는 일주일 동안 마차에 기성복을 가득 싣고 우리와 함께 다니며 장사를 했고 그후에 지분의 절반을 사들였던 것이다.

사우스캐롤라이나주의 캠던에서 스탠퍼드가 예고도 없이 공연단을 떠나버렸다. 나는 이미 흑인 노래를 홍보한 후였다. 단원 중에는 스탠퍼드 대신 노래를 부를 만한 사람이 없었다. 그래도 관객을 실망시킬 수 없는 법, 결국 나는 얼굴을 새카맣게 칠하고 홍보한 대로 이를테면 〈집 쿤〉(Zip Coon, 조지 워싱턴 딕슨이 흑인 분장을 하고 연기한 캐릭터이자 노래 제목―옮긴이), 〈계단을 올라〉(Gittin up Stairs), 〈너구리 사냥 또

조지 워싱턴 딕슨의 〈집 쿤〉

는 기차를 타고〉(The Racoon Hunt or Sitting on a Rail) 등의 노래를 불렀다. 정말이지 힘든 일이었지만 관객은 나를 진짜 스탠퍼드로 생각했다. 놀랍게도 내 노래에 박수갈채가 이어졌고, 나는 앙코르 요청을 받아 두 곡을 더 불렀다.

캠던에서 악단원 중 코크런이라는 스코틀랜드인이 체포되는 일이 생겼다. 그는 면도를 하던 중에 흑인 이발사에게 노예가 없는 자유주나 캐나다로 도망가라고 촉구한 혐의를 받았다. 나는 그의 석방을 위하여 무척 애썼지만 허사였다. 그는 6개월 동안 감옥살이를 해야 했다.

어느 날 저녁 내가 흑인 노래들을 부르고 천막 '의상실'에서 옷을 갈아입으려는데 밖에서 사소한 다툼 소리가 들려왔다. 급히 그곳으로 가보니 우리 단원과 어떤 사람이 실랑이를 벌이고 있었다. 나는 그들 사이에 끼어들어 내 생각을 솔직하게 말했다. 그러자 그가 권총을 빼들고는 소리치는 것이었다. "이 검둥이 새끼! 감히 백인한테 그따위 말을 해." 그러고는 보란듯이 공이치기를 당겼다. 그가 나를 흑인으로 생각하고 금방이라도 내 머리를 박살낼 태세였다. 나는 재빨리 소매를 걷어올리고 말했다. "선생, 나도 당신처럼 백인이오." 그가 겁에 질린 표정으로 총구를 내렸다. 아마도 검게 칠한 백인을 난생처음 보는 모양이었다. 어찌됐든 그는 내게 사과했고 나는 구사일생으로 살아났음을 실감하면서 '의상실'로 돌아갔다. 언제나 정신을 똑바로 차렸던 것, 오로지 그것이 나를 구했다. 지금까지 살아오면서 장전된 권총이 내 머리를 겨누었던 일이 네 차례 정도 있었는데, 그때마다 거의 기적적으로 목숨을 부지했다. 치명적인 사고를 당한 것도 한두 번이 아니었다. 지금까지의 내 인생을 되돌아보고 그런 일들을 떠올려보자니, 특히 내 직업상의 궤적을 따라가다보니 친분 있던 동종업계의 많은 사람들이 이미 고인이 되어 있었다. 그렇다보니 내가 신의 자비에 얼마나 많은 빚을 지고 있었는지 깨닫는다. 모처럼 성찰의 분위기에 빠졌으니 또 하나를 덧붙여도 좋을 것 같다. 요컨대 내가 오랜 세월 연관을 맺어온 부류들, 지인들, 내가 가는 길마다 악행과 악습을 부르는 강한 유혹들을 고려해볼 때, 내가 완전히 타락하지 않은 것이 감사할 뿐 아니라 충격적일 정도라는 것이다. 솔직히 말해서 내가 삶의 비탄에 빠지지 않고, 또 게으름뱅이와 부랑자로 죽지 않고 여기까지 올 수 있었던 것은 첫째로 주님 덕분이요, 그다음은 독한 술을 즐기지 않았기 때문이라고 믿는다. 사실 나도 술을 마시고 취해도 보았으나 대개는 취할 만한 주류를 삼가왔고, 다행히도 오랜 세월 동안 절대 금주를 철저히 지켜왔다.

집을 떠나 있는 동안 나는 보통 2주에 한 번씩 가족에게 편지를 썼고, 비슷한 빈도로 아내로부터 편지를 받았다. 한번은 사우스캐롤라이나주의 컬럼비아에 있는 동안 아내한테서 편지를 받았는데, 거기에 코네티컷주에 나도는 소문 하나가 적혀 있었다. 내용인즉슨 내가 살인혐의로 재판을 받았고 사형이 선고되어 현재 캐나다 감옥에 수감중이라는 것이었다. 그 소문은 아마도 캐나다에서 공연중이던 서커스단이 폭한들의 공격을 받고 곤란에 처한 상황에서 비롯된 것 같았다. 그것은 물론 터너의 서커스단은 아니었다. 우리는 1836년 12월 5일 컬럼비아에서 우연히 그를 만났기 때문이다. 터너의 서커스단은 해산을 앞두고 있었다. 나는 터너로부터 말 네 필과 마차 두 대를 샀고, 조 펜틀랜드와 로버트 화이트를 우리 공연단에 합류시켰다. 펜틀랜드는 유명한 광대일 뿐 아니라 뛰어난 복화술사이자 곡예사 그리고 희극 가수이자 마술사였다. 화이트는 흑인 가수였다. 화이트 덕에 나는 흑인 영가를 부르는 부담에서 벗어났고, 공연단(헨리가 지분의 절반을 가진)을 한결 매력적인 진용으로 꾸릴 수 있게 되었다. 나는 이 공연단을 '바넘의 위대한 과학-음악 극장'이라고 불렀다.

헨리는 회계사 역할을 했고 나는 공연장 입구에서 입장권을 확인했다. 조지아주의 오거스타에서 내가 입장권을 확인하고 있는 동안 한 남자가 그냥 들어가려고 했다. 나는 입장권을 요구했다. 그는 자신은 보안관인데 왜 입장권을 요구하느냐고 항변했다. 나는 보안관이면 다른 사람들과 다르게 돈을 내지 않아도 되는 특별한 이유라도 있는지 도저히 모르겠다고 대답했다. 그러자 그가 이렇게 말했다. "그건 헨리 씨에게 물어보는 게 좋을 거요." 그 말을 듣고 깜짝 놀란 나는 그를 일단 들여보낸 후 다급히 헨리에게 무슨 일이냐고 물었다. 헨리는 마지못해 자신이 500달러 빚을 지고 있어서 보안관이 채권을 집행하러 온 것이라고 말했다. 헨리는 공연단의 돈 600달러를 보관중이었고, 나는 공연단의 공금이 가압류되는 것을 막기 위하여 조치를 취해야 한다는 것을 깨달았다. 나는 남몰래 한 변호사를 급히 찾아가서 공연단의 모든 재산을 매각한다는 증서를 만들었다. 증서엔 헨리의 서명만 빠져 있었다. 내가 돌아왔을 때는 아직 공연이 진행되고 있었다. 헨리의 채권자와 그가 데려온 변호사가 나를 기다리고 있었다. 그들은 내게 마구간 열쇠를 요구했다. 말과 마차를 압류하기 위해서였다. 내가 거절하자 그들은 강제로 문을 부수고 들어가 압류를 진행하겠다고 협박했다. 나는 그들에게 헨리와 상의하게 잠시만 기다려달라고 사정했고, 그들도 동의했다. 헨리는 채권자를 속여서 사태를 해결하기 바랐기에 즉시 매각 증서에 서명했다. 그는 보안관에게 몸수색을 당할지 모른다며 90달러를 내게 건넸다. 그리고 500달러는 보안관이 찾을 수 없는 안전한 곳에 보관중이라고 말했다. 나는 그를 매표소에 남겨두고 보안관과 채권자에게 돌아갔다. 그리고 그들에게 헨리가 타협도 채무 상환도 거절했다고 알렸다. "그렇다면 마구간 열쇠를 주시오." 보안관이 말했다. 내가 싫다고 하자 그는 또다시 문을 부수고 들어가겠다며 으름장을 놓았다. "마구간에 들어가서 뭘 하려는 겁니까?" 내가 물었다.

"말과 마차를 압류하기 위해서요." 그가 대답했다.

"왜 압류를 하려는 건가요?"

"헨리 씨가 진 빚을 해결하기 위해서요. 그 사람이 가진 이 공연단의 지분에 대한 압류요."

"아직 말과 마차를 압류한 건 아니지요?" 내가 말했다.

"네, 아직. 하지만 10분 후에는 그렇게 될 거요." 보안관이 대답했다.

"아니, 그렇게 되지 않을 겁니다." 내가 말했다. 그리고 매각 증서를 내 친구 잭슨 O. 브라운에게 주면서 읽어달라고 했다. 그는 그렇게 했다. "자, 여러분." 나는 보안관과 채권자에게 말했다. "아시다시피 이 공연단의 유일한 소유주는 나입니다. 아직 압류를 하지 않았다고 말했으니, 지금부터 내 재산을 건드리려면 그만한 대가를 치러야 할 겁니다."

그들이 '양키의 술수'에 넘어간 것을 알고 지은 경악스러운 표정은 내 기억 속에 지금까지도 선명하게 남아 있다.

보안관은 즉시 헨리를 체포하여 감옥에 집어넣었다. 그때가 12월 17일 토요일 밤이었다. 나는 남들 몰래 헨리에게 용기를 내라고 말했다. 그리고 보석을 신청하기에는 너무 늦었으니 다음날 아침에 다시 오겠다고도 말했다.

다음날 아침, 나는 믿을 만한 사람을 통해서 헨리가 진 빚이 1,300달러라는 것을 알았다. 헨리도 그 사실을 인정했다. 그는 토요일 밤 공연이 끝난 후 채권자에게 현금 500달러(공연단의 공금)와 더불어 말과 마차 그리고 자신이 가진 공연단의 지분을 넘기는 매각 증서를 주겠다고 약속했다는 것이다. 게다가 그는 나를 곤경에 처박아둔 채 자기만 도망칠 요량으로 안장과 마구를 갖춘 말 한 마리를 준비해놓으라고 했다는 것이다. 그 음모를 깨뜨릴 수 있었던 것은 보안관이 무료입장을 하려고 했던 것과 그후에 내가 약간 손을 써놓은 것 덕분이었다.

상황이 그렇다보니 나는 헨리에게 동정심이 들지 않았다. 그래도 그가 숨겨놓은 500달러를 찾아야 했다. 비발라가 보안관의 눈을 피해서 헨리로부터 돈의 은닉 장소를 알아냈다. 헨리는 비발라에게 그 돈을 월요일 아침에 자기 보석금으로 쓸 수 있도록 내게 가져다주라고 지시했다. 나는 그 돈을 헨리의 공연단 지분값으로 쳐서 채권자에게 주었다. 내가 500달러를 갚는 대신에 다시는 그 문제로 옛 동업자인 헨리와 그의 채권자로부터 곤란한 일을 당하지 않도록 각서를 받았다. 그리하여 내 '행운의 별'은 내 생애 가장 큰 곤경 중 하나에서 나를 구해주었다.

내 일기에는 여기서 빠뜨리거나 간략하게만 소개한 일화들이 많이 담겨 있다. 그러나 내가 펜틀랜드의 협력자로서 동참했던 몇 가지 마술의 속임수를 빼놓고 넘어갈 수는 없다.

그가 사용했던 탁자는 대개 뚜껑문이 달려 있었고, 그것을 통하여 조수가 변형 마술에 필요한 물건을 그에게 전달했다. 그러면 그는 그 것을 관객에게 보여주곤 했다. 뚜껑문 아래는 나만한 몸집의 사람에겐 매우 갑갑할 정도로 비좁았지만, 조수를 하기에 알맞은 체구의 단원이 없을 때는 내가 자원하곤 했다. 그 공간에 몸을 끼워넣고 나면 코와 무릎이 거의 닿을락 말락 했다. 나는 그 곤경에서 속히 빠져나가기를 바라면서도 살아 있는 다람쥐를 손으로 붙잡고 그 녀석의 목에 시곗줄을 감아서 여차하면 뚜껑문으로 펜틀랜드에게 전해줄 준비를 하고 있었다.

마술 공연에 쓸 꽃병, 컵, 공, 주사위 따위의 물건들이 펜틀랜드의 탁자에 놓여 있었다. 정해진 시간에 그는 금 시곗줄이 달린 시계를 요구했다. 관람객 한 명이 시계를 살펴본 뒤 펜틀랜드는 그것을 꽃병 밑 뚜껑문을 통하여 내게 전달했다. 그런데 내가 다람쥐를 서툴게 다루다가 그만 심하게 물리고 말았다. 나는 아파서 비명을 지르면서 처음엔 목, 그다음엔 등, 그리고 다리를 쭉 폈다. 탁자가 무너졌고 그 위에 놓여 있던 물건들도 바닥으로 떨어져 산산조각이 났다. 나는 커튼 뒤로 뛰어가 숨었다. 다람쥐는 목에 시곗줄을 건 채 뛰어다녔다. 펜틀랜드는 할말을 잃고 멍하니 서 있었다. 그날밤에는 관객들의 엄청난 야유와 고함소리 들이 쏟아졌다.

우리는 조지아주의 콜럼버스를 지나서 앨라배마주의 몽고메리까지 인적이 드물고 황량한 소위 '인디언 나라'를 130킬로미터가량 통과해야 했다. 이 무렵에 우리 정부는 인디언들을 야영지 여러 곳에 모아서 삼엄한 경비 아래 관리하고 있었다. 인디언들을 아칸소주로 이주시키기 위한 예비단계였다. 많은 인디언들이 자발적으로 야영지에 모였고 새로운 보금자리로 이주하려 했다. 그러나 '적대적인' 인디언들도 많아서, 그들은 야영지에 오기를 거부하고 콜럼버스에서 몽고메리로 가는 도로 근처의 습지에 출몰했다. 그리고 '인디언 나라'를 통과하는 사람들을 거의 날마다 살해하고 있었다. 많은 사람들이 중무장한 호송대의 보호를 받지 않은 채 그 도로를 지나는 것은 위험하다고 여겼다. 우리가 그곳을 지나가기 하루 전만 해도 역마차가 인디언의 습격을 받았다. 그 결과 승객 전원이 살해되었고 역마차는 불탔으며 마부 혼자 기적적으로 탈출했다. 우리가 그런 위험을 무릅써야 한다는 것이 몹시도 두려웠다. 그나마 우리가 의지할 수 있는 것은 우리 단원의 수가 많고 인디언들은 소규모 단위로 흩어져 있기 때문에 수적으로 우세한 우리를 무리하게 공격하지 않으리라는 바람이었다. 우리는 모두 엽총과 권총과 사냥칼 따위로 무장하고서 출발했다.

비발라만 제외하고 우리 모두는 그런 위험을 두려워하는 것을 부끄럽게 여기지는 않았다. 비발라는 우리 중에서도 가장 겁이 많았지만, 그런 부류 대부분이 자기가 아주 안전하다고 느낄 때 그러듯 아주 거만하게 흰소리를 하며 으스댔다. 그는 우리의 두려움을 비웃으면서 자신은 아무것도 두렵지 않다고 장담했다. 게다가 인디언 50명과 맞닥뜨려도 '놈들을 혼쭐내서 순식간에 습지로 쫓아버리겠다'고 말하는 것이었다. 그 겁보에 땅딸보 허풍선이가 어찌나 우리의 비위를 건드리던지, 우리는 기회가 되면 그의 담력을 시험해보기로 했다.

첫날은 인디언의 그림자도 보이지 않는 가운데 50킬로미터가량 이동했고 밤이 되기 전에 한 목화 농장주의 집에 들러서 다음날 아침까지 안전하게 보냈다. 다음날은 터스키가라는 작은 마을에 무사히 도착

겁쟁이와 용감한 자

했는데, 이 마을에는 여자와 아이 들을 포함하여 인디언 1,500명이 생
활하는 야영지가 있었다. 사흘째, 마거릿산에 도착했다. 이곳에는 인
디언 2,500명이 지내는 또다른 '인디언 야영지'가 있었다. 우리는 어느
새 몽고메리까지 20여 킬로미터만 남겨놓은 상태라 위험에서 벗어났
다는 안도감을 느꼈다. 그러나 용감한 비발라를 골려주기로 한 터라,
다음날 아침 그에게 우리는 이제 살기등등한 인디언 전사들이 득시글
거리는 가장 위험한 지역을 통과해야 한다고 말했다. 비발라는 평소처
럼 만용을 부리며 이렇게 말했다. "제발 그 불그스름한 악당 놈들과 마
주쳤으면 좋겠어요. 꽁지 빠지게 내빼도록 만들어줄 테니까." 10킬로
미터쯤 갔을 때 불길해 보이는 울창한 숲이 나타났다. 커다란 여우다
람쥐가 도로를 가로지르더니 숲으로 들어갔다. 비발라가 다람쥐를 쫓
아가자고 했다. 그거야말로 우리가 바라는 바였다. 우리는 멈춰 섰고,

몇 사람이 눈짓을 주고받은 뒤 비발라와 함께 여우다람쥐를 쫓아갔다. 그사이 펜틀랜드가 술 달린 사냥복과 모카신(moccasins, 북미 원주민들이 신던, 부드럽고 납작한 가죽신―옮긴이) 등 인디언 복장으로 갈아입었다. 사냥복과 모카신은 우리가 마거릿산에서 몰래 사둔 것들이었다. 펜틀랜드는 그때 쓰려고 미리 얻어둔 적갈색 물감으로 얼굴을 칠하고 머리에는 색칠한 깃털이 달린 모자를 썼다. 그러고는 어깨에 구식 소총을 메고 비발라와 일행이 여우다람쥐를 쫓아간 방향으로 따라갔다. 그 모습이 전날 야영지에서 봤던 진짜 인디언과 아주 흡사했다. 앞서 간 일행을 따라잡자, 펜틀랜드는 은밀하게 그들 한복판으로 파고들어서 엄청나게 큰 소리로 '우아우아' 고함을 질렀다.

그것이 장난인 줄 알고 있던 일행은 곧 우리 마차가 있는 방향으로 도망쳤다. 비발라는 기절초풍하여 동료들이 달아난 방향으로 아주 날쌔게 움직였지만, 그 가짜 인디언은 너무도 불공평하고 악의적으로 다른 사람들은 도망치게 놔둔 채 오로지 이탈리아인만 뒤쫓는 것이었다. 키 작은 이탈리아인은 인디언이 자기를 향해 총구를 겨눈 것을 보고는 미친 사람처럼 소리를 질렀다. 게다가 그가 도망칠 수 있는 탈출로는 마차가 있는 곳과 정반대 방향밖에 없었다. 그는 사슴처럼 달리면서 굉장히 빠른 속도로 쓰러진 나무와 그루터기 들을 건너뛰었고, 그러면서 뒤 한번 돌아보지 못했다. 누구보다도 발이 빠른 펜틀랜드는 손에 총을 들고 뛰는 걸음마다 인디언의 오싹한 괴성을 질러댔다. 추격전은 1.5킬로미터 정도 계속되었다. 숨이 턱까지 찬 시뇨르 비발라는 인디언에게 곧 따라잡힐 것을 알고는 멈춰 섰다. 그러더니 무릎을 꿇고는 살려달라고 애원했다. 인디언은 영어를 알아듣지 못하는 척하면서 비발라의 머리에 총구를 겨누었다. 불쌍한 비발라는 표범처럼 몸을 비틀며 날카롭게 울부짖었다. 그는 손짓발짓을 해가면서 살려달라고, 그렇게만 해주면 자기가 가진 것을 전부 주겠다는 뜻을 전달하려고 갖은 애를 썼다. 인디언은 누그러진 기색을 보였고 이탈리아인의 손짓발짓을 이해한 것 같았다. 그는 구식 소총의 총구를 손으로 잡고 개머리판을 땅바닥에 댔다. 그러면서 동시에 벌벌 떨고 있는 비발라에게 돈을 내놓으라고 손짓했다.

비발라는 잽싸게 주머니를 전부 뒤집어 보여주었고, 인디언은 11달러가 들어 있는 그의 지갑을 낚아챘다. 그게 당시에 비발라가 지니고 있던 전부였고 나머지 돈은 마차의 여행 가방 속에 보관되어 있었다. 비발라는 야만인의 화를 달래고자 장갑, 손수건, 칼 따위를 내놓았다. 그러나 인디언은 그런 물건에 콧방귀를 뀌는 것 같았다. 인디언은 이탈리아인에게 일어서라고 손짓했고, 그는 도살자 앞의 양처럼 인디언에게 끌려갔다. 인디언은 크고 위풍당당한 어느 떡갈나무 쪽으로 그를 데려가더니 아주 과학적인 동시에 인디언다운 방식으로 나무줄기에 비발라의 팔을 손수건으로 묶었다.

적갈색 피부의 전사는 비발라를 살아 있다기보다는 죽은 것에 더 가까운 상태로 남겨두고 혼자 그곳을 떠났다. 펜틀랜드는 재빨리 우리가 있는 곳으로 와서는 인디언 복장을 벗고 얼굴을 씻었다. 그런 다음 우리 모두 이탈리아인을 찾으러 갔다. 나무에 묶여 있는 그를 발견했을 때 그는 겁에 질려 숨이 넘어가기 직전이었지만 우리를 보더니 기뻐서 어쩔 줄 몰라 했다. 우리가 풀어주자 그는 팔짝팔짝 뛰면서 웃어대고 원숭이처럼 재잘거리기 시작했다. 그는 곧 용기를 되찾았고, 동료들이 먼저 도망친 후에 인디언 여섯 명이 더 나타났다고 말했다. 총을 가지고 있었다면 먼저 온 인디언을 단번에 쏴버리고 나머지 여섯

놈의 머리통도 박살냈을 거라고 말했다. 그러나 비무장 상태여서 어쩔 수 없이 항복할 수밖에 없었다고 했다. 우리는 그의 이야기를 믿는 척했고, 그로부터 일주일 동안 비발라가 계속 허풍을 떨게 놔두었다. 그런 다음 그것이 장난이었다고 말해주었다. 그의 표정은 분함과 치욕으로 가득해졌으나 곧 평소의 모습을 되찾더니 '진짜 멋진 속임수'였다고 말했다. 펜틀랜드는 그에게 11달러를 돌려주었으나, 그는 돈에 손도 대려고 하지 않았고 오히려 욕설을 내뱉으며 그 돈은 인디언 일곱 명이 뺏어갔으니 자신의 것일 리 없다고 말했다. 많은 사람들이 그 작은 이탈리아인의 꿋꿋함에 기분좋게 웃었다. 그러나 우리는 그 일을 화제에 올리지 않기로 했다. 그 얘기를 넌지시 비치기만 해도 그가 격분하여 험악하게 굴었기 때문이다. 그로부터 일주일 동안은 그와 재미있는 농담 한마디 나누질 못했다. 그래도 그날 이후로는 시뇨르 비발라가 허세를 부리거나 현실의 적이든 가상의 적이든 간에 공갈을 치는 일은 사라졌다.

우리는 1837년 2월 28일 앨라배마주의 몽고메리에 도착했다. 그곳에서 헨리 홀리라는 마술사를 만났다. 나이는 45세였으나 벌써부터 머리가 반백이었고 70대의 중후한 노신사 같은 모습이었다. 그는 내 공연단 지분 3분의 1을 사들였다.

홀리는 기지가 넘쳤고, 그 점이 그의 마술에도 특색을 주었다. 그는 그 일대에서 수년간 공연을 해온 상당한 유명인사였다. 나는 그가 당황하는 모습을 딱 한 번 본 적 있다. 그 한 번이 바로 '계란 자루와 늙은 암탉'이라는 마술 공연에서 벌어졌다.

마술사는 자루를 하나 들고 관객을 향해 그 안에 늙은 암탉 한 마리가 있는데 언제든 자기가 원할 때마다 알을 낳는다고 말한다. 그는 자루를 뒤집어 보여준다. 아무것도 없다. 그러나 사실은 자루의 겉과 안 감 사이에 작은 주머니가 숨겨져 있고 그 안에 달걀 여섯 개가 들어 있다. 자루 안에 아무것도 없음을 관객에게 확인시킨 마술사는 암탉에 게 달걀을 낳으라 명령하고 달걀 하나를 자루에서 꺼낸다. 계속 명령 을 내리는데, 그때마다 자루를 뒤집어서 관객들에게 보여준다. 그런 식으로 달걀이 하나만 남을 때까지 계속한다. 그런 다음 마지막 달걀 이 있는 쪽을 손으로 감싸쥐고 속임수가 없다는 것을 보여주기 위하 여 자루의 나머지 부분을 바닥에 놓고 발로 쿵쿵 짓밟는다. 그러고는 언제든 원하는 만큼 계란을 가질 수 있다고 관객에게 말한 뒤 마지막 남은 달걀 하나를 자루에서 꺼낸다. "더 많은 달걀을 꺼내기 전에 이것 들이 진짜 달걀인지 여러분에게 확인시켜드리겠습니다." 마술사는 이 렇게 말한 뒤 탁자 앞으로 가서 선다. 그러고는 오른손에 쥐었던 달걀 을 접시에 깨뜨려 보이고 빈 자루는 왼손에 쥐고 있다. 관객들의 눈은 온통 계란이 진짜인지로 쏠린다. 그렇게 관객들의 주의를 딴 데로 돌 린 마술사는 빈 자루를 쥔 왼손을 슬그머니 탁자 뒤쪽으로 가져간다. 그러고는 탁자 뒤에 있는 고리에 빈 자루를 걸어두고 잽싸게 다른 고 리에서 형태는 같지만 이번엔 암탉이 들어 있는 자루를 낚아챈다.

"자, 계란들이 진짜임을 확인하셨을 겁니다. 이번에는 이 계란들을 낳은 늙은 암탉을 보여드리겠습니다." 그렇게 말한 마술사는 자루의 입구를 바닥으로 돌린다. 그때 암탉이 바닥으로 떨어져 관객들을 깜짝 놀래는 것이다.

내가 앞에서 언급한 그 일이 벌어진 날, 우리는 공연하기로 한 마을 에 오후 2시에야 겨우 도착했다. 오후 3시에 공연을 시작한다고 광고 한 터라 마을은 이미 공연을 보러 온 관객들로 북새통을 이루고 있었다. 우리는 최대한 서둘러서 천막을 세웠다. 홀리는 마술 탁자를 준비했지만 '늙은 암탉' 마술을 준비할 시간 여유가 없었다. 그래서 우리가 여장을 푼 여인숙에서 일하는 흑인 소년에게 자루를 주면서 늙은 암탉 한 마리를 그 자루에 넣어오면 공짜로 공연을 보게 해주겠다고 말했다. 흑인 소년은 곧 돌아와서 홀리에게 자루를 돌려주고 공연장 안으로 들어갔다.

늙은 암탉이 든 자루는 탁자 뒤에 대충 걸려 있었다. 바이올린 연주자의(우리는 아직 연주자를 한 명밖에 구하지 못한 터였다) 연주와 함께 막이 올랐고, 걸늙은 홀리가 공연을 시작했다. 처음엔 컵과 공을 이용해 교묘한 마술 몇 가지를 선보였다. 그다음엔 반 킬로그램은 됨직한 삼(麻)을 집어삼키고는 입에서 불을 뿜어댔고, 그다음엔 수 미터 길이의 총천연색 리본을 입속에서 뽑아냈다. 입에서 쇠고리, 끈, 열쇠가 줄줄이 나오는 놀라운 묘기가 이어졌다. 심지어 언제 삼켰는지 모를 시계까지 나왔다. 그뿐만 아니라 조수를 자원한 풋풋한 마을 청년의 가슴에서는 엄청난 양의 양배추, 무, 양파를 끄집어내는 것이었다.

드디어 홀리는 최고의 묘기인 달걀 낳기 마술을 시작했다. 관객들은 그에게 박수갈채를 보냈다. 홀리는 관객들과 한편이 된 기분을 느끼며 의기양양하게 소리쳤다. "자, 이제 이 달걀들을 낳은 암탉을 보여드리겠습니다." 그는 자루의 입구를 바닥으로 돌렸고 닭이 튀어나왔다. 그런데 아뿔싸, 수탉이 아닌가! 관객들은 박장대소했고, 갇혀 있느라 단단히 독이 오른 늙은 수탉은 거들먹거리고 무대를 종횡무진하면서 깃털을 곤두세우고 반항하듯 울어대기 시작했다. 모든 관객이 웃어댔다. 크게 당황한 홀리는 의상실로 뛰어들어가서 흑인 아이의 멍청함에 저주를 퍼부었고 그 아이의 머리를 박살내버리겠다며 날뛰었다. 그리고 무대로 돌아가는 것도 거부했다. 실제로 그는 무대로 돌아가지 않았다. 그는 이 사건을 유쾌한 방향으로 이끌어갈 수 있었을지도 모르고 십중팔구 그랬을 확률이 높다. 그러나 전혀 예기치 못한 상황이었고, 그가 미처 수습하기도 전에 이미 관객들이 폭소를 터뜨린 바람에 그는 무대를 떠나야 했던 것이다.

공연이 끝난 후 홀리는 대개 그 마을의 술집에 앉아 있곤 했다. 잘 놀라고 잘 믿는 사람들이 그의 주변으로 몰려들었다. 그들은 홀리의 입에서 나오는 놀라운 이야기들에 흠뻑 빠져들었다. 반백의 머리와 근엄한 외모에 진지한 태도까지 더해져 이야기 이상의 확신을 느끼게 했다. 듣는 이들은 숨이 넘어갈 듯했고 침을 꼴깍 삼키기도 했다. 그러나 그가 허풍선이 기질을 너무 과하게 드러내는 경우에는 사람들 일부가 그의 근엄한 외모를 무시하고 이렇게 소리치기도 했다. "새빨간 거짓말!" 홀리는 기분좋게 웃으면서 응수했다. "방금 한 얘기는 내가 지금까지 얘기한 것만큼 사실입니다."

그는 유난히 상상력이 뛰어났지만 그의 창조적인 능력은 전혀 분별이 없는 것이었다. 그가 만약 『아라비안나이트』 시대에 살았더라면 굉장히 유명해졌을 것이다. 그가 술집에서 한 얘기 중 일부를 여기 소개해보겠다.

"여러분, '진실은 기이하고 소설보다 더 기이하다'는 옛말을 들어봤을 테지요. 그 옛말처럼 딱 들어맞는 진실도 없겠군요. 위대한 아프리카 탐험가인 브루스는 영국으로 돌아와서 아프리카의 한 고약스러운 부족이 살아 있는 소에게서 고기를 썰어낸다는 말을 했지요. 사람들은 그를 거짓말쟁이라고 했어요. 캐틀린의 말에 따르면 우리 항구 중에서 한 곳에 들렀던 한 인디언이 자기 부족에게 돌아갔다가 살해당했어요.

그자의 죄는 진실을 말했다는 것이었지요. 그러나 그자가 봤다고 부족에게 말한 배의 형태가 그들의 생각에는 도저히 불가능했기에 이렇게들 말했던 거예요. '우리 형제가 거짓말을 한다.' 그러고는 그를 죽이고 머리 가죽을 벗겼지요. 내가 이런 말을 왜 하는고 하니, 내가 경험한 일들이 아마 여러분이 들어본 그 어떤 것보다도 더 기이하기 때문입니다. 이렇게 서두를 늘어놓지 않으면 여러분이 날 믿지 못할 거란 말이지요."

"에이, 우린 댁의 이야기를 의심할 생각 없어요." 사람들이 말했다.

"혹시 여러분 중에서 로키산맥에 가본 사람 있나요?" 홀리가 사람들을 훑어보면서 물었다. 사람들은 없다고 대답했다.

"나는 여러 번 갔었지요." 그는 말을 이었다. "그래서 그 지역에 관한 여러 독특한 사실들을 알고 있답니다. 그곳에 매년 7월 4일에 '독립'을 기념하기 위하여 미국의 사냥꾼들이 전부 모이는 장소가 있어요. 그들이 얼마나 기막힌 아이스펀치를 만드는지 여러분에게 말할 수 있어 기쁘군요. 얼음은 인근의 커다란 여인숙에서 얻어올 수 있어요. 그 여인숙에 가면 사시사철 엄청난 양의 얼음을 구할 수 있거든요. 한번은 우리가 너무 마셔대는 바람에 한 수레 분량의 얼음을 다 써버렸지 뭡니까. 그래서 아일랜드인 두어 명을 시켜서 얼음을 한 수레 더 가져오라고 했지요.

그런데 얼마 지나지 않아서 그들이 잔뜩 겁에 질린 채 돌아왔어요. 얼음을 깨고 있는데 진짜 사람의 두 다리와 거기에 신겨 있는 부츠 한 켤레가 나왔대요. 무서워서 얼음을 더 만지지 못하겠다는 거예요. 우리 중 일부가 그 동굴로 갔지요. 얼음을 제거하고 한 50년 정도 거기 있었을 사람의 시체를 꺼내오기 위해서였죠. 시체는 마치 살아 있는 것처럼 보였어요. 옛날 옷차림, 그러니까 짧은 바지에 행전(行纏)을 차고 괴상한 구식 외투를 걸친데다 삼각모를 쓰고 있었어요. 우리는 그 시체를 수레에 싣고 집결지로 돌아왔어요. 어찌나 살아 있는 것처럼 생생한 모습이던지, 늙은 사냥꾼 몇몇은 그저 동면 상태일지 모르니 적절한 방법을 사용하면 되살릴 수 있을 거라 하더군요. 나로서는 참 황당한 소리였지만, 그 사냥꾼들은 커다란 솥에 물을 데우고는 그 속에 옷을 벗긴 시체를 집어넣지 뭡니까. 그다음에는 시체의 입속에 뜨거운 브랜디를 쏟아붓더라고요.

그렇게 20분이 지난 뒤 그 남자가 눈을 뜨고 얼굴을 씰룩거렸을 때 내가 얼마나 놀랐을지 여러분도 짐작이 갈 겁니다. 사람들은 그를 모포로 감싸더니 그의 몸을 문지르기 시작했어요. 15분이 더 지나자 그는 말을 하기 시작했고 얼마 후에는 완전히 살아났지요. 우리는 그에게 옷을 입혀주었고, 그는 우리와 함께 한 시간 정도 기분좋게 연회를 즐겼어요. 그런데 그가 일어서더니 우리의 호의에 고맙다고 하고는 여행길에 올라야 하니 말을 준비해달라고 부탁하더군요.

'무슨 말이오?'

'내가 지난밤에 타고 온 말 있잖소.'

우리 중에서 아무도 대답하지 못했지요.

'여러분, 시간을 지체하게 만들지 마시오. 부탁입니다.' 그가 소리쳤어요. '중대한 일이 있소이다. 말 한 필만 내게 빌려준다면 후하게 보답하겠소. 여러분도 알다시피 내게 돈이 좀 있잖소.' 그러더니 조지 3세 시대의 금화로 가득한 자루인지 지갑인지 모를 물건을 끄집어내더군요. 뭔가 우리로서는 이해할 수 없는 미스터리가 있었어요. 우리의 호기심은 그 이방인의 조바심만큼 커져갔지요.

'어디로 가는지 말해준다면 말을 주겠어요.' 우리가 말했어요.

'시간을 지체하지 않는다고 약속해주면 그리하겠소.'

우리는 그러겠다고 약속했지요.

'나는 정부의 공문서를 가지고 부대로 가야 하오.'

'어!' 우리는 그 남자의 낯선 복장을 이상하게 여기고 말했어요. '그러면 플로리다로 간단 말인가요?'

'아니요. ○○○으로 가는 거요.'

'에이, 친구. 거기엔 부대가 없어요. 게다가 그런 이상한 옛날 옷을 입고서 뭐하려는 겁니까?'

그는 그 말을 듣고서 그제야 우리의 옷차림을 눈여겨보는 것 같더군요. 그러고는 우리만큼 깜짝 놀라더군요.

'대체 당신 정체가 뭡니까?' 우리가 소리쳤지요. 정말이지 호기심이 누를 수 없을 정도로 커졌어요.

'나는 여러분의 수중에 있소. 나는 대충 얼버무리는 것을 경멸하오. 여러분 마음대로 하시오. 나는 조지 왕의 부하로서 자랑스럽게 임무를 수행하고 있소.'

여러분, 이야기가 기니까 요약해보겠습니다. 그 사람은, 나중에 그가 직접 밝힌 바에 따르면 독립전쟁 당시에 어떤 임무를 띠고 인디언 부족을 찾아갔다가 부대로 복귀하는 중이었습니다. 그런데 도중에 어느 동굴에 들어가 잠을 청했다는군요. 동굴 안은 아주 깜깜했고, 그는 잠든 뒤에 인사불성이 된 겁니다. 우리가 깨울 때까지 그는 아무것도 모르는 상태였어요."

이 이야기는 엄청난 흥분을 일으켰다. 사람들은 홀리의 판사처럼 근엄한 얼굴과 하얗게 센 반백의 머리를 힐끔거리면서 병사에 관한 이야기를 곧이곧대로 믿었다. 사람들의 호응에 대담해진 홀리는, 로키산맥의 그 사냥꾼 집결지에서 30킬로미터쯤 떨어진 곳에 공기가 너무도 깨끗해서 사람들이 사고를 당하지 않는 이상 절대로 죽지 않는 지역이 있다고 말했다.

"절대로 죽지 않는다니!" 몇 사람이 깜짝 놀라서 소리쳤다.

"그렇다니까요. 정말이지 불가능한 일이죠. 보기 드물게 깨끗한 공기가 죽음을 막아주는 거죠. 그곳 사람들은 기력이 없을 정도로 늙어버리면 홀연히 마을을 떠나는 경우가 종종 있답니다. 그리고 일단 그 마법의 마을을 벗어나면 목숨을 잃게 됩니다."

"정말이에요?" 누군가 미심쩍은 표정으로 물었다.

"내 명예를 걸고 말하건대 정말입니다." 겉늙은 홀리가 말했다. "수년 전인가, 몇몇 자선가들이 그 지역에 박물관을 지었습니다. 그 마을에서는 기력이 없을 정도로 늙어버린 사람들을 자루에 집어넣고 이름표를 붙이지요. 그런 자루들을 박물관 안에 걸어두는 거지요. 이후에 그들과 대화를 하고 싶은 친구들은 박물관을 찾아가 50센트를 냅니다. 자루 속의 노인들을 꺼내 미지근한 물이 든 솥에 담그면 곧 대화를 할 수 있는 상태가 되지요. 30분 동안 대화를 나눌 수 있는데, 그 시간이 지나면 잘 씻겨서 다시 자루에 넣어 매달아두지요."

"터무니없는 소리 같구먼!" 좌중에서 누군가 말했다.

"그럴 만하죠." 홀리가 대답했다. "그래도 사실인걸요. 허허 참, 여러분." 그가 말을 이었다. "한번은 내가 그 박물관에 간 적이 있답니다. 혹시 거기에 새뮤얼 홀리라는 이름이 있냐고 물었습니다. 그건 내 삼촌 이름인데, 그분은 30년 전에 로키산맥으로 간 뒤로 소식이 끊겼지요. 박물관 직원이 명부를 확인하더니 새뮤얼 홀리는 367번 자루에 있으며 19년째 거기 있었다지 뭡니까. 나는 50센트를 내고 삼촌과의 면담을 요청했어요. 따뜻한 물속에 담겨 있는 늙은 삼촌에게 나는 내가 누구인지 말했지요. 삼촌이 우리 마을을 떠났을 때 난 아직 어렸는데, 그래도 삼촌은 나를 알아보았는지 만나서 기뻐하는 것 같았어요. 삼촌은 우리 아버지와 여러 친구분들의 안부를 묻더군요. 목소리에 힘이 없었고, 20분 대화를 나눈 뒤에는 다시 매달려 있고 싶다 그러시더군요. 나는 예전에 삼촌이 가지고 있었던 것으로 아는 커다란 총을 어디에 두었는지 물었어요. 삼촌은 우리 아버지의 집 다락방 들보 위에 올려놓았다고 알려주고는 그 총을 내 마음대로 쓰라고 하시더군요. 나는 삼촌에게 감사의 말을 전하고 작별을 고했습니다. 박물관 직원이 그를 데려가 원래 자리에 걸어두었죠. 혹시 여러분 중에 그쪽으로 갈 일이 있는 분은 부디 내 삼촌을 방문하여 안부를 전해주세요. 367번, 자루 번호를 기억해두시고요."

몇 명이 자루 번호를 적어서 호주머니에 넣었다! "총은 찾았수?" 박물관 이야기를 철석같이 믿는 누군가가 물었다.

"찾고말고요. 샘 삼촌이 말한 바로 그 들보에서 찾아냈어요. 엄청나게 큰 총이었죠. 제대로 장전하려면 화약 반 킬로그램과 탄환 2킬로그램은 필요할 정도였어요. 그 무렵 나는 뉴욕의 서쪽에 있는 아버지 댁에 돌아가 있었어요. 아버지는 커다란 메밀밭을 경작하셨는데, 어마어마하게 많은 야생 비둘기들이 먼동이 틀 무렵이면 어김없이 몰려드는 통에 아버지는 농사를 망칠까봐 노심초사셨죠. 그래서 나와 형제들이 교대로 일출 무렵에 밭으로 나가 망을 봤답니다. 하루는 내가 그 커다란 총을 들고 밭으로 갔어요. 밭에 도착해보니 너무 이른 시간이더군요. 일단 총을 장전해서 총구가 밭 쪽으로 향하게 울타리에 기대어놓고 만반의 준비를 해놓았죠. 그런 다음 그루터기에 앉아서 비둘기떼가 오기를 기다렸어요. 그런데 깜빡 잠이 들었고, 깨어나보니 해가 뜬 지 30분이 지나 있더군요. 밭을 살펴보니 온통 비둘기로 뒤덮여 있지 뭡니까! 그때 밭에서 메밀을 먹어치우고 있던 비둘기가 얼마나 많았는지, 아마 여러분은 상상도 못할 겁니다. 나는 벌떡 일어서서 비둘기떼를 날아오르게 만들려고 막대기 하나를 메밀밭 한복판으로 집어던진 다음 곧바로 총을 겨누고 적절한 순간을 기다렸죠. 비둘기떼가 한꺼번에 날아오르면서 밭은 새카만 그림자로 물들었어요. 나는 방아쇠를 당겼고, 천둥 같은 총성이 울렸어요. 그런데 불행히도 몇 초 늦고 말았어요. 비둘기떼는 이미 사거리를 벗어나 높이 날아올라 있었거든요. 비둘기는 한 마리도 죽이진 못했지만, 그래도 큰 드럼통으로 깃털만 네 통 반을 담았지요!"

"새빨간 거짓말!" 누군가 소리쳤고, 다른 사람들도 모두 그 말에 맞장구쳤다.

"방금 한 얘기는 오늘밤에 지금까지 내가 한 얘기만큼이나 사실이라오." 홀리가 소리치고는 기분좋게 웃었다. 그러자 사람들도 따라 웃었다.

홀리는 자기가 겪지도 않은 허구의 일들을 말하는 습관이 있어서, 그로부터 진실을 듣기란 녹록지 않았다. 그의 이야기를 곧이곧대로 믿는다면 이 세상에는 그가 가보지 않은 곳이 없는 셈이었다. 어느 날 나는 그에게 이렇게 말했다. "홀리, 당신이 가보지 않은 곳을 한 군데 말할 수 있어요."

"그런 곳이 있기야 하겠지." 그가 말했다. "그런데 그게 어딘데?"

"저 하늘에 떠 있는 기구(氣球)요." 내가 말했다.

"뭔가 착각을 해도 단단히 했구먼. 내가 1832년 루이빌에서 와이즈와 함께 기구를 타고 오른 게 세 번이야. 그 중 한 번은 와이즈가 가장 높이 오른 기록을 깼단 말이야."

그와 논쟁을 벌여봐야 소용이 없었다. 아무튼 나는 그의 애기 중에 단 한 마디의 진실도 없다고 확신했다.

우리는 앨라배마, 켄터키, 테네시주의 셀 수 없이 많은 곳에서 공연을 했고 1837년 5월에 내슈빌에서 해산했다. 비발라는 뉴욕에서 두세 달 더 단독으로 공연했다. 그러고는 가을에 배를 타고 쿠바로 갔는데, 이듬해에 그가 죽었다는 소식이 들려왔다. 그러나 이 키 작은 친구는 내 인생 후반기에 다시 등장한다.

홀리는 방목해서 키운 우리 말들을 돌보기 위하여 테네시에 남았다. 나는 아늑한 집으로 돌아가 사랑하는 가족과 함께 몇 주를 보냈다. 7월 초, 나는 새로운 공연자들과 함께 서부로 돌아가서 홀리와 합류했다. 그리고 켄터키주에서 다시 공연을 시작했다. 성공하지 못했다. 몇 안 되는 단원 중 한 명은 능력이 부족했고 다른 한 명은 무절제했다. 나는 그 두 명을 해고했다. 흑인 가수는 프랭크포트에서 강에 빠져 죽었다. 자금 사정도 좋지 않았다. 숙박비를 내기 위하여 이 마을에서는 말, 저 마을에서는 마차, 또다른 곳에서는 내 시계를 맡겨야 했다. 저당잡힌 물건들은 나중에 공연 수익이 좋아졌을 때 도로 찾아오긴 했다. 그래도 당시 몇 주 동안 나는 내 운수도 이제 내리막길에 접어든 건 아닐까 하며 의기소침했었다.

8월에 홀리와의 관계를 청산하고 Z. 그레이브스와 동업 계약을 맺었다. 나는 그에게 공연단을 맡기고 펜틀랜드를 찾아서 재계약하기 위하여 오하이오주로 향했다. 그를 만난 곳은 티핀이었다.

나는 티핀에 가본 것이 처음이었지만, 호텔에서 몇몇 신사들과 종교적인 대화를 나눈 이후 비슷한 내용을 주제로 강연을 해달라는 부탁을 받았다. 나는 승낙했고, 안식일 오후와 저녁에 그 마을 학교는 정중한 회중으로 가득 찼다. 공화당원인 한 신사는 내게 9월 4일과 5일 저녁에 그 마을에서 두 차례 강연해달라고 요청했고, 나는 그렇게 했다.

펜틀랜드를 비롯하여 몇 명의 연주자들과 계약을 맺은 후 말과 마차를 구입해 켄터키주로 향했다.

신시내티까지 50킬로미터가량 남았을 때 커다란 돼지떼를 몰고 가는 몇 사람과 마주쳤다. 돼지몰이꾼 한 명이 욕설을 내뱉었다. 우리 마부 한 명이 제때 마차를 세우지 않아서 돼지떼가 약간 흩어진 모양이었다. 나는 돼지몰이꾼을 그가 모는 네발짐승에 비유하며 꽤나 가시돋친 말로 응수했다. 그가 말에서 내려 내게 다가오더니 총을 꺼내 공이치기를 당긴 후 총구를 내 가슴에 겨누는 것이었다. 그러고는 내가 사과하지 않는다면 쏴버리겠다고 했다. 나는 그에게 몇 분만 생각할 시간을 달라고 부탁하면서, 다른 마차에 있는 내 친구와 상의할 수 있게 허락해준다면 기분좋게 오해가 풀릴 거라고 말했다. 그는 그러라고 했다. 내가 말한 그 친구는 장전해놓은 2연발총을 가지고 있었다. 나는 그 총을 들고서 두 명의 조수와 함께 서 있던 돼지몰이꾼에게 다가갔다. "자, 선생. 이번에는 당신이 사과해야겠군요. 지금 당신 머리가 위험하니까요. 당신은 사소한 말 한마디에 무기를 뽑아들었어요. 당신은 사람 목숨을 하찮게 여기는 것 같군요. 자, 선생, 총알과 사과 중에 하나를 선택하시죠."

그는 곧 사과했고, 우리는 다른 화제로 이야기를 나누었다. 우리는

돼지몰이꾼과의 만남

갑작스러운 분노 때문에 많은 사람들이 목숨을 잃는데, 피해자와 가해자 중에 한쪽 또는 양쪽 모두가 치명적인 무기를 가지고 다니기 때문이라는 데 의견의 일치를 보았다.

　우리가 순회공연을 펼친 남서부의 주요 도시로는 내슈빌(우리는 내슈빌에서 허미티지 농장에 있던 잭슨 장군을 방문하기도 했다), 헌츠빌, 터스컬루사, 빅스버그를 꼽을 수 있다. 물론 수많은 중간 지역들도 순회공연에 포함되었다. 공연 성적은 들쭉날쭉했지만 그래도 전반적으로는 괜찮다고 할 수 있었다.

　우리는 빅스버그에서 말 네 필과 '악단 마차'만 남겨놓고 모든 육상

운송수단을 팔았다. 그리고 6,000달러를 들여서 증기선 '세레스'호를 샀다. 선장과 승무원을 고용한 우리는 강을 따라 내려가다가 적당한 장소에 정박하여 오락 제공 사업을 펼쳤다.

나체즈에서 요리사가 그만두었다. 나는 요리사를 구하기 위해 백방으로 노력했지만 허사였다. 한 백인 과부가 적임자라는 말을 듣고 그녀에게 일자리를 제안했다. 그녀는 곧 젊은 페인트공과 결혼하기로 했다면서 내 제안을 거절했다. 우리는 요리사가 필요했다. 그것도 절박하게. 나는 페인트공을 찾아가 용건을 말했다. 우리 사정을 말한 뒤 정말 그 과부와 결혼할 것인지 물었다. 그는 아직 결정을 내리지 못했다고 말했다.

"결정을 좀 빨리 할 수 없어요? 당장 결혼하는 건 어때요?" 내가 물었다.

물론 싫다는 답변이 돌아왔다. 그녀가 자기한테 무엇을 해줄지, 또 그 자신이 그녀에게 무엇을 해줄지 확신이 서지 않는다고 했다.

그가 고민하는 것은 이해할 만했으나, 우리는 사정이 급했다. "당신이 내일 아침 그녀와 결혼한다면 그녀를 월급 25달러에 요리사로 고용하겠소. 동시에 당신도 같은 월급을 주고 페인트공으로 고용하도록 하죠. 둘 다 무료 승선이고 보너스는 현금으로 50달러 주겠소." 다음날 아침, 선상에서 결혼식이 열렸다. 신부는 곧 웨딩드레스를 벗었고 점심식사로 풍성한 요리가 나왔다.

루이지애나주의 세인트프랜시스빌에서는 무섭고도 우스꽝스러운 일이 벌어졌다. 저녁 공연 동안 한 남자가 이미 돈을 지불했다면서 나를 지나 천막 안으로 그냥 들어가려 했다. 그는 살짝 취해 있었다. 내가 막아서자 그는 내게 슬렁샷(가죽이나 끈 끝에 무거운 쇠뭉치를 매단 무기―옮긴이)을 휘둘렀다. 그 공격으로 내 모자가 뭉개졌고, 쇠뭉치가 골상학자들이 '요주의 부위'라고 하는 정수리를 스쳐갔다. 아마도 그 일과 다음에 벌어진 일이 관련 있는 것 같았다.

입장을 거부당한 남자는 돌아갔고, 몇 분 만에 취한들로 이루어진 섬뜩한 무리와 함께 다시 나타났다. 그들은 각자 권총과 몽둥이 같은 무기를 지녔고 당장이라도 나를 공격할 태세였다. 나는 시장을 비롯한 고위직 인사들(당시 공연장 안에 있던)을 불러서 폭도로부터 나를 보호해줄 것을 요청했다. 시장은 그런 다툼에는 자기도 힘을 쓸 수 없다고 했으나, 그래도 그가 개입함으로써 당장의 폭력 사태는 모면할 수 있었다.

"한 가지 조건에 따른다면 당신들을 놓아주겠소." 그중에서 좀더 온건하게 보이는 두목급 인물이 말했다. "정확히 한 시간을 줄 테니, 다른 사람의 도움 없이 당신네 힘만으로 저 연장 나부랭이들을 챙겨서 증기선으로 떠나시오! 꾸물거릴 시간이 없으니 서둘러요. 한 시간이 지났는데도 아직 육지에 있다가는 각오하시오!"

그는 자신의 손목시계를 쳐다보았고, 나는 그들의 권총과 몽둥이를 쳐다보았다. 내 생각에 그 대형 천막을 그렇게 빠른 시간 내에 정리한 것은 그때가 처음이었다. 모든 단원들이 각자 최선을 다했다. 단원 외에 다른 사람들은 애정 때문이든 돈 때문이든 간에 우리를 도와주어선 안 되었다. 이따금씩 '서둘러!'라는 고함소리가 우리의 근육을 쉴새 없이 움직이게 만들었다. 우리의 '연장 나부랭이들'이 마구 뒤엉킨 채 증기선 갑판으로 올려졌다. 화부가 출항 준비를 서둘렀다. 약속 시간을 5분 남기고 우리는 닻을 올려 출항했다.

우리를 마을에서 쫓아낸 건달들은 유머가 있고 명예심도 있는 무리가 분명했다. 그들은 우리가 부지런히 움직이는 모습을 보고 즐거워했다. 그리고 우리가 마지막 짐을 실을 때는 배까지 배웅을 나와서 횃불을 흔들었다. 배가 속력을 내기 시작하자, 그들은 '와아!' 하는 우렁찬 함성으로 우리에게 작별을 고했다.

1838년 3월 19일자 뉴올리언스 신문에 〈바넘 선장과 그의 단원들, 증기선 '세레스'호 입항〉이라는 기사가 실렸다. 우리는 일주일간의 공연을 마치고 애터카파스로 향했다. 오펄루서스에서 증기선을 설탕과 당밀로 바꾸었다. 공연단은 해단되었고, 집으로 출발한 나는 1838년 6월 4일 뉴욕에 도착했다.

나는 떠돌이 흥행사의 삶에 넌덜머리가 나 있었다. 흥행사로 성공할 수 있다는 확신이 있었음에도 불구하고, 나는 그 직업을 목표가 아니라 적당한 때에 더 나은 뭔가를 하기 위한 수단으로 여겼다. 남부끄럽지 않고 안정적인 사업을 목표로 했기에, 나 자신이 지속적인 관심을 기울일 뿐 아니라 현금 2,500달러를 투자할 수 있다는 약속과 함께 동업자를 구한다는 광고를 냈다. 나는 사업 제안을 93가지나 받았다. 그런 것을 제안이라고 할 수 있을진 모르겠지만! 누구든 간에 사람들이 어떻게 살아가고 있는지 또는 어떤 삶을 꿈꾸고 있는지 1달러짜리 지식을 얻고자 하는 자가 있다면, 그 1달러로 동업자를 구한다는 광고를 내보기 바란다. 물론 4,000달러 내지 5,000달러가 준비되어 있는 것처럼 광고를 내야 한다.

내게 도착한 편지의 3분의 1은 음식점 주인들로부터 온 것이었다. 중개업자들, 복권 사업자들, 전당포 주인들, 무수한 뭔가를 발명한 발명가들, 특허 약 개발자들도 사업제안서를 보내왔다. 그중 일부는 제안할 사업을 정확히 밝히길 거절했으나 개인적인 만남을 통해서 눈이

번쩍 뜨일 금광을 알려주겠다고 약속했다. 그 수수께끼의 인물들 중에 몇몇을 만나봤다. 한 명은 한참 뜸을 들인 것도 모자라 비밀을 지키겠다는 약속을 거듭 받은 후에야 나와 동업하려는 사업의 실체가 위조지폐라고 밝히기도 했다. 그는 위조한 동전과 지폐를 내게 보여주었다. 그러면서 자기를 고발했다가는 죽음이 기다리겠지만 자기와 동업한다면 크고 안전한 부를 얻을 거라고 말했다. 그는 지폐를 위조하는 데 필요한 종이와 잉크 그리고 새 거푸집(주형)을 구입할 2,000달러가 필요했던 것이다.

퀘이커 교도 복장을 하고 농부처럼 보이는 차분한 인상의 남자도 사업자 모집에 응했다. 그는 귀리 투기를 제안했다. 그의 말에 따르면 자기는 파산한 상인이지만 퀘이커 교도 농부 차림으로 말과 마차를 산 뒤 귀리를 도매가로 사들여 바우어리 21번지 인근에서 자루 단위로 팔면 수지가 맞을 것이었다. 그곳의 짐꾼이나 말 대여업자들은 퀘이커 교도와 거래할 때는 대체로 깐깐하게 굴지 않고 곡물을 몇 번씩 재보거나 하지 않기 때문이라고 했다.

"곡물 양을 속이자는 건가요?" 내가 말했다.

"내가 그렇다 아니다 말하지 않는 편이 좋겠군요." 그가 말했다. 그의 음흉한 눈빛을 보건대, 차라리 주립 교도소에 그보다 더 괜찮은 사람들이 있겠다는 확신이 들었다.

필가의 한 모직 상인도 사업 제안을 해왔다. 나는 그로부터 한 달 후에 그의 사업이 망하는 것을 지켜보았다. 또 한 사람은 '영구 기관'이라는 아이디어로 부자가 될 수 있다고 말했다. 그러나 애석하게도 그것을 시험해본 결과 속이 빈 기둥 밑에 우스꽝스럽게 태엽 장치를 달아놓은 것이었다. 따라서 그것이 영원히 작동하는 기간은 바로 태엽이다 돌아갈 때까지였다!

나는 마침내 프롤러라는 독일인과 동업을 시작했다. 그는 한 시의원의 추천장을 가져왔다. 그것이 신뢰를 주었고, 직접 만나서 얘기해본 결과 믿을 만한 사람이었다. 그는 흑색 도료, 가죽용 방수제, 향수, 포마드 제조업자였다. 우리는 바우어리 101번지에 연 600달러(주거 포함)로 점포를 임대하여 위에서 말한 물건들을 만드는 공장을 차렸다. 프롤러는 제품을 만들어 보스턴, 찰스턴, 클리블랜드 등 각지에 도매로 팔았다. 나는 회계를 담당했고 도매와 소매를 포함하여 공장 직판에도 관여했다.

몇 달간은 사업이 번창하는 것 같았다. 그러나 내 자금은 바닥났고 추가 구입한 물품의 대금 결제일이 다가왔다. 반면에 우리 제품들은 장기 외상으로 팔린 상태였다. 나는 '신용거래 시스템'의 실체를 깨닫기 시작했다. 그리고 당장 내일 결제할 어음 때문에 고통스럽게 뜬눈으로 밤을 새울 때도 그 실체를 절감했다.

잘생기고 달변가인 프롤러는 결국 일류 건달에 불과하다는 걸 스스로 입증했다. 그 사정을 시시콜콜 말해봐야 독자들에게 그리 흥미롭진 않을 것이다. 우리의 동업 관계는 1840년 1월에 끝났다. 프롤러는 예의 '신용거래 시스템'으로 2,600달러에 우리 사업의 지분 전체를 사들였다. 그리고 어음 만기일이 오기 전 은밀히 짐을 챙겨서 로테르담으로 떠나버렸다. 나는 보기 좋게 사기를 당한 셈이었다. 내게 남은 것이라고는 다음과 같은 제조법이 전부였다. 그것을 여기에 공짜로 소개하겠다.

1. 향수: 알코올 23리터와 라벤더, 백리향, 로즈메리, 정향, 질

산소다, 베르가모트 향유, 레몬 오일 각각 113그램을 하루에 세 차례 섞는다. 24시간 그대로 놓아둔 다음 순수 증류주 5.5리터를 첨가한다. 잘 젓고 4시간 그대로 놓아둔 다음 붉은색 흡수지로 걸 러낸다.

참고—미국인들은 외국 제품을 특히 좋아하기 때문에 '독일 콜 로뉴(독일 쾰른산 화장수)'로 광고하고 독일 상표를 복제하여 병 과 상자에 붙임으로써 판매고를 늘릴 수 있다.

2. 곰의 지방으로 정제한 포마드(곰 없이 만드는 방법!): 돼지 기름 1.5킬로그램과 양 지방 700그램을 녹여서 잘 섞는다. 따로 컵을 준비한 뒤 정향과 베르가모트 향유를 각각 56그램 그리고 라 벤더, 백리향, 로즈메리를 각각 28그램씩 섞는다. 이것을 녹여놓 은 지방에 붓고 잘 저어서 섞는다.

추가—이것은 정말 '독창적인 포마드'로, 대머리까지 풍성하고 윤기 나는 곱슬머리로 뒤덮이게 해준다. 지금까지 나온 어떤 유사 품보다 빠른 효과를 나타낸다.

참고—고객의 신뢰를 높이기 위해서 가게 앞에 살아 있는 곰 한 마리를 '다음에 도살될 곰!'이라는 꼬리표를 붙여 전시한다. 똑 같은 곰을 다음날에도 전시한다. 가끔씩은 광고 제목을 이렇게 잡 는다. '어제 곰 2마리 추가 도살!'

3. 흑색 도료(1838년 니블로스 가든에서 개최된 뉴욕 발명가협 회 대박람회에서 수상함): 통에 당밀 11리터를 넣고 고래기름 1.4 리터를 첨가한다. 잘 섞은 다음 상아를 태워 만든 흑색 안료 11킬

로그램을(그중 9킬로그램을 먼저) 첨가하고 최대한 빨리 섞는다. 흑색 안료 9킬로그램이 잘 섞인 시점에서 식초 1리터를 넣는다. 그다음 나머지 흑색 안료 2킬로그램을 섞고 식초 3.5리터를 첨가한다. 잘 섞는다. 그다음 염산 1리터를 넣고 잘 섞는다. 진한 황산 1리터를 첨가한다. 30분 동안 잘 섞으면 흑색 도료가 완성된다. 작업시 햇빛이 비치는 곳은 피할 것.

4. 방수제: 수지 4.5킬로그램과 돼지기름 2.3킬로그램을 솥에 넣고 약한 불로 데운다. 다른 솥에는 작게 조각낸 밀랍 1.1킬로그램을 넣고 천천히 녹인다. 녹은 밀랍을 수지와 돼지기름이 든 솥에 붓고 잘 저어 섞는다. 불을 끄고 올리브유 1.1킬로그램과 테레빈유 1.5리터를 첨가한다. 그다음 상아를 태워 만든 흑색 안료 4.5~5.5킬로그램을 조금씩 첨가하면서 최소 30분 동안(조수에게 맡겨서) 계속 젓는다. 차가워질 때까지 기다린 후 상자에 넣는다. 상자에 넣을 때 햇빛이 비치는 곳은 피할 것.

프롤러와 사업을 계속하고 있던 시기에(1839년 봄) 존 다이아몬드라는 천재적인 춤꾼을 만났다. 나는 그의 아버지와 계약을 맺고 대리인의 책임하에 그를 대중 앞에 세웠다. 그의 비범한 재능은 대중의 관심을 끌었고, 그는 당연히 미국 최고의 흑인 댄서이자 '브레이크다운'(break-downs, 흑인의 활발한 재즈 댄스—옮긴이)의 일인자가 되었다. 그는 최근 수년 동안 대중에게 놀라움과 즐거움을 준 무수한 공연자들의 진정한 모범이었다.

1840년 봄, 나는 브래드퍼드 존스 씨로부터 뉴욕에 있는 복스홀 가든의 살롱을 빌리고 노래, 춤, 만담 등 다양한 공연을 펼쳤다. 유명 배우이자 가수인 메리 테일러 양이 바로 이 무대에서 데뷔했다.

복스홀 사업은 잘되지 않아서 8월에 그만두었다. 이제 무슨 일을 해야 하나, 그것이 문제였다. 떠돌이 흥행사의 삶을 다시 시작하지 않으려고 내가 얼마나 애를 썼는지는 나만 알 것이다. 그러나 내겐 부양해야 할 가족이 있었고 수중의 돈은 점점 줄어드는 상황이었다. 마땅한 일거리를 찾지 못한 나는 결국 남서부를 순회하는 고단하고 불안하며 불확실한 생활을 한번 더 견뎌보기로 결심했다.

공연단은 훌륭한 가수이자 여러 괴짜들의 이야기를 풀어내는 만담가 C. D. 젱킨스, 최고의 춤꾼인 다이아몬드, 바이올린 연주자가 전부였다! 뉴욕의 트로이에서 14세의 부랑자 고아 프랜시스 린치를 공연단에 합류시켰는데, 그의 재능은 나중에 우리 공연의 흥을 돋우는 데 한몫했다. 내 처남 존 홀릿은 우리의 대리인이자 홍보 담당자로서 먼저 출발했다.

순회공연은 버펄로, 토론토, 캐나다 지역들, 디트로이트, 시카고, 오타와, 스프링필드, 세인트루이스로 이어졌고 무수한 중간 지점들을 거쳤다. 세인트루이스에서 증기선을 타고 뉴올리언스로 갔는데, 이 무렵에 공연자들이 계속 이탈하더니 결국 다이아몬드와 바이올린 연주자만 남았다!

우리는 1841년 1월 2일 뉴올리언스에 도착했고 내 수중에는 고작 100달러만 남아 있었다. 내가 뉴욕을 떠나올 때도 그만한 금액을 가지고 있었다. 넉 달간의 불안과 고된 일의 결과로 가족에게 송금한 적은 액수를 제외하고 고작 경비 정도만 남은 셈이었다. 2주가 채 지나지 않아서 쌈짓돈마저 썰물처럼 빠져나갔다. 일주일치 숙박비를 연체하는 바람에 하숙집 여주인 질리스 부인으로부터 돈을 내든가 아니면 나가라는 통고를 받았다. 나는 다이아몬드의 공연이 수익을 거두면 지불하겠으니 조금만 사정을 봐달라고 부탁했다. 다이아몬드는 계속 공연을 하고 있었으나 공연장은 한산하여 언제 수익이 날지 불투명했다. '흥행사'를 대수롭지 않게 생각하는 여주인은 담보를 요구했고, 나는 그녀의 손에 시계를 쥐여주었다.

1월 16일에 흥망성쇠의 조류가 바뀌기 시작했다. 그날밤 나는 다이아몬드 공연의 수익 중에서 500달러 가까이를 받았다. 계약에 따라 세인트찰스 극장의 지배인 콜드웰이 수익의 나머지 절반을 가져갔다. 조류는 계속 그 방향으로 흘렀다. 다음날 밤에는 500달러, 사흘째 밤에는 479달러를 받았으니 말이다. 특히 사흘째의 수익은 필라델피아에서 비발라와 로버츠가 벌인 곡예 대결과 흡사하게 기획한 대규모 춤 대결에서 나온 것이었다.

빅스버그와 잭슨에서의 공연은 그리 신통치 않았지만 뉴올리언스로 돌아왔을 때는 또다시 상당한 성공을 거두었다. 연이어 모빌에서도 그랬다. 그런데 춤꾼 다이아몬드가 나한테 큰돈을 뜯어간 후에 결국 도망쳐버렸다. 나는 미시시피와 오하이오주를 경유하는 길로 3월 12일 귀향길에 올랐다.

7개월의 여정이 흥미로운 일화 하나 없이 무미건조한 것은 아니었다. 오히려 그 반대였다. 여기서 그저 여행 경로만 간단히 밝히는 것보다는 몇 가지 일화를 소개해보겠다.

우리가 뉴올리언스에 도착했을 때 유명한 아일랜드인 코미디언 타이런 파워가 세인트찰스 극장의 지배인 콜드웰과 계약 만료를 앞두고 있었다. 나는 그를 알게 되어 무척 기뻤다. 그는 정말이지 다정다감한

파니 엘슬러

사람이었고, 내게 작별인사를 건네면서(1841년 1월 8일이었다) 진심으로 내 성공을 빌어주고 꼭 다시 만나자고 했다. 불쌍한 파워! 그가 탄 뉴욕발 리버풀행 배는 어딘가에서 난파되었다. 오로지 신만이 깊은 대양 속으로 가라앉은 그 배를 보았을 것이다.

파니 엘슬러(Fanny Ellsler, 나폴리와 파리 등지에서 공연을 하고 미국에서도 큰 성공을 거둔 유명한 오스트리아 무희—옮긴이)가 세인트찰스 극장과의 계약을 이행하기 위하여 3월 1일경 뉴올리언스에 도착했다. 2층 특별석의 가장 좋은 자리가 3월 4일에 경매로 팔렸는데 평균 판매가가 4달러 50센트였다. 나는 너무 비싸다고 생각했지만 극장 지배인의 수완을 믿었다. 나는 불가능하다고 생각했는데, 그는 능히 대중의 관심을 열병 수준으로 끌어올리는 데 성공했다. 나 자신이 이후 12년 안에 뉴올리언스에서 그보다 훨씬 더 높은 가격으로 표를 팔 수 있을 거라고는 꿈에도 생각하지 못했다.

3월 30일, 나는 피츠버그에 도착했다. 그런데 세인트루이스에서 프랜시스 린치를 꼬드겨 함께 도망친 젱킨스가 그곳 박물관에서 '최고의 춤꾼 다이아몬드'를 사칭하며 가짜 공연을 하고 있다는 것을 알게 되었다. 나는 몰래 그 공연을 보러 갔고, 다음날 젱킨스에게 조롱조의 공연 소감을 편지로 보냈다. 내가 피츠버그에 와 있고 당신과의 법적 소송을 준비하는 중이지만, 당신이 원한다면 우리가 뉴욕에서 만나 해결 가능성을 타진할 때까지 소송을 미룰 수도 있다고 편지에 적었다.

우리는 뉴욕까지 갈 것도 없이 다음날 만났다. 그는 자신의 명예를 훼손하는 공연 소감을 편지로 보낸 것에 대해 고소하겠다고 협박했다. 나는 웃어넘겼고, 그는 그 웃음에 더욱 악감을 품고서 다음날 앙갚음에 나섰던 모양이다. R. W. 린지는 내가 필라델피아에서 조이스 헤스를 양도받은 이후로 한 번도 본 적이 없었는데, 마침 그때 피츠버그에 와 있었다. 젱킨스의 부추김에 넘어간 린지는 예전 계약에서 구매대금 외에 브랜디 한 통 값을 더 주기로 했는데 약속을 지키지 않았다며 나를 고소했다. 치안판사는 내게 보석금 500달러를 요구했다. 주위에 낯선 사람들뿐이었던 나는 당장 보석금을 구할 수 없었고, 결국 수감되고 말았다! 내가 돈을 맡겨두었던 변호사가 보석금을 가져온 오후 4시경에야 석방될 수 있었다.

다음날 아침, 나는 프랜시스 린치와 관련한 권리 침해와 '최고의 춤꾼 다이아몬드' 사칭 등의 혐의로 젱킨스를 고발했다. 그는 체포되어 수감되었고, 역시 오후 4시경에 풀려났다! 우리는 한 번씩 감옥에 갔다 온 셈이었고, 뉴욕에서 만날 때까지는 법적 다툼을 잠시 중단하기로 했다. 그는 훗날 뉴욕에서 최악의 상황에 처했다. 린치는 젱킨스의 도구에 불과했고, 젱킨스도 이후로는 내게 더는 꼬투리를 잡지 않았다. 12년 후 그는 보스턴에 있던 나를 찾아와서 사과했다. 그는 당시 몹시 딱한 처지에 있었고 나는 크게 성공해 있었다. 덧붙이자면, 나는 그후로 그와 친구가 되었다.

피츠버그에 있는 동안 50세가량의 C. D. 하커라는 남자를 알게 되었다. 그는 일거리가 없다고 불평했다. 나는 뉴욕의 한 일간지를 집어 들고 이렇게 말했다. "이 신문을 내려놓기 전에 선생을 위해서 일자리를 찾아주겠습니다."

그 말을 하기가 무섭게 '시어스 그림 성경, 권당 2달러'라는 광고가 눈에 띄었다. 나는 그 책을 본 적이 없었고 도매가가 얼마인지도 몰랐다. 하커 씨는 그 책의 구매자들을 모을 수 있다고 생각했다. 나는 견본 삼아서 그 책 한 권을 그에게 사주었고 1,375달러에 그가 원하는 만큼 책을 공급해주겠다고 말했다. 그는 곧 일을 시작했고 이틀 만에 80명의 구매자를 모았다. 순수익이 50달러였다.

1841년 4월 23일, 나는 여덟 달 만에 뉴욕에 도착했다. 아주 건강한 모습의 가족들과 재회했고, 다시는 떠돌이 흥행사로 일하지 않겠다고 또 한번 다짐했다.

제9장

아메리카 박물관

새로운 사업—사다리의 맨 아랫단—굳은 결심—아메리카 박물관—무모한 시도—면담—제안—또다시 아이비 아일랜드—계약 좌절—전략—역습—죽기 아니면 까무러치기—박물관의 발전—사기꾼과 현실—박물관의 나이아가라 폭포—폭포를 위한 수도요금—철철 흐르는 폭포수—편집장에게 속아넘어가다—쿡 선장의 곤봉—승리의 월계관은 시들고—사기꾼이 속아넘어가다—퍼지 인어—박물학자에게 수수께끼—그리핀 교수—수단과 방법—교묘한 일처리—예비단계—야비한 속임수—대대적인 공지—네덜란드 노인—인어와 시가—인어 재전시—유익한 경쟁—톰 섬 장군—솔직한 고백—성공적인 전시

1841년 4월 26일, 나는 『시어스 그림 성경』을 펴낸 로버트 시어스를 찾아가서 500달러에 500권을 사기로 계약했다. 그리고 5월 10일 비크먼가와 나소가 모퉁이에 사무실을 열었다. 이 사무실은 나중에 레드필드 씨가 서점으로 운영했고, 현재는 나소 은행이 입점해 있다. 그렇게 나는 흥행사의 삶을 영원히 그만두고자 노력하고 있었다. 남부끄럽지 않은 일로 정착하고 싶었다. 나는 대대적으로 광고를 했고 직원들을 고용해 6개월 동안 많은 책을 팔았다. 그와 동시에 꽤 많은 책들을 무책임한 직원들의 손에 맡겨놓은 바람에 수익과 자본금까지 모조리 잃고 말았다!

나는 다시 복스홀 살롱을 임차하여 1841년 6월 14일에 공연을 시작했다. 극장 임차인으로 알려지면 행여 '성경책 파는 사람'의 품위가 손상될까봐 내 지시하에 처남인 존 홀릿을 지배인으로 앉혔다. 9월 25일에 상반기 공연을 마쳤고, 경비를 제하고 200달러가량의 수익도 거두었다.

일거리 없이 부양할 가족과 함께 뉴욕에 살다보니 가진 돈이 금세 바닥났다. 나는 상상하지 못할 정도로 비참한 신세가 되었다. 내 취향에도 맞으면서 빚지지 않고 살아갈 만한 직업을 찾아다녔지만 허사였다. 그러다가 마침내 바우어리 원형극장에서 광고문과 공지문을 작성하는 일자리를 얻었다. 극장 위층에 있는 여러 신문사 사무실을 날마다 돌아다니면서 내가 준비한 내용을 전달하고 제대로 실리는지 확인하는 것이 내 업무였다. 그 일의 대가로 주급 4달러를 받았다! 그 정도도 감지덕지였다.

나는 생계를 꾸리기 위하여 일요 신문에 글을 기고하기도 했다.

그 결과 벌이가 괜찮았지만, 그래봐야 그것은 불안정한 생활방식에 불과했다. 나는 심각하게 나 자신이 행운의 사다리에서 맨 아랫단에 있다는 사실을 깨닫기 시작했다. 또한 근근이 살아가는 것에 만족하지 말고 더 노력해야 하며 궂은 날을 대비한 저축 따위도 진지하게 생각해볼 나이라는 걸 깨달았다. 나는 그때까지 그런 것엔 무관심했다. 여러 가지 사업을 하면서도 그 결과에는 별반 관심을 두지 않았다. 그래서 내 가족을 현재의 생활수준으로밖에는 살 수 없게 만든 것이다. 이제 미래를 준비해야 할 때라고 생각했다.

그 무렵 댄버리의 친애하는 토머스 T. 휘틀지로부터 편지를 받았다. 그는 내가 빌린 돈을 대신하여 댄버리의 내 땅을 오랫동안 담보로 잡

바넘이 인수하기 전 스커더의 아메리카 박물관

고 있었다. 그는 편지에 내가 '물을 담아둘 수 있는 체라도 발명하지 않는 한' 돈을 모으지 못할 테고, 그런 일이 일어날 것 같지는 않지만 그래도 당장 돈을 갚았으면 한다고 적었다. 그 편지는 내 결심을 더욱 굳혀주었다. 나는 그 편지를 한쪽으로 치워놓고 답장도 하지 않았지만, 나 자신에게 이렇게 말했다. "자, 바넘. 더는 허튼짓 말자. 하루 벌어 하루 사는 것 말고, 지금 이 순간부터는 언제나 미래를 대비하는 데 온 힘을 집중하는 거야."

바우어리 원형극장에서 사무원으로 일하던 중에 우연히 브로드웨이가와 앤가 모퉁이에 자리잡은 스커더의 아메리카 박물관의 진기한 소장품들이 매물로 나와 있음을 알게 되었다. 그 소장품들은 스커더 씨의 딸들 소유였다. 그들의 금전적 이득을 위하여 재산 관리인 존 히스 씨의 지시하에 존 퍼즈먼이라는 사람이 매각을 진행하고 있었다.

소장품 전체의 매각가는 15,000달러였다. 박물관 설립자인 스커더 씨는 소장품 구입에 50,000달러를 들였고 박물관에서 벌어들인 수익으로 자녀들에게 큰 재산을 남겨줄 수 있었다. 그런데 박물관이 최근 몇 년 동안 적자를 면치 못하자 상속인들은 팔아치우지 못해 안달이 나 있었다.

투기 성향을 타고난 내가 모든 상황을 고려해볼 때 안전한 투자처로 그 박물관을 점찍고 있었다고 해도 그리 놀랄 일은 아닐 것이다. 최근에 벌인 사업들은 그리 신통치 않았고, 자금은 턱없이 부족했다. 그러나 고된 생활을 하고 있는 가족을 생각할 때 안정된 가정이라는 축복을 누려야 한다는 마음이 간절했다. 그래서 나는 계속 박물관을 드나들며 신중하게 상황을 살폈다. 정력과 요령과 배짱만 있다면 박물관을 살리고 수익의 발판을 마련할 수 있음을 알아냈다. 아니, 그렇게 믿었다. 돈도 없으면서 그 비싼 소장품들을 사는 걸 꿈꾸다니 주제넘은 짓 같았지만, 그럼에도 나는 가능하다면 그것을 사겠다고 진지하게 마음먹었다.

어느 날 거리에서 한 친구를 우연히 만난 나는 그에게 속마음을 털어놓았다.

"아메리카 박물관을 사겠다고?" 친구가 깜짝 놀라면서 물었다. 그도 내 수중에 돈이 없다는 것을 알고 있었기 때문이다. "어떻게 살 건데?"

"놋쇠로." 내가 대답했다. "금이나 은은 내게 없으니까."

진심이었다.

내가 듣기로 박물관 건물 주인은 프랜시스 W. 옴스테드였다. 그는 은퇴한 상인으로 파크 플레이스의 넓은 스위트룸에서 살고 있었다. 그 대단한 인물에게 어떻게 접근할지가 관건이었다. 나는 그를 알고 있는 사람들과 전혀 안면이 없었다. 소개를 받지 않고서 무턱대고 찾아갔다가는 문전박대당할 것이 뻔했다. 그래서 나는 편지를 썼다. 박물관 소장품을 구입하고 싶지만 당장 충분한 돈을 마련하지 못했다고 말했다. 그래서 합당한 외상 거래로 살 수 있기를 바란다고 했다. 내 수완과 경험 그리고 사업에 대한 흔들림 없는 헌신을 바탕으로 기한 내에 외상을 갚을 수 있음을 확신한다고 덧붙이면서 소장품을 그의 명의로 구입해 내게 임대해주기를 부탁했다. 그리고 임차료를 포함해 외상을 철저히 갚아나간다는 계약서를 작성하고, 내가 주당 12.5달러를 벌어 가족을 부양할 수 있게 해달라고 부탁했다. 만약에 할부금을 제때 갚지 못한다면 언제든지 박물관에서 나갈 것이고 그때까지 지불한 돈도 모두 포기하겠다고 말했다. "사실 말입니다, 옴스테드 씨." 나는 계속해서 진심을 전했다. "귀하는 얼마든지 원하는 만큼 저를 옭아맬 수 있습니다. 제게 기회만 주십시오. 성공하든 실패하든 저의 모든 땀과 노력을 바치겠습니다."

나는 또한 옴스테드 씨에게 나와 계약함으로써 그가 영구 임차인을 확보하는 셈임을 알리려고 노력했다. 반면에 내가 이번 매입 건을 성사시키지 못할 경우 박물관은 곧 문을 닫을 거라고 말했다. 덧붙여 내게 면담 기회를 허락해준다면 틀림없이 흡족해할 만한 추천서를 가져오겠다고 말했다. 그리고 합당하기만 하다면 어떠한 조건이라도 받아들이겠다고.

나는 편지를 직접 가져가서 그의 하인에게 전했다. 그리고 이틀 후에 면담 시간이 적힌 답장을 받았다. 나는 정확히 약속 시간에 도착했고, 옴스테드 씨는 내가 시간을 지켜서 기쁘다고 말했다. 그는 나를 찬찬히 살펴보면서 습관과 경력에 대해 예리한 질문들을 던졌다. 나는 솔직하게 대중오락 제공자로서의 경험을 말했고 복스홀 가든과 서커스, 그리고 남부에서의 몇 가지 공연들에 대해 언급했다. 옴스테드 씨의 외모와 태도는 좋은 인상을 주었다. 사실 그는 근엄한 표정으로 상류층 사람들의 마음을 움직여온 인물이었다. 그러나 나는 그의 눈을 통해서 선량하고 개방적이며 고귀한 남자를 본 느낌이 들었다. 그리고 그를 더 잘 알게 되면서 그 느낌이 옳다는 것이 입증되었다.

"당신의 신원보증인은 누구요?" 그가 물었다.

"저와 함께 일한 동종업계 사람들이라면 누구든 가능합니다." 내가 대답했다. "파크 극장의 지배인인 에드먼드 심슨부터 윌리엄 니블로 또는 웰치, 준, 타이터스, 터너, 앵저빈, 아니면 서커스나 동물원 소유주 누구든지요.《뉴욕 선》지의 모지즈 Y. 비치도 있군요."

"그중에서 누구라도 나를 방문하게 할 수 있겠소?" 그가 물었다.

나는 가능하다고 대답하고는 다음날 그들이 방문할 수 있게 준비하겠다고 말했다. 그리고 며칠 후 다시 그를 방문하기로 했다. 니블로는 기꺼이 자기 마차를 타고 가서 옴스테드 씨와 면담을 가졌다. 비치 씨와 다른 몇 명도 약속대로 옴스테드 씨를 방문해주었고, 나는 그 다음 날 아침 내 운명의 결정권자와 만나려고 준비했다.

"바넘 씨, 나는 당신의 신원보증인들이 마음에 들지 않소." 옴스테드 씨가 안으로 들어서는 내게 불쑥 던진 말이었다.

나는 당황해서 말했다. "그러시다니 유감입니다."

"그 사람들은 전부 당신을 칭찬하기만 하더군요." 그가 웃으면서 덧붙였다. "모두 당신의 동업자라도 되는 것처럼, 수익을 나눠 갖기로 한 사람들처럼 말하더라니까."

그 말을 듣고 나는 물론 기뻤다. 옴스테드 씨는 내 지인 중에서 내가 내야 할 분할금에 대해 보증금 형태로 담보를 제공할 사람이 있는지 물었다. 나는 확실하지 않다고 대답했다.

"내가 당신을 대신해서 구입하는 경우에 당신은 담보를 제공할 수 있겠소?" 그는 좀더 단도직입적으로 물었다.

코네티컷주의 얼마 안 되는 토지들이 떠올랐지만, 대부분 이미 저당 잡혀 있었다. "코네티컷주에 땅과 건물이 약간 있습니다만 이미 저당이 잡혀 있습니다." 내가 대답했다.

"알겠어요. 나도 저당잡힌 재산은 원치 않소." 옴스테드 씨가 말했다. "자칫하면 내가 당신 빚을 갚아야 할지 모르니까."

좀더 대화를 나눈 끝에, 그가 나를 대신해서 소장품을 구입한다면 내가 구입대금을 완전히 갚을 때까지는 그의 소유로 명시하기로 했다. 그리고 내가 비용을 대서 매표소 직원과 회계사를 고용하고 회계사로 하여금 일주일마다 그에게 보고하도록 했다. 또한 당시에 당구장으로 사용중이던 박물관 인근의 한 건물에 내가 거주해도 좋다는 합의도 있었다. 1년에 3,000달러로 10년간 장기 임차 계약을 함으로써 나는 1년에 500달러를 아낄 수 있었다. 모든 조건이 내 입장에서는 후한 편이었고 합리적이었다. 다만 그 부자 건물주가 더이상 바라는 것이 없었으면 하는 마음이 들었다. 그러나 그는 더 원했다.

"이제 당신에게 저당잡히지 않은 부동산이 있어서 담보로 제공할 수만 있다면, 당신과 계약을 하고 싶소." 그가 말했다.

그 순간은 내 인생의 전환점 같았다. 나는 속으로 생각했다. '지금 아니면 다시는 오지 않아.' 얼마 안 되는 땅뙈기나마 절실했던 내게 불현듯 스치는 것이 있었다. 아이비 아일랜드. 어린 시절의 상상력을 온통 아름다운 빛으로 채웠던 그 땅이 떠오르면서 안도감이 밀려왔다.

나는 잠시 망설였다. 그는 이 계약이 아니더라도 이미 안정된 삶을 살고 있었고, 담보로 제공할 땅이 없다면 나는 박물관을 통째로 잃게 될 터였다. 그런 생각이 들었다. 게다가 그렇게 한다고 해서 딱히 내게 해가 될 것은 없어서, 나는 잠시 망설이다가 이렇게 대답했다.

"코네티컷주에 담보나 유치권이 설정되지 않은 5에이커의 땅이 있습니다."

"과연! 그 땅은 어떻게 사두었소?"

"돌아가신 외할아버지 피니어스 테일러 씨가 제게 선물로 주신 겁니다."

"부자셨나요?" 옴스테드 씨가 물었다.

"사시던 지역 인근에서는 꽤 부자로 통하셨습니다."

"당신한테 땅을 주다니 퍽 인자하신 분이었군요. 당연히 값비싼 땅이겠지요. 그런데 그 땅이 선물이라니, 당신이 그것을 잃는 건 나도 원치 않소."

"잃지 않을 겁니다. 제가 정확히 돈을 지불한다면 말이죠." 내가 대답했다. "그리고 저는 반드시 그렇게 할 겁니다."

"좋소." 옴스테드 씨가 말했다. "당신을 대신해서 내가 구입토록 하겠소. 아무튼 계약을 매듭지은 것 같소. 당신은 지금부터 그 소장품의 상속인과 재산 관리인을 만나서 최상의 조건을 이끌어내시오. 그리고 일주일 뒤에 내가 이 도시로 돌아왔을 때 다시 만납시다."

나는 곧장 재산 관리인인 존 히스 씨의 집으로 향했다. 그가 제시한 가격은 15,000달러였다. 나는 10,000달러에 7개월 분납 그리고 확실한 보증인을 세우겠다고 제시했다. 그는 그 가격으로는 팔 수 없다고 했고, 나는 다시 방문하기로 했다.

그 주에 나는 히스 씨와 몇 차례 면담을 가졌고, 마침내 12,000달러에 7개월 분납 조건으로 계약하기로 합의했다. 소장품들은 11월 15일에 양도받기로 했다. 옴스테드 씨도 그 조건에 동의했고, 계약서를 작성하기로 한 날 아침이 다가왔다. 그런데 히스 씨가 나와의 계약을 진행할 수 없다고 말하는 것이었다. 그는 박물관 소장품을 필즈 박물관(사단법인)에 15,000달러에 팔았고 이미 1,000달러를 선불금으로 받았다고 했다.

나는 충격을 받았다. 나는 히스 씨의 명예심에 호소했다. 그는 나와 계약서를 작성한 것이 아니니 법적으로 문제될 게 없으며, 고아인 상속인들의 이익을 위해서도 최선을 다한 기분이 든다고 했다. 옴스테드 씨는 내게 유감스럽지만 나를 도와줄 순 없다고 했다. 그로서는 자신에게 아무런 위험 부담도 지우지 않는 안정된 임차인을 만난 셈이니, 나를 내치는 것이 당연한 수순일 것이었다.

나는 이루 말할 수 없는 심정으로 그 자리를 떠났다. 나는 곧바로 필즈 박물관 법인에 대해 알아보았다. 그것은 투기꾼들이 설립한 법인이었고 모 은행의 실패한 전 은행장을 대표로 하고 있었다. 그는 고작 수천 달러에 필즈 박물관의 소장품들을 사들였고 이번에는 아메리카 박물관에 손을 댄 것이다. 그는 50,000달러 상당의 주식을 발행했고, 주주들이야 어떻게 되든 상관없이 30,000달러의 수익을 착복했다.

나는 M. M. 노아, M. Y. 비치, 웨스트, 헤릭, 로프스 등을 비롯해 몇몇 신문사의 발행인들을 찾아갔다. 나는 그들에게 불만을 토로했다. "여러분이 내게 칼럼을 쓸 기회를 준다면 그 투기꾼들을 한 방에 날려버릴 수 있을 텐데요." 내가 말했다. 그들은 모두 그러라고 했다. 나는 단신 형태로 많은 글을 썼다. 우선은 파산한 은행의 경영진이 박제된 원숭이와 거위 가죽을 전시하는 사업에 뛰어든 것을 조롱하면서 대중에게 그 박물관 주식을 사지 말도록 당부했다. 그와 같은 사업 계획으로 실패한 동물원의 사례를 들었고, 그것은 디킨스의 소설에 나오는 "뜨거운 머핀과 크럼핏(영국식 팬케이크의 일종—옮긴이)을 신속 정확하게 배달하는 거대 연합회사"보다도 훨씬 더 어리석은 발상이라고 단언했다.

그들의 주식은 휴지조각이 되었다! 나는 히스 씨를 찾아가 밀담을 요청했다. 그는 받아들였다. 나는 그쪽 법인 이사회에서 14,000달러를 지불했냐고 물었다. "12월 26일에 받기로 했어요. 아니면 그들이 낸 선불금 1,000달러는 날리는 셈이죠." 그가 대답했다. 나는 그들이 절대 돈을 지불하지 못할 거라고, 그만한 돈을 모금하지 못할 거라고 장담했다. 그리고 결국은 박물관 소장품을 팔지 못하고 히스 자신이 계속 가지고 있어야 할 거라고 말했다. 나는 공연단과 함께 남부로 떠나서 박물관이 얼마에 나오든 관심을 갖지 않으면 그만이라고도 말했다. "자, 그들이 12월 26일까지 지불하지 않으면 내가 27일 12,000달러에 소장품을 사도록 하죠. 단, 지금 이 협약은 비밀로 해야 합니다. 나는 위험을 감수하면서 이 도시에 그날까지 머물 겁니다." 그는 기꺼이 내 제안에 동의했다. 그러나 그들이 1,000달러를 가만히 앉아서 날리지는 않을 거라고 자신 있게 덧붙였다.

"잘 알겠어요." 내가 말했다. "내가 당신에게 원하는 것은 이 협약을 비밀로 해달라는 것뿐입니다." 그는 그러겠다고 했다. "그쪽에서 26일까지 14,000달러를 지불하지 않는다면, 12월 27일 오전 10시 정각에 계약서를 준비하여 옴스테드 씨의 거처에서 만납시다." 내가 말했다. 그는 내 말에 동의했고 내 요구에 따라 그 약속을 서면으로 남겼다.

그 순간부터 박물관이 내 것이 된 기분이 들었다. 나는 옴스테드 씨를 만나서 그 이야기를 전했다. 그도 비밀을 지키겠다고 약속했다. 그리고 필즈 박물관 쪽에서 계약을 이행하지 않을 경우 그가 계약에 나서기로 동의했다.

그것이 11월 15일경의 일이었다. 나는 박물관에 관해 묻는 사람들에게 그저 포기했다고만 말했다. 그동안 필즈 박물관측은 1달러의 주식도 팔지 못했다. 내가 신문 지면을 통하여 줄기차게 융단폭격을 가하고 있었기 때문이다.

12월 1일쯤 나는 필즈 박물관(정확히는 그 모기업인 뉴욕 박물관)의 대표 명의로 편지 한 통을 받았다. 그쪽 이사진이 다음주 월요일 아침에 필즈 박물관에서 나를 만나 내게 유리한 이야기를 나누고 싶어한다는 내용이었다. 나는 신문의 약발이 먹혔다고 생각했다. 그들이 돈으로 내 침묵을 사려는 것이 분명했다.

나는 약속 시간에 정확히 맞추어 그곳에 갔다. '존경스러운 이사진'이 거기 모여 있었다. 머리가 백발에 눈매가 날카로운 노인, 즉 최근에 파산한 은행의 전 은행장이자 현재 이사장인 그가 더없이 온화한 미소와 사근사근한 어조로 내게 말을 걸었다. 요지는 내게 전체 박물관의 경영을 맡기겠다는 것이었다. 나는 진심으로 그 제안을 받아들이겠다고 말했고, 연봉을 얼마 원하느냐는 질문에 3,000달러라는 구체적인 금액을 말했다. 그들은 내가 능력 있는 사람이라고 치켜세우면서 내가 요구한 연봉대로 1842년 1월 1일부터 지불하겠다고 말했다. 내가 그 '존엄한 면상'들 앞에서 사라지려는데, 상냥한 이사장이 유쾌하게 말했다. "바넘 씨, 당연한 얘기겠지만 신문에서 더는 당신의 글을 보지 않아도 될 것 같군요."

"저는 고용주들의 이익을 위해 일할 뿐입니다." 내가 대답했다.

기분이 좋아진 이사들은 아마도 내가 그들의 희희낙락하는 소리를 듣지 못하는 곳까지 멀어진 후에 마음껏 웃어댔을 것이다. 그들은 내 입을 틀어막고 주식을 팔려 했을 것이다. 그리고 언제든지 내킬 때면 주주들로 하여금 나를 해고하게 만들 것이었다. 그들은 아마도 확실하게 나를 함정에 빠뜨렸다고 생각했을 것이다. 하지만 함정에 빠진 것은 그들이었다.

거치적거리던 나를 제거했다고 생각한 이사진은 이제 또다른 누군가가 아메리카 박물관의 매입을 시도한대도 걱정하지 않았다. 그리고 그들은 주식 홍보를 다음해 1월 1일까지 미루기로 결정했다. 내가 신문을 통해 퍼부었던 공격의 효과가 사람들의 뇌리에서 잊히려면 그만한 시간이 필요하다고 판단했던 것이다. 12월 26일에 지불하기로 한 대금에 대해서도, 히스 씨가 나와 12,000달러에 비밀 계약을 약속했음을 모르는 상황이다보니 자기네가 돈을 지불할 때까지 언제까지든 히스 씨가 기분좋게 기다려줄 거라고 생각하고 있었다. 사실 그들이 그 문제를 얼마나 소홀히 생각했던지, 약속한 26일에 히스 씨를 방문하지도 않았고 그것에 대해 한 마디 사과조차 하지 않았다!

27일 아침 9시 30분, 나는 변호사 찰스 T. 크롬웰과 함께 옴스테드 씨의 거처에 도착해 있었다. 히스 씨는 자기 변호사와 함께 정확히 10시에 도착했다. 그리고 오후 2시가 되기 전 나는 아메리카 박물관의 명목상 소유주가 되어 있었다. 내가 제일 먼저 한 일은 다음과 같은 편지를 써서 보낸 것이었다.

1841년 12월 27일 뉴욕 소재 아메리카 박물관

필즈 박물관과 필즈 박물관의 설립자 찰스 윌리엄 필(Charles Willson Peale)

뉴욕 박물관 이사장 및 이사진 귀하

신사 여러분께서 이후로 특별 공지가 있을 때까지 본 박물관의 무료 우대자 혜택을 누리게 됨을 알려드리게 되어 영광입니다.

아메리카 박물관 소유주 P. T. 바넘 드림

이사장은 소스라치게 놀라 자신의 눈을 믿을 수 없을 정도였다. 히스 씨를 찾아간 그는 내가 진짜로 소장품을 구입하고 박물관의 소유주가 됐음을 확인했다. 그는 노발대발했다. 히스 씨를 고소하겠다고 협박했지만, 그래봐야 아무것도 얻을 수 없다는 걸 깨닫고 선불금 1,000달러를 돌려달라고 요구했다. 히스 씨는 계약을 위반했으니 돌려주지 않겠다고 했고, 이사장의 법인은 그 돈을 손해봐야 했다.

내가 박물관에 온 힘을 다 바치리라는 것을 아무도 의심하지 않았다. 죽기 아니면 까무러치기였다. 약정한 기한 내에 돈을 갚아야 했고, 그러지 못할 경우 옴스테드 씨가 계약서대로 하겠다고 나서면 내가 그동안 지불한 돈을 포함해 모든 것을 잃게 될 터였다. 덤빌 테면 덤비라는 마음으로, 반드시 성공하겠다고 결심했다. 박물관의 수익을 내기 위하여 쉴새없이 움직였다.

뉴욕에서 내 가족을 부양하려면 연간 600달러가 필요했다. 아내는 필요하다면 400달러까지 줄여보겠다고 말했다.

박물관을 운영한 지 6개월이 지난 어느 날, 옴스테드 씨가 낮 12시쯤 내가 있던 매표소에 들렀다. 나는 집에서 싸온 콘비프와 빵 몇 조각으로 점심을 먹고 있었다. "끼니를 그런 식으로 때우는 건가요?" 그가 물었다.

"박물관을 매입한 이후로 일요일을 빼면 따뜻한 식사 한 끼 한 적 없는걸요." 내가 대답했다. "빚을 다 갚을 때까지는 다르게 식사할 생각이 없습니다."

"아! 내가 장담하는데, 당신은 올해가 가기 전에 이 박물관에 진 빚을 다 갚을 거요." 그는 그렇게 말하고 내 어깨를 두드려주었다. 그의 말이 맞았다. 그로부터 1년도 안 돼서 나는 박물관 수익으로 빚을 다 갚고 박물관의 완전한 소유주가 되었으니 말이다.

내가 매입할 당시에도 아메리카 박물관의 명성이 지금보다 못하진 않았다. 하지만 내가 경영한 13년 동안 매력적이고 진기한 소장품들이 두 배 이상 늘었다. 추가된 소장품 일부는 필즈 박물관(1842년 가을에 이곳의 소장품도 사들였다)에서, 또 일부는 규모가 크고 진기한 소장품이 많은 중국 박물관(이곳의 소장품을 1848년에 아메리카 박물관으로 이전했다)에서 구했다. 또한 미국과 유럽 어디든 마다하지 않고 가서 구해온 진기한 물건들도 있었다.

현재 아메리카 박물관의 규모는 1841년 당시보다 2배 이상 커졌다.

원래 비좁고 불편했던 강당을 몇 차례 증축하고 개보수한 결과 현재는 뉴욕에서 가장 쾌적하고 아름다운 공연장으로 거듭났다.

확장되고 개선된 점이 또 있다. 처음에 박물관은 낮에는 진기한 물건의 전시장이었고, 저녁이면 일관성 없는 온갖 오락 프로그램들의 공연장이 되었다. 지금도 그런 공연을 보여주는 저급한 쇼가 적지 않게 있다. 머잖아 토요일 오후도 공연이 열렸고, 그 직후에 수요일 오후도 추가되었다. 이런 식으로 매일 오후와 저녁(물론 일요일은 제외하고) 그리고 공휴일에 공연이 펼쳐졌고, 종종 하루에 12회까지 공연을 하기도 했다.

이런 공연 방식에 점진적인 변화가 일어났고, 순간적으로 시선을 끄는 데 불과했던 프로그램들도 크게 다양해졌다. 부지런히 뛰어다니는 벼룩, 훈련받은 개, 곡예사, 자동인형, 복화술사, 살아 움직이는 조각상, 활인화, 집시, 백반증에 걸린 사람, 뚱뚱한 소년, 거인, 난쟁이, 줄타기꾼, 골상학 캐리커처 그리고 '양키 라이브 쇼', 팬터마임, 기악 연주, 춤과 노래가 어우러진 대형 버라이어티 쇼(흑인들도 포함된) 등등. 그뿐만 아니라 디오라마(박물관의 입체모형), 파노라마 그리고 더블린, 파리, 나이아가라 폭포, 예루살렘 등의 모형, 기계 모형, 환상적인 유리 불기, 편물 기계 등을 비롯한 기술 발전의 결정판들, 디졸브 화면, 무대 위에서 전쟁과 종교의식을 시연하는 아메리카 인디언 등도 있었다.

어떤 공연이 언제 열리는지 사람들에게 구체적인 순서를 알릴 필요는 없었다. 한 가지 점에서 전반적으로 점진적이면서 동시에 완전한 변화가 있었다. 도덕극이 현재까지 수년 동안 무대에 올랐고, 그 결과 아메리카 박물관 강당의 상징처럼 되었기 때문이다.

공연의 장점과 재미와는 별도로, 또한 무대와 관련된 모든 것과는 별도로 내가 전시한 진기한 소장품들은 의심의 여지 없이 입장료를 지불하기에 충분한 가치를 지닌 것들이었다. 그리고 내가 일시적으로 새로운 것들을 추가할 때마다 '사기꾼'이라고 비난받을 각오도 하고 있었다. 내가 진위를 의심받는 죽은 인어를 전시했다고 치자. 그렇다고 해도 내가 기린, 코뿔소, 오싹한 곰, 오랑우탄, 거대한 뱀 등도 전시했다는 것을 간과해서는 곤란하다. 그것들은 살아 있기 때문에 의심을 살 여지가 없었다. 나는 또 이따금씩 슬라이드와 깃발, 과장된 그림 등을 이용하여 약간의 '허풍'도 치고 과대광고도 함으로써 신기하고 유익하고 즐거운 실물을 보는 것과 상반된 효과를 노렸다. 사실 여기서 말하는 허풍은 대중에게 용인될 수 있는 수준이었고 내가 제공하는 놀라운 현실과 버무려서 즐길 만한 것이었다. 내게 '허풍선이'나 '야바위의 제왕'이라는 별명을 붙인 것도 나 자신이었다. 나는 이 별칭들을 장사 수단의 일부로 활용했다. 여기에 영국의 유명 작가 앨버트 스미스의 『낭비하는 가족의 운수』 중에서 한 대목을 인용해보는 것도 괜찮겠다.

"야바위꾼이 되는 건 대단한 일이야." 로제트 씨가 말했다. "나는 종종 그렇게 불리거든. 그 말은 대중에게 현실을 깨우쳐준다는 의미지. 그럴 수 있는 사람은 항상 그렇게 할 수 없는 사람들에게 야바위꾼으로 불리기 마련이야."

나는 아메리카 박물관에서 연 첫번째 특별 전시회에 예술가 그레인이 만든 나이아가라 폭포 모형을 전시했다. 주변의 나무와 바위, 건물 등과 더불어 거대한 폭포를 수학적 비례에 맞게 만든 분명히 훌륭한

〈야바위꾼〉. 헨리 루이스 스티븐스(Henry Louis Stephens, 1824~1882)의 만화, 1852년

모형이었다. 그런데 이 모형의 불합리한 부분은 물을 주입하여 자연의 위대한 경이인 폭포를 축소판처럼 생생히 보여주려는 데 있었다. 폭포 높이는 45센티미터였고 나머지도 전부 적절한 비례로 축소되어 있었다.

쪠나 창피한 일이지만, 솔직히 말하면 나는 이 모형을 200달러에 샀다. 나는 다음과 같이 광고했다.

진짜로 물이 떨어지는 나이아가라 폭포의 대형 모형

물 160리터만 있으면 한철 내내 모형을 작동할 수 있었다. 폭포수는 뒤쪽 보이지 않는 수조로 흘러간 뒤 소형 펌프로 다시 폭포에 공급되기 때문이었다.

여건이 되지 않아서 나이아가라 폭포에 가보기 어려운 많은 관람객들은 당연히 '진짜로 물이 떨어지는 모형'에 매력을 느꼈다. 반면에 모형이 시시하다고 생각하는 관람객들은 25센트를 냈으니 박물관의 다른 곳을 구경하면 되는 일이었다. 문제될 것이 전혀 없었다.

그런데 어느 날, 수도협회 크로턴 지사로부터 다음날 아침 10시까지 출두하라는 엄중한 어조의 통지문이 날아왔다. 나는 10시 정각에 그리로 갔다.

"선생." 지사장이 말했다. "박물관에서 물을 쓰면서 크로턴 지사에 연간 25달러밖에 내지 않고 있어요. 그 적은 비용으로 박물관의 제반 사업을 다 운영하겠다는 의도로군요. 상당한 추가 비용을 지불하지 않는다면 선생의 나이아가라 폭포에 물 공급을 중단할 겁니다."

나는 그에게 사정하면서 신문에 난 이야기나 광고 포스터를 곧이곧대로 믿지 말라고 했다. 그리고 거대한 폭포의 작동원리를 설명한 뒤 나이아가라 폭포에 사용하는 물이 한 달에 160리터를 넘을 경우 초과분 한 방울마다 1달러를 내겠다고 했다! 나는 돌아가도 좋다는 말을 듣고 돌아섰는데, 사람들이 웃어대는 소리가 들려왔다. 지사장도 그 웃음에 동참하고 있었다.

하루는 《니커보커》지의 재기 넘치는 유명한 편집장 루이스 게일로드 클라크가 박물관을 찾아왔다. 우린 서로 초면이었고 그가 먼저 자신을 소개했다. 나는 그의 유명한 잡지에 우리 박물관이 '최고'라고 소개됐으면 하는 바람이 굴뚝같았다. 그래서 그를 데리고 박물관 전체를 돌아다니면서 흥미로운 소장품들을 공들여 소개했다. 우리가 나이아가라 폭포가 있는 전시실 입구를 지나가려는데 마침 강당에서 공연을 보고 나온 관람객들이 그 전시실로 들어갔다. 펌프 소리를 듣고, 나는 폭포가 제대로 작동하고 있음을 알 수 있었다.

나는 그 전시실은 피하고 싶었다. 클라크 씨가 나이아가라 모형을 본다면《니커보커》에 박물관의 전체 전시가 그 모양이라며 과장해서 혐오감을 전할 거라고 확신했기 때문이었다. 아니면(나는 항상 이쪽이 더 좋지 않은 상황이라고 생각하는데) 아예 경멸 속에 침묵을 지키며 한 줄도 쓰지 않을 것이었다. 나는 그 전시실 입구로 다가가는 그에게 다른 전시실의 소장품으로 주의를 돌리게 하려고 애썼지만 이미 늦어버렸다. 그가 관람객들이 '폭포 전시실'에 몰려 있는 것을 보고 거기에 무엇이 전시되어 있나 호기심을 드러냈기 때문이다.

"잠깐만요, 바넘." 클라크가 말했다. "여기에 무엇이 있나 좀 봅시다."

"그냥 나이아가라 폭포의 모형일 뿐입니다." 내가 대답했다.

"아, 맞아, 맞아. 이제 기억나는군요. 진짜 폭포수가 흐른다는 나이아가라 폭포, 나도 그 광고지와 멋진 포스터를 눈여겨봤거든요. 폭포가 어떻게 작동하는지 궁금하군요." 클라크는 그렇게 말하면서 관람객들의 머리 위로 모형을 보기 위하여 의자에 올라섰다.

낡은 펌프 소리를 듣고 있자니 끽끽거림이 어느 때보다도 더 귀에 거슬려서 퍽 빙충맞은 기분이 들었다. 이제 이 영리한 편집장이 자신이 본 가장 멍청한 사기극이라고 공언하는 일만 남았구나, 나는 숨을 죽였다. 그런데도 뜻밖에도 그가 이렇게 말하는 것이었다.

"허허, 바넘. 이거 정말 기막힌 아이디어예요. 이런 건 처음 봐요."

나는 잠깐 사이 죽었다가 다시 살아난 기분이 들었다. 만약에 루이스 게일로드 클라크가 그 낡은 모형에서 매력을 발견했다면 그는 속여넘기기 쉬운 순진한 사람이 틀림없었다. 그래서 나는 그의 순진함을

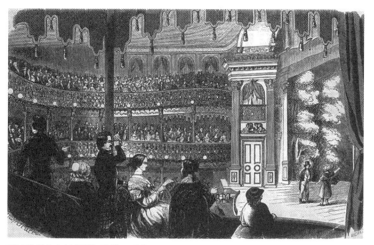

바넘의 아메리카 박물관 강당(1853년)

부추기는 데 집중하기로 결심했다. "그렇습니다." 내가 맞장구쳤다. "정말 새로운 아이디어죠."

"내 평생 이런 건 정말 처음 봐요." 클라크가 감격해서 소리쳤다.

"자화자찬으로 들리겠지만, 독창성과 창의성 면에서 현대의 어떤 발명품보다 크게 앞서 있습니다." 나는 대답하면서 내심 쾌재를 불렀다. 그 위대한 비평가를 사로잡았으니, 최고 수준의 홍보 효과는 떼어놓은 당상이었으니까.

"독창적이네요!" 편집장이 소리쳤다. "그래요, 정말 독창적이에요. 이런 건 꿈도 꾸지 못했거든요. 태어난 이후 이런 건 한 번도 본 적이 없어요. 그리고 진정 앞으로도 보지 않았으면 해요!"

내가 감쪽같이 속아넘어갔다는 건 구태여 말할 필요도 없다. 쥐구멍에라도 숨고 싶은 심정이었다.

우리는 곧 박물관 위층으로 향했고, 나중에는 내가 '공중 정원'이라고 홍보해온 옥상까지 올라갔다. 그 공중 정원은 발육이 좋지 않아서 시든 삼나무 화분 2개와 메마른 꽃 화분 10여 개, 그 뒤로 작은 탁자 12개와 의자 몇 개로 이루어져 있었다. 관람객들이 아이스크림 같은 것을 먹으면서 화분들이 보여주는 싱그러운 자연을 감상하는 편의시설이었다.

《니커보커》최신호가 발간되었다. 박물관의 새 소유주가 보여준 근면함의 묘사와, 그가 박물관을 크게 성공시킬 거라는 예언을 읽으면서 나는 기분이 좋았다. 게다가 편집장은 친절하게도 '진짜로 물이 떨어지는 나이아가라 폭포!'에 대해서는 일언반구도 하지 않았다.

몇 개월 뒤 클라크 씨가 헐레벌떡 박물관으로 찾아와서 간절한 표정으로 내게 말했다. "이봐요 바넘, 이 박물관에 혹시 쿡 선장(James Cook, 영국의 유명한 탐험가이자 항해자로 1779년 하와이에서 다툼이 생겨 원주민에게 살해당했다—옮긴이)을 죽인 몽둥이가 있나요?"

나는 원주민 컬렉션 가운데 인디언의 전투용 곤봉이 있다는 것을 기억해냈다. 그리고 나이아가라 폭포 건으로 내가 속아넘어간 일도 생각나서 기다렸다는 듯이 그 몽둥이를 가지고 있다고 대답했다.

"아, 정말 다행이네요." 그가 말했다. "내가 그 몽둥이를 얼마나 오래 전부터 보고 싶어 안달했는지 모르죠?"

"여기서 잠깐만 기다리세요. 내가 가서 가져오겠습니다."

나는 위층으로 가서 많은 전투 곤봉들을 훑어보다가 드디어 쿡 선장을 죽였을 법한, 아니면 누구의 머리든 박살냈을 법한 무거운 곤봉 하나를 골랐다. 그리고 곤봉에 '쿡 선장 곤봉'이라고 라벨을 붙여 클라크 씨에게 가져다주었다. 나는 그 곤봉이 그가 찾는 물건이라고 자신

있게 말했다.

"이럴 수가!" 그가 곤봉을 받아들고 말했다. 그러고는 그것을 자기 머리 위로 치켜올리고 소리쳤다. "흠, 이런 무기로 사람의 목숨을 빼앗았다니 정말 끔찍하군요!"

"맞아요." 나는 대꾸했지만, 속으로는 클라크 씨에게 진 빚을 갚는다는 생각을 하면서 기뻐했다. "아마 한 방에 쿡 선장을 죽였을 겁니다!"

"불쌍한 쿡 선장!" 클라크가 한숨을 쉬면서 소리쳤다. "이걸로 치명적인 공격을 받고도 그가 의식이 있었을지 궁금하군요."

"그럴 수 없었을 겁니다." 나는 짐짓 슬픈 표정을 짓고 말했다.

"이게 그 몽둥이라는 거죠?" 클라크가 물었다.

"진품임을 확실하게 입증할 수 있는 문서들도 가지고 있습니다." 내가 대답했다.

"불쌍한 쿡! 불쌍한 쿡!" 클라크가 골똘한 표정으로 말했다. "흠, 바넘 씨." 그는 내게 진심 어린 악수를 청하면서 아주 엄숙하게 말을 이었다. "정말이지 당신의 호의에 큰 빚을 졌네요. 쿡 선장을 죽인 몽둥이를 보고 싶은 마음을 도저히 억누를 수 없었거든요. 당신이 그 소원을 이루어줄 거라고 확신했어요. 여기보다 작은 박물관 여섯 군데를 가보았는데 전부 다 이 몽둥이를 가지고 있다지 뭡니까. 그래서 당신 박물관처럼 큰 곳에는 당연히 이 몽둥이가 있을 거라고 확신했다 이겁니다!"

내 승리의 월계관이 삽시간에 시들고 있었다. 정신을 바짝 차리고 최소한 클라크에게 빚을 진 만큼 갚아주지 않는 한 그가 아는 모든 사람들에게 웃음거리가 될 게 뻔했다. 그래서 몇 주 뒤 그에게 편지를 써서 매우 중요한 일로 잠시 내 사무실에서 만나 조언을 구하고 싶다고 전했다. 그는 곧 나를 찾아왔다.

"부디 농담일랑 하지 마세요. 편집장님의 진정한 조언이 필요합니다." 내가 말했다.

"친애하는 바넘 씨." 그는 인자함이 넘치는 목소리로 대답했다. "어떤 식으로든 내 힘으로 당신을 도울 수만 있다면 그보다 더 기쁜 일은 없어요."

나는 이집트에 다녀온 한 신사가 나일강에서 아주 놀라운 물고기를 잡아왔는데 내게 그걸 전시하자고 제안했다는 소식을 알려주었다. 그 물고기는 독특한 행태를 가지고 있는데, 그 신사의 말에 따르면 6주 안에 물고기의 꼬리지느러미가 사라지고 그 대신 다리가 생기는 변형이 일어나지 않는다면 5,000달러를 내놓겠다고 했다. 나는 그 신사가 믿을 만한 은행가에게 5,000달러를 맡겨놓았다고 하더라는 말까지 덧붙였다.

"그게 가능한가요?" 클라크가 크게 놀라서 말했다.

나는 틀림없는 사실이라고 말했다. "하지만 그가 원하는 대여료가 너무 비쌉니다. 그 물고기 전시가 성공할지 편집장님의 의견을 구하고 싶습니다. 그 사람은 물고기를 전시하는 대가로 주당 100달러를 요구하고 있습니다."

"허허, 그 정도는 싼 편이죠. 하루만 전시해도 100달러는 더 벌어들일 테니까요. 정말이지 놀라운 얘기네요. 박물학자들이 깜짝 놀랄 만한 일이죠. 과학계가 발칵 뒤집힐 거라고요. 그러니 관람객을 끌어모으다마다요."

"정말 그렇게 생각하세요?" 내가 물었다.

"내 명예를 걸고 확신해요." 클라크가 아주 열을 내면서 말했다. "6

개월, 아니 가능하다면 1년 계약을 하세요. 그리고 그 놀라운 변형에 관해 알려야죠. 5,000달러가 믿을 만한 사람에게 맡겨져 있으니, 예고 한 대로 물고기에게 변화가 일어나지 않는다면 그 돈을 불우이웃 성금으로 내놓겠다고 알리라고요. 장담하건대 이 박물관이 다 수용하지 못할 만큼 사람들이 몰려들 거예요. 당신은 아마 20,000달러는 족히 벌어들일 거라고요.”

나는 그의 친절한 조언에 진심으로 고마움을 전했고 그 조언을 꼭 따르겠다고 말했다. “실은 나도 좋은 투자 건이라고 생각했습니다.” 내가 말했다. “다만 그 물고기 이름이 마음에 들지 않아서요. 그게 꺼려지는 이유입니다.”

“쯧쯧, 이름이라니 그까짓 게 무슨 대수라고. 아무 문제 없어요. 이름 때문에 달라질 건 없으니까. 대체 물고기 이름이 뭐죠?”

“올챙이요. 개구리가 되기 전 말입니다.” 내가 심각한 표정으로 대답했다.

“빌어먹을!” 소리를 지른 클라크가 벌떡 일어서더니 계단을 뛰어내려갔다.

많은 사람들은 ‘피지 인어’를 내가 직접 만들었거나 아니면 다른 사람을 시켜 만들었다고 생각한다. 하지만 그건 사실이 아니다. 물론 내가 그것을 대중 앞에 전시하기 위하여 상당히 공을 들인 것은 맞다. 지금은 고백하기에도 좋은 분위기이니 그것을 어떻게 전시하게 됐는지 그 과정을 후련히 밝히겠다. 그러나 우선은 그것을 입수한 방법, 또 그것의 이력이라고 알려진 부분에 관해 이야기하겠다.

1842년 초여름, 보스턴 박물관의 소유주로 유명한 모지즈 킴볼이 뉴욕에 왔다가 내게 인어로 추정되는 것을 보여주었다. 그는 그것을 한 선원으로부터 샀다고 했다. 선원의 아버지가 1817년 한 보스턴 선박(존 엘러리 선장이 가장 많은 지분을 소유했던)의 선장으로 캘커타에 있을 당시 그 인어를 샀다고 했다. 그는 일본 선원들로부터 그것이 진짜 인어를 보존한 표본이라는 말을 듣고 구입했다. 그 자신도 그랬듯이 많은 사람들이 그것을 보고 크게 놀랄 거라 확신했고 그 진기한 볼거리로 큰돈을 벌어보고 싶었기 때문이다. 그래서 배에 있던 돈 6,000달러가량을 주고 그것을 사들인 뒤 배는 항해사에게 맡기고 런던으로 갔다.

그러나 그는 원하던 바를 이루지 못한 채 보스턴으로 돌아왔다. 여전히 그것이 진짜 인어이고 따라서 큰 가치가 있다고 믿었기에 굉장히 조심해서 보관했으며 보험 비용도 아끼지 않았다. 그는 인어를 사느라 손을 댄 선박의 공급을 갚기 위하여 예전 고용주들 밑에서 다시 선장으로 일해야 했다. 그는 아무런 유산도 남기지 못하고 죽었으며, 그의 외동아들이자 상속인은 아버지의 인어를 하찮게 여겨 킴볼 씨에게 팔았다. 그렇게 해서 킴볼 씨가 내게 그것을 봐달라고 뉴욕으로 가져온 것이었다.

자초지종은 그랬다. 나는 그런 문제에는 나 자신의 판단력을 믿을 수 없었기에 그 인어의 진위 여부에 대해 박물관 전속 박물학자의 의견을 구했다. 그는 그것이 어떻게 만들어졌는지 모르겠다고 대답했다. 그렇게 독특한 이빨과 팔과 손 등을 가진 원숭이는 본 적이 없는데다 그렇게 독특한 지느러미를 지닌 어류도 알지 못하기 때문이라고 했다.

"그런데 왜 만들어졌다고 생각하는 거죠?" 내가 물었다.

"그야 나는 인어를 믿지 않으니까요." 박물학자가 대답했다.

"그건 이유가 되지 않아요." 내가 말했다. "그래서 나는 그게 인어라고 믿어요. 전시하겠어요."

여기까지는 지극히 쉬운 과정이었다. 이제 무엇보다 중요한 문제는 인어의 존재를 믿지 않는 대중의 전반적인 불신을 어떻게 변화시켜서 그 표본을 보고 싶게끔 호기심을 자극하는가였다. 모종의 특별한 방법이 동원되어야 했다. 그리고 내가 아는 한 가장 좋은 방법은 사안의 중심과 먼 곳에서부터 일을 진행하는 것이었다.

적당한 시기에 《뉴욕 헤럴드》에 통신원 소식이 실렸다. 앨라배마주의 몽고메리 소인이 찍힌 편지를 통해서였다. 해당 지역의 사건 사고, 무역, 작황, 정치 가십 등을 소개하던 편지에 우연찮게 런던 자연사 학회의 회원인 그리핀 박사에 관한 소식이 포함되어 있었다. 최근 페르남부쿠(브라질 북동주의 주―옮긴이)에서 돌아온 그리핀 박사가 더없이 놀라운 것, 즉 진짜 인어를 구입해 가져왔다는 내용이었다. 피지 섬에서 포획되어 중국에서 보관중이던 것을 박사가 자연사 학회를 위하여 고가에 구입했다는 것이었다.

일주일 내지 열흘 정도 지난 후에 사우스캐롤라이나주의 찰스턴 소인이 찍힌 비슷한 편지가 다양한 지역 뉴스와 함께 인어 소식을 곁들여 뉴욕의 또다른 신문에 게재되었다.

이어서 세번째, 이번에는 워싱턴 소인이 찍힌 편지가 뉴욕의 또다른 신문에 실렸다. 이 편지에는 '엠파이어 시티'(뉴욕―옮긴이)의 신문 발행인들이 그리핀 박사가 영국행 배에 오르기 전에 그 진기한 인어를 보고 싶어한다는 내용이 추가되어 있었다.

이렇게 세 차례 같은 내용이 신문에 실리고 며칠 뒤, 라이먼 씨(조이스 헤스 전시 때 내가 고용했던 인물)가 필라델피아의 주요 호텔 한

곳에 페르남부쿠에서 런던으로 가는 그리핀 박사의 이름으로 투숙했
다. 그는 점잖고 품위를 지키면서도 사교적이고 관대한 태도로 며칠
사이에 좋은 평판을 얻었다. 그리고 뉴욕행을 하루 앞두고 호텔 계산
서를 청구하면서 호텔 주인의 특별한 관심과 호의에 고마움을 전했다.
"내 객실에 오시면 놀랄 만한 것을 보여드리겠습니다." 별칭이 그리핀
인 라이먼이 말했다. 호텔 주인은 그의 객실에 들렀다가 세상에서 가
장 진기한 것, 즉 인어를 보았다. 인어가 어찌나 마음에 들었던지 호
텔 주인은 자신의 친구들도 그 놀라운 표본을 볼 수 있게 허락해달라
고 사정했다. 그 친구들 중에는 몇몇 신문사의 편집인들이 포함되어
있었다.

"나야 상관없지요." 그 진기한 물건 사냥꾼이 말했다. "내가 소속된
자연사 학회도 사장님의 청을 들어준다고 해서 해가 될 건 없을 겁니

다." 그래서 그날 저녁으로 약속이 잡혔다.

그 결과에 관해서는 인어와의 만남 하루이틀 뒤에 발행된 필라델피아 신문들의 칼럼을 통해서 쉽게 알 수 있다. 내 계획이 훌륭하게 들어맞았고, 필라델피아 신문들이 뉴욕 신문들을 거들어 인어에 대해 광범위한 호기심을 일으키고 증폭했다고 말하는 정도로 충분할 것이다.

고백하건대 남부에서 온 그 세 통의 단신을 쓴 사람은 바로 나였다. 그것을 각각 지시사항과 함께 친구들에게 보냈다. 편지마다 찍혀 있는 우체국 소인이 사기극이라는 의혹을 잠재우는 데 큰 몫을 했다. 게다가 뉴욕 신문의 편집인들이 본의 아니게 인어를 대중의 관심 속에 가져다놓는 데 공헌한 셈이었다.

그런 뒤 라이먼은 소중한 보물과 함께 뉴욕으로 돌아왔고, 그리니치가의 퍼시픽 호텔에 그리핀이라는 이름으로 투숙했다. 인어가 뉴욕에 와 있다는 소식이 곧 정보에 예민한 기자들의 귀에 들어갔다. 그들은 퍼시픽 호텔을 찾아갔고, 정중한 영국 자연사 학회 회원은 친절히 기자들의 호기심을 채워주었다. 뉴욕의 신문들은 인어에 관해 무수한 기사를 쏟아냈고, 그 결과는 지극히 만족스러웠다.

나는 그 동물을 본 신문 기자들과 편집인들이 그것을 진짜 인어로 여겼으리란 확신이 든다. 의심의 여지가 없었다. 만약에 그 인어가 가공물이라면, 그러니까 원숭이와 물고기를 교묘하게 합성한 것이라면 사람의 눈으로 접합 부위를 찾아낼 수 있을 것이기 때문이었다. 물고기의 등뼈는 손실된 부분 없이 곧게 두개골 아랫부분까지 연결되어 있었다. 동물의 털이 물고기의 양쪽 어깨 부위에 몇 센티미터가량 자라 있었다. 현미경으로 확인한 결과 그 털 사이에서 물고기의 작은 비늘 같은 것들이 발견되었다. 이빨과 손가락 형태는 지금까지 발견된

피지 인어의 정확한 생김새.
《선데이 헤럴드》에 실린 축소판 그림

원숭이와 오랑우탄의 그것과는 확연히 달랐다. 게다가 지느러미 위치도 생물학자들에게 알려져 있는 어류의 그것과는 달랐다. 그 동물은 추한 생김새에 바짝 마르고 검게 보였다. 몸집은 90센티미터 정도로 작았다. 입은 벌어져 있었고 꼬리는 올라가 있었다. 팔은 위로 올라가 있었는데, 전반적으로 큰 고통 속에서 죽었다는 인상을 주었다.

만약 그 인어가 만들어진 것이라면 창의력과 불굴의 끈기에서 나올 수 있는 최고의 표본임이 분명하다. 나로선 솔직히 당시에는 그 생물체의 기원에 거의 관심이 없었다. 그러나 독창적인 일본인이나 중국인 아니면 또다른 동양의 천재가 만든 작품은 아닐까 하는 인상을 받기는 했다. 그리고 불교나 힌두교에서 얘기하는 많은 괴물체 중 하나일지 모른다는 생각도 했다.

그런데 최근에 일본의 역사 관련서들을 읽다가 『최근 일본에 거주했던 네덜란드인들의 설명과 지볼트 박사의 독일어판 저서를 통해 본 19세기 일본의 관습과 생활양식』이라는 책에서 다음과 같은 항목을 발견했다.

또 한 명의 일본인 어부는 판화 출판사보다는 수준과 유익함이 떨어지기는 해도, 기이하고 낯선 것을 좋아하는 시골 사람들을 이용해 돈을 벌 요량으로 나름 독창성을 보여주었다. 그는 원숭이 상반신과 물고기 하반신을 보통 사람의 관찰력으로는 알아낼 수 없을 정도로 정교하게 결합했다. 그러고는 그물로 살아 있는 생물체를 잡았으나 물에서 꺼낸 얼마 후에 죽어버렸다고 사람들에게 말했다. 그는 그 결합체를 이런저런 방식으로 활용하여 큰돈을 벌었다. 호기심 어린 일본인들에게 이 바다괴물을 보여주는 것만으로도 벌이가 좋았다. 그런데 보다 더 창의적이었던 그는 이렇게 주장했다. 그 반인반어(半人半魚)가 살아 있던 마지막 몇 분 동안 예언을 했는데, 몇 년간은 대풍년이 들었다가 이후 치명적인 전염병이 돌 것이라 했다고 말이다. 그리고 전염병에 대처할 수 있는 유일한 방법은 그 해양 예언자의 모습을 지니고 있는 것이라고 했다. 이 인어 그림은 부적으로 불티나게 팔려나갔다. 이 합성동물인지 아니면 최초의 성공 이후에 나온 자손인지는 모르겠지만, 아무튼 그 하나가 네덜란드의 공장에 팔렸다가 바타비아(자카르타)에 있던 한 영리한 미국인의 수중에 들어갔다. 그것을 사들인 미국인은 유럽으로 갔고, 각국의 중심지를 돌면서 1822년부터 1823년까지 진짜 인어라며 전시회를 열었다. 무지한 사람들은 감탄했고 배운 사람들은 당황했으며 미국인의 지갑은 두둑해졌다.

이 책에서 설명한 인어가 아메리카 박물관에 전시됐던 것과 동일한 물건이라고 한다면 그럴듯한 추측이 아닐까? 지볼트가 설명했듯이, 사람들로 하여금 인어 그림을 사게 만든 방법을 생각해볼 때 그 일본

《선데이 머큐리》에 실린 인어 목판화

친구에게 '사기꾼의 제왕'이라는 영예와 칭호를 선사할 만하다.

인어라고 알려진 더 작고 조잡한 표본들은 여러 박물관에 전시중이었다. 내 생각에는 그것들 전부를 일본에서 만든 것 같다. 나는 필라델피아의 필즈 박물관 컬렉션에 있던 그런 표본을 하나 사기도 했다. 그 표본은 내가 직접 필라델피아에서 그 박물관을 운영하던 1851년에 화재로 소실되었다.

한번은 헤이그에 있는 인도유물 박물관의 선반에도 소형 인어 표본이 있다는 소식을 들었다. 내가 알기로는 그 표본을 컬렉션에 포함하기 위하여 한 미국인 선장으로부터 구매했고, 그 미국인 선장은 일본에서 중국으로 수입된 표본을 손에 넣었다고 한다.

라이먼이 퍼시픽 호텔에서 인어에 대한 여론을 환기하고 있는 동안,

나는 부지런히(물론 비밀리에) 목판화와 투명화 그리고 팸플릿을 준비했다. 인어가 진짜라는 것과 그리핀 박사의 표본을 속히 전시해야 한다는 기대감을 입증하는 데 필요한 작업이었다. 서로 다른 인어 목판화 세 점에 각각 다른 설명을 달아서 팸플릿에 싣고 1만 부를 인쇄했다. 팸플릿은 사무실 구석에 조용히 보관되어서 사용될 때를 기다렸다.

나는 《뉴욕 헤럴드》와 다른 일요 신문 두 곳의 편집인들을 따로 만났고, 각각 공들인 설명과 함께 인어 목판화를 제공하면서 돌아오는 일요일자 신문에 마음껏 사용해도 좋다고 말했다. 그리고 세 편집인에게 각각 말하기를, 원래는 피지 인어를 전시하기 위하여 이 목판화를 준비했으나 그리핀 박사가 자연사 학회 회원으로서 미국에서의 전시를 허락할 수 없다고 하는 바람에 전시 여부가 불투명해졌다고 했다. 그 대신 판화와 설명은 사용해도 좋다는 허락을 받았다고 말이다. 인어 목판화 세 점은 각각 다른 신문 일요일판(1842년 7월 17일자)에 실렸다.

편집인 세 명은 저마다 인어에 관해 단독 보도를 하는 것으로 알고 있었다. 그래서 내가 각기 다른 세 신문사에 똑같이 접촉했다는 사실을 알고는 야비한 속임수라고 말했다.

인어 열기는 점점 더 가파르게 고조되고 있었다. 뉴욕의 신문 구독자 중에서 인어 삽화 하나 보지 않은 사람이 없을 정도였고, 몇 종의 인쇄매체를 통하여 그리핀 박사의 인어가 현재 뉴욕에 와 있다는 노골적인 암시도 전달되었다. 그렇다보니 인어를 보고 싶은 욕구가 뉴욕 전역에 퍼졌다. 나는 인어 팸플릿 1만 부를 소년들에게 배당해주면서 주요 호텔과 상점 등지에서 한 부당 1페니(비용의 절반 가격)에 팔도

《선데이 아틀라스》에 실린 인어 목판화

록 했다.

인어가 대중에게 완벽하게 알려졌다는 생각이 들었을 때, 나는 브로드웨이의 콘서트홀에 대리인을 보내 전시 일정을 협의했다. 그리고 곧바로 다음과 같은 신문 광고가 등장했다.

인어와 여러 괴생명체들—삼가 알립니다. 뉴욕 과학계 인사들의 지속적이고도 긴급한 요청에 따라, 인어의 소유자로서 최근 페르남부쿠를 떠나 뉴욕에 도착한 J. 그리핀 씨는 마침내 단 일주일만 인어를 일반에 공개하기로 동의했습니다. 이번 전시를 위하여 그리핀 씨는 브로드웨이 404번지의 콘서트홀이라는 넓은 공간을 확보했습니다. 개장일은 1842년 8월 8일 월요일이고 정확히 13일 토요일까지만 전시됩니다.

퍼지섬 인근에서 포획된 이 생명체는 현 소유자가 영국 자연사 학회를 대신하여 큰 금액을 주고 구입한 것입니다. 영리보다는 공공의 이익을 위하여 짧은 기간 전시될 예정입니다. 자연사 분야의 신기한 표본을 수집하기 위하여 다년간 세계 곳곳을 누벼온 인어 소유자는 인어 외에도 바다표범과 오리의 연결고리인 뉴홀랜드 (호주)산 오리너구리를 소유하고 있으며, 이 역시도 일반에 공개할 예정입니다. 날아다니는 물고기 두 종도 공개됩니다. 한 종은 멕시코만에서, 다른 한 종은 서인도제도에서 포획되었습니다. 이 생물체는 조류와 어류의 진화적 연결고리로 확실시됩니다. 이 밖에도 꼬리가 물갈퀴 모양인 남미산 뱀. 파충류와 어류의 중간 생물인 사이렌과의 진흙 이구아나. 호주의 지하 동굴에 서식하는 영원(蠑蚖). 그리고 자연의 위대한 연결고리를 형성하는 또다른 동물들까지.

입장료는 1인당 25센트입니다.

많은 관람객들이 콘서트홀을 찾았다. 라이먼이자 일명 그리핀은 아주 위엄 있게 인어를 선보였다. 조이스 헤스에게 속았던 희생자들이 혹시 '워싱턴의 보모'를 보여주었던 그리핀 교수를 알아챌까봐 걱정했으나 다행히 그런 재앙은 일어나지 않았다. 광고대로 자연의 진화적 단서가 되는 다양한 동물뿐 아니라 사람들의 손이 닿지 않도록 화병에 안전하게 집어넣은 섬뜩한 모습의 인어에 둘러싸인 라이먼은 지난 여행과 모험을 흥미롭게 설명하고 생물 전반, 특히 인어에 관한 과학적인 열변을 토해냄으로써 관람객들을 일깨우고 있었다.

사람들은 만족해하는 것 같았으나, 어디든 사안을 곧이곧대로 받아들이려 하고 인어에조차 시적 허용의 여지를 주지 않는 부류들이 있기 마련이다. 간혹 관람객 중에 콘서트홀 정면에 설치된 대형 슬라이드 투명화를 보고 그림처럼 2.4미터에 달하는 아름다운 반인반어 생물을 예상하는 경우도 있었다. 그런 사람들은 원숭이와 물고기가 혼합된 검게 말라붙은 표본, 게다가 어린아이라도 능히 훔쳐들고 달려갈 정도로 작은 실물을 보고는 약간 놀라곤 했다.

콘서트홀에서 전시를 시작한 지 며칠이 지나서 한 네덜란드 노인이 박물관을 찾아와 느려터진 말투로 내게 물었다. "잉어(인어)는 어딨소?"

"선생님, 인어는 여기 없습니다." 내가 대답했다.

"나는 잉어를 보려고 쟈지(뉴저지)에서 여기까지 왔소. 여기 있을 줄 알았는데."

나는 그에게 브로드웨이의 콘서트홀이라는 광고를 본 적이 있다고 알려주었다. 그는 호기심의 대상을 찾아 계단을 내려가면서 이렇게 말했다. "살아 있는 잉어를 한 번도 본 적이 없어요. 살아 있겠죠?" 그러나 나는 그의 미몽을 구태여 깨우쳐주지 않고 모른 척했다.

그 직후 나는 전시회가 어떻게 진행되고 있는지 보려고 콘서트홀로 향했다. 막 안으로 들어가려는데 그 늙은 네덜란드인이 계단 밑에서 입장권을 구입하는 모습이 보였다. 라이먼은 남녀 관람객 이삼십 명에게 둘러싸인 채 탁자에 놓인 표본들을 예로 들어가며 해박하게 자연의 경이에 관해 설파하고 있었다. 관람객들은 모두 그의 말에 귀를 기울였다. 곧 늙은 네덜란드인이 들어서더니 주위를 두리번거렸으나, 입구의 슬라이드 투명화처럼 우아할 뿐 아니라 살아 있는 인어 아가씨는 발견하지 못했다. 노인은 라이먼에게 다가와 그의 박식한 강의를 끊고 이렇게 말했다. "잉어를 보고 싶소."

라이먼은 약간 당황했지만 그래도 위엄과 신중함을 잃지 않고 대답했다. "선생님, 저게 인어입니다." 그러면서 문제의 대상을 손으로 가리켰다.

늙은 네덜란드인은 그 작고 추한 생명체를 보고 크게 놀라서 소리쳤다. "당신은 저걸 잉어라고 했소?"

"예, 선생님. 저게 인어입니다." 라이먼은 불편한 기색이 역력했다. 노인은 내가 본 적이 없을 정도로 경멸스러운 표정을 짓더니 전시실에서 나가며 소리질렀다. "흥, 내가 본 전시 중에서 제일 형편없군 그래."

한번은 라이먼이 몇 분 정도 자리를 비운 적이 있었다. 몇몇 관람객이 있었는데 대부분은 바클레이가의 의과대학에 다니는 젊은 학생들이었다. 인어를 지키는 사람이 아무도 없다는 것을 안 학생들은 장난기질이 발동하여 화병 뚜껑을 열고 불이 붙은 채 1센티미터 정도 타들어간 시가를 인어의 입에 쑤셔넣었다. 그들은 화병 뚜껑을 닫고 그곳을 떠났다.

라이먼이 돌아오기 전에 스무 명이 넘는 신사숙녀가 입장했다. 그들이 작고 검은데다 말라붙은 인어가 입에 시가를 물고 있는 걸 발견하고 어떤 기분이었을지 말하기는 어렵다. 어쩌면 모든 것이 사기극이고 전시 출품자가 관람객들을 우롱하려는 것이라고 여겼을지 모르겠다. 하긴 그 광경이야말로 무엇보다도 생뚱맞고 우스꽝스러웠을 것이다.

그 짓궂은 장난을 전혀 눈치채지 못한 라이먼은 꽤 많은 관람객들을 보고는 위엄 있게 탁자 쪽으로 다가갔다. 아마 라이먼보다 더 위엄 있는 척을 잘할 수 있는 사람은 없을 것이다. 그는 인어 쪽으로는 시선을 주지 않고 으레 열변부터 토해냈다. "여러분이 지금 보고 계시는 특별한 인어는 피지제도에서 붙잡힌 것입니다. 인어는 오랫동안 동물학자를 포함하여 많은 사람들에 의해 가상의 존재로 여겨져왔습니다. 그러나 런던 자연사 학회 회원으로서 제가 가진 저 증거는 모든 합리적인 의혹마저 잠재우는 사실을 제시하고 있습니다. 저 인어는 피지 제도에서 어부의 그물에 잡혔습니다. 그리고 세 시간 동안 살아 있었습니다."

"인어 아가씨가 붙잡혔을 때도 지금처럼 시가를 피우고 있었나요?" 신사 한 명이 물었다.

딱한 라이먼은 그제야 시가를 발견했다. 그가 한 마디도 못하고 완전히 얼이 빠진 것은 그때가 평생 처음이자 마지막이었을 것이다. 나중에 친한 친구들과의 자리에서 즐겁게 그 얘기를 꺼냈을 때, 그는 시가를 발견한 순간 엄청난 풀베기 노동이라도 한 것처럼 땀이 쏟아지기 시작했으며 곧 마른 구석이 없을 정도로 등줄기가 흠뻑 젖었다고 말했다.

인어는 콘서트홀에서 일주일간 전시되었고, 곧 추가 요금 없는 동일 입장료로 아메리카 박물관에서 전시될 예정이라는 광고가 나왔다. 많은 슬라이드 투명화가 제작되었고 다량의 포스터가 사방에 붙었다. 월요일 아침에는 박물관 정면에 5.5미터 길이의 인어 걸개그림이 펼쳐졌다. 라이먼이 전시회 준비를 위해 천천히 걸어오다가 그 걸개그림을 보았다. 그는 걸음을 빨리하여 내 사무실을 찾아와서는 다그치듯 물었다. "대체 무슨 생각으로 저 커다란 그림을 걸었어요?"

"브로드웨이에 온 사람은 누구나 인어가 어디에 있는지 알게 하려는 거죠." 내가 대답했다.

"그렇다면 안으로 들여놓으세요. 5.5미터짜리 그림을 먼저 본다면 누구도 55센티미터의 말라빠진 표본을 보고 만족할 수 없어요. 터무니없는 짓이라고요."

"아, 터무니없는 짓." 내가 말했다. "그게 바로 유일하게 사람들의 시선을 끄는 것이죠. 그만한 크기의 인어를 볼 거라고 생각하는 사람은 없다고요."

"장담하는데 그렇지 않아요." 라이먼이 말했다. "이젠 나도 대중의 기대치를 정확히 알고 있다고요. 저 그림이 걸려 있는 한 인어는 사람들에게 먹히지 않을 거요."

"저 걸개그림을 만드는 데 70달러가 들었어요. 그러니 걸어야 해요." 내가 말했다.

라이먼은 보란듯이 외투 단추를 채우고는 천천히 문가로 향하면서 말했다. "흠, 바넘 씨. 휘날리는 그림 깃발 아래서 싸우고 싶다면 그렇게 하세요. 나는 안 하겠어요."

"허! 결국 내빼겠다는 거군요!" 내가 웃으면서 말했다.

"그래요. 도가 지나치면 그만둬야죠." 라이먼이 말했다. "그리고 당신은 밤이 되기 전에 다 그만둬야 할 거요."

나는 그리핀 교수를 잃을 수는 없었기에 마지못해 걸개그림을 내렸다. 그것은 다시는 빛을 보지 못했다.*

인어는 그후로 여러 곳에서 전시되다가 마침내 원 소유주인 킴볼 씨에게 돌아갔다. 그때부터 킴볼 씨는 그것을 아름답고 근사한 보스턴 박물관의 벽감에 보관했다. 인어는 그곳에 1855년 3월 31일까지 있었

---

* 라이먼은 나중에 유명한 모르몬교 신자가 되었고, 일리노이주 노부로 이주하여 그곳에서 죽었다.

바넘의 아메리카 박물관(1858년)

다. 그리고 다음날인 4월 1일(딱 적기였다) 다시 나의 아메리카 박물관에 모습을 드러냈다. 그리고 내 박물관에서 1856년 1월 1일까지 수많은 사람들의 감탄과 놀라움을 자아냈다. 1856년 1월 2일, 이 신비한 인어 아가씨는 모지즈 킴볼(근래에 뉴욕주 상원의원이 된 터였다)의 보호 아래 다시 보스턴 박물관의 옛 벽감으로 돌아갔다. 그때부터 피지 인어는 보스턴 박물관의 흥미로운 명물로 자리매김하고 있다.

인어 아가씨가 얼마나 매력적이었는지는 다음 사실과 수치로 짐작할 수 있을 것이다.

인어를 전시하기 직전 4주 동안의 아메리카 박물관 수입은 1,272달러였다. 그리고 인어를 전시한 첫 4주 동안의 수입은 3,341.93달러였다.*

주식 매각에 실패한 뉴욕 박물관 법인은 자회사 필즈 박물관을 양

---

* 내가 아메리카 박물관을 매입하기 직전 3년간의 수입과 그 이후 3년간의 수입을 비교하면 다음과 같다.
1839년―11,780달러 1840년―11,169달러 1841년―10,862달러 총 33,811달러
1842년―27,912.62달러 1843년―32,623.35달러 1844년―39,893.46달러 총 100,429.43달러
1853년 수입은 136,250달러로, 이 한 해의 수입이 위에서 밝힌 6년간의 수입을 합한 것보다 많았다. 물론 그만큼 지출 비용도 비례해서 증가했다는 점이 고려되어야 할 것이다.

키 힐에게 맡겼다. 양키 힐은 박물관을 몇 달간 운영하다가 실패했다. 그 뒤로 헨리 베넷 씨가 운영을 맡았다. 그는 입장료를 뉴욕 통화 1실 링으로 인하했고 내가 시도하는 것은 뭐든 따라하려고 애썼다. 그래서 내가 피지 인어를 전시하고 있을 때 그는 대구와 원숭이를 합쳐서 '퍼 지 인어'라고 광고했다. 내가 '오피언 패밀리'로 널리 알려진 실력 있 는 성악단 공연을 발표했을 때 그는 '오펀 패밀리'를 선전했다. 그것은 그의 자질에 비하면 제법 괜찮은 모방이었고 나를 끌어들여서 웃음거 리를 만들어내긴 했으나, 한편으로는 내 박물관으로 사람들의 이목을 끄는 역할도 했다.

베넷이 시도한 경쟁도 시들해졌고, 그도 결국 사업에 실패했다. 그 는 마지막 1달러까지 다 잃은 후 1843년 1월 2일에 박물관 문을 닫았 다. 박물관 소장품은 전부 6,000달러에서 8,000달러에 이르는 연체 임 차료를 대신하여 건물주의 손에 들어갔다. 나는 개인적으로 그 수집품 을 7,000달러에 사들이고 박물관을 임차한 뒤 비밀리에 베넷을 경영 자로 앉혔다. 그렇게 우리는 활기찬 경쟁을 이어갔다. 나는 대중의 관 심을 끎으로써 수익을 얻었고, 6개월 뒤에는 멋진 미국인 초상화 갤러 리를 포함하여 필즈 박물관의 전체 수집품을 아메리카 박물관으로 이 관했다.

여기서 베넷의 능력을 깎아내리거나 나 자신을 치켜세우려는 것이 아니다. 우리의 개인적인 성향과는 별개로 내가 더 유리한 기회를 얻 었을 뿐이다. 행운 덕에 경쟁 상대를 압도할 수 있는 수단을 확보했던 것이다.

1842년 11월에 사업차 올버니에 가 있을 때 허드슨강이 꽁꽁 얼어 붙었다. 나는 후서토닉 철도편으로 뉴욕에 돌아왔다. 도중에 코네티컷주의 브리지포트에서 하룻밤을 보냈는데, 당시 내 동생 필로 F.가 프랭클린 호텔을 운영하고 있었다.

나는 전부터 브리지포트에 기가 막히게 작은 아이가 살고 있다는 소식을 들었더랬다. 그래서 동생에게 그 아이를 호텔로 데려와보라고 했다. 그는 내가 지금껏 본 혼자 걸어다닐 수 있는 사람 중에서 가장 작았다. 키가 채 60센티미터가 되지 않았고 몸무게는 7킬로그램 정도였다. 눈매가 시원시원했고 머리칼은 담색이었으며 두 뺨은 발그레했다. 아주 건강해 보였으며 몸매는 아폴로처럼 균형잡혀 있었다. 지나치게 숫기가 없었지만 내가 살살 구슬리자 이야기를 하기 시작했다. 그 아이는 자기가 셔우드 E. 스트래턴의 아들인 찰스 S. 스트래턴이라고 말했다.

그 아이는 고작 다섯 살이었다. 그래서 그 나이에 난쟁이라고 소개했다가는 의혹을 살 것 같았다. 다섯 살이 그만한 몸집이라고 해서 난쟁이로 단정할 수 있을까? 난쟁이로 입증할 만한 서류 등을 준비할 수도 있었겠지만 그렇게 한대도 그 사업은 시험 삼아 시도하는 것 이상으로 생각되지 않았다. 그래서 일단 주당 3달러를 주고 4주간 그 아이를 고용하기로 했다. 물론 아이와 아이 엄마의 여행 경비와 숙박비는 모두 내가 부담하는 조건이었다.

그들 모자가 뉴욕에 도착한 것은 1842년 12월 8일 추수감사절이었다. 스트래턴 부인은 내 박물관 포스터에 자기 아들이 영국에서 방금 도착한 11세의 톰 섬(영국 전래동화에 나오는 엄지만한 주인공—옮긴이) 장군이라고 소개되어 있는 것을 보고 소스라치게 놀랐다.

그 광고 문구에는 두 가지 속임수가 들어 있었다. 속임수들을 정당화하려는 것은 아니지만 정상 참작을 바라는 마음이다. 그 아이는 분명히 난쟁이였고, 아이가 생후 6개월부터 거의 자라지 않았다는 믿을 만한 증거도 가지고 있었다. 그러나 그 아이가 다섯 살에 불과하다고 홍보했다면 대중의 관심을 끌거나 호기심을 일으키기는 불가능했을 것이다. 내가 노렸던 것은 대중으로 하여금 그 아이가 진짜 난쟁이라고 믿게 만드는 것이었다. 그리고 적어도 그 점에 한해서는 사람들이 속아넘어간 것이 아니었다.

그 아이가 어디서 태어났고 어디서 왔는지는 사실 중요하지 않았다. 내가 원한 대로 그 아이가 외국인이라는 광고에 끌려서 사람들이 돈을 지불했다면, 그러나 돈의 가치만큼 만족하지 못했다면 그 책임은 오롯이 그들 자신에게 있는 것이다. 나는 미국인이 유럽에 품은 이국적인 동경을 쭉 지켜봐왔다(비발라의 경우처럼 종종 그것을 이용하기도 했다). 내가 난쟁이 건에서 한철 동안 사용한 속임수가 미국인의 부끄러운 외국인 선호 성향을 억제하는 데 미약하나마 일조했다면, 내가 여기서 인정한 죄를 용서받을 수도 있을 것 같다.

나는 이 작은 천재를 훈련시키기 위하여 밤낮없이 많은 시간과 공을 들였다. 그 노력이 결실을 거둔 것은 그 아이가 재질을 타고났고 익살을 무척 좋아했기 때문이었다. 그 아이는 나를 아주 좋아하게 되었다. 그때도 지금도 나는 그 아이에게 진심 어린 애정을 지니고 있다. 솔직히 말해서 지금 이 순간에도 나는 이 세상에서 가장 홍미롭고 비상한 자연의 산물이 바로 그 아이라고 믿고 있다.

그 아이와의 4주 계약이 만료되었고, 나는 주당 7달러에 1년간 재계약했다(재계약 이전에 50달러의 보너스도 주었다). 그 계약으로 나는 미국 어디에서나 그 아이를 전시 공연할 수 있는 권리를 확보했다. 아이의 부모가 늘 동행했고 나는 그들의 모든 경비를 부담했다. 계약기

톰 섬 장군을 훈련시키고 있는 필자

간이 아직 많이 남은 시점에서 나는 자진하여 그의 주급을 25달러로 인상했다. 사실 그 아이는 빠르게 대중의 인기를 얻고 있었기에 그 정도 대가는 정당한 것이었다. 나는 몇 주에 걸쳐 내 박물관에서 그 아이의 전시 공연을 열다가 새로운 전시 계획이 나오면 그 아이를 미국의 여러 도시와 마을로 보내 순회공연을 하게 했다. 그때마다 내 친구 포다이스 히치콕을 그 아이와 동행시켰다.

그동안 나는 아메리카 박물관을 구입할 때 진 빚을 전부 갚았고, 톰 섬 장군과 1년간 계약을 연장하는 데 합의했다. 주급 50달러와 공연에 들어가는 제반 경비를 모두 내가 부담하는 조건이었고, 유럽 순회공연도 포함되었다.

제10장

톰 섬과 유럽 순회공연

영국행―작별―담뱃가루 속임수―돈을 위한 친절―미국인 가이드―
음울한 전망―서광―난쟁이의 가치―런던의 매니저―거절당한 귀족
들―에버릿 씨―로스차일드 저택 방문―돈방석―예절 교육―여왕을 알
현한 톰 섬―뒷걸음질―톰과 푸들―영국 황태자―충성심과 미국인―상
류사회의 인기―애들레이드 태후―웰링턴 공작과 보나파르트―니콜라
스 황제―윈저에서의 열병식―루이 필리프―왕실의 근면함―워털루 전
쟁터―전사한 군인들―예상치 못한 고장―그 나라의 관행―폭우―이발사
의 실수―가짜 유물―돈이 사람을 만든다―금송아지―앨버트와 함께한 하
루―셰익스피어가 누구야?―워릭 백작―흥행사 한 무리―당일치기 여행―
고성이 너무 좋아―양키의 호기심―행운의 무더기―미국인 왕자―미심쩍
은 소시지―프랭클린 박사의 일화―전기로 밝힌 영광―저명한 미국인들―
고향에 간 톰 섬 장군―25센트의 가치―미국 순회공연―쿠바에 간 톰 섬 장
군―칠면조 키우기

1844년 1월 18일 목요일, 나는 새로 건조된 멋진 정기선 '요크셔'호
(D. G. 베일리 선장)를 타고 리버풀로 향했다. 나와 함께한 일행은 톰
섬 장군, 그의 양친과 가정교사, 프랑스인 박물학자 기요되 교수였다.
뉴욕시 브라스 밴드(금관악기 중심으로 구성된 악단―옮긴이)가 자원하
여 우리를 샌디 훅까지 배웅해주었고 많은 지인들도 그곳까지 동행
했다.

1시 30분, 요크셔호를 만까지 예인한 예인선 중 한 척이 기적을 울

리면서 작별의 시간을 알렸다. 다시 소란스러움과 함께 빠르게 주고받는 작별인사 그리고 우정 어린 악수가 되풀이되었다. 나도 그때 감상적인 분위기에 빠졌음을 인정한다.

내 이름은 오랫동안 유쾌한 일들과 관련되어 언급되어왔다. 그래서 많은 사람들은 내가 슬픈 감정에 민감하다고는 생각하지 않을 것이다. 그래서 독자들은 이 대목의 전반적인 분위기를 의심스럽게 여길지도 모르겠다. 나의 타고난 성정은 물론 명랑함이고 나의 성향이 희극 쪽으로 나아가도록 스스로 노력해왔다. 왜냐하면 비극은 그 자체의 힘 때문에 숨기려 해도 오히려 주변의 모든 이를 짓누르게 되기 때문이다. 내가 만약 정말로 진지한 생각을 할 수 없었거나 종종 냉정한 사색에 잠기지 않았더라면 꽤나 나약한 사람이 됐을 것이다.

지금 친구들과 작별하던 장면이나 고국과 집을 몇 달, 어쩌면 몇 년 동안 떠나 있어야 하는 심정만을 말하려는 것이 아니다. 일반적인 경험에 대해 말하려는 것이다. 나는 과거에 고독과 슬픔의 시기를 겪어봤고 앞으로도 늘 그랬으면 하는 바람이 있다. 많은 사람은 흥행사로서의 내 직업과 내가 가졌던 다른 직업들 간에 어떤 일관성이 있을까 의아해하겠지만, 장담하건대 나는 한결같이 기독교를 믿어왔다. 내 삶에서 가장 평온한 행복은 기독교에 크게 빚지고 있다. 앞으로도 나는 이 세상 그 무엇보다도 기독교의 위안에 의지할 것이다. 흥행사로서의 모든 여정 동안 성경은 늘 나와 함께했다. 나는 성경을 처음부터 끝까지 주의깊게 여러 번 되풀이해 읽었다. 성경의 가르침 덕에 내가 이득을 얻었는지 아닌지는 여기서 따질 문제가 아니다. 다만 주님의 말씀과 도래할 천년왕국에서의 행복은 고통과 슬픔에 빠졌던 내게 큰 위로가 되었다. 나는 언제나 성경을 가장 큰 보물로 여기고 싶다.

뱃길은 깊은 신비를 간직한 망망대해로 뻗어 있었으나, 내 마음은 가족과 고향에 가 있었으니 나도 감상적인 분위기에 잠길 수밖에 없었다. 배웅 나온 친구들이 예인선으로 옮겨 타는 마지막 시간 동안 나는 그들의 손을 꼭 붙잡았고 감정을 억누를 수 없었다. 급기야 브라스밴드가 〈즐거운 나의 집〉을 연주할 때는 내 눈에서 굵은 눈물이 쏟아졌다.

우리가 탄 정기선과 예인선의 거리가 빠르게 멀어져갔다. 우리는 선미갑판에 서서 손수건을 흔들었다. 물결 위로 〈양키 두들〉(Yankee Doodle, 미국 독립전쟁 때 미국 병사들이 부르던 노래—옮긴이)의 곡조가 또렷이 들려오자 우리는 만세삼창을 불렀다. 나는 회한과 기쁨이 뒤섞인 감정에 북받쳐 하염없이 울었다. 2시에 수로 안내인도 우리 배를 떠났고, 그로써 우리와 고국을 이어주는 가시적이고도 살아 있는 연결고리는 모조리 끊어진 셈이었다.

리버풀로의 여정은 이미 여러 번 글로 인쇄되었던 터라 구구절절 묘사하는 것은 삼가겠다. 지금 내 앞에는 풍부한 자료, 그러니까 유럽에 체류하는 동안 《뉴욕 아틀라스》지에 통신원 자격으로 보냈던 편지 100통이 놓여 있다. 그러나 그 편지에 담긴 사실과 일화들은 내 삶의 궤적을 잇는 데 필요한 만큼만 여기에 옮기거나 인용하겠다.

번번이 바람은 자고 역풍이 불어오기도 하여 항해는 19일이 걸렸다. 그래도 그만큼 좋은 배도 없었고 그보다 더 훌륭한 선장도 없었다. 뱃길에서는 바다와 물고기의 밥이 되는 사람이 으레 있기 마련이지만, 당시 여정에서는 승객 중 두세 명만 유명을 달리했다. 걱정했던 나는 오히려 무사했다. 승객들끼리는 정이 넘쳤고, 농담을 주고받다보니 시간이 금세 지나갔다.

승객들 태반은 캐나다에서 온 영국 상인들이었다. 그중에서 한 명이 자칭 '넘버원'이라면서 종종 자기는 양키보다 훨씬 영리하다고 으스댔다. 그가 어찌나 자신의 영특함을 자랑하던지, 나는 양키 친구 한 명과 함께 리버풀에 도착하기 전에 그 영국인을 시험해보기로 했다. 항해 10일째에 그 기회가 저절로 찾아왔다. 바람이 자서 배는 거의 멈춰 있는 상황이었고 좀이 쑤실 정도로 따분했다. 나는 옛 시절의 양키 속임수를 떠올리고 그것을 존 불(John Bull, 전형적인 영국인—옮긴이)에게 써먹어보기로 했다. 그래서 뉴욕 출신의 양키 친구와 계획을 세운 뒤 실행에 옮겼다. 나는 지독한 치통 때문에 몹시 괴롭다는 표정으로 객실에서 나왔고, 혹시 구급함에 아픈 이를 뽑을 기구가 있는지 승무원에게 물었다. 없다는 말을 듣고 이번에는 승객들에게 치통에 좋은 방법이 없느냐며 묻고 다녔다. 양키 친구(동시에 공모자)가 내게 담뱃가루를 뜨겁게 달궈 얼굴에 대보라고 권했다. 그래서 나는 담뱃가루를 조금씩 얻어서 독특한 색깔의 종이에 쌌다. 그리고 그것을 데우기 위해 난로 곁에 놓았다. 나는 잠시 자리를 비웠고, 그동안 양키 친구가 내게 장난을 쳐보는 게 어떠냐고 사람들을 떠보았다. 요컨대 담뱃가루를 버리고 그 대신 재를 종이로 싸놓자고 말이다. 승객들은 그 장난에 찬성했고, 문제의 영국인도 아주 괜찮은 생각이라고 여겼다. 그래서 그는 곧 담뱃가루를 난롯불 속에 버리고 대신에 재를 종이로 쌌다.

나는 곧 돌아와서 아주 심각하게 종이뭉치를 볼에 가져다 댔다. 그러고는 선실을 이리저리 왔다갔다하면서 몹시 고통스러워했다. 승객들은 웃음을 참느라 무진 애를 써야 했다. 내 호주머니에는 담뱃가루가 담긴 종이뭉치가 들어 있었다. 볼에 대고 있는 것과 같은 색깔의 종이에 담뱃가루를 싸서 미리 주머니에 넣어두었던 것이다. 그리고 선실

맨 끝까지 갔을 때 슬쩍 종이뭉치를 바꿔치기했다. 희희낙락하던 그 영국인이 소리쳤다.

"바넘 씨, 그 종이 안에 있는 게 뭐요?"

"담뱃가루요." 내가 대답했다.

"진짜 담뱃가루인지 나랑 내기할래요?" 영국인이 말했다.

"어이구, 괴롭히지 마시오." 내가 말했다. "치통 때문에 기분이 말이 아니란 말이오. 내가 직접 종이에 썼으니 담뱃가루가 맞아요."

"담뱃가루가 아니라는 데 샴페인 한 상자를 걸게요." 영국인이 말했다.

"헛소리 그만해요." 내가 말했다. "나는 내기 안 해요. 공평하지 않으니까요. 담뱃가루라는 걸 알고 있거든요."

"담뱃가루가 아니라는 데 50달러 걸게요." 영국인이 말했다. 그러고는 금화 10개를 세서 탁자 위에 올려놓았다.

"돈은 걸지 않아요." 내가 대답했다. "이게 담뱃가루라는 걸 안다고 이미 말했으니까. 내가 직접 종이에 썼다고 했잖아요."

"당신은 내기할 자신이 없는 거요!" 그가 응수했다.

결국 나는 그의 청을 어쩔 수 없이 들어주는 척하면서 샴페인 한 상자를 걸었다. 영국인은 좋아서 펄쩍 뛰면서 소리쳤다.

"종이를 펴봐요! 펴봐!"

승객들은 득의만면해서 내가 종이 펴는 것을 지켜보기 위하여 탁자 주위로 몰려들었다. 양키 친구를 제외한 모든 승객이 내가 속아넘어갔다고 생각하고 있었다. 나는 조용히 종이를 펴고 말했다.

"자, 내가 담뱃가루라고 했잖아요. 아니라고 우기다니 댁도 참 딱하네요. 내가 직접 썼다니까요!"

승객들은 잠시 어리둥절해 있었다. 그러나 그건 잠시였을 뿐, 모두가 영국인을 향해 폭소를 터트렸다. 그때의 영국인처럼 얼빠진 표정을 띤 사람은 처음 봤다. 혹 떼려다가 혹 붙인 꼴이었다. 그는 5분 동안 아무 말도 하지 못했다. 마침내 그는 승무원에게 샴페인을 가져오라고 하더니 내 양키 친구를 돌아보며 경멸스럽게, 그러나 잔뜩 풀이 죽어서 말했다. "비열한 양키의 속임수였군!" 그가 다시 쾌활해지기까지 며칠이 걸렸다. 나중에는 그도 다른 승객처럼 그 장난 얘기를 하며 기분 좋게 웃었지만, 이후로는 자기가 영리하다고 자랑하지 않았다.

18일째 '어이, 육지다!'라는 함성에 우리는 무척 들떠서 갑판으로 나갔다. 웨일스의 눈 덮인 산이 곧 시야에 들어왔고, 우리는 세 시간 후 안전하게 리버풀항에 도착했다. 많은 인파가 항구에 모여 있었고 많은 사람들이 몹시 궁금한 표정으로 톰 섬에 관해 물었다. 톰 섬이 도착한다는 소식이 이미 리버풀에 알려져 있었기 때문이다. 톰 섬의 어머니는 용케 사람들의 눈을 피해 아들을 데리고 뭍에 오를 수 있었다. 사람들은 톰 섬이 갓난아기처럼 품에 안아 옮길 수 있을 정도로 작으리라고는 생각하지 못했던 것이다.

우리의 짐은 세관으로 옮겨졌고, 우리가 영국산 제품이라고 장담할 수 없는 모든 것들에 관세를 지불한 후에야 그곳을 떠날 수 있었다. 우리는 리버풀에서 가장 좋은 '워털루 호텔'에 투숙했고 짐꾼 6명에게 각각 반 크라운씩 주고 짐을 맡겼다. 반 크라운씩 준 것은 6명 중 3명은 짐을 쳐다만 볼 뿐 손도 대지 않아서였다. 우리는 세관에서부터 느꼈던 불쾌감을 포트와인 한 병으로 씻어냈다. 그리고 영국식 설로인 (sirloin, 쇠고기 가운데 허리 윗부분으로 맛이 가장 좋기 때문에 경칭인 '서 [sir]'를 붙임―옮긴이) 로스트비프와 튀겨서 새우 소스를 곁들인 혀가자

미로 식사를 했다.

식사를 끝낸 나는 도시를 구경하려고 호텔을 나섰다. 조금 걸어가자 넬슨 기념상이 나왔다. 내가 기념상의 장엄한 모습과 여러 아름다움에 감탄하고 있는 동안, 잘 차려입은 노신사 한 명이 친절히도 내게 다양한 구조물과 문장에 관해 설명해주었다. 노신사의 영혼 자체가 고귀하고 용감한 영웅의 명성을 떠받치고 있는 기둥에 녹아들어간 느낌마저 들었다. 그는 계속 그 위대한 예술작품에 담긴 흥미롭고 세세한 사항들을 아주 세련되게 설명해주었고, 나는 부지불식간에 그의 이야기에 빨려들어갔다. 영국인의 차가움과 오만함에 관해 많은 얘기를 들어왔는데, 그것이 지나친 비방이었다는 게 빠른 시간 안에 증명되어서 기뻤다.

나는 속으로 영국 군인 중 한 사람이, 지금은 퇴역하여 부유하고 존경받고 있을 이 사람이 이방인에게 한 시간 동안 더없이 친숙한 태도로 조국과 자신에 대한 애국심과 자부심을 보여주는 기념물의 아름다움을 알려주고 있구나 하고 생각했다. 무심결에 그가 얼마나 부자일까 따져보았고 연 수입이 10,000파운드는 될 거라는 결론을 내렸다. 그 영국인 노신사가 아주 부유하고 친절하며 사심 없다는 판단이 서자 인간 본성에 대한 신뢰감이 백 퍼센트까지 솟구쳤다. 금방이라도 그 노신사가 나를 자신의 대저택으로 일주일 동안 초청하여 그의 멋진 마차로 도시 곳곳을 구경시켜줄 것 같았다. 나는 너무 오랫동안 그의 친절을 빌미로 염치없이 굴었다는 부끄러운 생각을 하면서 고마움의 작별인사를 건넸다. 그런데 그가 손을 내밀면서 구걸하는 어조로 내가 자신의 수고에 합당할 만큼의 답례를 해주면 고맙겠다고 말하는 게 아닌가!

리버풀의 넬슨 기념상

그를 고귀하게 여겼던 마음은 사라졌고, 나는 그의 손에 1실링을 쥐여주었다. 나는 빠른 속도로 걸어가면서 지갑을 단단히 여미고 호주머니에 집어넣었다. 30미터를 채 가지 못해서 인간 본성에 대한 신뢰는 20퍼센트까지 추락했다. 그리고 영국에서는 사람을 쳐다보는 데 2실링 6펜스가 들고 말을 거는 데 1크라운이 든다고 기정사실화해버렸다. 그것은 첫인상에 불과했다. 얼마 후에는 영국에 이상한 종자들이 수두룩하다고 생각할 만한 일들을 겪었으니 말이다.

그날 저녁이 가까워질 무렵 키가 크고 비쩍 마른 남자가 호텔로 나를 찾아왔다. 그는 자기도 미국인이라면서, 이방인이 보고 즐거워할 만한 리버풀의 여러 명물들을 내게 안내할 수 있다면 기쁘겠다고 말했다.

나는 그에게 리버풀에 얼마나 오랫동안 있었느냐고 물었고, 그는 '거의 일주일'이라고 대답했다. 나는 바로 그의 제안을 거절하면서, 고작 일주일 있었다면 아마도 영국에 관해 많이 알지는 못할 거라고 말했다.

"에이, 오해하셨군요." 그가 말했다. "리버풀에는 최근에 처음 와봤지만 영국에는 전에도 와본걸요."

"영국 어디 말인가요?" 내가 물었다.

"나이아가라 폭포 반대편요." 그가 대답했다. "그곳에서 며칠 영국 병사들과 함께 보냈지요."

나는 그의 면전에서 웃으며 영국은 나이아가라 폭포 반대편에 있지 않다고 말해주었다. 그 뻔뻔한 친구는 잠시 당황하다가 갑자기 의기양양하게 소리쳤다.

"잉글랜드 얘기가 아니죠. 나도 그 나라를 당신만큼 잘 안다고요."

"그러면 그 나라 이름이 뭔가요?" 나는 그가 모를 거라고 확신하고서 물었다.

"그야 물론 그레이트브리튼이죠." 그가 말했다.

나는 당연히 그를 리버풀 안내인으로 고용하기를 거절했다. 그는 자신의 능력을 알아봐주지 않는 것에 화를 내면서 가버렸다.

이런저런 일로 기분이 좋지 않았고, 인간 본성에 대한 내 평가도 곤두박질쳤다. 그러나 같은 저녁 늦게 있었던 또다른 일 때문에 더더욱 기분이 좋아질 수가 없었다.

1펜스 반의 입장료를 받고 값싼 밀랍인형 쇼를 하는 사람 한 명이 나를 방문했다. 미국의 엄청난 볼거리가 도착했다는 소식을 듣고서 톰 섬과 내게 제일 먼저 공연 제안을 하러 온 것이었다. 자신의 멋진 공연을 보조하는 형태로 출연하면 그 대가로 일주일에 10달러 정도를 주겠다고!

나는 그 농담의 참신함에 웃을 수밖에 없었다. 그러나 마음 한편으로는 영국 공연계에서 난쟁이는 헐값 취급을 받는다는 생각이 들어 서글퍼졌다. 다른 때 같았으면 앞길에 드리워진 그림자가 금세 걷혔을 테지만, 이번에는 향수병 같은 것이 나를 사로잡는 통에 세상이 아주 암울하게만 보이기 시작했다. 나는 이국땅에 있는 이방인이었다. 나를 알리는 소개장들은 아직 전달되지도 않은 상태였다. 나의 소규모 공연단 말고는 친숙한 얼굴 하나 보이지 않았고 친숙한 목소리 하나 들려오지 않았다. 북적이던 리버풀의 거리들은 어둠의 장막이 드리워지면서 점점 더 한산해져갔다. 나는 외로웠다. 조롱을 받을지 모르지만, 나는 진심으로 한바탕 울고 싶을 만큼 고독했음을 인정할 수밖에 없다. 그날밤 내 꿈은 '즐거운 나의 집'이었다.

다음날 아침 서광이 비쳤다. 그 빛은 다음과 같은 짧은 서한 속에서 빛나고 있었다.

셀레스트 부인이 바넘 씨에게 경의를 표하며, 부인의 특별석을 언제든 바넘 씨와 그 친구들을 위하여 사용할 수 있기를 간청합니다.

윌리엄슨 광장, 로열 극장 드림

나는 이 정중한 초대를 바로 그날 저녁에 감사히 받아들였다. 셀레스트 부인의 특별석(톰 섬 장군을 포함하여 내 일행이 앉아 있었고, 톰 섬은 망토로 몸의 일부를 가리고 있었다) 옆에 지적이고 부유해 보이는 영국인 부부가 앉아 있었다. 톰 섬 장군이 공연에 관심을 갖는 모습이 그 부부의 주의를 끌었다. 여자가 내게 말했다.

"어쩜, 정말 똑똑한 아이로군요! 공연에 관심을 보이다니."

"실례합니다만, 부인." 내가 말했다. "아이가 아닙니다. 톰 섬 장군입니다."

〈달빛 아래 리버풀 항구〉, 앳킨슨 그림쇼(Atkinson Grimshaw, 1836~1893), 1887년

"설마!" 부부가 동시에 한목소리로 소리쳤다. 그들은 우리가 리버풀에 도착하기 훨씬 전부터 우리의 영국 공연 소식을 접한 터였다. 소문으로 들었던 신비한 난쟁이를 직접 본 그들은 단순히 확인하는 것 이상으로 만족했다. 그들이 곧 엄청난 찬사와 함께 톰 섬 장군을 맨체스터에 데려가라고 강권한 말투로 봐서, 톰 섬의 실물을 보고 그들이 느낀 만족감에는 의심의 여지가 없었다. 그들은 맨체스터에 살고 있었는데, 그곳에서 톰 섬 장군의 전시 공연으로 큰돈을 벌 수 있을 거라고 장담했다.

그런 조언을 받고 나자 밀랍인형 쇼를 하는 사람에게 들었던 암담한 제안이 충분히 상쇄되었다. 그래도 그 존경스러운 사람들은 진기한 것을 제대로 평가할 줄 알았던 것이다. 그러니 내가 당장 맨체스터의 방직 왕들(당시 방직 공장을 소유하고 있던 사람들에게 붙여진 별명―옮긴이) 사이에서 부자가 되는 행복한 단꿈을 꾸었다고 해도 이상한 일은 아니었다.

나는 새 친구들의 조언과 격려에 고마움을 전하면서, 입장료로 얼마를 받으면 좋겠냐고 용기를 내어 물어보았다.

"장군은 정말이지 진기한 볼거리죠." 그 여자가 말했다. "그러니 2펜스까지 받아도 될 거예요."

그런데 곧 그녀보다 더 경제에 밝은 것이 분명한 남편이 끼어들었다. "그 가격으로는 성공하지 못해요. 입장료는 1페니로 내려야 합니다. 영국에서 거인과 난쟁이를 보는 건 보통 그 가격이면 되거든요."

상황이 좋지 않아 보였다. 더구나 그게 다가 아니었다! "게다가 그런 건 한물갔잖아요!" 그 말을 듣고 나는 벌떡 일어섰다. 정신이 번쩍 들었다. 나는 본래의 자신을 되찾고 이렇게 단언했다. "입장료는 절대 1실링 아래로 하지 않을 겁니다. 영국 귀족과 신사 중에서 톰 섬 장군을 보기 위하여 충분한 돈을 낼 사람들이 설마 없겠습니까!"

원래는 곧장 런던으로 가서 가능하다면 '중심부', 즉 왕궁에서 공연을 시작하고 싶었다. 그런데 알고 보니 앨버트 공(빅토리아 여왕의 남편—옮긴이)의 아버지가 사망하여 왕실은 상중이었다. 그러니 여흥을 즐기는 건 허락되지 않을 터였다. 그래도 내 소개장 덕분에 많은 유력 인사들과 친분을 맺을 수 있었고, 그 결과 홀을 한 곳 빌려서 잠시나마 리버풀에서 톰 섬 장군을 선보일 기회도 얻었다.

한편 런던에서 프린세스 극장의 지배인인 매덕스 씨가 나와 계약할 목적으로 공연을 보러 올 거라는 정보가 입수되었다. 그는 비밀리에 방문하는 것이었지만 나는 이미 그의 방문 소식과 목적을 알고 있었다. 홀에서 한 친구가 내게 매덕스 씨가 누구인지 알려주었다. 내가 그의 이름을 부르면서 다가가자 그는 깜짝 놀라더니 리버풀에 온 목적을 솔직히 말했다. 그와 면담한 결과 프린세스 극장에서 사흘간 톰 섬 장군의 전시 공연을 하기로 계약했다. 그보다 더 긴 기간의 계약은 원치 않았다. 짧은 기간에 비해서 계약 조건도 후한 편이었지만, 나는 그 기회를 단지 홍보 수단으로만 이용할 생각이었다.

톰 섬 장군은 프린세스 극장에서 확실한 성공을 거두었다. 관객, 극장 지배인, 나 자신 중에서 누가 가장 즐거웠는지 모를 정도였다. 관객들은 당연히 즐거워했다. 극장 지배인은 그 공연으로 돈을 벌었으니 즐거웠고, 나는 런던에서의 성공을 분명히 보장받았기에 즐거웠다. 나는 더 좋은 조건으로 재계약을 제안받았지만 내 목적은 이미 충분히 달성한 상태였다. 톰 섬 장군이 최고의 볼거리라는 소식이 퍼져나갔고, 그리하여 나 혼자 힘으로 내가 원하는 시간과 방식에 따라 톰 섬 장군을 대중 앞에 선보일 기회가 생겼다.

나는 유행의 중심지인 웨스트엔드의 본드가에 가구 딸린 집을 빌렸다. 브로엄 경을 비롯한 귀족 집안과 다수의 상류층 사람들이 내 이웃이었다. 내가 빌린 집은 몇 년 동안 탤벗 경이 살던 곳이었다. 그 웅장한 저택에서 나는 신문사 편집인들과 유력인사 몇 명에게 톰 섬 장군을 보러 오십사 초대장을 보냈다. 대부분이 초대에 응했고 내게 무척 고마워했다. 그 소식은 상류사회에 금세 퍼졌고, 초대받지 않은 사람들이 집안의 문장(紋章)이 새겨진 마차를 타고 찾아왔으나 모두 거절당했다.

그것은 일종의 전략이긴 했으나 당시의 정황상 이상하거나 위험한 일은 아니었다. 나는 아직 공식 공연을 발표하지 않은 상태였기에 한 명의 미국 국민으로서 위엄을 유지하고자 했던 것이다. 그래서 영국식으로 화려하게 차려입은 하인에게 초대장을 갖고 있지 않은 사람은 안으로 들어오지 못하게 하라고 지시했다. 하인은 합당한 방식으로 일을 처리했고 얼굴을 붉힐 소동은 전혀 일어나지 않았다. 그리고 나는 거절당해 돌아간 사람들에게 곧바로 초대장을 보내곤 했다.

런던에서 첫 일주일을 보내는 동안, 내가 소개장을 보냈던 미국 공사 에버릿 씨도 방문하여 유명한 난쟁이 동포를 보고 무척이나 즐거워했다. 나와 톰 섬은 그의 초대로 그의 집에서 식사를 함께했다. 그의 가족은 어린 톰 섬에게 많은 선물을 안겨주었다. 에버릿 씨는 친절히도 왕궁에 영향력을 행사하여 톰 섬을 빅토리아 여왕에게 소개해주겠노라고 약속했다.

며칠 뒤 로스차일드 남작부인이 우리에게 마차를 보내왔다. 피커딜리에 있는 그녀의 저택은 높은 담장으로 둘러싸인 웅장한 건물이었다. 우리를 태운 마차는 대문을 지나 본관 앞에 멈춰 섰다. 검은 코트와 정장 바지, 흰 조끼와 크러뱃(17세기 남성용 스카프—옮긴이), 예식용 흰 장갑에 이르기까지 완벽하게 신사 복장을 갖춘 하인 여섯 명이 우리를 맞이했다. 늙은 하인 한 명은 다른 정복 차림, 그러니까 장식이 많은 코트와 예전 시대의 반바지를 입고 크고 흰 곱슬머리 가발을 쓰고 있었다. 홀에는 불이 환히 밝혀졌고 홀 양쪽은 아름다운 조각상들로 장식되어 있었다. 우리는 넓은 대리석 계단으로 안내되었고, 응접실 문간에서 우아하게 차려입은(다른 상황에서 봤더라면 귀족 집안의 식구로 생각했을 법한) 하인이 우리의 이름을 불러 도착을 알렸다.

응접실에 들어서자 뭐라고 표현할 길 없는 장려한 번뜩임이 내 시야를 사로잡았다. 남작부인은 값비싼 실크 다마스크 천을 댄 화려한

로스차일드 남작의 피커딜리 저택

소파(이와 유사한 카우치가 방안에 여러 개 있었다)에 앉아 있었다. 몇몇 귀족과 귀부인 들이 우아한 형태의 금도금 의자에 앉아 있었는데, 의자들은 앉는 부분의 벨벳을 제외하면 전체가 마치 순금처럼 보였다. 벽난로 양쪽에 대리석상이 하나씩 세워져 있었다. 오른쪽 대리석상 옆으로 유리 진열장들이 늘어서 있었는데 그 안에는 항아리와 꽃병을 비롯해 금, 은, 다이아몬드, 설화석고, 진주 등으로 만든 온갖 정교한 공예품들이 들어 있었다. 중앙에 있는 탁자와 그 주변의 탁자들은 크기와 생김새가 얼추 피아노와 비슷했고, 전체적으로 금도금을 한 탁자가 있는가 하면 진주들을 다채롭게 상감한 흑단으로 만든 탁자도 있었다. 이런 탁자들 위에는 내가 꿈도 꾸지 못할 만큼 우아한 장식품들이 놓여 있었다. 방 한쪽 끝에 있는 의자들은 진주와 금을 상감한 흑단에 다마스크 천으로 우아하게 쿠션을 댄 것들이었다. 벽면은 벽널로 장식하고 금을 입혔으며 커튼과 장식품은 더없이 값비싼 것들이었다. 거대한 샹들리에, 나뭇가지 모양의 촛대 같은 것들도 내 표현력으로는 설명할 수 없는 수준이었다. 솔직히 말해서, 세계에서 가장 부유한 은행가의 아내가 얼마나 호화롭게 사는지 제대로 전달하는 것은 완전히 내 능력 밖의 일이다.

우리는 그곳에 2시간 정도 있었다. 20명가량의 귀족과 귀부인 들도 함께한 자리였다. 우리가 떠날 때 돈이 두둑이 든 우아한 지갑 하나가 슬그머니 내 손에 쥐어졌다. 이제부터 돈방석에 앉나보다 싶은 기분이 들었다.

그것은 과대망상이 아니었다. 그 직후에 또 한 명의 저명한 은행가 드러먼드 씨의 저택에서도 똑같은 일을 경험했기 때문이다.

나는 곧 피커딜리의 '이집트 홀'과 계약을 맺었다. 내 독특한 전시 공연을 보러 관람객들이 몰려들었고, 그중에는 런던의 부와 패션을 대변하는 사람들도 포함되어 있었다.

내가 그 계약을 맺은 것은 당분간 여왕을 알현하기가(앞에서 말했듯이 왕실이 상중이었기 때문에) 거의 불가능하다고 생각해서였다. 그런데 에버릿 씨의 관대한 영향력이 내 목적을 이루게 해주었다. 어느 날 아침 초청을 받고 그의 집에서 조찬을 함께했는데, 그때 평판 좋은 작가이자 왕실 사무를 총괄하는 궁내 차관인 찰스 머리 씨도 동석했다.

대화중에 머리 씨가 내 계획에 대해 물었고, 나는 톰 섬 장군이 여왕을 알현할 수 있다면야 기꺼이 남아 있겠지만(그렇게 되면 내겐 엄청난 영광일 거라고 덧붙인 후에) 그렇지 않으면 머잖아 유럽 대륙으로 떠날까 한다고 말했다.

피커딜리의 이집트 홀(1815년)

머리 씨가 친절히도 여왕 알현을 주선해주었다. 얼마 후에 키가 크고 기품 있게 생긴 근위병 한 명이 직위에 맞는 제복 차림으로 짧은 서한을 가져왔다. 여왕이 특정일 저녁에 톰 섬 장군과 그의 후견인 바넘 씨를 버킹엄 궁으로 초대한다는 내용이었다. 같은 날 머리 씨가 여왕의 구체적인 지시사항을 구두로 전달해왔다. 톰 섬 장군을 데려오되 그의 구속받지 않은 자연스러운 행동을 있는 그대로 보고자 하니 왕궁의 법도를 따로 교육하지 말라는 것이었다.

나는 이 일을 최대한 활용하기로 결심하고 이집트 홀 정문에 다음과 같은 펼침막을 걸었다. "오늘 저녁 공연은 쉽니다. 톰 섬 장군이 여왕님의 명령을 받들어 버킹엄 궁에 갑니다."

왕궁에 도착하자 왕실 시종 한 명이 내가 어전에서 지켜야 하는 예의범절을 가르쳤다. 여왕의 질문에 답할 때는 반드시 그를 통해서 해야 하고 어떤 경우에도 여왕에게 직접 말을 해서는 안 된다고 했다. 어전을 떠날 때는 '뒷걸음질'을 하면서 얼굴은 계속 여왕 쪽으로 향하고 있어야 했다. 시종은 친히 뒷걸음질하는 모습을 시범으로 보여주기도 했다. 그의 가르침과 시범을 내가 얼마나 제대로 익혔는지는 곧 판가름날 터였다.

우리는 긴 복도를 따라 넓은 대리석 계단으로 안내되었다. 곧이어 여왕의 웅장한 화랑이 나타났고, 그곳에서 여왕과 앨버트 공, 켄트 공작부인과 이삼십 명의 귀족들이 우리를 기다리고 있었다. 문이 열렸을 때 그들은 모두 맨 안쪽에 서 있었다. 톰 섬 장군이 엔진을 단 밀랍인형처럼 아장아장 걸어들어갔다. 왕족들의 얼굴에 놀람과 기쁨의 표정이 떠올랐다. 그들은 예상보다도 훨씬 더 작은 인간을 보게 된 것이었다.

톰 섬 장군은 주눅들지 않은 모습으로 앞서 나아갔고, 목소리가 들릴 만큼 가까워졌을 때 아주 우아하게 허리를 굽히며 이렇게 소리쳤다. "안녕하세요, 신사 숙녀 여러분!"

그 인사에 폭소가 터졌다. 여왕은 톰 섬의 손을 잡고 거닐면서 여러 가지를 물었다. 톰 섬의 대답은 사람들을 계속해서 유쾌한 분위기로 이끌었다. 톰 섬 장군은 스스럼없이 여왕에게 화랑이 '일류'라고 하는가 하면 프린스 오브 웨일스(영국 황태자)를 만나보고 싶다고도 말했다. 여왕은 황태자는 지금 쉬는 중이니 나중에 만나보면 될 것이라고 대답했다. 이어서 톰 섬 장군은 노래와 춤과 흉내내기 등을 선보였다. 그가 한 시간 넘게 앨버트 공과 다른 참석자들 모두와 대화를 나눈 후에야 우리는 어전에서 물러날 수 있었다.

'뒷걸음질'해서 나온 과정을 설명하기에 앞서 애석하게도 내가 시종의 조언을 지키지 못했음을 인정해야겠다. 앨버트 공과 다른 사람들이 톰 섬과의 대화에 빠져 있는 동안, 여왕은 친히 그의 이력 따위를 내게 듣고 있었다. 두세 번의 질문까지는 교육받은 절차에 따라 대답을 했지만, 그런 우회적인 방식은 내 취향과는 전혀 맞지 않았다. 그래서 내가 여왕과 직접 대화를 시작했을 때 시종은 화를 내지는 않았지만 크게 놀라는 눈치였다. 그러나 여왕은 내 대범함을 제지할 마음이 없었는지 곧바로 자신이 원하는 정보를 얻기 위하여 내게 직접 말을 걸었다. 나는 여왕 앞에서도 지극히 편안한 기분이었고, 영국이나 외국에 있는 오만한 귀족들의 딱딱함과 격식을 여왕의 분별 있고 상냥한 태도와 비교하는 것도 마다하지 않았다.

여왕은 평범한 검은 옷을 입고 장신구를 걸치지 않은 수수한 모습이었다. 솔직히 말하면 여왕을 둘러싸고 있는 귀부인들이 다이아몬드가 번쩍거리는 으리으리한 복장을 하고 있어서 외지인이 그중에서 영국 여왕을 제대로 골라낼 수 없을 정도였다.

시종은 어전에서 물러날 때 내가 그의 시범대로 따라한 것을 보고 나에 대한 감정이 누그러진 듯했다. 시종이야 그런 예법에 익숙하다보니 나보다 꽤나 앞서(물론 뒷걸음질로) 나갔다. 그래도 나는 나머지 한 명의 일행보다는 빠르게 뒷걸음질칠 수 있었다. 문에 닿기까지 긴 화랑을 한참이나 뒷걸음질쳐야 했는데, 뒤처진 톰 섬 장군은 돌아서서 몇 걸음 달렸다가 다시 뒷걸음질치기를 반복했다. 그가 뒤로 돌아서 달리다가 다시 뒷걸음치다가 하는 식으로 문에 닿기까지 줄곧 왕족들의 유쾌한 웃음소리가 장내를 메아리쳤다. 그것은 내가 지금까지 본 장면, 특히 마무리 수순으로는 최고의 명장면 중 하나였다. 그런 식으로 달리는 모습이 여왕의 애견인 푸들의 화를 돋우기에 충분히 괘씸

빅토리아 여왕과 앨버트 공(1854년)(왼쪽), 어린 빅토리아 여왕과 어머니 켄트 공작부인(오른쪽)

했던 모양이다. 푸들은 매섭게 짖어대며 불쾌감을 터뜨려 톰 섬 장군을 깜짝 놀라게 했다. 그러나 곧 정신을 차린 톰 섬은 가지고 있던 작은 지팡이로 푸들을 공격하기 시작했고, 이 재미있는 싸움 장면은 왕족들을 더욱더 즐겁게 만들었다.

그 싸움은 출입문 가까이서 벌어졌다. 우리가 대기실로 나오자마자 여왕의 시종 한 명이 다가오더니 톰 섬 장군이 다치지 않았으면 한다는 여왕의 마음을 전해왔다. 그 시종은 장난스레 덧붙여 말하길, 그토록 유명한 위인이 다치기라도 하는 날에는 미국의 선전포고를 받을까 두렵다고 했다.

왕궁의 호의는 거기서 끝나지 않았다. 우리는 숙소까지 호위를 받았고 숙소에서는 다과를 제공받았던 것이다. 내 마음은 현재를 즐기기보다 미래에 가 있었지만 그래도 우리는 음식을 배불리 먹었다. 나는 왕실 소식지인 《코트 저널》 다음 호에 톰 섬 장군과 여왕의 면담 내용이 한 줄 이상은 나와야 하지 않을까 전전긍긍하고 있었다. 물어본 결과 왕실 소식지를 담당하는 사람이 마침 그때 왕궁에 있다는 것을 알게 되었다. 나는 간청하여 그를 만났다. 그는 그런 소식을 전하면 사람들의 이목을 끌 수 있을 거라며 제안을 받아들였다. 그는 내게 원하는 내용의 요지를 묻기까지 했고, 나는 다음 소식지에 내가 말한 그대로 실린 것을 보고 기뻤다.

그 덕분에 우리는 사람들에게 더 많은 관심을 끌게 됐고, 공연을 위해 좀더 넓은 홀이 필요해졌다. 그래서 같은 건물의 더 넓은 공간으로 옮겼다. 이전에 미국인 캐틀린 씨가 아메리카 인디언과 인디언 유물전을 열었던 공간인데, 전시물들이 장식처럼 고스란히 남아 있었다.

여왕을 다시 알현한 장소는 '노란 응접실'로 불리는 방이었다. 내가 본 어떤 방보다도 화려하고 멋들어진 곳이었다. 전에 들렀던 화랑의 북쪽에 있었다. 노란색 새틴 다마스크 휘장이 드리워져 있었고 카우치와 소파와 의자에도 같은 재질의 덮개가 씌워져 있었다. 꽃병과 항아리와 장식품 모두가 현대적 양식의 더없이 정교한 예술품이었다. 벽면은 황금 벽널로 장식되었고 천장의 육중한 돌림띠에도 금도금이 되어 있었다. 탁자와 피아노에도 황금이 박혀 있었고 다양한 색조의 진주를 상감했으며 아주 우아한 무늬까지 새겨져 있었다.

여왕과 왕족들이 식사를 마칠 때까지 우리는 그 커다란 응접실로 안내되어 대기하고 있었다. 그들이 나타나자 톰 섬 장군은 여왕에게 공손히 "전에 뵌 적이 있지요"라고 말한 뒤 "전의 화랑보다 이 방이 더 멋진 것 같습니다. 샹들리에가 아주 훌륭합니다"라고 덧붙였다.

톰 섬 장군을 융숭하게 대접하는 왕실

　여왕은 웃으면서 톰 섬의 손을 잡고는 그동안 잘 지냈기를 바란다
고 말했다.

　"네, 여왕마마." 그가 대답했다. "저는 굉장히 잘 지냈습니다."

　"장군." 여왕이 말했다. "이분이 황태자라오."

　"안녕하세요, 황태자님." 톰 섬 장군이 악수를 하면서 말했다. 그러
고는 황태자 옆에 서서 이렇게 말했다. "황태자님이 저보다 키가 크시
군요. 하지만 저는 어느 누구에 뒤지지 않을 만큼 크다고 생각합니다."
그러고는 한 마리 공작처럼 뽐내면서 응접실을 왔다갔다했다. 모든 사
람들이 크게 웃어댔다.

　여왕은 이어서 왕녀(여왕의 장녀 빅토리아 애들레이드 메리 루이즈
Victoria Adelaide Mary Louise를 말함―옮긴이)를 소개했고, 톰 섬 장군은
곧바로 자신의 우아하고 작은 소파로 왕녀를 이끌고 갔다. 그러고는

아주 정중하게 자기 옆자리에 왕녀를 앉혔다. 금세 다시 자리에서 일어선 톰 섬은 예전처럼 이리저리 돌아다니면서 다양한 장기를 선보였다. 여왕은 그를 위해 특별히 지시하여 제작한 값비싼 기념품을 선물했다. 선물을 받은 톰 섬은 이렇게 말했다. "성은이 망극하옵니다. 제가 살아 있는 동안 소중히 간직하겠습니다."

마침 벨기에 왕비(프랑스의 왕 루이 필리프의 딸인 루이즈 마리)도 그 자리에 있었다. 그녀는 톰 섬 장군에게 언제 런던을 떠날 것인지, 또 어디로 갈 것인지 물었다.

"파리로 갑니다." 톰 섬이 대답했다.

"거기서 누굴 만나고 싶은가요?" 벨기에 왕비가 물었다.

물론 모두가 예상한 답변은 '프랑스의 왕'이었지만 그 작은 친구는 이렇게 대답했다.

"파리에 있는 기요되 씨를 만나고 싶습니다."

여왕과 왕비가 궁금한 표정으로 나를 쳐다보았고, 나는 기요되 씨는 나와 함께 일하는 프랑스인 박물학자인데 우리보다 먼저 파리에 가 있다고 말했다. 그러자 그들은 박장대소했다.

우리가 세번째로 버킹엄 궁에 갔을 때는 벨기에 국왕 레오폴드도 그 자리에 있었다. 그는 몹시 즐거워하면서 여러 가지 질문을 했다. 빅토리아 여왕은 장군에게 노래를 불러보라고 하면서 어떤 노래를 가장 좋아하는지 물었다.

"〈양키 두들〉입니다." 톰 섬은 기다렸다는 듯이 대답했다.

왕족들 앞이었기에 나로서는 예기치 못한 답변이었다. 웃음소리가 조금 가라앉자 여왕이 기분좋게 말했다. "참 재미있는 노래지요. 원한다면 불러봐요." 톰 섬 장군은 여왕의 말에 따랐고, 얼마 후에 우리는

바넘이 알현할 무렵의 빅토리아 여왕과 장녀 빅토리아 애들레이드 메리 루이즈(왼쪽), 빅토리아 애들레이드 메리 루이즈(1855년)(오른쪽)

어전에서 물러났다.

세 차례 버킹엄 궁을 방문했을 때마다 내가 여왕의 지시에 따라 상당한 하사금을 받았음을 덧붙여야겠다. 그러나 그것은 여왕을 알현함으로써 얻은 이익의 가장 작은 부분에 지나지 않았다. 영국에서 왕실의 영향력이 얼마나 큰지 아는 사람들이라면 단박에 이해할 것이다.

영국 국민은 열광하고 있었다. 톰 섬 장군을 보지 않으면 유행에 뒤처지는 것으로 간주되었다. 그 결과 이 '쥐방울 장군'을 볼 수 있는 이집트 홀은 3월 20일부터 7월 20일까지 연일 장사진을 이루었다. 공연기간 내내 하루 평균 500달러의 수입을 거두었고, 그 금액을 훨씬 상회하는 날도 많았다. 관람객이 붐비는 시간대에는 귀족들의 마차가 한번에 오륙십 대나 피커딜리의 전시관 앞에 줄지어 서 있곤 했다.

당시에 '쥐방울 장군'의 초상화를 싣지 않는 신문이 없었다. 톰 섬 장군의 이름을 따서 만든 폴카와 카드릴(quadrilles, 네 쌍 이상이 네모꼴을 이루며 추는 춤―옮긴이)도 생겼고, 그를 칭송하는 노래들도 있었다. 《런던 펀치》는 톰 섬을 거의 쉴새없이 다루었고 그 덕에 나까지 덩달아 유명해졌으며, 이는 당연히 우리의 수입을 올리는 데 큰 몫을 했다.

홀의 한 달 임대료는 44파운드에 불과했고, 저택을 빌려서 생활했던 공연단 식구들의 생활비는 일주일에 고작 1파운드였다. 그리고 인쇄비를 포함하여 공연에 드는 총비용이 하루에 50달러였다.

톰 섬 장군은 하루 세 차례의 공연 외에도 일주일에 서너 차례 따로 방문객들을 만났다. 방문 한 차례마다 우리는 8기니(1기니는 12실링―옮긴이)에서 10기니를 받았다. 종종 하루저녁에 두 그룹의 방문을 받기도 했는데, 이런 방문 요청은 우리가 다 들어줄 수 없을 정도로 많았다.

어느 날 오후에는 애들레이드 태후(빅토리아 여왕의 숙부이자 전임자였던 윌리엄 4세의 왕비―옮긴이)가 톰 섬 장군에게 말보로의 자택으로 와달라고 요청했다. 톰 섬 장군은 화려하게 수놓은 갈색 실크 벨벳 코트와 반바지, 형형색색의 자수를 놓은 흰색 새틴 조끼, 흰색 실크 스타킹과 무도회용 신발, 가발, 삼각모, 예복에 차는 칼에 이르기까지 궁중복을 완전히 갖춰 입었다.

"어머나, 장군. 오늘 아주 멋져 보이네요." 애들레이드 태후가 말했다.

"제 생각에도 그런 것 같습니다." 장군이 우쭐해져서 말했다.

그 자리에는 많은 귀족들이 참석해 있었다. 늙은 케임브리지 공작은 톰 섬 장군에게 코담배를 조금 건넸다가 거절당했다.

톰 섬 장군은 노래 부르고 춤추고 농담을 하여 유력한 방문객들에

〈카드릴 춤을 추다가 생긴 일〉. 조지 크룩섕크(George Cruikshank), 1817년

게 큰 재미와 기쁨을 선사했다.

"친애하는 장군, 지금 보니까 시계를 차지 않았군요." 상냥한 태후가 톰 섬을 자기 무릎에 앉히면서 말했다. "회중시계를 하나 선물해도 될까요?"

"그래주시면 정말 좋겠습니다." 톰 섬 장군이 기쁨의 눈빛을 반짝이면서 말했다.

"특별히 장군을 위하여 회중시계를 준비해놓도록 하죠." 태후가 그렇게 말하고는 곧 지인인 H. 경을 불렀다. 그리고 그에게 주문한 시계가 제대로 준비되는지 신경써달라고 부탁했다. 이삼 주 후에 우리는 다시 말보로 저택으로 초대받았다.

많은 귀족 자제들이 참석해 있었고, 그중 일부는 부모도 함께였다. 톰 섬 장군과 몇 마디 인사를 건넨 애들레이드 태후는 줄이 달린 작고 아름다운 금 회중시계를 친히 장군의 목에 걸어주었다. 톰 섬은 너무 기쁜 나머지 고마움을 제대로 표현할 수조차 없었다. 마음씨 고운 태후는 톰 섬에게 품행에 관해 훌륭한 조언을 해주었고, 톰 섬은 그 조언을 충실히 따르겠다고 약속했다. 실제로도 이 자리를 빌려 말하건대 내가 아는 한 톰 섬 장군은 살면서 욕설이나 비속어를 입 밖에 낸 적이 없었다. 그의 품행은 모든 면에서 흠잡을 데 없었고 성품 또한 참으로 상냥했다.

톰 섬이 몇 가지 장기를 선보인 후 우리는 저택에서 물러났다. 애들레이드 태후가 직접 하사한 작고 우아한 회중시계는 적절히 광고에 활용되었다. 그뿐만 아니라 전시장 진열대에 빅토리아 여왕의 하사품과 함께 올려두고 유리관으로 덮어놓았다. 이 선물들에 곧 데번서 공작으로부터 받은 터키석 박힌 금제 코담뱃갑이 추가되었다. 또한 귀족과 젠트리(영국에서 귀족 바로 아래의 신분—옮긴이)로부터 받은 다수의 값비싼 선물들도 전시의 매력을 한층 높여주었다. 웰링턴 공작은 톰 섬 장군을 보기 위하여 자주 공연장을 찾았다. 공작이 처음 방문했을 때 톰 섬 장군은 나폴레옹 보나파르트를 연기하면서 연단을 오르내렸고 코담배를 피우며 깊은 생각에 골몰해 있는 척했다. 옷은 머리에서 발끝까지 군복을 입고 있었다. 나는 톰 섬을 '철의 공작'에게 소개했고 공작은 무슨 생각을 그리 골똘히 했느냐고 물었다. "워털루 전투에서의 손실에 대해 생각하고 있었습니다." 톰 섬 장군이 거리낌없이 대답했다. 이 기지 넘치는 답변은 널리 회자되었고, 그 자체로 공연에 막대한 이익을 가져다주었다.

우리가 런던에 있었던 1844년 6월, 러시아 황제가 빅토리아 여왕을 방문했다. 나는 공식 행사에서 몇 차례 그를 만났다.

나폴레옹에게 승리를 거둔 워털루 전투에서의 웰링턴 공작

6월 5일에는 윈저 공원에서 러시아 황제와 작센 왕이 참석한 가운데 열린 영국 왕실 근위대의 웅장한 열병식에 가보았다. 톰 섬 장군은 이미 일주일 전에 작센 왕뿐 아니라 이집트 총독 이브라힘 파샤를 만난 터였다.

윈저로 가는 길은 마차와 사람이 빽빽하게 늘어서 있어서 더비 경마가 열리는(나는 몇 차례 더비 경마를 보러 갔으나 그와 관련해서는 지면상 언급하지 않겠다) 엡섬의 도로를 연상시켰다. 12시경 여왕과 그녀를 방문한 유명인사들이 거대한 윈저 공원에 도착했다. 여왕 일행이 산책로에 도착했다는 것은 수많은 구경꾼들의 함성으로 미리 알 수 있었다. 그중에는 영국 황태자와 공주들이 탄 마차도 있었다. 빅토리아 여왕의 마차 앞으로 러시아 황제가 말을 타고 모습을 드러냈다. 러시아 황제의 왼쪽에는 (육군 원수 제복을 입은) 앨버트 공, 오른쪽에는 작센 왕이 역시 말을 타고 있었다. 러시아 황제는 짙은 녹색 제복을 입고 흰 깃털이 달린 검은 투구를 쓰고 있었다. 말을 탄 웰링턴 공작이 제복 차림의 귀족과 장교 들에게 둘러싸여 러시아 황제를 뒤따랐다. 로버트 필 경의 모습도 보였는데, 평소처럼 파란색 프록코트와 담황색 조끼를 입고 있어 주변의 화려한 제복들과 극명한 대조를 이루었다. 케임브리지 공작도 러시아 황제 가까이서 말을 타고 있었다.

'철의 공작'으로 불린 웰링턴 공작

우리는 그 공연 기간에 참석한 다양한 파티에서 거의 모든 귀족들을 만났다. 자택이나 지인의 저택에서, 아니면 이집트 홀의 공연장에서 톰 섬 장군을 보지 않은 귀족은 아마 한 사람도 없었을 것이다.

영국의 유력인사들 사이에서 톰 섬 장군은 그야말로 총아였다. 그중에는 로버트 필 경 부부, 버킹엄 공작 부부, 베드퍼드 공작, 데번셔 공작, 오르세 백작, 블레싱턴 부인, 대니얼 오코너, 애덜퍼스 피츠클래런스 경, 체스터필드 경, '베어링 브라더스' 사의 사장인 조슈어 베이츠 부부 등이 있었다.

우리는 모든 극장과 공원 및 오락시설을 무료로 이용했고 영국의 주요 예술가와 신문 편집인, 시인과 작가 들을 빈번히 만났다.

그때 만난 앨버트 스미스와는 지금도 각별한 친구 사이다. 그는 톰 섬 장군을 위하여 『엄지 동자』라는 희곡을 썼다. 이 희곡은 런던의 라이시엄 극장과 몇몇 극장에서 상연되어 큰 성공을 거두었다. 우리는 3년 넘게 미국을 떠나 있는 동안 영국과 스코틀랜드의 거의 모든 도시들을 누비고 다녔다. 그뿐 아니라 아일랜드의 벨파스트와 더블린에도 갔다. 더블린에서 일주일 동안 공연했고, 더블린의 큰 '로툰다 홀'에서 있었던 마지막날 공연 수입만 261파운드(1,305달러)였다. 게다가 같은 날 저녁에는 왕립 극장에서 50파운드(250달러)를 벌었다. 또한 프랑스의 거의 모든 도시와 벨기에의 브뤼셀을 비롯한 몇 개 도시에서도 순회공연을 가졌다. 벨기에에서는 레오폴드 국왕과 왕비를 왕궁에서 알현하기도 했다.

프랑스에서는 루이 필리프 왕과 왕실을 네 차례 알현했다. 그중에서 왕의 생일에 초대받아서 간 튈르리 궁전에서는 불꽃놀이를 즐기기도 했다. 루이 필리프와 왕비는 왕의 누이인 애들레이드 공주와 마찬가지로 톰 섬 장군에게 굉장히 잘 대해주면서 값진 선물을 많이 하사했다. 오를레앙 공작부인과 다른 왕족들도 매한가지였다. 루이 필리프는 미국을 주제로 나와 기탄없이 대화를 나누었다. 그는 여러 미국 원주민 부족들의 오두막에서 자본 적이 있다고 말하기도 했다. 게다가 왕실 사람들 전체가 귀족 특유의 격식을 차리지 않고서 자유롭게 대화를 나누었다.

파리에서 8킬로미터 떨어진 생클루 궁에서 그 훌륭한 왕실 가족을 마지막으로 방문한 날, 우리 미국의 상류계층뿐 아니라 영국 귀족들에게도 귀감이 될 만한 광경을 목격했다.

톰 섬 장군은 왕실 가족과 함께 한 시간을 보냈다. 그날 저녁에는 왕과 왕비뿐 아니라 오를레앙 공작부인과 그녀의 아들 파리 백작, 주앵빌 공, 느무르 공작 부부, 오말 공작부인 등이 동석했다. 헤어질 때 그들은 각자 톰 섬에게 선물을 주었다. 그뿐 아니라 작별의 키스를 하면서 '봉 보야주(Bon Voyage, 즐거운 여행 하세요)'라는 말과 함께 톰

웰링턴 공작과 톰 섬 장군

섬의 장수와 행복을 빌어주었다. 프랑스에서는 딱 한 번(왕의 특별한 요청에 따라) 톰 섬이 나폴레옹 보나파르트의 복장을 완벽하게 갖춰 입고 흉내를 냈다. 우리는 왕실 가족에게 작별을 고하고 물러난 뒤 톰 섬의 옷을 갈아입히고 우리를 위해 마련된 다과 자리에 들렀다가 왕궁의 다른 장소로 이동했다. 30분쯤 후에는 왕궁을 떠나기 위하여 정문으로 연결된 홀을 지났다. 그때 한 응접실을 지나게 되었는데 왕실 가족이 그곳에서 저녁 시간을 보내고 있었다. 응접실 문은 열려 있었고, 문틈으로 톰 섬 장군이 지나가는 것을 본 사람들이 그를 불러 다시 한번 악수를 청했다. 우리가 응접실로 들어갔을 때 왕실 귀부인들은 정사각형 탁자에 둘러앉아 있었다. 각자 앞에 촛불을 두 개씩 밝혀둔 가운데 왕비를 포함한 모든 귀부인들이 한창 자수를 놓고 있었다. 그리고 한 젊은 귀부인이 그들의 덕성 함양을 위하여 소리내어 책을 읽

프랑스의 마지막 왕 루이 필리프(1842년), 루이 필리프의 딸로 벨기에 국왕 레오폴드 1세와 결혼하여 왕비가 된 루이즈 마리

어주었다. 애석하게도 영국이나 유럽 대륙에서 귀족들이 자수를 놓는 광경은 거의 본 적이 없다. 나는 파리에서 열리는 교회 바자회에서 종종 오를레앙 공작부인, 애들레이드 공주, 느무르 공작부인 등이 수를 놓아 기증했다는 꼬리표가 붙은 자수품들이 팔리는 것을 보았다.

파리에서 톰 섬 장군은 배우로 큰 성공을 거두었다. 특별히 그를 위해 각색한 『엄지 동자』에 출연하여 주요 극장들에서 두 달간 공연을 했던 것이다.

우리는 파리를 떠나 프랑스 전역으로 순회공연에 나섰다. 여행용 마차를 몇 대 구입했고, 그중에는 톰 섬 장군의 작은 셰틀랜드산 조랑말과 모형 마차를 운반할 유개마차도 포함되어 있었다. 우리는 제일 먼저 루앙으로 갔고, 거기서부터 다시 툴롱으로 가면서 도중에 있는 도

생클루 궁

시들인 오를레앙, 낭트, 브레스트, 보르도, 툴루즈, 몽펠리에, 님, 마르세유 등을 모두 방문했다. 그리고 릴을 향해 방향을 잡고 거기서 벨기에로 넘어갔다.

보르도에서 나는 느무르 공작과 오말 공작 휘하의 2만 군대가 벌이는 열병식을 목격했다. 그 군대는 보르도에서 수 킬로미터 거리에 주둔중이었다. 기병과 보병, 포병대의 기동훈련은 완벽했고 대단히 흥미로웠다.

포도 수확기에는 프랑스 남부에 있었다. 해마다 그맘때면 그 지역만큼 풍요로운 곳이 없다. 수 킬로미터를 이동하는 동안 눈에 보이는 것이라고는 온통 달콤한 포도와 열매 가득한 올리브나무 들판이었다. 그야말로 포도주와 올리브유의 땅이었다.

브뤼셀에서는 워털루 전쟁터를 방문한 것이 전부였다. 팽트 교수 (우리의 통역사), 톰 섬 장군의 아버지인 스트래턴 씨, H. G. 셔먼 씨와 나 이렇게 가기로 했다. 스트래턴에게는 그런 관광이 퍽 낯설었고, 25 킬로미터라는 먼 거리를 갔다가 오후 공연에 맞춰 돌아오려면 새벽 4시에는 출발해야 했다. 그는 툴툴거렸다. "빌어먹을 오래된 밀밭이나 보자고 꼭두새벽에 일어나고 싶진 않아요." 그러자 그의 아내가 이렇게 말했다. "여보, 살면서 한 번만이라도 남처럼 해봐요. 가잔 말이에요." 아내의 호소를 거절할 수 없었던지 그도 따라나섰다. 우리는 전날 밤 빌려놓은 말과 마차를 타고 약속한 시간 정각에 출발했다. 워털루 마을의 말끔하고 아담한 교회에 들렀다. 워털루 전투에서 전사한 영국인들을 기리는 명판을 보기 위해서였다. 교회를 나와서 이번에는 억스브리지 경(앵글시 후작 칭호를 받은 헨리 윌리엄 패짓)의 다리 절단 수술이 이루어졌다는 어느 집을 찾아갔다. 그 집 정원에 있는 작고 깨끗한 기념비는 억스브리지 경의 잘린 다리가 묻힌 곳을 가리키고 있었다. 집안에는 그의 잘린 다리에 신겨 있던 부츠의 일부가 전시되어 있었다. 방문객은 기념비와 장화를 관리하고 있는 집의 안주인에게 1, 2프랑 주고 싶은 마음이 들기 마련이다. 나도 그렇게 했다. 반면에 스트래턴은 돈을 줄 만한 가치가 있다고는 생각하지 않았지만 인색하다고 비치는 건 싫었기에 은화 한 닢을 여자에게 건넸다. 나는 내 박물관에 장화 한 조각을 전시하고 싶다는 뜻을 전했다. 그 여자는 망설임 없이 길이 7.5센티미터 너비 2.5센티미터 정도의 크기로 장화의 일부분을 잘라주었다. 나는 사례로 2프랑을 더 주었고, 스트래턴도 '브리지포트 사람들에게 장화 조각을 보여주고 싶다'며 비슷한 크기의 조각을 얻고서 비슷한 금액의 사례금을 주었다. 나는 모든 방문객에게 부츠를 아낌없이 잘라주었다면 1815년 이래로 아마 99,867개의 부츠가 필요했을 거란 생각을 지울 수 없었다.

그 안주인이 브뤼셀과 그 인근의 부츠는 모조리 사들였을 거란 생각이 들면서도, 한편으로는 그 사건 덕분에 유명한 '앵글시의 다리'를 창안해낸 사람을 비롯해 누군가 작은 이익을 얻고 있으니 괜찮지 않으냐고 위안을 삼았다. 우리는 1.5킬로미터쯤 떨어진 옛 전쟁터로 향했다.

앵글시 1대 후작 헨리 윌리엄 패짓

해발 400미터의 몽생장에 도착하자 18명에서 20명의 사람들이 중요한 장소들을 안내해주겠다며 우리를 에워쌌다. 저마다 전체 병력이 배치된 위치를 정확히 알고 있다고 장담했다. 물론 그들의 주장에 따르면 모두가 그 피비린내 나는 전투에 참전한 사람들이었다. 전투가 벌어진 지 30년이 지났는데 그중에는 25세에서 28세로 보이는 사람들도 있었다! 우리는 한 나이든 사람을 골랐다. 그는 처음에는 워털루 전투에서 죽었다가 살아났다고 했지만 우리가 미심쩍어하는 것을 눈치채자 중상을 입고 구조되기까지 사흘 동안 전쟁터에 쓰러져 있었다는 정도로 수정했다.

산에서 내려왔을 때 우리 안내원이 아주 진지하게 웰링턴 공작의 주둔지를 가리켰다. 영국 원정군이 배치된 위치. 나폴레옹이 아끼던

친위대를 배치했던 장소. 그가 전투에 활용할 목적으로 임시 망루를 세웠다는 작은 둔덕. 블뤼허 장군이 프로이센 군대를 이끌고 진격해 온 지점. 영국 왕립기마대의 정확한 위치. 알렉산더 고든 경과 캐닝 중령을 비롯하여 많은 유명인들이 쓰러져간 곳. 나는 코네티컷 화승총 부대의 티피티위쳇 대위가 어디서 전사했는지 알려줄 수 있냐고 안내인에게 물었다. "위 무슈(Oui Monsieur, 예 선생님)." 그가 대답했다. 어찌나 자신만만해 보이던지 전투에 관해서는 속속들이 다 알고 있거나, 아니면 그런 척하는 것 같았다. 그는 그 불운한 코네티컷 친구가 마지막 숨을 거두었다는 정확한 장소를 가리켰다. 나는 코니아일랜드, 뉴저지, 케이프코드, 새러토가스프링스에서 온 가공의 인물을 20명 정도 지어냈고, 그는 계속해서 그들의 전사 위치를 가리켰다. 그후 나는 그에게 수고비를 주면서 더는 우리를 위하여 수고할 필요 없다고 말했다. 스트래턴은 안내인에게 2프랑을 건네면서 속임수라며 툴툴거렸다.

옛 전쟁터에서 벗어나자마자 전쟁 유물이 담긴 바구니나 가방을 든 남녀 10여 명이 우리를 따라붙었다. 유물에는 프랑스의 독수리상 놋쇠 장식, 금속 조각 따위 외에도 권총, 총알 등이 포함되어 있었다. 나는 박물관에 전시할 요량으로 많은 것을 샀고, 스트래턴도 브리지포트의 친구들에게 주겠다면서 양껏 사들였다. 그 밖에 워털루 지도, 커다란 벨기에 청동 사자상으로 표시된 승전지 그림 등도 샀다. 이렇게 계속 돈을 내다보니 제풀에 짜증이 난 스트래턴이 『완벽한 안내서』를 5프랑에 사면서 이렇게 말했다. "워털루 전투를 치르는 것보다 전쟁터 구경에 돈이 더 들겠네요!"

그러나 그의 불운은 여기서 끝나지 않았다. 9킬로미터쯤 갔을까, 마차가 고장나고 말았다. 내려서 살펴보니 바퀴의 굴대가 부서져 있었다. 그때가 오후 1시 15분이었다. 톰 섬 장군의 브뤼셀 공연은 2시로 예정되어 있었고, 우리가 없으면 당연히 공연은 불가능했다. 걸어갈 수도 없는 노릇이었고 그 지역에서 구할 수 있는 마차도 없었다. 나는 결국 마음을 느긋하게 먹고 저녁 전까지 공연할 생각일랑 아예 그만두었다. 그러나 스트래턴은 600프랑에서 800프랑까지 벌 기회를 놓치려고 하지 않았다. 그래서 어떡해서든 제때 브뤼셀에 도착하여 오후 공연을 하려고 했다. 그는 팽트 교수와 서둘러 한 농가를 찾아갔고, 셔면과 나는 느긋하게 뒤따라갔다. 스트래턴이 늙은 농부에게 마차를 가지고 있는지 물었다. 농부는 없다고 했다. "탈것이 없어요?" 스트래턴이 물었다.

"아, 탈것은 있어요." 농부는 헛간 앞마당의 낡은 수레를 가리켰다. 수레에는 거름이 가득차 있었다.

"젠장! 가진 탈것이 저거 하나뿐인가요?" 스트래턴이 물었다. 그것밖에 없다는 대답을 듣자, 스트래턴은 정시에 브뤼셀에 가려면 그 거름 수레라도 타야겠다고 결심했다.

"우리를 45분 안에 브뤼셀까지 데려다주는 데 얼마면 될까요?" 스트래턴이 물었다.

"불가능해요." 농부가 말했다. "말을 타고 가도 두 시간은 걸릴걸요."

"하지만 너무 급해서 그래요. 제때 브뤼셀에 도착하지 못하면 500프랑 이상을 날린단 말이오." 스트래턴이 말했다.

농부는 그 말에 귀를 쫑긋 세우더니 1시간 안에 우리를 브뤼셀까지 데려다주는 데 80프랑을 내라고 했다. 스트래턴은 값을 깎아보려고 했으나 소용이 없었다.

몽생장(워털루) 전투

"에이, 그만해요, 스트래턴." 셔먼이 말했다. "80프랑이라야 고작 16
달러예요. 당신은 공연으로 100달러 이상 벌 수 있잖아요. 내가 생각
하기에 오늘 오후 공연은 매진이라고요."

"하지만 난 벌써 헛짓거리에 10달러나 썼단 말이오." 스트래턴이 말
했다. "게다가 고장난 마차의 수리비도 내야 하잖아요."

"더 좋은 방법이라도 있나요?" 팽트 교수가 차분하게 물었다.

"낡은 말과 수레로 16킬로미터를 가는 데 16달러를 내라는 건 강도
나 다름없어요. 브리지포트에서는 3달러에 갈 수 있단 말이오." 스트
래턴이 흥분해서 말했다.

"어느 지역이든 그 지역의 관행이 있는 법이죠." 팽트 교수가 말했
다. "우리는 이곳의 관행에 따라야 해요."

그 말은 교수가 즐겨 쓰는 표현이었다. 우리가 지나치게 비싼 대가
를 요구받거나 부당한 대우를 받는다고 여길 때마다 팽트 교수는 언

제나 '그 지역의 관행'이라는 말로 문제를 무마하려고 했다.

"허허, 거참 야비한 관행이로구려." 스트래턴이 말했다. "나는 그렇게 터무니없는 요구엔 응하지 않을 거요."

"하지만 달리 뾰족한 방법이 없잖아요?" 팽트 교수가 솔직하게 말했다. "요구하는 돈이 좀 과할지는 모르나, 오후 공연을 취소하고 오륙백 프랑을 잃는 것보다는 그 돈을 치르는 게 낫지요."

그 말이 스트래턴의 마음을 움직였다. 그래서 농부의 과한 요구를 들어주기로 마음먹고 통역사에게 말했다. "그럼 저 늙은 강도에게 최대한 빨리 똥거름이나 치우라고 하시오. 이러다가 출발 준비에만 30분이 걸리겠소."

수레에서 거름이 치워졌고, 크고 굼떠 보이는 플랑드르산 말이 마구와 함께 수레에 연결되었다. 널빤지 몇 개를 수레에 걸쳐서 좌석을 만들었다. 우리 일행은 뒤죽박죽 수레에 올랐고 늙은 농부의 빨강 머리 아들이 말을 탔다. 스트래턴이 어서 출발하라고 말했다. "잠깐만요." 농부가 말했다. "아직 돈을 내지 않았잖아요."

"한 시간 안에 브뤼셀에 도착하면 댁의 아들한테 돈을 줄 거요." 스트래턴이 말했다.

"아, 그야 물론 아들 녀석은 한 시간 안에 거기 도착할 거요." 농부가 말했다. "그러나 먼저 돈을 주지 않으면 출발하지 않겠어요." 일분일초가 쏜살처럼 지나갔고, 톰 섬 장군의 공연이 무산되는 모습이 눈앞에 아른거리자 스트래턴은 절박한 심정으로 주머니를 뒤져 80프랑을 꺼냈다. 그리고 단숨에 돈을 농부의 손에 밀어넣고서 소년에게 소리쳤다. "자, 네가 시간을 맞춰 도착하는지 두고보겠어."

소년은 출발했지만, 달팽이가 기어가듯 느려터져서 웬만큼 시력이 좋은 사람이라도 말이 움직이고 있는지 멈춰 서 있는지 분간하기 어려울 정도였다. 상황을 더욱 흥미진진하게 만든 것은 갑자기 퍼붓기 시작한 폭우였다. 마차를 타고 브뤼셀을 떠날 때만 해도 날씨가 화창해 보여서 우산을 가져오지 않았더랬다. 우리는 금세 흠뻑 젖었다. 잠시 동안은 아무도 불평하지 않고서 웃어넘겼으나, 결국 말을 잇지 못할 정도로 격분한 스트래턴이 팽트 교수의 통역으로 빨강 머리 아이에게 브뤼셀까지 계속 말을 걸어가게 할 거냐고 물었다.

"그럼요." 아이가 대답했다. "말이 너무 크고 살쪄서 걸을 수밖에 없어요. 빨리 걷는 것도 안 돼요."

스트래턴은 오후 공연을 못한다는 생각에 경악을 금치 못했다. 그는 소년과 수레와 비와 불운, 심지어 워털루 전투 자체에도 욕설을 퍼부었다. 그러나 그래봐야 부질없는 짓이었다. 말은 달리지 않을 것이고 비는 계속 올 것이었다. 우리의 등을 계속 두들겨대면서.

공연 예정 시간인 2시, 우리는 브뤼셀에서 10킬로미터 정도 떨어진 곳에 있었다. 말은 모든 것을 달관한 듯 폭우를 뚫고 느릿느릿 걸어갔고, 낡은 거름 수레에서 김이 솟구치면서 우리의 불운한 후각을 적잖이 괴롭혔다. "이런 속도면 브뤼셀까지 두 시간은 걸릴 거야." 스트래턴이 노기등등하게 말했다.

"에이, 아니에요." 소년이 대답했다. "우리집에서 브뤼셀까지 다해도 두 시간 정도밖에 안 걸릴걸요."

"하지만 네 아버지가 한 시간 안에 우리를 브뤼셀까지 데려다주겠다고 했어." 스트래턴이 말했다.

"알아요." 소년이 대꾸했다. "하지만 아버지도 두 시간 이상 걸릴 거라는 사실을 알아요."

"내가 반드시 그 작자를 고소해서 손해 배상을 받을 거야." 스트래턴이 말했다.

"에이, 그래봐야 소용없을 겁니다." 팽트 교수가 말했다. "이 지역에서는 손해 배상 같은 건 받을 수 없으니까요."

"하지만 한 시간이 아니라 두 시간이 걸리는 통에 100달러 이상을 잃어야 할 판이잖아요." 스트래턴이 말했다.

"그 사람은 그런 데 관심 없어요. 관심을 갖는 것이라고는 댁의 80프랑뿐이죠." 팽트 교수가 말했다.

"하지만 거짓말을 하고 돈을 사취했잖아요." 스트래턴이 말했다.

"에이, 너무 그리 마음 쓰지 마요. 나라마다 관행이 있는 법이니까요."

스트래턴은 '나라'와 '관행'에 또 욕설을 퍼부었다.

모든 일에는 끝이 있듯이, 우리도 드디어 수레와 말을 포함하여 농부의 집을 출발한 지 2시간 30분 만에 브뤼셀에 도착했다. 물론 톰 섬 장군의 공연을 하기에는 너무 늦은 시간이었다. 수많은 관람객들이 실망한 채 돌아갔다.

스트래턴은 완전히 낙담한 채 이발소로 향했다. 그는 자신의 풍성한 검은 모발에 은근히 자부심을 갖고 있었고 매일 아침 이발소에 들러 머리를 손질했다. 그는 머리를 깎지 않은 지 몇 주가 지난 터라 면도를 마친 뒤 이발사에게 머리를 조금만 다듬어달라고 했다. 이발사는 머리 끝부분을 조금 자른 뒤 스트래턴에게 어떠냐고 물었다. "아니, 조금 더 깎아주시오. 일단 잘라요. 됐다 싶으면 내가 그만하라고 말할 테니까요."

특급 거름 수레

스트래턴은 평소보다 일찍 일어난데다 불운한 오전의 시련과 흥분을 겪은 후라 약간 졸리기 시작했다. 이발사의 부드러운 손길과 묵묵히 일만 하는 분위기에 졸음이 점점 강해져서 스트래턴은 깜박 잠들고 말았다. 이발사는 스트래턴의 머리를 전체적으로 5센티미터쯤 자른 뒤 잠시 가위질을 멈추고 손님이 됐다고 말하기를 기다렸다. 곯아떨어진 스트래턴은 아무 말도 하지 않았고, 그것을 더 깎으라는 의미로 받아들인 이발사는 다시 가위질을 시작했다. 그리고 손님이 잠들었을 거라고는 생각지 못한 채 다시 답변을 기다렸다. "일단 잘라요. 됐다 싶으면 내가 그만하라고 말할 테니까요." 이 말을 되새긴 고지식한 이발사는 세번째 가위질을 시작했고, 그 결과 머리를 면도날로 빡빡 민 것처럼 짧게 쳐버렸다. 이번에도 손님의 지시를 기다렸지만 역시나 아무 말이 없었다. 이발사는 깜짝 놀랐고, 손님의 코에서 나오는 코골이 같은 소리를 듣고 더 놀랐다. 가여운 이발사는 자신의 실수를 깨닫고 너무 당황한 나머지 손님의 옆머리를 가위로 툭 치고 말았다. 손님이 잠에서 깼다. 스트래턴은 벌떡 일어섰고, 거울 속에서 가발 없이는 밖에 다닐 수도 없을 자신의 몰골을 보고는 공포의 비명을 토했다. 그는 고래고래 욕설을 퍼부었으나, 그런다고 잘린 머리칼을 다시 붙일 수는 없었다. 그는 호텔로 돌아왔다. 절망과 분노가 어찌나 컸던지, 그는 자초지종을 설명하기까지 한참 동안 말을 잇지 못했다. 곧이어 터진 우리의 폭소도 그의 기분을 달래주지 못했다. 그는 자기 생에서 '관광'을 하는 것은 그날이 처음이자 마지막일 거라고 말했다.

스트래턴이 대중행사에 얼마나 관심이 없었는지를 말하자면, 1843년 5월과 6월 6주 동안 보스턴의 킴볼 박물관에서 열렸던 톰 섬의 공연 때가 좋은 예일 것이다. 스트래턴은 보스턴 구경을 하고 싶으면 해도 되는데 아무것도 하지 않은 채 그저 빈둥거리기만 했다. 타일러 대통령과 내각이 보스턴에 왔던 6월 17일에도 그는 호텔에 틀어박혀 있었다. 멀리서부터 온 수많은 인파가 기념식에 참석하여 웹스터 씨의 연설을 듣고 기념탑을 보러 보스턴으로 운집했다. 스트래턴은 하는 일 없이 호텔에 있었고, 그후로도 벙커힐 기념탑을 한 번도 본 적이 없다.

워털루에 다녀온 지 수개월 뒤 나는 버밍엄에 있었다. 거기서 매년 '유물'을 주문받아 워털루로 보내는 회사 한 곳을 알게 되었다. 워털루에 도착한 '유물'들은 땅속에 묻혔다가 적당한 시기에 다시 꺼내져 위대한 전투의 귀중한 유물로서 고가에 팔려나갔다. 이런 과정을 알고 나니 우리가 워털루에서 샀던 유물들이 더욱 싸구려로 보였다.

브뤼셀에서 우리는 런던으로 돌아갔다. 런던에서 재개한 톰 섬 장군의 '접견회'는 변함없이 성공을 거두었고, 여러 극장에서 상연한 『엄지동자』도 마찬가지였다. 톰 섬은 서리 동물원에서도 동물원 소유주이

그 나라에 가면 그 나라의 관행에 따라야!

자 나의 각별한 친구인 타일러 씨의 감독하에 공연을 펼쳤다. 런던에서 스코틀랜드로 향하는 도중에 주요 도시마다 들러서 공연을 했고, 드디어 1847년 2월 우리 모두는 미국으로 귀국했다.

톰 섬 장군은 3년 넘게 미국을 떠나 있었다. 나는 그동안 그를 믿을 만한 대리인들에게 맡기고 두 차례 미국에 다녀왔다.

미국에 처음 돌아온 것은 1844년 10월이었다. 20개월간의 큰 성공은 나를 대하는 사람들의 시선과 태도에 상당한 변화를 준 것 같았다. 내가《선데이 아틀라스》에 보낸 다음 서한에도 그런 기류가 드러난다.

내가 뉴욕에 돌아와 크게 기뻤던 것은 새로운 친구들을 많이 발견했기 때문이다. 많은 부자들이 내게 악수를 청하면서 다시 만나게 되어 기쁘다는 말을 했을 때 나는 꿈인지 생시인지 분간이 가지 않았다. 내가 뉴욕을 떠나기 전까지만 해도 말이라도 걸라치면 경멸하는 시선으로 내려다보던 그들이었다. 그들이 억지로 진실을 깨우쳐주기 전까지 내가 까맣게 잊고 있던 것이 있었다. 내가 그들 곁을 떠난 이후로 더러운 돈을 몇 푼 더 벌었고, 그 결과 우리가 동등해졌다는 것을! 한편으로는 소박한 환경에서

미국 독립전쟁 당시 벙커힐 전투를 기념하기 위해 세운 높이 67미터의 벙커힐 기념탑

정직한 친구들도 만났다. 그들은 전에 없이 주눅든 모습으로 내게 다가왔다. 그래서 다시금 나는 인간 본성에 부끄러움을 느꼈다. 남보다 돈이 많기만 하면 멍청이든 폭군이든 무턱대고 떠받드는 한편 선량하고 지혜로운 사람도 가난하다는 이유로 업신여기다니, 이 얼마나 한심한 세상인가!

사람은 부자가 된다고 해서, 한자리 한다고 해서, 남들 위에 있다고 해서 진정으로 행복해지지 않는다. 부가 내게 준 유일한 혜택이 있다면, 그것이 가져다준 삶의 안락과 다른 사람들의 결핍을 채워줄 수 있는 경제적 여유였다. 나는 진심으로 기도한다. 오만방자하고 돈을 앞세우는 귀족이 되기보다는 차라리 거지의 나락으로 떨어지게 해달라고.

유감스럽게도 부자의 외투는 뉴욕에 있는 내 많은 지인들에게 잘 맞을 것 같다. 그들 자신을 위해서, 또 나를 위해서 그 외투를 입으라고 간청하겠다. 그들과 온 세상이 내 아버지가 재단사였고 내가 흥행사라는 직업을 가지고 있음을 알아주길 바란다. 나는 황금도, 번쩍거리는 그 무엇도 중요하게 생각하지 않는다. 자신의 출신을 부끄러워하거나 자신이 하는 일을 깔보는 사람은 그를 아는 모든 사람들로부터 경멸을 받아 마땅하고 한심하다. 구두 수선공이나 땜장이는 신사가 될 수 없다는 생각은 그야말로 어리석은 것이다. 그러나 부자가 된 사람은 누구나 신사가 된다는 생각 또한 어리석기는 마찬가지다. 돈은 결코 존경과 명예의 척도가 될 수 없다. 우리는 결코 금송아지를 숭배해서는 안 된다.

나는 유럽 순회공연 이야기를 하면서 주로 톰 섬 장군의 전시 공연과 관련된 일화들에 한정해서 소개했다. 그렇다고 내가 여가를 전혀 즐기지 않았다거나 왕실과 같은 상류사회에만 드나들었다고 추측하는 건 곤란하다. 물론 지속적으로 사업에 집중했으나 흥행사라는 직업을 떠나서 주위의 사람과 사물을 둘러볼 여유 또한 없지 않았다. 우리가 방문한 유럽의 모든 지역은 내게 그야말로 거대한 골동품 상점이었다. 그 다채로운 상점을 둘러보면서 나는 굉장히 즐거웠다. 대개는 철저히 둘러보면서도 속전속결로 구경했다. 그중 한 가지를 다음과 같이 꽤 어울리는 제목으로 소개해볼까 한다.

앨버트 스미스와 함께한 하루

런던에 있을 때였다. 재치 있고 현명한 작가이자 유쾌한 친구인 앨버트 스미스가 내가 버밍엄에 도착하면 그쪽으로 와서 나와 관광을 하며 함께 하루를 보내겠다고 약속했다. 일정에는 셰익스피어의 생가를 방문하는 것도 포함되어 있었다.

1844년 9월의 어느 날 이른 아침, 영국치고는 유난히 화창한 날씨였다. 스미스와 나는 영국 우편마차를 타고 시속 20킬로미터로 버밍엄에서 스트랫퍼드로 가는 큰 도로를 가고 있었다. 가야 할 거리는 50킬로미터였다. 스트랫퍼드까지 10킬로미터쯤 남은 한 작은 마을에서 우리는 그 천재적인 에이번의 시인(셰익스피어를 가리킴. 에이번은 셰익스피어가 태어난 스트랫퍼드의 옆을 흐르는 영국 중부의 강—옮긴이)이 그곳에 들렀다는 것을 알아냈다. 한 초라한 이발소에 '셰익스피어 헤어스타일, 멋진 면도까지 총 1페니'라는 알림판이 있었기 때문이다. 그로부터 20분 후에 우리는 스트랫퍼드의 레드 호스 호텔 앞에 도착해 있었다. 우리는 마부와 조수에게 팁으로 각각 반 크라운씩을 주었다.

아침식사가 준비되는 동안 우리는 스트랫퍼드 안내서를 요청했다. 종업원이 책 한 권을 가져오면서 셰익스피어의 생가와 묘지를 가장 잘 설명하는 책이라고 했다. 그런데 알고 보니 그 책은 미국의 저명한 작가 워싱턴 어빙의 『스케치북』을 베낀 것이나 다름없었다. 그 사실을 알게 됐다고 해서 자부심을 느끼진 않았다. 워싱턴 어빙이 스트랫퍼드를 유머러스하게 묘사한 대목을 읽으면서, 우리가 아침식사를 기다리고 있던 그 호텔에 워싱턴 어빙이 묵었다는 사실을 발견했다.

셰익스피어의 생가와 그 위대한 시인이 잠든 묘지와 교회를 둘러본 후 우리는 워릭 성으로 갈 사륜 역마차를 준비해달라고 했다. 말들이 호텔 앞에 견인줄로 묶이는 동안 역마차 한 대가 멈추더니 두 신사가 마차에서 내렸다. 한 명은 차분하고 똑똑해 보인 반면 다른 한 명은 아둔한 멋쟁이 같았다. 전자의 행동거지는 온순하고 겸손했다. 후자는 종잡을 수 없는 말을 계속 지껄여대는 수다쟁이였다. 그 수다쟁이는 자기가 퍽 잘난 줄 아는데다 주위에 있는 사람들도 자기를 대단한 인물로 알아 모셔야 한다고 생각하는 모양이었다. 차분한 쪽이 말했다.

"에드워드, 여기가 스트랫퍼드야. 셰익스피어의 생가를 찾아가보자고."

"대체 셰익스피어가 누구야?" 수다쟁이가 물었다.

우리가 요청한 역마차가 호텔 앞에 도착했다. 우리는 그 멋쟁이 젊은이가 한 번도 들어본 적이 없다는 사람의 생가를 방문하도록 놔두고 역마차에 올라탔다. 워릭까지는 25킬로미터였다. 워릭 성의 본관 앞에 도착한 우리에게 잘 차려입은 문지기가 워릭 백작과 그 가족은 외출중이라고 알려왔다. 그는 자신이 방문객들에게 건물 안을 소개해줄 권한을 지녔다고 했다. 그는 우리를 계속 데리고 다니며 '붉은 응접실', '삼목 응접실', '금 응접실', '의식용 침실', '워릭 부인의 내실', '반원형 방', '예배당', '대(大)식당'을 보여주었다. 우리가 성을 나설 때, 그 공손한 문지기는 자신의 머리(물론 모자는 쓰고 있지 않았다)에 손을 대는 동작으로 다음과 같이 말하기에 앞서서 말보다도 더 분명하게 의미를 전달했다. "마음에 드셨다면 반 크라운씩 부탁드립니다." 우리가 그의 요구를 들어주자 이번에는 다른 안내인이 '가이의 탑'으로 우리를 데려가는 것이었다. 그 안내인은 탑 아래서 자기 머리에 손을 대며 1실링을 요구했다. 그러자 세번째 안내인, 이번에는 70세 노인이 워릭 화분을 보여주겠다며 우리를 온실로 데려갔다. 노인은 화분 옆에 있는 연단에 올라서더니 연설을 시작했고, 우리는 곧 연설이 끝나지 않으면 어쩌나 두려워지기 시작했다. 그래서 그에게 1실링씩 주고는 그가 한창 연설을 하는 동안 그곳을 빠져나왔다.

우리가 이제 볼 만한 것은 다 봤다고 생각하면서 문지기 숙소를 지나가려는데, 늙은 문지기가 워릭 성에서 가장 흥미로운 것은 바로 자신의 숙소에 있다고 말하는 것이었다. 우리는 돈이 얼마

영국의 작가이자 산악인 앨버트 스미스(1850년대)

있는지 주머니에 손을 넣어본 뒤 문지기에게 그의 유물을 보여달라고 했다. 그는 겉만 번지르르한 싸구려 물건들을 보여주면서 그것이 옛 영웅, 즉 워릭 백작 가이의 소유물이었다고 자못 진지하게 말했다. 그 중에는 가이의 검, 방패, 투구, 갑옷 가슴받이, 지팡이, 긴 창이 있었는데 전부 크기가 어마어마했다. 말 갑옷은 코끼리에게 맞을 정도로 컸고, 260리터들이 커다란 항아리는 '가이의 오트밀 그릇'이라는 명칭이 붙어 있었다. 농부의 건초 쇠스랑만한 포크, 백작부인의 등자, 문지기가 거대한 '던 카우'의 것이라고 말한 마스토돈의 갈빗대도 있었다. 전설에 따르면 코번트리 인근의 한 연못에 출몰한 던 카우가 많은 사람을 해치다가 용감한 가이에게 죽임을 당했다고 한다. 그의 검은 90킬로그램, 갑옷은 180킬로그램에 육박했다고 한다!

나는 늙은 문지기에게 내가 지금까지 얘기를 들어본 사람 중 그가

최고의 뻥쟁이라고 말했다. 그는 씩 웃었고 그 칭찬에 만족해하는 것 같았다.

"내 생각에는 노인장이 그런 불가사의한 얘기들을 너무 자주 하는 바람에 자기도 모르게 진짜라고 믿게 된 것 같군요. 그렇죠?" 내가 말했다.

"뭐, 그렇죠!" 문지기가 흡족하게 웃으면서 대답했다. 그 웃음은 그가 호락호락한 사람이 아님을 드러내고 있었다. 사실 그는 이미 2실링을 벌었던 것이다.

마을로부터 800미터쯤 떨어진 곳에서 '워릭 경마'가 펼쳐지고 있었다. 우리는 워릭 성을 빠져나온 뒤 한 시간 동안 군중 속에 섞여 경주를 구경했다.

경마는 베팅 액수에 있어서나 관중의 열기에 있어서나 아주 시시했다. 그래서 우리는 길 한쪽에 400미터까지 늘어서 있는 공연 천막에서 '페니 쇼'를 보기로 했다. 그중에서 여자 거인, 살갗이 흰 흑인, 백색증에 걸린 소녀들, 훈련받은 돼지, 큰 뱀들 따위의 커다란 그림이 붙어 있던 한 천막에 들어갈까 생각중이었다. 그때 그 천막 운영자가 소리쳤다. "어서 오세요. 선생은 거인 랜들을 고용하고 톰 섬 공연을 한 분이군요. 여기 들어오는 데 6펜스도 들지 않는다는 게 믿어지세요?"

그의 요청을 거부할 수 없어서 우리는 천막 안으로 들어갔다. 밖으로 나왔을 때 근처 천막에서 온 흥행사 한 무리가 나를 둘러싸더니 톰 섬 장군의 장단점을 줄줄이 읊어대기 시작했다.

"에이, 나는 톰 섬보다 열 배는 괜찮은 난쟁이 둘을 알고 있는걸요." 그중 한 명이 말했다.

"그렇다마다요. 멜리아 패튼이 살아 있는 한 톰 섬은 말할 거리도 안 되죠." 또다른 사람이 말했다.

"글쎄, 나도 톰 섬을 봤다니까 그러네." 세번째 남자가 말했다. "톰 섬은 핏덩이에 불과해요. 농담을 꽤 잘하는 장점이 있긴 하지만요. 어른처럼 농담을 하더군요. 그러나 딕 스위프트를 훈련시키면 두 달 만에 톰 섬을 농담으로 꼼짝 못하게 만들 수 있단 말이오."

"그건 됐고요." 네번째 남자가 말했다. "내가 댁은 상상도 못할 정도의 훈련을 시키고 있는 친구가 하나 있답니다. 그 친구 하나면 톰 섬 열 명을 이기고도 남을 겁니다."

"이기긴 개뿔." 다섯번째 남자가 소리쳤다. "톰 섬은 유명하기 때문에 상대가 안 되는 거야. 다들 알다시피, 유명한 게 최고라고. 톰 섬이 만약 열댓 명의 난쟁이들과 함께 내 천막 안에 있었더라면 절대 빛을 보지 못했겠지. 이 양키 친구가 톰 섬을 대여섯 번이나 왕궁으로 데려가 우리 여왕을 감쪽같이 속이지 않았다면 말이야, 빌어먹을!"

"맞아요, 맞아. 그게 비결이죠." 또다른 누군가가 소리쳤다. "우리 여왕은 외국 것이면 뭐든 후원을 아끼지 않잖아요. 정작 내 아름다운 밀랍인형들을 보러 오시지는 않으면서 말이죠."

"아름다운 밀랍인형!" 그들이 한꺼번에 소리치고는 실컷 웃어댔다.

"그래, 누가 아름답지 않다고 말하겠어?" 누군가가 비꼬았다. "최고의 이탈리아인 예술가가 만든 밀랍인형인걸."

"짐 콜이 그것들을 만들어서 20년 전에 전국을 돌며 전시했잖아요." 또다른 누군가가 말했다. "그다음에는 몰 위긴스 노인의 전당포 지하실에 처박아두는 바람에 곰팡이와 먼지로 뒤덮였지만요."

"이거 원, 그만들 좀 하쇼!" 아름다운 밀랍인형의 소유주가 삐딱하게 말했다.

에이번강 건너편에서 바라본 워릭 성(19세기 후반)

내가 그 자리를 떠나려는데 흥행사 무리 중 한 명이 소리쳤다. "자자, 선생, 쩨쩨하게 굴지 마요. 우리한테 한턱내지도 않고 그냥 갈 생각을 하다니요?"

"내가 왜 한턱을 내야 하죠?" 내가 물었다.

"그야 이렇게 유쾌한 동료 흥행사들을, 그것도 이렇게나 많이 만나는 게 쉬운 일이 아니니까요." 밀랍인형 씨가 말했다.

나는 1크라운을 건네주고 자리를 떠났다. 그들이 술안주 삼아서 '외국 놈팡이가 농담 따먹기만 할 줄 알지 아무 재능도 없는 열등한 난쟁이로 자기네 여왕을 감쪽같이 속였다'며 자신들의 불운을 탓하든 말든 상관없었다.

나는 미국의 내 박물관에 활용할 만한 것들을 찾아서 천막 공연장을 둘러보다가 '2미터 10센티미터의 캐나다 여자 거인'이라는 제목 아래 공연중인 두 여성을 보고 깊은 인상을 받았다. 유행에 맞지 않게 바닥까지 길게 늘어져 여자들의 발을 가린 긴 드레스 속에 뭔가 속임수가 있을 것 같았다. 나는 긴 드레스 자락을 살짝 들어올려봄으로써 의문을 풀려고 했다. 그런데 그 건장한 젊은 여자가 이방인의 무례를 그냥 넘기지 않고 억센 손으로 나를 바닥에 내동댕이쳐버렸다. 나는 꽤 빨리 도로 일어나긴 했지만, 그 짧은 순간을 이용하여 그녀가 높이 45센티미터 정도의 받침대 위에 올라가 있다는 것을 간파했다.

우리는 호텔로 돌아갔다가 다시 역마차를 타고 더없이 아름다운 시골 풍광 속을 누볐다. 그 여행 이후에 나는 우연히 두 신사가 벌였다는 내기에 관한 얘기를 들었다. 요컨대 둘 중에서 누가 영국에서 가볼 만한 최고의 명승지를 맞힐지 내기했다는 것이다. 많은 사람들이 참석한 가운데 두 신사는 각자 쪽지에 가장 아름답다고 생각하는 명승지를 적었다. 한 신사는 '워릭에서 코번트리로 가는 길'이라고 적었고, 다른 신사는 '코번트리에서 워릭으로 가는 길'이라고 적었다고 한다.

한 시간이 채 지나지 않아서 우리는 케닐워스 성의 외벽에 도착했다. 케닐워스 성은 월터 스콧이 동명의 유명한 소설로 불후의 명성을 안겨준 곳이다.

한때 고귀하고 웅장했던 성은 이제 거대한 폐허로 변해 있었다. 케닐워스 성에 관해서는 많은 이들이 묘사해온 터라 여기서 군이 더 언급할 필요는 없겠다. 우리는 그 흥미로운 폐허를 30분 동안 구경한 뒤에 역마차를 타고 그곳에서 10여 킬로미터 떨어진 코번트리로 향했다. 코번트리에서 네 시간을 머물면서 많은 골동품 애호가들의 시선을 잡아끄는 세인트메리 홀을 방문했다. 유명한 '피핑 톰' 조각상을 구경

한턱내기

하고, 그런 다음 조류와 동물 200마리가 본성과 습성을 거슬러 한 우리에서 조화롭게 생활하고 있는 '행복한 가족'이라는 전시회도 방문했다. 전시회가 너무도 인상적이어서 나는 2,500달러(500파운드)로 그것을 사들였고 그 소유주도 고용하여 함께 뉴욕으로 돌아왔다. 이후로 내 박물관에서 그 전시회는 줄곧 매력적인 볼거리로 자리매김해왔다.

그날 저녁 우리는 마차를 타고 버밍엄으로 돌아갔는데, 도착하고 보니 밤 10시였다. 내 친구 앨버트 스미스는 미국인과 함께 밀어붙이기식 당일치기 여행을 한 것은 난생처음이었다고 말했다. 그는 이후《벤틀리 매거진》에 기고한 「바넘과 함께한 하루」라는 글에서, 어찌나 정신없이 여행을 했던지 그날 일을 글로 쓰려고 했을 때는 모든 것이 뒤죽박죽이 되어버렸다고 했다. 그렇다보니 셰익스피어 생가에서 '피핑 톰' 조각상을 본 것 같았고, 워릭 백작 가이가 케닐워스 성과 관련되어 아른거리는 통에 워릭 화분을 코번트리에서 본 것 같더라는 것이다.

그날 여행을 하는 동안 나는 조이스 헤스와 인어 그리고 버펄로 사냥 같은 사업 얘기들을 하면서 그를 즐겁게 해주었다. 그는 나중에 『스캐터굿 가문의 흥망성쇠』에서 나를 주인공 삼았다. 당시에 그 친구는 작가이자 극작가 그리고 치과 의사였지만 나중에는 흥행사로도 호평을 받았다. 훗날 그가 알프스산맥의 몽블랑 등정이라는 비범한 성과를 통해 찍은 파노라마 사진을 전시하여 큰돈을 벌었다는 소식을 듣고 나는 무척 기뻤다.

세인트메리 홀의 안내 공간으로 들어가는 아치형 입구(1810년)

지금까지 소개한 내용은 내가 유럽이라는 거대한 골동품 상점을 두루 살펴보았던 많은 여정의 맛보기에 불과하다. 사실 《뉴욕 아틀라스》에 보낸 책 몇 권 분량의 서한에도 내가 그때 사들인 많은 물건들의 자취가 남아 있다.

나도 여행자들의 고질병, 요컨대 잘 보존되어 있건 폐허로 남아 있건 간에 중세의 고성을 보고자 하는 욕구에서 완전히 자유롭지 못했다. 그런데 우리 일행 중에도 고대 유물에 유별나게 사족을 못 쓰는 사람이 있었으니 바로 H. G. 셔먼 씨였다. 그는 우리가 어딜 방문하든 석제 및 목제 기념품을 사들여 트렁크를 꽉 채우곤 했다. 그런 그가 가장 감탄해마지않는 것이 바로 고성이었다. 그는 케닐워스의 부서진 성벽을 기어오르고 워릭 성의 탑과 지하 감옥을 음미하고 덤바턴의 절벽을 타는 데 많은 시간을 할애했다. 마차로 여행할 때마다 셔먼은 언제나 바깥쪽 좌석을 차지하거나 가능한 경우에는 마부 옆에 앉았다. 그

케닐워스 성(1830년)

리하여 눈앞에 보이는 것에 궁금증이 생기면 마부에게 물어보곤 했다.

북아일랜드의 벨파스트에서 드로이다로 가는 여정 동안, 셔먼은 평소처럼 마부 옆자리를 꿰차고 앉아서 쉬지 않고 질문을 해댔다. 마부는 아일랜드인 특유의 위트를 지닌 익살꾼이었다. 그는 캐묻기 좋아하는 양키를 조금 골려주기로 결심했다. 드로이다까지 13킬로미터쯤 남았을 때 셔먼의 주의깊은 시선에 성처럼 보이는 커다란 돌무더기가 스쳐갔다. 길가에서 800미터 남짓 떨어진 들판의 나무들 사이였다.

"어, 저기! 저게 뭐죠?" 셔먼이 소리쳤다. 그는 팔꿈치로 마부의 갈비뼈를 찌르면서 말했는데, 그것이 마부의 입장에서 유쾌할 리 없었다.

"손님이 그렇게 묻는 것도 당연합죠." 마부가 대답했다. "저건 성, 그러니까 아일랜드에서 가장 오래된 성입죠. 오래된 책에도 잡지에도 아무 설명이 없는 곳입죠. 다만 브라이언 브로임이 한동안 저 성에 살았다는 말이 있습죠. 물론 저 성이 지어진 건 그보다 훨씬 전이겠지만."

월터 스콧의 소설 『케닐워스 성』에 등장하는 레스터 백작 로버트 더들리

"내가 달려가서 돌조각 하나를 가져올 테니, 그때까지만 마차를 세우고 기다려주면 반 크라운을 주리다." 셔먼이 말했다.

"손님, 이게 왕립 역마차라는 걸 모르세요? 아일랜드 은행의 절반을 준다고 해도 시간을 지체하진 못합죠." 정직한 마부가 대답했다.

"드로이다까지 얼마나 남았죠?" 셔먼이 물었다.

"한 13킬로미터쯤입죠." 마부가 대답했다.

"그렇다면 마차를 세우고 날 내려주시오." 셔먼이 대답했다. "나는 드로이다까지 걸어가겠소. 13킬로미터가 아니라 40킬로미터라고 해도, 아일랜드에서 가장 오래된 고성을 가까이서 보고 그 일부를 가져갈 수만 있다면 기꺼이 걸어가야지요."

그때 차가운 비가 억수처럼 쏟아지기 시작했고, 셔먼은 우산을 펼쳐 들고 마차에서 내렸다. 그는 진창길을 걸어가면서 내게 자기는 다음 열차를 타고 갈 테니 더블린에서 만나자고 소리쳤다. 우리가 타기로 한 열차편은 당시에 드로이다에서 더블린까지만 완공되어 있었다.

우리는 5시경 더블린에 도착했다. 춥고 불편한 여정이었다. 그래도 따뜻한 객실과 난로가 우리를 기다리고 있었고, 두어 시간 후에는 멋진 저녁식사까지 곁들이니 왕처럼 행복해졌다. 밤 9시쯤 호텔 객실 문이 열리더니 차가운 비에 흠뻑 젖은 셔먼이 들어섰다. 부츠와 바지는 온통 진흙투성이였고, 피곤과 추위에 시달린데다 굶어죽기 직전의 여행자 같은 몰골을 하고 있었다.

"젠장, 불 좀 쬐게 해줘!" 셔먼이 소리쳤다. 우리는 그의 몰골에 정신이 팔린 나머지 그가 하는 말은 건성으로 들었다.

"허허, 셔먼." 내가 말했다. "걷는 게 무척 힘들었나보군. 빗속에서 진창길을 13킬로미터나 걸었으니 원."

"자네가 나처럼 걸었더라면 똑같은 심정이었을걸." 셔먼이 거칠게 말했다.

"그래도 고생이 헛되지 않게 성에서 전리품을 가져왔다면 좋겠군." 내가 말했다.

"에이, 염병할 성 같으니!" 셔먼이 소리쳤다.

"그게 무슨 소리야?" 내가 깜짝 놀라서 물었다.

"에이, 놀라는 척하기는." 셔먼이 말했다. "자네와 그놈의 아일랜드 마부가 나를 씹으면서 실컷 재미를 봐놓곤 뭘."

나는 마부로부터 진짜 아무 말도 듣지 못했다고 한 뒤, 대체 무슨 일로 그리 화가 났는지 말해보라고 부탁했다.

"정말 자네가 아직 모르고 있다면야……." 셔먼이 말했다. "그래도 내 말을 듣고 싶으면 20파운드를 내게. 어차피 자네는 내 얘기도 출판할 거잖아. 하긴 자네가 무척 궁금해하는 걸 보니 어떻게 해서든 알아내긴 하겠군. 역마차를 불러서 그곳까지 가볼 수도 있을 거고. 까짓것 그냥 말해주지 뭐."

"어서 말해봐." 내가 말했다. "솔직히 말해서 궁금해죽겠어. 자네가

11세기 초 코번트리에서 가혹한 세금에 시달리는 주민들을 위하여 알몸으로 말을 탄 고다이버 부인

왜 그렇게 화가 났는지 도무지 모르겠어. 고성을 그리도 좋아하는 자네가 그곳을 실컷 보고 기뻐했을 텐데 말이야. 나도 얼핏 그 성을 봤으니까."

"아니, 자네가 오늘 본 건 성이 아니야. 내가 본 것도 그렇고!" 셔먼이 소리쳤다.

"그러면 그건 대체 뭔데?" 내가 물었다.

"엄청나게 크고 낡은 가마였어!" 셔먼이 소리쳤다. "지금 소원이 딱하나 있는데, 그건 그 빌어먹을 아일랜드 마부놈을 잡아다가 활활 타는 그 가마 속에 던져버리는 거야!"

셔먼은 그 짓궂은 가마 얘기로 한참 동안 시달려야 했다. 사실 그 아일랜드인 마부의 장난 덕분에 그는 낯선 사람들에게 질문할 때 신중해졌다.

어느 날 우리는 장날과 싸움판이 벌어지기로 유명한 도니브룩으로 갔다. 도니브룩에서 장이 서면 반드시 곤봉이 난무하고 난투극으로 머리가 깨지거나 코피를 흘리는 건 예사이기 때문이었다.

도니브룩 근처에 도착하니 어느 언덕 꼭대기에 둥근 돌탑처럼 생긴 뭔가가 보였다. 둘레는 18미터, 높이는 8미터 정도였다.

"저게 뭘까 궁금한걸." 셔먼이 말했다.

나는 함께 온 마부한테 물어보라고 했으나, 그는 쓴웃음을 지으며 내 말을 거절했다.

"어쨌든 저건 가마가 아니야." 셔먼이 말했다. "생김새로 봐서는 성이 분명해."

그것을 보면 볼수록 불가사의한 느낌이 더했다. 성이라면 죽고 못 사는 셔먼은 더더욱 그랬다. 드디어 그가 소리쳤다. "혀를 가지고 여행하면서 그걸 사용 안 하는 게 바보지. 아일랜드 최고의 명물일지 모르는데 뭔지도 모르고 지나칠 수는 없지."

그는 말 머리를 돌렸고 어느 근사한 저택 앞에 말을 멈추게 했다. 마차에서 뛰어내린 그는 작은 대문을 열더니 저택 현관까지 펼쳐진 잔디밭 샛길을 걸어갔다. 그러고는 저택의 초인종을 눌렀다. 문간에 하인이 나타났다. 하지만 아일랜드인 하인의

알몸의 고다이버 부인을 훔쳐봤다가 눈이 멀었다는 피핑 톰의 목상(1826년)

우둔함을 익히 알고 있던 셔먼은 주인에게 직접 원하는 것을 물어보기로 작정했다.

"주인장 안에 있소?" 셔먼이 물었다.

"가서 전하겠습니다. 성함이?"

"미합중국에서 온 이방인이오!" 셔먼이 대답했다.

하인이 사라졌다가 잠시 뒤에 다시 나타나서 셔먼을 거실로 안내했다. 저택의 주인은 아늑한 난로 옆에 앉아 있었고, 그 가까이에는 안주인과 몇 명의 방문객 그리고 다른 가족들이 있었다. 셔먼은 기죽지 않았다. 자리를 안내받은 뒤에 그는 불쑥 찾아온 것을 사과했다. 그리고 실은 미국에서 온 여행인데 길을 가다가 마주친 아주 중요한 일 때문에 설명이 필요해서 왔노라 말했다.

주인은 사과할 필요 없다고 공손히 대답했다. 그러고는 그 지역에 관해 필요한 정보가 있다면 자기가 아는 한 기꺼이 알려주겠다고 말했다.

"고맙습니다." 셔먼이 대답했다. "한 가지 때문에 이렇게 폐를 끼치게 됐습니다. 저는 더블린과 그 인근 그리고 이곳 도니브룩에서 중요한 유적지는 두루 다 봤습니다. 그런데 딱 한 가지 궁금한 것이 있는데 돌탑인지 아니면 성인지 모를, 이 저택 남쪽으로 400미터쯤 떨어진 언덕에 세워진 돌무더기에 관해서입니다. 그 무더기가 무엇인지 명칭과 내력을 알려주신다면 더없이 고맙겠습니다."

"아, 그거야 식은 죽 먹기죠." 집주인이 미소를 머금고 말했다. "그 '무더기'는 40년 전에 저희 아버지께서 만든 겁니다. 그것은 행운의 무더기였습니다. 바로 이 지역에 하나뿐인 풍차였고 언제나 많은 일을 해낸 보배였으니까요. 그런데 몇 해 전 태풍에 풍차 날개들이 부서지고 말았습니다. 저희를 위해 유용한 일을 해왔던 풍차를 기념하기 위하여 철거하지 않고 그대로 놔두고 있습니다. 달리 또 원하시는 중요한 정보가 있습니까?" 집주인이 여전히 미소를 띠고 물었다.

"없습니다." 셔먼이 일어서면서 말했다. "이번에는 제가 댁한테 알려드려야 할 것 같군요. 아일랜드는 제가 여행한 나라 중에 가장 시시한 곳입니다. 아일랜드를 통틀어 눈에 띈 두 가지가 가마와 풍차의 폐허라니!"

마차에 앉자마자 셔먼은 마구 웃어댔다. 고성을 찾는 과정의 두번째 실수 때문에 꽤 분한 마음이 들었을 텐데도 말이다.

나로 말하자면 아일랜드 사람들이 아주 마음에 들었다. 식자층은 내가 교류한 다른 나라 사람들처럼 세련되고 정중했다. 서민층은 아일랜드인 특유의 재치로 서글프고 엄혹하며 결핍된 삶을 이겨냈다.

영국인과 스코틀랜드인 또한 내겐 여러 면에서 마음에 들었다. 물론 프랑스인의 유쾌함이 나의 쾌활한 기질과 더 잘 맞기는 했지만 말이다. 그래서 말인데, 지면을 조금 더 할애하여 프랑스 여행에서 있었던 일화들을 소개해야겠다.

파리에서는 톰 섬 장군의 공연을 위하여 적절한 통역사를 구하느라 큰 애를 먹었다. 여섯 명을 고용해봤는데 갈수록 후임자가 전임자보다 실력이 떨어졌다. 그들은 모두 영국인이었고 불어 발음이 어찌나 형편없던지 웃음거리가 되기 일쑤였다. 결국 나는 어느 대학 교수라는 프랑스인을 고용했다. 그의 영어 실력은 썩 좋은 편이 아니었지만 불어는 당연히 완벽했다. 더구나 그는 완벽한 신사였다. 그가 통역사를 체면 깎이는 일로 여기고 저어하는 바람에 그를 고용하기가 녹록지 않았다. 그러나 나는 '톰 섬 장군'의 개인교사 겸 통역사가 되는 건 비천

한 일자리가 아니라고 그를 설득했고 마침내 그도 내 제안을 받아들였다. 벨기에 국경에 도착했을 때 그가 여권을 가져오지 않은 것을 알고 나는 이렇게 말했다. "팽트 씨, 모든 것을 기억해두지 못하면 좋은 흥행사가 될 수 없어요. 그리고 자신의 태만과 건망증 때문에 화를 자초해서도 안 되고요."

"그러면 당신은 나를 흥행사로 생각한다는 건가요?" 팽트 씨가 물었다. 체면을 구겼다고 생각하는 모양이었다.

"그럼요." 내가 웃으면서 말했다. "우리 모두가 흥행사지요. 그걸 전혀 모르시는군요."

불쌍한 교수는 그후 네 시간 동안 골똘히 생각에 잠겨 있었다. 그는 품위가 바닥에 떨어졌다고 느꼈고, 전직 '교수'가 떠돌이 흥행사와 다를 바 없는 신세가 됐다며 풀이 죽었다. 그러나 그는 마침내 모멸감을 견뎌내기로 결심했다. 그는 실상 철학자였고 천성적으로 선량한 사람이었기 때문이다.

몇 시간 후 그는 온화하게 내게 말했다. "바넘 씨, 훌륭한 흥행사의 자질은 무엇인가요?"

나는 미소를 머금고 대답했다. "첫번째로 필요한 자질은 인간 본성을 완벽하게 아는 것이에요. 물론 상황에 따라서 적절하게 '사바사바'를 하는 능력도 포함해서 말이죠."

"'사바사바'라는 게 뭡니까?" 팽트 교수가 정말 알고 싶은 표정으로 물었다.

나는 사람들의 비위를 맞추고 아첨함으로써 속마음을 의심받지 않는 능력이라고 말해주었다.

세관을 통과할 때 우리는 많은 양의 메달, 책, 판화(톰 섬 장군의 석판화)를 가지고 있었다. 그런 물건들이 과세 대상임을 알고 있던 나는 세관원들에게 그 물건들을 아낌없이 선물로 주었다. 그 덕에 대부분의 물건들을 면세로 통과할 수 있었다.

"이런 것이 '사바사바'로군요?" 팽트 교수가 물었다.

"정확히 아는군요." 내가 대답했다.

국경을 지난 뒤, 내가 판화를 인심 좋게 나눠주는 것을 목격했던 철도 직원들이 자기들한테도 좀 달라고 사정했다. 나는 거절할 수가 없었다.

"이 나라 사람들은 참 지저분하군요. 저렇게나 '사바사바'를 바라니 청렴할 수가 없겠네요." 팽트 교수가 웃으면서 말했다. 그가 흥행사로서의 운명을 빠르게 받아들이는 것 같았다.

우리가 세관에서 항상 곤경을 벗어났던 건 아니다. 벨기에의 국경도시인 코르트레이크에서 우리는 수색과 과세를 견뎌야 했다. 그들은 톰섬 장군의 조랑말과 마차에도 관세를 부과했다. 그러나 내가 프랑스 정부의 면세 서류를 보여주자 그들도 똑같이 조치했다. 릴의 세관에서는 프랑스로 돌아갈 때 우리의 조랑말들이 다른 말로 바꿔치기당하지 않도록 말의 무게를 재고 특징을 기록해두어야 했다. 톰 섬 장군의 멋진 마차가 세관을 통과했을 때, 제복 차림의 키 작은 마부 겸 종복을 본 세관 책임자가 톰 섬 장군이 혹시 왕자 신분이냐고 진지하게 물었다.

"그렇고말고요!" 셔먼이 자못 근엄하게 대답했다. "저분은 브리지포트 공국과 코네티컷 왕국의 왕자이신 찰스 1세랍니다."

세관 책임자는 허리를 깊이 숙이며 예의를 갖췄다. 셔먼의 말을 곧이곧대로 믿은 것이다.

프랑스의 큰 도시에서는 종종 여권 검사를 받지 않고도 며칠 동안 자유롭게 여행할 수 있다. 그런데 작은 마을에서는 느닷없이 무장경관에게 불심검문을 받고 여권 제시를 요구받는 일이 심심찮게 벌어진다. 그런 일이 어느 날 내게도 벌어졌다.

나는 깨끗하고 아담한 시골 여인숙에서 조용히 식사를 하고 있었다. 그때 갑자기 문이 열리더니 수염이 텁수룩하고 완전무장을 한 경관이 들어와서 내게 여권을 요구했다. 내 여권은 마차 지붕에 묶어놓은 여행 가방 안에 들어 있었다. 나는 경관에게 그렇게 말했다. 그런데도 그는 고집스럽게 여권을 제시하라고 요구하는 것이었다. 나는 말썽을 피하고 싶어서 주머니를 뒤졌고 어쩌다가 미국에서 가져왔는지 모를 낡은 보험 증서 하나를 찾아냈다. 나는 그것을 꺼내들고 소리쳤다. "아, 여권이 여기 있군요!" 내가 보험 증서를 건네자 경관은 그것을 꽤 꼼꼼하게 살펴보면서 잘 알겠다는 듯이 앞뒤로 돌려보기도 했다. 그러나 그는 영어를 몰랐기 때문에 보험 증서의 내용을 알 리가 없었다. 일이 분 정도 보험 증서를 살펴보던 그가 정중하게 돌려주면서 "트레 비앙(됐습니다)!"이라고 말했다. 그러고는 자리를 떠나는 게 아닌가!

그렇다고 그것이 늘 안전한 속임수인 건 아니다. 경관 대부분이 파리 경시청의 직인을 알아보게 마련이고, 그 직인이 늘 미국 보험 증서에 찍혀 있는 것은 아니니까. 그러니 여권 없이 프랑스를 여행하려는 사람들은 꽤 불쾌한 일을 감수해야 한다. 그러나 내 경우에는 설령 여권 문제가 불거지더라도 쉽게 해결할 수 있을 것 같았다.

나는 프랑스의 레스토랑에서 식사를 할 때마다(요리의 뛰어난 맛과 다양함 때문에 가능하면 항상 레스토랑에서 식사했다) 대개는 이미 먹어본 요리 6가지와 무슨 음식인지 감도 잡히지 않는 요리 16가지 정도를 주문하곤 했다. 혹시 뱀이나 도마뱀 따위를 먹어본 적이 있냐고 묻는다면, 감히 아니라고는 못하겠다. 내가 프랑스에서 먹어보지 않은 것이 있는지 모를 정도이니 말이다.

브뤼셀에 있는 동안 톰 섬 장군의 어머니인 스트래턴 부인이 소시지를 먹어보고는 프랑스나 벨기에서 먹어본 것 중 최고라고 말했다. 사실 그녀의 말은 이랬다. "프랑스에서는 먹을 만한 것이 거의 없었어요. 모든 요리가 너무 프랑스식이고 고깃국물 소스로 뒤덮여 있어서 도저히 먹을 수가 없더라고요. 그런데 이 소시지는 자연의 맛이랄까, 그런 게 느껴져요. 미국에서도 이렇게 맛있는 걸 먹어본 적이 없을 정도예요." 그녀는 그 소시지를 사올 요량으로 호텔 안주인에게 소시지 이름을 물어보았다. 대답은 '리옹 소시지'였다. 스트래턴 부인은 곧장 나가서 리옹 소시지를 3킬로그램 사왔다. 그때 들어온 셔먼 씨가 스트래턴 부인이 무엇을 사왔는지 알고는 이렇게 말했다. "스트래턴 부인, 리옹 소시지를 뭐로 만드는지 아세요?"

"아뇨." 그녀가 대답했다. "하지만 최상품이라는 건 알아요."

"글쎄요." 셔먼이 말했다. "좋은 소시지이긴 한데, 당나귀 고기로 만들죠!" 그건 사실이었다. 스트래턴 부인은 그런 말에 속아넘어가지 않는다고 말했다. 자기가 더 잘 아니까 계속 그 소시지를 고수하겠다고도 했다.

곧 우리 불어 통역사인 팽트 교수가 객실로 들어왔다. "팽트 씨." 셔먼이 말했다. "당신은 프랑스인이잖아요. 그러니 프랑스 음식에 관해선 빠삭하겠죠. 리옹 소시지를 무엇으로 만드는지 말해줄래요?"

"당나귀." 팽트 교수가 악의 없이 대답했다.

스트래턴 부인은 소시지 바구니를 집어들고 거리 쪽으로 난 창문을 열었다. 그로부터 1분이 채 지나지 않아서 커다란 얼룩개 한 마리가 의기양양하게 리옹 소시지를 차지했다.

그런 사소한 일들이 이국에 있던 우리에게 이따금씩 웃음을 선사했다. 그러나 나는 이국의 여정에서 단순한 즐거움 이상의 감격을 자주 맛보았다. 특히 1844년 7월 4일에는 고국에 있는 기분을 느꼈다.

그날 나는 파리시의 경계 외곽에 있는 그르넬에서 저명한 기계기사 레니에 씨의 주소를 구했던 것으로 기억한다. 레니에 씨는 그르넬 인근에 살고 있었다. 나는 그가 만든 다양한 도구들을 구입하고 싶어서 그의 집을 방문했다. 그는 나를 아주 정중하게 맞아주었고, 나는 곧 지적이고 교양 있는 그에게 깊은 관심을 갖게 되었다. 그는 여러 과학협회의 회원이자 레지옹 도뇌르 훈장 수여자였다.

그가 내 주문서를 확인하느라 바쁜 동안 나는 벽에 걸려 있는 다양한 도판과 도면을 훑어보았다. 그때 익숙한 초상화 한 점이 눈길을 사로잡았다. 가까이 가서 보니 예상대로 벤저민 프랭클린의 초상화가 틀림없었다. 초상화는 유리 액자에 끼워져 있었고, 유리 바깥면에 13개의 금속 별이 반원형을 그리며 초상화의 머리를 에워싸고 있었다.

"와!" 내가 소리쳤다. "선생님은 제 동포인 프랭클린 박사의 초상화를 가지고 있군요."

"맞아요." 레니에 씨가 말했다. "프랭클린 박사는 위대하고 걸출한 인물이지요. 그는 1798년 파리에 왔을 때 그와 알게 된 모든 사람들로부터 존경을 받았어요. 특히 과학계가 그에게 표한 경의는 유별났죠. 당시에 프랭클린 박사는 프랑스 발명협회 회장의 초청을 받고 경쟁부문에 출품된 다양한 작품들의 우열을 가리기 위하여 파리에 왔었지요. 복잡한 자물쇠를 출품한 내 부친에게 금상을 준 분이 바로 프랭클린 박사입니다.

내 아버님이 프랭클린 박사가 묵던 호텔에서 함께 있는 동안, 한 젊은이 퀘이커 교도가 박사를 방문했답니다. 그 젊은이는 박사와 일면식도 없는 사람이었는데, 다짜고짜 자기가 사업차 파리에 왔다가 불행히도 가진 돈을 전부 잃어버렸으니 필라델피아의 가족들에게 돌아갈 수 있도록 600프랑을 빌려달라고 부탁했지요. 프랭클린 박사는 젊은이의 가족 이름을 물었고, 대답을 들은 즉시 돈을 세어 값진 충고와 함께 젊은이에게 주고 행운을 빌어주더랍니다. 내 아버님은 프랭클린 박사의 관대함에 깊은 인상을 받았지요. 그리고 젊은이가 떠나자마자, 생면부지의 사람에게 거리낌없이 돈을 주다니 깜짝 놀랐다고 박사에게 말했답니다. 파리에서는 누구도 그렇게 하지 않는다고 하면서 말이지요. 그리고 젊은이한테 차용증이나 간단한 증서조차 받지 않은 것은 너무 경솔한 것 같다고 말했답니다. 프랭클린 박사는 동포를 도와주는 데 의무와 즐거움을 느낀다고 말하면서, 특히 이번 경우에는 그가 젊은이의 가족을 잘 알고 있다고 했답니다. 그 가족은 정직하고 훌륭한 사람들이라고 했다지요. 역시나 인자한 성품이었던 내 아버님은 눈물이 날 정도로 큰 감명을 받았지요. 그래서 프랭클린 박사에게 초상화 한 점을 주십사 간청했답니다." 레니에 씨는 말을 이었다. "프랭클린 박사는 그 청을 들어주었지요. 그게 바로 이 초상화입니다. 내 아버님은 몇 해 전에 돌아가셨어요. 내게 이 초상화를 물려주셨는데, 파리에서는 돈을 주고도 못 사는 초상화지요."

내가 그 말을 듣고 얼마나 기뻤을지는 굳이 말하지 않겠다. 나는 레니에 씨에게 미국의 주가 26개로 늘었으니(1844년 기준) 별의 개수를 두 배로 늘려야겠다고 말했다.

"알고 있습니다." 그가 대답했다. "하지만 아버님이 남겨주신 작품이라 손을 대고 싶지 않군요. 나는 이 초상화를 신성하게 여기고 있어요. 아 참." 그가 덧붙였다. "당신은 이 별의 용도를 모르겠군요. 그렇죠?" 내가 모른다고 하자, 그가 말했다. "이 별들은 금속으로 만들어졌어요. 그리고 매년 독립기념일 밤(바로 그날밤이었다) 내 아버님이 지켜오셨고 이젠 내가 지키는 관행이 있지요. 아이들까지 가족을 전부 불러 모아서 방을 어둡게 한 뒤, 연결되어 있는 이 별들의 조명을 밝히는 것이지요. 그러면 전기의 힘으로 초상화가 빛나고 머리 주변에 후광이 만들어져요. 전기는 특히 프랭클린 박사의 관심 분야였지요. 우리는 매년 이런 방법으로 영원토록 명성이 빛나야 할 위인을 기리는 겁니다."

대화를 계속 나누다보니 그 훌륭한 노신사가 미국 역사에 정통하다는 것을 알게 되었다. 그는 미합중국이 걸어야 할 높고 자랑스러운 앞날에 관해 열정적으로 말하기도 했다. 그는 내게 저녁식사까지 대접하고 싶다면서 자신의 전기 조명도 봐달라고 청했다. 내가 그의 초청을 받아들였는지 굳이 말할 필요가 있을까? 미국인으로서 그것을 거절할 수 있었을까?

우리는 훌륭한 노신사의 감사 기도로 푸짐한 저녁식사를 시작하고 마무리했다. 9시에 손자와 사위 들을 비롯해 레니에 씨의 온 가족이 모였다. 방안은 어두워졌고, 전기 배터리를 충전한 뒤 바깥쪽 별 하나에 전선을 연결했다. 13개의 별들이 환하게 빛을 발하면서 아름다운 효과를 만들어냈다. 프랭클린을 기리는 데 그보다 더 단순하고도 아름다우며 적절한 방법이 또 있을까? 게다가 파리엔 완전히 초행인 이방인이 독립기념일이라는 가장 특별한 날에 레니에라는 특별한 사람을 만나다니 이 얼마나 기막힌 우연인가! 나는 밤 10시에 그 훌륭한 가족과 작별했지만, 헤어지기 전에 우리는 최고급 샴페인 한 병을 나눠 마셨고 레니에 씨의 제안으로 건배를 들었다.

"워싱턴, 프랭클린, 그리고 라파예트. 영웅이고 철학자이며 애국자이고 정직한 이들의 이름에 가장 빛나는 영광이 있기를. 먼 훗날 전 세계는 하나의 통일된 나라를 이룰 것이고, 하늘 아래 모든 사람들은 인간이 자주적으로 살 수 있다는 진리를 깨닫게 될 겁니다."

내가 레니에 씨와 함께 있으면서 고국에 있는 기분을 느꼈다고 해도 놀라운 일은 아닐 것이다. 독립기념일이라는 날짜와 레니에라는 사람이 내 애국심을 자극하고 충만하게 만들었다. 그뿐이랴. 내가 사랑하는 조국의 프랭클린까지 함께였다.

파리에서 만난 두 명의 저명하고 활력 넘치는 미국인도 내 애국심을 고취했다. 그들은 전형적인 미국인이었고 지성과 독창성 그리고 근면함으로 인내의 열매를 거둔 좋은 본보기였다. 러시아와 프랑스에서 성공한 유명 치과 의사 C. S. 브루스터 박사, 러시아 니콜라이 황제의 호의를 얻었을 뿐 아니라 프랑스 사교계와 문학계에서 높은 위상을 떨친 헨리 섬녀가 그들이다. 그 외에도 파리에서 발행되는 영어 일간지 《갈리냐니스 메신저(Galignani's Messenger)》 일을 하는 영국 신사 존 니모 씨, 미국 영사 로렌조 드레이퍼 씨, 아일랜드계 영국인 작가 디온 부시코트의 호의에 큰 빚을 졌다. 이들의 이름을 밝히는 것으로 유럽 순회공연 얘기를 끝내는 것보다 더 좋은 마무리도 없을 터다. 런던에서 값진 호의를 베풀어주었던 두 신사에게도 고마움을 전해야겠다. 런던의 헤이마켓에서 출판업을 하는 토머스 브레텔 씨와 펜처치가의 R. 필링엄 2세가 그들이다. 또한 당시 런던에서 출판사를 운영하며 내게 유용한 정보를 많이 전해준 G. P. 퍼트넘 씨에게도 고마움을 전한다.

1847년 2월에 뉴욕으로 돌아온 직후, 내가 유럽에서 거둔 톰 섬의 명성을 이용했음은 당연한 일이다. 톰 섬은 곧 아메리카 박물관에 나타났고 4주 동안 사상 초유의 관객을 불러들였다. 4주 공연한 후에 톰 섬은 브리지포트에서 자기 친척들과 한 달을 보냈다. 사람들이 호기심 때문에 친척들의 집에 몰려들어 성가신 문제가 생길까봐 미리 브리지포트에서 이틀간 공연을 했다. 그때 거둔 700달러 상당의 공연 수입은 브리지포트 자선협회에 기부했다. 브리지포트 주민들은 옛친구인 '쥐방울 찰리'를 다시 볼 수 있어 무척 기뻐했다. 찰리가 거리에서 뛰노는 모습을 지켜보곤 했던 몇 년 전만 해도 마을 사람들은 그가 영국 왕실에 그처럼 엄청난 반향을 일으킬 줄은 상상도 하지 못했다. 유럽에서의 명성을 안고 돌아온 지금, 톰 섬 장군은 일반 대중뿐 아니라 옛 마을 사람들에게도 큰 호기심의 대상이 되어 있었다. 브리지포트의 옛친구들은 그가 마을을 떠나 있던 4년 반 동안 키는 자라지 않은 반면 차고 넘치는 '이국적인 분위기와 고유의 기품' 속에 예리한 지성과 재치를 갖추었음을 발견했다. 사실 톰 섬은 그들이 예전에 알던 작고 수줍은 아이와는 전혀 딴판으로 변해 있었다.

"찰리가 우리 동네에서 살 때는 이렇게 될 줄 생각도 못했어요." 톰 섬의 동네 주민 한 명이 말했다. "그런데 지금은 '바넘화'되어서 아주 귀한 볼거리로 변했네요."

"장군이 지금 몇 살이더라?" 톰 섬의 지인 중 한 명이 물었다.

"바넘 씨의 계산에 따르면 열다섯 살이죠." 톰 섬 장군이 웃으면서 말했다. 왜냐하면 나이를 물어본 사람은 이미 그의 실제 나이가 고작

아홉 살이라는 것을 알고 있었기 때문이다.

내가 외국에 나가 있는 동안 나까지 덩달아서 명물이 되었다는 것에 깜짝 놀랐다. 박물관이나 내가 알려져 있는 곳 어디를 가든 사람들이 나를 힐끔거리면서 손가락으로 가리키는 것을 느끼곤 했다. 그리고 이런 말이 들리기 일쑤였다. "저기 바넘이다." "저 사람이 바넘 영감이야." 그런데 나를 모르는 대부분의 사람들은 물론 나를 아는 많은 사람들까지 나를 '바넘 영감'이라고 부르는 이유는 도저히 알 길이 없다. 나는 고작 44세인데 근 10년 동안 '바넘 영감'으로 불려왔으니 말이다.

외국에서 돌아온 직후, 한번은 매표소에서 신문을 읽고 있었다. 한 남자가 와서 입장권 한 장을 샀다. "박물관 안에 바넘이 있나요?" 그가 물었다. 매표원이 나를 가리키면서 말했다. "이분이 바넘인데요." 혹시 나한테 볼일이 있나 싶어서 나는 신문에서 고개를 들었다. 그는 잠시 나를 쳐다보더니 입장권을 내던지면서 소리치는 것이었다. "됐어. 돈을 낸 게 아깝지 않군." 그러고는 박물관에는 들어가지도 않고 가버리는 것이 아닌가!

1845년 1월 1일 이후 나는 톰 섬 장군과의 월급제 계약이 만료됨과 동시에 새 계약을 맺었다. 즉 동등한 동업자 관계가 된 것이다. 장군(또는 그의 대리인인 아버지)과 나는 수익을 똑같이 반씩 나누기로 했다. 다만 뉴욕으로 돌아온 직후 아메리카 박물관에서 열린 4주간의 공연에 한해서 월급 200달러를 받고 진행하기로 예외조항을 두었다.

미국으로 돌아왔을 때 스트래턴 씨(톰 섬 장군의 아버지)는 상당한 목돈을 손에 쥔 상태였고 그중 상당 부분을 아들에게 물려주었다. 그는 수중에 있던 30,000달러에 추가로 대출을 받아서 브리지포트 인근에 토지를 구입하고 대저택을 지었다. 그는 지금도 그 저택에서 살고

있으며 두 딸은 각각 1850년과 1853
년에 결혼했다. 스트래턴 씨 슬하엔
톰 섬 장군 외에도 세 살배기 아들
하나가 있다. '쥐방울 찰리'를 제외한
모든 가족의 키는 정상적이다.

한 달간 고향 친구들과 보낸 톰 섬
장군과 그의 부모님은 미국 순회공
연에 나서기로 결심했다. 나는 그들
과 1년간 동행하고 영국에서처럼 수
익을 동등하게 나누기로 합의했다.
우리는 1847년 4월에 워싱턴으로 가

디온 부시코트

서 톰 섬 장군 접견회를 열었다. 백악
관에서 포크 대통령과 영부인을 만나고 리치먼드를 경유하여 볼티모
어와 필라델피아로 돌아왔다. 필라델피아에서 12일간의 공연으로 벌
어들인 수입은 5,594.91달러였다. 일 년간의 공연 평균 수익도 그와 비
슷했다. 하루에 들어가는 공연 경비는 25달러에서 30달러 수준이었
다. 필라델피아에서 이번에는 보스턴, 로웰, 그리고 프로비던스로 향
했다. 프로비던스에서의 하루 공연 수입은 976.97달러였다. 그다음에
는 뉴베드퍼드, 폴리버, 세일럼, 우스터, 스프링필드, 올버니, 트로이,
나이아가라 폭포, 버펄로와 그 중간 도시들을 거쳤다. 뉴욕으로 돌아
오는 길에 허드슨 강가의 주요 도시들을 들렀고 그후로는 뉴헤이븐,
하트퍼드, 메인주의 포틀랜드 그리고 중간 도시들을 훑었다.

1847년 11월, 우리는 쿠바의 아바나로 향했다. 뉴욕에서 찰스턴까지 증기선을 타고 가서 그곳에서 공연을 가졌다. 그뿐만 아니라 콜롬비아, 오거스타, 서배너, 밀리지빌, 메이컨, 콜럼버스, 몽고메리, 모빌, 뉴올리언스에서도 공연했다. 뉴올리언스에서는 크리스마스와 새해를 포함하여 3주간 머물렀다. 스쿠너선 '애덤스 그레이'호를 타고 아바나에 도착한 것은 1848년 1월이었다. 우리는 쿠바의 총사령관과 스페인 귀족들에게 소개되었다. 한 달간 아바나와 마탄사스에 머무는 동안 톰 섬 장군은 굉장한 인기를 누렸고 자신의 석판 초상화로 더블룬(옛 스페인 금화—옮긴이)을 벌었다. 톰 섬은 특히 산토바니아 백작의 총애를 받았다. 마탄사스에 있을 때는 위풍당당한 미국 상인 브링커호프 씨와 J. S. 트래셔에게 큰 도움을 받았다. 또한 우리를 위하여 여러모로 애써준 미국의 애국자와 신사 들에게도 깊은 고마움을 느낀다.

아바나의 호텔들은 그리 좋은 편이 아니었다. 풍족한 삶에 익숙한 미국인이라면 입맛이 맞지 않아서 음식을 제대로 먹지 못할 것이다. 우리가 당시 머물렀던 '워싱턴 하우스'는 하필이면 그중에서도 최저 등급 호텔이었다. 지저분하기 짝이 없었고, 거의 항상 술에 취해 있는 여자가 호텔 주인이었다. 그곳에는 몇몇 대식가 미국인들이 묵고 있었다. 그중 한 명이 한 뉴올리언스 선박에서 칠면조를 발견하고는 그것을 사다가 호텔 여주인에게 맡겼다. 그런데 칠면조가 너무 작아서 요리하고 보니 대식가 일행이 골고루 먹기에는 턱없이 부족했다. 아바나 인근의 사탕수수 농장에 사는 한 미국인(180센티미터가 넘는 키에 엄청난 대식가)이 마침 칠면조 요리에 가장 가까이 앉아 있었다. 칠면조 요리는 쿠바에서는 맛보기 힘든 진미였기에 그 미국인은 식욕을 참지 못하고 칠면조를 절반 정도 먹어치웠다. 정작 칠면조를 사온 미국인은 불운하게도 식탁 끝에 앉아 있다가 그렇게 먹고 싶었던 칠면조를 입에 대지도 못했다. 그는 격분했고, 특히 사탕수수 농장의 애먼 대식가에게 분통을 터뜨렸다. 사실 사탕수수 농장에서 온 대식가는 칠면조를 누가 사왔는지도 전혀 몰랐다. 농장 대식가는 자리에서 일어나서도 연신 입맛을 다시고 배를 두드리면서 이렇게 말했다. "정말 끝내주는 칠면조 요리였어. 2년 동안 칠면조를 먹어

미국 11대 대통령 제임스 K. 포크와 새러 C. 포크 영부인

보지 못했단 말이야. 내가 이걸 얼마나 좋아하는데……. 두고봐, 농장으로 돌아가면 칠면조부터 키울 테니까."

"쿠바를 떠나기 전까지 칠면조를 한 마리라도 못 키웠다간 죽을 줄 알아!" 칠면조를 사왔다가 낭패를 본 미국인이 말했다.

아바나에서 뉴올리언스로 오는 선박 승객 중에 미국 시장에 팔려고 다량의 스페인 담배를 들여온 미국인이 한 명 있었다. 그의 말에 따르면 그 담배는 사실 코네티컷주에서 재배한 것인데 배편으로 아바나에 보냈다가 다시 뉴올리언스로 들여오는 것이었다. 물론 뉴올리언스의 담배 구매자들은 그것이 코네티컷주에서 재배한 담배임을 까맣게 모르고 있었다. 그러고 보면 옛말이 틀리지 않다. '우리끼리 하는 거래 외에는 전부 사기다.'

우리는 뉴올리언스에서 세인트루이스로 향하면서 미시시피강 연안의 주요 도시들에 들렀다. 그리고 루이빌을 경유하여 신시내티와 피츠버그로 갔다. 피츠버그에 도착했을 때는 1848년 5월 초순이었다. 그

19세기 아바나의 모습

지점부터 스트래턴 씨와의 합의에 따라서 나는 톰 섬 장군의 순회공
연에 더 함께하지 않고 집으로 돌아가기로 했다. 내가 직접 관여하지
않더라도 톰 섬의 공연에 문제가 없게끔 실력 있는 대리인을 고용하
고 있었다. 그래서 계속 떠돌이 흥행사로 지내느니 수익의 상당 부분
을 포기하기로 마음먹은 것이다.

나는 5월 말에 코네티컷주 브리지포트에 있는 집으로 돌아왔다. 건
강한 모습의 가족과 친구들을 만나 재회의 기쁨을 나누었다. 어느새
13년 가까이 집에서 떨어져 지낸 셈이었다. 모진 고난과 시련을 겪으
면서 번듯한 재산을 모았고 이제 가족의 품에서 여생을 지낼 생각을
하니 이루 말할 수 없는 감사의 마음이 북받쳤다. 나는 아무리 돈의 유
혹이 강하더라도 가정이라는 보금자리에서만 누릴 수 있는 이 즐거움
을 다시는 버리지 않겠다고 굳게 결심했다.

1848년과 1849년은 주로 가족과 함께 보냈다. 그러나 아메리카 박물관의 수익에 많은 시간과 관심을 기울인 것은 당연한 일이다. 그리고 필라델피아에 새로운 박물관을 개장하는 일에도 큰 관심을 기울였다. 그 구체적인 이야기는 뒤에 하게 될 것이다.

바넘과 톰 섬 장군(1850년)

제11장

제니 린드의 공연

내가 스웨덴의 성악가 제니 린드를 미국으로 데려오려고 처음 생각
한 시기는 1849년 10월이었다. 톰 섬 장군과 함께 런던을 떠나고 나서
이삼 주 후 그녀가 그곳에 도착했기에 나는 그녀의 노래를 들어보지
못했다. 그러나 그녀의 명성만으로도 충분했다. 나는 대개 즉석에서
결론을 내리는 편인데, 대부분은 최초의 느낌이 가장 정확했다는 것이
증명되곤 했다. 맨 처음 제니 린드 건을 생각했을 때 내가 그 '스웨덴
의 나이팅게일'과 합당한 계약을 맺고 적절히 관리할 수만 있다면 엄청
난 수익을 거둘 거라고 느꼈다. 워낙 큰 사업이다보니 며칠 동안 심각
하게 고민했다. 그리고 그때의 궁리와 계산을 통틀어 내린 한 가지 결

론은 '대성공'이었다.

제니 린드를 대중 앞에 어떻게 소개할지, 그 방식이 성공의 관건이라고 생각했다. 나로서는 아주 힘겨운 일이 될 것임은 알고 있었다. 언제고 사업을 망치게 될 돌발 상황들이 벌어질 여지가 있었다. 인간 본성을 제대로 간파하는 오락 제공자는 사람들의 마음을 움직이고 성공의 길로 갈 수 있다. 그럼에도 불구하고 대중은 아주 이상한 동물이어서 변덕스럽고 때론 고집스러운데다 심술궂다. 대중 공연을 관리할 때는 약간의 실수로도 더없이 유망했던 사업을 망치는 일이 허다하다. 내가 모든 것을 고려하여 내린 결론은 다음과 같다.

첫째, 엄청난 돈을 벌 수 있는 절호의 기회다. 둘째, 내 이름이 오랫동안 '야바위꾼'으로 각인되어왔기 때문에 미국 대중은 내 능력으로 박제한 원숭이 거죽이나 죽은 인어의 수준을 뛰어넘는 공연을 할 수 있을지 의심하고 있다. 손해를 감수하고라도 세계에서 가장 위대한 음악 천재로 군림하며 인지도뿐 아니라 인생에서도 절정을 맞고 있는 제니 린드와 계약을 하고 데려오려면 5만 달러가 들 것이다.

나는 무엇보다도 제니 린드라는 명성이, 예측되는 이 모든 손실을 상쇄하기에 충분하다고 판단했다. 물론 내가 필연적으로 감당해야 할 개인적 근심과 노고는 고려하지 않았다. 나는 나 대신 유럽으로 가서 '신이 내린 제니'와의 계약을 성사시킬 수 있을 적임자를 사방으로 물색했다.

나는 미국을 방문중이던 영국인 색스혼 연주자 존 홀 윌턴 씨를 찾아냈다. 내 목적에 가장 알맞은 사람이었다. 몇 분 만에 그와 담판을 지었다. 만약 그가 계약을 성사시키지 못한다면 내가 경비만 부담할 것이고, 계약을 맺고 제니 린드를 미국으로 데려오는 데 성공한다면

피아노 옆에 서 있는 제니 린드(1848년)

많은 사례비를 주기로 한 것이다. 나는 그에게 공연 일정을 비롯한 계약 조건을 받아 적게 했다.

1849년 11월 6일, 나는 필요한 서류들을 윌턴에게 전달했다. 거기에는 그가 자신의 판단에 따라 제니를 비롯한 다른 유명 음악가들에게 보여줘도 무방할 전반적인 사업 설명서가 포함되어 있었다. 또한 설명서에는 구체적으로 적히지 않은 암시와 제안이 담긴 개인적인 편지도 있었다. 그뿐 아니라 '베어링 브라더스' 사의 금융 전문가들과 영국, 프랑스 등지의 여러 지인들에게 보내는 소개장도 들어 있었다.

내가 윌턴에게 전달한 지시(공적이든 사적이든)의 요지는 다음과 같다.

가능한 한 100일 공연에 6만 달러로 계약할 것. 하지만 어쩔 수 없는 경우 150일 공연에 총 15만 달러로 계약할 것. 이는 제니 린드의 하인, 마차, 비서를 포함하여 모든 경비를 부담하는 조건임을 알릴 것. 그뿐만 아니라 3명을 초과하지 않는 선에서 음악 조수를 그녀가 원하는 조건으로 고용할 수 있으며 그 비용까지 우리가 부담함. 필요하다면 계약금 전액을 제니가 미국으로 오기 전까지 런던 은행에 예치할 수도 있음.

허 머제스티스 극장(Her Majesty's Theatre)의 귀빈석(1843년)

월턴의 사례비는 그가 어떤 조건으로 계약을 성사시키는가에 따라 달라졌다. 그러니 내가 제시한 상한선에서 비용을 더 낮출수록 그에게 돌아가는 돈은 더 많아지는 셈이었다.

월턴은 런던으로 갔고, 당시 유럽 대륙 순회공연중이던 린드 양에게 편지를 보냈다. 그리고 답장을 통해, 만약 그녀가 미국에 가게 된다면 뛰어난 작곡가이자 피아니스트이며 음악 감독인 줄리어스 베네딕트 씨와 동행하기를 바란다는 걸 알게 되었다. 또한 그녀는 훌륭한 바리톤 가수 시뇨르 벨레티의 도움도 필수적이라고 믿었다. 월턴은 마침 런던에 있던 베네딕트 씨와 시뇨르 벨레티 두 사람을 만났고, 그들과 여러 차례 대화하여 린드 양과의 미국 공연에 나설 계약 조건을 알아냈다. 원하는 정보를 알아낸 윌턴은 곧바로 린드 양과 직접 만나기 위하여 독일의 뤼베크로 향했다. 그녀가 묵는 호텔에 도착해서 면담할 시간을 알려달라는 쪽지를 보냈다. 그녀는 다음날 아침에 만나자고 했고, 윌턴은 약속 시간을 정확히 맞추어 호텔로 갔다.

첫 대화에서 그녀는 윌턴과 서신을 주고받는 동안 따로 런던의 지인들에게 편지를 보내 내 성격과 능력 및 책임감에 관해 알아봤고 그 결과 아주 만족스러운 답변을 들었노라고 솔직히 말했다. 그녀가 알아본 지인 중에는 베어링 브라더스 사의 조슈어 베이츠 씨도 포함되어 있었다. 그녀는 미국 순회공연 건으로 계약을 원하는 네 사람이 적극적으로 접촉해오고 있다는 말도 했다. 그중 한 명은 런던의 유명한 오페라 극장 지배인이었다. 또 한 명은 맨체스터의 극장 지배인, 세번째는 런던의 '허 머제스티스' 오페라 극단 작곡가 겸 오케스트라 지휘자, 마지막은 수년 전 미국에서 유명한 발레리나 공연을 성공시킨 투자가였다. 그중 일부는 그녀를 직접 방문했으며, 그녀의 입에서 내 이름이 나오자 나와는 절대 어떤 계약도 하지 말라고 만류하더라는 것이었다. 그들은 내가 야바위꾼이자 흥행사인데, 돈을 벌기 위해서라면 그녀를 상자에 욱여넣고 전국을 돌면서 입장료 25센트를 받는 것도 마다하지 않을 인간이라고 했단다.

그녀는 솔직히 말해서 꽤 놀랐다고 했다. 그래서 베이츠 씨에게 그 문제에 관해 편지를 썼다. 베이츠 씨는 나를 개인적으로 알고 있다면서 그녀의 오해를 말끔히 씻어주었다. 그는 그녀에게 나를 상대하는 것은 그녀의 보수를 무조건 공연 성공 여부에 따라 결정하려는 일반적인 극장 지배인을 상대하는 것과는 차원이 다르다고 말해주었다. 나라는 사람은 계약 사항을 철저히 이해할 수 있고 공연을 망치는 법이 없으니 나의 명예와 성실성을 믿어도 좋다고 말이다.

"나는요." 그녀가 월턴 씨에게 말했다. "그 문제에 관해서는 충분히 이해했어요. 나도 세상물정에 밝아서 질투와 시기가 종종 사람들을

제니 린드의 은판 사진(1848년)

어떻게 만드는지 알거든요. 나와 계약하려는 사람들은 모두 공연이 성공하든 실패하든 그 결과를 내가 어느 정도 책임져주기를 바라고 있어요. 나는 당신과 계약하고 싶어요. 당신들은 기꺼이 공연의 모든 책임을 지려는 것 같고 관리 또한 전적으로 맡아서 해주려는 것 같아서요."

면담이 몇 번 더 이어졌고, 그 과정에서 월턴이 이미 베네딕트 씨와 시뇨르 벨레티와도 계약이 성사될 시 받을 보수에 대해 합의해놓았음을 그녀도 알게 되었다. 월턴 씨와 린드 양은 일주일 사이에 계약 조건을 확정지었다. 내가 개인적인 편지에 밝혀놓은 세부 지침과 어긋나지 않는 조건이었다. 따라서 세 통의 합의 각서를 작성하고 1850년 1월 9일 뤼베크에서 월턴 씨와 그녀가 서명했다. 그로부터 며칠 뒤 런던에서 베네딕트와 벨레티도 서명했다.

본 합의 각서는 1850년 1월 9일 미국 뉴욕에 있는 피니어스 T. 바넘의 대리인 존 홀 월턴과 스웨덴 스톡홀름의 성악가 제니 린드 사이에 작성한 것으로, 제니 린드는 다음과 같은 조항에 합의한다.

제1항. 제니 린드는 뉴욕에 도착한 날로부터 1년 안에(가능하다면) 또는 18개월 안에 피니어스 T. 바넘과의 계약에 따라 오라토리오를 포함하여 150회 공연을 한다. 공연 장소는 미국과 아바나로 한다. 제니 린드는 본인의 건강과 성대 상태에 따라 매주의 공연 횟수와 공연당 노래 수를 결정할 수 있다. 다만 공연은 필수적으로 한 주에 1회 내지 2회, 노래는 공연당 4곡 이상으로 정한다. 오페라에는 출연하지 않는다.

제2항. 뉴욕에 있는 피니어스 T. 바넘의 대리인으로서 존 홀 월턴은 제니 린드 본인이나 그녀의 일행을 돌봐줄 하녀 한 명과 남자 하인 한 명을 제공하는 데 동의한다. 제니 린드의 친구로서 동행하는 1인의 경비와 호텔비를 부담한다. 제니 린드의 재정 상태를 관리할 비서 한 명도 제공한다. 제니 린드 일행이 유럽에서 미국으로 오고 미국과 아바나에서 순회공연하는 동안의 여행 경비 일체를 부담한다. 동 기간에 숙식을 위한 호텔 비용 전액을 부담한다. 공연이 열리는 모든 도시에서 제니 린드가 사용할 마차와 말, 수행원을 제공하고 공연이나 오라토리오 회당 200파운드 또는 1,000달러를 제공한다.

제3항. 피니어스 T. 바넘의 대리인으로서 존 홀 월턴은 제니 린드와 맺은 계약 이행을 보증하기 위하여, 제니 린드가 미국으로 떠나기 이전에 계약한 금액 전부를 런던의 베어링 브라더스 사에

예치하기로 한다. 예치금에서 파생되는 이자 또한 제니 린드의 소유로 한다.

　제4항. 피니어스 T. 바넘의 대리인으로서 존 홀 윌턴은 75회 공연까지의 총수입이 총비용, 즉 예치금, 예비 지출, 그 밖의 공연 제반 경비를 합한 것보다 15,000달러 이상 상회할 경우, 이후 공연부터(나머지 75회 공연 동안) 약정된 회당 1,000달러 외에 추가로 콘서트 또는 오라토리오 공연에서 발생되는 수입 중 제반 경비를 제외한 순수익의 5분의 1을 지급하기로 한다. 또한 제니 린드는 전술한 조건으로 남은 콘서트 또는 오라토리오 공연을 50회로 줄일 수도 있다. 이 경우 공연 수입이 피니어스 T. 바넘의 기대치에 미치지 못한다면 첨부된 편지 사본에 적시된 바와 같이 상호 협의하에 첫번째 조건으로 수정한다. 다만 전술한 15,000달러 이상의 수익이 실현되지 않을 경우에는 원래의 계약에 따라 남은 75회의 콘서트 또는 오라토리오 공연을 계속한다. 여기에 선불 외에도 줄리어스 베네딕트와 조반니 벨레티에게 들어가는 비용은 다음 항에서 다룬다.

　제5항. 피니어스 T. 바넘의 대리인으로서 존 홀 윌턴은 제니 린드의 요청에 따라 런던의 줄리어스 베네딕트를 음악 감독 겸 피아니스트로 미국과 아바나에서 열리는 150회의 콘서트 또는 오라토리오 공연에 동참시킨다. 이에 피니어스 T. 바넘의 대리인으로서 존 홀 윌턴은 줄리어스 베네딕트에게 총 5,000파운드를 지급하기로 하며, 이 돈 전액을 그가 미국으로 출발하기 전까지 런던의 베어링 브라더스 사에 예치한다. 존 홀 윌턴은 줄리어스 베네딕트가 유럽에서 미국으로 오는 경비 일체와 전술한 150회의 콘서트 또

는 오라토리오 공연 동안 체류하는 호텔 비용과 여행 경비 일체를 부담한다. 줄리어스 베네딕트는 요구가 있을 경우에 오라토리오 공연을 감독한다.

제6항. 존 홀 윌턴은 제니 린드의 요청과 선택에 따라 미국과 아바나에서 150회의 콘서트 또는 오라토리오 공연시 동행하고 전술한 줄리어스 베네딕트와 협력하는 조건으로 바리톤 가수 조반니 벨레티에게 2,500파운드를 지급한다. 존 홀 윌턴은 이 돈 전액을 그가 유럽을 떠나기 전까지 예치하고, 그의 호텔 비용과 여행 경비 일체도 부담한다.

제7항. 제니 린드는 자선단체에 알맞은 공연이라고 판단했을 때를 포함하여 피니어스 T. 바넘과의 계약 외 목적으로 언제든 자유롭게 노래를 부를 수 있다. 이 경우 제니 린드는 별도 공연의 시간과 타당성에 대해 피니어스 T. 바넘과 상호 협의한다. 다만 어느 순회공연 장소에서든 첫번째와 두번째 공연은 계약 외 목적으로 열 수 없으며, 피니어스 T. 바넘의 이익과 반하는 경우에도 계약 외 목적으로 공연할 수 없다.

. 제8항. 제니 린드가 불가항력에 의해 전술한 계약 사항을 이행하지 못할 경우, 동등한 합의에 근거하여 피니어스 T. 바넘은 제니 린드, 줄리어스 베네딕트, 조반니 벨레티에게 그때까지 끝낸 공연에 대한 보수를 지급한다.

제9항. 피니어스 T. 바넘은 자선 목적의 공연을 제외한 모든 콘서트 또는 오라토리오에 소요되는 경비 일체를 부담하고, 모든 정산은 당사자 모두가 참석한 가운데 주마다 이루어진다.

제10항. 제니 린드는 뉴욕의 피니어스 T. 바넘과 계약한 150회

의 콘서트 또는 오라토리오 공연 기간 동안 전술한 자선 목적 외에는 타인을 위해서 공연할 수 없으며, 제니 린드의 모든 여행에는 최고급의 편의가 제공된다.

이에 우리는 본 합의 각서에 서명함으로써 상기 내용을 보증한다.

제니 린드 서명

미국 뉴욕에 있는 피니어스 T. 바넘의 대리인 존 홀 윌턴
줄리어스 베네딕트
조반니 벨레티

스웨덴과 노르웨이 국왕의 영사 C. 아힐링의 입회하에 작성함.

추가 합의한 제4항과 관련하여 피니어스 T. 바넘이 존 홀 윌턴에게 준 서한의 내용

1849년 11월 6일 뉴욕

존 홀 윌턴 귀하

제니 린드 양의 미국 순회공연 협상과 관련하여 귀하가 제안한 내용에 대해 답합니다. 나는 제니 린드 양과 다음 조건으로 계약을 하기 바랍니다. 본인은 유럽에서 미국으로 오는 제니 린드 양의 여행 경비 일체를 부담할 것이고, 동행하는 테너 1인과 피아니

스트 1인의 보수가 공연 1회당 150달러를 넘지 않는다면 그 보수를 지급할 것입니다. 본인은 제니 린드 양에게 마차 1대, 하인 2명, 그녀와 동행하면서 재정 상태를 관리해줄 지인 1명을 지원할 것입니다. 또한 제니 린드 양이 무대에 서기 전까지 필요한 경비 일체를 부담하고, 공연에서 생기는 총수입의 상당액을 그녀에게 지급할 것입니다. 제니 린드 양이 80회 이상 150회 이하의 공연을 하기로 약속한다면, 본인이 직접 제니 린드 양의 순회공연에 동행하면서 공연 과정을 전담할 것입니다.

Phineas T Barnum

바넘의 서명

나는 위의 인용문이 피니어스 T. 바넘의 서한 일부임을 보증합니다.

존 홀 월턴

월턴이 뉴욕에 도착한 1850년 2월 19일, 나는 필라델피아에 개장한 내 박물관에 가 있었다. 그는 즉시 내게 전보를 보내서, 제니 린드와의 계약을 성사시켰고 그에 따라 9월에 미국 공연을 시작할 것이라고 알려왔다. 나는 이 갑작스러운 통지를 받고 깜짝 놀랐다. 제니 린드가 도착하기까지의 시간이 너무 길게만 느껴졌고, 몇 달 동안은 그 계약을 비밀에 부쳐야 한다는 생각에 곧바로 월턴에게 답신을 보냈다. 계약에 대해 아무에게도 말하지 말고, 내가 내일 뉴욕에 도착할 테니 그때 만나자는 내용이었다.

지금 전 세계뿐 아니라 미국의 전 계층에서 제니 린드의 음악적 재능과 인품 그리고 놀라운 성공에 이르기까지 속속들이 알고 있음을 감안하면, 계약 당시 그녀가 미국에서는 상대적으로 무명에 가까웠다는 사실을 이해하기 어려울 것이다. 미국 국민 중에서 수백만 명은 아예 그녀의 이름을 들어본 적도

오페라 〈몽유병 여인(La Sonnambula)〉에서 아미나 역을 맡은 제니 린드(1840년대)

없었고, 수백만 명은 이름 정도만 간신히 들어봤을 뿐 그녀가 누구이고 무엇을 하는 사람인지 제대로 모르고 있었다. 지금으로서는 믿기 어려운 얘기지만, 소수의 미국인만이 유럽에서 그녀가 거둔 위대한 음악적 성과를 알고 있었다. 대부분 음악인이 아니면 유럽을 방문한 적 있는 여행자, 혹은 신문 발행인이었다.

다음날 아침 나는 뉴욕으로 출발했다. 프린스턴 역에 도착했을 때 조간신문을 샀다. 그런데 내가 제니와 계약했다는 자세한 기사가 실린 것을 발견하고 몹시 놀라고 당황했다. 그렇다고 그 섣부른 발표를 주워담을 수도 없으니 차분하게 대처하기로 마음먹었다. 사실 그 소식이 대중에게 어떤 인상을 주었을지 무척 궁금하기도 했다. 나는 열차의 점잖은(나와 잘 알고 지내는) 차장에게, 내가 제니 린드와 계약을 했고 그녀가 8월에는 미국을 방문할 것이라고 말했다.

"제니 린드! 댄서 말인가요?" 차장이 물었다.

나는 그에게 제니 린드가 누구고 무슨 일을 하는 사람인지 알려주었다. 그러나 그의 반응은 마치 얼음장처럼 나를 싸늘하게 만들었다. 필라델피아와 뉴욕을 오가는 열차의 차장이 세계에서 가장 위대한 여가수에 관해 아는 것이 그 정도에 불과하다면, 대중 전체에게 그녀의 재능을 제대로 알리기까지 6개월은 결코 긴 시간이 아니라는 생각이 들었다.

나는 월턴과 면담을 가졌고, 계약에 따라서 내가 런던 금융사에 총 187,500달러를 예치해야 한다는 걸 알게 되었다. 나는 즉시 계약을 확정하기로 결심했고 필요한 서류를 린드 양과 베네딕트, 벨레티 씨에게 각각 보냈다.

나는 곧 신문을 통하여 그 위대한 여가수의 방문을 대중에게 알리기 시작했다. 미국 국민이라면 그것이 얼마나 효과적이었는지 여전히 기억하고 있을 것이다. 내가 어떻게 목적을 이루었는지 예를 하나 들어보겠다. 나는 첫 편지를 독서계에 보냈다. 그 편지에서 추린 다음의 글은 1850년 2월 22일자 뉴욕의 여러 일간지에 실렸다.

어쩌면 나는 이번 공연 사업으로 돈을 한 푼도 벌지 못할 것이다. 그러나 전혀 돈벌이가 되지 않는다는 것을 알았을지라도 나는 이번 계약을 성사시켰을 것이다. 지금까지 인간의 능력으로 도달하지 못했던 가창력을 지녔을 뿐 아니라 자애심과 순수함과 선함의 화신인 한 여성을 미국에 초청하고픈 마음이 너무도 간절했기 때문이다.

린드 양은 내가 제시한 조건보다도 훨씬 더 좋은 제안을 무수히 많이 받았다. 그러나 그녀는 미국을 방문하고픈 큰 열망을 가졌다. 그녀는 미국이라는 나라와 그 체제에 최고의 찬사를 보냈다. 린드 양에게 돈은 결코 최우선 사항이 될 수 없기에, 그녀는 우리 미국을 방문하기로 결정했다. 나와의 계약(아바나 공연이 포함된)에서 그녀는 자신이 원할 때 언제든 자선 공연을 할 권리를 특별히 요구했다.

영국에서 데뷔한 이래 그녀는 사재를 털어 빈민을 도왔다. 굳이 그 액수를 말하자면, 계약을 통해 내가 그녀에게 지불해야 하는 총금액보다도 많은 액수다. 그보다 10배는 많은 돈을 영국에서의 무료 자선 공연을 통해 기부하기도 했다.

사람들은 곧 제니 린드를 입에 올리기 시작했다. 나는 무엇보다도 그녀의 괜찮은 초상화를 구하고 싶었다. 다행히도 좋은 기회가 생겼다. 어느 날 내가 아메리카 박물관의 사무실에 앉아 있는데 한 외국인이 겨드랑이에 작은 꾸러미를 끼고 다가오는 것이었다. 그는 서툰 영어로 자신은 스웨덴 사람인데 화가로서 스톡홀름을 떠나기 직전에 제니 린드를 그릴 기회가 여러 번 있었다고 말했다. 그리고 지금 그녀의 동판 초상화 몇 점을 가지고 있다고 했다. 그는 꾸러미를 풀더니 가로 35센티미터 세로 50센티미터의 우아한 액자에 든 스웨덴 나이팅게일의 아름다운 초상화를 보여주었다. 바로 내가 원하던 것이었다. 그는 그림값이 50달러라고 했다. 나는 즉시 초상화를 구입했다. 같은 날 그 초상화를 한 화가 친구에게 보여주었더니 그것이 값싼 석판화에 주석 뒤판을 댄 것이라고 했다. 감쪽같이 유약을 발라서 나 같은 미술 문외한에게는 멋진 유화처럼 보이도록 만들었다는 것이다. 그림의 원가는

37.5센트도 안 되리라는 것이 그 친구의 말이었다!

미국 채권의 형태로 런던에 돈을 보내기 위하여 가용 자금을 끌어 모았으나, 금액을 맞추기에는 턱없이 부족했다. 내가 가진 흠잡을 데 없는 2순위 저당으로는 월가에서 협상을 할 수 없었다. 뉴욕이나 브루클린에 있는 부동산의 1순위 저당이 아니고서는 씨알도 먹히지 않았다.

나는 8년간 거래를 해온 은행의 은행장을 찾아갔다. 나는 그에게 대출을 위한 담보로 2순위 저당과 그에 더해 제니 린드의 공연 1회당 3,000달러 이상의 수익 초과분을 그가 지정하는 수령인이 관리하는 동시에 대출금을 상환토록 하는 것이 어떠냐고 제안했다. 그는 내 면전에서 웃으며 말했다. "바넘 씨, 월가에서는 당신이 제니 린드와의 계약으로 파산할 거라고 하더군요. 내 생각엔 공연 1회당 3,000달러 이상의 돈은 안 나올 거예요."

그의 짧은 식견에 분통이 터진 나는, 당장 150,000달러를 받는다고 해도 그 계약을 무르진 않을 거라고 그에게 말했다.

월가에서는 나이팅게일과 황금방울새를 바꾸자고 해봐야 소용이 없었던 것이다.

마침내 나는 '하울랜드 앤드 애스핀월' 사의 존 L. 애스핀월 씨를 소개받았다. 그는 내가 제공한 근저당을 수용하고 자신의 회사 명의로 베어링 브라더스 사에 신용장을 써주었다. 그로 하여금 내 제안을 받아들이게 만든 것은 엄격한 은행가의 원칙이 아니라 친절한 마음이었다.

부동산 몇 건을 현금화하여 꽤 많은 돈을 마련했지만 여전히 5,000달러가 부족했다. 그것이 결국 낙타의 등을 부러뜨리는 마지막 깃털이 될 것 같다는 생각이 들었다. 어쩌다보니 그 절박한 상황을 오랫동안

1850년 8월 리버풀에서 미국행 '애틀랜틱'호에 승선하는 제니 린드와 그 일행

친구로 지내온 한 성직자에게 털어놓게 되었다. 그는 지체 없이 내게 돈을 빌려주었다. 나는 고마운 마음으로 그의 우정을 받아들였고, 그가 내 어깨를 짓누르던 산 하나를 없애준 듯한 기분을 느꼈다. 그 성직자는 필라델피아의 에이블 C. 토머스*였다.

나와 최종 계약을 맺은 이후 린드 양은 런던에서의 공연 요청을 계속 거절하고 있었다. 하지만 나의 간청에 따라 미국으로 오기 전날 밤 리버풀에서 두 차례 공연을 했다. 내가 공연을 간청했던 것은 이미 고조되어 있는 미국의 열기를 바다 건너의 열렬한 환호로 더 거세게 지피기 위함이었다.

두 차례 리버풀 공연의 첫 회가 미국행 증기선이 출발하기 전날 밤에 열렸다. 내 대리인은 런던의 음악비평가 한 명을 섭외하여 같은 날 밤, 아니 다음날 새벽 1시 30분에 공연 비평을 끝내게 했다. 그리고 새벽 2시에 내 대리인이 지켜보는 가운데 리버풀 조간신문에 그 비평이 실렸다. 대리인은 같은 날 떠나는 증기선 편으로 그 조간신문을 여러 부 보내주었다. 그 비평은 미국 언론에 다시 실렸다. 대서양을 사이에 두고 대륙을 휩쓸고 있는 열기를 다룬 비평 기사는 내가 원하던 효과를 거두었다.

1850년 8월 21일 수요일 아침, 제니 린드와 베네딕트와 벨레티가 증기선 '애틀랜틱'호를 타고 리버풀을 떠났다. 나는 '애틀랜틱'호를 오래전부터 예약해두었고 그들이 사용할 수 있게 피아노까지 배에 실었다. 내 대리인 윌턴이 그들과 동행했고, 그 밖에도 린드 양의 사촌인

---

* 그는 젊은 나이에 자수성가한 인쇄업자로 26년째 성직에 몸담고 있다. 최근에 출간된 그의 자서전은 내가 읽어본 책 중에서 가장 흥미로웠다.

제니 린드가 두 차례 고별 공연을 한 리버풀의 필하모닉 홀

아만센 양과 요르츠베리 씨(린드 양의 비서로서), 두 명의 하인 그리고 베네딕트와 벨레티를 전담할 하인 한 명이 동승했다.

애틀랜틱호는 9월 1일 일요일에 도착할 예정이었다. 나는 제니 린드가 도착하는 대로 속히 만나고 싶어서 토요일 밤에 스테이튼 아일랜드로 향했다. 당시 뉴욕항 검역관으로 일하고 있던 친구 A. 시드니 도안의 쾌적한 집에서 하룻밤을 보냈다. 일요일 오전 12시 직전 '애틀랜틱'호가 시야에 들어왔고, 얼마 후에는 내 친구 도안이 편의를 봐준 덕분에 그 증기선에 승선하여 제니 린드와 악수를 나눌 수 있었다.

몇 분간 대화를 나눈 뒤 제니 린드가 내게 언제 어디서 자기 노래를 들어봤냐고 물었다.

"아직까지 당신의 노래를 들어볼 기쁨을 누린 적이 없군요." 내가 대답했다.

"어떻게 노래도 들어본 적 없는 사람에게 그 많은 돈을 투자할 수 있죠?" 그녀가 놀라서 물었다.

"당신의 명성에 투자한 거죠. 나는 음악적인 문제에서 나 자신의 판단보다는 명성을 더 신뢰하거든요." 내가 대답했다.

나는 여기서 위대한 음악가로서 제니 린드의 명성에 크게 의존한 것은 사실이나, 유난히 인자하고 관대한 그녀의 됨됨이가 미국의 전 계층으로부터 큰 호응을 얻을 거라는 내 판단도 어느 정도 고려했다고 말해두겠다. 그녀의 그런 독특한 기질이 아니었더라면 나는 결코 그녀와 계약을 하지 않았을 것이다. 나는 그녀의 성품 하나만으로도 그녀의 공연을 보러 올 미국 국민이 많을 거라고 생각했다.

선적장과 부두는 수많은 인파로 뒤덮였고 커널가의 부두에도 역시 수많은 군중이 운집해 있었다. 웅장한 증기선이 부두로 접근하자 열광적인 분위기가 생겨났다. 사람들이 좋은 위치를 잡기 위하여 증기선 옆의 한 범선으로 우르르 올라가며 고함이 난무하는 가운데 한 남자가 범선에서 물속으로 떨어지고 말았다. 제니도 그 광경을 목격하고 크게 놀랐다. 남자는 곧 구조되었으나, 나이팅게일을 잘 보기는커녕 물에 흠뻑 젖은 몰골이 되었다. 부두의 나뭇가지에 아름다운 장식깃발들이 나부꼈다. 또한 개선문 형태의 장식물이 두 개 있었는데 그중 하나는 '제니 린드 환영!'이라고 새겨져 있었다. 또다른 장식물은 흰머리 독수리(미국의 국장—옮긴이)가 올려졌고 '미국 방문 환영!'이라고 새겨져 있었다. 그 장식물들이 마법으로 만들어진 것은 아닐 터였다. 내가 그것을 만들었다고 말하는 사람들도 있는데, 솔직히 그들이 잘못 아는 거라고는 말하지 못하겠다. 내 마차가 대기중이었고, 제니 린드는 마차가 있는 곳까지 웨스트 선장의 에스코트를 받았다.

미국에 도착한 제니 린드와 환영 인파(1850년)

나머지 일행도 마차에 오른 뒤 나는 마부 옆자리에 올라타고 마부에게 어빙 하우스로 가라고 지시했다. 뉴욕 시민 중에서 나를 모르는 사람은 거의 없었기 때문에, 내가 마차 밖에 앉아 있는 모습은 건물 창가에 몰려 있던 사람들이나 행인들에게 제니 린드의 도착을 알리는 데 한몫했다.

그날 언론들은 다음 일자 간행물을 통하여 뉴욕에서, 아니 미국에서 전례가 없던 열광적인 분위기를 전할 터였다.

우리가 어빙 하우스에 도착한 지 10분 만에 1만 명가량의 군중이 브로드웨이 초입으로 몰려들었다. 이 인파는 밤 9시 전까지 줄어들지 않았다. 제니 린드의 요청에 따라 나는 그날 오후 그녀와 식사를 함께 했다. 그녀가 유럽의 관습에 따라서 포도주잔을 들고 내게 건배를 청하자 나는 이렇게 말함으로써 그녀를 놀라게 했다. "린드 양, 당신은 내가 흔쾌히 들어주지 않을 일까지 부탁하지는 않을 거라 믿어요. 나는 술을 입에 대지 않으니, 부디 당신의 건강과 행복을 위하여 냉수 한 잔으로 건배하는 걸 허락해주길 바랍니다."

그날밤 12시 뉴욕 음악기금협회에 소속된 음악인 200명이 그녀를 위하여 세레나데를 연주했다. 그들은 붉은 상의를 입은 소방대원 300명이 호위하는 가운데 횃불을 들고 어빙 하우스까지 온 것이었다. 그때까지도 최소 2,000명의 인파가 운집해 있었다. '제니 린드'를 연호하는 소리가 어찌나 거세던지 나는 그녀를 창문 밖 발코니로 데리고 나갔다. 군중의 환호성이 몇 분간 계속되었고, 그후에 세레나데가 다시 한번 울려퍼졌다.

지금까지 제니 린드가 미국에 도착한 첫날의 일들을 간단하게 소개했다. 그후로도 몇 주 동안 열기는 가라앉지 않았다. 교회와 정부의 실세들을 포함하여 많은 사람들이 그녀의 호텔 객실을 찾아왔다. 붐비는 시간대에는 어김없이 상류사회의 마차들이 호텔 앞에 대기중이었다. 무척 어려운 일이었지만 나는 상류 인사들이 그녀를 독점하는 것을 막아냈다. 그러면 그녀가 대중 속에서 일으킨 호응을 애써 차단함으로써 내 이익을 망치게 될 터였기 때문이다. 별의별 사람들이 그녀를 보겠다고 몰려들었다. 여성 모자 제조업자, 여성 외투 제조업자, 상점 운영자들이 그들의 상품에 관심을 가져달라며 앞다투어 그녀를 찾아왔다. 그들은 값비싼 견본 상품을 그녀에게 주었고, 그녀로부터 자필이 담긴 답례품을 받고는 무척이나 기뻐했다. 노래와 카드릴과 폴카가 그녀에게 헌정되었고 시인들은 그녀를 찬미했다. 제니 린드 장갑, 제니 린드 보닛, 제니 린드 승마모자, 제니 린드 숄, 제니 린드 만틸라(여성용 작은 망토─옮긴이), 제니 린드 예복뿐만 아니라 의자, 소파, 피아노에 이르기까지 거의 모든 것이 제니 린드의 이름으로 만들어졌다.

그녀의 일거수일투족에 관심이 쏠렸고, 그녀의 마차가 호텔 앞에 나타나기라도 하면 스웨덴의 나이팅게일을 보려는 사람들이 순식간에 몰려들기 일쑤였다.

제니 린드의 자료를 일목요연하게 볼 수 있는 스크랩북(내가 뉴욕의 신문들에서 추려낸 기사들로 이루어진)을 보고 있노라면, 어떻게 그 정도로 열광적인 반응이 있었는지 믿어지지 않을 정도다.

제니 린드가 미국에 도착한 직후 10일 동안 지속된 '제니 린드 광풍'에 관한 '말과 행동'이라는 기사가 1850년 9월 23일자《런던 타임스》에 실렸다. 장문의 이 기사는 미국 국민의 열정을 아이러니하게

송시 응모작을 쓴 시인이자 문학비평가 베이어
드 테일러(Bayard Taylor, 1825~1878)

폭로하는 취지이긴 했으나, 한
참이 지난 지금도 나 자신마저
꿈결처럼 느껴지는 당시의 실
상을 매우 충실하게 집약하고
있다.

그녀가 미국에 도착하기 전
나는 200달러를 상금으로 걸고
'미국을 향한 인사'라는 주제로
송시를 공모했다. 채택된 송시
를 가사로 곡을 만들어 첫 공연
에서 제니 린드가 부를 예정이
었다. 미국과 캐나다 각지에서
응모된 시가 수백 편이었다. 심사위원회가 이 시들을 읽고 최고의 작
품을 엄선하기란 쉬운 일이 아니었다. 10여 편을 제외한 나머지 응모
작들은 졸렬하기 짝이 없는 쓰레기 수준이었다. 수상작으로 선정된 베
이어드 테일러의 송시는 다음과 같다.

미국을 향한 인사
베이어드 테일러 가사, 줄리어스 베네딕트 작곡

서쪽의 나라에 온 마음으로 인사하네
세상 위로 성조기가 나부끼는 나라
대서양의 너른 가슴에 그림자를 드리운 제국이라네
노을을 향해 금빛 관문을 여는 나라

산의 땅, 호수의 땅,

거대한 물결로 흐르는 강물이여

위대한 영혼이 선잠에서 깨어나

목숨 바친 신성한 자유의 땅이여

그대 제국의 요람이여! 비록 내 조상의 땅과 당신 조상의 땅은

넓디넓은 바다의 포말에 갈라졌다 해도

내가 고향에 온 듯 당신의 진심 어린 환대를 받는 건

노래의 고향은 자유로운 마음속에 있기 때문

당신의 강물이 태양 아래 빛나는 한

당신의 영웅들이 그들의 상처를 기억하는 한

당신의 아이들은 손을 맞잡고 하나가 되리

당신의 성조기에 평화가 있으리!

　수상작은 대체로 만족스러웠지만, 그래도 한편에서는 불만을 제기
하는 사람들이 있었다. 입상하지 못한 시인들이 심사위원회의 결정에
도 불구하고 자기들 작품이 최고라고 주장했던 것이다. 이런 상황은
당연히 당시에 『바넘의 파르나소스 제니 린드 노래 공모 심사위원회
의 내밀한 폭로』라는 대단히 재기 넘치는 팸플릿이 출간되는 데 일조
했다.*

　바넘류(類)

---

* 파르나소스(Parnassus)는 그리스 중부의 산으로, 고대 문인들에게 아폴로와 뮤즈의 영지로
신성시되었다.

서창

먼지투성이 지친 길손
하루를 마감하고 평범한 휴식을 찾아갈 제
가던 길에 느닷없이 쏟아지는 영롱한 빛
그 이글거리는 빛의 정체는 무엇인가?

6시 반의 지친 세상에 눈꺼풀이 감기는
저 지는 해는 아니지
도시의 어둠침침한 벽돌 더미 뒤에 빛을 감추는
저 떠오르는 달은 아니지

그것은 하늘과 닿은 바넘의 거대한 성채
그 꼭대기에 비추는 각광
어두운 상점 위를 쏜살처럼 스쳐
브로드웨이를 미끄러지는 전대미문의 섬광

도시의 이마에, 세월의 얼굴에
깊게 주름진 더러운 어둠
말과 마차에, 스무 줄도 넘게 늘어선 역마차에
비추는 그대의 드높은 빛!

멀리서 달려오는 너 여명의 빛

너는 지칠 줄 모르는
그 사람과 같은 부류구나
　높이서 이방인의 길을
인도하는 빛
　너는 자랑스레 그 사람
의 거대한 박물관으로 데
려가는구나

　그 사람, 새롭고도 기
이한 경이를 찾아
　자연의 신비한 옷자락
을 움켜쥔다
　영원한 변화의 세계와
　지구 중심의 어두운 방들을 탐험한다

뉴욕에서의 제니 린드 첫 계약 포스터(1850년)

　전설의 나일강변 갈대숲에서 그가 가져온
　옛날의 쇠처럼 오래되고 엉킨 갈빗대
　어느 유명 사자의 가죽
　악어 그 위풍당당한 맹수

　끝없이 이어진 홀에서 헤매다
　길 잃은 아빠와 아들과 딸
　오싹하고 소름 끼치는 매혹
　그 모든 것이 단돈 25센트!

사라지는 사막 저멀리
거대한 뱀이 비늘 덮인 등을 똬리 튼다
유리 안에 갇힌 텁수룩하고 살기 어린
옛 살인자들이 음울하게 불끈하여 노려본다

질 나쁜 모자를 만드는 빛바랜 모직물
그 천에 감싸여 시선을 교란하는 여러 형체
거대하고 풍만한 비곗덩어리
그 뚱뚱한 몸으로 사악하게 웃고 있는 남자

아니면 당신의 즐거운 시간을 위하여 오랑우탄 또는 원숭이가
묘하게 찌푸린 상으로 인사하지
당신이 무엇인지 알 수 있을 그것들이
지상을 뛰어다니는 모습 그대로 박제되어 있지

싱그러운 생명의 봄, 사랑스러운 아가를 안은 젊은이도
백발의 보모도 즐거이 간다
모습을 드러낸 요지경 천체를 보러
우주의 다양한 아름다움을 보러

신비한 에티오피아인이 등장하는 건 막장이 아닌 마지막
그는 초능력으로 피부를 바꾸지
지는 해가 기울수록

아까보다 더 하얘져, 계속 하얘져

바넘이 만든 제니 린드 포스터

태초의 자궁에서 나온
비늘 달린 기기묘묘한
괴물들
오 바넘이여, 그대가
여기 가져다놓은 것들
그러나 더 장엄한 승리
를 위해서는 이게 다가
아니지

기다려요 그대! 나, 제니 린드가
숭고한 왕관을 쓴 노래의 여왕이
황금의 하모니로 이질적인 군중을
전부 사로잡을 테니

돈에 대한 확고한 믿음으로
그대 손에 나를 맡겨요, 오, 그대 이름난 사람아
기꺼이 그대의 부름에 응하니
나 자신도 무수한 장사꾼 중 하나기에

이 시 외에도 팸플릿에는 11편의 시가 더 수록되어 있었고, 그 대부분이 재기발랄했다. 지면상 다른 시 중의 한 연만 여기 소개하겠다. 시인은 아메리카 박물관의 다양한 전시물에 관해 얘기하고, 나를 여전히 진기한 것을 찾아다니는 사람으로 묘사한다. 이 시에서 나는 스웨덴의 나이팅게일에게 이렇게 말하고 있다.

> 제니, 당신은 나의 흥행 보증수표, 어서 와요!
> 자유의 나라를 위하여 왕과 왕비들을 떠나요
> 이 나라 사람들은 연설과 세레나데와 불꽃으로 당신을 환영하리
> 당신은 대중의 심금을 건드리고, 나는 내 지갑을 두드리리
> 우리가 대중을 등쳐먹지 않는다면
> 내 이름이 왜 바넘이고, 당신 이름은 왜 제니 린드겠소!

제니 린드의 첫 콘서트는 9월 11일 수요일 저녁, 캐슬 가든에서 열기로 결정되었다. 입장권 대부분은 콘서트 전의 토요일과 월요일에 열린 경매에서 팔렸다. 모자 제조업자인 게닌은 첫 공연 입장권을 225달러에 구입하는 행운을 얻었다.*

캐슬 가든의 소유주는 입장권 가격으로 평소처럼 1실링이면 적정선이라고 생각했다. 그런데 경매에 3,000명이 몰려들었다. 입장권 1,000장이 경매 첫날에 팔렸고 총매출액은 10,141달러였다.

나는 화요일에 제니 린드에게 계약 내용을 조금 수정하길 원한다고 말했다. "무슨 일이죠?" 그녀가 놀라서 물었다.

"이번 공연이 우리가 예상한 것보다 훨씬 더 큰 성공을 거두리라는 확신이 들어요. 그래서 당신이 공연마다 1,000달러를 받는다는 점을

---

* 많은 사람들이 게닌 씨와 내가 처남 매부 사이라고 알고 있다. 우리는 우정과 사업상으로만 관련을 맺고 있다.

명시해두고 싶군요. 그뿐 아니라, 기존 계약에서 합의한 전체 경비 외에 공연 회당 내 몫과 경비로 5,500달러를 제외한 나머지 수익을 당신과 동등하게 나누려고 합니다."

제니는 깜짝 놀라서 나를 바라보았다. 내 제안을 제대로 이해하지 못했던 것이다. 내가 다시 한번 설명하자 그제야 취지를 이해한 그녀가 덥석 내 손을 붙잡더니 이렇게 소리쳤다. "바넘 씨, 당신은 정말 훌륭한 분이에요. 관대하시고요. 베이츠 씨가 한 말이 딱 맞았어요. 언제까지든 당신이 원하는 계약 기간 동안 노래하겠어요. 당신과 함께라면 미국에서, 또 유럽에서, 아니 어디서든 노래하겠어요!"

우리는 계약서를 새로 작성하면서 린드 양의 요청에 따라 그녀가 원할 경우 25,000달러를 내게 주고 공연을 150회가 아닌 100회로 끝낼 수 있다는 조항을 추가했다.

그녀의 보수를 올려준 것이 순전히 내가 관대하기 때문이었다고 생각진 않았으면 한다. 우리 모두에게는 충분한 돈을 벌 수 있다는 확신이 생겼고, 기존 계약을 그대로 따른다고 해도 그녀는 만족할 것이었다. 다만 질시 어린 사람들이 그녀의 마음속에 불만이 생기도록 온갖 이간질을 할 것이 분명했다. 그런 일이 벌어질 가능성을 미연에 방지하는 방편이기도 했다.

9월 10일 화요일, 나는 린드 양에게 현재의 추세라면 첫 공연으로 그녀에게 돌아갈 몫이 10,000달러에 이를 것 같다고 말했다. 그녀는 즉석에서 그 돈 전액을 기부하기로 결심했다. 그리고 사람을 보내 우드헐 뉴욕 시장을 모셔왔다. 그녀는 시장과 나의 조언에 따라 기부하고 싶은 다양한 단체들을 선택했다.

1849년부터 1851년까지 뉴욕 시장을 지낸   줄리어스 베네딕트
우드헐(Caleb Smith Woodhull, 1792~1866)

　나는 공연장 준비를 완벽하게 끝냈다. 캐슬 가든의 발코니 아래 넓은 관람석과 위층 관람석을 가상의 선에 따라 네 구역으로 나누고 각 구역마다 다른 색깔의 램프를 켜두었다. 입장권은 각 구역의 색깔에 맞추어 인쇄되어 있었다. 장미꽃 장식과 구역별 색깔 리본이 달린 지팡이를 든 안내인 100명이 모든 관객에게 아무런 어려움도 없이 각자의 객석을 찾아갈 수 있도록 도움을 주었다. 객석마다 번호가 적혀 있었고, 관객들은 출입문에서 입장권을 내고 해당 객석 번호가 적힌 좌석표를 받았다. 이러한 과정은 적절히 홍보되었고 입장권에도 구체적인 사항이 명기되어 있었다. 혼란을 막기 위하여 공연장 출입문은 5시 정각에 열기로 했다. 공연 시간은 물론 그보다 늦은 8시였다. 첫 공연에 5,000명의 관객이 몰렸으나, 그들은 교회에서 예배를 보는 신도들처럼 질서정연하고 차분하게 공연장에 입장했다. 나는 전국의 공연장

마다 그렇게 만반의 준비를 해두었고, 공연장의 질서는 언제나 대중과 언론으로부터 무수히 찬사를 받았다.

제니 린드의 첫 등장에서 나온 관객들의 반응은 전 세계 어느 공연에서도 유례가 없을 정도로 열광적인 것이었다. 베네딕트 씨가 그녀를 무대의 각광 쪽으로 안내하자, 관객들이 모두 자리에서 일어나 세 차례 이름을 연호하며 그녀를 맞았다. 모자와 손수건을 흔드는 관객들도 무수히 많았다. 제니가 지금까지 해온 어느 공연보다도 관객이 많았다. 그녀는 퍽 긴장하는 것 같았다. 그러나 그녀가 전에도 10여 차례 불렀던 〈카스타 디바〉(Casta Diva, '정결한 여신'이라는 뜻으로 빈센초 벨리니의 오페라 〈노르마〉 1막에 등장하는 주인공 노르마의 아리아―옮긴이)의 관현악단 연주가 시작되자 그녀는 평정심을 되찾기 시작했다. 그리고 독창곡이 끝나기 한참 전부터는 마치 자신의 응접실에 앉아 있는 것처럼 평온해 보였다. 카바티나(cavatina, 18~19세기의 오페라나 오라토리오에서 기악 반주가 따르는 서정적인 독창곡―옮긴이)가 막바지로 향해 갈 때 관객은 완전히 몰입되어 있었다. 카바티나의 끝부분은 폭풍과도 같은 관객의 갈채 속에 묻혔다. 열기는 최절정에 달했다. 제니 린드의 음악적 재능은 그동안의 가장 낙관적인 예상마저 뛰어넘었다. 그녀의 성공은 완벽했다.

공연이 끝나자 제니 린드는 관객들의 우레와 같은 연호를 받고 세 차례나 연달아 무대로 나왔고, 그런 뒤에야 관객들도 만족했다. 그들은 또 요란하게 '바넘'을 연호했고, 나는 쭈뼛거리며 그들의 요구에 응했다.

첫 공연에서 줄리어스 베네딕트는 가장 뛰어난 지휘자이자 작곡가라는 유럽에서의 명성을 미국 국민에게도 각인시켰다. 벨레티 또한 공연이 거듭될수록 미국 대중의 마음속에 점점 더 뜨겁고 깊은 감동을 자아냈다.

제니 린드 광풍은 그녀의 노래를 듣기도 전 이미 절정에 달한 것처럼 보였다. 나는 솔직히 말해서 대중의 기대가 지나치게 높은 나머지 부응하기가 어려울 거라고 생각했다. 그래서 첫 공연에 후폭풍이 있으면 어쩌나 걱정했는데 그런 기우는 다행히 빗나갔다. 스웨덴 나이팅게일의 걸출한 음악적 천재성은 모든 예상을 압도했고, 대중의 열광은 그녀의 노래를 듣고 난 후에야 진짜 절정에 올랐던 것이다. 사람들은 황홀경에 취했다. 펜과 잉크를 통해 전달된 언론의 통찰력도 그녀를 향한 찬사를 제대로 표현하기에 부족했다. 나는 루비콘강을 건넜다. 제니 린드의 성공은 기정사실이었다. 첫 공연 이후 20만 달러를 주고서라도 내 계약을 인수하겠다는 사람들이 뉴욕에만 백 명은 족히 될 거라는 생각이 들었다. 이미 8만 달러, 10만 달러, 16만 달러 등의 제안들이 계속 들어오고 있었다. 하지만 위험을 감수해온 것은 바로 나 자신이었으니 결국 승리자 또한 내가 되어야 한다고 생각했다. 온갖 어려움과 부정적인 예상에도 불구하고 성공한 것에 크게 고무된 나는 수백만 달러를 준다고 해도 그 계약을 넘겨주지 않을 생각이었다.

제니 린드가 도착한 후 4주 동안 내가 정신적·육체적으로 얼마나 격무에 시달렸는지 누구도 상상하지 못할 것이다. 미리 그것을 예상하고 8월에 며칠간 화이트산맥에서 에너지를 충전하기는 했더랬다. 그렇다고 여름을 한가로이 보낸 것은 아니었다. 내 목적을 이루기 위하여 많은 계획과 장비들을 마련했다. 대중의 지갑을 열기 위하여 간접적으로 그들의 심금을 잡아채려는 손길이 얼마나 분주하게, 또 얼마나 은밀하게 움직이는지 사람들은 거의 모를 것이다. 그리고 이런 계획과 장비들은 공연을 거칠수록 계속 보완되고 증원되는 것이다.

조반니 벨레티

공연 한 달이 지나자 어느 정도 체계가 잡혔고, 충실한 회계 담당자인 L. C. 스튜어트와 지칠 줄 모르는 르그랑 스미스의 도움 덕분에 업무 부담을 덜 수 있었다. 그럼에도 불구하고 1850년 9월 11일의 첫 공연부터 93회 공연이 열린 1851년 6월 9일까지 아홉 달 동안 나는 깨어 있는 한 한순간도 강박적인 불안감에서 완전히 벗어난 적이 없었다.

내가 하는 사업은 전적으로 대중의 인기에 의지하고 그 결과가 나 자신에게 큰 영향을 끼치는 것이기에 근심과 곤경에서 자유로울 것을 기대하진 않았다. 그러나 나를 괴롭힌, 특히 공연 초반에 있었던 사소한 문제들은 예상치 못한 것이었다. 린드 양 본인을 포함하여 그 누구도 그런 열광적인 호응을 얻으리라고는 예상하지 못했다. 캐슬 가든에 모인 어마어마한 관객을 보고 아마도 린드 양이 사악한 조언자들의 말에 귀를 기울이게 되었는지 모른다. 우리의 계약은 그녀 입장에선 상당히 좋은 반면 내게는 상당히 위험한 것처럼 보일 만했다. 그녀의 명성에 완벽하게 걸맞은 대우를 해주기 위함이었다(물론 위험 부담이 컸기에 수익도 클 것으로 예상했다). 그런데 시기 어린 참견꾼들은 다르게 생각했던 모양이다. "린드 양, 바넘 씨가 당신의 천재성을 이용하여 돈을 쓸어 담고 있는 걸 모르겠어요?" 하고 그들은 말했다. 물론 그녀도 그것을 알았다. 그리고 어쩌면 공연마다 1,000달러가 아니라 그 이상을 받기로 할걸 하고 후회했는지도 모른다. 그러나 이 고결한 스웨덴 여성은 무슨 수를 쓰더라도 나와의 계약을 파기하라고 종용하는 조언자들을 경멸하며 물리쳤다. 그리고 계약 이행을 자신이 직접 주도했다. 하지만 나는 부당하게 간섭하는 그녀의 변호사 때문에 크게 골머리를 앓았다. 베네딕트와 벨레티는 남자답게 행동했다. 나중에 제니는 변호사의 요란한 부추김에 잠시나마 귀를 기울였던 것을 후회한다고 내게 말했다.

캐슬 가든에 그토록 엄청난 관객을 불러모은 것이 오로지 제니 린드의 음악적인 천재성과 실력 때문만은 아니었다. 그녀는 사실상 대중 앞에 나타나거나 노래를 부르기 전부터 사람들에게 알려져 있었다. 이미 그녀에게 열광하고 있는 심사위원단 앞에 선 셈이다. 그리고 그들의 기대에 그 이상으로 부응했다. 물론 내가 공연을 준비하면서 진행했던 여러 홍보 전략들도 큰 성공을 거두었다.

나는 공연을 기획하고 운영하는 사람으로서 많은 사전 작업들을 진행했다. 스웨덴 나이팅게일의 전기가 널리 읽혔다.《포린 코러스폰던스》지는 그녀의 인자한 성품을 상세히 설명하면서 그녀의 재능과 업적에 찬사를 보냈다. 대중 앞에 제니 린드를 계속 노출시키기 위하여 모든 형태의 매체가 동원되었다. 언론에서 그녀를 칭찬 일색으로 다루는 것을 보고 나는 솔직히 기뻤다. 스크랩북에 발췌한 신문 기사들을 합하면 책 몇 권 분량이 될 것이다. 거의 모든 기사들이, 여기에 일례로 드는《뉴욕 헤럴드》의 매수되거나 청탁받지 않은 1850년 9월 10일자 기사와 같은 논조를 보이고 있다(이 기사는 린드 양이 미국에서 첫

공연을 갖기 하루 전에 작성
된 것이다).

제니 린드와 미국인—
역사와 전설을 통틀어서
색다른 감동 또는 새로운
즐거움을 찾아내기 위하
여 자기 왕국의 절반을
(요즘에는 박스석과 특
석 가격에 해당하는) 바
친 고대의 군주는 누구였

〈노르마〉 2막 마지막 장면(1843년 런던)

는가? 구세계(유럽)에서
왕들도 찾아내지 못했던 이 감동과 즐거움을, 명백한 공화주의자
인 바넘 씨 덕분에 신세계의 주권자들이 저렴한 가격으로 즐길 수
있게 되었다.

지난 세기 동안 구세계의 지평선을 가로질렀던 음악계의 가장
놀라운 현상, 즉 제니 린드가 이제 우리 미국인들 한가운데에 와
있다. 그녀는 내일밤 1만 명의 관객 앞에서 미국 무대에 데뷔한
다. 경매로 팔려나간 입장권 총판매액은 4~5만 달러에 육박한다.
지난 10일간 음악 기자들은 뉴욕에 도착한 제니 린드의 모든 동향
과 바넘 씨의 첫 공연 준비상황을 빠짐없이 독자들에게 전달해왔
다. 잔여 입장권의 어제 판매 현황과 허락된 소수의 음악비평가
앞에서 이루어진 첫 리허설에서 나온 놀라운 반향은 본 신문의 다
른 칼럼에서 찾아볼 수 있을 것이다.

우리는 본지 음악 기자가 그녀의 독보적인 재능과 예술이 결합된 비범한 천재성에 대해 전해온 모든 의견에 공감한다. 조금도 과장되지 않은 평가였다. 3년 전 우리는 제니 린드에 관해 많은 소식을 접했다. 그녀는 런던 오페라하우스에서 데뷔 무대를 선보여 유럽에서 최초로 엄청난 반향을 불러모았다. 재능, 예술, 천재성 모든 면에서 그녀는 위대했다. 그리고 지금은 모든 면에서 더욱 위대해졌다. 우리는 경험과 확신을 바탕으로 말하고 있다. 그녀는 수많은 영국 귀족들에게 충격과 기쁨과 매혹을 선사했다. 그리고 이제는 거의 음악 광풍에 휩싸인 미국의 수많은 민주 시민들에게 매혹과 즐거움과 환희를 선사하려는 참이다. 내일밤 그녀가 〈카스타 디바〉를 열창하는 순간, 지상보다는 천상에 가깝고 인간의 입에서 나오는 것이라기보다는 불멸의 존재로부터 나오는 듯한 놀라운 재능과 특색을 보여주는 그 순간, 지금까지의 모든 열기를 압도하는 새로운 센세이션과 감동과 흥분이 현실화될 것이다.

　우리는 침착하게, 진지하게, 냉정하게 말하고 있다. 지난 일주일간 표출된 대중의 기대는 우리의 음악 역사상 그 어느 때보다도 높다. 그러나 기대가 아무리 높을지라도 현실과 사실 그리고 콘서트로 증명될 제니 린드의 목소리와 재능은 모든 기대를 능가할 것이다. 제니 린드는 노래하는 천재이며 경이 그 자체다. 틀림없다.

첫 콘서트의 수입을 정산하고 보니 내 기대에는 다소 미치지 못했다. 경매와 일반 판매를 모두 합한 입장권 총판매액은 2만 달러를 넘겼다. 그러나 12달러에서 25달러 사이로 낙찰된 입장권의 상당수가 실구매로 이어지지 않았다. 흥분의 경매 현장을 빠져나왔을 때 입찰자들의 열망이 해협(뉴욕만의 스테이튼 아일랜드와 롱아일랜드 사이의 해협—옮긴이)에서 불어오는 상쾌한 바닷바람에 식어버렸는지 모른다. 애초부터 입장권을 구입할 생각이 없는 사람들이 입찰에 참가한 경우도 있었을 것이다. 내가 말할 수 있는 것이라고는 단언컨대 내가 허위 입찰에 관여하지 않았다는 점이다. 특히 내 직원들이 아무리 각별한 지인들의 요청을 받더라도 절대 경매를 통해 입장권을 구입하지 못하게 했다.

첫 공연의 입장권 실제 판매액은 총 17,864.05달러였다. 그 결과 린드 양이 받기로 한 수익금이 줄어서 자선단체들에게 기부하기로 공표한 1만 달러를 달성하는 데 실패했다. 그래서 나는 그녀에게 첫번째와 두번째 공연 수입을 동등하게 반씩 나누되 계약상의 정규 공연에는 포함시키지 않는 게 어떠냐고 제안했다. 따라서 두번째 공연은 9월 13일에 열렸고, 그 수입은 14,203.03달러였다. 이 공연의 순수익 역시 그녀와 공평하게 나누었다. 우리 둘 사이에 '첫 정규 공연'으로 통했던 세번째 공연은 1850년 9월 17일 화요일에 열렸다.

제니 린드의 공연을 빠짐없이 얘기하는 것은 내 목적이 아니다. 그래도 공연 장소와 공연당 총수입을 정리하여 표로 만들었으니, 대중의 호기심을 채워줄 수 있을 뿐 아니라 순회공연의 이동 경로도 알 수 있을 것이다. 지금부터 대중에게 가장 흥미로울 법한 일화들을 몇 가지 소개해보겠다.

제니 린드의 인자한 성품은 널리 알려져서, 그녀의 객실 문 앞은 자선을 구하는 사람들로 장사진을 이루었다. 그리고 그녀가 여러 도시에 가 있는 동안에는 역시나 같은 문제로 무수한 편지가 오곤 했다. 그녀

캐슬 가든에서 열린 제니 린드의 미국 첫 공연(1850년 9월 11일)

의 비서가 편지를 읽어보고 그중 일부에는 호의적인 답장을 보내주었다. 처음에는 비서도 모든 편지에 답장을 해주려고 했지만 결국 풀이 죽어서 포기하고 말았다. 그녀는 도와달라는 사람들에게 20달러, 50달러, 1,000달러에 이르기까지 다양한 금액을 보내곤 했다. 한 스웨덴 친구에게 5,000달러를 준 일도 있었다. 게다가 '비밀리에 부탁한 사람들'에게는 또 얼마를 줬는지 알 수 없는 노릇이었다.

보스턴에서 공연을 하던 어느 밤이었다. 한 소녀가 매표소로 다가오더니 입장권을 사겠다고 3달러를 내면서 말했다. "이건 내가 한 달 동안 번 돈의 절반이에요. 그래도 제니 린드의 노래를 꼭 들어야겠어요." 우연히 그 말을 들은 제니 린드의 비서는 몇 분 후 그녀의 방으로 갔을 때 웃으면서 그 일에 관해 말했다. "그 소녀를 다시 보면 알아보겠어요?" 제니가 진지한 표정으로 물었다. 그렇다는 대답을 듣자, 그녀는 비서에게 20달러를 주면서 말했다. "딱하기도 해라! 그 소녀에게 내가 고맙다고 하더라며 이 돈을 주세요."

제니 린드가 보스턴에 도착한 다음날 밤, 리비어 하우스 앞에서 그녀를 환영하는 멋진 불꽃놀이가 펼쳐졌다. 불꽃놀이에 이어 보스턴의 독일인들이 아름다운 횃불 행렬을 선보였다.

보스턴에서 뉴욕으로 돌아온 뒤, 제니와 동료인 베네딕트와 벨레티까지 브리지포트의 내 집에서 1박 2일을 머물렀다. 하룻밤을 묵고 난 아침 그녀는 내 팔을 잡으면서 산책하자고 했다. 그녀는 무척 즐거워 보였다. "당신이 나와 전국을 누비느라 이렇게 아름다운 집을 떠나 있었다니 깜짝 놀랐어요." 그녀가 말했다.

같은 날 그녀는 장난스러운 말투로 아주 엄청난 소식을 들었다고 말했다. "당신과 내가 곧 결혼한다는 소식이 있더군요. 대체 그런 엉터리 기사가 어떻게 만들어지는 걸까요?"

"아마 우리가 약혼(engage는 '계약하다' 외에 '약혼하다'의 의미로 쓰인다—옮긴이) 관계에 있기 때문이겠죠." 내가 말했다. 그녀는 그 농담을 재미있어하면서 기분좋게 웃었다.

제니는 흥분한 군중이 몰려드는 것을 피하기 위하여 항상 자신의 공연 지역 도착 시간을 알리지 않고 싶어했다. 그러나 나는 공연의 성패가 군중의 흥분에 크게 좌우된다고 생각했다. 그녀는 줄곧 어떻게 그토록 많은 사람들이 자신의 비밀 동선을 알고서 몰려드는지 의아해 했지만, 나는 전혀 놀라지 않았다. 내가 항상 공연 관계자에게 미리 전보로 그녀의 예상 도착 시간을 알려주면서 늦지 않게 사람들에게 알리라고 했기 때문이다.

필라델피아에 도착했을 때, 엄청난 인파가 제니가 탄 증기선이 항구

미국 독립전쟁 당시의 은 세공업자이자 우국지사 폴 리비어스의 저택. 나중에 박물관으로 운영되었다.

로 들어오기를 기다리고 있었다. 우리는 가까스로 군중을 헤치고 나왔으나 수천 명이 존스 호텔까지 따라왔다. 호텔 앞 거리는 인파로 발 디딜 틈이 없었다. 극심한 두통을 앓던 제니는 쉬러 객실로 들어갔다. 나는 군중을 돌려보내려고 애썼으나 그들은 제니 린드가 발코니에 모습을 보일 때까진 가지 않겠다고 했다. 나는 제니를 방해하고 싶지 않았고 군중의 소동이 그녀를 괴롭히리라는 걸 알고 있었다. 그래서 동행하던 제니의 친구 아만센 양에게 제니의 보닛과 숄을 걸치게 하고 발코니로 데려갔다. 그녀는 군중에게 우아하게 인사를 건넸고, 군중은 제니의 이름을 세 번 연호한 후 조용히 해산했다. 린드 양은 속임수는 무엇이든 극도로 혐오했기 때문에, 그녀의 보닛과 숄이 주인이 없는 사이 한 일을 그녀에게 감히 말할 순 없었다.

제니는 사람들의 이목을 끌지 않고 교회에 갈 수만 있다면 언제나 그렇게 했다. 언제나 자신의 국적을 잊지 않아서 스웨덴 교회가 있는 곳이면 어디든 물어서 찾아갔다. 시카고에 있는 스웨덴 교회에 1,000달러를 기부하기도 했다.

보스턴에 머물 때는 럭스버리의 가정집에서 하녀로 일하고 있던 불쌍한 스웨덴 소녀가 제니를 찾아왔다. 제니는 그 방문객을 몇 시간이나 잡아두고는 '고국'과 이런저런 화제로 이야기를 나누었다. 저녁에는 소녀를 자기 마차에 태워 공연장까지 갔고 소녀에게 좌석도 하나 내주었다. 그리고 공연이 끝나자 다시 소녀를 마차에 태워서 럭스버리의 집까지 데려다주었다. 나는 그 불쌍한 소녀가 동포 가수로부터 상당한 격려금까지 받았을 거라고 확신했다.

뉴욕에서 아바나로 가는 순회공연에는 내 딸 캐럴라인과 그 친구로 브리지포트에 사는 리먼 부인이 동행했다. 우리는 아바나에서 다시 뉴올리언스와 미시시피를 거쳐 집으로 돌아왔다.

나는 볼티모어에 머물던 중 안식일이 되자 내 딸과 그 도시에 사는 딸의 친구를 데리고 교회에 갔다. 캐럴라인과 친구는 성가대석에 앉아서 찬송가를 불렀다. 교회 신도 중에는 전날 내가 캐럴라인과 함께 있는 것을 보고 내 딸을 제니 린드로 착각한 사람들이 꽤 많았다. 그들은 여전히 착각한 채로 예배를 보러 왔고, 곧 성가대에 제니 린드가 앉아 있다는 수군거림이 퍼지기 시작했다. 회중의 흥분은 캐럴라인이 성가대의 일원으로 자리에서 일어섰을 때 절정에 달했다. 모두가 캐럴라인의 첫 목소리를 들으려고 귀를 기울였다. 그리고 목소리가 들려오자 사람들은 흡족한 표정으로 눈짓을 주고받았다. 캐럴라인은 사람들의 이목이 자신에게 집중되어 있다는 것을 모른 채 찬송가를 끝까지 불렀다. 사람들은 귀를 세우고 한 소절도 놓치지 않았다. "정말 최고의 가수야!", "천상의 목소리로세!", "이런 목소리는 난생처음 들어봐!" 등 등 찬사 일색의 비슷한 속삭임들이 교회 안을 오갔다.

예배가 끝난 후 내 딸과 친구는 교회 입구에서 마차에 이르기까지 스웨덴의 나이팅게일을 조금이라도 가까이서 보려고 몰려든 군중으로 막혀 있다는 걸 알아챘다. 그 열기가 착각 때문이라는 것을 알게 된 캐럴라인은 구태여 사실을 밝히진 않았다. 그래서 많은 사람들이 그날 오후에 조금의 의심도 없이 위대한 스웨덴 가수의 절묘한 노래를 들었노라 자랑했다. 그런데 이 우스운 상황의 핵심은 우리가 그때까지 내 딸이 가수로서 비범한 재능을 지니고 있음을 전혀 몰랐다는 데 있었다.

우리의 뉴욕 공연 오케스트라는 60명의 단원으로 구성되었다. 남부 순회공연을 시작할 때는 12명의 최고 연주자들을 상임 단원으로 데려갔다. 그랬던 것이 뉴올리언스에서 16명으로 늘었다. 그후로도 공연이 열리는 곳에서 연주자들을 충원하여 35명, 40명, 45명까지 늘어났다. 아바나에서 뉴욕으로 돌아왔을 무렵에는 오케스트라 단원이 100명에 달해 있었다.

워싱턴에 도착한 다음날 아침, 필모어 대통령이 우리를 방문했다가 제니가 외출중인 것을 알고 쪽지를 남기고 돌아갔다. 호텔로 돌아와서 대통령이 다녀간 것을 알게 된 제니는 안절부절못했다. "빨리요." 그녀가 말했다. "당장 대통령님을 찾아뵈어야겠어요."

"왜죠?" 내가 물었다.

"대통령님이 나를 방문했다잖아요. 그건 당연히 나더러 백악관으로 찾아오라는 명령과 같은 거라고요."

나는 그녀에게 진정하라면서, 왕국의 관습은 어떤지 몰라도 우리나라의 대통령은 이방인에게 이래라저래라 명령하지 않는다고 안심시켰다. 그리고 답례로 내일 대통령을 방문하는 것이 적절하다고 말했다. 그녀는 그렇게 했고 대통령의 꾸밈없는 태도에 감동했다. 게다가 상냥한 영부인과 영애(아! 애석하게도 두 분은 지금 고인이 되었다)의 따뜻한 환대를 받고 그들의 요청에 따라 저녁 시간을 함께 보냈다. 베네딕트와 벨레티 그리고 나도 백악관에 동행했고, 대통령 가족과 사적으로 즐거운 몇 시간을 함께했다.

베네딕트는 필모어 대통령과 꽤 오랜 시간 대화를 나누었으며 그 만남에 무척이나 기뻐했다. 궁정 예절에 익숙한 외국인들은 대개 미국 대통령들의 특징적인 소박함에 깜짝 놀라곤 한다. 1852년에도 나는 런던의 세인트제임스 궁에 사는 브레틀이라는 친구와 함께 필모어 대통령을 만난 적이 있다. 브레틀은 여왕 숭배자였고 왕실의 위엄과 의례를 열렬히 찬미하는 사람이었다. 그래서 그는 미국 대통령을 방문한다는 사실에 잔뜩 기대를 했다가 실망하고 말았다.

워싱턴에서 열린 두 차례 공연에는 대통령과 그의 가족, 각 부서 장관 전원이 참석했다. 객석에는 클레이 씨, 찰스 S. 벤턴 장군, 루이스 카스 장군, 스콧 장군 등도 눈에 띄었다. 다음날 아침 제니는 웹스터 씨, 클레이 씨, 카스 장군, 벤턴 장군의 방문을 받았다. 모두가 공연에 만족한 모습이 역력했다. 나는 이미 보스턴에서 국무장관 대니얼 웹스터 씨를 제니에게 소개한 바 있었다. 뉴욕에서, 또 워싱턴에서 아일랜드 민요를 듣게 된 웹스터 씨는 기립박수를 치고 허리를 깊숙이 숙이며 만족감을 나타냈다. 제니는 그 위대한 정치인으로부터 찬사를 받고 무척 기뻐했다.

미국 13대 대통령 밀러드 필모어(Millard Fillmore, 1800~1874)

영부인 애비게일 파워스 필모어(Abigail Powers Fillmore, 1798~1853)

영애 메리(Mary Abigail Powers Fillmore). 병중인 모친 대신 영부인 역할을 했으나 어머니 사후 1년 뒤 콜레라로 사망했다.

　우리는 상하원이 개원중인 국회의사당을 방문했다. 린드 양은 코네티컷주 출신 하원의원 C. F. 클리블랜드의 팔을 잡고 그의 안내에 따라 의사당 이곳저곳을 구경하면서 몹시 즐거워했다.

　워싱턴에 머무는 동안, 나는 린드 양과 그녀의 가까운 동료들을 데리고 마운트 버넌에 와달라는 워싱턴 대령(조지 워싱턴의 직계후손)의 초청을 받았다. 워싱턴 대령 외에도 전임 워싱턴 시장 시턴 씨와 《인텔리전서》지의 편집장도 동석하는 자리였다. 워싱턴 대령은 전세 증기선 한 척을 보내주었다. 우리가 하선한 곳은 워싱턴 묘소에서 가까운 곳이라 우리는 제일 먼저 묘소를 방문했다. 마운트 버넌에 도착한 후에는 워싱턴 부인과 몇몇 부인의 안내를 받았다. 린드 양은 위대한 인물이 살았던 곳에서 여러 유품들을 보며 큰 관심을 드러냈다. 가벼운 식사 자리도 마련되었는데 음식맛이 일품이었다. 우리가 떠나기에 앞서 워싱턴 부인은 서재에서 조지 워싱턴의 자필 서명이 있는 책한 권을 가져와 린드 양에게 선물했다. 린드 양은 선물을 받고 너무도 기쁜 나머지 나를 한쪽으로 부르더니 워싱턴 부인에게 답례로 뭔가를 주고 싶다고 말했다. "그런데 이 회중시계 말고는 가진 게 없네요. 당신이 보기에 괜찮다면 이거라도 드리고 싶어요." 나는 그 시계가 무척 비싼 것임을 알고 있었기에 이 선물로는 지나치게 고가이고 지금 상황에 어울리지도 않는다고 말했다. "이 책의 가치를 생각하면 결코 비싸다고 할 수 없는걸요." 그녀는 진한 감동 속에서 말했다. "하지만 이 시계는 친한 친구로부터 선물받은 것이라 다시 선물할 수는 없겠군요." 내가 아는 한, 제니 린드는 그날의 즐거운 감정을 절대 잊지 않을 것이다.

리치먼드에서는 다른 공연 장소로 이동하기까지 30분밖에 남지 않았는데, 수많은 사람들이 제니 린드와 작별인사를 나누겠다며 호텔의 홀을 가득 메웠다. 나는 빠져나가기가 쉽지 않겠다고 말했다. "출발까지 얼마나 여유가 있죠?" 그녀가 물었다. "30분이오." 내가 대답했다.

조지 워싱턴의 사저이자 농장 마운트 버넌. 워싱턴 가족이 테라스에 나와 있다(1796년).

"아, 그 시간 전까지 빠져나가볼게요." 그녀가 미소를 머금고 말했다. 그녀는 이층 홀로 나가더니 사람들과 일일이 악수하고 싶다고 알렸다. 단 한 가지 조건이 있다고 말했는데, 가능한 한 빠르게 악수를 할 수 있도록 아래층까지 통로를 막지 말고 줄을 서달라는 것이었다. 모두 기꺼이 그 조건에 동의했고, 제니 린드는 15분 만에 밖으로 나올 수 있었다. 가엾게도 그 많은 사람들과 일일이 악수해야 했던 제니는 내 생각에 최소 두 시간 동안은 손이 얼얼했을 것 같다. 한번은 리치먼드에서 회기 중인 상하원 의원들 상당수가 제니를 기다리고 있던 적도 있었다.

배편으로 윌밍턴에서 찰스턴까지 가는 과정은 매우 거칠고 위험했다. 보통 17시간이면 가는 거리를 우리는 36시간 정도 걸려서 도착했다. 금방이라도 거대한 파도가 증기선을 집어삼킬 듯 위태로운 순간이 있었고, 우리는 결코 살아서 찰스턴항에 도착할 수 없을 거라며 불안감에 휩싸여 있었다. 승객 일부는 패닉 상태에 빠졌다. 제니 린드는 승무원을 제외한 그 누구보다도 침착한 모습을 보였다. 간간이 배가 육중한 파도에 밀려서 한쪽으로 기울 때면 그녀도 깜짝 놀라곤 했지만 이내 침착해진 모습으로 소리를 낮춰 이렇게 말했다. "모든 것이 주님의 뜻이에요. 그 뜻에 따라야죠." 우리는 마침내 무사히 찰스턴항에 도착했다. 그런데 지난 12시간 동안 우리 증기선의 실종이 기정사실로 받아들여졌고 전보를 통하여 그 소식이 북부 도시로 타전됐다고 해서 몹시 안타까웠다.

우리는 열흘가량 사우스캐롤라이나주의 찰스턴에 머물면서 증기선 '이사벨'호가 아바나까지의 정기 운항에 오르기를 기다렸다. 북부에서 많은 소동을 겪은 터라 제니는 그곳에서만큼은 조용히 지내기로 결심하고 만남 요청을 모두 거절했다. 조지아주의 오거스타 인근에 살며 부유한 농장주의 딸이었던 한 아가씨는 제니를 사적으로 만나고 싶은 마음이 너무도 강한 나머지, 하녀 한 명에게 돈을 주고 하녀 대신 자신이 모자와 흰 앞치마를 두른 채 제니의 차 쟁반을 들려고까지 했다. 나는 나중에 린드 양에게 그 우스운 일을 얘기하면서 그녀를 향한 사람들의 찬사가 얼마나 대단한지 암시했다. 그러니 그 아가씨의 요청을 들어주라고 말이다.

"그건 찬사가 아니에요. 호기심일 뿐이죠." 제니가 대답했다. "난 그런 바보 같은 짓을 부추기진 않겠어요."

크리스마스가 가까워지자 제니는 스웨덴에서 하던 방식으로 그날을 기념하기로 마음먹었다. 그녀는 아름다운 크리스마스트리를 준비했고 가지마다 동료들 각자에게 주는 선물을 매달았다. 선물들은 포장지에 싸여 있었고 각각 받을 사람의 이름이 적혀 있었다.

그녀의 거실에서 즐거운 저녁 시간을 보낸 후, 그녀는 우리를 깜짝 선물들이 기다리는 응접실로 데려갔다. 모두가 자신의 이름이 적힌 선물을 풀어보기 시작했다. 그녀는 모두에게 하나 이상의 선물을 준비하면서 일일이 장난도 곁들였다. 예를 들어 베네딕트는 자신의 머리통만큼 커다란 선물을 풀기 시작했는데 계속 포장지만 나왔다. 40겹 정도 포장지를 벗긴 후에야 그의 손바닥보다도 작은 씹는담배 한 상자가 나왔다. 내 선물 중 하나는 21겹의 포장지로 싼 우스꽝스럽고 젊은 바커스의 흰색 대리석상이었다. 내 기질을 생각해서 준비한 유쾌한 선물이었다.

새해 전날에도 그녀의 객실에서 아주 즐거운 시간을 보냈다. 음악, 노래, 춤, 얘기로 활기찬 시간이 금세 지나갔다. 린드 양은 내게 자기와 춤을 추지 않겠냐고 물었다. 나는 그쪽 분야는 배운 적이 없어서 지금까지 춤을 춰본 적이 없다고 말했다.

"그렇다면 나랑 코티용(cotillion, 카드릴과 비슷한 활발한 춤―옮긴이)을 춰보는 게 좋겠네요. 당신도 출 수 있어요." 제니는 춤을 아주 잘 추었다. 나는 그녀가 내 엉성한 춤을 보면서 웃었을 때보다 더 유쾌하게 웃는 걸 본 적이 없다. 그녀는 지금까지 본 사람 중 내가 제일 형편없는 댄서라고 말했다.

12시 15분 전, 제니는 갑자기 흥겨운 분위기를 제지하면서 이렇게 말했다. "제발, 조용히 해봐요. 15분만 있으면 올해가 영원히 끝난다고요!"

그녀는 곧 자리를 잡고 앉아서 잠자코 이마 앞에 두 손을 모았다. 우리도 모두 그녀를 따라했고, 그후 15분 동안은 더없이 깊은 고요가 감돌았다. 그때의 장면을 그 자리에 있던 리먼 부인의 글을 인용하여 전달하겠다.

가까이 있는 교회의 시계가 사라지는 한 해의 마지막을 고했다. 모두 말이 없었다. 각자의 마음은 자신의 내면으로 향했고, 숙인 머리와 젖은 눈은 모두가 지나간 시간의 반추에 빠져 있음을 말해주었다. 짧은 시간이었으나 생각과 감정이 오롯이 그 안으로 집중되어 결코 잊지 못할 여운을 남겼다. 마지막 종소리에 이어 마지막 희미한 떨림도 멈추었다. 또 한 시대가 저물었고, 모두가 살아가야 할 새 시대가 밝아왔다. 그 생각이 모두로 하여금 현재를 자각하게 만들었다. 모두 일어서서 조용히, 그러나 진심을 담아 서로의 앞날에 행운을 빌어주었다. 아름다운 제니는 동료들의 손을 꼭 잡아주었다. 천부적인 재능을 지녔고 찬사의 대상이자 우상이

제니 린드의 미국 순회공연을 다룬 캐리커처

된 그녀는 많은 눈물을 흘린 듯했다. 그녀에게도 울어야 할 이유가 있는 걸까? 그 눈물은 무슨 연유로 흐른 걸까? 감사한 마음이 북받쳤기 때문일까? 아니면 동료들과의 애정 어린 교감 때문일까? 아니면 슬픈 추억? 모두 그녀에게 깊고도 특별한 연민을 느끼면서도 그녀가 눈물을 흘린 이유를 몰랐고 왜냐고 묻지도 못했다. 그리고 한 해가 완전히 저물었을 때, 누군가의 기도 소리가 들려왔다. 제니는 슬픔이 아닌 기쁨으로 다가오는 새해의 인사를 건넸다. 그녀를 향해 영혼의 목소리들이 속삭이는 것 같았다. "어서, 사랑스러운 자매여! 꺼지지 않는 빛과 사랑의 왕국으로 오세요. 당신의 거룩한 목소리로 우리를 사랑하고 우리를 위해 희생하신 그분을 함께 찬양하세요." 제니는 겸손하게 모아 쥔 두 손과 신념 어린 눈을 들어 이렇게 답하는 것 같았다. "네, 기꺼이 두려워하지 않고 가겠어요. 내 주님이 살아 계심을 알고 있으니까요."

나는 뉴욕에 있는 한 남자를 시켜서 가구를 아바나로 옮기고 제니 린드와 우리 일행이 머물 숙소를 구해놓으라고 했다. 우리가 아바나에 도착해보니 숙소 건물은 호텔에 가깝게 단장되어 있었고 묵을 방들도 아주 아늑했다. 제니는 어딘지 심란해 보였다. 식사를 마치자 그녀는 통역사 한 명을 데리고 훌쩍 교외로 나갔다. 그녀는 4시간 동안 돌아오지 않았다. 우리 중에서 그녀가 무슨 이유로 어디에 갔는지 아는 사람은 없었다. 마침내 그녀가 돌아왔고, 도시 외곽의 쾌적한 곳에 가구가 딸린 넓은 집을 구했으니 우리 모두 아바나 공연 동안 거기서 지내자고 말했다. 우리는 그녀의 말대로 했다. 우리 일행 모두 그곳에서 한 달 이상을 상상하기 힘들 정도로 즐겁게 보냈다.

제니는 이제 성가신 일에서 완전히 자유로워졌다. 그녀의 시간은 온전히 그녀의 것이었다. 방문객들이 없어서 아무 때나 그녀가 원하는 대로 집을 드나들었다. 법적인 문제나 이런저런 문제에 참견하는 조언자들도 없었기에 무척이나 즐거워 보였다. 집 뒤에는 커다란 마당이 있었다. 그녀는 그 마당에서 어린 여학생처럼 산책하고 뛰놀며 노래하고 웃었다. "자, 바넘 씨, 공놀이 한 번만 더해요." 그녀는 하루에 대여섯 번은 그렇게 말했다. 그녀에겐 고무공이 두세 개 있었는데, 그 공 하나를 집어들고는 내가 지쳐서 녹초가 될 때까지 던지고 잡는 놀이를 하곤 했다. 나는 이렇게 말하곤 했다. "항복이오." 그러면 그녀의 낭랑하고 고운 웃음소리가 온 집안에 울려퍼졌다. 그녀는 소리쳤다. "에이, 바넘 씨. 너무 뚱뚱하고 게을러요. 나랑 공놀이도 못할 정도라니!"

그녀의 동포인 브레머 양도 그 집에 와서 며칠 동안 즐거운 시간을 보냈다.

아바나에 도착한 직후 나는 우리의 음악 공연에 대해 강한 편견이 있음을 간파했다. 아바나 사람들은 미국과는 다르게 높은 입장권 가격에 익숙지 않았다. 그래서 내게 거기서 통용되는 가격을 강요했다. 하지만 나는 공연일마다 타콘 오페라하우스에 1,000달러를 지불하고 다른 경비도 공동 부담하기로 되어 있었다. 그래서 합당한 입장권 가격을 못 받는다면 아예 공연을 포기하기로 결심했다. 이 결심은 사실상 인색하면서도 그렇게 비치기를 원치 않는 아바나 사람들의 화를 돋우었다. 그들은 내게 큰 악감을 품었고, 그곳의 신문 하나는 점잖게도 나를 돈밖에 모르는 '양키 해적'이라고 표현했다. 그들은 공연장에 오되 그 위대한 가수에게 호응을 보내지 않기로 작정했다. 나는 이런 분위기를 진작에 완전히 간파했으나 린드 양에게는 애써 숨겼다. 그래서 첫 공연 때 속으로 많은 걱정을 하고 있었다.《뉴욕 트리뷴》지의 아바나 통신원이 쓴 다음 기사가 그때의 상황을 정확하게 대변해주고 있다.

제니 린드는 곧 벨레티 씨의 안내를 받으며 무대에 등장했다. 삼사백 명이 그녀의 등장에 박수를 쳤으나, 박수소리는 이내 최소 2,500명의 야유에 뚝 그쳤다. 대중의 표현을 방해해서는 안 되고, 제니 린드가 그곳에서 박수갈채를 받는다면 그녀로선 당연한 일이었음에도 불구하고 엄숙한 침묵이 흘렀다. 나는 미국뿐 아니라 유럽에서도 종종 스웨덴 나이팅게일의 노래를 들었다. 어디에서 공연하든 그녀는 무대에 처음으로 등장할 때면 언제나 긴장하는 기색을 보였다. 실제로도 그녀가 각광 가까이 왔을 때 그녀의 표

타콘 극장(오페라하우스). 중앙에서 왼쪽 건물(1855년)

정에는 긴장감이 역력했다. 그런데 자신에 대한 반응—그녀가 전혀 예상치 못했던 반응—을 접하자 그녀의 표정은 곧 도도하리만큼 침착해졌고 눈에는 반항기가 스쳤다. 석상처럼 꼼짝도 하지 않고 그 자리에 서 있던 그녀는 참으로 고요했고 아름다웠다. 그녀는 지나갈 지금의 시련과 자신의 재능으로 얻게 될 승리에 만족하고 있었다. 잠시 후 그녀의 눈이 거대한 관중을 훑었다. 음악이 시작되었고, 제니 린드 외에는 어떤 인간도 낼 수 없는 천상의 노래—아, 그것을 어떤 말로 묘사할 수 있으랴!—가 흘러나왔다. 가장 나이든 카스티야(스페인의 옛 왕국—옮긴이) 여성들 일부는 인상을 찌푸리고 비웃듯이 입술을 일그러뜨렸다. 반면에 같은 카스티야 출신의 귀부인들과 대다수 관객은 놀란 표정을 짓기 시작했다. 멜로디가 샘솟더니 점점 더 아름답고 도도하게 흘렀다. 스페인 신사, 귀부인, 아가씨 들이 서로를 마주보기 시작했다(쿠바는 1898년까지 스페인의 지배를 받았다—옮긴이). 그럼에도 불구하고 거의 모든 관객들이 이를 앙다물고 입을 굳게 닫고 있었다. 마치 끝까지 저항하려는 것 같았다. 천상의 노래는 격류가 되어 점점 더 빠르게 쇄도했다. 목소리는 점점 더 높게 솟구쳤고, 멜로디는 점점 더 강렬해졌다. 그래도 모든 입술들은 꼭 다물려 있었다. 그녀의 풍부한 성량은 서서히 거센 강물이 되어 황홀경에 빠진 우리의 귓가로 밀려들었고, 감정을 이기지 못한 어느 딱한 비평가가 자기도 모르게 '브라바'('브라보'의 여성형—옮긴이)라고 속삭였다. 이 감정의 격발은 곧 야유에 억눌렸다. 그래도 하모니의 물결은 계속 흘렀고, 종반으로 치달아가면서 드디어 모든 장애물을 휩쓸어버렸다. 반감의 흔적은 싹 사라지고 그 대신 전에 없던 우레와 같은 박수갈채가 터져나왔다.

승리는 완벽했다. 제니 린드 본인의 감동은 또 어떠했으랴? 첫 등장 때처럼 잠시 굳은 채 서 있던 그녀는 자신의 목소리가 만들어낸 열광의 폭풍 앞에 갈대처럼 떨기 시작했다. 그녀는 떨면서 천천히 얼굴이 거의 바닥에 닿을 정도로 인사한 후 무대를 떠났다. 승리의 함성과 박수는 더 커졌다. 앙코르! 앙코르! 앙코르! 모든 관객이 외쳤다. 그녀는 다시 무대에 나타났고 인사한 뒤 물러갔다. 그러나 관객들은 또다시 연거푸 그녀를 불러냈다. 그리고 그녀가 무대에 다시 나타날 때마다 우레와 같은 박수갈채는 점점 더 드높아졌다. 그렇게 다섯 차례나 불려나간 제니 린드는 하나가 된 관객들로부터 장내가 떠내려갈 듯한 갈채를 받았다.

특석에서 그 광경을 지켜본 내 심정은 도저히 말로 표현할 길이 없다. 가여운 제니! 나는 첫 야유를 들었을 때 그녀에게 깊은 연민을 느꼈다. 그녀의 결연한 태도를 보면서도 결과를 걱정했다. 그녀의 승리를 목도했을 때, 나는 두 뺨으로 흘러내리는 눈물을 주체할 수 없었다. 특석을 가로질러 무대 뒤로 향한 나는 마침 다섯번째 앙코르에 답하고 물러나오는 그녀와 마주쳤다. "제니, 당신에게 신의 가호가 있기를! 당신이 모든 걸 해결했어요!" 내가 소리쳤다.

"당신도 마음에 들었어요?" 제니가 두 팔로 내 목을 감싸안으며 말했다. 그녀도 기쁨에 겨워 울고 있었다. 내게 그날밤의 그녀는 가장 아름다운 모습으로 남아 있다.

공연의 대성공에도 불구하고, 아바나의 한 신문은 입장권 가격을 내리라고 계속 징징댔다. 그로 인해 많은 사람들이 곧 있을 가격 인하를 기대하고 공연에 오지 않았다. 우리가 아바나에서 12회 공연을 갖기로 한 것은 이미 알려져 있었다. 그러나 자선 목적의 4회 공연 이후로는 정규 공연 얘기가 나오지 않았다. 그러자 사람들은 불안해졌다. 공연운영위는 우리가 공연 신청을 하기까지 기다리고 있었으나 우리는 꿈쩍도하지 않았다. 페날베 백작을 비롯한 일부 거물급 인사들이 세 차례 공연에 25,000달러를 보장해주겠다고 제안했다. 나는 그 조건을 받아들이기에는 쿠바에 돈이 충분하지 않은 것 같다고 대답했다. 그것으로 끝이었다. 우리로선 휴식을 위한 즐거운 시간이 기다리고 있었다.

우리는 마탄사스에서 미국인 상인으로 널리 알려져 있던 브링커호프 씨의 초대를 받고 그의 집을 방문했다. 브링커호프 씨와는 3년 전에도 같은 장소에서 만난 적이 있었고, 그후에 코네티컷주의 우리 가족을 그가 방문한 적도 있었다. 신사다운 집주인은 우리가 편히 머물수 있도록 모든 편의를 제공했다. 제니는 그가 보여주는 관심뿐 아니라 그의 호의 덕분에 방문한 설탕과 커피 농장의 여러 흥미로운 것들 때문에 무척 즐거워했다. 그리고 아바나로 돌아오자마자 몸이 아파서 우리와 동행하지 못한 베네딕트를 따로 농장 여행에 보내주었다.

아바나에서 나는 키 작은 이탈리아인 곡예사 비발라를 만났다. 그는 나를 자주 찾아왔다. 비발라는 반신불수로 왼쪽 팔다리를 쓸 수 없어서 매우 힘들게 생활하고 있었다. 강아지 묘기로 공연을 계속하곤 있었지만 생계를 잇긴 어려웠다. 강아지는 물레 돌리기를 비롯하여 몇 가지 아기자기한 묘기를 선보였다. 하루는 우리 숙소 근처에 있던 그를 지나치는데 린드 양이 그가 누구냐고 물었다. 나는 그의 이력을 간단히 설명해주었다. 그녀는 깊은 관심을 보이면서 자선단체에 기부하기로 한 돈 일부를 그를 위해 남겨두겠다고 했다. 공연 수익을 받은 린드 양은 비발라에게 500달러를 주었고, 나는 그가 이탈리아의 친구들 곁으로 돌아갈 방법을 마련해주었다. 그리고 기부금 4,000달러는 병원 두 곳과 수도원 한 곳에 나누어 전달했다.

기부금을 전달하고 이삼일 지났을 때 숙소의 초인종이 울렸다. 하인이 와서 내가 나가봐야 할 것 같다고 했다. 나가보니 깔끔하게 차려입고 현수막을 든 아이들과 예복을 입은 신부님 십여 명이 큰 행렬을 이루고 있었다. 내가 무슨 일이냐고 묻자 그들은 기부해준 린드 양에게 고마움을 전하고자 왔다는 것이었다. 나는 린드 양에게 가서 수도원에서 대표로 오신 신부님 몇 분이 그녀를 직접 만나 고마움을 전하고 싶어한다고 알렸다. "그분들을 만나지 않겠어요." 그녀가 대답했다. "그분들은 내게 전혀 고마워할 필요가 없는걸요. 내가 좋은 일을 했다고 해도 그건 내 의무이고 기쁨이지, 그 이상은 아니에요. 나는 그분들로부터 감사를 받을 자격이 없어요. 그분들을 만나지 않겠어요." 나는 돌아가서 그녀의 답변을 전달했다. 그 웅장한 행렬은 실망한 채 돌아갔다.

같은 날, 비발라가 아주 먹음직스러운 과일을 한 바구니 가져와서는 린드 양에게 전해달라고 했다. 그 친구는 무척 행복해했고 더없이 고마워하고 있었다. 린드 양은 외출중이었다.

"와! 난 정말 행복해요. 너무도 훌륭한 분이에요. 내 형제들을 다시 볼 수 있게 됐다고요. 아, 정말 착한 분이에요." 비발라는 감정에 북받쳐서 말했고, 그녀에게 꼭 감사의 말과 과일을 전해달라고 내게 신신당부했다. 문을 나서려던 그가 잠시 망설이다가 이렇게 말했다. "바넘 씨, 그 훌륭한 분 앞에서 강아지 묘기를 보여드리고 싶어요. 아주 괜찮은 강아지예요. 물레를 아주 잘 돌리거든요. 그분을 위해 강아지와 물레를 가져와도 될까요? 정말 착한 분이에요. 그분을 기쁘게 해드리고 싶어요." 나는 웃으면서 린드 양이 강아지를 썩 좋아하지 않을 거라고 말했다. 그리고 그녀가 고맙다는 말을 듣지 않으려고 아침에 수도원에서 온 신부님들도 만나지 않았다고 말해주었다.

제니가 돌아왔을 때 나는 과일을 전해주었다. 그리고 웃으면서 비발라가 그녀 앞에서 강아지의 물레 돌리는 묘기를 보여주고 싶어하더라고 말했다.

"아, 딱한 사람 같으니. 딱해서 어쩌나. 그 사람 오라고 하세요. 무엇을 보여주든 나는 기쁠 거예요." 제니가 소리쳤다. 굵은 눈물이 그녀의 뺨을 타고 흘렀다. "볼게요. 보겠어요. 그 불쌍한 사람이 어서 강아지를 데려오게 하세요. 그러면 그 사람도 기뻐할 거예요."

나는 그 말을 듣고 어찌나 기쁘던지 감격해서 소리쳤다.

"당신에게 신의 가호가 있기를. 그 친구도 기뻐서 펄쩍펄쩍 뛸 겁니다. 내일 오라고 할게요."

나는 그날 저녁 비발라를 만나서 다음날 오후 4시 정각에 강아지 공연을 보고 싶다는 제니의 말을 전했다. 그는 무척 기뻐했다.

"늦지 않게 갈게요." 비발라는 떨리는 목소리로 말했다. "그분은 강아지 묘기를 분명히 좋아할 겁니다."

　제니 린드는 약속 시간 30분 전부터 이층 자신의 방 창가에서 비발라와 개가 오는지 지켜보았다. 약속 시간 몇 분 전, 드디어 비발라의 모습이 보였다. "아, 저기 온다! 저기 와요!" 그녀가 소리치면서 기쁜 표정으로 계단을 뛰어내려오더니 문을 열어주었다. 흑인 소년이 물레를 가져왔고 비발라는 개를 데려왔다. 그녀는 소년에게 은화 한 닢을 건네면서 가도 좋다고 말했다. 그리고 소년에게서 물레를 받아들더니 이렇게 말했다. "개랑 함께 와주셔서 너무 고마워요. 따라오세요. 이 물레는 내가 이층까지 가져갈게요." 하인이 물레를 들겠다고 했지만 그녀는 됐다며 그것을 손수 옮겼다. 그녀는 우리 모두를 이층의 자기

응접실로 불렀고 한 시간을 오롯이 행복에 겨워하는 이탈리아인에게 할애했다. 그녀는 개를 무릎에 올려놓고 쓰다듬어주면서 비발라에게 그의 공연과 예전 생활은 어땠는지, 그리고 이탈리아에 있는 친구들과 현재의 희망이나 결심 등에 관해 시시콜콜 물어보았다. 그를 위하여 노래도 불러주었고 몇 가지 다과를 대접했다. 이윽고 작별할 때는 자기가 물레를 들고 문까지 배웅하겠다고 고집했다. 그리고 문밖에서 비발라의 숙소까지 하인을 시켜 물레를 들어다주게 했다.

짠한 비발라! 아마도 그는 그렇게 행복했던 때가 없었을 것이다. 그러나 그의 기쁨도 린드 양의 기쁨을 능가하지는 못했다. 그 장면 하나만으로도 나는 순회공연 전체에 들인 모든 노력의 대가를 받은 셈이었다.

우리가 아바나에서 타고 간 증기선 '팰컨'호가 뉴올리언스에 도착했을 때, 부두에는 많은 인파가 모여 있었다. 한 달간 조용한 시간을 즐겼던 제니는 다시 맞닥뜨려야 할 군중의 흥분을 두려워했다.

"바넘 씨, 도저히 저 군중을 뚫고 갈 수 없을 것 같아요." 그녀는 절망스럽게 말했다.

"나한테 맡겨요. 10분만 기다려요. 그러면 이쪽의 군중이 사라지고 없을 테니까." 내가 말했다.

나는 얼굴을 베일로 가린 내 딸의 팔을 잡고서 배의 현문을 내려갔다. 군중이 그쪽으로 몰려들었다. 나는 배에서 완전히 내리기 전에 손짓으로 마차를 불렀다.

"저 사람이 바넘이라니까." 몇 사람이 소리쳤다.

"바넘 씨와 린드 양을 위하여 길 좀 열어주세요!" 그때 막 부두로 마중나왔다가 갑판으로 올라간 르그랑 스미스가 배의 난간 너머로 소리

뉴올리언스의 증기선(1853년)

쳤다.

"여러분, 제발 린드 양에게 몰려들지 마세요." 내가 소리쳤다. 그렇게 사람들을 밀치고 으르고 달래면서 마차에 닿았다. 우리는 제니의 숙소로 예약해둔 몬탤바 건물로 마차를 몰았고, 군중은 전부 우리 뒤를 따라왔다. 몇 분 후 제니와 일행은 조용히 마차에 올랐고, 그 책략이 들통났을 땐 무사히 숙소에 들어가 있었다. 끈질긴 요청에 린드 양은 잠시 발코니에 모습을 드러내고 손수건을 흔들었다. 군중은 그녀의 이름을 세 번 연호한 뒤에 해산했다.

미시시피 내륙에 살면서 플루트를 연주하고 음악을 열렬히 좋아한다는 가여운 맹인 소년이 제니 린드의 노래를 듣겠다며 뉴올리언스를 찾아왔다. 소년의 이웃들이 십시일반 차비를 마련해준 모양이었다. 이 소식을 접한 린드 양은 소년을 데려오게 해서 노래를 불러주었다. 그녀는 소년에게 즐거움과 위로가 되는 많은 말을 해주었고 공연장까지 함께 데려갔다. 그리고 소년이 돌아갈 때는 난생처음 만져보는 큰돈까지 마련해주었다.

뉴올리언스에서 재미있는 일이 있었다. 우리의 공연 장소는 내 친구 솔 스미스가 운영하던 세인트찰스 극장이었다. 극장 인근의 야외에서 거대한 돼지, 발이 다섯 개 달린 말, 회색곰 등이 전시되고 있었다.

한 신사에게 신기한 음감을 지닌 열두 살가량의 아들이 있었다. 그 아이는 한번 들은 어떤 곡도 휘파람으로 불거나 흥얼거릴 수 있었다. 반면 아이의 아버지는 음악에 문외한이었고 관심도 없었지만, 아들을 기쁘게 해주겠다는 일념으로 30달러를 내고 공연 입장권 두 장을 구입했다.

"음악이 기대 이상으로 좋더군요." 그가 다음날 내게 말했다. "아들 녀석은 아예 푹 빠져들었고요. 어찌나 황홀해하던지 공연 내내 말을 거의 하지 않을 정도였어요. 기쁨에 취해 있는 녀석을 방해하고 싶진 않았어요. 공연이 끝나고 우리는 극장을 나왔어요. 말은 서로 한 마디도 안 했죠. 그 음악 신동 녀석이 구름 속에 붕 떠서 행복해하기에 나도 아무 말 안 했거든요. 아들 녀석이 음악을 어찌나 사랑하는지 질투가 날 정도랍니다. 그렇게 좋아라 하니 30달러는 별거 아니죠 뭐. 솔직히 녀석이 말만 한다면야 다음 공연에도 데려오려고 진지하게 고민중이었어요. 그런데 우리가 야외 동물원을 지나갈 때였어요. 알림판 하나가 아들 녀석의 눈을 잡아끌었죠. 녀석이 그러더군요. '아빠, 우리 가서 저 커다란 돼지를 구경해요!' 에이, 야마리 없는 녀석 같으니! 녀석을 한 대 후려칠 걸 그랬어요!" 하지만 농담을 좋아하던 그 아버지는 우스꽝스러운 상황에 웃을 수밖에 없었다.

나는 루이빌의 근사한 증기선 '매그놀리아'호 선장과 계약을 맺고 미시시피강과 오하이오강이 합류하는 지점까지 우리 일행을 태우고 가기로 했다. 미시시피주의 나체스와 테네시주의 멤피스에서 공연할 수 있도록 충분한 시간을 머문다는 조항도 계약에 명시해두었다. 공연단을 위하여 증기선이나 전용 열차를 임대하는 것은 내게 드문 일이 아니었다. 공연 사업을 하다보면 시간과 편의가 돈을 버는 데 아주 중요한 요소가 된다.

증기선에서의 시간은 책을 읽거나 미시시피의 경치를 구경하면서 보냈다. 하루는 승객에게 감사하는 의미로 여성 전용 홀에서 흥겨운 음악 축제가 열렸다. 축제에 참가한 제니는 자원해서 격의 없이 노래를 불렀다. 우리가 보기에 그녀가 그렇게 감미롭게 노래를 부른 것은 처음이었다.

나는 승객들을 즐겁게 해주려고 순회공연에서 생긴 여러 일화들과 내 경험 일부를 얘기했다. 그뿐만 아니라 다양한 마술을 선보여 승객들을 즐겁게 하거나 깜짝 놀라게 만들었다.*

그때 선보인 마술 중 하나는 25센트 은화를 무릎에 올려놓고 카드로 덮은 뒤에 감쪽같이 사라지게 만드는 것이었다.

그로부터 이틀 뒤 나는 증기선 소속의 흑백 혼혈 이발사에게 머리 손질을 받았는데, 그는 공짜로 해주고 싶다고 말하며 절대로 돈을 받으려고 하지 않았다. 곧 그 내막이 밝혀졌다. 그는 남몰래 나의 마술 공연을 구경하고서 내게 악마의 힘이 깃들어 있다는 미신적인 생각을 하게 된 것이었다.

---

* 나는 오래전 서부와 남부에 있을 때 이런저런 상황에서 마술 공연을 한 적이 있다. 마술사로 고용한 단원들이 아프거나 도망쳐버리곤 해서 그들 대신 공연해야 했던 것이다.

테네시주의 멤피스(1850년대 중반)

　다음날 아침 내가 면도를 하려고 앉아 있는 동안 이발사는 용기를
내어 그 미스터리를 캐보기로 결심한 모양이었다. "저어, 바넘 씨. 선
생에 관한 이야기를 많이 들어서 그러는데요. 저도 직접 그 엄청난 것
을 봤고요. 선생이 악마에게 영혼을 팔았고 그 결과 마음만 먹으면 뭐
든 할 수 있다는 말이 사실인가요?"

　"아, 그럼요." 내가 대답했다. "그게 악마와 나 사이의 거래니까요."

　"거래는 얼마 동안 지속되나요?" 이발사의 다음 질문이었다.

　"9년." 내가 말했다. "벌써 3년이 지났네요. 남은 6년이 지나기 전에
그 늙은 악마를 혼쭐나게 만들 방법을 찾아야 해요. 내가 그 늙은이 면
전에서 그러겠다고 장담했거든요."

　내가 그렇게 큰소리를 치자 이발사는 눈이 휘둥그레지며 이렇게 물
었다. "그 계약으로 돈을 많이 버셨나요?"

　"그럼요. 돈을 가지고 있는 사람이 누구든, 그리고 돈을 상자에 보관
하든 금고나 가까운 어딘가에 보관하든 간에 내가 말만 하면 그 돈이

내게 오지요."

면도는 완전한 침묵 속에 끝났다. 그러나 이발사는 생각에 골몰해 있었다. 그는 자신의 돈 자루를 선박의 철제 금고에 맡겨두기로 결심했다.

나는 그것을 간파했고, 곧 장난기가 발동했다. 나는 악당 동료로서 금고를 담당한 승무원과 미리 몇 가지 계획을 짜고 합을 맞춰놓았다. 나는 이발사와 또다시 만났다.

"실례지만 바넘 씨. 내 돈이 어디에 있을까요? 그걸 가져갈 수 있나요?"

"나는 당신 돈을 갖고 싶지 않아요." 내가 조용히 대답했다. "그 돈은 안전하니 걱정 마세요."

"네, 그 돈이 안전하다는 건 나도 압니다. 하! 하! 하! 승무원 사무실의 철제 금고에 있으니 선생이 손을 댈 수 없다마다요!"

"그 돈은 철제 금고에 없어요." 내가 말했다. 내가 어찌나 조용하면서도 단호하게 말했던지, 이발사는 냉큼 사무실로 달려가 자기 돈이 안전하게 있는지 물었다.

"그럼요." 승무원이 말했다.

"금고를 열어봐요. 확인해봐야겠어요." 이발사가 말했다.

금고는 잠겨 있지 않았다. 헉! 돈이 사라지고 없지 않은가!

돈을 잃은 이발사는 어리둥절하여 공포 속에서 내게 살려달라고 애원했다. "당신 서랍 속에 돈 자루가 있을 거요." 내가 말했다. 당연히 돈 자루가 거기 있을 수밖에!

물론 이 모든 속임수에는 조력자가 있었다. 곧바로 나는 또다른 마술을 선보였다. "자, 이번에는 1센트짜리 동전 하나를 내게 줘봐요." 내가 말했다. "그걸 대마왕에게 보냈다가 다시 돌려받을 테니까요." 이발사는 동전 하나를 내게 건넸다. 나는 그것을 허공으로 던졌다. 동전은 사라졌다!

"돌려받은 동전은 어디 있죠?"

"이 면도컵 밑에요." 내가 대답했다. 컵을 들추자, 허! 거기에 동전이 있었다. 이발사는 탁자에서 그 동전을 집어들다가 이내 떨어뜨렸다. 굉장히 뜨거웠기 때문이다.

"악마의 손에 들어갔던 거라서 아직 뜨겁군요." 이발사가 말했다. 그건 내 조력자가 뜨겁게 달구어서 바로 직전에 슬쩍 컵 밑에 놔둔 동전이었다.

"자, 이번에는 당신을 고양이로 둔갑시켰다가 곧바로 원래 모습으로 돌려놓겠어요." 내가 말했다.

"말도 안 되는 소리 마세요." 이발사는 못 믿는 기색이 역력했다.

"두고보면 알죠." 내가 엄숙하게 말했다. "당신이 한 가지 위험만 감수하면 됩니다." 내가 말을 이었다. "혹시라도 내가 대마왕의 암호를 잊어버리거나 하는 일이 생긴다면 당신은 영원히 검은 고양이로 살아야 해요. 해보겠어요?"

이발사는 소스라치게 놀라서 도망쳤다. 그의 상황이 너무 심각해서 브라운 선장은 그가 배에서 뛰어내릴까봐 걱정할 정도였다. 나는 애꿎은 희생자에게 지금까지 전부 장난이었음을 밝히고 모든 과정을 설명해주었다.

"어이쿠!" 이발사는 적잖이 안도했는지 기뻐서 소리쳤다. "어이쿠! 뉴올리언스로 돌아가면 흑인들에게 바넘 씨를 조심하라고 말해줘야겠어요. 하! 하!"

세인트루이스에 머무는 동안 나는 금주에 관한 강연을 한 적이 있다. 그때 금주 서약을 한 사람 중에는 유명한 코미디언 솔 스미스도 있었다. 모두에게 '솔 삼촌'으로 불리는 그는 현재 가족과 함께 세인트루이스에 살고 있으며 여전히 세인트루이스와 뉴올리언스에서 공연 관련 일을 한다. 그가 오래전부터 다짐해온 대로 유유자적한 삶을 즐기기 위하여 은퇴하기 전까지는 계속해서 돈 버는 능력을 유감없이 발휘할 것이다.

내슈빌에서의 첫번째 입장권 경매는 다른 곳에서처럼 엄청난 열기 속에 진행되었다. 경매가 끝난 후 내 직원 한 명이 우연히 마을 직물 상점에 갔다가 상점 주인이 이렇게 말하는 것을 들었다.

"누구든 나를 밖으로 끌어내서 흠씬 두들겨주는 사람에게 5달러 주겠소! 나는 맞아도 싼 인간이니까 기꺼이 돈을 주겠소. 내 아내와 두 딸 그리고 나까지 고작 두 시간 음악을 듣겠다고 입장권 4장에 48달러를 썼으니 이 얼마나 한심한가 말이오. 누가 좀 나를 실컷 두들겨 패주었으면 좋겠구려!"

다른 사람들은 그렇게 느끼지 않았을 거라고는 장담하지 못하겠다. 경매의 색다른 경험과 경쟁의 흥분이 사라진 후 냉정과 이성을 되찾게 되면 그럴 수 있지 않을까 싶다.

내슈빌에 있는 동안, 제니 린드와 내 딸과 리먼 부인과 나까지 포함한 일행은 앤드루 잭슨 장군이 말년에 살았던 '허미티지'를 방문했다. 그곳에서 그해 처음으로 입내새(앵무새의 일종―옮긴이)의 지저귐을 들었다. 입내새가 철제 새장 안에서 노래하는 것이 아닌 자연에서 우는 소리는 처음 들어보았다며 제니는 무척 기뻐했다.

내슈빌에 있는 동안 4월의 첫날을 맞았다. 나는 오전 내내 내가 자

세인트루이스 부두(1857년)

기들 일을 먼저 봐줘야 한다고 생각하는 단원들 때문에 골머리를 앓았다. 점심식사를 끝낸 나는 그들에게 만우절 장난을 치기로 마음먹었다. 다음날 아침 《내슈빌 데일리 아메리칸》지에 다음과 같은 기사가 실렸다. 내 비서가 몰래 그 신문의 편집자에게 알려준 일이 기사화된 것이다.

　만우절인 어제는 우스운 일들이 연이어 벌어졌다. 바넘 씨가 그 짓궂은 장난의 제공자였다. 어떤 수를 썼는지 모르나 그는 내슈빌의 한 사무소에 있던 전보용지와 봉투를 대량으로 확보했다. 그리고 제니 린드 공연 관련자들에게 '경천동지할 소식'을 만들어내는 작업에 착수했다. 공연단원과 일행 거의 모두가 바넘의 지시 아래 E. T. 니콜스가 작성한 전보를 받았다. 바넘 씨의 딸은 그녀의 어머니와 사촌 그리고 몇몇 친척들이 루이빌에서 기다리고 있다는 전보를 받았다. 그 밖에도 집안일과 관련하여 중요하고도 범상치 않은 소식들이 더 있었다. 르그랑 스미스 씨는 아버지로부터 코네티컷주의 자택을 포함하여 고향 마을 전체가 큰 화재로 잿더미가 됐다는 전보를 받았다. 직원 몇 명은 북부의 은행과 여러 기관으로부터 최고의 조건으로 그들을 고용하겠다는 전보를 받았다. 버크를 비롯한 음악인들도 오페라하우스 지배인들로부터 좋은 조건을 제시받았다. 단원 상당수는 전보를 통하여 런던에서 열리는 만국박람회에 당장 초청하겠다는 더없이 달콤한 유혹까지 받았다.

기혼자 한 명은 이틀 전에 건강한 쌍둥이 아들의 아버지가 됐다는 기분좋은 소식을 접했다(산모와 신생아들 모두 매우 건강하다고 했다). 그는 출산을 기다리곤 있었지만 그렇게 빨리, 그것도 하나가 아니라 둘이 생길 줄은 예상치 못했다. 사실 공연과 관련된 사람 거의 전부가 바넘에 의해 전보로 비범한 소식을 접했다. 이 위대한 연출가는 전보들이 동시에 도착하도록 수완을 발휘했고, 전보 수령인들은 각자 개인적인 소식을 확인하느라 한동안 부산을 떨었다.

그들은 조금씩 서로 희소식과 궂은 소식을 전하기 시작했고, 물론 각자가 받은 소식의 좋고 나쁨에 따라서 함께 기뻐하고 슬퍼했다. 일부는 바넘 씨에게 다른 곳에서 좋은 제안을 받았기에 떠나겠다는 의향을 밝혔다. 전보를 받은 상당수는 역시 전보 혹은 일반 편지로 답장을 보냈다.

너무도 갑작스레 쌍둥이 아빠가 됐다는 소식을 접한 남자는 아내에게 '몸조리 잘하고 있어. 내일 당장 집에 갈게'라고 전보를 보냈다. 만우절 밤 12시가 지날 때까지 비밀은 지켜졌다. 그래서 짐작하건대, 전보를 받은 희생자 대부분은 바넘과 만우절에 속아넘어간

미국 7대 대통령 앤드루 잭슨
(Andrew Jackson, 1767~1845)

사실을 아마도 이 칼럼을 보고 알게 될 것 같다.

내슈빌을 떠날 때 제니 린드와 친구 두세 명은 매머드 동굴 국립공원을 경유하여 루이빌로 향했고, 나머지 일행은 증기선으로 이동했다.

아바나 공연 때 나는 4월 10일부터 두세 달 동안 함께 일하기로 살비 씨와 계약을 했었다. 살비 씨는 루이빌에서 우리와 합류했고 대중에게 아주 만족스러운 노래를 선사했다.《루이빌 저널》의 프렌티스 씨와 아름답고 재기 넘치는 그의 아내는 린드 양 일행과 신시내티까지 동행하면서 큰 즐거움을 주었다.

루이빌에 도착한 첫날 매디슨에 사는 사람이 찾아와 그곳에서 공연을 열자고 제안했다. 나는 매디슨이 공연을 하기엔 너무 작은 도시라고 대답했다. 그러자 그는 자신이 직접 공연을 주관하는 대신 내게 5,000달러를 주겠다고 했다.*

루이빌에서 증기선으로 신시내티까지 가면 매디슨에는 해질녘에 도착할 것이었다. 더구나 증기선이 정박하기로 한 시간도 공연하기에 충분하여 나는 그 제안을 받아들였다.

---

* 루이빌에서의 마지막 공연과 나체스, 휠링에서의 공연 계약도 비슷한 방식으로 진행되었다. 다만 공연 환경과 수익 면에서 매디슨은 가장 수준이 떨어지는 곳이었다.

앤드루 잭슨이 조용히 말년을 보낸 허미티지 농장

    매디슨에 도착한 우리는 '돼지우리'에서 공연을 해야 한다는 것을 알고는 적잖이 놀랐다. 그곳은 공연을 위하여 임시로 꾸민 널찍한 헛간에 지나지 않았다! 그러나 관객들이 공연 장소에 만족한다면 공연을 진행하기로 결론을 내렸다. 나는 계약자로부터 약정한 금액보다 1,300달러 적은 돈만을 받았고 나머지 돈은 끝내 받지 못했다. 10시 정각, 우리는 멋진 증기선 '벤저민 프랭클린'호에 몸을 싣고 신시내티로 향했다.

    다음날 부두에 엄청난 인파가 모여 있었다. 내 딸을 이용한 뉴올리언스 전략이 이번에는 성공하지 못할 것 같았다. 그 속임수가 이미 신시내티 신문 몇 곳에 기사화되었기 때문이다. 나는 린드 양의 팔을 잡고서 걱정 말라고 안심시켰다. 그녀를 성가신 일에서 구해낼 방법을 이미 생각하고 있었던 것이다. 우리는 현문을 내려갔고 금세 뭍에 올랐다. 르그랑 스미스가 배에서 마치 승객인 양 소리쳤다. "그래봐야 소용없어요, 바넘 씨. 이번에는 당신 딸을 제니 린드라고 속일 수 없다니까."

그 말을 듣고 군중 속에서 폭소가 터졌다. 일부는 이렇게 소리쳤다. "바넘 영감, 어림없어! 뉴올리언스에서는 통했을지 몰라도 우리 오하이오주에서는 안 되지. 배에서 제니 린드를 데려올 때까지 여기서 꼼짝도 하지 않을 거요!" 그들은 내 딸이라고 생각한 아가씨와 내게 기꺼이 길을 터주었다. 그로부터 5분 후 스웨덴의 나이팅게일은 버닛 하우스에 마련된 자신의 아름답고 널찍한 객실을 둘러보면서 콜먼 씨를 칭찬하고 있었다. 한 시간 동안 부두에서 기다린 군중은 그제야 내 딸이라고 생각한 여성이 진짜 스웨덴의 나이팅게일이었다는 걸 깨닫게 되었다. 그 사실을 깨달은 사람 중 누군가가 "허허, 이번에도 바넘 영감이 우리를 속였어!"라고 소리치자 여기저기서 큰 웃음소리가 들려왔다.

배는 강을 따라 피츠버그로 가는 도중 휠링에서 공연할 수 있도록 4시간 정박했다. 휠링에 사는 두 신사가 선불 5,000달러로 내게서 공연권을 사고 공연을 주관했다. 그들은 노고의 대가로 쏠쏠한 수익을 올렸다. 공연은 한 교회에서 열렸다.

피츠버그에서는 공연장 밖 빈터에 수많은 군중이 운집하여 입장권은 사지 않고 공연만 방해했다. 그래서 우리는 한 차례 더 예정되었던 공연을 포기하고 다음날 아침 볼티모어로 출발했다.

그때 르그랑 스미스가 내게 만우절 장난을 되갚아주었다. 그는 자신이 아는 여성과 짜고, 우연히 폭력배들의 얘기를 엿들은 그녀가 나를 찾아오는 상황을 연출했다. 그녀가 엿들은 내용에 따르면 폭력배들이 앨러게니산맥에서 우리 역마차를 세우고 노상강도를 계획하고 있었다. 황당하게 들리는 얘기였지만, 그녀가 너무 진지하게 말하는 바람

켄터키주 매머드 동굴 국립공원의 지하수로

에 나는 속아넘어가고 말았다. 나는 볼티모어까지의 최소 경비만을 남겨두고 가진 돈을 전부 뉴욕으로 보냈다. 그리고 권총 대여섯 정을 구입하여 아직 총이 없는 사람들에게 나누어주었다. 그렇게 우리는 완전무장을 끝내고 피츠버그를 떠났다. 다행히 내가 그 엄청난 소식을 접하기 전 제니와 몇몇 일행이 먼저 출발한 덕분에 제니가 노심초사하는 상황은 면할 수 있었다. 물론 우리의 무기들은 결국 아무런 쓸모도 없었다.

　우리가 뉴욕에 도착한 것은 1851년 5월 초순이었다. 우리는 캐슬가든과 메트로폴리탄 홀에서 열네 차례 공연을 가졌다. 뉴욕에서의 14회 공연으로 계약한 정규 공연의 92회가 마무리되었다. 그 무렵 제니는 또다시 '조언자'들의 말에 휘둘리기 시작했고, 나는 곧 그 결과를 확인하게 되었다. 그러나 나는 사람들이 그녀에게 뭐라고 조언하든 신경쓰지 않았다. 솔직히 말하면 그녀가 그들의 말에 혹해서 100회 공연으로 나와의 계약을 끝내기를 바라고 있었다. 계속되는 흥분과 과로 때문에 몹시 지친 상태였기 때문이다. 나는 만약 제니가 독립해서 스스로 공연을 꾸려나간다면 온갖 부담과 괴로움에 직면할 것이라고 확신했다. 그럼에도 불구하고 그녀가 시련을 겪어보는 것도 괜찮으리라고 생각했다. 내가 그녀의 공연에서 손을 떼더라도 예전 이상의 성공을 장담한다는 사람들의 말을 그녀가 믿는다면, 그 결과를 직접 확인해보는 것도 괜찮을 듯싶었다.

상황이 그렇다보니 85회 공연을 진행하던 무렵 그녀가 위약금 25,000달러를 내고 공연을 100회로 끝내자고 말했을 때 나는 더없이 기뻤다.

우리는 92회, 93회, 94회 공연을 열기로 한 필라델피아로 갔다. 체스트넛가의 대형 국립극장과 계약이 되어 있었다. 국립극장은 원래 마술과 연극 공연에 사용되어왔으나 그 무렵 이탈리아 오페라를 상연할 목적으로 막스 마레첵에 의해 완전히 탈바꿈했다. 우리가 공연하기에 안성맞춤인 곳이었다. 그런데 진작부터 제니 린드의 매니저가 되고 싶어 안달하던 '조언자' 한 명이 공연 장소를 구실로 린드 양의 마음에 불만의 씨를 심어놓았다. 그런 이간질이 효과를 거두는 것을 보니, 남은 7번의 공연 수익 때문에 그때까지 나와 린드 양 사이에 온전히 간직해온 우정을 담보 삼아 계약을 지속할 마음이 없어졌다. 나는 그녀에게 원한다면 계약을 취소하자고 편지를 썼다. 그날밤 공연을 마지막으로 하되, 100회까지 남아 있는 7번의 공연에 대해서는 회당 1,000달

'메트로폴리탄 홀'로 불렸던 윈터 가든 극장(1850년)

러씩 7,000달러를 이전에 말한 대로 100회에서 공연을 끝내는 데 따르는 위약금 25,000달러에 더하여 지불하면 된다고 알렸다. 저녁이 가까워질 무렵에 나는 다음과 같은 답장을 받았다.

P. T. 바넘 귀하

친애하는 선생님, 제가 100회 공연으로 축소한 데 대한 위약금 외에 7,000달러를 지불하고 오늘밤 예정인 93회 공연으로 계약을 종료하자는 선생님의 제안을 받아들이겠어요.

진실된 마음으로

제니 린드 드림

1851년 6월 9일, 필라델피아

모라비아 출신의 작곡가 겸 지휘자로 미국과 라틴아메리카에서 활발하게 활동한 막스 마레첵(Max Maretzek, 1821~1897)

나는 그날 저녁 공연에서 제니를 만났다. 그녀는 그 어느 때보다도 정중하고 상냥했다. 공연 막간을 이용해 나는 국립극장의 대관을 맡고 있는 웰치 장군을 그녀에게 소개했다. 웰치 장군은 그녀가 공연을 더 원하지 않는다면 아무 문제 없이 극장 계약을 종료하겠다고 알려주었다. 그녀는 공연해보니 예상보다 공연장이 훨씬 좋다면서 계약대로 남은 공연을 계속하겠다고 대답했다.

한편 내가 제니에게 적절치 못한 공연장을 강요했다는 소문을 퍼뜨리고 다니던 그녀의 조언자들은 그녀가 계속 그 국립극장을 사용하기로 했다는 소식을 접했다. 그들은 그녀를 에워싸고는 그녀의 뜻에 반대했고, 결국 그녀는 더 작은 장소로 옮기는 데 동의할 수밖에 없었다.

나는 필라델피아 반경 160킬로미터 내에 있는 신문사들을 상대로 그 세 차례의 공연을 철저히 홍보해왔다. 해당 신문사 편집인들에게 입장권도 보냈다. 두번째 공연이 있는 날, 우리의 계약을 끝내도록 획책해온 린드 양의 새로운 대리인 중 한 명이 내가 편집인들에게 보낸 입장권을 받아들이지 않았다. 내가 부당한 처사라고 항변했으나 소용이 없었다. 나는 린드 양에게 그 사실을 알렸고 그녀는 즉시 그 입장권을 인정해주라고 지시했다. 그러나 내가 필라델피아를 떠난 후에 입장권을 전달받은 지역 신문사 편집인들은 린드 양의 대리인들에게 입장을 거절당했다(물론 린드 양의 뜻과는 상반된 결과였다). 멀리서 부부동반으로 온 편집인들은 할 수 없이 입장권을 구입해야 했다. 나는 이후 그 많은 편집인들에게 일일이 입장권 가격에 해당하는 돈을 보내주었다.

린드와 오토 골드슈미트

제니는 그후로도 여러 번 성공을 거둔 뒤 무대를 떠났다. 나이아가라 폭포 근처에서 지내다가 매사추세츠주의 노샘프턴으로 거처를 옮겼다. 노샘프턴에 머물던 중에 보스턴을 방문했고 독일인 작곡가이자 피아니스트인 오토 골드슈미트와 결혼했다. 예전에 독일에서 함께 음악을 공부했던 오토를 그녀는 무척 사랑했다. 오토는 무척 조용하고 무난한 성품의 신사이자 성공한 음악가다. 나는 그가 린드 양에게 훌륭한 남편이 되리라고 확신한다.

우리의 계약이 끝난 후에도 그녀를 몇 차례 만났다. 그녀는 언제나 상냥했다. 한번은 브리지포트를 지나다가 나와 만났을 때 공연하는 데 무척 애를 먹고 있다며 서글프게 말했다. "사람들이 너무 나를 속이고 착복하려 들어요. 혼자 힘으로 공연을 해나가기가 참 고역이라는 걸 알겠더군요."

제니 린드의 인기는 순회공연에 최초의 개인 소유 차량(열차)을 도입하게 만들었다.

　그녀는 뉴욕에서 공연할 때면 어김없이 내게 입장권을 보내주곤 했다. 미국에서의 마지막 공연일, 나는 무대 뒤의 대기실로 그녀를 찾아갔다. 그녀와 남편에게 작별을 고하고 축복을 빌어주었다. 그녀도 내게 똑같은 마음으로 화답했고, 앞으로는 대중 앞에서 노래하지 않겠다고 말했다. 나는 사람들을 위해서라도 부디 완전히 은퇴하지는 말아달라고 부탁했다. 그녀는 이따금씩 콘서트를 여는 건 괜찮을 것 같다고 대답했다. 그러나 나는 그 무엇도 그녀를 다시 무대에 서게 하진 못할 거라고 생각한다.

　제니 린드의 공연으로 오랫동안 걱정과 격무와 흥분의 시간을 견딘 후라 나는 당연히 평온한 생활을 원했다. 케이프 메이에서 일주일을 보내고 나의 집 이라니스탄으로 돌아왔다. 거기서 여름을 보냈다.

　　제니 린드 공연
　　자선 공연을 제외한 총수입

TOTAL RECEIPTS OF CONCERTS.

JENNY LIND CONCERTS.

TOTAL RECEIPTS, EXCEPTING OF CONCERTS DEVOTED TO CHARITY.

—— New-York, ... $17,864 05	No. 46. Havana, ... $2,931 95
—— " . . . 14,203 03	47. New-Orleans, . . 12,599 85
	48. " 10,210 42
No. 1. " 12,519 59	49. " 8,131 15
2. " 14,266 09	50. " 6,019 85
3. " 12,174 74	51. " 6,644 00
4. " 16,028 39	52. " 9,720 80
5. Boston, ... 16,479 50	53. " 7,545 50
6. " 11,843 62	54. " 6,053 50
7. " 8,689 92	55. " 4,850 25
8. " 10,169 25	56. " 4,495 35
9. Providence, . . . 6,525 54	57. " 6,630 85
10. Boston, ... 10,524 87	58. " 4,745 10
11. " 5,240 00	59. Natchez, . . . 5,000 00
12. " 7,586 00	60. Memphis, ... 4,539 56
13. Philadelphia, . . . 9,291 25	61. St. Louis, . . . 7,811 85
14. " 7,547 00	62. " 7,961 92
15. " 8,458 65	63. " 7,708 70
16. New-York, . . . 6,415 90	64. " 4,086 50
17. " 4,009 70	65. " 3,044 70
18. " 5,982 00	66. Nashville, ... 7,786 30
19. " 8,007 10	67. " 4,248 00
20. " 6,334 20	68. Louisville, . . . 7,833 90
21. " 9,429 15	69. " 6,595 60
22. " 9,912 17	70. " 5,000 00
23. " 5,773 40	71. Madison, . . . 3,693 25
24. " 4,993 50	72. Cincinnati, . . . 9,339 75
25. " 6,670 15	73. " 11,001 50
26. " 9,840 33	74. " 8,446 30
27. " 7,097 15	75. " 8,954 18
28. " 8,263 30	76. " 6,500 40
29. " 10,570 25	77. Wheeling, ... 5,000 00
30. " 10,646 45	78. Pittsburgh, . . . 7,210 58
31. Philadelphia, . . . 5,480 75	79. New-York, . . . 6,853 42
32. " . . . 5,728 65	80. " 5,453 00
33. " . . . 3,709 88	81. " 5,463 70
34. " . . . 4,815 48	82. " 7,378 85
35. Baltimore, . . . 7,117 00	83. " 7,179 27
36. " . . . 8,357 05	84. " 6,641 00
37. " . . . 8,406 50	85. " 6,917 13
38. " . . . 8,121 33	86. " . . . , 6,642 04
39. Washington City, . . 6,878 55	87. " 3,738 75
40. " . . 8,507 05	88. " 4,335 28
41. Richmond, . . . 12,385 21	89. " . . . 5,339 23
42. Charleston, . . . 6,775 00	90. " 4,087 03
43. " . . . 3,653 75	91. " 5,717 00
44. Havana, ... 4,666 17	92. " 9,525 80
45. " 2,837 92	93. Philadelphia, . . 3,852 75

CHARITY CONCERTS.—Of Miss Lind's half-receipts of the first two Concerts, she devoted $10,000 to charity in New-York. She afterwards gave Charity Concerts in Boston, Baltimore, Charleston, Havana, New-Orleans, New-York, and Philadelphia, and donated large sums for the like purposes in Richmond, Cincinnati, and elsewhere. There were also several Benefit Concerts, for the Orchestra, Le Grand Smith, etc.

제니 린드의 총수입

95회 공연에서 벌어들인 총수입	712,161.54
우리 둘의 동의에 따라서 계약상의 정규 공연에 포함하지 않기로 한	
처음 2회 공연 (표에 기록되지 않은) 수입(32,067.08달러)를 차감	32,067.08
1회에서 93회까지 공연 총수입	680,094.26
수입이 5,500달러 이하인 28회 공연의 수입을 차감	123,311.15
나머지 65회 공연에서 회당 5,500달러 차감 357,750	480,811.15
이상 초과분 차액	199,283.11
린드 양과 반분한 수입	99,641.55
93회 공연 회당 1,000달러씩 린드 양에게 지급한 금액	93,000
처음 2회 공연의 수입을 반분한 금액	16,033.54
제니 린드에게 지급한 총액	208,675.09
100회 공연으로 축소할 경우 계약상	
린드 양이 내게 지급하기로 한 위약금	25,000
린드 양이 100회를 채우지 못하고	
7회당 1,000달러씩 내게 지불한 금액 7,000	32,000
95회 공연에서 제니 린드가 벌어들인 순수입	176,675.09
제니 린드에게 지불한 공연료를 제외한	
P. T. 바넘의 총수입	535,486.25
95회 공연 총수입	712,161.34

자선 공연—제니 린드는 처음 두 차례 공연에서 총수입의 절반을 받았고 10,000달러를 뉴욕의 자선단체에 기부했다. 이후로도 보스턴, 볼티모어, 찰스턴, 아바나, 뉴올리언스, 뉴욕, 필라델피아에서 자선 공연을 열었다. 리치먼드, 신시내티 등지에서도 자선 목적으로 거액을 기부했다. 그뿐만 아니라 여러 공연을 통하여 관현악단과 르그랑 스미스 등을 위한 모금활동에도 나섰다.

입장권 가격—경매에서 팔린 최고가는 다음과 같다. 존 N. 게닌 (뉴욕), 225달러. 오시안 E. 도지(보스턴), 625달러. 윌리엄 C. 로

스 대령(프로비던스), 650달러. M. A. 루트(필라델피아), 625달
러. 다시 씨(뉴올리언스), 240달러. 세인트루이스의 레스토랑 주
인, 150달러. 볼티모어의 은판 사진작가, 100달러. 마지막 두 사
람의 이름은 기억나지 않음. 첫 공연 입장권이 팔린 이후 대개 20
달러 선으로 가격이 하락함. 정규 입장권 가격은 7달러에서 3달러
사이. 복도석 입장권은 2달러에서 1달러 사이.

JENNY LIND'S RECEIPTS.

RECAPITULATION.

NEW-YORK, . . . 35	CONCERTS.	. . . .	RECEIPTS, $286,216 64	. . . . AVERAGE,	$8,177 50
PHILADELPHIA, . . 8	"	. . . .	" 43,884 41	. . . "	6,110 55
BOSTON, ... 7	"	. . . .	" 70,388 16	. . . "	10,055 45
PROVIDENCE, . . . 1	"	. . . .	" 6,525 54	. . . "	6,525 54
BALTIMORE, . . . 4	"	. . . .	" 32,001 88	. . . "	8,000 47
WASHINGTON, . . 2	"	. . . .	" 15,385 60	. . . "	7,692 80
RICHMOND, . . . 1	"	. . . .	" 12,385 21	. . . "	12,385 21
CHARLESTON, . . 2	"	. . . .	" 10,428 75	. . . "	5,214 37
HAVANA, ... 3	"	. . . .	" 10,436 04	. . . "	3,478 68
NEW-ORLEANS, . 12	"	. . . .	" 87,646 12	. . . "	7,303 84
NATCHEZ, . . . 1	"	. . . .	" 5,000 00	. . . "	5,000 00
MEMPHIS, . . . 1	"	. . . .	" 4,539 56	. . . "	4,539 56
ST. LOUIS, . . . 5	"	. . . .	" 30,613 67	. . . "	6,122 73
NASHVILLE, . . 2	"	. . . .	" 12,034 30	. . . "	6,017 15
LOUISVILLE, . . . 3	"	. . . .	" 19,429 50	. . . "	6,476 50
MADISON, . . . 1	"	. . . .	" 3,693 25	. . . "	3,693 25
CINCINNATI, . . . 5	"	. . . .	" 44,242 13	. . . "	8,848 43
WHEELING, . . . 1	"	. . . .	" 5,000 00	. . . "	5,000 00
PITTSBURGH, . . . 1	"	. . . .	" 7,210 58	. . . "	7,210 58
TOTAL, . 95 CONCERTS.		RECEIPTS, $712,161 34		AVERAGE, $7,496 43	

오페라 〈몽유병 여인(La Sonnambula)〉에서 제니 린드 악보 표지
아미나 역을 맡은 제니 린드(1840년대)

은퇴한 후의 제니 린드　　　　　　　웨스트민스터 사원의 제니 린드 기념비

제12장

버펄로 사냥

셰익스피어 생가 옮기기—스위스 종지기—다양한 사업들—필라델피아 박물관—이동 동물원—털북숭이 말—프리몬트의 괴생물체—털북숭이의 최후—버펄로 무리—무료 관람—버펄로 사냥—야바위꾼에 즐거워하는 사람들—버펄로 사냥 이후—원숭이와 거위 박제—당황한 변호사

사이드쇼(서커스 등에서 보여주는 소규모 공연—옮긴이) 또는 임시 사업이라고 할 만한 일들을 하면서도 나는 결코 아메리카 박물관을 등한시하지 않았다. 내 인생에서 실제적인 첫 성공작이 바로 아메리카 박물관이었다. 그래서 나는 비용을 따지지 않고 박물관의 전시품을 늘리기 위하여 부단히 노력했다.

유럽에 있는 동안 나는 줄기차게 진기한 물건들을 찾아다녔다. 갈수 있는 거리라면 어떤 박람회도 빼놓지 않고 갔다. 미국에서 돈벌이가 될 만한 전시물을 사거나 빌리기 위해서였다.

나는 한 친구를 통하여 셰익스피어 생가의 선매권을 갖기로 구두

협의했다. 뉴욕의 내 박물관으로 셰익스피어 생가를 옮길 계획이었다. 그런데 계획이 새어나가는 바람에 영국인들의 자존심을 건드렸다. 몇몇 영국인이 나서서 셰익스피어 협회를 대신하여 생가와 대지까지 전부 사들였다. 그 계획이 며칠만 더 비밀로 유지되었더라면 나는 엄청난 돈을 벌었을 것이다. 영국인들은 셰익스피어 생가를 미국으로 옮기는 걸 고통스럽게 지켜보기보다는 내게 2만 파운드를 주고 되샀을 것이기 때문이다.

런던의 왕립 공업기술협회에서 전시중이던 기계 모형들은 너무 마음에 들어서 복제품을 하나 구입했다. 그 밖에도 디졸브 화면, 회전 채광판, 만화경을 비롯해 내 주문에 따라 그린 미국 풍경화까지 총 7,000달러어치를 사들였다. 이 물품들은 아메리카 박물관에서 전시되었다가 순회 흥행사에게 팔렸다. 그중 일부는 지금도 미국의 여러 지역에서 전시되고 있다.

나는 1844년 파리에서 열린 대규모 박람회에도 다녀왔다. 거기서 로베르 우댕의 독창적인 필기 자동인형, 이동 기계장치 여러 점, 놀라운 요지경 등을 4,000달러어치 사들였다. 또 파리에서 3,000달러를 들여 나폴레옹의 장례식을 묘사한 디오라마(실물을 축소한 미니어처들을 사용하여 하나의 장면이나 풍경으로 형상화한 작품—옮긴이)를 제작했다. 세인트헬레나섬에서 앵발리드의 묘지까지 나폴레옹의 시신을 운구하는 프랑스 역사상 가장 화려한 장례 행렬을 훌륭하게 묘사한 것이었다. 이 디오라마도 아메리카 박물관에 전시되었다가 팔렸고, 다른 곳에서도 인기리에 전시되어 쏠쏠한 수입을 올렸다.

한물간 주제이긴 하나 수정궁의 멋진 파노라마 그림을 언급해도 괜찮을 듯하다. 나는 유명한 드 라마노에게 그 그림을 주문했다. 유능하

백인 사냥꾼과 그의 아내인 스쿼(squaw, 북미 원주민 여자)

고 성공한 신문 편집인인 존 S. 뒤솔은 런던까지 라마노와 동행하여 그곳에서 열린 라마노의 회화 강연을 기사화하기도 했다. 이 위대한 파노라마 그림은 현재 몇몇 도시에서만 전시되고 있으나, 만국박람회의 기념물로서 많은 이들에게 호기심의 대상으로 남을 것이다.

1844년 런던에 있을 때는 '랭커셔 종지기'가 아일랜드에서 공연중이라는 소식을 접하고 그들을 리버풀로 초대해서 만났으며 그 자리에서 미국 공연을 하기로 계약했다. 내가 제시한 조건 중 하나는 그들이 콧수염을 기르고 알록달록한 의상을 입고서 '스위스 종지기'로 홍보해야 한다는 것이었다. 처음에 그들은 거의 알아들을 수 없을 정도의 랭커셔 방언으로 반대 의사를 밝혔다. 그들은 영어밖에는 할 줄 몰라서 스위스인처럼 굴면서 사람들의 눈을 속일 순 없다는 게 이유였다. 하지만 나는 미국에서도 계속 그들이 방금 말했던 것처럼만 말한다면

톰 섬 장군에 이어 새로 발굴한 너트 제독과 바넘

무난히 스위스 사람으로 통할 것이고 아무도 눈치채지 못할 거라며 안심시켰다. 그러자 그들도 반대 의사를 굽혔다.

그 경우도 다른 사례에서처럼 그들의 출생지만 속였을 뿐, 어떤 해도 끼치지 않았다. 그 연주자 일곱 명은 정말이지 실력이 뛰어났고 다양한 크기의 종을 여러 개 연주하여 더없이 유쾌한 음악을 창조해냈다. 그들은 미국의 여러 지역에서, 또 캐나다와 쿠바에서도 많은 사람들을 끌어모았다.

나는 영국에서 종지기들을 빼앗은 보상으로 미국에 대리인을 급파하여 스쿼를 비롯한 원주민들을 영국으로 데려오게 했다. 대리인은 아이오와주로 가서 원주민 16명을 데리고 런던으로 돌아왔다. 나는 캐틀린 씨와 동업 계약을 맺고 그들의 전시 공연을 가졌다. 나중에는 그에게 단독 사업권을 주고 원주민들을 맡겼다.

유럽과 미국을 오가는 과정에서 처음으로 나는 나이 지긋하고 독창적인 독일인 파버 씨와 계약을 맺었다. 그는 말하는 자동인형을 만든 사람이다. 자동인형은 실제 사람만한 크기였고 피아노 건반과 비슷한 장치로 작동되었으며 단어와 문장을 놀라울 정도로 정확하게 발음했다. 내 대리인은 그것을 런던의 이집트 홀을 비롯해 여러 지역에서 몇 달간 전시했다.

또 한번은 뉴욕에 있던 때였다. 사람들에게 '멋쟁이 땅 요정'으로 알려져 있던 헤르비오 나노가 나를 찾아왔다. 그는 원숭이 흉내내기로도 유명했다. 기형적인 모습 때문에 적당히 분장하면 실제 원숭이와 아주 흡사하게 보였다. 그는 내게 런던에서 공연하고 싶다고 말했지만 당시 나는 너무 바쁜 상황이어서 거절했다. 그는 곧 다른 미국인 두 명과 계약을 맺고 런던으로 갔다. 그들은 나노의 얼굴과 손에 물감을 칠하고 짐승 가죽처럼 보이도록 털로 만든 옷을 뒤집어씌웠다. 그러고는 그를 신기한 괴생물체로 칭하면서 '이것이 무엇인가?'라고 홍보했고, 그 '기이한 동물'을 멕시코의 산악지대에서 포획했다고 주장했다. '야만인'처럼 생겼고 상당한 지능을 보이지만 말은 하지 못한다고 했다. 나는 비밀을 지킨다는 조건으로 그 사실을 알게 되었다. 공연한 지 30분이 채 지나지 않았을 때, 헤르비오 나노를 잘 알고 있던 관람객 한 명이 그의 변장을 알아채고는 사기라고 폭로했다. 관람료는 환불되었고 '이것은 무엇인가?' 공연은 그날이 첫번째이자 마지막이 되었다. 나노는 얼마 후 런던에서 사망했다.

1851년 6월, 나는 '베이트먼 아이들'을 런던으로 보냈다. 그들은 런던의 세인트제임스 극장을 포함하여 주요 지방 극장들에서 공연했고, 영국으로 떠나기 전에는 아메리카 박물관에서 몇 주 동안 공연했다.

내가 미국으로 보낸 거인들은 내게 있던 명물들 중 가장 크진 않았다. 반면에 난쟁이들은 그중에서도 가장 작았다. 그 스코틀랜드 아이들은 홍미로웠지만 몸무게 때문에 그런 건 아니었다. 그들이 홍미를 자아낸 것은 불가사의한 재주, 그러니까 그들 중 한 명이 눈을 가리고서 다른 한 명이 관객들에게 보여주는 물건이 무엇인지 알아맞히는

데 있었다.

1850년 6월에는 아메리카 박물관에 유명한 중국 컬렉션을 추가했다. 그뿐만 아니라 남자 둘, 여자 둘, 어린이 둘로 구성된 중국인 가족과 계약했다. 내 대리인은 만국박람회 동안 런던에서 그 가족의 전시 공연을 열었다.

1852년 10월, 헨리 샌퍼드 대령과 조지 A. 웰스 씨가 비용을 전부 부담하고 공연 수익을 나눈다는 조건으로 중국인 가족과 계약했다. 그런 뒤 나는 캐서린 헤이스와 베크니스 씨를 고용하여 캘리포니아에서 60회 음악회를 열었다. 그 계약은 모두가 만족한 가운데 종료되었다.

나는 단독으로 킬미스트 가족, 순회 파노라마 사진전 등 그 밖에도 여러 소규모 사업에 손을 댔다. 그러나 여기에 자세히 소개할 정도로 흥미로운 기억은 딱히 없다.

1845년 유럽에 있는 동안 나는 대리인 포다이스 히치콕을 통하여 볼티모어 박물관을 인수하고 내 삼촌 앨런슨 테일러에게 운영을 맡겼다. 삼촌은 4월 큰 병에 걸려서 코네티컷주 베설로 돌아갔다가 1846년 6월 세상을 떠났다. 나는 그때 볼티모어 박물관을 오피언 집안에 매각했다.

1849년에는 필라델피아의 체스트넛가와 7번가 모퉁이에 있는 스웨임 박사의 건물에 새 박물관을 개관했다. 우아하게 꾸민 그 박물관은 몇 해 동안 성공적으로 운영되었다. 훌륭한 지배인의 도움을 받긴 했으나, 박물관에 너무 많은 시간과 주의를 기울여야 해서 1851년 4만 달러를 받고 C. 스푸너에게 매각했다. 1851년 말에 화재가 발생하여 그 박물관 건물과 전시물이 전소되고 말았다. 스푸너 씨는 보험에 들어 있었다. 박물관의 상실은 필라델피아에 큰 손해였다. 그 박물관은 매우 인기 있는 가족 나들이 명소였고, 스푸너 씨의 박물관 운영 방식은 사람들의 찬사와 필라델피아 유력 가문들의 호의를 얻고 있었다. 그들 모두 그가 박물관을 재건해주길 학수고대했으나, 그는 좀더 이익이 큰 사업 때문에 결국 박물관을 다시 짓지 못했다.

내가 필라델피아 박물관을 인수하고 운영하는 동안 필즈 박물관 운영진은 메이스닉 홀에서 나

모지즈 킴볼(1851)

와 팽팽한 경쟁을 벌였다. 그들의 사업은 실패했고, 나는 강제 공매에서 친구 모지즈 킴볼과 공동 투자하여 박물관 전시품들을 5,000~6,000달러에 사들였다. 전시품은 우리 둘이 공평하게 나누어 가졌다. 절반은 그의 보스턴 박물관으로, 나머지 절반은 뉴욕의 내 아메리카 박물관으로 옮겨졌다.

1849년 나는 대규모 이동 박물관 및 동물원 사업을 구상했다. 다만 그것을 직접 운영할 의지도 시간 여유도 없었기에 흥행사로 유명한 세스 B. 하우즈를 설득하여 전적으로 그의 책임하에 운영하게 했다. 톰 섬 장군의 아버지 셔우드 E. 스트래턴 씨는 일정 지분을 갖는 방식으로 그 사업에 참여했다.

사업 구상을 구체화하는 과정에서 우리는 프래트 선장의 '레가타'호와 전세 계약을 맺고 우리의 대리인 준 씨와 너터 씨를 승선시켜 실론

으로 보냈다. '레가타'호는 1850년 5월 뉴욕을 출항하여 1년간 해외에 머물렀다. 그들의 임무는 생포하든 죽은 채로든 상관없이 12마리 이상의 코끼리와 가능한 한 많은 야생동물을 구해오는 것이었다. 거대한 동물 무리에게 마실 물과 먹이를 충분히 제공하기 위하여 뉴욕에서 다량의 건초를 구입해갔다. 그중 500톤은 세인트헬레나 섬에 하역했다가 귀항할 때 가져오기로 했다. 물통 일부도 세인트헬레나섬에 남겨놓았다.

실론의 주요 도시인 콜롬보와 캔디에서 필요한 코끼리들을 구입할 수 없었던 우리 대리인들은 원주민 160명의 도움을 받아 정글로 뛰어들었다. 그리고 더없이 흥미진진한 모험을 무수히 겪은 후에 적당한 크기의 코끼리 13마리를 확보할 수 있었다. 코끼리 무리에는 암컷 한 마리와 생후 6개월밖에 되지 않은 새끼 코끼리도 포함되어 있었다. 탐험 과정에서 너터 씨와 준 씨는 거대한 맹수들을 수없이 죽였고, 입에 담기도 무시무시한 야수들을 만난 것도 다반사였다. 그중 가장 섬뜩한 사건이 1850년 11월 23일에 아나라자푸라 인근에서 벌어졌다. 그때 마주친 맹수 무리를 원주민들과 훈련된 코끼리의 도움으로 부락의 울타리친 우리, 즉 크랄(kraal) 안으로 몰아넣을 수 있었다.

그들은 코끼리 10마리뿐 아니라 코끼리를 다룰 줄 아는 원주민 한 명도 고용하여 뉴욕으로 돌아왔다. 우리는 야생동물과 박물관의 여러 전시품을 운송하기 위하여 109,000달러를 들여서 말과 유개마차, 사륜마차, 천막을 포함하는 완벽한 장비들을 갖추었다. 드디어 톰 섬 장군의 찬조출연에 힘입어 순회공연의 막이 올랐다. 톰 섬 장군은 지금도 4년째 순회공연을 이어가면서 '바넘의 위대한 아시아 카라반, 박물관 및 이동 동물원'의 명물 중 하나로 자리매김하고 있다.

실론의 캔디 거리 풍경(1895년)

크랄의 전형적인 모습

우리의 이동 전시회가 인기몰이를 하자 우리와 상관없는 무수한 서커스들이 따라다니며 우리를 괴롭혔다. 자기방어 차원에서 우리는 서커스단을 만들고 이동 동물원과 박물관 전시 공연이 열리는 날 근처에서 공연을 하게 했다. 서커스 경쟁이 치열해지면 입장권 한 장으로 서커스를 포함하여 우리의 공연을 전부 보는 방식을 취하면 그만이었다. 그러면 경쟁이 있을 수가 없었다. 4년간의 공연 총수입은 100만 달러에 육박했다.

이런 사업들은 합법적이라고 해도 무방할 것이다. 다만 나는 합법성이 의심스러운 몇 가지 사업에도 관여하긴 했다. 합법인가 아닌가를 따지는 것은 내 관심사가 아니기에 그저 사실만 여기에 소개하겠다.

털북숭이 말—1848년 여름 톰 섬 장군과 신시내티에 머무는 동안 '털북숭이 말'을 전시한다는 전단이 눈길을 사로잡았다. 대중을 즐겁게 하고 놀래주는 것이라면 무엇이든 주의를 기울이던 나는 그 전시회를 찾아갔다. 거기에 진짜 진기한 것이 있었다. 몸집이 다소 작고 괜찮게 생긴 말이었다. 갈기는 없었고 꼬리에도 전혀 털이 없었다. 한편 몸 전체와 네 다리는 풍성하고 고운 털, 아니 꼬불꼬불한 양털 같은 것으로 빽빽이 뒤덮여 있었다. 인디애나주에서 태어났다는데 자연적 변종이자 아주 신기하게 생긴 동물이었다. 나는 그 말을 사들여서 브리지포트로 보냈다. 그 말이 필요해질 때까지 브리지포트의 한적한 축사에서 조용히 돌보게 했다.

마침내 그 말이 필요한 때가 왔다. 프리몬트 대령이 로키산맥에 쌓인 눈 속 어딘가에서 흔적도 없이 실종되었다. 대중은 동요했다. 그 용맹한 군인이자 기술자가 겨울의 혹독한 추위에 희생되지는 않았을까

하는 불안감이 팽배했다. 그런데 그가 무사하다는 소식이 편지로 전해졌다. 대중은 매우 기뻐했다. 나는 그때가 바로 '털북숭이 말'이 등장할 시기라고 생각했다. 말을 꼼꼼히 담요로 감싸고 다리에는 각반을 채워서 눈과 말굽만 보이게 하여 뉴욕으로 보냈다. 그리고 호기심 어린 눈길이 닿지 않는 후미진 마구간에 넣고 잘 보살피게 했다.

다음 편지로 전해진 소식은, 프리몬트 대령과 그의 용감한 부하들이 사흘간의 추격전 끝에 힐라강 근처에서 생김새는 말을 닮았지만 갈기와 꼬리가 없으며 온몸이 곱슬곱슬하고 풍성한 털로 뒤덮인 정체불명의 생물을 붙잡았다는 것이었다. 대령이 그 신기한 동물을 한 병참장교에게 선물로 보냈다는 소식도 덧붙여졌다.

그로부터 이틀 후 뉴욕의 여러 신문에 다음과 같은 광고가 게재되었다.

프리몬트 대령의 괴생물체, 또는 '털북숭이 말'이 런던으로 보내지기에 앞서 브로드웨이와 리드가의 교차로에서 며칠간 전시될 예정이다. 자연은 독창성을 아낌없이 동원하여 이 놀라운 동물을 창조한 것으로 보인다. 이 동물은 코끼리, 사슴, 말, 버펄로, 낙타, 양이 뒤섞인 극도의 복합성을 보여준다. 말과 견줄 만한 크기, 사슴의 허리, 코끼리의 꼬리, 낙타털 색의 곱슬곱슬한 털, 너끈하게 4~5미터를 뛰어오르는 점프력. 박물학자들과 가장 경험 많은 사냥꾼들도 이것이 전대미문의 생물이라는 프리몬트의 말을 뒷받침하고 있다. 이 괴생물체는 '자연의 마지막 창조물'이자 캘리포니아에서 볼 수 있는 역사상 가장 독특한 종이 분명하다. 이번 주 한 주 동안 전시 예정. 입장료 25센트. 어린이는 반값.

프리몬트 탐험대(1844년)

　말을 전시한 건물은 정확히 스튜어트의 대형 직물 상점 맞은편에
있었다. 그 건물에는 용감한 프리몬트와 그의 부하들에게 쫓겨 전속력
으로 달아나는 '괴생물체'를 그린 커다란 그림 몇 점이 걸려 있었다.
건물 주변 거리에도 역시나 같은 추격전을 목판화로 찍은 전단과 포
스터가 줄줄이 붙어 있었다. 이어지는 지면에 그 그림 중 하나를 실었
다. 내가 가장 좋아하는 T. W. 스트롱의 작품이다. 그는《양키 노션》
(독립전쟁 이전까지 뉴욕에서 간행되던 인기 유머 잡지―옮긴이)을 통해 충
분히 입증되었듯이 정말로 독창적인 예술가다. 그림에는 괴생물체가
엄청난 거리를 뛰어오르는 것처럼 묘사되었으나, 그렇다고 10킬로미
터를 한 번에 뛰어넘거나 하진 않을 것이다. 게다가 그 생명체가 절벽
반대편까지 무사히 건너뛰었다면 아무리 용감한 프리몬트의 말들이
라도 그 속도를 따라잡아 포획하기는 불가능했을 것이다.

대중은 프리몬트 대령으로부터 그럴싸한 뭔가를 갈망하고 있었다. 사람들은 혹할 만한 것에 아주 굶주린 상태였고 무작정 달려들어 뭐든 집어삼킬 태세였다. 내가 대중에게 던져준 것은 뼈다귀가 아니라 진짜 맛있는 한입거리 사탕이었다. 대중은 그것을 한입에 꿀꺽 삼켜버렸다.

내 대리인은 '털북숭이'를 여러 도시에서 꽤 성공적으로 전시했고, 마지막에는 정치인들의 눈썰미도 속일 수 있을지 보려고 워싱턴으로 데려갔다. 전시는 며칠 동안 성공을 거두었지만 문제는 벤턴 상원의원이었다. 사위인 프리몬트 대령의 평판에 늘 촉각을 곤두세우고 있던 벤턴은 내 대리인을 사취 혐의로 대배심에 고발하고 체포하도록 요청했다. 미주리주 상원의원인 그는 사위로부터 받은 무수한 편지 어디에도 그 말에 관한 언급은 없었다면서, 사위가 그 동물을 본 적도 없다고

미국의 탐험가이자 정치가, 군인인 존 C. 프리　프리몬트의 장인인 상원의원 토머스 하트 벤턴
몬트(John Charles Fremont, 1813~1890)　(Thomas Hart Benton, 1782~1858)

확신했다.

　그렇다고 벤턴 상원의원의 진술이 '털북숭이'가 사기임을 증명하는
것은 아니었다. 고발은 각하되었고 '털북숭이'는 승리했다. 벤턴이 일
으킨 소동은 본의 아니게 이후 며칠간의 공연 수입을 현저하게 늘려
주었다. 하지만 상원의원을 최대한 존중하고 그의 감정을 고려하기 위
해 나는 그 말을 브리지포트로 보내라고 지시했다. 말은 그곳에서 숨
을 거두었다. 그러나 한동안은 공도 주변의 들판에 풀려나 있어서 간
간이 뉴욕의 관람객들이 은퇴한 털북숭이를 알아보곤 했다.

　버펄로 사냥―나는 1843년 6월 17일 벙커힐 기념탑 제막식에 참가
하여 웹스터 씨의 연설을 들었다. 그때 기념탑 근처의 낡은 천막 아래

한 살짜리 버펄로 무리가 있다는 것을 발견했다. 전부 합해서 15마리였다. 나는 700달러를 주고 그 버펄로들을 샀다. 버펄로들로 수지맞는 투자를 할 수 있겠다는 생각이 들었고, 실제로 그런지 시험해보기로 결심했다. 대서부에서 몰고 왔다는 버펄로들은 비실비실했고 놀라울 정도로 유순했다. 나는 버펄로 무리를 뉴욕으로 데려간 뒤 뉴저지주 호보컨 인근 농가에 가져다놓았다. 버펄로들을 내게 판 C. D. 프렌치 씨는 올가미 던지는 법을 알고 있었다. 나는 그를 한 달에 30달러로 고용하여 내 계획이 구체화될 때까지 버펄로 무리를 돌보게 했다.

머잖아 여러 신문에 새끼일 때 올가미로 붙잡힌 야생 버펄로 무리가 로키산맥에서 유럽으로 가기 위해 뉴욕을 경유한다는 소식이 실리기 시작했다. 버펄로 무리를 포획한 사람들이 직접 몰고 오는 중이라고 했다. 이삼일 지나자 몇몇 신문의 독자 투고란에는 버펄로 무리를 안전하게 경기장 같은 곳에 데려다놓고 올가미 따위로 사냥하는 장면을 연출한다면 멀리서도 보러 올 구경거리가 될 거라는 글들이 실렸다. 한 신문에서는 그런 건 1달러의 가치도 없다고 공언했고, 다른 신문에서는 족히 5만 명은 구경하러 올 거라고 자신했다. 누군가는 롱아일랜드 경마장을 제안했고, 누군가는 그런 목적에 딱 맞게 울타리가 쳐진 할렘의 넓은 부지가 더 괜찮을 거라고 했다. 세번째로 제안된 장소가 호보컨이었다. 적당한 시점에 여러 인쇄매체를 통하여 다음과 같은 광고가 전달됐다. 각종 전단지와 포스터에도 말을 탄 인디언들이 야생 버펄로를 사냥하는 그림이 실려 동시다발로 멀리까지 배포되었다.

대규모 버펄로 사냥, 무료—8월 31일 화요일 오후 3시, 4시, 5시에 호보컨에서 열린다. ☞ 서부에서 가장 용감하고 노련한 사냥

1880년대 호보컨

꾼인 C. D. 프렌치 씨가 뉴멕시코주의 샌타페이에서 직접 포획한 버펄로 무리를 이끌고 유럽으로 가는 도중 호보컨에 들렀다. 그는 야생 버펄로를 어떻게 사냥하는지 보여줄 것이다. 가장 야성적이고 길들지 않은 상태로 붙잡힌 이 동물들에게 올가미밧줄을 던지는 것이다. 이는 아마도 가장 흥미진진하면서도 어려운 묘기가 될 것이다. 최고의 승마술과 사냥술, 민첩성이 필요하기 때문이다. 이곳 호보컨에서 남녀노소 누구든 서부 대초원의 야성적인 스포츠를 즐길 수 있다. 이 볼거리는 누구에게든 무료로 호보컨 페리 선착장에 가까운 스티븐스 경마장과 그 야외부지에서 진행된다. 이곳은 5만 명 이상 수용이 가능하여 편안하게 흥미진진한 스포츠를 즐길 수 있다. 이 거대한 사냥은 한 시간씩 세 차례 반복된다. 오후 3시에 버펄로 12~20마리를 풀어놓고, 원주민 복장을 한 프렌치 씨가 멕시코산 안장을 얹은 말을 타고 등장하여 경마장을

돌며 올가미밧줄로 버펄로 한 마리를 포획할 것이다. 오후 4시와 5시에도 버펄로 사냥이 반복되고, 막간마다 다양한 오락거리가 준비되어 있다. 호보컨 시립 관악대도 협연 예정이다.

버펄로가 관중에게 접근하는 것을 차단하기 위하여 전 구간에 이중 방책을 쳤으니 위험을 걱정할 필요는 없다. 바클레이, 커낼, 크리스토퍼가에서 출발하는 페리선이 추가 운행될 예정이다. 악천후로 인해 버펄로 사냥이 연기될 경우 이후 첫번째 화창한 날 같은 시간대에 열릴 예정이다.

당시에는 납득하기 어려웠을 무료입장의 수수께끼는 어렵잖게 설명된다. 내가 호보컨의 모든 페리선과 약정된 가격으로 계약을 맺고 총수입의 일정 부분을 갖기로 했던 것이다.

버펄로의 접근을 걱정하지 않아도 된다는 것은 턱없이 우스운 얘기

다. 불쌍한 버펄로들은 프렌치가 좀더 생기 있어 보이게 하려고 귀리를 양껏 먹였음에도 불구하고 너무 비실비실하고 유순했기 때문이다.

그날이 왔다. 기회를 놓치지 않으려는 사람들이 10시 전부터 호보컨으로 몰려왔고, 정오 무렵에는 페리선마다 연거푸 최대 수용 한계선까지 승객들을 태워 왔다. '퍼세익'호라는 페리선 한 척이 추가로 투입되었고 5시까지 승객들이 밀려들었다. 그날 페리선으로 호보컨에 온 사람은 24,000명이었다. 운임은 편도 6.25센트 왕복 12.5센트였다. 내가 벌어들인 총수입은 운임 배분, 마차와 식당 등과의 계약을 포함하여 3,500달러였다. 뉴저지주 각지에서 온 수많은 사람은 내게 돈벌이가 되긴 했지만, 그중에는 무임승선으로 페리선 운임의 내 몫을 앗아간 사람들도 있었다.

관악대는 오후 3시까지 관객들에게 즐거움을 주기 위하여 최선을 다했다. 3시 정각, 경마장 한복판의 우리에서 버펄로 무리가 모습을 드러냈다. 내가 고용한 프렌치는 미리 버펄로들을 날카로운 장대로 찔러대며 자극해두었다. 원주민 복장에다 얼굴까지 칠한 프렌치는 말을 타고서 한 손에 올가미, 다른 한 손에 날카로운 장대를 들고 버펄로들을 뒤쫓기 시작했다. 그런데 불쌍한 새끼 버펄로들은 한데 모여 움츠리고는 움직이려 하지 않았다. 완전히 예상 밖의 이런 상황이 너무도 우스꽝스러워서 관객들은 마구 웃어댔다. 버펄로들은 웃음소리에 놀라기도 하고 프렌치와 조수들의 몰이용 장대에 찔리기도 해서 조금씩 달리기 시작했다. 관객들은 다시금 즐거운 환호성을 질러댔고, 모자를 흔들며 함성을 지르는 등 아수라장이었다. 버펄로들은 전속력으로 달리다가 낮은 울타리(좁은 널빤지를 이중으로 대서 만든)에 부딪쳐 엎치락뒤치락하고 다른 방향으로 흩어졌다. 그쪽에 있던 관람석에는 마땅한 방책이 없었다. 그래서 버펄로들이 다가오는 것을 본 관객들은 그 유순한 동물들이 전혀 해롭지 않다는 것을 모른 채 도망치느라 난리법석을 떨었다. 그런 난장판은 내 평생 처음이었다. 사람들만큼이나 겁에 질린 버펄로들은 경기장 안의 웅덩이에 몸을 숨기고 멀리 도망치려고 했으나 부질없는 짓이었다. 프렌치는 올가미로 그중 한 마리를 붙잡았고, 나중에는 조수들과 그들의 말까지 올가미로 잡아서 관객들에게 웃음을 선사했다.

아무도 페리선 뱃삯을 의심하는 것 같지 않았다. 버펄로 사냥을 무료로 기획한 사람은 익명의 그늘에 숨어 있었다. 그리고 12.5센트로 그런 오락을 즐겼으니 아무도 불평하지 않았다. 다만 뉴욕으로 돌아가는 관객들은 자정이 다 되어서야 배에 오를 수 있었다.

《홈 저널》지의 너새니얼 파커 윌리스는 영리한 사기꾼에게 속아넘어간 미국 국민의 너무도 순진한 성품에 관해 생생한 기사를 작성했

미국의 작가이자 시인, 편집인으로 당대 최고의
원고료를 받았던 너새니얼 파커 윌리스(Nathaniel
Parker Willis, 1806~1867)

다. 윌리스 또한 버펄로 사냥을 보기 위하여 호보컨으로 향했다. 배가 바클레이가를 떠난 것은 오후 4시가 다 되었을 무렵이었는데도 여전히 수많은 승객이 난간이나 갑판의 천막 기둥을 붙잡고 서 있어야 할 정도였다. 배가 호보컨에 도착하자 그 많은 승객들이 전부 하선했고, 그만큼 많은 사람들이 돌아가기 위해 승선했다. 배에서 내린 사람들이 배에 오르는 사람들에게 소리쳤다.

"버펄로 사냥 봤나요?" 그들에게 돌아온 답변은 이랬다. "네. 평생 그렇게 흥미진진한 사기는 처음이었어요!" 윌리스가 기사에 덧붙인 말에 따르면, 사람들은 어찌나 즐거워했는지 누군지도 모를 그 야바위꾼을 위하여 만세삼창을 할 정도였다.

호보컨의 버펄로 사냥 다음날 나는 《선데이 아틀라스》에서 일하는 친구 프레더릭 웨스트를 만났다. 그는 내막을 알고 있었다. "프렌치라는 사람도 자네만큼 엄청난 야바위꾼이더군." 웨스트가 말했다. 나는 그 친구에게 버펄로 사냥이 참 재밌는 구경거리였다고 말해주었다. "그중에도 가장 재미있었던 게 뭔지 알아?" 내가 말했다. "유순한 새끼 버펄로들이 울타리를 향해 오는 걸 보고 사람들이 겁에 질려 이리 뛰

1822년에 개장한 풀턴 시장의 1936년 모습

고 저리 뛰던 모습이었어."

"자네는 그때 어디서 구경을 했나?" 웨스트가 물었다.

"건물 근처 출발선에서." 내가 대답했다.

"글쎄." 웨스트는 쓴웃음을 지으며 말했다. "나는 하필 그 겁에 질린 사람들 속에 섞여 있었단 말이야. 자네 말과는 달리 나는 조금도 재밌지가 않더라고!"

버펄로 사냥은 필라델피아 맞은편의 캠던에서도 성공을 거두었다. 그후로 상당수의 버펄로는 영국으로 실려가 팔렸고, 나머지는 살찌운 뒤 풀턴 시장에서 스테이크용으로 반 킬로그램당 50센트에 팔렸다.

당시에 내가 털북숭이 말이나 버펄로 사냥과 관련되어 있다고 생각하는 사람은 없었다. 지금 와서 이 모든 것을 밝히는 것은 순전히 내가 그러고 싶어서다.

이 대목에서 특정 신문을 언급하는 것이 썩 적절해 보이지는 않지만, 웨스트 씨 얘기가 나온 김에 《선데이 아틀라스》는 내가 언제나 애독하는 신문임을 밝혀두겠다. 나는 그 신문사 소유주들인 웨스트, 헤릭, 로프스를 그들이 신문 발행을 시작하던 때부터 알아왔다. 우린 친한 친구 사이였고 그들은 내게 많은 호의를 베풀었다. 그리고 나는 기회가 닿는 대로 그들에게 신세를 갚았다.

지금부터 한 가지 일화를 얘기하려는데, 그러기 위해서는 《선데이 아틀라스》가 간단한 내 약력과 여러 일화들을 곁들여 내 초상화를 게재한 적이 있음을 먼저 언급해두어야겠다.

존 콜드웰 콜트가 애덤스를 살해했던 당시 뉴욕은 극심한 동요로 가득했다. 뉴올리언스행 선박에 실린 한 상자 속에서 애덤스의 시신이 발견된 이후 희생자의 정확한 초상화가 팸플릿으로 배포되었다. 다른 사람들처럼 나 또한 그 불쌍한 희생자가 어떻게 생긴 사람인지 궁금해서 무턱대고 팸플릿을 샀다. 그런데 《선데이 아틀라스》에 실린 내 초상화가 애덤스의 초상화로 둔갑하여 팸플릿에 실려 있는 게 아닌가! 야바위꾼은 흥행업계에만 국한된 것이 아니구나 싶었다. 그전에도 그후에도 여러 번 같은 생각을 했지만 당시에는 더더욱 그런 생각이 들었다.

1843년 무렵 《선데이 아틀라스》 관계자들은 계속되는 명예훼손 소송으로 골머리를 앓고 있었다. 첫번째 소송의 보석금으로 5,000달러가 필요했다. 나는 그 돈을 주었다. 첫번째 소송의 당사자가 곧바로 두번째 소송을 제기했고, 이번에도 나는 비슷한 금액의 보석금을 내주었다. 세번째 소송에서도 나는 그들 대신 보석금을 지불했다. 계속 소를

존 콜드웰 콜트(John Caldwell Colt, 1810~1842)가 살해한 애덤스의 시신은 배에 실린 상자 속에서 발견되었다.

제기하여 피고가 보석금 문제로 어려움에 빠지게 하려던 원고측 변호사는 계속되는 나의 보석금 대납에 굉장히 짜증이 났다.

내가 보석금을 내기 위해 세번째로 판사 앞에 출두하자, 뿔이 나 있던 원고측 변호사는 대놓고 무례하게 굴었다. "바넘 씨. 당신은 벌써 10,000달러의 보석금을 냈는데 이번에 또 5,000달러를 내려고 하는군요. 이게 15,000달러의 가치가 있는 일인가요?"

"그렇소." 내가 대답했다.

"대체 당신 재산이 얼마나 되기에 그러죠?" 그가 강압적으로 물었다.

"내 재산 목록을 원하는 겁니까?"

"그래요. 당신이 계속 보석금을 내기 전에 목록을 제출해주길 바랍니다."

미국의 발명가이자 사업가로 유명하며 총기 제조회사 콜트 사의 설립자인 새뮤얼 콜트(Samuel Colt). 살인자 존 콜드웰 콜트의 동생이다.

"기꺼이 그러죠. 내가 불러드릴 테니 받아 적겠소?"

"그럽시다." 그는 종이 한 장을 내려놓고 펜에 잉크를 묻혔다.

"코끼리 한 마리가 1,000달러." 내가 말했다.

그는 약간 놀란 듯이 보였지만 잠자코 받아 적었다.

"원숭이 박제 한 개와 새것이나 다름없는 거위 박제 두 개가 15달러."

"무슨 소리죠? 지금 뭐하자는 겁니까?" 그가 화를 내면서 벌떡 일어섰다.

"내 박물관 소장품들을 불러주는 건데요. 전부 해봐야 50만 가지밖에 안 되는걸요." 나는 짐짓 진지하게 대답했다.

"법정을 모독하지 마세요!" 변호사가 소리쳤다. 분노 때문에 목소리가 떨리고 얼굴이 붉으락푸르락했다.

마이클 울슈퍼 판사는 내가 변호사의 요구를 정당하게 들어주고 있다고 판단했다. 그래서 변호사가 내 진술서를 이의 없이 받아들이지 않겠다면 내가 계속 박물관 소장품을 열거해야 한다고 결정했다. 변호사는 할 수 없이 세부 명세서 요구를 취소하고 내 진술서와 보석금 납부를 인정해야 했다.

제13장

금주와 농업

톰 섬 장군이 새러토가스프링스에서 공연중이던 1847년 가을, 같은
장소에서 뉴욕 박람회가 열리고 있었다. 나는 그때 사회 최상류층에
속하는 부자와 지식인 중 많은 사람들이 술에 취해 있는 경우를 너무
도 많이 목격했다. 그래서 '나도 술주정뱅이가 되지 말라는 법은 없잖
은가?'라고 생각하기 시작했다. 나보다 현명하고 훌륭한 사람들이 과
음의 희생자로 전락하는 예가 많다는 점을 생각했다. 나는 독한 술을
자주 마시는 편이 아니었으나, 그래도 순회공연 동안 일상적으로 만나
다시피 하는 사람들과 어울려 한잔하곤 했다. 그래서 위험에 빠지지
않겠다는 결심으로 알코올이 들어간 어떤 음료도 다시는 입에 대지

않겠다고 스스로 다짐했다.

그러자 위험에서 벗어난 기분이 들었고, 그것은 유쾌한 감정이었다. 사실 포도주는 계속 마셨다. 유럽 순회공연 때 포도주가 무해할 뿐 아니라 삶의 매력적인 필수품임을 배웠기 때문이다. 그래도 나는 스스로 훌륭한 금주가라고 자부했기에 머잖아 친구들까지 술을 자제하도록 설득하기 시작했다. 브리지포트에서 개혁의 필요성을 절감한 나는 친구인 E. H. 채플린 목사를 초대했다. 사람들 앞에서 금주 강연을 해달라고 부탁하기 위해서였다. 그가 금주를 주제로 강연하는 것을 들어본 적은 없었으나, 그는 어떤 주제든 논리적이고 설득력 있게 강연했다.

그는 브리지포트의 침례교회에서 강연했다. 주제는 주류 판매자, 적당한 음주가, 금주가 이렇게 세 부류로 나뉘었다. 나는 세번째 부류가 아니면 최소한 두번째 부류에 속해 있는 셈이었다.

그 달변의 목사는 소위 존경받는 주류 판매자, 즉 근사한 살롱이나 호텔 바에서 점잖은 '신사들'에게만 술을 파는 사람 한 명이 선술집 열두 개보다 더 사회에 해를 끼친다는 것을 다양한 예로써 확실히 증명했다.

그는 이어서 '적당한 음주가'가 금주 생활로 가는 큰 방해물이라고 했다. 고주망태가 되도록 술을 퍼마시지는 않지만 젊은이들이 처음 술을 먹게 될 때 본보기로 삼는 부류이기 때문이다. 이 부류에 속하는 음주가들은 금주 서약을 요청받으면 이렇게 답할 것이다. "내가 왜 그래야 하죠? 저기 A씨도, 여기 도덕적인 B씨도 자기집에서 포도주를 마시잖아요?" 목사는 사회에서 높은 신분일수록 좋든 나쁘든 사회에 끼치는 영향력도 크다고 강조했다. 그는 적당한 음주가들에게 말했다. "여러분은 금주를 박탈이나 희생이라고 생각하거나 그렇게 생각하지

〈주정뱅이가 되는 단계〉(1846년)

않거나 둘 중 하나입니다. 어느 쪽인가요? 만약 여러분이 술을 계속 마실 수도 있고 안 마실 수도 있다고 생각한다면, 또는 금주를 자기부정이라고 생각하지 않고도 영원히 술을 끊을 수 있다면 부디 여러분의 고통받는 동료들을 위하여 금주하기 바랍니다. 반면 앞으로도 적당하게 술을 마시기를 원하고 음주를 그만두는 것은 자기부정이라고 생각한다면, 나는 경험을 바탕으로 경고합니다. 여러분은 위험에 빠져 있으니 여러분 자신을 위하여 금주하십시오. 음주의 유혹 때문에 금주를 거북하게 생각한다면, 여러분은 술을 완전히 끊지 않는 한 술주정뱅이로 죽을 확률이 높아집니다."

채플린 목사의 감동적인 연설을 여기에 정확히 옮기기는 불가능하다. 그가 자신의 주장을 펼치는 압도적인 힘을 누구도 있는 그대로 묘사할 수는 없을 것이다. 그러나 적당한 음주가에 관해 그가 주장하는 요지가 무엇인지는 전달한 것 같다. 그의 강연은 내 가슴속 깊이 파고들었다. 집으로 돌아와 잠자리에 들었으나 잠들지 못했고 그 강연이 계속 귓가를 맴돌았다. 나는 그 강연에 합당한 답을 해보려고 애썼지만 비참한 불면의 밤을 지새웠을 뿐이다. 내가 악행의 길을 걷고 있음을, 그것도 사회에 큰 해가 될 뿐 아니라 나 자신에게도 위험으로 가득한 해악의 길을 가고 있음을 뼈저리게 깨달았다.

나는 침대에서 일어났고, 인간으로서 양심상 또 논리상 변호할 수 없는 습관을 지속할 수 없다고 생각했다. 샴페인 병들을 꺼내 내용물을 땅바닥에 쏟아버렸다. 그리고 채플린 목사를 찾아가 절대금주 서약을 하고 서명했다.

내가 서약을 절대 깨지 않으리라는 것은 신이 알고 있다. 그렇게 함으로써 나 자신을 구할 뿐 아니라 동료들도 이롭게 하는 위치에 서게 됐다는 깊은 감사의 마음이 들었다. 그렇기에 내가 또다시 술의 유혹에 빠질 위험은 없다고 확신했다. 내가 절대금주 서약을 했다는 말을 듣고 아내는 놀랍게도 하염없이 눈물을 흘렸다. 습관적으로 포도주를 마시는 내 모습을 보고 내가 술주정뱅이가 될까봐 혼자 울면서 보낸 밤이 많았다는 것이다. 나는 깜짝 놀라서 왜 그런 얘기를 해주지 않았냐고 아내를 나무랐다. 그러자 아내는 내가 자기기만에 빠져서 그런 말을 슬쩍 내비치기만 해도 화를 낼 것을 알고 있었기 때문이라고 대답했다.

이것은 과거의 나뿐만 아니라 현재의 많은 사람들이 처해 있는 사례다. 그들은 존경할 만한 사회적 지위를 갖고 생활하며 과음을 악행으로 여긴다. 그들은 자신이 무절제한 술주정뱅이가 될지도 모른다는 생각을 비웃으리라. 그런 암시조차도 굉장히 건방지고 한심한 참견이

〈파멸로 가는 알코올 열차〉(1863년)

라고 여길 것이다. 술독에 빠져 살기 시작한 사람은 아마도 자신의 위험을 이 세상에서 가장 늦게 깨달을 것이다. 그에게 아내가 있다면 아마도 그녀가 그런 징후를 가장 먼저 알아채고 몸서리칠 것이다. 이웃들도 이미 오래전부터 그가 과음한다는 낌새를 챘을 것이다. 만약 그 이웃들이 대개의 경우처럼 그냥 침묵으로 지나치는 대신에 그가 위험한 길로 빠져들고 있음을 솔직하게 지적해준다면, 소중한 사회 구성원이 파멸로부터 구원받을 것이고 한 행복한 가족이 불행과 치욕과 절망에서 빠져나올 것이다.

나는 진심으로 채플린 목사에게 고마움을 느꼈다. 그가 나를 구원해주었고 내가 사실은 금주하고 있지 않았다는 것을 깨우쳐주었기 때문이다. 그는 내게서 강연 초청을 받았을 때 말 그대로 단순히 금주 강연이라고 여겼기에 '적당한 음주가'가 나에게 완벽히 들어맞는 말이라는

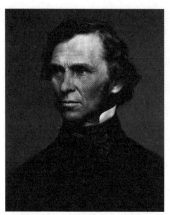
메인 주 포틀랜드의 시장이며 '금주법의 나
폴레옹'으로 불렸던 닐 다우(Neal Dow,
1804~1897)

생각은 하지 못했다. 그러나 그것은 사실이었고, 그 강연이 신의 은총으로 나를 구원한 셈이다.

나는 실천해야 한다는 막중한 의무감을 느꼈다. 어둠 속을 헤매다 구원받은 나였기에 다른 사람을 구원하는 것이 내 의무임을 깨달았던 것이다. 금주 서약서에 서명한 날 아침 나는 브리지포트에서 20장 넘게 서약서를 받았다. 만나는 사람마다 금주를 권했고, 얼마 후에는 인근 도시와 마을에서 그 주제로 강연하기 시작했다. 1851년과 1852년 겨울과 봄 동안 코네티컷주 전역을 돌면서(여행 경비는 항상 내 돈으로 부담했다) 강연을 했다. 또한 인접한 다른 주의 도시뿐 아니라 뉴욕과 필라델피아에서도 자주 강연에 나섰다.

그 무렵 메인주에서 금주법이 시행되었고, 그 성공적인 결과로 인해 금주하는 남녀의 마음은 희망과 기쁨으로 가득해졌다. 머잖아 우리는 그 전염병을 막아내기 위해서는 주류 판매를 완전히 금지해야 한다는 것을 깨달았다. 닐 다우(그에게 신의 가호가 있기를!)가 우리를 깨우쳐주었다. 도의에 호소하는 권고가 무척 효과적이라는 사실도 알게 되었다. '워싱터니언', '금주의 아들', '금주의 딸', '레갑인(구약성서 예레미야서 35장에 언급된 부족으로 황야에 천막을 치고 금주 생활을 한다—옮긴이)', '명예의 전당' 같은 금주 조직들이 평화와 사랑의 임무를 실천해나갔다. 그러나 여러 수단에 힘입어 구원된 사람들 중 많은 이들이 예

'금주의 아들(Sons of Temperance)' 행렬

전보다도 못한 나락으로 다시 추락하는 모습도 보았다. 끈질긴 유혹은 언제든 삶을 포기하게 만들기 때문이었다.

우리의 슬로건은 '금주법!'이었다. 우리는 그것이 생사의 문제라고 확신했다. 우리가 알코올을 죽여야 한다. 그러지 않으면 알코올이 우리를, 우리의 친구를 죽일 것이다.

제니 린드와 보스턴에 머무는 동안 나는 그녀의 공연 장소였던 침례교회 트리몬트 템플에서 두 차례 금주 강연을 해달라는 진심 어린 요청을 받았다. 나는 그렇게 했고, 자선단체에 기부할 목적으로 입장료 12.5센트를 받았음에도 두 번 모두 입추의 여지 없이 청중으로 가득찼다.

제니와의 순회공연에서 나는 공연이 없는 날 저녁 금주 강연을 해

트리몬트 템플(1851년)

트리몬트 템플 내부(1881년)

달라는 요청을 자주 받았고 여건이 되는 한 늘 요청에 응했다. 그런 식
으로 볼티모어, 워싱턴, 찰스턴, 뉴올리언스, 세인트루이스, 신시내티
등지에서 강연했다. 안식일 아침에 증기선 '렉싱턴'호의 여성 전용 살
롱에서 강연을 한 적도 있다.

　1853년 8월에는 오하이오주 클리블랜드를 비롯해 여러 도시에서,
나중에는 일리노이주 시카고와 위스콘신주 커노샤에서도 강연했다.
위스콘신주에서는 수확기가 코앞이었지만 사람들이 일손을 멈추고
강연장을 찾는 바람에 들녘이 한산했다. 다가올 10월의 주 선거에서
주민들은 금주법 찬성 여부를 투표로 결정하게 되어 있었다. 위스콘신
주는 금주법에 반대하는 독일인 인구가 큰 비중을 차지했기에 금주법
찬성론자들은 그 결과에 노심초사하고 있었다. 나는 그들을 모른 척할
수 없었다. 그래서 급한 사업 계약 건으로 이삼일 브리지포트에 급히
다녀온 뒤 오하이오주 털리도와 노워크, 일리노이주 시카고에서 강연

을 이어갔다. 나는 위스콘신주를 돌면서 하루에 두 차례씩 4주 동안 연속으로 강연했다. 언제나 청중이 붐볐고 내 말을 경청했다. 내 노력이 좋은 결과를 가져오는 데 도움을 줄 수 있다는 믿음이 있었기에 기뻤다. 주민들은 압도적인 표차로 금주법에 찬성함으로써 분명한 목소리를 냈다. 그러나 주 의회는 금주법을 통과시키지 않았다. 나는 위스콘신주에서도 금주법 시행이 얼마 남지 않았다고 확신한다.

강연중에 나는 금주 반대자들에게 자주 방해받았고 종종 질문도 받았다. 그러나 언제나 냉정하게 대처했다. 그들의 얘기를 들어주고 제대로 되받아쳐주려 노력했다.

뉴올리언스에서는 세인트찰스가의 거대한 신축 건물 라이시엄 홀에서 강연했다. 크로스먼 시장과 몇몇 유력 인사들의 초청으로 이루어진 강연이었다. 그 커다란 홀에 뉴올리언스에서도 가장 존경할 만한 인사들을 포함하여 3,000명이 넘는 청중이 참석했다. 나는 기분이 좋은 상태였고 유쾌한 열기 속에서 청중과 함께한다는 기분을 느꼈다. 알코올이 인체 조직에 끼치는 해롭고도 파괴적인 특성에 관해 한창 열변을 토하는데, 일부 금주 반대자들이 소리를 질렀다. "그래서 우리에게 끼치는 영향이 외적(externally)이라는 거요, 아니면 내적(internally)라는 거요?"

"영원히(eternally) 끼친다는 겁니다." 내가 대답했다.

그 대답에 이어서 한꺼번에 터진 유쾌한 폭소는 내 평생 거의 들어보지 못했을 정도로 큰 소리였다. 박수갈채가 계속되는 바람에 나는 몇 분 동안 강연을 중단해야 했다. 이후로 그 질문하기 좋아하는 신사는 더이상 말이 없었다. 나는 그가 누구인지 짐작조차 되지 않았다. 그러나 내 대답이 꽤나 허를 찌르는 재치 넘치는 것이었나 보다. 스스로

금주 운동곡 〈술에 젖은 입술로 내게 키스하지 말아요〉

'호락호락한 사람'이 아니라고 여긴 한 신사가 다음날 '베란다 호텔'에서 이렇게 말했으니 말이다. 그는 누구든 내가 일부러 청중 속에 사람을 심어놓고 그 질문을 하도록 시켰다고 실토한다면 1,000달러를 주겠다고 했다. "장담하는데, 그 질문자가 외부로(externally) 드러나면 바넘은 영원히 (eternally) 끝나는 거야." 그는 이렇게 말하고 다녔지만, 그의 의심은 전혀 근거 없는 것이었다. 나는 내 답변이 그 정도로 훌륭했다는 찬사로 받아들였다.

1853년 어느 날 오후, 나는 오하이오주 클리블랜드 법원 청사 앞에서 강연을 하고 있었다. 농부 여럿을 포함해서 많은 청중이 모였는데, 그중 한 사람이(나중에 알고 보니 대규모 주류 판매상이었다) 이렇게 소리쳤다. "양조장들이 문 닫게 만들면 그 많은 곡물은 어쩌겠다는 거요?"

"술주정뱅이의 아내와 아이들에게 먹이면 됩니다. 그들은 오랫동안 제대로 먹지 못했으니까요." 내가 대답했다. "남편이자 아버지는 금주가가 될 겁니다. 그렇게 되면 곡물값을 치를 수 있고 또 기꺼이 그러려고 하겠죠. 당신은 알게 될 겁니다. 술을 끊은 근면한 남자와 그의 가족이 그를 취하게 만드는 위스키보다 더 많은 곡물을 필요로 한다는 걸 말이죠."

나는 이어서 메인주에 금주법이 시행된 직후의 일화 하나를 얘기했다. 한 신사가 포틀랜드 거리에서 어린 소녀와 마주쳤다. 그 소녀는 그의 집에 와서 구걸하곤 했다. "요즘은 우리집에 와서 남은 음식을 달라고 하지 않는구나. 무슨 일이라도 있니?" 신사가 물었다.

"아빠가 술을 더 구할 수 없게 돼서요. 아빠는 술을 끊고 매일 일해요. 지금은 우리집에도 따뜻한 음식이 많아요. 아저씨, 그동안 고마웠어요." 소녀가 대답했다.

나이든 농부들은 소녀가 했다는 대답을 듣고 무척 즐거워했다. 그리고 그 주류 판매상은(《뉴욕 트리뷴》 통신원에 따르면) 망신을 당할까봐 슬그머니 그 자리를 떠났다.

클리블랜드의 침례교회에서 강연했던 첫날 저녁, 나는 이렇게 말을 시작했다. "이곳에 자신이 직접 당했든 아니면 친구나 친인척을 통해 간접적으로 당했든 간에 한 번도 음주로 고통을 당해보지 않은 신사 숙녀분이 있다면, 한번 일어나주시면 고맙겠습니다."

얼굴이 벌겋게 달아오른 한 남자가 일어섰다. "당신은 술 먹는 친구가 한 명도 없습니까?" 내가 물었다.

"없어요!" 그가 단호하게 대답했다.

금주 반대자들 쪽에서 킥킥거리는 웃음소리가 들려왔다.

"이건 진심입니다만, 여러분." 내가 말했다. "제가 지금 전혀 예상치 못한 제안을 하나 할까 합니다. 여러분이 잘 알다시피 저는 흥행사업니다. 언제나 진기한 것을 찾아다니죠. 저 신사분은 제게 진기한 사람이군요. 만약에 저분이 내일 아침까지 자신의 말을 증명할 수 있다면,

그러니까 술 먹는 친구가 전혀 없다고 한 말 말이죠. 그렇다면 나는 기꺼이 저분과 주당 200달러에 10주 계약을 맺고 뉴욕에 있는 제 아메리카 박물관에서 가장 진기한 사람으로 전시하겠습니다."

그 말이 끝나자 청중 사이에서 웃음이 터졌다.

"웃는 건 자유지만, 내 말은 사실이라오." 상대방은 쉽게 물러서지 않겠다는 표정으로 말했다.

"저 신사분은 여전히 자기 말이 사실이라고 주장하는군요." 내가 대답했다. "그래서 제 제안에 간단한 조건을 하나 걸고 싶습니다. 만약에 저분이 예전에는, 그러니까 인생의 어느 시점에는 술 먹는 친구가 있었으나 지금은 한 명도 없다는 의미라면 제안을 철회할까 합니다. 그러나 그게 아니라 시종일관 술 먹는 친구가 없었다는 의미라면, 제안은 유효합니다."

이번에도 그 신사가 참아내기 힘든 폭소가 이어졌다. 그는 결국 자리에 앉았다. 나는 강연 내내 그가 귀를 기울이면서 종종 허심탄회하게 웃는 모습을 보았다. 강연이 끝났을 때 그가 다가오더니 손을 내밀고 악수를 청했다. 나는 기꺼이 악수에 응했다. "아까는 오늘밤 내내 서 있을 작정이었어요. 일단 일어섰으니 쉽게 물러서지 않으려고 했는데, 당신의 마지막 말에 결정타를 맞고 말았죠." 그러고는 내 강연이 이치에 맞는다고 크게 칭찬하더니 그 시간 이후부터는 금주를 지지하겠다고 약속했다.

내 생에서 가장 기뻤던 일화 중에는 다음과 같은 사례들도 포함되어 있다.

필라델피아에서 금주 강연을 마쳤을 때 30대로 보이는 한 남자가 다가왔다. 그는 금주 서약서에 서명하고 내게 악수를 청하며 말했다.

"바넘 씨, 당신은 오늘밤 저를 파멸에서 구해주셨어요. 최근 2년 동안 술독에 빠져 지내면서 어려움을 겪고 있었거든요. 이쪽은(옆에 있는 사람을 가리키며) 내 동업자입니다. 이분도 내가 오늘밤 금주 서약에 서명한 것을 기뻐할 겁니다."

"기쁘다마다. 조지, 지금 가장 훌륭한 일을 해낸 거야." 그의 동업자가 말했다. "물론 그 서약을 끝까지 지킨다면 말이지."

"지키고말고. 죽는 날까지 지킬 거야. 내 사랑하는 아내 메리가 이 소식을 들으면 기뻐서 울 거야!" 그는 몹시 기뻐하면서 말했다.

그 순간 그는 행복한 사람이었다. 하지만 그런 그도 나보다 더 행복하진 못했을 것이다.

나는 처음부터 끝까지 자비를 들여 캐나다 몬트리올까지 가서 강연을 했고, 미국의 수많은 도시에서도 그렇게 했다. 금주에 관한 얘기를 계속할 필요는 없을 것이다. 지금 맛보는 가장 큰 위안 중 하나는 내가 많은 가족의 가슴에 행복을 선사했다는 믿음이다.

지금까지 살면서 나는 다양한 주제로 여러 신문에 많은 글을 써왔다. 늘 진심을 다해서 글을 썼지만, 금주 운동에만큼은 각별히 더 깊은 관심을 가졌다. 그러지 않았더라면 내가 일간지와 주간지에 게재한 숱한 글 외에도 '주류 사업'에 관한 소논문을 썼다고 말하기가 망설여졌을 터다. 그 소논문은 주류의 이용과 유통에 관해 나 자신의 실제적인 의견을 밝힌 것이다.*

1848년 나는 페어필드 카운티 농업협회 회장으로 선출되었다. 난

---

* 뉴욕의 소중한 친구들인 '파울러스 앤드 웰스' 출판사에서 이 소논문을 출간했다. 그들은 오랫동안 골상학 분야 출판의 명가였고 금주와 생리학을 비롯하여 여러 중요한 사회문제에 대중의 주의를 환기시키는 데 많은 공헌을 했다. 그들처럼 유용한 책을 많이 출간한 사례는 드물다.

전국 금주법 대회(오하이오주 신시내티, 1892년)

농부는 아니었지만 집 근처에 땅을 40헥타르가량 구입했고, 농업에
지속적으로 관심을 가져왔다.

1849년에는 내가 연례연설을 해야 한다는 협회의 결정이 있었다.
나는 능력이 되지 않는다며 고사했으나 협회는 받아들이지 않았다. 경
작에 관한 주제로는 청중에게 도움을 줄 수 없었기에 내가 저질러온
실수 몇 가지를 소개하기로 했다. 내 실수를 거울삼아 사람들이 교훈
을 얻었으면 하는 바람 때문이었다. 그때 소개한 실수 두 가지는 다음
과 같다.

1848년 가을, 내 정원사가 감자 1.3톤이 남았다고 말하더군요.
나는 감자를 1배럴들이 통에 담아서 뉴욕으로 보내 팔라고 했지
요. 정원사는 그렇게 했고, 1배럴들이 한 통에 2달러 그러니까 1
킬로그램당 2.5센트가량을 받았습니다. 그런데 애석하게도 감자
를 선적하고 난 뒤에 보니 정원사가 내다팔 감자를 가장 큰 것으

로 골랐지 뭡니까. 결국 우리 가족은 가장 작은 감자로 겨울을 나야 했습니다. 그뿐만이 아니었어요. 감자가 3월이 되기 전에 바닥났고, 나는 봄철에 1킬로그램당 4.5센트를 주고 감자를 1.3톤 이상 사야 했지요.

내가 실수를 하면 누군가 내 무지 덕분에 이익을 거두는 법이지요. 무엇이든 가족이 사용하기에 넉넉하다는 것을 확인하기 전까지는 함부로 팔지 마세요!

다음은 원예 분야에서 경험한 실수인데, 감자 사태보다도 더 내 체면을 구기는 일로 비칠까봐 걱정이네요. 지난봄에 정원사는 어린 단풍나무에 올라가 땅에서 2미터 높이에 있는 잔가지와 그때 막 나기 시작한 새싹들을 모두 잘라냈습니다. 그 모습을 본 나는 이유를 물었습니다. 정원사는 새싹이 나무에 해로울 뿐 아니라 위쪽 가지에 필요한 수액까지 빨아먹게 되어 해롭다고 말하더군요. 나는 페어필드 카운티 농업협회 회장으로서 농경 문제에 실제적인 경험을 쌓아야 한다는 일념으로 곧장 집에 들러서 크고 예리한 칼을 들고 나왔습니다. 그러고는 쓸모없는 가지와 새싹(그러니까 수액을 빨아먹는)을 모조리 없애버리기로 결심했습니다.

잘 자라 두 줄로 늘어서 있던 어린 벚나무 사이를 오가다가 어쩐 일인지 나무 전체가 그 '거머리 새싹'으로 뒤덮여 있는 것을 발견했습니다. 정원사가 그걸 모르고 지나쳤다는 생각이 들었습니다. 다행히 내게 유용한 칼이 있으니 정원사의 태만을 벌충하기엔 충분했지요. 그 칼의 기능은 실로 놀라웠습니다. 한 시간도 되지 않아서 나는 칼이 닿는 높이까지 모든 벚나무의 가지를 쳐버렸고

(위) 페어필드 중심지(1934년)
(아래) 페어필드 해변 풍경 엽서(1921년)

잘 정돈된 그 모습을 흡족히 바라보았습니다. 내 노동의 결실을
지켜보고 있자니 농경 분야에서 첫 성과를 거두었다는 자부심이
느껴졌습니다. 그때 정원사가 다가오기에 나는 더없이 흡족한 기
분으로 잘라서 땅바닥에 팽개쳐버린 꽤 많은 양의 새싹들을 가리
켰습니다. 정원사는 소스라치게 놀란 표정을 지었는데, 그 표정이

곧 절망적으로 바뀌더군요. 그러다 큰 고뇌에 빠진 사람처럼 두 손을 그러잡고 이렇게 말하지 뭡니까. '이런 세상에! 접가지를 몽땅 잘라버리셨네요.'

그 사건은 내가 품은 농경 생활의 열망에 일격을 가했습니다. 그렇다고 절망하여 농경을 포기한 것은 아니고, 접가지에서 나온 새싹을 구분할 수 있을 때까지 가지치기 칼을 조심조심 다루었습니다. 이런 실수들을 통하여 내가 농업 분야의 배움에 소홀했음을 깨달았습니다.

나는 연례연설에서 거름 주기의 중요성을 알리기 위하여 다음과 같은 생각거리를 제시하기도 했다.

이 나라에서 땅은 사람보다도 더 지천으로 널려 있으니 다른 나라에 비해 값이 쌉니다. 그래서 농부들은 헐값으로 사들인 새 땅에 농사를 짓지요. 그리고 땅을 혹사시킨 후에는 또 헐값으로 새 땅을 사들입니다. 기존의 땅은 팔아치우고, 경계 말뚝들을 뽑아들고 새 땅으로 옮기지요. 새 땅은 거름을 주는 수고와 비용 없이 씨를 뿌리기만 해도 풍성한 수확을 약속해줍니다. 네, 이런 시스템이 당장은 아주 좋을 수 있습니다. 사람들을 대서부 경계까지 이동시킴으로써 이 거대한 땅덩어리에 골고루 정착하게 하는 효과도 있지요. 물론 우리나라의 막대한 자원도 개발하게 만듭니다. 그러나 뉴잉글랜드와 중부 대서양 연안의 주들(뉴욕, 뉴저지, 펜실베이니아―옮긴이)에도 농부들이 남아 있어야 합니다. 농부들이 전부 드넓은 서부의 대초원으로 떠나게 해선 안 됩니다. 그랬다가는 농부가 아닌 사람들은 자신의 직업으로 생산해낸 것들을 먹어야 할 테니까요. 나 같은 흥행사들은 원숭이 박제, 피지 인어, 아니면 털북숭이 말을 먹어야 할 테니 난감하군요. 다른 사람들도 자기가 생산해낸 것들을 소화하려면 무척이나 괴로울 게 분명합니다. 대장장이, 제화공, 목사, 치과 의사, 마구 제작자, 목수, 석공 정도만 예로 들어봅시다. 대장장이는 자신이 만든 말굽과 쇠사슬로 아침을 먹은 후 상한 치아를 뽑아야 할 겁니다. 제화공은 구두창과 구두약으로 식사하고 나면 그것이 마지막 식사이기를 바랄 겁니다. 성직자들은 오로지 자신의 설교만을 소화할 수 있을 테고, 억지로 자신의 말을 먹어야 한다는 끔찍한 형벌에 진저리를 치고 말 겁니다. 목수에게 점심으로 판자를 삼키라고 한다면 그거야말로 일생에서 겪어보는 가장 어려운 거래라고 장담할 겁니다. 치과 의사는 먹을 것이 치아밖에 없다고 한다면 자신에게 치아가 있음에도 불구하고 굶어죽을 겁니다. 마구 제작자는 안장을 자기 창자 속에 넣느니 차라리 말로 변해서 안장을 등에 짊어지기를 바랄 겁니다. 석공은 죽을 때까지 화강암밖에 먹을 것이 없다면 차라리 자기 자신의 석관을 짜려고 할 겁니다.

그러니 우리 사이에 농부가 있어야 합니다. 그러기 위해서는 농부가 새 땅을 찾아 떠나기보다는 헌 땅을 갈고 거름을 주어 다시 농사를 지을 수 있게 만들어야 합니다. 그 방법을 익혀야 합니다.

농부로 하여금 거름을 확보하거나 만드는 가장 효과적이고도 값싼 방법을 배우게 합시다. 그리고 자신의 땅에 맞는 거름이 어떤 종류인지 알아내야 합니다. 절대 거름을 절반만 사용해서는 안 됩니다. 그것은 환자에게 필요한 약을 절반만 투여하는 것과 같습니다. 그 결과 환자의 몸에 적당한 효능을 발휘하는 대신 위장장애와 메스꺼움만 일으킵니다. 땅에 거름을 절반만 준다는 것은 땅의 생명을 끝내버리는 셈입니다. 결국 이런저런 노력에도 불구하고 수확량은 절반으로 줄 겁니다. 만약 확보한 거름이 땅 면적에 비해 부족하다면 차라리 땅의 절반에만 거름을 주십시오. 나머지 절반은 거름을 또 구할 때까지 그냥 놀리면 됩니다. 그러면 땅 전체에 거름을 주는 수고를 더는 동시에 예상한 절반보다 훨씬 더 많은 양의 수확을 할 수 있습니다. 무슨 일이든 할 만한 가치가 있는 것이라면 제대로 해야 합니다. 그것이 바로 가장 값싸고 효과적인 방법입니다. 어중간한 거름이나 어중간한 사람은 날다람쥐와 같습니다. 이도 저도 아니지요. 새도 아니고 네발짐승도 아닙니다. 쓰임새가 유용한 것도 아니고 장식품도 아닙니다. 그러나 농부가 거름을 구할 수 없어서 땅을 놀릴 필요는 없습니다. 그런 땅에는 녹비 작물(푸성귀 상태에서 베고 썩혀 땅의 거름으로 삼는 작물—옮긴이)을 심으면 됩니다. 그러니 땅이 예전만 못하다고 그냥 버리지 마십시오. 땅에 새로운 생명력을 주십시오. 잘 돌보고 치료해주는 겁니다. 그러면 땅은 예전처럼 비옥해질 테니까요.

이런 얘기가 자서전에 썩 어울리는 것 같지는 않다. 그러나 농부들이, 나아가 일거리를 찾다가 농사야말로 최고의 직업이라고 생각하게 된 어느 청년이 이 책을 읽을지도 모르지 않는가. 그래서 또다시 연례 연설의 일부를 인용해야겠다는 충동을 느낀다. 이번에는 노동의 긍지와 취향의 실익에 관한 부분이다.

다른 사람들과 마찬가지로 농부 또한 일을 하는 목적을 이윤뿐 아니라 즐거움을 얻는 데 두어야 합니다. 낡은 농가를 매력적인 곳으로 만들어야 합니다. 솔직히 말해서 농가만큼 멋지게 탈바꿈시키기 좋은 곳은 없습니다. 그 어떤 예술도 자연의 옷을 입은 농부의 집보다 아름답지 못합니다. 농가 마당에는 꽃과 관목이 가득하겠지요. 그의 집으로 가는 길가엔 장미가 울타리를 만들고 나무가 줄지어 있을 겁니다. 어디를 보나 자연이 만들어낸 온갖 다채로움, 기후와 땅이 길러낸 다양한 자연들로 채워져 있습니다. 현관과 베란다는 물론 집 주변을 덩굴이 에워싸고 창문마다 꽃들이 장식되어 있습니다. 장미와 식물과 관목 그리고 온갖 꽃들로 이루어진 농가를 가진 농부는 루비와 다이아몬드로 뒤덮인 왕궁보다 더 아름다운 곳에 살고 있는 것이지요. 자연이 예술을 능가하듯, 꽃줄은 진주목걸이보다 우아합니다. 왕은 자신의 왕궁을 장식할 완벽한 부를 소유하고 있을지 몰라도, 순박한 농부는 무궁무진한 능력과 지식을 갖춘 장식가 하나를 부리고 있지요. 자연이 만들어낸 가장 수수한 꽃 한 송이가 솜씨 좋은 인간의 손길로 만든 가장 화려한 장신구보다 아름다움과 숭고함에서 훨씬 더 뛰어납니다. 무지개의 영롱한 색조가 화가의 물감을 압도하듯이 말이지요.

우리 나라같이 거대하고 확고한 농경 국가에서 농업 종사자는 수적으로나 그 대우에서나 높은 수준에 못 미친다는 건 매우 이례적이고 개탄스럽습니다. 이 사회에서 농부에 대한 인식은 그리 높지 않습니다. 농부는 변호사, 의사, 성직자, 예술가, 상인, 심지어 가게 점원보다도 한참 아래라는 인식이 팽배하지요. 농부가 된다는 것은 시시한 사람이 된다는 의미입니다. 시골뜨기가 되는 것이요, '흙이나 만지고 땅이나 파면서' 계속 흙수저로 산다는 것이지요. 농부는 돼지를 치거나 나무를 패는 사람이고, 재능이 있다면 그저 생명 없는 흙에서 생명 있는 것을 길러내는 정도라고 생각하지요. 저는 이렇게 묻고 싶습니다. 땅을 일구는 농부가 이 세상에서 가장 명예롭고 독립적인 직업이 아니라고 할 이유가 있습니까? 농부의 삶에서 타락의 흔적이라도 찾아낼 수 있습니까? 다른 직업군과 비교해보십시오. 농부야말로 이 사회의 토대요, 우리가 누리는 참된 행복과 자립의 토대입니다. 세상의 모든 직업을 저 하늘의 구름에 닿을 때까지 피라미드처럼 쌓아올린다면, 누구보다도 정직하고 근면하고 실용적인 농부를 가장 꼭대기에서 발견하게 될 것입니다.

농부에게 합당한 명예를 찾아주되, 필요 이상으로 과대평가하지는 말아야 합니다. 그렇다고 진정한 생산자이자 공공의 은인인 농부를 타당한 지위 아래로 끌어내려서도 안 됩니다.

명심합시다. 참된 직업인은 인류의 재난과 불행과 흠을 메우고 채워주는 사람들입니다.

모든 사람이 정직하고 평화롭다면 변호사는 아마 빈털터리가 될 겁니다. 그래서 변호사 일을 포기하거나 저녁식사를 거른 채 잠자리에 들어야 할지 모릅니다.

사람들이 모두 절제하는 습관을 지닐 뿐 아니라 사고나 재난을 당하지도 않는다면 의사들은 생계를 위하여 다른 직장을 알아봐야 할 겁니다. 자기가 처방하는 약을 먹고 살 생각이 아니라면 말이지요. 모든 인간이 정의롭고 죄를 짓지 않는다면, 성직자는 아마 〈오셀로〉에서처럼 이렇게 외칠 겁니다. '우리의 직업은 이제

끝이로구나!'

그러므로 우리 인간의 생존을 위하여 먹을 것과 입을 것을 생산하는 농부가 인류의 불행에 기대어 존재하는 다른 직업보다 못하다고 생각할 이유가 없습니다.

많은 부모들이 가장 바라는 일은 자식이 상인이 되는 것입니다. 가장 큰 소망이지요. 상인이 되는 것은 왕자가 되는 것과 마찬가지라고 생각합니다. 이 지상의 중심에 선 권력자로서 원하는 것을 전부 앞에 가져오라 명령할 수 있다고 생각합니다. 그런데 그들은 정작 상인의 삶에는 관심이 없습니다. 새벽부터 자정까지 상인의 가슴을 들썩이게 만드는 희망과 두려움에 관해서는 알려고 하지 않습니다. 자식을 상인으로 만들고 싶은 부모들은 상인이 아침 신문을 펼쳐들 때의 불안감을 과연 알긴 할까요? 신문에서 행여 자신의 가장 소중한 배가 실종되었다거나 삶의 전부인 가게가 불에 타버렸다는 소식을 접할지 모른다는 불안감 말입니다. 상인은 흥분의 고뇌 속에 살아갑니다. 시장에 사람이 없으면 어쩌나, 팔지 못한 재고가 너무 많으면, 아니면 제값을 못 받으면 어쩌나. 그래도 결산일은 어김없이 다가오고 상인의 고뇌는 커집니다. 불면의 침대에서 일어난 그는 내일 도래할 어음과 오후 3시 이전에 결제하지 못하면 파산하고 만다는 두려움으로 미칠 지경이 되지요. 돈이 있는지 생각을 쥐어짜봅니다. 아! 남은 돈이 없네요. 친구들의 이름을 떠올려봅니다. 그러나 그들도 마찬가지로 상황이 좋지 않군요. 그에겐 이제 자포자기식 희망 하나만 남아 있습니다. 그는 또다시 고리대금업자를 찾아가 돈을 빌리고 맙니다. 제가 지금 빌렸다고 했나요? 아니, 돈의 이용권을 산 것에 불과합니다. 그것도 어마어마한 고리를 주고 말이지요. 그렇게 그는 비참함 속에 또 하루를 버티며 억지로 행복한 표정을 짓습니다. 책상과 끔찍한 벽돌 벽 사이에서 그의 생명의 피가 빠져나가고 있습니다. 신선한 공기와 차단된 채 삶을 즐긴 적도 없는, 그저 건강에 해로운 도시에 갇힌 생활. 단 한 시간도 자기 마음대로 써본 적이 없지요. 쉬고 명상하며 기분 전환을 할 여유는 영원히 사라졌으니까요. 그는 노동과 불행의 쳇바퀴를 돌리며 비틀거리는 중노동 기계에 불과합니다. 최후의 불행이 장사꾼이라는 그의 경력을 끝장내버리고 파산 선고를 내릴 때까지 말입니다. 그는 그나마 남은 초라한 재산과 건강이 나빠진 몸을 이끌고 시골로 도망칩니다. 시골에서 깨끗한 공기와 상쾌한 산들바람을 들이마시고 보니 아주 오랜만에 처음으로 즐겁다는 생각이 마음 깊숙이 우러나옵니다. 건강만 좋았더라면 이 멋진 시골에서 정말이지 행복했을 텐데, 하고 그는 아쉬워합니다. 그 불쌍한 사람이 낡은 농가에 머물렀더라면 지금쯤 건강하고 행복하며 유능해져 있을 것입니다. 그랬더라면 은행의 어음할인이나 고리대금업자의 유혹일랑 모르고 살았을 겁니다. 시장이니 거래니 하는 것도 몰랐겠지요. 그런 건 몰라도 자력으로 살면서 건강하고 행복했을 겁니다. 자긍심을 주는 농사일을 하면서 말입니다. 어떻게 하면 이윤을 조금이라도 더 남길까, 괜찮은 계약을 맺을까, 어떻게 하면 지급 거절을 당하지 않고 어음 결제를 할 수 있을까 등등 생각을 쥐어짜는 비좁은 장사꾼의 감옥에서 벗어났을 거란 말입니다.

통계 자료를 보면 보스턴의 소매상 67퍼센트는 사업에 실패하고 도매상 93퍼센트는 도산한다는 놀라운 사실을 알 수 있습니

셰익스피어의 〈오셀로〉 1884년 포스터. 본문의 대사 "오셀로의 직업은 이제 끝이로구나!"는 3막에 등장한다.

다! 그런데도 건강까지 해치는 이 상업은 착실하고 열정적인 청년 농부들을 겉만 번지르르한 거짓 전망으로 유혹합니다. 그래서 아버지가 물려준 숭고한 들녘과 고향 언덕이며 푸른 계곡을 버리게 만들지요. 고작 가게 점원이 되겠다고 말입니다! 훌륭한 농장을 버리고, 남자다운 직업과 상쾌한 공기와 꽃향기를 버리고, 그 황금 들녘을 버리면서까지 얻으려는 대단한 특권이라도 있는 걸까요? 있습니다. 가게 청소하는 방법을 배우고 창 덧문을 여닫는 법을 배우는 특권 말입니다. 그러다가 점원으로 승진하기를, 아니면 자기 가게를 낼 수 있기를 바라는 게 전부입니다. 상인으로 성공했다고 칩시다. 오랜 세월의 온갖 노고와 고통과 경쟁을 뚫고 불운을 딛고서 큰돈을 모았다고 칩시다. 그다음에는 무엇을 할까요? 노동과 자기부정의 삶을 다 보상받았는데 그다음엔 또 어디서 행복을 찾아야 할까요? 아, 시골입니다! 은퇴하고 시골로 가서 옥수수와 감자를 기르고 직접 짠 우유로 만든 버터와 치즈를 먹으며 과일을 따기도 하는 삶, 이 얼마나 가슴 설레는 삶인가요! 그래서 결국 인생 말년에야 농부가 되어 지난 30년간 느끼지 못한 기쁨을 맛볼 수 있게 됩니다. 장사꾼이 농사

인파 속의 소매치기

꾼보다 더 가치 있다는 그릇된 생각에 현혹되지만 않았어도 30년 내내 느낄 수 있었을 기쁨인데 말입니다.

내가 페어필드 카운티 농업협회 회장으로 있는 동안 연례 박람회와 축우 품평회가 여섯 차례 열렸다. 그중 네 번은 브리지포트, 두 번은 스탬퍼드에서였다. 해를 거듭할수록 박람회에 대한 관심이 높아지는 것 같았다.

박람회마다 소매치기로 골머리를 앓았는데, 실상 그들은 사람들이 모이는 곳이면 어디든 도사리고 있었다.

1849년에는 어느 젊은 여성이 금시곗줄을 감쪽같이 소매치기당했다. 거의 해마다 박람회 동안 누군가의 호주머니가 소매치기의 표적이 되었다. 1853년에는 한 남자가 시골 농부의 지갑을 소매치기하려다 붙잡혔다. 범인은 나중에 유명한 영국인 소매치기로 밝혀졌다. 박람회

스탬퍼드 중심가(엽서, 1911년)

폐회를 하루 앞둔 상황이었고 주민들 대부분이 이미 다녀간 후라 우리는 남은 기간은 수입이 적으리라 전망하고 있었다.

다음날 아침 일찍, 체포된 소매치기를 심문하여 자백을 받았다. 그는 곧 재판을 위해 이송될 예정이었다. 나는 보안관의 동의를 얻어서 소매치기를 한 박람회 전시실에 구금해놓았다. 소매치기 피해를 입은 사람들에게 그의 신원을 알려주기 위해서였다. 소매치기는 수갑이 채워진 채 모든 사람들에게 잘 보이는 장소에 서 있었다. 나는 미리 전단지를 만들어 박람회 마지막날 특별한 전시가 있음을 사람들에게 홍보했다. 전날 한 정직한 농부의 지갑을 털려다 붙잡힌 소매치기가 산 채로 안전하게 수갑이 채워져 전시된다고 말이다. 사람들이 이 전시를 보려고 몰려들었다. 선량한 어머니들은 자식들에게 소매치기를 보여주려고 15킬로미터 떨어진 곳에서 오기도 했다. 그 전시로 수입이 확연히 늘었다.

올해(1854년)에는 스탬퍼드에서 열린 박람회 개회사를 부탁받았다. 농업에 관해 조언할 능력은 안 되고 해서 '야바위꾼의 철학'이란 주제로 강연을 했다. 다음날 아침 손님으로 북적이는 마을 이발소에서 면도를 하고 있는데 박람회 매표소 직원이 안으로 들어왔다.

"어젯밤 박람회는 어땠어요?" 기다리던 손님 한 명이 매표소 직원에게 물었다.

"아, 그야 물론 최고였죠. 바넘 영감은 항상 군중을 몰고 다니잖아요." 매표소 직원이 대답했다. 그는 내가 모르는 사람이었다.

그러나 이발소의 손님 대부분은 나를 알고 있었기에 서로 웃음을 참느라 무진 애를 썼다.

"바넘이 연설을 잘하던가요?" 내가 물었다.

"듣지 못했어요. 매표소에 있었으니까요. 그래도 내 생각에는 아주 잘했던 것 같아요. 연설 내내 사람들이 그렇게 웃어대는 건 처음 들어봤거든요. 하지만 연설을 잘하느냐 못하느냐는 중요하지 않아요." 매표소 직원이 계속 말했다. "어찌됐든 사람들은 바넘 영감을 보러 올 테니까요. 그는 일단 사람들에게 사기를 친 다음 어떻게 사기를 쳤는지 알려준다며 또 돈을 받죠! 그가 누군가에게 20달러를 사기쳤다면, 상대방은 자기한테 어떻게 사기를 쳤는지 듣고 싶어서 또 5달러를 낼걸요."

"바넘이란 사람 참 묘한 친구로군요." 내가 말했다.

"글쎄요, 속임수를 쓰는 데 그를 따라갈 사람은 없을걸요."

"그 사람을 아세요?" 내가 물었다.

"개인적으로 알지는 못해요." 그가 대답했다. "하지만 나는 그가 소유한 아메리카 박물관에 언제나 공짜로 들어가죠. 그곳 수위가 나와 아는 사이라서 몰래 들여보내주거든요."

"바넘 영감이 알면 좋아하지 않겠군요." 내가 말했다.

"하지만 그는 모를 거예요." 매표소 직원이 씩 웃으면서 말했다.

"언젠가 바넘이 브리지포트로 가려고 열차를 탄 적이 있어요." 내가
말했다. "승객 한 명이 바넘은 사기꾼이라며 열을 내더군요. 그런데 그
가 열을 내면서 얘기하던 상대가 바로 바넘이었어요. 그는 바넘을 만
난 적이 없었으니까요. 바넘은 자신에 관한 험담에 신나게 맞장구를
치면서 상대가 하는 말이 전부 옳다고 받아주었어요. 승객이 자신과
얘기하는 상대가 바넘이라는 것을 알았더라면 얼마나 민망했겠어요."

"많이 민망했겠죠." 매표소 직원이 말했다.

너무 웃긴 상황이라서 이발소 안은 폭소로 떠들썩했다. 매표소 직원
만 영문을 몰랐다. 내가 이발소를 나간 뒤 이발사가 그에게 내가 누구
인지 알려주었다. 나는 그날 하필 일이 있어서 몇 차례 매표소에 들렀
고, 그때마다 불쌍한 매표원은 시선을 피하며 무척이나 풀이 죽어 있
었다. 그래서 나는 이발소 농담도 그 매표원도 전혀 모르는 척했다.

얘기를 꺼내고 보니 비슷한 일들이 많이 떠오른다. 1847년에 내가
증기선을 타고 뉴욕에서 브리지포트로 가고 있을 때였다. 브리지포트
에 가까워졌을 때 갑판에 있던 이방인 한 명이 내게 바넘의 집을 알려
줄 수 있냐고 물었다. 내가 그 집을 손가락으로 가리키자 옆에 있던 사
람이 이렇게 말하는 것이었다. "그 집에 관해서라면 내가 다 알죠. 바
넘이 유럽에 가 있던 몇 달 동안 그 집에 페인트칠을 했으니까요." 그
러고는 그렇게 설계를 잘못한 집은 처음 봤다고 말했다. "바넘 영감이
아마 엄청난 돈을 퍼부었을 겁니다. 2센트어치도 안 되는 집인데 말이

죠." 그가 덧붙였다.

"바넘 영감이 집을 지을 때 제때 돈을 주지 않았나보군요." 내가 말했다.

"에이, 돈이야 매주 토요일 밤 정확히 지불했죠. 돈 문제는 없었어요. 그자는 브리지포트에서 꼬맹이 하나를 데려다 나이를 두 배로 불려서 사람들 앞에 내놓는 걸로 50만 달러는 벌었으니까요." 페인트공이 말했다.

그런 직후에 승객 하나가 페인트공에게 방금 전까지 비밀 얘기를 나눈 상대가 누군지 말해주었다. 나는 이후로 배에서 내릴 때까지 그 페인트공의 모습을 다시 볼 수 없었다.

또 한번은 폴리버를 경유하여 보스턴에 갔을 때였다. 해뜨기 전 보스턴에 도착해보니 마차가 한 대밖에 없었다. 나는 마차에 짐을 싣고 마부에게 곧장 리비어 하우스로 가달라고 했다. 무척 급한 일이 있어서 그러니 다른 손님을 태우지 않고 즉시 출발한다면 운임을 달라는 대로 주겠다고 했다. 마부는 그러겠다고 했다. 그러나 얼마 후 나타난 신사 한 명과 여성 둘 그리고 아이들 대여섯까지 전부 내가 있는 마차 안으로 밀어넣고는 그들의 짐까지 다 실은 후에야 출발했다. 나는 불평해봐야 소용없다고 생각했다. 리비어 하우스가 그리 멀지 않다는 것을 그나마 위안으로 삼았다. 마부는 이 거리 저 거리를 돌아다녔고, 내게는 그 시간이 너무도 길게 느껴졌다. 그러나 승객들 틈바구니에 끼여서 어디로 가고 있는지 밖을 내다볼 수도 없었다.

30분쯤 지나서 그가 마차를 세웠다. 그제야 그곳이 로웰 철도역임을 알았다. 다른 승객들은 거기서 내렸다. 마부는 승객들의 짐을 내리고 삯을 받느라 오랜 시간을 지체한 후에야 다시 마차 문을 닫고 출발하려 했다. 그의 뻔뻔한 행동에 나는 화가 치밀어올랐다. "열차가 도착할 때까지 기다리지 그래요. 또 승객 한 무더기를 태울 수 있을 테니까. 물론 급한 것은 내 사정이니까요. 이번주 안에는 리비어 하우스에 내릴 수 있겠죠, 뭐. 그 정도는 기대해도 될 거라고 생각하오만."

"죄송합니다." 마부가 말했다. "아까 그분들은 바넘과 그의 가족이었답니다. 여기서 꼭 첫 기차를 타야 한다고 해서요. 운임으로 2달러를 받았어요. 이제 손님을 리비어 하우스까지 무료로 모셔다드리겠습니다."

"바넘이라니 누구 말이오?" 내가 물었다.

"아메리카 박물관과 제니 린드, 바로 그 사람이죠." 그가 대답했다.

찬사를 받고 그로 인해 사칭을 당하는 것도 다 내 몫이었다. 나는 물론 한풀 꺾여서 이렇게 말했다. "이봐요, 착각한 겁니다. 내가 바넘이니까요."

마부는 벼락이라도 맞은 것처럼 깜짝 놀라더니 연신 사과의 말을 건넸다. "다른 마차를 모는 친구가 예전에 바넘 씨를 태웠다고 말하더군요. 나는 그 친구가 단단히 착각한 거라고 생각했죠. 이렇게 바넘 씨를 알아보고 나니 착각한 건 바로 나였네요. 부디 용서해주세요. 전에도 종종 바넘 씨를 태우곤 했으니, 보스턴에 오시면 무조건 제가 모시겠습니다. 다시는 이런 실수를 하지 않겠습니다." 나는 이 말로 만족할 수밖에 없었다.

1853년 나는 페어필드 카운티 농업협회 회장직에서 물러났다. 다만 회원들은 내게 1854년 박람회까지는 회장직을 유지해달라고 요청했다.

내 농장에는 가축이 그리 많지 않다. 가축이라야 많은 우유와 버터를 생산할 수 있는 올더니종 암소, 살집은 푸주한이 환영할 만큼 많은 반면 먹는 양은 다른 종의 3분의 1에 불과한 서픽종 돼지가 전부다.

가축 외에도 괜찮은 가금류와 희귀종 새들을 키운다. 닭을 예로 들자면 도킹, 블랙스패니시, 볼턴그레이, 시브라이트, 실버스팽글, 아프리카밴텀 등의 종이 있고, 그 밖의 가금류와 새로는 흑고니, 백조, 이집트 거위, 흑거위, 원앙새, 희귀종 오리들, 금뇌조, 은뇌조, 영국산 뇌조 등이 있다.

〈사냥터 관리인〉. 리처드 앤스델(Richard Ansdell, 1815~1885)

농업과 직간접적으로 관련 있는 사실과 사건을 빼놓고 지나갈 수 없으니 다음 일화도 얘기해야겠다.

내게는 존 D. 제임슨(가명)이라는 친구가 있다. 그는 내 집에서 400미터가량 떨어진 근사한 집에서 산다. 나는 그의 집과 바로 접한 두 거리의 모퉁이에 땅 몇 헥타르를 가지고 있다. 최근 그 땅에 높다란 말뚝 울타리를 쳐서 로키마운틴 엘크(사슴류 중에서 가장 큰 종―옮긴이)와 순록 등을 많이 가져다놓고 사슴 농장으로 꾸몄다. 그곳을 지나는 외지인들은 자연스럽게 사슴 농장이 제임슨의 소유라고 생각했다. 오해가 아예 기정사실이 된 것은 제임슨의 사위가 농장 앞거리에 이런 표지판을 세워놓았기 때문이다.

이 땅을 무단으로 지나거나 사슴을 겁주는 행위를 금합니다.

J. D. 제임슨

나는 패배를 인정했고 그 장난을 아주 즐겁게 받아들였다. 제임슨은 기뻐하면서 자기가 바넘을 한 수 앞질렀다고 허풍을 떨어댔다. 표지판은 며칠 동안 그대로 남아 있었다. 어느 날인가 뉴욕에서 친구들이 제임슨의 집을 찾아왔다. 그들은 밤중에 도착했다. 제임슨은 친구들 앞에서 바넘에게 멋지게 한 방 먹였다고 말했다. 따로 설명하진 않겠지만 친구들이 아침에 저절로 알게 될 거라고 말이다. 화창한 다음날 아침 그는 일찍이 친구들을 데리고 농장 앞에 나가서 표지판으로부터 적당히 떨어져 그 주위를 한 바퀴 돌았다. 그런데 그가 발견한 것은 당황스럽게도 자신의 이름 바로 밑에 추가된 '바넘의 사냥터 관리인'이라는 글귀였다. 친구들은 그 장난을 알아차리고 아주 즐거워했다. 그러나 내가 들은 소식에 따르면 제임슨은 '웃는가 싶더니 울상'이 되었다.

제14장

여러 가지 사업들

이 자서전을 마무리하는 장인 만큼, 내가 관여했거나 지금도 진행중인 여러 사업들에 관해 언급하고자 한다. 그리고 그 모든 사업을 다 합친 것보다 더 중요한 내 가족과 내 집에 관해서도 말하겠다.

소화기

1851년 8월 말, 한 신사가 나를 만나러 브리지포트를 방문했다. 미국에서 특허 등록한 영국 발명품인 필립스 소화기에 관심이 있는 사람이었다. 그는 영국의 저명하고 신뢰할 만한 사람들로부터 받은 여러

검정서들을 보여주면서 그 발명품을 극찬했다. 그 기계의 가장 큰 장점은 불을 끄는 능력이 있고, 그리하여 일단 발생한 화재가 번지는 것을 방지하는 데 있는 듯했다. 그뿐만 아니라 소화기에서 뿜어지는 증기 또는 기체는 사람에게 해롭지 않았다. 물로는 불을 끌 수 없을 경우 소화기는 최소한 대화재를 진압하는 데 큰 도움을 줄 수 있음이 분명했다. 특히 화재 초기 단계에서 유용하며, 물로 불을 끄는 대부분의 경우처럼 물건이나 기타 재산에 손상을 주지 않고 화재를 진압할 것이다.

미국 재무부 수석 감사관인 엘리사 휘틀지가 그 소화기의 미국 특허권에 관심을 가지고 있다고 했다. 나를 방문한 신사는 나도 소화기에 관심을 가져주기를 바란다고 했다. 나는 주먹구구식으로 투자하는 성향은 아니었다. 그러나 그 소화기는 사람의 재산뿐 아니라 많은 생명까지도 구할 수 있는 이로운 발명품이라고 확신했다. 그래서 휘틀지 씨와 J. W. 앨런 씨를 비롯해 그 밖에 소화기에 관심을 가진 사람들과 면담을 하고자 워싱턴으로 향했다.

면담 과정에서 나는 그 소화기가 영국에서 화재를 진압하고 막대한 재산을 지켜낸 무수한 사례들을 확인했다. 게다가 브로엄 경은 정부 소유의 모든 선박에 그 소화기를 설치하도록 하는 법안을 의회에 제출해놓은 상태였다. 휘틀지 씨는 서한을 통해서 "그 사람들의 증언을 신뢰한다면, 이 소화기는 가장 비범한 시대의 가장 위대한 발명품이 될 것입니다"라고 자신의 믿음을 피력했다. 나는 그의 말에 전적으로 공감했고, 그의 의견을 반박할 만한 사례를 전혀 찾아볼 수 없었다.

나는 사업에 참여하기로 했다. 휘틀지 씨가 회사의 회장으로 선출되었고 나는 총무 및 총대리인으로 임명되었다. 나는 뉴욕에 회사 사무실을 열고 두어 달 만에 소화기 판매 및 예약으로 18만 달러 상당의 계약을 성사시켰다. 공개 실험을 통하여 소화기의 성능이 증명될 때까지 나는 판매액의 일부만을 받기로 했다. 그뿐만 아니라 자발적으로 모든 구매자들에게 다음과 같이 서명한 약정서까지 보냈다.

> 공개 실험과 시연이 백 퍼센트 성공하지 못할 경우, 공개 실험 후 10일 이내에 구매자의 요구가 있으면 언제든 이 특허품의 구매와 예약을 위해 본사에 지불한 구매대금 및 계약금 전액을 환불하겠습니다.

공개 실험은 1851년 12월 18일 해밀턴 스퀘어에서 있었다. 궂은 날씨에 몹시도 추운 날이었다. 실험자로 나선 필립스 씨는 소화기에 반대하는 일부 폭한들의 방해를 받고 넘어졌다. 그 때문에 필립스 씨가 초기에 불을 끄는 데 성공했음에도 모형 건물은 다시 불이 붙어 다 타 버리고 말았다. 예기치 못한 부당한 반대의 결과, 나는 그때까지 소화기 판매로 받은 돈 전액을 환불해주었다. 이후에 있을 다른 실험들을 기대하며 환불을 원치 않는다는 구매자들에게까지 돈을 돌려주었다. 대중이 나보다 더 많은 관심을 가진 분야나 사안이 있다. 그런데 소화기 사례에서처럼 정작 그들 중 상당수가 그 중요한 사안을 대하는 방식에 나는 그야말로 넌덜머리가 났다.

내가 상거래에 통용되는 윤리 규범을 따랐더라면 환불하겠다는 약정을 철회할 수도 있었을 것이다. 그랬다면 우리 소화기 회사에 큰 이윤을 안겨줬을 것이다. 그러나 뼛속까지 흥행사였던 나는 상도덕과는 다른 원칙에 따라 움직였고, 소화기의 진정한 장점을 이해하지 못하는 모든 사람들에게 자진 환불해주는 쪽을 선택했던 셈이다. 소화기 발명자 필립스 씨는 판매 실적에 따라 수익을 배분받는 방식으로 회사와 계약했다. 그 결과 그는 실질적으로 한 푼도 받지 못했다. 미국 내 우리 소화기 회사의 손실은 홍보비와 실험비, 사무실 임대비 등 다해서 3만 달러가 채 되지 않았다. 그중에서 내가 부담한 금액은 1만 달러였다.

나는 회사의 내 지분을 '스틸먼 앨런' 사의 호레이쇼 앨런에게 팔았다. 앨런 씨는 그 소화기의 상품성을 확신한다. 현재 그 회사는 소화기를 양산하여 선박, 공장, 상점, 주택 등에 판매하고 있다. 앨런 씨는 머잖아 회사의 초기 손실을 충분히 만회할 것이다. 화재가 발생하여 불길이 거세지는 경우, 특히 바람이 불 때 그 소화기는 별다른 효과를 내지 못했다. 그 점에 한해서 나는 맨 처음 나를 찾아왔던 신사에게 속은 셈이다. 그러나 모든 화재의 초기 단계에는 확실히 쓸모 있는 소화기다. 모든 건물, 특히 범선과 증기선에는 반드시 비치해둬야 할 것이다. 지금까지의 경험을 바탕으로 확신하건대, 실제로 가치가 있는 것이라도 늘 성공을 가져오지는 않는다. 필립스 소화기가 바로 그런 예다. 사기꾼이 늘 성공하는 것이 아니듯 말이다.*

피쿼넉 은행

1851년 봄 코네티컷주 의회는 20만 달러를 자본금으로 하는 브리지포트의 피쿼넉 은행 설립을 허가했다. 나는 은행 설립에는 아무 관

---

* '사기꾼의 역사'를 책으로 내면 고수익을 보장하는 동시에 흥미로운 출판이 되지 않을까 종종 생각해왔다. 사기꾼은 어느 시대에나 있어왔고 어느 직업에나 퍼져 있다. 내가 탐구중인 이 주제는 비단 흥행사의 영역에만 국한되지는 않는다. 역사 전반에서 자행되어온 사기술을 제대로 폭로하기만 한다면 대중을 깜짝 놀라게 하는 동시에 깨우쳐줄 것이다. 내가 출간 준비중인 작품은 과학적 보편성의 진면목을 유감없이 보여줄 것이다.

심이 없었고 그런 움직임이 있는 것조차 몰랐다. 브리지포트처럼 계속 성장하고 번성중인 도시에서 상공업이 가파르게 발달하는 결과 더 많은 금융자본이 필요한 것은 당연지사다. 그러니 은행 설립이 공공 이익에 이바지할 것은 분명했다. 상법에 따라 은행설립 주의회 위원회의 감독하에 주식대장이 공개되었고, 첫날에만 신주발행 공모액이 자본금의 2배에 육박했

미국의 기술자이자 발명가 호레이쇼 앨런
(Horatio Allen, 1802~1889)

다. 주식은 위원회가 수백 명의 신청자들에게 배분했다. 그런데 뜻밖의 상황이 벌어졌다. 이사회의 만장일치로 내가 은행 사장에 선출되었고 내가 그 직을 수락한 것이다. 나는 당시 여러 사업에 관여하고 있어서 사장 직책에 집중할 수 없다고 생각했다. 그래서 내 요청으로 현재 브리지포트 시장인 C. B. 허벨 씨가 부사장으로 임명되었다. 당시에 허벨 씨는 은퇴한 상인이었고 그가 오랫동안 저명인사로 존경받아온 곳인 브리지포트에서 대가족과 함께 살고 있었다. 브리지포트 은행의 중역으로서 오랜 경험이 있는 그가 부사장직에 적임자였다. 피쿼닉 은행은 개업일부터 가장 바르고 합법적인 방식으로 사업을 했다. 물론 그런 방식을 통하여 은행의 고객과 주주 모두에게 금전적인 이익과 만족을 주기 위함이었다.

개원중인 코네티컷주 의회(1880년)

몇 차례 아무런 타당성도 이유도 없이 은행의 신용을 위태롭게 만드는 일들이 있었다. 그중에 한 건 이상은 공갈에 가까운 음해 시도였다. 물론 나는 과거에도 그랬듯이 앞으로도 절대 그런 공갈에 굴복하지 않을 생각이었기에 당연히 그 시도들은 무용지물이 되었다. 은행의 건전성에 의혹을 만들려는 마지막 시도는 《뱅크노트 리스트》의 한 기자가 자행했던 것이다. 나는 이사회를 비롯해 어느 누구와도 상의하지 않은 채 은행에 문제가 생긴다면 내 사재로 손실을 보전해주겠다고 은행 관보를 통해서 밝혔다. 만만찮은 상대를 만났음을 깨달은 그 기자는 하루 전에 낸 기사를 즉시 철회하고서 피쿼닉 은행은 안전하고 건전하다는(사람들은 이미 알고 있던 사실이지만) 정정기사를 냈다.

뉴잉글랜드의 은행 시스템은 지금까지 고안된 어떤 시스템보다도 주주와 채무자 모두에게 안전하다. 주식이 특정 자본가나 집단에 독점

되지 않고 모든 신청자에게 적절히 분배되게 감독하는 것이 바로 은행 위원회의 임무다. 코네티컷주법에 따르면 은행 이사진 중 어느 누구도 직간접적으로 5,000달러를 초과하는 금액의 은행 채무자가 될 수 없다. 코네티컷주에는 그 밖에도 다양한 규제와 안전장치가 마련되어 있다. 이를테면 주의회 위원회에 상시 보고되는 은행별 정화(正貨) 보유액, 은행이 필수적으

브리지포트 최초의 국영 은행(1916년 사진)

로 작성해야 하는 보고서, 직원 감시 감독 등이 있다. 이런 장치들은 주의회 위원회가 의무를 소홀히 할지도 모르는 모든 경우에조차 확실하고 충분한 효과를 입증해왔다.

그러나 이따금씩 저절로 잘 굴러가는 것에 만족하지 못하는 주의원들이 선출되곤 한다. 그들은 똑똑해 보이고 싶어서 무슨 일인가 벌여야 하는데, 대개는 서투르게 통화를 건드리는 것으로 시작해서 시중은행에 사사건건 참견한다.

1854년 코네티컷주 의회는 은행과 관련하여 몇 가지 현명치 못하고 과잉된 법안을 통과시켰다. 이는 채무자와 주주 모두에게 손실을 입히는 결과를 가져왔다. 이 법안을 신속히 폐지하지 않는다면, 적절한 은행 업무에 따라 성공 여부가 크게 좌우되는 제조업과 상업 분야에 당장의 손실은 아니더라도 큰 혼란을 줄 것이다.

신도시—이스트 브리지포트

1851년, 나는 윌리엄 H. 노블 씨로부터 브리지포트의 땅을 매입했다. 노블 씨가 작고한 부친으로부터 물려받은 땅의 절반으로, 브리지포트시의 맞은편, 그러니까 피쿼넉강 동쪽에 자리잡은 20헥타르였다. 우리는 그 땅을 신도시의 중심으로 만들기로 결정했다. 그 땅이 가진 여러 자연적인 이점을 바탕으로 신속하게 도시를 세울 수 있을 터였다.

그러나 계획을 공론화하기에 앞서 이미 매입한 땅과 인접한 땅 70헥타르를 추가로 사들였다. 그런 다음 땅 전체에 걸쳐서 질서정연하게 거리를 구획하고 나무를 심어 각 구획을 나누었다. 그리고 아름다운 숲 2~3헥타르를 그대로 보존하여 나중에 울타리를 두르고 공원으로 만들기로 했다. 그때부터 매입가와 같은 가격으로 땅을 분양하기 시작했다. 단, 분양 전에 예외 없는 조건을 걸었다. 즉 땅을 매입하고 1년 안에 반드시 적절한 주택, 상점, 공장을 지어야 한다는 조항이었다. 또한 건축시 우리가 승인한 건물 양식에 따라 도로에서 일정한 거리를 두어야 했다. 또한 건물 부지에는 적당한 울타리를 치고 주거 환경을 깨끗하고 청결하게 유지하며, 품격 있는 시민들의 유입을 위하여 힘쓰고, 신도시에 정착하게 될 모든 사람들의 상호 이익을 도모한다는 조건도 포함되어 있었다.

이 전체 부지는 브리지포트 중심가에서 800미터도 채 떨어지지 않은 아름다운 고원으로 이루어져 있다.

그러나 접근 수단 부족으로 시장에 가는 것이 여의치 않았다. 이 지역과 브리지포트를 잇는 새로운 인도교가 건설되었고, 우리 소유지에

이스트 브리지포트(1852년)

포함된 공공 유료도로는 무료로 개방했다. 그뿐만 아니라 주의회로부터 기존의 두 다리 사이에 유료도로를 설립할 허가도 받았다. 설립 허가가 나자 16,000달러를 들여서 근사한 지붕이 있는 도개교를 지었고 이 역시 무료로 개방했다. 또 크고 멋진 마차 공장을 만들어 젊은 마차 제조공들로 이루어진 회사조합에 공장을 빌려주었다. 이 공장은 1852년 1월 1일 조업을 시작했다.

이 공장은 현재 브루스터 사의 소유다. 최근에는 '허벨 앤드 헤이트' 사가 유사한 공장을 신도시에 세웠다. 브리지포트는 미국에서 가장 많은 마차를 제조하는 도시다. 전 세계 어디서도 이스트 브리지포트에서 대량 제조되는 마차의 뛰어난 품질을 따라오지 못한다. 그뿐만 아니라 현재 자본금 10만 달러인 '테리 앤드 바넘' 제조사의 대규모 시계 공장이 건설중이다. 이 공장 하나만으로 우리 신도시에 주민 600명을 이주시킬 수 있다. 사장인 시어도어 테리 씨는 앤소니아 시계 회사의 설립

브루스터 사에서 디자인한 마차(1877년)

세계 최대 규모를 자랑하던 앤소니아 시계 회사의 공장

마차 제조업으로 시작해서 20세기 중반까지 자동차 차체를 만든 브루스터 사

자 중 하나로 시계 제조업에 정통하다. 이 공장은 한 달에 5,000개 이상의 시계를 생산할 예정이다.

그 밖에 토지를 싸게 분양하고 건물을 짓는 데 필요한 비용의 2분의 1, 3분의 2 또는 전액을 빌려주는 유인책도 마련했다. 빌린 건축 비용은 분할 상환하도록 하되, 다달이 갚는 금액은 5달러 이상으로 자유롭게 정할 수 있도록 했다. 이는 다른 방법으로는 집을 지을 수 없었던 많은 사람들에게 내 집 마련의 기회를 주었다. 우리는 물론 팔지 않고 보유중인 토지의 지가가 오를 것으로 확신하기에 거기서 수익을 낼 것이 분명하다.

이런 특별한 유인책은 많은 사람들로 하여금 신도시에 집을 짓게 만들었고, 현재 그 증가 추세는 브리지포트에서 지금까지 유례가 없을 만큼 빠르다. 이 글을 쓰고 있는 지금은 우리 신도시 부지에 첫 건물이 올라간 지 2년 반밖에 안 지났지만 이미 지금까지의 주택, 상점, 공장 등에 들어간 총비용은 100만 달러에 육박한다. 근사한 교회와 학교도 세워졌다. 2년 전 200달러에 구입한 토지가 현재 건물을 제외한 땅값만 1,000달러에서 2,000달러를 호가하고 있다.

이 투자를 수익성 높은 자선사업으로 간주해도 무방하다. 나는 여러 차례 노블 씨에게 처음 매입가 외에 별도로 6만 달러를 주려 했으나 그가 거절했다. 나는 이 사업을 사위인 데이비드 W. 톰슨에게 맡겼다. 사위가 내 사업에 헌신하여 나로서는 한시름 놓은 상황이다.

일러스트레이티드 뉴스

1852년 가을에 몇몇 사람들이 내게 뉴욕에서 삽화가 있는 주간지를 발행해보지 않겠냐고 제안했다. 사업성이 있다고 판단한 나는 유한책임 사원의 자격으로 2만 달러를 투자했다. 그리고 다른 두 명의 신사는 무한책임 사원의 자격으로 각각 2만 달러씩 투자했다.

1853년 1월 1일 《일러스트레이티드 뉴스》 창간호를 발행하고 한 달도 되지 않아서 이 주간지의 발행 부수는 7만 부에 이르렀다. 그러나 신규 사업자로서 감당하기 어려운 무수한 문제들이 연이어 발생했다. 계속되는 과로로 기진맥진한 동업자들은 창간 첫해가 끝나갈 무렵에는 사업을 접고 싶어서 안달이 나 있었다. 회사의 조판 설비와 영업권은 보스턴의 '글리슨스 픽토리얼' 사에 팔렸다. 물론 우리의 구독자 명단도 그 회사로 넘어갔다. 나는 아무런 손실 없이 사업에서 손을 뗐다.

뉴욕의 수정궁

1851년 뉴욕에서 만국박람회를 열자는 제안이 처음 나왔다. 리델 씨를 비롯한 그 계획의 제안자들이 내게 동참해달라고 요청했다. 나는 그런 사업은 시기상조라는 사견을 전제로 요청을 거절했다. 그 계획은 런던 만국박람회의 예를 지나치게 따라하는 것이라고 생각한 나는 제안자들에게 무조건 큰 손실을 입을 거라고 조언했다. 그러나 그 계획은 추진되었고 뉴욕 주 의회로부터 승인도 받았다. 만국박람회 건물은 리저부아 스퀘어(나중에 브라이언트 파크로 개명됨—옮긴이)에 지어졌고, 뉴욕시에서 1년에 1달러라는 명목상 임대료를 받는 조건으로 박람회 협회측에 임

글리슨스 픽토리얼 사의 출판 센터

대했다. 건물 위치는 시청에서 6킬로미터 넘게 떨어져 있었는데 그것 하나만으로도 사업을 말아먹기에 충분했다. 그러나 공모주 발행에 이어서 수정궁은 1853년 7월 일반에 공개되었다. 수많은 외지인들이 뉴욕을 찾아왔다. 그러나 그 사업은 주주들에게 재앙이 될 소지가 높았다. 뉴욕의 전반적인 호황세가 사업비용을 지나치게 초과하도록 조장한 것은 분명하다.

1854년 2월, 수많은 주주들이 수정궁, 다시 말해 만국산업박람회 협회의 회장직을 맡아달라고 요청했다. 나는 아예 그런 말 자체를 듣지 않으려 했고, 내 친구이자 이웃인 게닌도 마찬가지였다. 그래서 협회와 관련하여 우리 둘의 이름을 사용하지 말라고 당부했다.

따라서 뉴욕의 여러 신문 지면에 우리가 새로운 이사진과 관련 있

뉴욕의 수정궁(1854년)

는 듯이 보도된 것을 보고 나는 그것이 주가를 부풀리기 위한 술수라고 판단했다. 우리는 '시체를 일으켜세울 능력'이 없기에 수정궁 운영에 절대 관여하지 않겠다는 짧은 통지문을 신문에 실었다. 적어도 내경우에는 그 사업과 어떤 관련도 맺지 않겠다는 뜻이 대중에게 제대로 전달되었다. 게닌 씨도 같은 생각이었다고 나는 확신한다.

그런데 얼마 후 많은 유력인사들이 나를 찾아와서 내 이름을 사용하게 허락해줄 것을 강하게 요청했다. 나는 거듭 거절했으나 결국 내판단과는 정반대로 그 요청을 받아들이고 말았다. 이사진에 합류한 나는 이사회 회장으로도 선출되었다. 나는 회장직을 수락하되 조건을 걸었다. 내가 정밀 조사를 해보고 협회에 회생 가능성이 없다고 판단하면 회장직을 거부할 수 있다는 조건이었다.

회계감사를 시작하자마자 협회에 불리한 요소들이 드러났다. 그런 문제점들을 알고 있던 많은 관련자들의 진술도 잇따랐다. 반면 다양한 형태의 채무에 관해서는 내가 요청했음에도 자료를 확보할 수 없었다. 결국에 나는 협회의 채무에 관해 전혀 모르는 상태에서 회장직을 수락했다.

회장직을 수락한 것은 그 사업에 시간과 수고를 기꺼이 바칠 적임자가 없는데다 뉴욕시를 위하여 회장이 되어달라는 이사진과 주주들의 빈번한 요청이 있었기 때문이다. 내가 회장직을 수락하지 않았더라면 수정궁은 1854년 4월에 영원히 문을 닫았을 것이다.

이런저런 상황들이 나를 움직였고 나는 회장으로서 할 수 있는 모든 노력을 다했다. 파산을 막기 위하여 빚의 상당 부분을 갚았고, 합법적인 수단을 총동원하여 수정궁에 대중의 관심을 고조시켜 사업에 활력을 주려고 애썼다. 각종 이임식과 취임식, 줄리앙의 괴물 공연, 독립 기념일 행사 등을 유치했으나 반짝 열기로 그쳤다. 단발성 전기충격으로 몇 번 꿈틀거리다 마는 꼴이어서 실질적인 성과가 없었다. 그 사업은 내가 손을 대기 오래전부터 이미 시체나 다름없었다. 그리고 전력을 다한 노력 후에 처음의 내 판단이 옳았음을 확인했다. 내가 가진 능력으로는 '시체를 일으켜세울 수 없었다'.

수정궁 회장으로 있던 석 달 동안 나는 밤낮으로 그 어느 때보다 열심히 일했다. 그런데 수정궁의 채권자들은 나를 채무자로 여기는 것 같았다. 그들이 협회를 대신하여 내가 채무를 변제해주기를 바라는 것을 알고 나는 7월에 회장직을 사임했다.

수정궁 이사진에 호레이스 그릴리라는 사람이 있었다. 그는 이사회에 참석할 때 어떤 이사보다도 시간을 엄수했고 착실했다. 나는 그에게 다른 이사들도 시간을 잘 지켜주었으면 좋겠다고 자주 얘기하곤

1853년 뉴욕 만국박람회에 엘리사 오티스가 발명하여 출품한 엘리베이터

했다.

"너무 바빠서 시간 약속을 지키지 못하는 사람들이 있죠. 하지만 나는 늘 시간이 많거든요." 그가 대답했다. 나는 일 년 동안 그릴리 씨보다 더 열심히 일하고 많은 성과를 낸 사람을 보지 못했다. 그는 새벽부터 자정까지 쉬는 법이 없었고 언제 어디든 출장을 갔다. 신출귀몰하는 능력이라도 있나 싶을 정도였다. 언젠가 그가 인디애나주에서 농업 강연을 하는 것을 본 적이 있는데, 이틀 정도 뒤에는 버몬트주에서 금

주 강연을 하고 있었다. 그리고 같은 날 아침 《트리뷴》지를 읽다가 논쟁 상대를 간단명료하고 효과적인 방법으로 공략하는 그의 왕성한 필력을 발견하기도 했다.

한번은 이사회에서 매우 중요한 화두가 제기되고 감정적인 언사가 나온 적이 있었다.

"나는 항상 엄격하게 해석을 합니다." 이사 한 명이 말했다.

"나는 항상 여러 해석의 가능성을 열어두죠." 그릴리 씨가 말했다. "게다가 나는 밑바닥에 깔린 비열함말고는 엄격한 해석의 원칙이란 걸 들어본 적이 없답니다."

"그 말이 개인적인 것은 아니길 바랍니다." 그 이사가 말했다.

"물론 아니지요." 그릴리 씨가 말했다. "하지만 그 주제에 관해 나 자신이 겪은 걸 그대로 말하는 겁니다."

수정궁은 아주 중요한 측면에서 소정의 성과를 거두었다고 볼 수 있다. 예술에 대한 대중의 관심을 불러일으켰을 뿐 아니라 발명가와 제조업자에게 많은 혜택을 주었다. 뉴욕시에 수백만 달러의 경제 효과를 부여한 것은 의심의 여지가 없다. 공모주 청약에 나섰던 사람들 중 상당수가 뉴욕으로 외지인들을 불러들임으로써 자기 사업에 도움을 받고자 하는 목적을 갖고 있었다. 주식으로는 단 한 푼도 수익을 얻지 못했지만, 여러 상인과 호텔업자 등은 똑같은 결과를 가져오는 또다른 사업이 추진된다고 해도 역시나 반길 것이다.

수정궁의 운명이 어떻게 될지는 나도 알 수 없다. 나는 수정궁 주식을 1달러어치도 가지고 있지 않다. 수정궁의 앞날에 딱히 관심도 없다. 다양한 제안들이 나오고 있다. 미국 정부에 팔자는 안, 보스턴으로

불타는 수정궁(1868년)

옮기자는 안이 있다. 또는 필라델피아로, 맨해튼의 배터리 파크로, 뉴욕 시티홀 파크로 옮기자는 안도 있다. 내 생각에는 뉴요커들이 이미 수정궁에 대한 사람들의 일관되게 냉담한 반응에 자괴감을 느끼는 것 같다. 그리고 그 웅장한 건물이 다른 경쟁 도시로 옮겨간다면 자괴감은 더 깊어질 것이다.

구리 광산과 기타 등등

내게는 그야말로 무궁무진한 돈벌이 제안들이 계속 쏟아졌다. 대부분은 달에 철로를 놓는 일만큼이나 황당무계하고 실행 불가능한 것들이었다. 반면 천 개 중 하나꼴로 꽤 그럴듯한 제안이 있긴 했다.

특허권 관련 제안들은 대개 특허권 취득과 상품화 비용을 내가 지원하는 대신에 수익을 나누자는 것이었다(특허권자들이 말하는 수익이 10만 달러 이하인 경우는 거의 없었다. 50만 달러에서 100만 달러까지가 다반사였다).

어떤 사람이 대규모 황무지를 파는 데 내 이름을 빌려준다면 내게 그보다 약간 작은 황무지를 공짜로 주겠다고 한 경우도 있었다.

광산주를 비롯한 여러 투기주 제안들은 십중팔구 유명인이나 재력가를 끌어들이고 미끼로 사용하여 대중을 속이려는 시도들이었다.

구태여 말할 필요도 없겠지만, 나는 지금까지 그런 일에 이름을 빌려준 적도 없거니와 앞으로도 절대 없을 것이다.

내가 지금까지 가져본 광산주가 딱 하나 있긴 하다. 코네티컷주 리치필드에 있는 구리 광산 관련주다. 그 구리 광산은 스키넥터디의 유니언 대학 총장인 노트 박사에게 엄청난 수익을 안겨주고 있는 브리스틀 광산과 같은 광맥에서 뻗어나왔다. 나는 그 광산을 조사하는 데 1만 달러를 투자했고, 지질학자와 광물학자 여러 명의 실제적인 관측과 보고서를 바탕으로 수익성에 확신을 갖게 됐다. 그러니 적절한 시기에 주식회사를 통하여 채굴을 시작한다면 사업에 들어간 비용을 훨씬 상회하는 엄청난 투자금이, 그것도 단시간에 몰릴 것이다.

최근 '엄청난 투자 건'이 있다며 내게 접근하는 사람들은 정도의 차이는 있을지 몰라도 대개 이런 식으로 말을 꺼낸다. "바넘 씨, 당신은 큰돈을 벌 수 있는 일이라면 언제든 뛰어들 준비를 하고 있는 것으로 압니다. 지금 내게 일 년에 20만 달러를 벌 사업안이 있어요. 물론 그 사업안을 알려드릴 생각이지만 조건이 있어요. 만약에 당신이 투자를 하지 않더라도 내 사업안을 따로 이용하지 않는다고 먼저 약속해줘야 합니다."

그러면 나는 대개 이렇게 대답한다. "내가 돈벌이에 혈안이 되어 있다니 당신은 크게 착각하고 있군요. 정반대로 내가 이 세상에서 바라는 것은 딱 하나, 평온함이니까요. 당신의 사업안이 내게 그걸 줄 것 같지는 않군요. 당신이 내 머리에서, 또는 지갑에서, 아니면 둘 다에서 뭔가를 빼내려 하지 않는다면 나를 찾아오지 않았을 테니까요. 우선 내겐 투자할 여유자금이 없어요. 두번째로 나는 이미 투자한 사업이 있고 다른 투자 때문에 그 사업을 소홀히 하고 싶지 않아요."

"에이, 아니에요. 내 사업안은 그리 많이 신경쓰지 않아도 되는 겁니다. 그리고 확실히 보장된 엄청난 수익에 비하면 투자금도 큰돈은 아니죠. 사업은 주식회사를 통해 진행될 겁니다."

"허허, 친구. 그렇다면 당신이 사업안을 말하기에 앞서 내가 먼저 한마디만 합시다. 당신이 길에 까는 돌을 다이아몬드로 만들기 위해 주식회사를 차리고 내게 연간 100만 달러의 수익을 안겨주겠다는 거라면, 나는 당신과 함께하지 않을 거요. 그러니 당신의 사업안이 그보다도 괜찮은 것이 아니라면 구태여 내게 말할 필요가 없어요. 어차피 나는 투자하지 않을 테니까요."

이 정도면 대개는 사업안을 듣지 않고 넘어갈 수 있다. 그러나 항상 그런 것은 아니다. 일부 열정이 넘치는 사람들은 여전히 나를 끌어들일 수 있다 여기고서 사업을 설명할 기회를 달라고 고집을 피우기 때문이다.

종종 나를 찾아와서 언제 한가하냐고 묻는 사람들이 있다. 내 대답은 이렇다. "한가할 시간이 없어요. 솔직히 한가하다는 게 무슨 뜻인지도 모르는걸요."

"시간이 괜찮으시면 30분만 얘기를 나눌 수 있었으면 합니다. 내게 아주 괜찮은 사업안이 있거든요."

"선생, 그러면 간단히 사업의 핵심만 말해주세요. 30분이 아니라 30초면 충분할 것 같군요."

"고맙습니다. 내가 이 도시에 온 것은 자본가들로 이루어진 주식회사를 세우기 위해서입니다. 당신은 내 제안을 받는 첫번째 자본가인 셈이죠. 내게 아주 아름다운 땅 2만 헥타르 정도가 있습니다. 어디에 있는 땅이냐면—"

"됐습니다, 선생. 실망을 드려 유감이지만, 나는 공짜로 그 땅을 준대도 받지 않을 겁니다. 나는 이미 투자를 하고 있어요. 가능한 한 사업을 간소화하고 시골에 내려가 쉬고 싶어요."

"하지만 이 사업으로 벌어들일 돈이 무려—"

"선생, 나는 돈벌이에 관심이 없어요. 이미 내 자식들을 망쳐놓을 정도로 많은 돈을 가지고 있으니까요."

한번은 테네시주의 내슈빌에서 한 남자가 찾아와 자기네 마을에 묘지를 조성하면 괜찮을 부지가 있다며 투자를 제안했다. "내 생각에는 그 사업으로 수익을 낼 만큼 사람들이 빨리 죽을 거 같지 않군요." 내가 대답했다.

"아, 하지만 돈은 죽은 자의 필요에서 나오는 것이 아니라 산 자의 자존심에서 나오는걸요."

나는 그 사람 말이 옳다고 생각했지만 그래도 정중하게 거절했다.

어떤 사람은 낙타를 이용하여 육로로 캘리포니아까지 사람들을 실어가는 웅대한 계획을 제안했다. 나는 낙타보다는 당나귀가 나을 것 같다고 말했지만, 그걸 타고 캘리포니아까지 가고 싶지는 않다고 덧붙였다.

1년 전에는 뉴잉글랜드의 유명한 비누 제조업자인 가드너 교수로부터 그가 만든 비누 12장과 다음의 편지를 받았다.

1853년 10월 20일, 로드아일랜드주 프로비던스

바넘 귀하

나는 귀하를 만난 적이 없고 귀하 또한 나를 만난 적이 없으나 우리는 서로 모르는 사이가 아닙니다. 귀하는 사람들의 마음에 기름칠을 하고 나는 사람들의 피부에 비누칠을 합니다. 귀하는 부자고 나는 아닙니다. 귀하의 재산에 50만 달러를 추가하고 귀하의 명예에 많은 월계관을 덧씌울 사업 계획이 내게 있습니다. 나는 지금까지 역사상 최고의 비누를 만들어왔습니다. 100만 명의 남자와 300만 명의 아름다운 여성(신의 위대한 창조물이죠)이 그것을 증명해줄 겁니다. 내 말이 사실임을 입증하는 샘플 비누들을 동봉합니다. 한번 써보세요. 그리고 내 말이 사실임을 확인한다면 비누 사업에 1만 달러를 투자해주세요. 내 동업자가 되어주세요. 우리는 3년 내로 아메리카 대륙 전역에 비누를 공급하고 100만 달러의 수익을 거둘 겁니다.

그 결과 귀하는 사람들의 마음속에 귀하의 이름을 기리는 기념비를 세우게 되겠지요. 귀하는 자국민에게 큰 은혜를 베풀었음을 알고 기뻐할 거고요. 청결은 신앙심 다음으로 중요합니다. 귀하는 최소한 1,000만 명의 자국민이 청결해지고 정화되는 데 도움을 줄 수 있습니다. 이는 자국민과 귀하 자신을 위한 의무입니다. 비누 포장지에 그려진 내 초상화를 보십시오. 정직한 남자의 얼굴이 보일 겁니다. 다음주에 내게 5,000달러 수표를 보내십시오. 그리고 그다음 주에는 5,000달러를 더 보내십시오. 그 돈으로 내가 만든 최고의 비누를 수요만큼 공급할 수 있습니다. 나는 수익의 4분의 1을 귀하에게 보내겠습니다. 자, 친구, 돈을 보내세요. 불평은 금물입니다! 그렇게 함으로써 귀하는 공공 자선가가 될 겁니다. 씻지 못하던 수백만 명이 귀하의 이름을 칭송할 겁니다.

내 비누는 아리따운 손을 만들고 아둔한 머리를 치료합니다. 페인트와 기름을 없애주고, 면도할 때는 타의 추종을 불허합니다. 손이나 얼굴이 튼 것을 치료해주고 충치에 탁월한 효과를 냅니다. 뽀루지도 치료합니다. 충분한 양을 적절히 사용한다면 베수비오 산의 화산 폭발마저 잠재울 수 있다고 나는 자신합니다.

이만 총총

뉴잉글랜드의 비누 명인으로 불리는 가드너 교수

나는 '교수'의 열렬한 제안과 유혹에 용케 넘어가지 않고 거절했다. 그런데 비누를 써보니 꽤 좋은 제품이었다.

구걸 편지들

나는 수많은 구걸 편지도 받았다. 절반 이상은 이런 식으로 시작된다. "사장님, 일면식도 없는 사람한테 편지를 받고 당연히 놀라셨을 겁니다. 그래도 이 편지를 읽고 제 얘기에 귀기울여주십시오." 사실 나는 편지를 보낸 이가 일면식도 없는 사람이 아니었더라면 오히려 더 놀랐을 것이다. 그리고 그 편지가 돈을 구걸하는 내용이 아니었더라면 더더욱 놀랐을 것이다.

요구하는 금액은 100달러에서 10,000달러까지 다양했다. 내게 돈을 빌리기 위하여 모두가 약속이나 한 것처럼 자신의 '명예'나 '생명보험 증서'를 담보로 걸겠다고 했다. 많은 사람들이 생명보험 증서가 금처럼 값어치 있다고 생각하는 것 같다.

한 낯선 사람이 나를 찾아와 3년간 5,000달러를 빌려달라고 했다. 그는 생명보험을 들어서 그 증서를 내게 담보로 주겠다고 했다. 나는 그에게 보험 증서가 어떤 식으로든 효력을 발휘하려면 그가 보험 만료 전에 죽어야 한다고 말했다. 그때까지 그가 살아 있다면 내게 그 보험 증서는 휴지조각이나 다름없기 때문이다. 그러니 보험 만료 전에 그가 죽겠다는 증서나 각서를 써줄 수 있냐고 물었다. 그는 그 생각은 해보지 않았는지 각서 쓰기를 거절하고 돌아가버렸다!

그로부터 1년 뒤 15,000달러를 서부의 자기 주소지에 속달로 보내달라는 한 남자의 편지를 받았다. 그는 담보로 제공할 것이 없지만 돈을 투자하여 성공한다면 이자까지 쳐서 갚겠다고 말했다. "하지만 투자해서 모두 날린다면," 그는 덧붙였다. "돈을 갚을 길이 없다는 점을 명심하기 바랍니다. 그래도 선생께서는 돈을 벌려고 노력하는 한 불쌍한 사람을 도와주려 했다는 위안을 느낄 겁니다." 그는 추신으로 이렇게 썼다. "송금할 때 당좌수표로 보내주세요. 꼭!"

오하이오주의 한 여자는 500달러를 선물해달라는 편지를 보내왔다. 그 돈으로 그녀와 가족이 메인주에 사는 친구들을 방문하고 새러토가 스프링스, 나이아가라 폭포 등지에서 여름을 보내고 싶다는 것이었다. 그녀는 25년 동안 오하이오주에서 살아왔는데 그때까지 뉴잉글랜드에 한 번도 가본 적이 없다고 했다. "우리가 가난한 건 아니에요." 그녀는 덧붙였다. "값나가는 좋은 농장이 있거든요. 그러나 돈을 모으지 못

온천 휴양지로 알려진 뉴욕주 동부의 도시 새러토가스프링스의 경마장

해서 어디를 가거나 할 여비가 없어요. 당신에게 500달러는 아무것도 아니겠죠. 그 정도는 당신 박물관에서 하룻밤에 벌어들일 테니까요."

나는 이런 편지에서 딱히 잘못된 점을 찾아내진 못했다. 여기에 밝힌 것은 몇 가지 재미있는 일화들을 보여주기 위해서다.

내 대리인들

내가 관여하는 사업들을 성공적으로 진행하려면 누구보다 믿을 수 있고 능력 있는 대리인과 직원을 구하는 것이 가장 중요했다. 그런 면에서 나는 유난히 인복이 많았다.

내 친구 포다이스 히치콕은 아메리카 박물관의 부지배인으로 지난 7~8년 동안 누구보다 근면하게 일했다. 내가 유럽에 가 있던 3년 동

이탈리아인 줄타기 곡예사 마리아 스펠테리니(Maria Spelterini)가 나이아가라 협곡을 건너고 있다(1876년).

안과 내가 돌아온 후에도 상당 기간 동안 그는 엄격한 성실성과 유능한 경영으로 큰 성과를 냈다. 그뿐만 아니라 내 재정과 투자 등을 전담하다시피 도맡았다.

그러나 이후 그는 내 뜻과 조언을 뒤로하고 독립해서 직물 사업에 뛰어들었다. 몇 년 뒤 건강이 나빠져 시골로 내려갔는데, 농부로서 명예롭고 소박한 말년을 보내고 있는 듯하다.

그의 후임이 된 내 대리인이자 부지배인은 존 그린우드 주니어다. 그는 이미 7~8년 전부터 내 직원으로 일해왔으며 헌신적이고 성실한 직원이자 믿음직하고 총명한 조언자다. 정중하고 정직하며, 그를 아는 모든 사람들로부터 존경을 받고 있다. 그런 그와 함께 일할 수 있어 행복하다.

그는 이미 미국 대중에게 즐거움을 주는 뛰어난 오락 제공자로 각광받고 있다. 내 판단으로는 머잖아 최소한 아메리카 박물관의 공동 소유자가 되거나, 뉴욕이나 다른 곳에서 유명 오락시설의 주인이 되어 있을 것이다.

내가 벌인 다양한 사업에 동참했거나 동참하고 있는 사람들의 이름과 자질을 다 말하려면 책 한 권 분량이 될 것이다. 다양한 사업에서 내게 간접적으로 도움을 준 수많은 사람들을 제외하고도, 지난 12년 동안 내가 고용한 상시직원만도 100~300명에 이르기 때문이다.

1852년 필라델피아의 에드윈 T. 프리들리가 편지를 보내와서 『사업 실무론』이라는 책을 출간하려고 하는데 내가 그동안 경험하고 터득한 것들을 자신의 책에 구체화할 수 있으면 좋겠다고 했다. 나는 그에게 답장을 써주었고, 그는 그 내용을 자신의 유용한 책에 다음과 같은 제목으로 포함했다.

사업 성공을 위한 바넘의 원칙

1. 자신의 타고난 기질과 성격에 맞는 사업을 선택하라. 어떤 사람들은 타고난 기계공이다. 반면에 또 어떤 사람들은 기계류에 강한 반감을 가지고 있다. 누군가는 이 직업에 천성적으로 어울리고 다른 누군가는 저 직업에 어울린다. "나는 모든 사람들이 똑같이 느끼고 생각하지 않아서 기쁘다." 딕 홈스펀은 이렇게 말했다. "그 반대였다면 모든 남자들이 내 여자친구 서키 스나이프스가 세상에서 가장 아름답다고 생각하여 한꺼번에 구애했을 테니까."

나는 결코 상인으로서 성공할 수 없었다. 몇 번이나 시도했지만 실패했다. 나는 투기 성향이 강해서 월급쟁이 생활에 만족할 수 없는 반면, 나와는 정반대인 사람들도 많다. 그러므로 모든 사람들은 자기에게 가장 잘 맞는 직업을 고르도록 신중을 기해야 한다.

2. 약속은 반드시 지켜라. 엄정하고 신속하게 실천하지 않을 약속일랑 아예 하지 마라. 약속을 한 치의 어김 없이 이행한다는 평판보다 사업에 더 중요한 것은 없다. 이 원칙을 엄격히 지키는 사람은 지인들이 가진 여유자금의 절반을 자기 뜻대로 사용할 수 있고, 어떤 위기 상황에서도 의지가 되는 많은 친구들을 곁에 둘 수 있다.

3. 무슨 일이든 온 힘을 다하라. 이르든 늦든, 성수기든 아니든 간에 필요하다면 최선을 다하라. 지금 할 수 있는 일을 한시라도 미루지 마라. 옛말은 언제나 진리와 의미심장한 의미를 담고 있다. '조금이라도 할 가치가 있는 일은 잘할 가치가 있다.' 많은 사람들은 자기 일을 철저히 함으로써 큰돈을 번다. 반면 그 주위 사람들은 돈을 버는 사람들의 절반만 일하기 때문에 평생 가난하게 산다. 야망, 정력, 근면, 끈기

는 사업 성공의 필수 조건이다.

4. 금주하라. 취하게 만드는 주류는 마시지 마라. 사업을 하면서 계획을 세울 두뇌와 실행으로 이끌 이성이 없으면 성공할 수 없다. 제아무리 똑똑한 사람이라도 술로 머리가 흐리멍덩해지고 판단력이 흔들린다면 사업을 성공적으로 이끌 수 없다. 친구와 '한잔하는' 동안 스쳐가선 돌아오지 않은 기회들이 얼마나 많던가! 술기운에 일시적으로 큰 돈벌이라 여기고 성사시킨 한심한 거래들이 얼마나 많던가! 포도주잔에 나른해지고 사업에 필수적인 정력이 무디어져서 내일로 미루었다가 영원히 미뤄진 절호의 기회는 또 얼마나 많던가! 술을 음료로 마시는 것은 중국인이 아편을 담배처럼 피우는 것과 마찬가지다. 술은 아편만큼이나 사업을 망쳐놓는다.

5. 희망을 품되, 지나친 환상은 금물이다. 많은 사람들은 지나치게 환상을 품어서 늘 가난하다. 그들은 사업을 구상할 때마다 성공할 것처럼 군다. 따라서 계속 이 사업을 하다가 저 사업으로 갈아타면서 언제나 곤경과 빈곤에 시달린다. '알에서 나오기도 전에 병아리의 수를 세는' 식의 계획은 옛날부터 되풀이되는 잘못이다. 그 잘못은 많은 시간이 지나고 나이가 들어도 개선되지 않는다.

6. 힘을 분산하지 마라. 성공할 때까지, 아니면 포기하기로 결정할 때까지 한 가지 사업에만 집중하라. 한 개의 못을 끝까지 두드려야 박아넣을 수 있다. 하나의 목표에 집중해야 발전시킬 수 있는 유용한 생각들이 떠오른다. 이런 생각들은 십여 가지 일에 분산된 두뇌로는 불가능한 것들이다. 한 번에 너무 많은 일을 하는 사람에게선 큰돈이 빠져나간다.

7. 직원을 적재적소에 채용하라. 좋은 습관을 지닌 직원이 제몫을

충실히 해낼 수 있는 자리에 나쁜 습관을 지닌 직원을 채용하지 마라. 나는 사업의 책임 있는 자리마다 성실하고 능력 있는 직원들을 채용할 수 있었고 이 점에서는 참 운이 좋았다. 이런 행운은 아무리 감사해도 지나치지 않는다. 무능력하거나 성격 혹은 기질 문제로 직책에 맞지 않는 직원을 발견한다면 그를 해고하라. 불쌍한 직원의 본성을 바꾸려는 헛된 시도로 그를 혹사시키지 마라. 애초에 불가능한 일이다. '변변찮은 재료로는 대단한 것을 만들 수 없다.' 그 직원은 다른 분야에 능력이 있을 것이다. 그가 그 분야를 찾아 능력을 발휘하게 하라.

8. 자신의 사업을 홍보하라. 겸손이랍시고 자신의 재능을 숨기지 마라. 직업이 무엇이건, 천직이 무엇이건 간에 대중의 지지가 필요하다면 대중의 주의를 끌 수단을 통하여 철저하고 효과적으로 홍보하라. 솔직히 말해서 내가 성공하기까지 다른 모든 요소를 합친 것보다 대중매체의 덕이 더 컸다. 홍보가 필요하지 않은 직업이 있기는 하겠지만, 그것이 어떤 직업일지 나는 상상조차 못하겠다.

사업가 중에 종종 홍보를 했지만 결과가 신통치 않다고 말하는 사람들이 있다. 그것은 그저 홍보가 부족했기 때문이다. 부족한 홍보는 약을 절반만 투여하여 환자를 힘들게만 하고 아무 효과도 내지 못하는 것과 같다. 충분히 투여하라. 그래야 치료가 확실하고 영구적이다.

어떤 사람들은 '홍보를 할 여유가 없다'고 말한다. 착각이다. 그들은 홍보를 하지 않을 여유가 없는 것이다. 모두가 신문을 읽는 이 나라에서 대중에게 이야기하고 고객을 찾아낼 가장 값싸고 효과적인 수단이 바로 신문이라는 것을 모른다면 그는 어지간히 머리가 나쁜 사람이다. 사업을 알려라. 그러면 구체적인 결과가 따라올 것이다. 농부가 씨를 뿌리고 잠든 사이에 옥수수와 감자가 자라고 있다. 홍보도 그렇다. 당신이 잠자거나 먹거나 고객과 대화하는 동안, 당신이 낸 광고는 당신을 전혀 모르고 당신의 사업에 관해 들어본 적도 없으며 앞으로도 (당신의 신문 광고가 아니라면) 들어보지 못할 수많은 사람들에게 읽히고 있다.

이 나라에서 사업을 하는 사람들은 전반적으로 홍보의 이점을 제대로 모른다. 대중은 스웨임, 브랜드레스, 타운젠드, 게닌, 루트 같은 사람들의 성공을 보면서 자극을 받고 그들이 그렇게도 단기간에 큰돈을 벌었다는 것에 놀라워한다. 그러면서도 부를 좇는 누구에게나 똑같은 길이 열려 있다는 생각은 하지 못한다. 그러나 용기와 신념이 필요하다. 용기는 미래라는 불확실한 바다를 몇 번이고 헤쳐나가게 해준다. 신념은 당신에게 장차 반드시 수백수천 배의 보상을 받게 된다는 점을 가르쳐준다. 당신이 인쇄매체의 이점을 간파하고 제대로 활용한다면 말이다.

9. 낭비를 피하라. 자신의 수입 한도 안에서 살아도 굶어죽지 않는다면 반드시 그렇게 하라! 앞날에 대한 대비 없이 가진 돈을 펑펑 쓰는 사람이 자립할 수 없다는 건 예언자가 아니어도 예측할 수 있다.

충동과 변덕이 이끄는 대로 살아온 사람들이 이런저런 불필요한 지출을 줄이려면 처음엔 어려움을 겪는다. 익숙했던 것보다 작은 집에서 덜 비싼 가구를 갖추고 사는 게 너무도 혹독한 금욕처럼 느껴지기도 할 것이다. 교류하는 사람들이 줄어들고 전보다 덜 비싼 옷을 입으며 무도회, 파티, 극장, 마차 여행, 즐거운 외유, 담배, 술 등을 줄이다보면 힘겨울 것이다. 그러나 지출을 줄이고 조금씩 목돈을 모아가다보면 결국엔 자신의 절약 습관과 티끌 모아 태산이 되어가는 과정에 기뻐하고 놀라워할 것이다.

크로턴 강물을 최초의 현대식 송수관 시스템으로 끌어다놓은 크로턴 저수지

수건으로 눈을 가리고 주위에 있는 사람을 잡아서 누구인지 알아맞히는 장님놀이

지출의 차이를 깨닫고 저축의 즐거움을 알기 시작한 사람들은 낡은 양복도, 낡은 보닛과 드레스도 계속 입고 쓰게 될 것이다. 크로턴 강물이나 샘물을 샴페인보다 훨씬 더 맛있게 마실 것이다. 활기차게 걷는 것이 최고급 마차를 타는 것보다 상쾌함을 체험할 것이다. 가족끼리의 살가운 대화나 저녁 독서 또는 '슬리퍼 찾기'와 장님놀이를 한 시간 하는 것이 500달러짜리 파티보다 훨씬 더 즐거울 것이다.

많은 사람들이 가난에서 벗어나지 못한다. 또 많은 사람들이 먹고 살기에 충분한 돈을 벌면서도 낭비하는 생활방식으로 가난의 굴레에 빠진다. 이 나라에 사는 일부 가족들은 연간 2만 달러를 쓰고 일부는 그 이상을 쓴다. 이런 사람들은 더 적은 돈으로 사는 방법을 모르는 것 같다.

부, 특히 갑작스러운 부는 불행보다 더 모진 시련이다. '쉽게 얻은 것은 쉽게 잃는다.' 옛말이 틀리지 않다. 자존심은 마냥 거들먹거리게 놔두면 죽지 않는 거대한 해충이 되어 재산이 적든 많든, 수백 달러든 수백만 달러든 가리지 않고 모조리 갉아먹는다. 많은 사람들이 부자가 되자마자 사치하기 시작하고 머잖아 지출이 수입을 초과하는 상황에 몰린다. 그들은 남들에게 있어 보이고 세간의 화제에 오르려는 우스꽝스러운 시도를 하느라 파산하고 만다.

내가 아는 한 신사는 벼락부자가 된 직후에 아내가 우아한 새 소파를 사려고 한다는 얘기를 한 적이 있다. "소파 하나에 3만 달러나 들었지 뭐야!" 자초지종은 이렇다.

소파가 집에 도착하고 나니 거기에 '어울리는' 의자가 필요해졌다. 그다음에는 '구색에 맞는' 진열장, 카펫, 테이블이 필요해졌다. 이런 식으로 가구 전체를 바꾸었고, 나중에는 가구들에 비해 집이 너무 협소하고 허름하다는 결론에 도달했다. 결국 소파와 가구 때문에 새집을 지었다. "그래서 소파 하나 때문에 3만 달러를 쓰게 된 거야." 그가 덧붙였다. "게다가 근사한 '집'을 유지하자니 하인과 마차를 비롯해 많은 지출이 생겼어. 일 년에 11,000달러가 들었고 그로 인해 심각한 자금 압박에 시달렸지. 그런데 10년 전에 우리는 수백 달러로도 큰 걱정 없이 훨씬 더 편안하게 살았어. 결국 나는 전에 없이 어마어마한 돈벼락을 맞지 않는 한 그 소파 때문에 파산할 수밖에 없는 운명이었던 거야."

10. 타인에게 의존하지 마라. 당신의 성공은 당신 자신의 노력으로 이루어야 한다. 친구들의 도움을 믿지 마라. 모든 사람은 자기 운명의 개척자다.

지금까지 상술한 원칙과 분별력 있는 사람이 경험으로 터득한 요령에 적절히 주의를 기울인다면, 부자가 되는 길은 그리 어렵잖게 찾아질 것이다.

P. T. 바넘

되돌아보기

이 자서전을 통해 언급한 나의 다양한 직업을 살펴보는 과정에서, 아마도 보다 엄격하면서 매우 덕망 있는 독자들은 그런 직업의 가치와 의미에 관해 나와 의견을 달리할 것이다. 그리고 내가 대중으로부터 돈을 벌어들였다는 점을 두고도 역시 이견을 보일지 모르겠다. 그러나 나는 자기 말만 한다는 비난을 감수하고라도 솔직한 의견을 말하고자 한다.

신중하고 통찰력 있는 사람들이 대체로 인정하는 미국 문명의 큰 결함은 엄하고 단조로운 실용성이다. 이 실용성은 삶의 진정한 목적을 잃고 의무라는 건조하고 형식적인 관념과 저열한 소유욕에 집중하게 하므로 칭찬할 수 없는 것이다. 그로 인해 꼭 필요하고 타당한 휴식과 즐거움에서 멀어지게 된다. 그런 휴식과 즐거움은 다른 나라의 경우 최하층민의 생활에도 잘 어우러져 있다. 유럽의 가톨릭 국가들은 휴일이 지나치게 많은 반면 우리 미국은 정반대고 그것이 바로 우리의 결점이다. 우리에겐 휴일이 전혀 없다. 그 결과 이 세상 어느 국민보다도 행복의 수단을 많이 가진 우리가 불행한 것이다. '강가에 핀 앵초'는 상상력 없는 미국인의 주의를 끌지 못한다. 미국인에게 앵초는 그저 꽃이지, 그 이상의 무엇도 아니다.

중산층 미국인들은 전통과 기질을 바탕으로 더없이 무가치하고 불합리한 향락만 좇는 취향을 후대에 물려주고 있다. 무해하고 합리적인 오락이 통탄스러우리만큼 부족한 결과 자연스레 폭음과 그 비슷한 악습들이 반복적으로 또 확고하게 자리잡고 있다. 철학자 행세를 하려는 것은 아니나, 존경스럽고 탁월한(공적인 인격과 사적인 성품 모두 그

고결함에서 따라올 사람이 없을 뿐 아니라 지혜와 자애로움과 경건함과 청렴으로도 유명한) 채닝을 내 생각을 뒷받침하는 가장 좋은 예로 들어도 좋겠다. 내 생각에 이 나라에서 도덕과 사회에 관해, 특히 그 자신이 천재적 소론인 「노동계급 고양론」에서 너무도 감탄스럽게 설명한 이 어려운 주제에 관해 채닝을 능가하는 권위자는 없을

미국의 유니테리언파 목사이자 정신적 지도자 윌리엄 엘러리 채닝(William Ellery Channing, 1780~1842)

것이다.

사업가로서 나의 첫째 목적은 당연히 돈을 버는 것이었다. 나는 가장 낙관적인 기대보다도 더욱 성공했으며 만족하고 있다. 그러나 다음의 글을 읽으면 독자들은 내가 전문 자선가들의 역사를 통틀어도 손꼽힐 만한 자선가였다는 타당한 주장을 받아들이게 될 것이다.

나의 자연사 이동 박물관은 미국 전시 역사상 가장 규모가 크고 흥미로운 곳이다. 그 어떤 작가도, 심지어 대학까지도 나의 이동 박물관보다 동물의 다양한 형태와 종류에 관한 지식을 널리 보급하진 못했다. 이동 박물관은 뉴욕, 필라델피아, 볼티모어에 있는 박물관과 더불어 내가 대중을 교육해온 주요 수단 가운데 하나다.

미국인의 음악 취향을 고양하고 세련화하는 데 살아 있는 사람 중에 나보다 더 크게 공헌한 사람은 없을 것이다. 나는 제니 린드를 미국에 데려옴으로써 가장 아름답고 인간적인 예술 분야에서 신기원을 열었다. 또한 교양 있는 부유층뿐 아니라 중산층에게도 지금까지 개인 공연 사업에서 얻을 수 없었던 큰 즐거움을 선사했다.

내가 돈벌이라는 중심 목표를 추구하는 동시에 교육과 행복의 전파자로서 미국인들에게 끼친 혜택을 중언부언 늘어놓진 않겠다. 사업 경영자로서 나는 사람들에게 혜택을 준 것에 대한 보상도 이미 받았다. 나는 가능한 한 독창적으로 내 전시물과 기예가 들을 홍보해왔다. 그것은 이윤을 내기 위하여 필요한 방식이었고, 합법적인 방법을 총동원하여 이윤을 추구하는 것이 바로 내 일이었다. 그러나 그 누구도 내 공연이나 전시의 값어치보다 더 비싼 입장료를 냈다고 불평하진 못할 것이다. 설령 나이아가라 폭포 모형에 25센트의 가치가 없다 해도, 독창적인 전시물이라는 광고를 보고 찾아온 관람객들은 미국에서 가장 폭넓고 귀중한 소장품을 보유한 박물관에 왔다는 특권을 누린 셈이다. 만약 도덕가나 기독교도 중에서 내 고객들이 같은 돈으로 술집이나 다른 유흥업소에 가는 편이 낫다고 생각하는 사람이 있다면 한번 만나보고 싶다.

이 책의 재미있는 부분이 지루한 부분을 상쇄해주길 바라면서 이만 끝낼까 한다. 다만 나 자신의 기쁨을 위하여, 그리고 어쩌면 사람들의 호기심을 채워줄지도 모른다는 생각에 지금 내가 살고 있는 이라니스탄으로 알려진 저택을 간단히 소개하겠다.

브리지포트 기차역(1907년)

이라니스탄

계속 행운이 이어지고 있던 1846년, 나는 흥분의 소용돌이 같은 사업에서 은퇴하고 가족과 정착하여 여생을 평온하게 살게 될 훗날을 대비하기 시작했다.

나는 뉴욕에서 두어 시간 거리에 살고 싶었다. 그런 점에서 뉴욕주의 뉴로셸과 코네티컷주의 뉴헤이븐이 있는 롱아일랜드 외곽보다 더 쾌적한 위치는 없었다. 그래서 나는 그쪽에 관심을 기울였다. 브리지포트는 대도시 뉴욕에서 적당한 거리에 있다. 그뿐만 아니라 노거턱의 비옥한 계곡과 후서토닉강을 횡단하는 두 철도의 종착역이 기분좋게 자리잡고 있다. 도시의 특징적인 산업으로 미루어보건대 장차 미국에서 제일가는 규모와 풍요로움을 자랑하는 도시로 성장할 듯했다. 아내의 동의를 얻은 후 브리지포트 인근에 우리 미래의 보금자리를 찾아내기까지 나는 그리 시간을 끌지 않았다.

이리니스탑

나는 브리지포트 도심에서 서쪽으로 1.5킬로미터도 떨어지지 않은 곳에 땅 7헥타르를 구입했다. 앞쪽으로 멋진 해협 경관이 펼쳐져 있었다. 내 집은 명목상 브리지포트에 속했으나 실질적으로는 브리지포트 경계에서 서쪽으로 약간 떨어진 페어필드에 있었다.

어떤 집을 지을지 결정하는 과정에서 내가 제일 먼저 꼽은, 그리고 가장 중요한 요인은 편의성과 쾌적함이었다. 건축 양식에는 거의 관심이 없었고 아내는 더욱 그랬다. 그래도 좋은 집이면서 동시에 독특한 것도 괜찮을 듯싶었다. 솔직히 말해서 사업상 노리는 부분도 있었다. 신기한 형태의 건물이 내가 벌이는 다양한 사업을 홍보하는 데 간접적으로 도움이 되리라고 생각했던 것이다.

브라이턴을 방문했을 때 나는 조지 4세가 세운 파빌리언 궁전이 무척 마음에 들었다. 파빌리언 궁전은 영국에서 동양 건축 양식을 따른 유일한 건물이었고 미국에는 그 양식이 아직 소개되지 않았다. 나는 그 양식을 채택하기로 마음먹고 런던의 한 건축가에게 파빌리언 형태로 내가 구입한 주택 부지에 맞게 설계도를 그려달라고 의뢰했다.

유럽 순회공연 기간에 일차로 귀국했을 때 그 설계도를 가져왔다. 그리고 유능한 건축가이자 시공자를 고용하여 작업량 단위가 아니라 하루 단위로 공사비를 지불하기로 하고 집짓기를 시작했다. 나는 그에게 쾌적하고 편리하며 운치 있는 집을 짓기 위하여 시간과 돈을 아끼지 말라고 당부했다.

마침내 모든 면에서 만족스러운 결과를 얻었다. 우리 가족은 그 집으로 이주했고, 1848년 11월 14일에는 옛 집들이 풍습을 따라 빈자와 부자를 포함하여 천 명의 손님을 집으로 초대했다.

그 집에 '이라니스탄'이라는 이름을 붙이자, 장난기가 발동한 뉴욕

의 편집장 한 명이 그 단어를 음절로 나누어(I-ran-i-stan) 표기하고
는 해석을 달았다. '나는 멈춰 서기 전까지 오랫동안 달렸다(*I ran a
long time before I could stan*').' 그러나 정확히 말해서 그 단어의
의미는 '동양의 궁전', 좀더 시적으로는 '동방의 빌라'였다.

집을 짓기까지 들어간 총비용이 얼마인지 일일이 짚어볼 생각은 없
다. 내가 관심 있는 점은 오직 '그 집이 과연 내 마음에 들고 가족의 마
음에도 들 것인가'뿐이다.

나는 이 책에서 아내와 자식에 관해 거의 언급하지 않았다. 그러나
그들은 이 세상 그 무엇보다도 내게 소중한 사람들이다. 가난할 때든
풍족할 때든, 이 지상에서 언제나 가장 나를 잡아끈 곳은 뭐니뭐니해
도 집이었다.

나는 아들이 없는 딸부자다. 맏딸 캐럴라인 C.는 1833년 5월 27일
태어났고 1852년 10월 19일 데이비드 W. 톰슨과 결혼했다. 맏딸 내외
는 이라니스탄에서 서쪽으로 가까운 곳에 살고 있다. 그들의 결혼식
주례는 훌륭한 재능만큼이나 다정다감한 나의 존경스러운 친구 M. 벌
루 목사가 맡아주었다. 벌루는 당시 브리지포트에 살았으나 나중에 하
트퍼드로 이사했다. 둘째 딸 헬렌 M.은 1840년 4월 18일 태어났다. 셋
째 딸 프랜시스 J.는 1842년 5월 1일 태어나 1844년 4월 11일 사망했
다. 넷째 딸 폴린 T.는 1846년 3월 1일 태어났다.

이 책 어딘가에서 말했던 것 같은데 사실 집터를 매입할 당시 그 일
대는 황무지였다. 나는 그곳에 수많은 과실수와 삼림수, 상록수와 관
목을 옮겨 심었다. 나무들은 무럭무럭 자라서 몇 년 만에 내 집 주위
를 멋지게 장식했다. 집을 짓기까지의 모든 과정에 관해 내가 윌리엄
템플 경의 문장을 인용한다고 해서 주제넘다고 책하진 말아주시길

바란다.

선택을 잘했는지 판가름할 기준은 선택한 사람의 마음에 드는
가 하는 것이다. 다행히도 나는 집이 마음에 들었다. 내 일생에서
저지른 실수는 많지만, 적어도 집을 짓고 나무를 심은 것은 그에
포함되지 않는다. 장담했던 비용보다 더 많은 돈이 들어갔지만,
그래도 이 은둔지에서 얻은 유쾌함과 만족으로 충분히 보상이 된
다. 이곳에서는 도시가 보일락 말락 하고 그곳에도 언제든 나를
반겨줄 집이 또 있긴 하지만, 나는 다시는 공직을 맡지 않겠다고
결심한 후로 5년 동안 도시에 가본 적이 없다.

내가 사업에서 완전히 손을 뗀 것은 아니다. 다만 지금부터는 아메
리카 박물관과 브리지포트의 이권 사업에만 관심을 둘 생각이다. 뉴욕
에 자주 들르고 다른 대도시도 간간이 오가고 있으나 집에 돌아왔을
때가 가장 행복하다. 이 책의 마지막 장을 쓰고 있는 지금은 집들이를
한 지 꼭 6년째 되는 날이다. 나는 집에, 가족의 품에 있다. '집'과 '가
족'은 천국을 표현하는 가장 고귀하고 가장 의미심장한 상징이다.

옮긴이의 말

바넘은 국내에서 광고와 같은 일부 분야를 제외하곤 생경한 인물이다. "미국 역사상 가장 유명한 인물"(《워싱턴 포스트》)이라는 19세기 당시의 평가에는 비할 바 아니지만, 그래도 바넘의 이름이 익숙한 지역은 많다. 그런 곳에서 그는 실상 서커스, 동물 쇼, 기형인 쇼, 수족관, 박물관, 연예기획 등등 엔터테인먼트와 관련된 모든 것의 원조처럼 알려져 있다. 물론 일부는 맞고 일부는 틀리다. 다만 바넘이 그 모든 것에서 성공했음은 사실이다. 흥행의 귀재로 성공의 전설을 썼던 그는 자신을 주인공으로 한 여러 영화와 공연물에서처럼 위대한 쇼맨이었다. 반면에 그를 달가워하지 않고 그의 몰락을 염원했던 사람들에게는 희대의 사기꾼이었다. 쇼맨, 상인, 은행가, 정치인, 자선가, 사기꾼 등등 그 무엇으로 그를 기억하든 지금도 우리는 알게 모르게 그가 만들어낸 현상과 말과 전략 속에서 살아가고 있다. 19세기 이민자들의 용광로 같았던 도시 뉴욕에서 누구보다 뜨거웠고 서부개척시대의 미국에서 종횡무진 스펙터클했던 이 남자의 삶이 궁금해지는 이유다.

바넘 효과

우리가 바넘을 좀더 익숙하게 발견하는 지점은 심리학이다. 심리학
자 포러(Bertram R. Forer)가 발견한 심리 현상으로 '포러 효과'라고
하는데, 1956년에 또다른 심리학자 폴 밀(Paul Meehl)이 포러의 발견
에 바넘의 이름을 붙임으로써 '바넘 효과(Barnum Effect)'로 더 많이
알려졌다. 포러는 12가지 문항의 성격 묘사지로 심리 검사를 시행했
다는데, 그 일부를 발췌하면 다음과 같다.

1. 당신은 사람들이 당신을 좋아하거나 존경해주었으면 하는
강한 욕구를 지니고 있다. 2. 당신은 자신에게 비판적인 경향이
있다. 3. 당신은 장점으로 살리지 않고 아직 사용하지 않은 많은
능력을 가지고 있다. 10. 당신은 외향적이고 붙임성 있으며 사교
적이지만, 때로는 내향적이고 조심스러우며 속마음을 잘 드러내
지 않는다. (위키백과)

검사 결과 거의 모든 사람들에게 적용되는 보편적인 특징을 누구나
자신의 성격이라고 받아들이는 경향이 나타났다. 이런 경향은 특징이
나 심리의 묘사가 모호할수록, 또 자신에게 긍정적이거나 유리할수록
강해졌다. "우리는 모두를 위한 뭔가를 가지고 있다(We have
something for everybody)"고 말한 바넘은 자신의 서커스단 공연에
서 관객들의 성격을 알아맞히는 막간 쇼를 벌이곤 하여 인기를 끌었
다. 바넘은 장차 자신의 이름이 붙게 될 이런 심리적 경향을 이미 마케

팅에 효과적으로 사용하고 있었다.

바넘은 또 흥행사에게 제일 중요한 자질은 인간의 본성을 완벽하게 아는 것이라고 했다. 그가 인간의 본성을 배운 최고의 학교는 어린 시절부터 점원으로 일했던 상점이었다. 그는 대중의 마음을 움직이는 데 능했지만, 잘 믿고 잘 속는 대중이라도 마냥 호락호락한 상대는 아니었다. 이런 대중의 특징을 이해하는 것 또한 그가 성공한 요인이었다.

제니 린드를 대중 앞에 어떻게 소개할지, 그 방식이 성공의 관건이라고 생각했다. 나로서는 아주 힘거운 일이 될 것임을 알고 있었다. 언제고 사업을 망치게 될 돌발 상황들이 벌어질 여지가 있었다. 인간 본성을 제대로 간파하는 오락 제공자는 사람들의 마음을 움직이고 성공의 길로 갈 수 있다. 그럼에도 불구하고 대중은 아주 이상한 동물이어서 변덕스럽고 때론 고집스러운데다 심술궂다. 대중 공연을 관리할 때는 약간의 실수로도 더없이 유망했던 사업을 망치는 일이 허다하다."(413쪽)

위대하거나 위선자거나

바넘은 대중의 마음을 능수능란하게 움직였다는 점에서 위대한 쇼맨 또는 야바위의 제왕으로 불린다. 농담과 조작이 대중적인 오락거리로 통용되던 그 시대에도 그는 찬사와 혹평의 극단적인 평가를 받았다. 마크 트웨인은 그를 경이롭다고 극찬했다. 반면에 그가 곤경에 처했을 때, 사상가 랠프 월도 에머슨은 "신이 다시 보이기 시작했다"며 그의 몰락을 기원했다.

"지금 이 순간에도 속기 위하여 태어나는 사람들이 있다(There's a

sucker born every minute).” 이 유명한 말은 바넘이 했다고 전해지지만 사실 여부는 불투명하다. 다른 누군가가 했다면 어색했을 이 말은 바넘에게 딱 어울리는 말이긴 하다. 그러나 논란의 여지 없이 이와 유사한 말을 꼽으라면, “사람들은 속는 걸 좋아한다” 또는 “대중은 자신들이 속임을 당한다는 것을 알면서도 즐거워하는 경향이 있다” 정도다. 바넘이 사람들을 끌어모으고 그들의 지갑을 열게 만드는 능란함에 대해 그의 매표소 직원 중 한 명은 이렇게 말한 적이 있다.

> 어찌됐든 사람들은 바넘 영감을 보러올 테니까요. 그는 일단 사람들에게 사기를 친 다음 어떻게 사기를 쳤는지 알려준다며 또 돈을 받죠! 그가 누군가에게 20달러를 사기쳤다면, 상대방은 자기한테 어떻게 사기를 쳤는지를 듣고 싶어서 또 5달러를 낼걸요.” (543쪽)

바넘 자신은 흥행과 홍보를 위해서라면 기꺼이 사기꾼으로 불리기를 원했다. 야바위의 제왕이라는 별명으로 널리 알려진 계기도 사실 그 스스로 그 말을 만들고 조장했기 때문이다. 그는 위대한 쇼맨과 야바위의 제왕 사이를 유쾌하게 줄타기했다. 그런데 그 인물 됨됨이도 극단의 모순으로 가득했다.

바넘의 조작 또는 야바위의 역사에서 초반, 즉 161세의 조이스 헤스(실제로는 80세가 채 되지 않은), 11세 난쟁이 톰 섬 장군(실제로는 4세)의 경우에는 그의 말마따나 무해하여 본격적인 야바위 목록에 올리기도 무색할 정도다. 그는 원숭이 머리에 물고기의 꼬리를 갖다 붙인 “피지 인어”에 이르러 조작과 과대선전의 위엄을 시연한 이후 각종 동물쇼와 기형인 쇼로 ‘스토리’ 날조의 성공 사례를 보여주었다. 유명한 코끼리 "점보"의 죽음 앞에서도 바넘의 야바위질은 멈추지 않았다. 오히려 점보가 죽은 후에 돈을 더 벌어들이는 흥행의 귀재다운 능력은 세간에 오랫동안 회자되었다. 물론 그가 성공할수록 그의 실패를 바라는 사람들도 늘어갔다. 동물보호단체나 인권단체가 그랬고, 근엄한 도덕주의자들도 그랬다.

사실 여기서 말하는 허풍은 대중에게 용인될 수 있는 수준이었고 내가 제공하는 놀라운 현실과 버무려서 즐길 만한 것이었다. 내게 '허풍선이'나 '야바위의 제왕'이라는 별명을 붙인 것도 나 자신이었다. 나는 이 별칭들을 장사 수단의 일부로 활용했다. (307쪽)

이렇듯 자신의 속임수를 거침없이 변명하는 바넘이(바넘 효과가 아전인수나 정당화와도 관련이 깊으니 이래저래 잘 지은 용어다) 정작 사기꾼 반대 운동을 했다고 한다면 아연실색할 일이다. 그런데 실제로 그랬다. 그는 영매나 심령술 같은 것을 사기행위라고 지극히 혐오했고, 실제로 그들을 단죄하기 위해 법정의 증인으로 출석하기도 했으니 말이다. 그가 보여주는 어안이 벙벙할 정도의 모순과 복잡성은 여기서 끝나지 않는다.

떠들썩한 흥행과 야바위의 중심에 있는 이 인물은 열정적이고 진실한 기독교도였고 금주 운동가였다. 자신의 서커스나 공연 프로그램에 흑인 비하의 여지가 있음에도 그는 노예제 폐지와 흑인 참정권을 주장했다. 그 신념이 얼마나 강했던지 골수 민주당원이었던 그는 노예제를 반대하는 링컨을 따라 주저 없이 공화당원이 되었다. 자신의 주된 인생 목표는 돈을 버는 것이라고 밝혔고 실제로 돈벌이를 위해 온 힘을 다 쏟았던 그는 돈으로 사람을 평가하는 세상의 작태와 배금주의를 증오했다. 정치라면 넌덜머리가 난다면서도 코네티컷주 의원과 브리지포트 시장 등 선출직 정치인이 되기도 했다. 이런 바넘의 모순적 면모를 한낱 뻔뻔한 위선자라는 말로 설명하긴 어렵다. 그러기엔 그의 모순과 복잡성은 꽤나 매력적이고 역동적이다.

바넘은 장난과 농담을 좋아하고 지나치리만큼 낙천적인 인물이었다. 언뜻 그의 성공이 속임수와 행운에 의지한 것처럼 보이지만 그는 실상 공연의 성공을 위해 온 신경을 곤두세우고 근면함 이상의 격무와 강박에 시달리는 남자였다. 그런 긴장과 강박에서 벗어나기 위해 한참 흥행몰이를 하고 있던 제니 린드와의 계약을 조기에 끝내기도 했다. 어쩌면 그는 안정된 성공 이면에서 끊임없이 실패의 불안에 시달린 인물이었는지도 모른다.(이 역시 바넘 효과다!) 그 인물 자체의 자기모순과 상반된 가치의 충돌에서 빚어진 역동적인 에너지가 그의 성공을 견인한 것은 아닐까?

흥행의 귀재, 지상 최대의 쇼

자신의 사업을 홍보하라. 겸손이랍시고 자신의 재능을 숨기지 마라. 직업이 무엇이건, 천직이 무엇이건 간에 대중의 지지가 필요하다면 대중의 주의를 끌 수단을 통하여 철저하고 효과적으로 홍보하라. 솔직히 말해서 내가 성공하기까지 다른 모든 요소를 합친 것보다 대중매체의 덕이 더 컸다. 홍보가 필요하지 않은 직업이 있기는 하겠지만, 그것이 어떤 직업일지 나는 상상조차 못하겠다. (…) 어떤 사람들은 '홍보를 할 여유가 없다'고 말한다. 착각

이다. 그들은 홍보를 하지 않을 여유가 없는 것이다. (578쪽)

바넘은 홍보의 셰익스피어로 불린다. 그가 밝힌 성공의 9할은 홍보 덕분이었다. 그는 홍보에 따르는 '스토리'의 중요성과 언론의 유용함을 이미 간파하고 있었다. 책자, 전단지, 현수막, 포스터는 기본이고 활용할 수 있는 모든 수단을 동원했다. 그 시대의 가장 큰 홍보수단은 언론이었다. 그는 신문을 통해 홍보 대상에 맞게 독창적이고 창의적인 홍보를 전개해나갔다. 린드 광풍이 좋은 예다. 당시 유럽과는 상반되게 미국에서는 무명에 가까웠던 제니 린드를 일약 스타로 끌어올리지 않았는가! 린드에 대해 들어본 적도 없던 미국인들이 그녀가 공연을 위해 미국에 도착하던 날, 부두에 4만 명, 숙소에 2만 명이나 운집했다. 제니 린드의 전기를 출간하고, 그녀의 자애로운 인품을 부각시킨 게 주효했던 것이다. 이것은 미국인들이 외국인과 훌륭한 인품에 크게 매료된다는 것을 바넘이 간파하고 홍보에 활용한 결과이기도 했다. 바넘은 언제나 그렇듯이 일정한 궤도에 오른 후에도 홍보를 게을리하지 않았고, 홍보의 효과가 시들해질 때는 즉각 기발한 노이즈 마케팅에 나섰다. 이를테면, 공연지마다 제니 린드가 몇 시에 도착한다고 미리 알리고 입소문을 내어 사람들이 그녀를 보러 몰려들게 만들었다. 관객 수가 현저히 줄어들 때는 자신의 공연이 가짜라거나 수준 이하라는 기사로 신문지면을 도배하게 만들었다. 바넘의 이런 홍보방식은 당시로서는 전략적이고 공격적인 것이었으며 종종 파격적인 것이었다.

이 자서전 『위대한 쇼맨』에서 드러나듯, 그가 입소문 마케팅과 노이즈 마케팅의 원조로 불리게 된 사례는 무궁무진하다. 자신을 야바위꾼으로 부르며 홍보에 활용한 것도, 악평(악플)보다 침묵(무플)이 더 안

좋다는 것도 160여 년 전에 그가 염두에 둔 홍보의 원리였다.

　나는 그 전시실은 피하고 싶었다. 클라크 씨가 나이아가라 모형
을 본다면《니커보커》에 박물관의 전체 전시가 그 모양이라며 과
장해서 혐오감을 전할 거라고 확신했기 때문이었다. 아니면(나는
항상 이쪽을 더 좋지 않은 상황이라고 생각하는데) 아예 경멸 속
에 침묵을 지키며 한 줄도 쓰지 않을 것이었다. (310쪽)

　물론 바넘이 순탄한 길만 걸었던 것은 아니다. 아메리카 박물관이
두 차례의 화재로 무너졌고, 그의 대저택 이라니스탄도 화마에 전소되
었다. 그리고 투자 실패로 극단적인 곤경과 소송에 휘말리기도 했다.
재기가 불가능하다는 세간의 평에도 그가 오뚝이처럼 다시 일어서서
성공을 이어간 요인 중 하나는 함께 공연한 지인들의 도움이었다. 바
넘은 톰 섬 장군과 제니 린드 등의 공연자를 비롯해 자신이 고용한 직
원 등에게 파격적일 정도의 좋은 대우를 아끼지 않았다. 공연이 기대
이상으로 성공했을 때는 계약과 상관없이 수익을 나누어가졌다. 그래
서 그저 인복이 많았다는 스스로에 대한 평가는 지나친 겸손에 가깝
고, 누군가를 사취하는 이미지는 바넘의 참모습과는 거리가 있다.
　바넘의 이름과 그가 추구한 가치가 오늘날까지 가장 선명하고 직접
적으로 남아 있는 것은 '링링 브로스와 바넘&베일리 서커스'인데, 이
서커스단의 주요 슬로건이 '지상 최대의 쇼(The Greatest Show on
Earth)'다. 지상 최대의 쇼는 댄 라이스(Dan Rice, 1823-1900)라는 미
국의 유명 광대이자 다재다능한 엔터테이너가 만든 '최대의 쇼
(Greatest Show)'라는 말과 그를 가리켜 아칸소주의 한 신문이 "지상

최대의 쇼"라고 호평한 데서 유래한다. 나중에 바넘의 서커스단을 비롯해 링링 브로스 등의 여러 서커스단이 이것을 슬로건으로 사용했다.

19세기에서 21세기까지 링링 브로스와 바넘&베일리가 서커스의 산 역사를 써오는 동안, 그 전통을 반대하는 사람들의 주장도 거세졌다. 동물을 인간과 똑같이 대우한다는 서커스단의 원칙에도 불구하고 동물 학대라는 비난과 논란은 계속되었다. 결국 "미국 역사에서 코카콜라와 메이저 리그보다 더 오래된"(《가디언》) 링링 브로스와 바넘&베일리 서커스단은 2017년에 영원히 해단함으로써 146년 역사의 뒤안길로 사라졌다. 동물보호단체는 축하했고, 서커스의 향수를 간직한 사람들은 슬퍼했다.

그것은 단순히 한 서커스단이 아니라 한 시대의 종말일지 모른다. 누군가는 바넘이 상징하는 한 시대와의 작별이라고 할 것이다. 누군가는 요즘 계속해서 바넘과 비교되는 도널드 트럼프를 앞세워 정치적 맥락에서 해석하려 들지도 모른다.(트럼프는 '미트 더 프레스(Meet the Press)'라는 정치대담 프로그램에서 자신과 비교되는 부정적이거나 긍정적인 수많은 인물 중 단연코 바넘이 제일 마음에 든다고 했다.) 바넘은 신들린 듯 표를 팔았고 트럼프는 표를 얻었다. 다만 분명한 것은 트럼프 외에도 21세기의 바넘으로 회자되거나 앞으로 그러기를 원하는 사람들은 부지기수라는 것이다. 누군가를 칭찬하거나 비난하는 데 바넘만큼 유용한 이름도 없다.

코끼리들이 먼저 떠났고 서커스단도 사라졌다. 그래도 바넘의 이름과 그가 대중문화에 남긴 핵심 가치(그것이 야바위 정신이라도 해도)는 쉽게 사라지지 않을 것 같다.

위대한 쇼맨

쇼 비즈니스의 개척자 바넘 자서전

초판 인쇄 2017년 12월 8일
초판 발행 2017년 12월 18일

지은이 피니어스 T. 바넘 | 옮긴이 정탄 | 펴낸이 염현숙
편집인 신정민

편집 신정민 신소희 | 디자인 고은이 이주영
마케팅 방미연 최향모 오혜림 | 홍보 김희숙 김상만 이천희
저작권 한문숙 김지영 | 모니터링 이희연 양은희
제작 강신은 김동욱 임현식 | 제작처 한영문화사

펴낸곳 (주)문학동네
출판등록 1993년 10월 22일 제406-2003-000045호
임프린트 아템포

주소 10881 경기도 파주시 회동길 210
문의전화 031) 955-1935(마케팅), 031) 955-3583(편집)
팩스 031) 955-8855
전자우편 paper@munhak.com

ISBN 978-89-546-4957-5 03940

www.munhak.com